"You will know the truth, and the truth will set you free." (John 8:32)

파생금융상품과 기초금융자산

개정판

파생금융상품과 기초금융자산

Financial Derivatives & Underlying Financial Assets

이창복 지음

율곡출판사

개 정 판 을 내 며

본서가 발간된 지 벌써 2년이 지났으니 세월은 정말 화살과 같이 빠르다는 것을 실감한다. 최근 국내외 금융시장은 미증유의 격변의 소용돌이 속에 빠졌다가 서서히 회복되는 과정에서 세계경제가 불황의 긴 터널을 지나가고 있다. 특히 지난해 9월 리먼 브라더스 파산, 메릴린치 매각, AIG 유동성 부족사태 등으로 촉발된 미국발 금융위기의 배경에 주택저당증권(MBS), 신용부도스왑(CDS), 채무담보부증권(CDO) 등 파생금융상품이 깊숙이 자리 잡고 있다는 사실을 볼 때 파생상품에 대한 이해가 너무나 중요하다는 것을 새삼 깨닫게 된다. 국내 외환시장에서는 원/달러 환율이 하락세를 지속하다가 미국발 금융위기 이후 급등하면서 유수 중소기업들이 환위험 헤지(hedge) 목적으로 맺어 놓은 키코(KIKO) 등 파생금융계약에서 엄청난 환 손실을 입어 파산하거나 채무불이행 지경에 이르는 안타까운 사례가 속출하였다.

이번 개정판에서는 중소기업에 큰 충격을 주었던 KIKO, Snow ball, Pivot 등 이색통화옵션(exotic currency option)의 계약내용, 거래방법, 손익구조 등을 사례 중심으로 제3장에 자세히 수록함으로써 이러한 비정형 외환파생상품의 개념을 쉽게 파악할 수 없었던 분들에게 조금이라도 도움을 드리고자 노력하였다. 그리고 제1장에서는 우리나라 외환시장과 장 · 단기 금융시장에서 거래되는 각종 금융상품과 시장구조에 대한 변화내용을 수정 · 보완하고 최근 외국환은행의 외환파생거래동향을 참고자료로 수록하였다. 제2, 3장에서는 국내외 거래소에 상장되어 있는 금융선물과 옵션상품의 계약명세(contract specifications), 거래방법에 대한 변경내용을 수정하였다. 그리고 제4장에서는 이자율스왑(IRS)과 통화스왑(CRS)의 계약서와 거래 메커니즘 등을 사례 중심으로 대폭 확충하고 우리나라의 스왑거래에 관한 최근 동향을 수록하였다. 또한 전 세계 GDP 규모와 비슷할 정도로 거래가 증가하였을 뿐만 아니라 미국발 금융위기의 발생 배경으로도 지목되고 있는 CDS, CDO 등 신용스왑거래에 관한 내용을 추가하였다. 끝으로 각 단원의 연습문제를 대폭 확대하고 모범답안과 더불어 풀이과정에 대한 설명을 덧붙임으로써 핵심내용에 대한 학습 편의를 도모하였다.

2007년 9월에 초판 1쇄를 발행한 이후 2쇄를 발행하기까지 각급 대학과 한국은행을 비롯한 각 금융기관에서 본서를 교과서 또는 실무지침서로 많이 활용해 주신 데 대해 교수님들과 관계자들께 심심한 감사를 표한다. 앞으로도 새로운 파생금융상품의 등장과 파생거래기법의 개발 등에 관한 정보를 계속 수집 · 정리하여 개정 발간 시 충실히 반영함으로써 본서가 보다 유익한 파생상품의 안내서가 될 수 있도록 노력할 예정이다.

이번 개정판을 출간하는 데 많은 도움을 주신 한국은행의 한영기 팀장, 양석준 차장, 변성식 과장, 박신영 조사역, 그리고 금융투자협회의 백명현 상무께 깊이 감사드린다. 또한 본 개정판 출판을 위해 각별한 배려를 해주신 율곡출판사 박기남 사장님과 박정헌 부장, 치밀한 교정과 편집을 위해 애써 주신 방조일 부장과 직원들께 마음속 깊이 감사드린다.

오늘도 살아 계셔서 우리들에게 영원한 생명과 소망과 평강을 주시는 하나님을 찬양하며 끝을 맺는다.

2009년 8월 10일

한국은행 소공별관에서

들어가는 글 (초판)

1980년대 이후 세계적으로 금융의 자율화, 증권화 및 겸업화의 추세가 이어지면서 금융기관 간 업무구분이 허물어져 경쟁이 격화되고 국가 간 금융거래에 대한 규제도 완화되면서 금융의 국제화가 크게 확대되었다. 또한 각국의 금융시장 간 동조화가 심화됨에 따라 주요 국제금융시장의 변화가 즉각적으로 국내금융시장에 파급되는 세계 단일시장으로의 통합화가 급진전되고 있다. 특히 1997년 외환위기 이후 국내 금융시장의 자율화와 대외개방이 가속화되면서 주가, 금리, 환율의 변동성(volatility)이 커지고 있다. 더욱이 앞으로 자본시장통합법이 발효되면 금융혁신과 경쟁이 촉진되는 가운데 금융시장의 가격 변동성은 한층 더 확대될 전망이다. 이와 같이 급변하는 금융환경에서 금융선물과 옵션 등 파생금융상품은 가장 효율적인 위험관리수단으로 평가받고 있으며, 또한 파생금융상품의 성공적인 거래와 이를 이용한 위험관리의 중요성은 기업과 금융기관의 이익관리는 물론 생존 차원에서 최근 더욱 강조되고 있다.

1972년 시카고상업거래소(Chicago Mercantile Exchange)에 통화선물거래가 처음 등장한 이래 국제적인 파생금융상품시장의 규모는 꾸준한 성장을 지속해오다 1980년 중반부터 전 세계적으로 급속히 커지기 시작하여 현재는 약 60조 달러에 이르는 것으로 추산되고 있다. 우리나라에서도 1996년 5월에 증권거래소에서 KOSPI200지수를 거래대상으로 주가지수선물거래가 시작되었으며, 그 다음 해 7월부터 주가지수옵션거래가 개설되면서 파생금융상품거래가 급증하였다. 이러한 파생금융상품 거래의 확대는 경제주체의 의사결정에 있어서 불확실성을 줄임으로써 경제활동을 촉진시킨다는 면에서는 긍정적이지만, 투기적 목적에 의한 거래의 증가와 더불어 이에 따른 제반 리스크를 효과적으로 관리하지 못할 경우에는 금융시장의 안정성을 저해할 수도 있다. 이에 따라 파생금융상품에 관한 충분한 지식을 습득하고 복잡다기한 거래기법을 이해하는 것이 금융의 국제화와 더불어 매우 중요한 과제로 등장하였다. 다행히 최근에 '파생금융상품론' 이 대학의 교과목에 편입되기 시작하였으며, 대학생과 일선 금융실무 담당자들이 선물거래상담사, 금융자산관리사(FP), 증권분석사(CIA), 재무위험관리사(FRM), 외환관리사 등 각종 금융관련 자격시험에 많은 관심을 가지고 준비하고 있는 것으로 파악된다.

이 책은 본인이 지난 20여 년 동안 대학, 한국은행 연수원, 한국금융연수원, 한국증권연수원 등에서 '파생금융상품론', '위험관리론', '국제금융론', '외환론', '자산부채관리(ALM)' 등을 강의하면서 준비해온 강의자료와 한국은행에서 외환관련 업무를 담당하면서 얻은 실무경험을 토대로 작성하였다.

이 책에서는 독자들이 파생상품에 관한 기초지식을 쉽게 습득할 수 있도록 복잡한 수리적 접근은 가급적 피하고 적절한 예제를 통하여 파생금융상품의 활용방법 등 실무적인 내용을 설명하는 데 중점을 두었다. '파생금융상품' 은 용어 그 자체에서 뜻하는 바와 같이 기초금융자산(underlying financial assets)에서 파생된(derived) 금융상품이기 때문에 이를 이해하기 위해서는 먼저 기초금융자산에 대한 지식이 필수적으로 요구된다. 그동안 저자가 대학에서 강의해 오면서 부닥친 가장 큰 문제는 많은 학생들이 외환(환율)이나 채권(금리) 등 기초금융자산에 대한 충분한 지식이 없이 '파생금융상품론' 을 수강하는 것이었다. 이 책에서는 파생금융상품에 대한 구체적인 설명에 앞서 기초금융자산인 외환(foreign exchanges)과 채권, 그리고 이들의 가격변수인 환율과 금리에 대한 기초적인 내용을 먼저 소개하였다. 따라서 제2장부터 다루고 있는 파생금융상품을 효율적으로 학습하기 위해서는 제1장의 기초금융자산에 대한 충분한 이해가 선행되어야 할 것이다. 그리고 대학 또는 경영대학원에서 외환관리론, 금융시장론 등을 강의할 경우에 제1장(기초금융자산과 선도거래)을 한 학기 동안의 강의교재로 사용하여도 무난할 것으로 생각된다.

이 책의 구성을 보면 먼저 제1장에서는 기초금융자산과 선도거래에 대하여 설명하고 있다. 파생금융상품의 기초자산은 외환, 채권, 주식으로 구분할 수 있다. 이 장에서는 외환과 채권의 기초개념, 거래종류와 거래방법, 환율과 금리의 기초개념을 설명한 후 이들을 대상으로 한 선도거래, 즉 선물환거래(forward exchange transaction)와 선도금리계약(forward rate agreement)에 대해 사례를 중심으로 설명하였다. 그리고 최근 우리나라 금융시장에서 환율 · 금리 평가관계의 괴리에서 발생하는 문제점을 실제 사례를 중심으로 자세히 설명하였다. 마지막으로 최근 우리나라 외환시장의 주요 특징과 환위험관리기법에 대해 설명하였다.

제2장에서는 금융선물의 기초개념, 선물가격의 결정원리, 선물거래제도 등을 소개한 다음 금융선물을 이용한 위험관리기법과 투기거래방법을 사례 중심으로 설명하였다. 그리고 시카고선물시장에서 거래되고 있는 주요 금융선물상품의 계약명세(contract specifications)에 대한 최근 정보를 수록하였다. 그러나 선물과 옵션의 계약조건 등 거래제도는 거래소에 따라 상이하며 시장상황에 따라 종종 변경되기 때문에 실제로 거래를 실행할 경우에는 현행 거래제도를 반드시 확인할 필요가 있다.

제3장에서는 옵션거래의 기초개념, 옵션가격의 결정방법, 선물 · 옵션의 6개 기본거래단위(6 building blocks)를 이용한 다양한 거래전략을 설명하였다.

사실 많은 교재들이 외국의 파생상품거래에 대한 설명 위주로 구성되어 있기 때문에 파생금융거래에 대한 현실감이 부족한 측면이 있다. 이에 따라 제2~3장의 마지말 절에서는 현재 우리나라에서 거래되고 있는 파생금융상품의 거래제도를 자세히 소개하고 실제 사례를 중심으로 파생금융상품을 이용한 위험관리방법에 대해 설명하였다.

제4장에서는 표준화된 금융상품은 아니지만 중요한 위험관리수단의 하나인 금리스왑(interest rate swap)과 통화스왑(currency swap)에 대한 기초적인 개념을 간략히 설명하였다.

마지막으로 부록에는 이 책에서 배운 내용에 대한 이해를 돕기 위하여 각 장별로 연습문제를 수록하였다. 이 연습문제들을 충분히 이해하게 되면 현재 시행되고 있는 각종 금융관련 자격시험의 응시에 많은 도움이 될 것으로 생각된다.

아무쪼록 이 책이 대학의 '파생금융상품론' 강의뿐만 아니라 금융기관 또는 기업 재무담당자들의 업무수행에 조금이라도 기여할 수 있게 되기를 바란다. 이 책을 집필하는 과정에서 나름대로의 노력을 기울였으나 역시 부족한 점이 많다고 생각되며, 앞으로 이해하기 쉽고 더 많은 정보를 제공할 수 있는 책으로 계속 수정 · 보완하겠다는 약속을 드린다.

이 책이 나오기까지 많은 분들이 물심양면으로 큰 도움을 주셨다. 먼저 내 삶의 영원한 고향인 한국은행의 이성태 총재님을 비롯한 여러 선 · 후배님들, 현재 필자가 몸담고 있는 ABN AMRO은행의 윤경희 대표님을 비롯한 동료 직원들, 필자를 지금까지 가르쳐 주시고 학문의 길을 열어주신 서울대학교 박정식 교수님과 77그룹 동기들, 긴 세월 동안 한결같은 사랑으로 보살펴 주신 어머님과 장모님, 곁에서 헌신적인 내조와 격려를 보내준 아내에게 감사의 마음을 전한다. 그리고 이 책의 편집과 출판을 위해 애쓰신 율곡출판사의 박기남 사장님과 직원들께 깊이 감사드린다.

끝으로 나에게 영원한 생명과 평강을 주시는 사랑의 하나님께 모든 영광을 돌린다.

2007년 9월

이창복(李昌馥)

차 례

Financial Derivatives & Underlying Financial Assets

제1장 기초금융자산과 선도거래

01 금융시장의 구조 …… 3

02 환율과 외환 …… 5

2.1 외환의 개념 / 5
2.2 환율표시방법 / 5
2.3 외환시장 / 7
2.4 외환거래의 형태 / 23
2.5 외환포지션과 환위험 / 42
2.6 환위험관리 / 43
【참고자료】 최근 외국환은행의 외환파생거래 동향 / 52

03 금리와 채권 …… 81

3.1 금리 / 81
3.2 채권 / 84
3.3 채권가격과 수익률 / 99
3.4 채권가격의 변동성 / 105
3.5 채권운용전략 / 109
3.6 선도금리계약 / 111

제2장 금융선물거래

01 개념 …… 115

1.1 금융선물거래의 도입배경 / 119
1.2 금융선물의 주요 특징 / 123
1.3 선물 계약명세 / 128
1.4 선물거래의 기능 / 132

02 금융선물상품의 주요 계약조건 …… 134

2.1 통화선물 / 134
2.2 금리선물 / 139
2.3 중장기금리선물계약 / 151
2.4 주가지수선물계약 / 164

03 선물가격 결정이론 …… 172

3.1 선물의 이론가격 / 173
3.2 장기금리선물의 가격 / 182
3.3 단기금리선물의 가격 / 186
3.4 통화선물의 가격 / 191
3.5 주가지수선물의 가격 / 196

Contents

04 금융선물거래의 활용 ······ 200

4.1 거래의 목적 / 200
4.2 헤지거래 / 202
4.3 투기거래 / 240

05 우리나라의 금융선물거래 ······ 250

5.1 금리선물거래 / 250
5.2 통화선물거래 / 267
5.3 주가지수선물거래 / 282

제3장 옵션거래

01 개념 ······ 311

1.1 콜옵션과 풋옵션 / 312
1.2 옵션의 매입자와 매도자 / 313
1.3 기초자산과 옵션행사 / 313
1.4 만기일 / 314
1.5 발전과정 / 314

02 옵션의 종류 ······ 316

03 옵션계약의 주요 내용 ······ 317

04 옵션의 가격 ······ 323

4.1 프리미엄 / 323
4.2 내재가치와 시간가치 / 324
4.3 옵션가격 결정요소 / 330

05 옵션거래의 손익구조 ······ 336

5.1 콜옵션 매입자와 매도자 / 336
5.2 풋옵션 매입자와 매도자 / 338
5.3 옵션거래의 결제 / 339

06 옵션가격 결정이론 …… 341

6.1 옵션가격의 범위 / 341
6.2 옵션가격결정 모형 / 347

07 옵션거래의 활용 …… 366

7.1 단순투기거래 / 367
7.2 선물과 옵션의 합성포지션 / 373
7.3 스프레드거래 / 381
7.4 컴비네이션 / 396
7.5 차익거래 / 402
7.6 헤지거래 / 409
7.7 옵션포지션 관리 / 424

08 장외 옵션거래 …… 432

8.1 장외 금리옵션 / 433
8.2 장외 통화옵션 / 442
【참고자료】 키코(KIKO), 스노우볼(Snowball) 등 비정형 통화옵션 / 446

09 우리나라의 옵션거래 …… 469

9.1 금리옵션 / 469
9.2 통화옵션 / 471
9.3 주가지수옵션과 주식옵션 / 473

▸▸▸▸▸▸▸ 제 4 장 스왑거래

01 이자율스왑 …… 483

02 통화스왑 …… 492

03 신용스왑 …… 501

3.1 신용부도스왑(CDS ; Credit Default Swap) / 502
3.2 TRS(Total Return Swap) / 506
3.3 CLN(Credit Linked Note) / 509
3.4 합성 CDO / 511

Contents

부록 연습문제

01 기초금융자산과 선도거래 / 519

02 금융선물거래 / 530

03 옵션거래 / 557

04 스왑거래 / 577

〈모범답안 및 해설〉/ 585

참고문헌 / 613

찾아보기 / 615

Chapter 1

제1장

기초금융자산과 선도거래

01 금융시장의 구조

02 환율과 외환

03 금리와 채권

01 금융시장의 구조

금융시장은 서로 다른 통화표시 대외지급수단을 매매하는 외환시장(foreign exchange market), 자금을 빌리고 빌려주는 자금시장(currency market)과 주식시장(equity market)으로 크게 나눌 수 있다. 그리고 각각의 금융시장에서 거래되는 금융자산(financial assets)은 외환(foreign exchanges), 채권, 주식으로 구분할 수 있으며 이러한 금융상품을 기초자산(underlying assets)으로 하여 현물시장에서 파생된 금융파생시장(financial deirvatives market)이 있다.

먼저, 외환시장은 환율을 매개로 이종 통화를 매매하는 총체적인 거래메커니즘을 말하는데 거래당사자에 따라 외국환은행 간 외환매매가 이루어지는 은행간시장(inter-bank market)과 은행과 기업 등 고객 간에 외환매매가 이루어지는 대고객시장(customer market)으로 구분할 수 있다.

자금시장은 금리를 매개로 자금의 대차거래가 이루어지는 전통적인 금융시장으로서 금융자산의 만기구조에 따라 만기 1년 이내의 금융자산을 거래하는 단기금융시장(money market)과 1년 이상의 금융자산거래가 이루어지는 중장기자본시장(capital market)으로 구분할 수 있다. 우리나라의 단기금융시장에는 콜시장, 환매조건부채권매매시장, 양도성예금증서시장, 기업어음시장, 표지어음시장, 통화안정증권시장 등이 있다. 미국의 단기금융시장에는 페더럴펀드(federal funds), 환매조건부증권매각(repurchase agreement ; RP), 단기재정증권(treasury bill), 양도성정기예금증서(negotiable certificate of deposit), 은행인수어음(banker' s acceptance), 그리고 기업어음(commercial paper)시장이 있다. 한편 중장기자본시장은 차입자가 만기까지 일정한 이자를 정기적으로 지급하고 원금을 상환하겠다는 증서인 채권을 발행하여 자금을 조달하고, 발행된 채권이 거래되는 시장인 채권시장(bond market)과 단순히 신용에 의하여 자금의 대차거래가 이루어지는 신용시장(credit market)으로 구분할 수 있다. 신용시장에서 거래되고 있는 가장 대표적인 금융상품으로서 신디케이티드론(syndicated loan)을

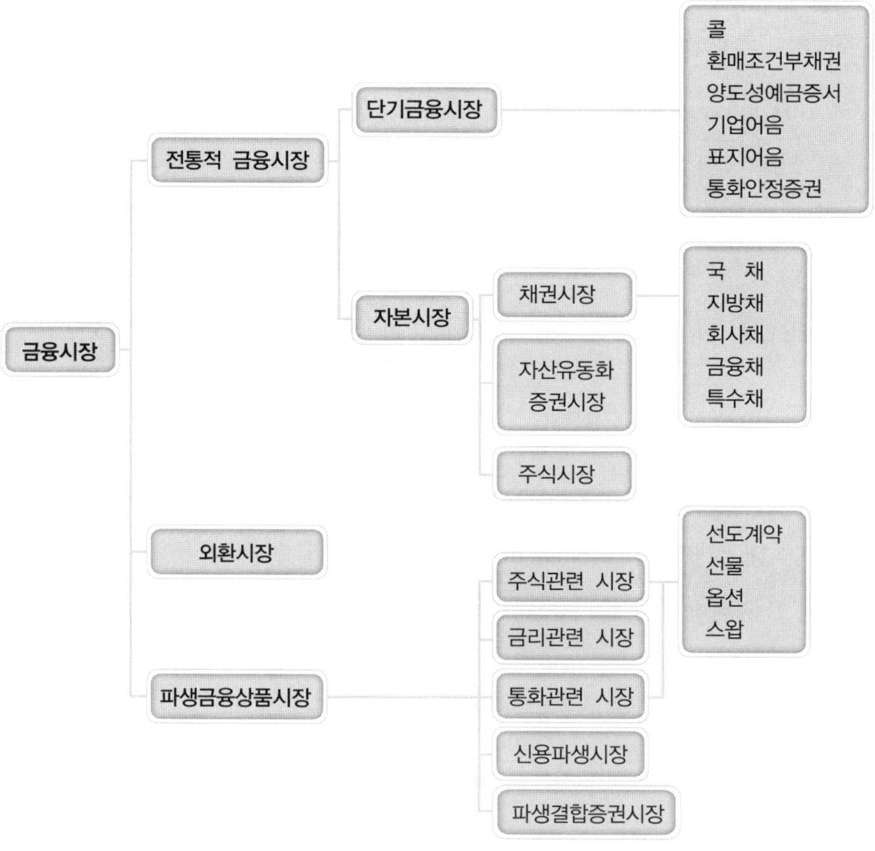

자료 : 「우리나라의 금융시장」(한국은행, p.13)

그림 1-1 금융시장의 구조(기능별 분류)

들 수 있다. 이에 비해 주식시장(equity market)은 회사의 재산에 대한 지분을 나타내는 주식(equity)이 거래되는 시장이다. 채무증서와는 달리 주식으로 조달된 자금에 대해서는 원리금 상환의무가 없는 대신에 주주는 주식 소유자로서 기업 순이익에 대한 배당 청구권을 갖는다.

이러한 개별 금융시장은 밀접한 연관성과 상호 유기적인 관계를 가지고 움직인다. 특히, 단기금융시장과 외환시장은 커버된 금리재정거래(covered interest arbitrage)에 의하여 매우 밀접한 관계를 가지고 있어 동전의 앞뒷면과 같다고 볼 수 있다.

02 환율과 외환

2.1 외환의 개념

외환이란 두 가지 의미를 갖는데, 첫째는 두 종류 통화를 교환하는 행위인 외환(foreign exchange)이며, 둘째는 외화로 표시되어 있는 채권 및 채무를 결제하는 수단을 의미하는 외환(foreign exchanges)이다. 일반적으로 외환거래나 외환시장이라고 말할 때에는 첫 번째 의미의 외환이라는 개념이다. 두 번째 의미의 외환에는 외국통화, 환어음, 여행자수표(T/C), 신용장, 환거래은행의 예치금(bank balance) 등 대외지급수단을 들 수 있는데 국제거래에 따른 가장 중요한 지급수단은 은행예치금이다.

2.2 환율표시방법

두 가지 통화를 교환하는 외환거래에서는 두 통화 간의 교환비율인 환율

(exchange rate)을 가격으로 사용한다. 그런데 환율은 일반적인 상품가격과 달리 교환되는 두 통화 중 어떤 통화를 기준으로 할 것인가에 따라 다르게 표시할 수 있다.

일반적으로 현물환시장과 선물환시장에서 미국 달러화가 개입된 외환거래에서는 기축통화인 미국 달러화를 중심으로 환율을 표시한다. 즉, 미국 달러화 한 단위의 가치를 다른 통화로 표시하며 이를 유럽식(European terms) 표시방법이라고 부른다. 예를 들어 원화나 엔화 등의 환율을 930₩/$, 104￥/$와 같이 표시하는 것이다. 다만, 영국 파운드화, 유로화, 호주 달러화 등의 경우에는 해당 통화 1단위의 가치를 미국 달러화로 표시하는데 이를 미국식(American terms) 표시방법이라고 한다. 예를 들어 영국 파운드화나 유로화의 환율은 $1.4320/£, $1.2320/€와 같이 표시된다. 그리고 통화선물시장에서는 대부분의 경우에 미국 달러화 이외의 통화가 상장되어 거래되기 때문에 통화선물가격은 미국식으로 표시되고 있다.

한편 환율은 두 통화의 교환비율이므로 환율의 변동은 어느 한 통화의 다른 통화에 대한 상대적 가치의 변화를 의미한다. 예를 들어 현재 ₩/$환율이 $1 = ₩960에서 $1 = ₩1,000으로 상승하였다면 원화에 비해 달러화의 가치는 상승(appreciation)하고 반대로 달러화에 비해 원화의 가치는 하락(depreciation)한 것이다. 환율을 인식하는 데 나타나는 혼란을 방지하기 위하여 $1 = ₩960이라고 표시할 때 미국 달러화를 상품통화, 원화를 가치표시통화라고 부른다.

그리고 미국 달러화가 포함되지 않은 통화 간의 교환을 원할 때에도 대부분의 경우에 달러화를 거쳐서 거래가 일어나고, 이때 환율도 각 통화의 달러환율을 이용하여 계산된다. 여기에서 달러화가 아닌 제3통화 간의 환율을 달러화를 이용하여 계산하게 될 때 이를 재정환율(abitraged rate)이라고 한다. 예를 들어 원/달러환율이 $1 = ₩922.86이고 엔/달러환율이 $1 = ￥117.38이라면 원/엔 환율은 100엔 = 786.22원으로 계산된다. 이와 같이 각종 통화 간의 외환거래에서 환율이 달러화를 이용한 재정환율로 결정되는 이유는 첫째, 환율의 표시가

간단해지고 거래가 편리해지기 때문이며, 둘째, 차익거래의 발생가능성을 방지하기 위해서이다.

(예) U$1 = ₩1,239.10 : 서울 외환시장
U$1 = ¥95.23 : 동경 외환시장

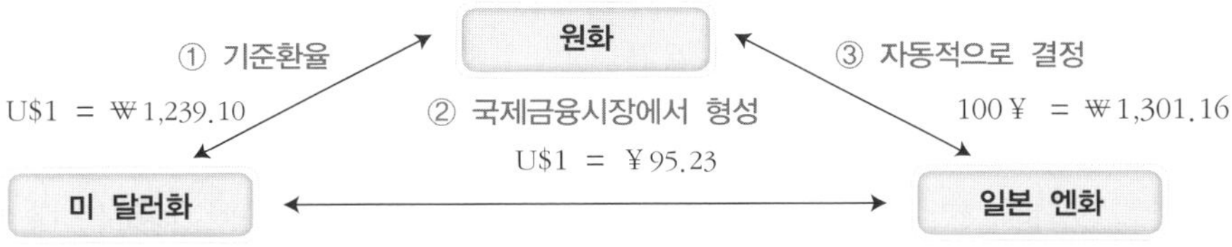

₩/100¥ = {매매기준율(₩/U$)/달러화와 엔화 환율(¥/U$)} × 100
₩/100¥ = (1,239.10/95.23) × 100 = 1,301.16

* 2009년 6월 1일 14시 53분 현재

그림 1-2 재정환율 결정과정

2.3 외환시장

외환시장(foreign exchange market)이란 외환의 매매가 이루어지는 시장이며 서로 다른 통화 간의 매매를 외환거래라고 부른다. 외환시장에서 매매되는 외환에는 협의의 외국통화 이외에 송금환, 우편환, 전신환, 환어음 등이 포함된다. 외부경제주체와 수출입, 해외투자 등 경상 및 자본거래를 수행하기 위해서는 통화 간의 매매가 동반되어야 한다. 이런 의미에서 외환시장은 일국의 국민경제와 외부경제를 연결하는 연결고리로서의 역할을 수행한다고 볼 수 있다. 외환시장은 반드시 이종통화 간 매매가 수반되고 환율이 매개변수라는 점에서 금리를 매개변수로 하여 외환의 대차가 이루어지는 외화자금시장(foreign money market)과는 구별된다.

외환시장에는 수출입업자를 비롯하여 수많은 수요자와 공급자가 참여하고 있으며 외환에 대한 수요와 공급에 의해 일국 통화의 대외가치인 환율이 결정된다. 수출이나 외국인의 국내투자 등은 외환의 공급요인으로 작용하고 수입이나 내국인의 해외투자 등은 외환에 대한 수요를 창출한다. 그리고 외환의 초과수요는 환율의 상승을 초래하는 반면 초과공급은 환율하락을 유도한다.

변동환율제도하에서 환율은 외환의 수급상황에 따라 시시각각으로 변동한다. 이러한 환율의 변동은 환차손(익)을 발생시켜 기업의 재무구조와 생산활동에 직접적인 영향을 미침은 물론, 경상수지, 물가, 경제성장 등 주요 거시경제변수에도 많은 영향을 미친다.

외환시장은 은행이 기업, 정부 등 고객과 외환거래를 수행하는 대고객 외환시장(customer market)과 은행 간의 외환매매가 일어나는 은행간 외환시장(inter-bank market)으로 구분할 수 있는데 협의의 외환시장은 은행간 외환시장을 지칭한다. 외환거래는 주식 등 일반적인 금융상품과는 달리 별도의 거래소가 없이 은행 상호 간 또는 은행과 고객 간의 직거래 형태가 많다. 다만, 우리나라 외환시장에서 은행간 외환거래의 경우에는 주로 외환브로커가 중간에 개재되어 거래를 성사시킨다. 그리고 통화선물, 통화옵션 등 일부 파생외환상품의 거래를 위해서는 별도의 거래소가 설립되어 운영되는데 우리나라에서도 1999년 4월에 선물거래소가 설립되어 미국 달러화를 대상으로 선물과 옵션거래가 도입되었다.

한편 외환거래의 동기는 거래목적에 따라 매우 다양하게 구분할 수 있으나 크게 실수요거래, 환위험 헤지(hedge)거래, 투기(speculative)거래, 재정(arbitrage)거래 등으로 구분된다. 먼저 실수요거래는 수출입 등의 경상거래 및 해외투자, 자본차입 등 자본거래와 관련된 외환매매를 말한다. 그리고 헤지거래는 미래의 실수요거래 또는 현재 보유하고 있는 외화표시 자산 · 부채 등과 관련하여 발생할 수 있는 환위험을 제거하기 위한 외환거래이다. 투기거래는 외환매매를 통하여 환차익을 획득하기 위한 거래이며 재정거래는 외환시장이 불균형상태를 나타낼 경우에 두 가지 이상의 거래를 조합하여 환위험을 부담하지 않고 수익을 획득하기 위한 거래이다.

최근 세계금융시장의 통합화(globalization) 현상이 급진전함에 따라 외환시장의 중요성이 더욱 커지고 있다. 각국 금융시장의 개방화와 금융자산의 증권화(securitization)가 진행되면서 국경 없는 세계적 차원의 금융시장이 형성되고 있다. 이에 따라 고수익 추구를 위한 국제적 자본이동이 활발해지면서 외환거래도 큰 폭으로 증가하고 있다. 특히 미국 달러화, 유로화 등 주요 통화의 경우 전 세계적으로 24시간 외환시장이 형성되고 있다. 그리고 외환시장은 각국의 자본시장 및 단기금융시장과 대체적 또는 보완적 관계를 가지고 있기 때문에 외환시장과 금융시장이 동반하여 발전하는 경향이 나타나고 있다.

2.3.1 외환시장 참가자

우리나라 외환시장의 주요 참가자로는 외국환은행, 고객, 외환브로커가 있으며, 그 밖에 중앙은행인 한국은행도 환율안정 등의 목적으로 제한적으로 외환시장에 참가하고 있다. 먼저 외국환은행은 외국환거래법에 의해 외국환업무를 영위하기 위하여 인가를 받은 기관으로서, 일반고객 또는 외국환은행 상호 간의 외환거래 등을 통하여 외환시장에서 중추적인 역할을 수행한다. 이들은 고객과 외환거래 상대방으로서의 역할을 할 뿐만 아니라 대고객거래 결과 발생하는 은행 자신의 외환포지션(foreign exchanges position) 변동을 은행간시장에서 조정하는 등 적극적으로 외환거래에 참여한다. 또한 환율전망을 토대로 환차익을 획득하기 위한 외환거래도 활발하게 수행한다.

이 은행들 중에서 규모가 큰 대형은행(major banks)들은 외환시장에서 시장조성자(market maker)로서의 역할을 한다. 이들은 전 세계 주요 외환시장에서 특정 통화에 대한 자신의 매입가격과 매도가격을 동시에 제시(two-way quote)하면서 24시간 외환을 매매하고 있다. 이들이 제시하는 매도가격과 매입가격의 차이인 스프레드는 은행들의 수입원이 되는 동시에 외환시장 내 가격결정을 선도해 나가는 기능을 갖고 있다.

한편 기업, 개인, 정부 및 해외투자자 등 고객은 경상거래나 자본거래와 관련하여 외환을 매입 또는 매각하기 위하여 외환시장에 참여한다. 이러한 고객들은 수출대금, 외화차입금, 국내 원화투자자금(외국인의 경우)의 원화환전을 위해 외환시장에 외환을 공급하거나, 수입결제, 해외투자, 해외차입금 상환, 여행경비 등에 필요한 외환을 수요할 뿐만 아니라 그 밖에 환위험 헤지 등을 위해서도 외환거래를 수행한다. 원칙적으로 고객은 외국환은행과 외환을 매매하여야 하며 고객 상호 간의 외환거래는 금지되어 있다. 다만 허가된 환전상과 외국통화 또는 여행자수표의 매매, 체신관서와 우편환의 매매는 허용되어 있으며, 화폐수집용 외국통화 등 특수한 경우에는 고객 간 매매를 인정하고 있다.

그리고 외환브로커는 자기포지션을 보유하지 않고 외국환은행 간의 외환거래를 중개하는 역할을 수행한다. 한국은행은 고객과 외환거래는 수행하지 않지만 환율안정 등 정책적인 목적을 위하여 필요한 경우에 한국은행의 외환보유액 또는 외국환평형기금을 이용하여 외환시장에 개입하고 있다.

2.3.2 매매대상 통화

원칙적으로 외환거래의 대상통화에 대해서는 제한이 없으나 우리나라의 경우 원화와 미국 달러화 간 외환거래가 주종을 이루고 있다. 우리나라 대외거래의 대부분이 미국 달러화로 결제되고 있는데다 해외차입이나 투자 등에 있어서도 미국 달러화의 비중이 매우 높기 때문에 원/달러 거래가 대부분을 차지하고 있다. 대고객거래의 경우에는 미국 달러화 이외에 외화와 원화 간의 거래가 발생하고 있지만 은행간 외환시장에서는 원화와 미국 달러화 이외의 통화 간 매매는 거의 없다. 우리나라에서 외환시장이라고 할 경우에는 원/달러거래가 이루어지는 은행간 외환시장을 지칭하는데 이곳에서는 거래의 원활화를 위해 거래조건이 〈표 1-1〉과 같이 표준화되어 있다. 그러나 대고객시장과 은행간 장외시장의 경우에는 상품의 종류 및 거래조건이 정형화되어 있지 않다.

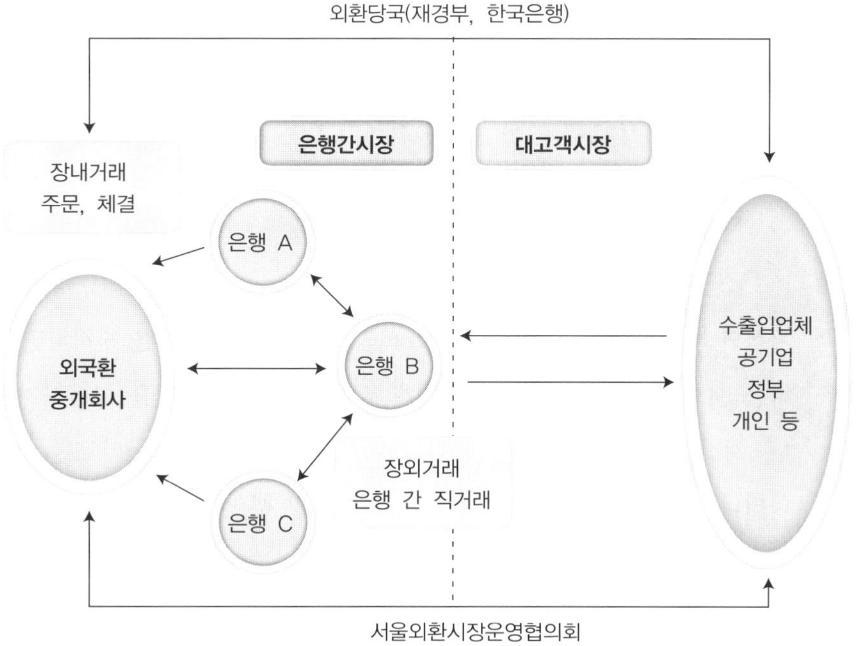

그림 1-3 우리나라 외환시장 구조

표 1-1 은행간 외환시장의 거래조건

	원/달러	원/엔[1]
거래종류	현물환, 선물환, 외환스왑	현물환, 선물환
거래단위	100만달러 이상 50만달러 단위	1천만엔 이상 1천만엔 단위
호가방법	1달러에 대한 원화가격을 10전 단위로 호가(FX스왑거래는 1전 단위)	100엔에 대한 원화가격을 10전 단위로 제시
거래체결	EBS 및 전화 주문방식에 의한 매매주문을 전산으로 자동체결	
거래시간	09:00 ~ 15:00	
매매기준율 산출방법	전일 은행간 장내거래율을 거래량으로 가중평균(매매기준율)	당일 원/달러 매매기준율을 동경외환시장 08:40대 엔/달러환율로 나눔(재정된 매매기준율)
환율변동제한	없음	없음

주 : 1. 원/엔 시장은 개설되어 있으나 실질적으로 원/엔거래는 원/달러거래와 엔/달러거래의 연계에 의하여 처리되기 때문에 거래가 전혀 없음

2.3.3 외환거래 메커니즘

런던, 뉴욕, 도쿄 등 선진 외환시장에서 외환거래는 금융기관 간 직거래(direct dealing)와 브로커(brokers market)를 경유한 거래로 구분되는데 금융기관 간 직거래 비중이 브로커 경유거래보다 많은 것으로 알려지고 있다.

금융기관 간 직거래는 시장조성자(market makers)로 불리는 대형 거래자가 자신의 매입률(bid rate)과 매도율(offer rate 또는 ask rate)을 제시하면 거래를 원하는 시장참가자가 시장조성자에게 직접 연락하여 거래를 성사시키는 방식이다. 시장조성자가 제시하는 매입률-매도율은 시장참가자들의 모니터 스크린에 나타나는데, 이때 제시된 가격은 참고가격일 뿐 실제 거래가격은 거래상대방, 거래금액 등에 따라 달라질 수 있다. 시장조성자는 거래를 원하는 상대방에게 매입률-매도율을 제시하고 상대방이 원할 경우 거래에 응해야 하는 의무를 지는 대신 매입률과 매도율 차이(spread)를 획득하게 된다.

외환브로커는 전통적인 브로커(voice broker)와 최근 등장한 전자주문시스템(automated order-matching system)으로 구분된다. 일반적으로 소액거래는 전자주문시스템을 이용하고 거액거래는 전통적인 브로커를 통하여 거래하는 경향이 있다. 현재 미국에서 운용되고 있는 전자주문시스템은 EBS(Electronic Brokerage Systems)와 Rueters 2000-2이다.

한편, 우리나라의 외환거래는 선진 외환시장과는 달리 대부분이 브로커를 경유하여 이루어지며 은행 간 직거래는 극히 미미하다. 현재 우리나라 외환시장에서 외환거래를 원하는 금융기관은 EBS 또는 외환브로커회사에 전용전화를 이용하여 자신의 기관명, 거래상품, 매입/매도, 환율, 금액 등을 주문하면 외환브로커회사는 접수한 주문 중 최고 매입환율(best bid rate)과 최저 매도환율(best offer rate)을 각 참가 금융기관의 모니터 스크린에 제시한다. 각 금융기관은 모니터에 나타난 직전 체결환율, 최고 매입환율, 최저 매도환율을 보고 의사결정을 하여 외환브로커회사에 주문을 낸다. 그 후 주문이 체결되면 브로커회사로부터 거래체결 연락을 받고 거래상대 금융기관과 거래성립을 확인한 다음 결제를 수행한다. 외국환은행 간 외환거래에 따른 원화결제는 주로 BOK-Wire를 이용하여 한국은행 지준계좌 간에 이체되며, 외화는 해외의 코레스은행(correspondence bank, 주로 뉴욕 소재)을 통하여 결제된다.

표 1-2 외환브로커회사 주문접수 상황

매입주문	매도주문
	A은행 Spot 1M 1,239.20
	B은행 Spot 2M 1,239.30
	…
	Z은행 Spot 0.5M 1,245.00
가은행 Spot 1M 1,239.10	
나은행 Spot 2M 1,239.00	
…	
하은행 Spot 0.5M 1,235.00	

표 1-3 참가 은행의 외환거래 모니터 스크린(value spot)

직전 체결환율	최고 매입환율	최저 매도환율
1,239.20	1,239.10	1,239.20

참고 : 우리나라 외환시장의 구조적 변화*

우리나라는 외환위기 발생 이후 환율절하 압력이 시장 메커니즘에 의해 단기간에 반영될 수 있도록 1997년 12월 16일부터 일중 환율변동 제한폭을 폐지함으로써 자유변동환율제도를 도입하였다. 이와 더불어 1997년 말 외환위기를 겪은 이후 외환자유화 폭이 크게 확대되면서 우리나라 외환시장에서는 다양한 구조적 변화가 나타나고 있다.

먼저, 환율변동 패턴을 보면 밀접한 정(+)의 상관관계를 보이던 원화/엔화환율의 상관계수는 2006년에 0.51에서 2007년 상반기에는 -0.03으로 크게 낮아져 원/엔 간 동조화 현상이 약화되고 있다. 그리고 1999년 4월부터 역외 비거주자와 국내 외국환은행 간의

NDF거래가 허용된 이후 국내 외국환은행과 비거주자 간의 NDF거래가 급격히 늘어나면서 역외에서의 NDF거래가 국내 외환시장의 현물환율에 미치는 영향이 크게 증대되었다. 또한 일부 국내은행들의 적극적인 투자전략 추구, 수출입거래와 외국인투자자금 유입 등 활발한 대외거래 지속, 외국환중개회사 신설 등에 따라 우리나라 외환시장의 일평균 외환거래규모는 2000년 중에 약 32억달러 수준에 그쳤으나 2007년 상반기 중에는 사상 최고치인 134.6억달러를 기록하였다. 그리고 국내은행의 시장 점유비중이 초창기에는 외은지점에 뒤지고 있었으나 그동안 전문 외환딜러를 적극 육성하여 외환거래전략을 적극적으로 추구한 데 힘입어 2004년 이후 외은지점을 압도하였다. 한편 2006년에는 '역내외 스왑레이트차'와 '내외금리차' 간에 상당한 격차가 발생함에 따라 외은지점과 외국인투자자(비거주자)들을 중심으로 무위험 차익을 획득하기 위한 재정거래(arbitrage)가 활발하게 이루어졌다. 그 결과 2000년 중에 74.6%를 차지하였던 현물환거래 비중이 2006년에는 56.8%로 축소된 데 반하여 외환스왑과 파생상품의 거래비중은 25.4%에서 39.6%로 크게 확대되었다. 끝으로 환율연계 금융상품을 비롯한 각종 복합금융상품이 개발되어 활발하게 거래되는 등 외환시장의 상품구조가 다양화되고 있다.

최근 우리나라 외환시장에서 나타나고 있는 구조적 변화를 살펴보면 다음과 같다.

1. 엔화환율과의 동조화 현상 약화

우리나라 외환시장에서는 원/달러환율이 엔/달러환율과 음(-)의 상관관계를 보이면서 원/엔 간 동조화 현상이 약화되고 있다. 2005년 이전에는 원/엔 간 동조화가 두드러지게 나타나는 경향이 있었으나 2005년 위안화 절상 이후부터 상관관계가 약화되기 시작하여 2007년 들어서는 음(-)의 상관성이 높아지는 모습을 보이고 있다. 원화/엔화환율의 상관계수 추이를 보면 2004년에는 0.8에 이르렀으나 2007년에 들어와 원화환율과 엔화환율 간 동조화 현상이 더욱 약화되어 2007년 1분기에는 -0.1 수준까지 감소하였다. 이는 일본의 초저금리 기조와 엔 캐리트레이드(carry trade)의 확대 등으로 엔화가 지속적으로 절하된 반면, 원화는 글로벌 미달러 약세와 수출 호조세의 영향을 받아 절상되었기 때문인 것으로 분석된다.

원화/엔화환율 상관계수 추이

2000	2001	2002	2003	2004	2005	2006	2007 1/4
0.20	0.35	0.77	0.39	0.80	0.46	0.51	-0.10

주 : 월 상관계수의 기간평균

상관계수 = (원화환율과 엔화환율의 공분산)/(원화환율의 표준편차 × 엔화환율의 표준편차)

원/달러 및 엔/달러 환율 추이

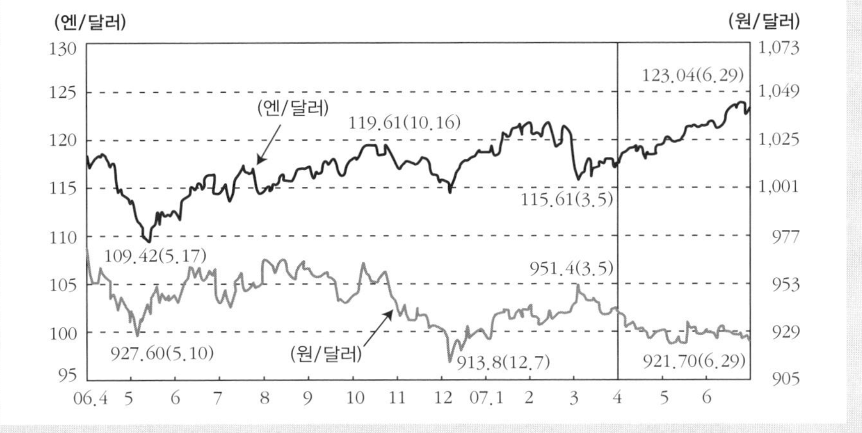

2. 단기간 내 대폭적인 환율하락과 시장참가자들의 군집행동

원/달러환율은 2006년 10월 이후 약 2달여 만에 50원 이상 하락하였다. 이는 엔화약세 흐름에도 불구하고, 수출 호조세 지속과 조선업체를 중심으로 한 선물환 매도 확대 등으로 환율하락 기대심리가 크게 확산된 데 주로 기인하였다. 이에 따라 외환시장은 극도로 달러매수세가 취약하여 정상적인 시장기능이 작동하지 못하는 경우가 종종 발생하였으며 환율하락심리가 증폭되면서 극심한 쏠림현상이 발생하기도 하였다. 일부 수출대기업들의 과도한 선(先)헤지가 환율급락을 주도하는 가운데 수입기업들은 달러매입을 지연하는 등 전형적인 "leading & lagging 현상"이 두드러지게 나타났다. 개인도 거주자외화예금을 인출하여 원화로 환전하는 등 달러매도에 적극적으로 가세하였으며 일부 은행들 또한 '시장조성자(market maker)'의 역할보다는 일방적인 환율하락 기대심리에 편승하여 수익추구를 위주로 거래하였다. 그러나 외국인투자자들은 대체로 관망세를 유지하였다.

거주자외화예금 잔액 추이 (억달러)

	2003년 말	2004년 말	2005년 말	2006년 말	2007년				
					1월	2월	3월	4월	5월
기업	109.9	134.5	142.3	159.1	158.3	156.3	159.0	170.5	178.9
개인	44.8	41.6	32.0	35.8	35.7	35.5	35.1	36.5	37.3
계	154.7	176.1	174.3	194.9	194.0	191.8	194.1	207.0	216.2

비거주자의 역외 NDF거래 동향

역외 비거주자는 2006년 및 2007년 1/4분기 중 원/달러 NDF를 순매입하여 현물환 수요요인으로 작용

- 2006년에는 증권투자자금 순유출(143억달러) 영향으로, 2007년 1/4분기 중에는 미 달러화 강세 등으로 순매수세 지속
  - 1월과 2월 중에는 각각 28.4억달러, 14.7억달러 순매입

비거주자의 NDF 거래[1] 추이 (억달러)

	2005	2006	2007	1/4
NDF 순매입[2]	+15.4	+108.0	+56.4	+52.8
원/달러환율[3]	1,011.6	929.8	923.8	940.8
엔/달러환율[4]	117.82	118.80	123.4	117.66

주 : 1. 비거주자와 국내 외국환은행 간의 거래 기준
2. NDF 만기도래 청산분(fixing) 포함. 비거주자의 NDF매입(+)은 국내 외국환은행의 NDF매도(−)로 나타나므로 동 수치가 (+)일 경우 현물환에 대한 수요증가를, (−)일 경우 현물환에 대한 공급증가를 의미
3. 기말 종가기준
4. 기말 동경시장 16:00 기준

3. 역외 비거주자 NDF거래의 영향력 증대

1999년 4월부터 역외 비거주자와 국내 외국환은행 간의 NDF거래가 허용된 이래 NDF거래 규모는 해마다 꾸준한 증가세를 나타내었다. 2000년에는 일평균 NDF거래 규모가 4억달러에 불과하였으나 2006년에 들어와 42.2억달러로 증가한 데 이어 2007년 1/4분기 중에는 45.4억달러로 대폭 확대되었다.

국내 외국환은행과 비거주자와의 일평균 NDF거래량 추이 (일평균, 억달러)

2000	2001	2002	2003	2004	2005	2006	2007 1/4
4.0	5.1	6.7	13.4	17.1	26.1	42.2	45.4

이와 같이 국내 외국환은행과 비거주자 간의 NDF거래 규모가 커지면서 역외에서의 NDF거래가 국내 외환시장의 현물환율에 미치는 영향이 크게 증대되었다. 최근에는 원/달러 NDF거래가 세계 주요 외환시장인 싱가포르, 홍콩, 프랑크푸르트, 런던, 뉴욕 등으로 시차를 두고 24시간 내내 이어지면서 원/달러 외환거래의 연속성과 세계 외환시장과

의 연계성이 한층 강화되었다.

주요 외환시장의 거래시간(서울시각 기준)

뉴욕		동경 · 홍콩 · 싱가포르 · 서울	
22시	07시	09시	16:00시
시드니		**프랑크푸르트 · 런던**	
07시	14시	16:00시	01:00시

4. 외환거래량의 지속적 확대

국내 은행간시장에서의 일평균 외환거래 규모(중개회사 경유분 기준)를 보면 2000년에는 약 32억달러 수준에 머물렀으나 2006년에 들어 111.6억달러로 대폭 확대된 데 이어 2007년 1분기 중에는 사상 최고치인 137.1억달러를 기록하는 등 뚜렷한 증가세를 보이고 있다.

은행간 외환거래[1] 추이(일평균 기준) (백만달러)

	2002	2003	2004	2005	2006	2007. 1/4
현물환	2,538 (-7.0)	2,599 (+2.4)	3,897 (+49.9)	4,523 (+16.1)	6,340 (+40.2)	7,248 (+25.5)
선물환	0 (-100)	13 (+100)	19 (+46.2)	203 (+968.4)	402 (+98.0)	482 (+33.8)
외환스왑	786 (-10.7)	1,055 (+34.2)	1,534 (+45.4)	2,621 (+70.9)	2,709 (+3.4)	3,666 (+44.2)
파생상품[2]	86 (+53.6)	144 (+67.4)	282 (+95.8)	784 (+178.0)	1,706 (+117.6)	2,310 (+55.2)
합계	3,410 (-7.0)	3,821 (+12.1)	5,732 (+50.0)	8,131 (+41.8)	11,157 (+37.2)	13,706 (+35.2)

주 : 1. 외환중개회사를 경유한 은행간 원/달러거래임
2. 통화스왑 및 옵션 등
3. (　　) 내는 전년동기 대비 증감율(%)임

거래형태별로 보면 현물환거래는 수출입과 자본거래 확대 등 활발한 대외거래 지속, 일부 국내은행들의 적극적인 투자전략 추구, 2006년 2월 1일부터 시행된 이중 호가제[1)]

1) 2006년 2일 1일 이후 은행간시장에서 거래된 환율은 은행간시장 참여 회원은행에게만 제공하고 기업, 역외거래자 등 대고객시장 참가자들은 은행간시장 참여자들이 재고시하는 별도 환율(준거환율)을 참고하여 거래은행과 네고한 후 거래하는 체계로 변경. 이에 따라 역외물량이 역내로 이전되면서 거래량 증가요인으로 작용

등과 같은 요인들이 복합적으로 작용한 데 힘입어 2006년에는 전년대비 40.2%의 높은 증가세를 나타내어 63.4억달러에 이르렀으며 2007년 상반기에 들어서도 18.2% 증가하여 71.1억달러에 달하였다.

한편, 외환스왑 및 파생상품거래도 큰 폭의 증가세를 나타내고 있는데 이는 기존의 2개 외국환중개회사 외에 2개의 외국환중개회사[2)]가 신규로 설립되어 본격적인 거래를 시작한 데 힘입은 것으로 보인다. 그리고 일반적으로 외환시장에서 역내외 스왑레이트는 활발한 재정거래에 의하여 내외금리차에 수렴하는 것이 정상인데 2006년 초부터 일시적으로 역내외 스왑레이트와 금리차가 격차를 나타내면서 외국인투자자들을 중심으로 무위험 차익을 획득하기 위한 재정거래가 활발히 이루어진 것도 스왑거래의 증가요인으로 작용하였다.

스왑레이트 및 외환스왑거래량 추이 (%, 백만달러)

	2004	2005	2006	1/4	2/4	3/4	4/4
현물환율[1]	1,143.7	1,024.1	955.1	976.4	949.9	955.0	938.1
NDF선물환율[2]	1,150.0	1,024.2	952.8	974.6	947.3	952.5	936.0
스왑레이트[3](A)	2.17	0.00	-0.92	-0.64	-1.09	-1.02	-0.91
내외금리차[4](B)	2.14	0.07	-0.72	-0.54	-0.84	-0.79	-0.73
(A − B)	+0.03	-0.07	-0.20	-0.10	-0.25	-0.23	-0.18
외환스왑거래량[5]	1,534	2,621	2,709	2,542	2,813	2,525	2,923

주 : 1. 종가기준
2. 프레본 야마네사의 16:00 현재 3개월물 bid-offer 중간율
3. (NDF환율 − 현물환율)/현물환율 × 100(%)를 연율(%)로 환산
4. Koribor(3개월물)금리* − Libor(3개월물) (연율, %) * 2004년 7월 26일 이전은 CD(91일물)금리
5. 외환중개회사를 경유한 은행간 원/달러거래

5. 역내외 스왑레이트차를 이용한 재정거래 활발

앞에서 언급한 바와 같이 2004년 중에 외은지점과 외국인투자자(비거주자)들은 '역내외 스왑레이트차'와 '내외금리차'와의 격차를 이용한 재정거래(arbitrage)를 활발히 행하

2) ① KIDB-ICAP는 국내 6개 대형증권사와 국민은행이 주축이 되어 설립한 KIDB(Korea Inter Dealer Brokerage ; 채권중개회사)와 영국계 외국환중개회사인 ICAP(Inter-Capital plc.)이 합작하여 2004년 10월 7일에 설립하였으며 외환스왑 및 통화스왑거래, NDF 등 외환파생상품거래를 주로 중개하고 있음.
② 털릿프리본코리아외국환중개(주)는 2005년 5월 24일에 설립되어 외환중개업무를 개시하면서 해외 금융기관들의 국내 중개사 이용이 확대됨.

여 수익을 적극적으로 추구하였다. 특히, 2004년 1~2월중 정부의 NDF규제조치[3] 이후 역외 스왑레이트가 대폭 하락하여 역내외 스왑레이트 차이가 크게 확대되자 외국인 투자자들은 해외에서 달러를 차입하여 sell/buy 외환스왑거래를 통해 원화를 조달한 후에 국고채 등에 투자함으로써 상당한 금리차익을 획득하였다.

이러한 거래행태를 반영하여 2007년 상반기 중 외국인들의 국내 채권투자규모가 2006년의 연간 실적(17,906억원)의 2.2배에 달하는 39,970억원으로 크게 확대되었다.

외국인의 국내채권 투자규모 추이

(억원)

2004	2005	2006	2007 상반기	1/4	2/4
20,290	13,644	17,906	39,970	20,093	19,877

자료 : 금융감독원, '금융시장동향 종합분석'

스왑레이트 및 내외금리차 추이(기간평균)

(%)

	2004	2005	2006	1/4	2/4	3/4	4/4
역내스왑레이트(A)	2.32	0.01	-0.92	-0.63	-1.09	-1.02	-0.92
역외스왑레이트[1](B)	2.17	0.01	-0.92	-0.64	-1.09	-1.02	-0.91
내외금리차[2](C)	2.14	0.09	-0.72	-0.54	-0.84	-0.79	-0.73
(A - C)	+0.18	-0.08	-0.20	-0.09	-0.25	-0.23	-0.19
(B - C)	+0.03	-0.08	-0.20	-0.10	-0.25	-0.23	-0.18

주 : 1. "(NDF환율 - 현물환율)/현물환율 × 100"을 연율(%)로 환산

2. "Koribor(3개월물)금리 - Libor(3개월물)"의 연율(%).

단, 2004년 7월 26일 이전은 CD(91일물)금리

한편 외은지점들은 역내 스왑레이트가 크게 상승하여 내외금리차를 큰 폭으로 상회하였던 2004년 1~4월 중과 7월 중에, 그리고 국내금리 인하 기대감이 팽배하였던 9월 중에는 국내에서 원화콜 차입을 통해 원화자금을 조달한 다음 이를 buy/sell 외환스왑거래를 활용하여 외화로 환전한 후 본지점거래를 통하여 해외에서 운용함으로써 차익을 얻은 것으로 추정된다.

외은지점의 원화콜차입 추이

(조원)

2004	2005	2006	2007. 1/4
5.21	4.56	-7.30	5.32

3) NDF 매입초과포지션 : 2004년 1월 14일자 매입초과포지션의 110% 이내
NDF 매도초과포지션 : 2004년 1월 16일자 매도초과포지션의 90% 이상

역내 스왑레이트차 및 외은지점의 본지점계정 증감 추이

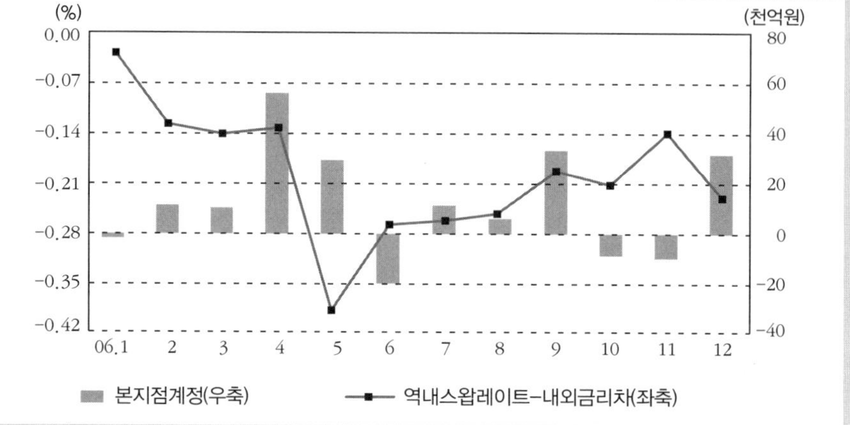

6. 환율연계 금융상품 판매 호조

다양한 복합금융상품이 개발되어 활발히 시판되면서 환율연계 금융상품이 등장하여 인기리에 판매되었다. 가장 대표적인 사례로는 2004년 5월 이후 원/달러환율이 상당 기간 안정적으로 움직일 것이라는 예상이 확산되자 원화환율이 "일정 기간 일정 범위 내에 머물 경우에 높은 이자를 제공(일종의 knock-out 옵션거래)"하는 환율연동채권펀드[4]가 증권사와 은행 등을 통해 상당히 큰 규모(약 8천억원으로 추산)로 판매되었다.

그리고 2003년 3월에 개발되어 시판되기 시작하였던 인터넷을 이용한 "차액결제현물환(non-deliverable spot)거래"[5]도 원화환율이 크게 하락하였던 2004년 11월과 12월 중 개인고객을 중심으로 크게 증가하여 월평균 거래량이 약 6억달러에 달하였다.

4) 이 펀드는 '원금을 보장해 주는 금융상품'으로서, 고객은 환율이 일정 기간 동안(대체로 6개월) 일정 범위 내(예 : 계약환율 대비 약 50원 내외)에서 움직이면 고수익(연 7~13%)을 얻고, 만약 원화환율이 상기 한도를 한 번이라도 벗어날 경우에는 원금만을 보장받는 상품.
이 상품을 판매한 금융기관들은 판매에 따른 취급수수료를 획득하고, 이를 개발한 자산운용사들은 대부분의 자금을 금융채 등 채권에 투자하여 원금보상을 해줄 수 있도록 자금을 운용하는 한편, 일부 자금을 외은지점 등으로부터 원/달러 콜옵션을 매입하여 환율변동에 따른 리스크를 헤지함으로써 수익 획득.

5) 차액결제현물환(non-deliverable spot)거래는 고객(대부분 개인)이 인터넷을 이용하여 은행과 차액만을 결제하는 조건으로 미 달러화를 매매하는 현물환거래로서 'FX 마진거래'라고도 함. 고객은 인터넷을 이용하여 편리하게 거래대금의 5%만을 유지증거금으로 납부해 놓고, 현물환을 은행간 거래환율 수준으로 사고팔아 고수익을 올릴 수도 있지만 큰 손실을 볼 수도 있는 투기거래임. 계약 후 2영업일 종가기준으로 결제(value spot)를 하는데, 은행은 결제리스크를 관리하기 위하여 원칙적으로 일일정산을 실시.

환율연동 금융상품의 거래구조

- 자산운용사(투신사)는 '환율연동채권펀드' 자금의 대부분(98.5%)을 채권에 투자하고 나머지(1.5%)는 콜옵션 매입[계약기간 중 환율이 특정범위(계약환율 대비 약 50원 내외) 내에 있을 때 고액의 프리미엄을 수취하는 구조]
  - 환위험 헤지를 위한 콜옵션 매입은 국내 외은지점을 통해 매입
  - 국내 외은지점은 만기 등 동일 조건의 콜옵션을 해외소재 동행 지점으로부터 재매입

환율연동 금융상품의 거래구조

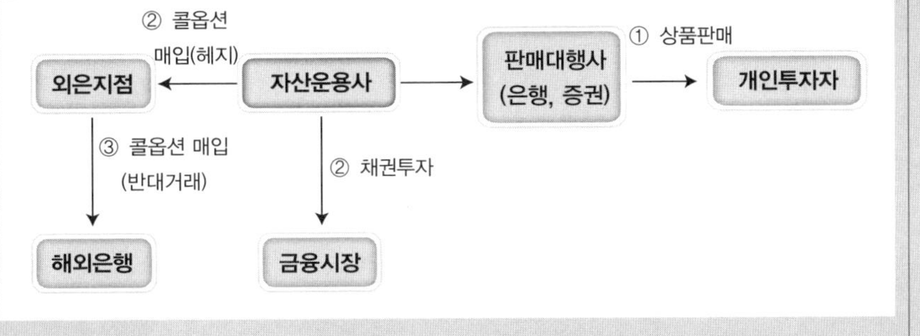

- 개인투자자들은 계약기간 중(보통 6개월) 원/달러환율이 계약시 환율의 ±50원 이내에 있을 때는 7～13%의 높은 고수익을 얻지만, ±50원을 벗어날 경우에는 원금만 보장

개인투자자들의 수익률 구조 예시(계약시 환율 1,150원인 경우)

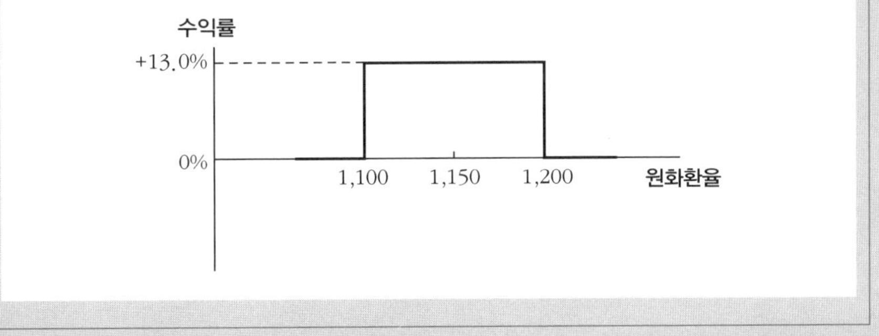

7. 파생금융상품 거래비중 확대

우리나라 외환시장의 상품종류별 거래비중 추이를 보면 현물환거래비중이 점차 줄어들고 있는 데 반하여 외환스왑 및 파생금융상품의 거래비중은 뚜렷한 증가추세를 나타내고

있다. 현물환거래는 2000년 중에 74.6%를 차지하였으나 비중이 계속 축소되어 2007년 1/4분기에는 52.9%로 하락하였다. 이와는 반대로 외환스왑 및 파생상품 거래비중은 2000년 중에 25.4%에 머물렀으나 2007년 1/4분기에는 43.6%로 크게 확대되었다. 이는 스왑레이트차와 내외금리차의 격차를 이용한 재정거래(arbitrage)를 수행하기 위한 외환스왑거래가 활발히 이루어진데다 신규로 2개의 외환중개회사(KIDB-ICAP와 털릿프리본코리아)가 설립되어 해외금융기관들이 신설 중개사를 이용하여 외환스왑, 통화스왑거래, NDF 등 외환파생상품거래를 확대한 데 기인한 것으로 분석된다.

은행간 외환거래[1] 상품별 구성추이(일평균 기준) (%)

	2002	2003	2004	2005	2006	2007. 1/4
현물환	74.4	68.3	68.0	55.6	56.8	52.9
선물환	0.0	0.3	0.3	2.5	3.6	3.5
외환스왑	23.0	27.6	26.8	32.2	24.3	26.7
파생상품[2]	2.5	3.8	4.9	9.7	15.3	16.9
합계	100	100	100	100	100	100

주 : 1. 외환중개회사를 경유한 은행간 원/달러거래임
2. 통화스왑 및 옵션 등

8. 국내은행의 시장 점유율 상승

은행그룹별 국내 외환시장의 점유율을 보면 2003년에는 국내은행의 비중이 47.3%인데 비하여 외은지점은 52.7%를 차지하여 국내은행을 5% 포인트 이상 앞질렀다. 그러나 국내은행이 전문 외환딜러를 적극 육성하는 한편 외환딜링 관련투자를 확대하는 동시에 외환거래전략을 적극적으로 추구한 데 힘입어 2007년 1/4분기에는 국내은행의 시장 점유율이 54.7%로 확대되어 외은지점을 압도하였다.

은행그룹별 외환시장 점유율 추이[1] (%)

	2003	2004	2005	2006	2007. 1/4
국내은행	47.3	53.0	54.1	55.2	54.7
외은지점	52.7	47.0	45.9	44.8	45.3
합계	100	100	100	100	100

주 : 1. 전통적 외환거래 및 외환파생거래의 대고객 · 은행간 시장 거래 전체의 구성비

* **자료** : 한국은행, '외환거래 동향'

2.4 외환거래의 형태

외환거래는 현물환거래와 이로부터 파생된 파생외환거래로 대별할 수 있는데 파생외환거래에는 선물환(forward exchange), 외환스왑(forward exchange swap), 통화선물(currency futures), 통화옵션(currency options), 통화스왑(currency swap) 등이 있다.

2.4.1 현물환거래

외환거래에서는 거래가 성립되는 계약 체결일과 거래당사자 간에 외환이 인수·결제되는 인수도일이 서로 다른 경우가 많은데 외환거래의 인수도일을 결제기일(value date)이라고 부른다. 일반적으로 현물환거래에서는 외환거래를 체결한 후 지급지시 또는 지급이체 등 사무 처리에 소요되는 기간을 감안하여 결제기일을 계약일로부터 2영업일 후로 설정하고 있다. 그러나 모든 국가에서 현물거래의 결제기일이 반드시 2영업일 후가 되는 것은 아니다. 우리나라에서도 1995년 12월 1일 이전까지는 현물환거래의 결제기일이 계약일로부터 1영업일 후로 설정되어 있었다. 현물환(spot exchange)은 결제기일의 종류에 따라 당일물(value today), 익일물(value tomorrow), 익익일물(value spot)로 구분된다. 당일물은 계약체결 당일에 결제가 이루어지는 외환거래이며 익일물은 계약체결일로부터 1영업일 후에 결제가 이루어지는 거래이다. 그리고 익익일물은 계약체결일로부터 2영업일 후에 결제가 이루어지는 외환거래이다. 여기서 결제일은 한국과 미국 중 한 국가만 휴일이면 다음 영업일로 순연되지만 익영업일은 한국이 휴일

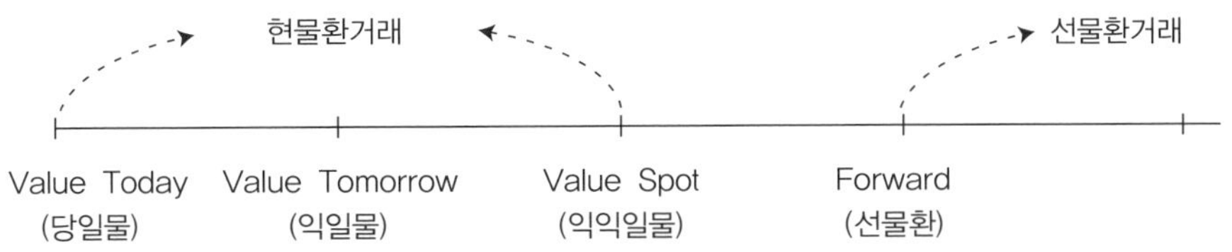

인 경우에만 다음 영업일로 순연된다. 국제금융시장에서 현물환거래는 2영업일(spot) 후에 결제되는 것이 관행이며 이러한 현물환거래는 가장 전통적인 거래형태이다. 그리고 일반적으로 환율이라고 하면 현물환시장에서 결정되는 현물환율을 지칭한다.

〈예시〉

2009.6.1일(월) A은행이 B은행으로부터 1백만달러를 현물환율 1,239.10원에 value spot으로 매입

- 제2영업일인 6.3일(수)에 B은행은 A은행 계정(해외소재 은행)에 1백만달러를 이체, A은행은 B은행 계정(한국은행 당좌계정)에 원화 12억 3,910만원(1,239.10원 × 1백만달러)을 이체

〈제2영업일〉

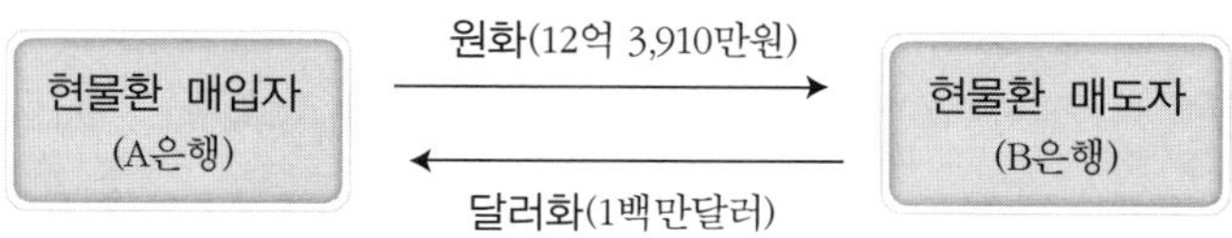

2.4.2 선물환거래

선물환거래는 계약체결일로부터 영업일수 기준으로 2일을 경과한 후 장래의 특정시점에서 일정한 환율로 외환을 수도 · 결제할 것을 약정하는 거래이다. 다시 말해 선물환거래의 환거래계약은 거래 당일에 이루어지지만 자금결제는 미리 약정된 환율에 따라 장래 특정시점 또는 일정 기간 내에 이루어지게 된다. 선물환거래에서 수도결제일은 익익일(spot date)로부터 1개월, 2개월, 3개월, 6개월 및 12개월째 되는 날이 일반적이다(여기에서 'spot date'는 계약일로부터 영업일수가 이틀 후가 되는 날을 말한다). 선물환거래는 장래의 상품시세 변동에 따른 손실을 예방하기 위해 도입된 상품선도거래(forward transaction)방식이 외환

거래에까지 확대된 것으로서 1920년대부터 활발하게 이용되어 왔다. 특히 1970년대 초에 국제통화제도가 변동환율제로 이행되면서 선물환거래가 환위험으로부터 외환거래를 보호하기 위한 수단으로 활발하게 이용되고 있다.

〈예시〉

2009년 6월 1일에 A은행이 B은행으로부터 1백만달러의 선물환(1개월물)을 1,230원에 매입

- 1개월 후 A은행은 B은행에 원화 12억 3천만원*을 지급, B은행은 A은행에 외화 1백만달러를 지급

〈제2영업일 + 1개월〉

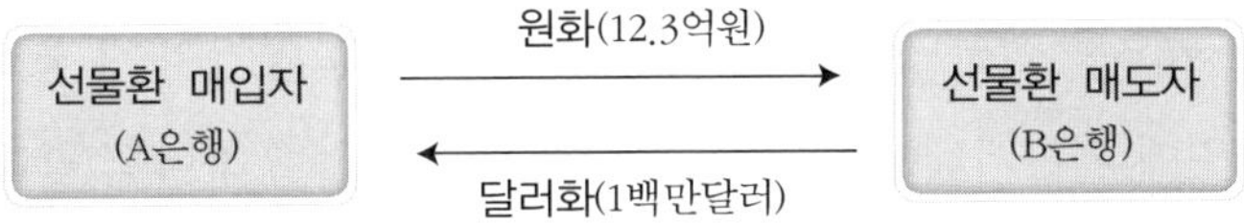

* 1,230원 × 1백만달러

선물환거래의 주요한 특징은 장래에 매매할 두 통화의 교환비율을 계약일에 미리 결정한다는 점이다. 선물환계약에 적용되는 환율을 선물환율(forward exchange rate)이라고 하는데, 선물환계약의 만기에 따라 각각 상이한 선물환율이 존재한다. 그리고 선물환거래의 형태는 일방적으로 선물환을 매입 또는 매도하는 아웃라이트거래(outright transaction)와 선물환과 현물환 또는 만기일이 서로 다른 두 개의 선물환을 동시에 반대방향으로 매입 · 매도하는 스왑거래(swap transaction)로 구분된다.

선물환거래에 적용되는 선물환율은 기본적으로 이자율평가이론(interest rate parity theory)에 따라 양국 간의 이자율 차이와 현물환율 수준에 의하여 결정된다. 그러나 이 밖에도 선물환의 수급상황, 거래비용, 장래 환율전망에 대한 시장참가자들의 기대심리, 정치 · 경제상황 등 다양한 요인이 선물환율에 영향을 미친다.

여기서 말하는 이자율평가이론이란 국가 간에 자본이동이 자유로운 경제체제에서 선물환율은 현물환율을 기준으로 두 통화 간의 금리차이에 의해 결정된다는 것이다. 만약에 선물환율의 스왑레이트(swap rate)가 양 통화 간 금리차와 괴리될 경우에는 커버된 금리재정거래(covered interest arbitrage)를 통해 환위험을 부담하지 않고 이익을 획득할 수 있게 된다. 이러한 재정거래를 통하여 선물환율의 스왑레이트는 두 통화 간의 금리차이를 반영하여 결정된다. 그 결과 가격표시통화에 비해 고금리통화의 스왑레이트는 디스카운트(-)로, 저금리통화의 스왑레이트는 프리미엄(+)으로 나타나게 된다. 실제로 국제외환시장에서 엔/달러 등 주요국 통화 간의 스왑레이트는 양 통화 간의 금리차에 의하여 결정되고 있다.

과거 우리나라 외환시장에서는 외국환은행에 대한 현물환 포지션 보유한도 규제 등으로 선물환율이 내외 금리차를 제대로 반영하지 못하였으나 1999년 4월 1일에 외환거래에 대한 각종 규제가 폐지된 후부터 스왑레이트는 대체로 내외금리차 수준에 근접하는 모습을 보였다. 그러나 2006년 이후 원화가치 상승에 따라 조선 · 중공업 등 수출업체가 수출대금 헤지를 위해 선물환 매도거래를 크게 늘린데다 2007년에 들어와 해외주식투자자금을 헤지하기 위한 선물환 매도수요가 가세됨에 따라 스왑레이트가 내외금리차를 크게 밑도는 현상이 지속되었다.

참고 : 이자율평가이론(Interest Rate Parity Theory ; IRPT)

우리나라와 미국 간 자본이동에 규제가 없다면 양국에 투자한 각각의 투자수익률이 동일하여야 한다. 만약 우리나라의 투자수익률이 미국의 투자수익률보다 높으면 미국에서 차입한 자금으로 우리나라에 투자함으로써 무위험 차익을 얻을 수 있다. 이에 따라 양국 간에 금리재정거래(interest arbitrage)가 발생하게 되어 결과적으로 양국의 환산수익률이 동일한 수준으로 수렴하게 된다.

예를 들어 1억원의 자금을 우리나라와 미국에 1년간 투자한 경우에 1년 후 투자원리금은 각각 다음과 같이 계산되며 이들은 서로 같아야 한다.

$$₩1억(1+i) = \frac{₩1억}{S} \times (1+i^{*}) \times F$$

단, i : 우리나라 금리, i^{*} : 미국 금리, S : 현물환율, F : 선물환율위의 식을 정리하면 다음과 같이 표시할 수 있다.

$$\frac{F}{S} = \frac{1+i}{1+i^*}$$

이 식에서 양변에 1을 뺀 후 다시 정리하면 다음과 같다.

$$\frac{F-S}{S} = \frac{(1+i)-(1+i^*)}{1+i^*} = \frac{i-i^*}{1+i^*}$$

$$F = S + S \times (i - i^*) \quad (\because 1+i^*\text{은 1과 근사함})$$

따라서 선물환율은 현물환율을 기준으로 양국의 금리차($i-i^*$)에 의하여 결정된다는 것을 알 수 있다.

만약, $i = i^* \rightarrow F = S$: flat, square 상태

$i \succ i^* \rightarrow F \succ S$: 선물환율은 현물환율에 premium

$i \prec i^* \rightarrow F \prec S$: 선물환율은 현물환율에 discount

〈예시〉

현물환율 : 1GBP = 2.4USD

3month 파운드 금리 = 10%

3month 달러 금리 = 7%

ⓐ 100£의 3개월 투자원리금 = 100 × (1 + 0.1 × 3/12) = 102.5£

ⓑ 240$의 3개월 투자원리금 = 240 × (1 + 0.07 × 3/12) = 244.2$

현재시점에서 100£의 가치 = 240$의 가치

⇨ 3개월 후 투자원리금의 가치 동일(ⓐ = ⓑ)

102.5£ × F = 244.2$

F = 244.2/102.5 = 2.3824$

swap point = 2.4000 − 2.3824 = 0.0176(£당 176틱)

= 2.4 × (0.10 − 0.07) × 3/12 = 0.018(간편셈)

선물환율을 표시하는 방법은 크게 두 가지로 구분할 수 있다. 첫째, 선물환율의 호가를 현물환율과 같은 방법으로 그대로 표현하는 것으로 은행들이 고객을 상대로 선물환율을 제시할 때 이용된다. 이 경우에 선물환율이 현물환율보다 높을 때를 선물환율이 현물환율에 비하여 할증(또는 프리미엄)상태에 있다고 말하며, 반대로 선물환율이 현물환율보다 낮을 때는 할인(또는 디스카운트)상태에 있다고 말한다. 그리고 선물환율과 현물환율이 같을 때는 선물환율이 플랫(flat)하다고 표현한다. 둘째, 선물환율을 현물환율과의 차이로 표시하는 방법이 있다. 이러한 선물환율과 현물환율의 차이를 스왑포인트(swap point)라고 부르는데 실제로 외환시장에서는 선물환율을 표시할 때 현물환율과 선물환율의 차이로 표시하는 것이 관례로 되어 있다. 현물환의 매입률(bid rate)과 선물환의 매입률의 차이 또는 현물환의 매도율(offer rate)과 선물환의 매도율의 차이인 포인트(point)로 선물환율을 나타내는 방법을 '포인트 표시방법' 이라고 한다.

실제로 외환시장에서 선물환율을 표시하는 방법은 다음과 같다. 환율을 매입-매도율(bid-offer rate)로 이중고시(two-way quotation)할 때 스왑포인트의 bid 값이 offer 값보다 작은 경우에는 현물환율의 양쪽에 스왑포인트를 더하고 반대로 bid 값이 offer 값보다 큰 경우에는 현물환율의 양쪽에서 스왑포인트를 빼서 선물환율을 계산한다.

① 원/달러환율이 다음과 같이 고시된 경우의 선물환율

	현물환	1개월	3개월	6개월	1년
고시방법	1,263.0/63.1	1.5/3.5	3.0/6.0	8.0/12.0	17.0/23.0
선물환율		1,264.5/6.6	1,266.0/9.1	1,271.0/5.1	1,280.0/6.1

② 엔/달러환율이 다음과 같이 고시된 경우의 선물환율

	현물환	1개월	3개월	6개월	1년
고시방법	97.30/32	0.50/45	1.50/40	3.10/2.90	6.15/5.85
선물환율		96.80/87	95.80/92	94.20/42	91.15/47

선물환거래는 i) 기업들의 경상거래에 따른 환위험의 헤지, ii) 금융기관들의 자금조달 · 운용과정에서 발생하는 환위험의 헤지, iii) 환차익을 얻기 위한 투기적 동기의 외환매매 등에 광범위하게 이용되고 있다.

표 1-4 달러/원 선물환 마진(inter-bank rates, 2006.2.9 기준)

term	EXP. DAT	BID/OFFER	VOLUME(MIL)	LAST	OPEN	HIGH	LOW
ON	2006.2.10	-4/1	10.0/10.0				
TN	2006.2.13	-8/-1	10.0/10.0				
1W	2006.2.21	-25/5	10.0/10.0				
2W	2006.2.27	/	/				
1M	2006.3.13	-80/0	10.0/10.0				
2M	2006.4.13	-140/-50	10.0/10.0				
3M	2006.5.15	-190/-100	10.0/10.0				
6M	2006.8.14	-400/-200	10.0/10.0				
9M	2006.11.13	/	/				
1Y	2007.2.13	-790/-390	10.0/10.0				
1~2	2006.4.13	/	/				
1~3	2006.5.15	/	/				
1~6	2006.8.14	/	/				
1~9	2006.11.13	/	/				
1~12	2007.2.13	/	/				

미국의 지속적인 금리인상과 원화 금리의 하락으로 대부분의 만기에서 선물환율은 현물환율보다 낮은 수준에 형성되어 있음

i) 기업의 경상거래에 따른 환위험의 헤지

수출입거래 등 경상거래에서 결제통화가 외화인 경우에는 미래 결제시점에서 원화금액이 확정되지 않기 때문에 해당 기업은 환위험에 노출된다. 이때 수출기업은 선물환을 매도하고 수입기업은 선물환을 매입함으로써 현재 시점에서 미래 자금흐름의 원화금액을 확정할 수 있다. 그리고 경상거래에 따르는 환위험을 관리하기 위해서는 선물환거래를 이용하는 헤지방법 대신에 현물환거래와 단기금융시장을 동시에 이용하여 헤지할 수도 있는데 이 경우에 선물환시장과

단기금융시장은 서로 대체관계에 있게 된다.

예를 들어서 3개월 후에 1,000만달러의 수입대금을 결제할 예정인 A기업이 환율변동위험을 헤지하려고 한다. 만약 원/달러 현물환율이 1,200원, 3개월 선물환율이 1,202원, 원화금리가 7%, 미달러화 금리가 5%라면 이 경우에 A기업이 환위험을 제거하기 위한 헤지방법은 두 가지를 생각해 볼 수 있다. 첫째, 만기 3개월짜리 선물환을 1,000만달러어치 매입하거나, 둘째, 원화를 차입하여 987.65만달러만큼의 현물환을 매입한 후 이 달러자금을 3개월간 운용한 원리금 1,000만달러를 수입 결제자금으로 사용할 수 있는데 이를 합성선물환(synthetic forward)거래라고 부른다. 두 번째 방법에서 현물환으로 매입하는 $987.65만달러[1]는 A기업이 3개월 후에 결제할 수입대금 1,000만달러의 현가(present value)에 해당하는 금액이다.

앞에서 설명한 두 가지 방법은 헤지효과면에서 전혀 차이가 없지만 A기업의 입장에서 어느 방법을 이용하는 것이 유리할까? 그것은 어느 방법이 3개월 후 A기업의 원화부담비용이 적은가에 달려 있다.

각각의 헤지방법에 있어서 3개월 후 A기업이 부담할 원화비용의 미래가치를 계산하면 다음과 같다.

① 선물환 : 1,202원 × $1,000만 = 120.2억원

② 합성선물환 : 1,200원 × $987.65만 × [1 + (0.07/4)] = 약 120.6억원

따라서 A기업은 ② 합성선물환 매입(원화 차입 & 현물환 매입)방법보다 ① 선물환 매입방법이 더 유리하다는 것을 알 수 있다. 그 이유는 실제 선물환율(1,202원)이 이론선물환율(1,206원[2])보다 낮게 형성되어 있기 때문이다.

ii) 금융기관의 자금조달 · 운용과정에서 발생하는 환위험 헤지

금융기관들은 이윤추구를 위하여 거래통화에 관계없이 가능한 낮은 비용으

---

1. $1,000만 ÷ [1 + (0.05/4)] = $987.65만달러

2. 1,206원 = 1,200원 × [1 + (0.07 − 0.05)/4]

로 차입하여 높은 수익을 추구하게 되는데 이때 외화자금의 흐름과 관련된 환위험을 헤지하기 위하여 선물환거래를 이용한다.

예를 들어 원/달러 현물환율이 1,200원, 6개월 선물환율이 1,204원, 원화금리가 7%, 미국 달러화 금리가 5%라고 가정할 때 원화 100억원을 조달하여 6개월간 운용할 예정인 A은행은 다음과 같은 두 가지 거래방안을 선택할 수 있다. 첫째, 7%의 금리로 원화 100억원을 차입하거나, 둘째, 100억원에 상당하는 외화($833.3만달러 = 100억원 ÷ 1,200원)를 국제금융시장에서 5%로 차입하여 이를 현물환율로 매도하는 동시에 환위험을 제거하기 위해 만기 6개월의 선물환으로 원리금에 해당하는 금액($854.1만 = 833.3 × 1.025)을 매입한다.

이때 원화로 표시한 지급 원리금의 6개월 후 미래가치는 다음과 같다.

① 첫 번째 방안 : 100 × [1 + (0.07/2)] = 103.5(억원)

② 두 번째 방안 : 854.1(만달러) × 1,204 = 102.8(억원)

따라서 A은행은 두 번째 방안인 미국 달러화로 자금을 조달함으로써 차입비용을 절감할 수 있다.

이처럼 금융기관들의 자금조달 · 운용과 관련된 선물환거래는 반드시 반대방향의 현물환거래를 수반하기 때문에 실제 은행간 거래에 있어서는 두 종류의 거래를 따로 따로 수행하기보다는 현물환거래와 선물환거래를 동시에 체결하는 거래방법인 외환스왑거래를 이용하고 있다.

iii) 환차익을 얻기 위한 투기적 동기의 외환매매

끝으로 선물환거래를 이용하는 목적으로서 외환시장 참가자들이 주관적인 환율예상에 근거하여 선물환을 매입 또는 매도함으로써 환차익을 획득하려는 거래가 있다.

앞에서 설명한 바와 같이 기업들의 경상거래나 금융기관들의 자금조달 · 운용과정에서 발생하는 환위험을 헤지하기 위한 외환거래가 활발하게 이루어질 경우에는 선물환율이 이자율평가이론에 의하여 내외 금리차를 반영하여 결정된다. 그러나 자본이동에 대한 규제 등으로 재정거래가 원활하게 이루어지지 못할 경우에는 선물환율이 미래의 환율예상을 반영하여 내외 금리차를 벗어난 수준에서 형성될 수도 있다.

참고 : 커버된 금리재정거래(Covered Interest Arbitrage)

외환시장과 단기금융시장에서 형성되고 있는 환율과 금리가 다음과 같을 때 만기 3개월의 이론선물환율은 1,005원*이 된다.

- **시장조건** 현물환율(KRW/U$) : 1,000원
  원화 운용금리(3개월) : 8%(연율)
  달러화 차입금리(3개월) : 6%(연율)

이론선물환율이 1,005원일 때 선물환시장에서 실제 선물환율(3개월물)이 1,007원에 형성된다면 다음과 같은 거래를 통하여 무위험(risk-free) 차익을 얻을 수 있다.

선물환율(1,007원)이 이론가격(1,005원)보다 고평가되어 있기 때문에 "저가 매입, 고가 매도(Buy Low & Sell High)"원칙에 의하여 현물환을 매입하는 동시에 선물환을 매도하는 "Buy/Sell Swap"거래를 통하여 무위험 차익을 얻을 수 있다. 이와 같은 재정거래를 '커버된 금리재정거래(covered interest arbitrage)'라고 부른다.

〈커버된 금리재정거래 과정〉

① 1,000원을 8%로 3개월간 차입하여

② $1를 1,000원에 매입

③ $1를 6%로 3개월간 운용(원리금 = $1.015)

④ $1.015를 1,007원/$에 선물환(만기 3개월)으로 매도

위와 같이 1,000원을 차입하여 커버된 재정거래를 실시함으로써 2.1원의 무위험 차익을 획득할 수 있다.

– 수익 : [$1 × (1 + 0.06 × 1/4)] × 1,007원 = 1,022.1원

– 비용 : 1,000원 × (1 + 0.08 × 1/4) = 1,020원

$*1,000 + 1,000 \times (0.08 - 0.06) \times \frac{1}{4}$

이와 같은 시장가격의 불균형이 지속되는 동안에는 계속적으로 Buy/Sell Swap(현물환 매입 & 선물환 매도)거래가 일어나기 때문에 결과적으로 현물환율은 상승하고 선물환율은 하락하게 되어 균형환율로 수렴하게 된다.

2.4.3 차액결제선물환거래

차액결제선물환(non-deliverable forward ; NDF)계약은 일반 선물환계약과는 달리 계약만기일에 두 통화의 계약원금을 상호 교환하지 않고 당초 계약시점에서 합의한 계약선물환율과 계약만기시점의 현물환율, 즉 지정환율(fixing rate) 간의 차액만을 지정통화(통상 미국 달러화)로 정산하는 선물환계약을 지칭한다. 여기서 지정환율은 당사자 간의 약정에 따라 결정되는데 보통 만기일 이전 특정시점의 현물환율을 사용한다. 예를 들어 원/달러 차액결제선물환거래의 경우에는 만기일 전날에 국내 외환시장에서 결정되는 매매기준율(전일의 시장평균환율)을 지정환율로 사용한다.

예를 들어 A은행이 1달러당 1,200원의 계약가격으로 3개월 후에 B기업으로부터 1백만달러를 매입하는 차액결제선물환(NDF)계약을 체결하였다. 선물환 만기일 전날 지정환율(fixing rate)이 1,100원으로 결정되었다면 만기일에 B기업은 계약가격과 지정환율의 차이에 해당하는 금액($90,909.1)을 A은행으로부터 수령한다.

〈주요 계약내용〉

- Notional Amount(N) : $1M
- Spot Rate(계약체결시) : 1,000 KRW/$
- Outright (Forward) Rate(ask) (O) : 1,200 KRW/$
- Tenure : 3 Months
- Fixing Rate(at maturity) (F) : 1,100 KRW/$

〈Settlement〉

⇨ Seller(Buyer) receives(pay) $90,909.1

$$\frac{(F-O)}{F}\times N=\frac{₩1,200-₩1,100}{₩1,100}\times \$1Mio=\$90,909.1$$

NDF계약은 일반 선물환계약에 비해 결제에 따른 위험(settlement risk) 부담이 상대적으로 작을 뿐만 아니라, 거래대상 통화가 국제통화로 사용되지 않고 있는 상황에서도 역외시장에서 해당통화를 대상으로 선물환계약을 체결할 수 있다. 즉, 만기일에 두 통화를 상호 결제(총액결제)하는 일반 선물환거래에 비해 NDF거래는 당초 계약환율과 만기일의 지정환율(fixing rate)의 차액만을 결제하기 때문에 결제위험(settlement risk)이 상대적으로 작다. 그리고 NDF거래는 일반적으로 만기일에 미국 달러화에 의하여 결제가 이루어져 해당국 통화(예를 들어 원화)를 사용할 필요가 없기 때문에 역외에서도 거래가 자유롭게 이루어질 수 있다. 그리고 국제 투자가들에게는 세금 등 각종 규제를 회피할 수 있는 유리한 환투기수단으로 이용되고 있다. 현재 원화의 국제화가 미흡한 상황에서도 홍콩, 싱가포르 등 역외시장에서 원/달러 NDF거래가 활발하게 이루어지고 있는 것은 이러한 NDF거래의 편의성에 기인한 것으로 보인다. NDF계약은 일반 선물환거래에 비하여 훨씬 더 작은 결제금액이 소요되어 지렛대효과(leverage effect)가 크기 때문에 환차익을 겨냥한 투기수단으로서 여타 환거래방법에 비해 상대적으로 더 유리한 특성을 지니고 있다. 또한 순수한 투기목적의 거래인 경우 거래자가 계약 만기시점에서 이익금을 환전하는 데 불편이 전혀 없다는 장점이 있다.

역외 원/달러 NDF시장은 원/달러환율의 상승압력이 높아진 1996년경부터 홍콩과 싱가포르에서 처음으로 형성되기 시작하였다. 그 당시 비거주자들은 국내 증권투자에 따라 발생하는 환위험을 헤지하려는 목적과 더불어 순수한 투기거래를 위한 목적으로 원/달러 NDF거래를 시작하였다. 현재 대표적인 NDF거래 중개기관인 Prebon Yamane사는 1996년 9월부터 로이터통신을 통해 원/달러 NDF환율을 일반에 제공하고 있다. 그리고 홍콩과 싱가포르의 원/달러 NDF시장에서는 Prebon Yamane사 이외에 Garban, Tradition, Astley Pearce 등 다수의 브로커회사가 NDF 중개업무에 참여하고 있다. 그리고 역외 은행간(inter-bank) NDF시장에서는 Citi, JP Morgan 등 세계적인 금융기관과 투자회사들이 원/달러 NDF거래에 참여하고 있다. 이들 금융기관과 NDF거래를 체결하는 주요 고객으로는 헤지펀드(hedge fund) 등 투기자금이 주종을 이루고 있다. 그리고 국내 증권시장에 투자하고 있는 외국인투자자들의 헤지자금도 역외 NDF거래에 일부 참여하고 있는 것으로 파악되고 있다. 한편 홍콩 및 싱가포르의 NDF시장에서는 우리나라 원화 이외에 대만 달러, 중국 위안화, 필리핀 페소, 인도 루피 등 다양한 통화가 거래되고 있으나 원/달러 NDF거래의 유동성이 가장 큰 것으로 알려지고 있다. 앞에서 지적한 바와 같이 NDF시장은 통화당국의 규제를 전혀 받지 않는 시장(unregulated markets)이다. 그리고 NDF거래자들은 거래대상 통화의 국가위험(sovereign risk)에 대하여 염려할 필요가 없을 뿐만 아니라 중앙은행의 외환시장 개입에 있어서도 영향을 비교적 적게 받는다. 다만, NDF시장은 대체로 유동성이 낮으며 벤드-웨건(band-wagon)효과에 의해 해당 통화의 환율이 일방향으로 형성되기 때문에 매입 또는 매도 일변도의 일방시장(one-sided market)이 될 가능성이 크다.

〈예시〉

2004.8.23일(월) 국내 외국환은행이 비거주자에게 1개월물 NDF 1백만달러를 1,156원에 매도

① 1개월 후 현물환율이 1,170원으로 상승 : 국내 외국환은행은 계약환율과 현물환율의 차이(11,966달러*)를 비거주자에게 지급

② 1개월 후 현물환율이 1,140원으로 하락 : 국내 외국환은행은 계약환율과 현물환율의 차이(14,035달러**)를 비거주자로부터 수취

* [(1,156원 - 1,170원) × $1,000,000 ÷ 1,170원] = -$11,966
** [(1,156원 - 1,140원) × $1,000,000 ÷ 1,140원] = +$14,035

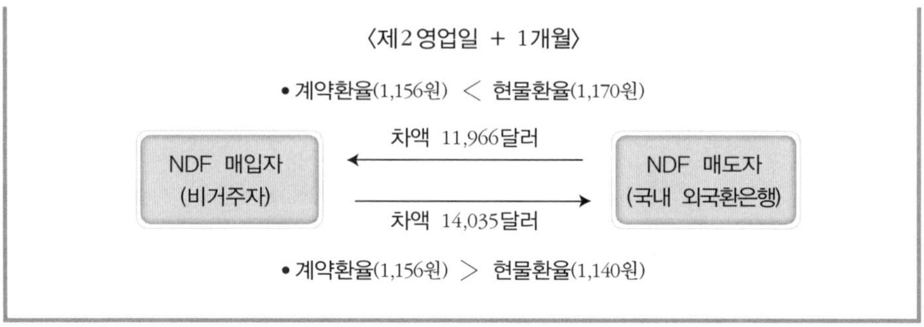

2.4.4 외환스왑거래

외환스왑거래는 거래당사자 간에 “현물환과 현물환”, “현물환과 선물환” 또는 “선물환과 선물환”을 서로 반대방향으로 동시에 매매하는 거래를 말한다. 국내 외환딜러들은 현물환 간에 반대방향으로 동일한 상대방과 동시에 행하는 거래를 백워드(backward)스왑거래라고 부르며, 선물환거래가 포함되는 스왑거래는 포워드(forward)스왑거래로 부르고 있다. 여기서 말하는 외환스왑(foreign-exchange swap)거래는 주로 이자교환이 없는 단기간의 스왑거래로서 이종통화로 표시된 원리금을 모두 교환하는 장기자금의 통화스왑(currency swap)거래와는 다른 개념이다. 외환스왑거래는 외환매매의 형식을 취하고 있으나 실제에 있어서는 단기금융거래와 대체관계에 있다. 외환스왑거래의 특징을 살펴보면 외환매매 방식으로 거래가 이루어짐에 따라 단기금융거래에 소요되는 대출관련 부대경비가 절감되는 효과가 있다. 그 밖에 보유통화를 담보로 하는 거래이기 때문에 단기금융거래에 비해 채무불이행위험(default risk)이 크게 줄어들게 된다. 반면에 신용만으로도 거래가 성립되는 단기금융거래와는 달리 반드시 상대통화의 여유자금을 보유하고 있어야만 거래를 체결할 수 있다.

가장 전형적인 외환스왑거래를 보면 다음과 같다. A은행은 현재 1백만달러의 외화자금이 필요한데 3개월 후에 1백만달러가 입금될 예정이다. 이 경우에 A은행이 선택할 수 있는 거래방법은 다음과 같이 두 가지를 생각할 수 있다.

〈예시〉

2004.8.23일, A은행은 B은행과 현물환율 1,153원, 1개월 선물환율 1,156원에 1백만 달러를 현물환매도/선물환매입(sell & buy)하는 외환스왑거래를 체결

- 거래시점에 A은행은 B은행에 1백만달러를 지급하는 대가로 11.53억원(1,153원 × 1백만달러)을 수취
- 만기시점에 A은행은 B은행으로부터 1백만달러를 돌려받고 원화 11.56억원(1,156원 × 1백만달러)을 상환

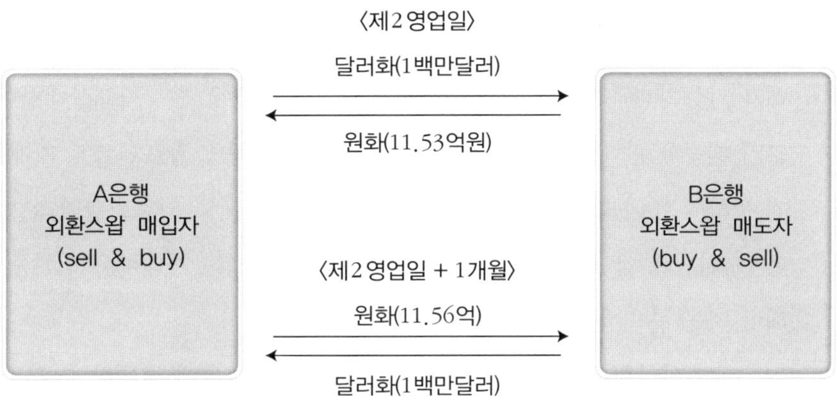

(i) 외화차입 : 외화자금시장에서 100만달러를 차입한 후 3개월 후에 상환한다.

(ii) 외환스왑거래 : 100만달러의 현물환을 매입하는 동시에 100만달러를 선물환(3개월 만기)으로 매도함으로써 환위험 없이 원화를 매개로 현재 필요한 외화자금을 조달할 수 있다.

이 두 가지 방법 사이에는 스왑레이트의 수준에 따라 어느 방법이 유리한지를 선택할 수 있는 대체관계가 성립한다. 만약 외화 차입금리가 5%이고 원화 운용금리가 7%인 경우에 스왑레이트가 2% 이상이면 외환스왑거래가 유리하고 2% 이하이면 외화차입방법이 유리하게 된다.

다른 한 예로서 B은행이 미국 달러화를 차입하여 태국 바트화를 매입할 경

우에 바트화 약세에 따른 환차손을 회피하는 방법으로 다음과 같은 외환스왑거래를 활용할 수 있다. 즉, 현물환으로 바트화를 매입(미국 달러화 매도)하고 선물환으로 바트화를 매도(미국 달러화 매입)하면 된다.

동일한 금액을 서로 다른 상대방과 별도로 반대 방향의 외환거래를 체결하는 스왑을 엔지니어링 스왑(engineering swap)이라 부른다. 이러한 엔지니어링 스왑거래의 경우에도 통상적인 외환스왑거래(pure swap)와 동일한 효과를 기대할 수 있지만 다음과 같은 이유 때문에 통상적인 외환스왑거래가 엔지니어링 스왑거래보다 유리하다. 통상적인 외환스왑거래는 환율변동이 극심하거나 선물환시장 또는 현물환시장에서의 유동성이 부족한 경우에도 원하는 스왑포인트로 거래가 가능하다. 그러나 엔지니어링 스왑거래의 경우에는 거래상대방이 서로 다르기 때문에 반대거래를 할 때 시차로 인해 원하는 스왑포인트로 거래를 체결하지 못하여 손해를 볼 가능성이 있다. 그리고 통상적인 외환스왑거래는 거래비용을 한 번만 부담하는 데 비해 엔지니어링 스왑거래는 거래비용을 이중으로 지불해야 하는 불리한 점이 있다.

한편 외국환은행이 고객과 선물환거래를 한 경우에 취득한 환포지션을 은행간 선물환시장을 이용하여 처분할 수도 있으나 통상적으로는 현물환을 이용하여 포지션을 조정하고 외환스왑시장 또는 단기자금시장을 이용하여 자금흐름(cash flow)을 조정하고 있다.

예를 들어 은행이 고객에게 3개월물 선물환을 1,000만달러 매도한 경우에 우선 현물환시장에서 1,000만달러를 매입하여 환포지션을 조정한 후 다음과 같은 두 가지 방법으로 자금흐름을 조정할 수 있다.

i) 은행간 스왑시장에서 3개월물 sell/buy스왑으로 자금흐름을 조정

종합포지션은 물론 현물포지션에도 변동이 없으며 자금의 대차가 필요 없음(이 경우 고객에게 제시하는 선물환율은 현물환율에 해당 스왑레이트와 수수료를 더하여 결정)

ii) 원화시장에서 3개월간 원화를 차입하여 현물환 매입대금을 결제하고 달러화를 3개월간 운용

종합포지션은 변동이 없으나 현물포지션은 증가(이 경우 고객에게 제시하는 선물환율은 현물환율에 해당 내외 금리차에 상응하는 금액과 수수료를 더하여 결정)

참고 : 외환스왑을 이용한 외국인의 재정차익거래

- 1999년 11월 이후 3개월물 스왑레이트 :
  적정가격(내외 금리차)보다 낮은 디스카운트 상태 지속
  ⇨ 재정차익을 획득하기 위한 외국인의 국내 채권투자 증가

〈예〉 1999년 11월 중

① 외국인투자자, Libor로 외화차입(차입금리 : 연 6.06~6.12%)

② 현물환매도/선물환매입(Sell & Buy) 스왑체결

→ 스왑레이트의 디스카운트 폭(연 1.0%)만큼 수익발생

③ 통안증권 매입(3개월물 발행금리 : 연 6.6~7.35%)

재정거래 차익

= (채권투자수익③) + (스왑거래수익②) − (차입비용①)

= (6.6~7.35%) + (1.0%) − (6.06~6.12%)

= 1.48~2.29%(무위험 재정차익)

⇨ 1999년 11~12월 중 외국인의 국내 채권투자규모가 연간 총 유입액의 76%에 달하는 5,944억원(약 5억달러)으로 대폭 확대

외국인 채권거래 추이 (억원, 체결기준)

	99.5월	6월	7월	8월	9월	10월	11월	12월	연간
매수(A)	506	659	569	232	761	981	3,540	2,488	15,588
매도(B)	1,619	1,760	995	86	70	1,214	27	57	7,770
순매수(A − B)	−1,113	−1,101	−426	146	691	−233	3,513	2,431	7,818

참고 : 금리차익거래 메커니즘

- 스왑레이트가 양 통화의 금리차보다 낮을 경우

  ① 외화차입 → ② 달러화 현물환 매도 및 선물환 매입 → ③ 원화운용을 통해 차익을 획득

〈예〉 2004년 8월 20일

-현물환율 : 1,154.3원

-NDF 선물환율(3개월) : 1,159.7원

-국내금리 : CD(91일물)금리 : 연 3.73%

-미국의 Libor(3개월물)금리 : 연 1.74%

⇨ 스왑레이트가 연 1.87%[(1,159.7 − 1,154.3) ÷ 1,154.3 × 4 × 100]로 이론가격인 내외금리차 연 1.99%보다 낮으므로 다음과 같은 거래로 재정차익을 획득

〈거래절차〉

① 달러화 차입(차입금리 : 1.74%)

② 차입한 달러화를 현물환시장에서 매도하고 NDF선물환을 매입
[스왑레이트(1.87%)만큼 비용 발생]

③ 현물환 매도를 통해 조달한 원화자금을 CD로 운용
(운용수익 : 3.73%)

④ 선물환계약 만기시점에 인수한 달러화로 차입금 상환
→ 3.73% − (1.74% + 1.87%) = +0.12%
(운용수익) (조달비용) (재정차익)

- 반면 스왑레이트가 양 통화의 금리차보다 높을 경우

  ① 원화 차입 → ② 달러화 현물환 매입 및 선물환 매도 → ③ 외화운용을 통해 차익을 획득

참고 : 2006년 중 외은지점의 콜거래 행태와 외환스왑시장

▪ 외은지점은 2006년 상반기 중 일평균 11.4조원* 콜 차입

▪ 외은지점은 국내은행과 달리 수신기반이 취약하여 콜 차입을 통해 운용자금을 조달하여 단기 채권투자 또는 내외금리차를 이용한 재정거래로 수익 획득

→ 따라서 외은지점의 일별 콜 차입규모는 채권 투자수요보다는 외환스왑시장 동향에 따라 크게 변동

① 스왑레이트가 내외금리차(국내금리 - 해외금리)보다 클 경우

즉, (해외금리 + 스왑레이트) > 국내금리

→ 콜시장에서 조달한 원화자금을 달러로 교환(Buy/Sell Swap)하여 해외본지점망을 통해 운용

→ 콜차입 증가

② 스왑레이트가 내외금리차(국내금리 - 해외금리)보다 작을 경우

즉, (해외금리 + 스왑레이트) < 국내금리

→ 해외본지점망을 통해 조달한 달러자금을 원화로 교환(Sell/Buy Swap)하여 국내에서 운용

→ 콜차입 감소

▪ 외은지점의 콜차입 동향

－2005년 7월~2005년 말 : ①의 경우(스왑레이트 > 내외금리차)

➡ 콜차입 증대 → 해외운용 확대

－2006년 중 : ②의 경우(스왑레이트 < 내외금리차)

➡ 본지점 차입 등을 통한 해외조달 증대 → 콜차입 축소

▪ 2006년에 들어와 급속한 환율하락에 따라 국내 대기업들의 달러선물환 순매도가 크게 늘어난데다 경상 · 자본거래수지(외환수급 기준)도 적자로 전환됨에 따라 국내은행들이 선물환 매입포지션 조정(현물환 매도) 및 기업들의 외환수요 충족을 위해 국내은행들이 외은지점으로부터 외환스왑거래(Buy/Sell Swap)를 통해 현물환 조달을 확대하면서 스왑레이트가 크게 하락하였다.

* 전체 콜 차입액(29.7조원)의 38.4%(국내은행 48%, 증권사 11%)

2.5 외환포지션과 환위험

외국환포지션이란 일정 시점에 은행 및 기업 등 경제주체가 보유하고 있는 외화자산과 외화부채의 차액을 말하며 환위험(exchange risk)에 노출된 정도를 나타낸다. 일정 시점의 외화자산이 외화부채보다 큰 상태를 매입초과 포지션(over-bought position 또는 long position)이라고 부른다. 반대로 외화부채가 외화자산보다 큰 상태를 매도초과 포지션(over-sold position 또는 short position)이라고 한다. 외화자산과 부채의 규모가 일치하는 경우를 스퀘어 포지션(square position) 또는 플랫 포지션(flat position)이라고 한다. 그리고 스퀘어 포지션에 대비하여 매입초과 또는 매도초과 포지션 상태를 오픈 포지션(open position)이라고도 한다. 스퀘어 포지션인 경우에는 환율변동에도 불구하고 환위험이 없는 반면에 매입초과 포지션인 경우에는 환율상승시에는 환차익이 발생하나 환율하락시에는 환차손이 발생한다. 반대로 매도초과 포지션인 경우에는 환율하락시 환차익이 발생하고 환율상승시에는 환차손이 발생한다. 이에 따라 외국환은행은 미래 환율예상에 의한 환차익을 기대하는 의도적인 경우를 제외하고는 포지션을 가급적 스퀘어로 가져 가려는 경향을 보인다. 이처럼 능동적으로 포지션을 조정하는 행위를 환커버(exchange cover)라고 부른다.

한편 포지션은 환거래의 형태에 따라 현물포지션(spot 혹은 actual position), 선물포지션(forward position) 및 종합포지션(overall position)으로도 분류한다. 현물포지션은 외화 대차대조표의 외화자산과 외화부채의 차액으로서 현물환 및 선물환거래의 결과에 따라 당일 중 결제되는 부분을 포함한다. 다만 당일의 현물환거래 중 익일결제 및 익익일 결제거래는 거래 당일시점에서는 미결제 현물환으로 선물포지션에 반영된다. 그리고 선물포지션은 선물환거래 및 통화선물, 통화옵션 등의 결과에 따라 발생하는 포지션으로 당일 이전 외환거래의 결과로 아직 결제가 되지 않은 부분으로서 외화대차대조표에 각주로 표시된다. 앞에서 설명한 현물포지션과 선물포지션의 합계를 종합포지션이라고 부르며, 이것은 환위험 노출(exposures)의 척도가 된다. 그리고 현물포지션 또는 선물포지션이 반대방향으로 노출되어 있다고 하더라도 종합포지션이 스퀘어인 경우에는 환율변동에 따른 환차익 또는 환차손이 서로 상쇄된다. 마지막으로 현금포지션(cash position)이란 현물포지션 중 자금화되어 해외 환거래은행 등에 예치된 가용자금만을 말하며 가처분포지션(disposable position)이라고 한다. 현물포지션 중 매입외환 등 추심이 완료되지 않은 부분은 자기은행계정에 입금될 때까지는 자금운용에 제약을 받게 된다.

한편, 외환당국은 외국환은행의 환위험을 최소화하기 위하여 외국환은행의 오픈 포지션 보유규모를 일정 수준 이하로 제한하여 관리하고 있다. 즉, 환투기를 위한 과도한 외화 매입 또는 매도를 억제하여 외환시장의 안정을 도모하고 외국환은행의 포지션 조작에 따른 국내 유동성에 대한 영향을 조절한다.

2.6 환위험관리

환위험이란 환율변동에 따라 외화 자산 또는 부채의 가치가 하락(또는 상승)하여 환차손(익)이 발생할 수 있는 위험이라고 말할 수 있다. 이러한 환위험은 변동환율제도하에서 대외거래의 계약시점과 결제시점 간의 시간적 차이에서 발생하는 거래적 위험(transaction risk)과 재무제표 작성시 환평가에서 발생하는 환산적 위험(translation risk)으로 구분된다. 그리고 환위험 노출이란 환율변동에 노출된 외화 순자산 또는 순부채(net exchange position)와 현금흐름의 순가치가 변동될 수 있는 불확실성으로서 환차손과 환차익의 발생 가능성을 모두 포함하는 중립적인 개념이다.

한편 개별 기업의 외화자산 · 부채구조와 위험노출 정도, 현금흐름, 재무구조의 건전성 등 경영상황에 따라 기업별 환위험관리 방법은 상이하며 효율적인 환위험관리 시스템이 반드시 고비용의 첨단 시스템을 의미하는 것은 아니다. 따라서 기업의 외환거래 규모, 위험특성(risk profile) 등을 감안하여 객관적인 비용 · 편익분석을 통해 적절한 방법을 선택하는 것이 중요하다. 즉, 상대적으로 외환거래규모가 큰 대기업의 경우에는 외환위험관리 전담조직을 신설하고 외환 전문인력을 양성하는 한편 많은 선진국 기업들이 채택하고 있는 VaR 등 계량적 기법을 이용한 위험관리 시스템을 도입할 필요가 있다. 그러나 기업사정상 전문 인력의 확보가 쉽지 않아 독자적인 전담조직 구축이 어려운 중소기업은 거래은행, 환변동보험제도 또는 외부의 전문적인 환위험컨설팅업체를 활용하는 방안이 더 효율적이라고 생각된다. 특히, 기업의 경영층이 환위험관리의 중요성과 특성을 이해하고 확고한 의사결정과 추진력을 발휘하는 한편 관련규정을 마련하여 환위험관리에 대한 권한과 책임을 명확히 할 필요가 있다.

가장 용이한 환위험관리방법은 외화자산이나 부채를 보유하지 않거나 각각 동일한 규모를 유지함으로써 환위험에 노출되지 않도록 하는 것이다. 그러나 우리나라 경제구조상 수출입의 대부분이 달러화로 결제되기 때문에 기업들은 필연적으로 환위험에 노출될 수밖에 없게 된다. 환율변동으로 야기되는 손실위험에 대한 노출량(exposures)을 측정하고 환위험을 관리하는 방법은 크게 내부적 관리전략과 외부적 관리전략으로 나눌 수 있다.

2.6.1 내부적 관리전략

1) 상계전략(netting)

다국적 기업의 본사와 지사 또는 지사 상호 간에 발생하는 채권 · 채무관계를 개별적으로 결제하지 아니하고 일정 기간 후에 이들 채권 · 채무의 차액만을 정기적으로 결제하는 방법이다. 이러한 상계전략의 장점은 상계센터에서 자회사 간의 거래를 통제함으로써 결제를 조정할 수 있으며 월 단위 또는 연 단위의 예정된 결제 주기별로 필요자금에 대한 예측력을 향상시킬 수 있다. 그리고 본사에 비해 소홀할 수 있는 자회사들의 부채와 투자를 효율적으로 관리할 수 있다. 특히, 기업의 국제 간 자금거래를 상계센터에서 전담함으로써 자회사들이 국가 간 거래를 수행하는 데 필요한 시간을 최소화하고 전체 유동성과 환위험 관련 정보를 효율적으로 수집할 수 있다. 다만, 상계기간까지 수입과 지출이 지체될 수 있고 자회사의 소재국 정부에서 이 문제에 관련된 외환통제를 할 수 있다는 단점이 있다.

2) 매칭전략(matching)

외화자금의 유입과 지급을 통화별 및 만기별로 일치시킴으로써 외화자금흐름의 불일치에서 발생될 수 있는 환리스크를 원천적으로 제거하는 전략이다. 매칭에는 통화별로 자금의 수입과 지출을 일치시키는 자연적 매칭(natural matching)과 동일한 통화 대신에 환율변동 추세가 유사한 여타 통화의 현금수지와 일치시키는 평행적 매칭(parallel matching)이 있다.

3) 리딩(leading)과 래깅(lagging)전략

환율변동에 대비하여 외화자금 흐름의 결제시기를 의도적으로 앞당기거나(leading) 지연(lagging)시키는 단기적인 환리스크 관리전략이다. 예를 들어 환율상승 예상시에는 선적 및 수출환어음 매도시기를 지연(lagging)시키거나 수입대전을 조기 결제(leading)하고 환율하락 예상시에는 선적 및 수출환어음을 조기 매도하거나(leading) 수입대전 결제를 지연(lagging)하는 방법이다. 이는 환위험관리뿐만 아니라 다국적기업에 있어서 자회사 간의 효율적 자금관리기법으로도 이용할 수 있다. 다만, 결제시점에서 실제로 실현된 환율수준에 따라 그 결과가 달라질 수 있다는 것을 유의해야 한다.

일반적으로 우리나라 외환시장에서는 환율하락기대 심리가 증폭되면서 극심한 쏠림현상이 종종 나타나고 있다. 예를 들어 일부 수출기업들의 과도한 선(先)헤지가 환율급락을 주도하고 있는 가운데 수입기업들은 달러매입을 지연함으로써 전형적인 "리딩과 래깅현상"이 발생하고 있다.

4) 포트폴리오전략

기업이 가지고 있는 자산이나 부채를 여러 개의 통화로 분산하여 통화 간의 환율변동이 서로 상쇄되는 효과를 통해서 자연스럽게 환율변동에 따른 위험을 줄이는 전략이다. 이러한 포트폴리오전략은 투자증권의 종류와 만기, 구성통화를 다양화함으로써 환율변동에서 초래될 수 있는 거래 및 환산 환위험을 분산시키는 데 주목적이 있다.

5) 결제통화조정전략

상품거래의 결제통화를 신축적으로 선택함으로써 환위험을 회피하는 전략이다. 여기에는 수출의 경우 결제표시 통화를 강세예상 통화로 바꾸는 것과 같은 적극적 전략과 모든 수출과 수입거래를 자국통화로 거래함으로써 환율변동에 따른 환위험을 회피하고자 하는 소극적 전략이 있다.

6) 환차손준비금전략

미래의 환차손 발생에 대비하여 영업이익의 일부를 환차손준비금으로 적립하고 실제로 환차손이 발생하면 이 적립금을 환차손에 충당하는 제도이다.

2.6.2 외부적 관리전략

1) 선물환거래

대금결제시기에 맞춰 은행과 미리 정한 환율(선물환율)로 서로 다른 통화의 매매계약을 체결하여 미래의 환율변동위험을 헤지하는 방법이다. 이와 같이 선물환을 이용하는 환위험관리는 현재의 환율을 기준으로 미래에 발생할 외환거래에 대해 미리 매매계약을 체결할 수 있다. 이때 선물환율은 ① 불편부당한 최선의 미래환율(unbiased estimator of future exchange rate)이며 ② 금리평가이론(interest rate parity theory)에 따라 현물환율에 내외금리차가 반영된 선물환율은 현재환율을 다른 형태로 표현한 것이라고 볼 수 있다.

한편 은행과 선물환거래를 처음 체결하려면 선물환거래약정을 맺어야 하며 개별 거래마다 선물환계약 이행보증금을 은행에 적립해야 한다. 제출서류로는 법인인감증명서와 사업자등록증이 필요하며 거래는 전화로도 가능하다. 그리고 은행과 선물환거래를 체결한 후에는 선물환거래 확인서를 받는다.

2) 단기금융시장거래

외화자산이 있는 경우에는 외화부채를 조달하여 환위험을 없애고 외화부채가 있는 경우에는 외화자산을 취득하여 환위험을 제거하는 방법이다. 외환시장과 단기금융시장이 효율적이고 거래비용이 없다고 가정할 경우에는 금리평가이론이 성립되기 때문에 '선물환'에 의한 헤지방법과 '단기금융시장'에 의한 헤지방법은 동일한 결과를 가져온다.

구체적으로 단기금융시장을 이용한 헤지방법은 단기금융시장에서 원화(또는 외화)를 차입하여 현물환시장에 외화를 매입(또는 매도)한 다음 그 자금을 단기자금시장에서 운용하는 일련의 과정을 거친다. 이것은 선물환거래와 동일한 헤지효과를 달성할 수 있기 때문에 합성선물환(synthetic forward exchange)거래라고도 부른다.

〈예제〉

현재시점에서 원/달러 현물환율이 1,150원이고 3개월 선물환율이 1,155원이며 원화금리가 4%(연율)이고 미달러화 금리가 2%(연율)라고 가정할 때 A기업이 3개월 후에 받을 1,000만달러의 수출대금에 대해 환리스크를 헤지하려고 한다면 두 가지 방법을 생각해 볼 수 있다.

첫째는 만기 3개월짜리 선물환으로 1천만달러를 달러당 1,155원에 매도하는 방법이다

(선물환 헤지). 둘째는 단기금융시장에서 995만달러*를 3개월간 차입하여 현물환시장에서 달러당 1,150원에 매도한 다음 그 원화자금을 3개월간 운용하고 차입금은 만기일에 수취하는 수출대금으로 상환하는 방법이다(단기금융시장 헤지).

A기업이 어느 방법을 이용하는 것이 더 유리한가를 알아보기 위해서는 3개월 후에 원화로 표시한 각 방법의 미래가치를 계산하면 된다. 첫 번째 방법의 미래가치는 115억 5천만원(1,155원 × \$1,000만)이고 두 번째 방법의 미래가치는 115억 5,692만원(1,150원 × \$995.0만 × [1 + (0.04/4)])이 된다. 따라서 A기업은 선물환을 매입하는 방법보다 단기금융시장을 이용하여 환위험을 헤지하는 것이 더 유리하다. 이것은 실제 선물환율(1,155원)이 금리평가이론에 의하여 계산한 이론선물환율(1,155.75원**)보다 저평가되어 있기 때문에 나타난 결과이다.

* \$1,000만 ÷ [1 + (0.02/4)] = \$995.0만
** 1,150 × {1 + [(0.04 − 0.02)/4)]}

3) 레인지 포워드거래

레인지 포워드(range forward)거래란 동일한 만기와 동일한 금액의 콜옵션과 풋옵션을 서로 다른 행사가격으로 동시에 매입·매도하는 거래를 말한다. 여기서 콜옵션 매도(매입)시 수취(지불)하는 프리미엄과 풋옵션 매입(매도)시 지불(수취)하는 프리미엄이 동일하도록 행사가격을 설정할 경우에는 별도 비용이 발생하지 않기 때문에 제로 코스트 옵션(zero-cost option)이라고도 부르며 기업들이 가장 선호하는 헤지방법 중 하나이다.

예를 들어 수출기업은 수출대금을 일정 환율(1,150원/달러)로 매도할 수 있는 풋옵션을 매입하는 동시에 일정 환율(1,213원/달러)을 행사가격으로 하는 콜옵션을 매도함으로써 환율변동위험을 관리할 수 있다. 이때 콜옵션 매도에 따른 수취 프리미엄과 풋옵션 매입에 따른 지급 프리미엄이 서로 상쇄되도록 행사가격을 설정한다.

〈예제〉

① 2003년 11월 A자동차회사는 수출대금 매도가격을 1,150원~1,213원/달러 범위 내로 제한하기 위해 외은지점과 레인지 포워드거래 실시

- 거래 당시 환율 : 1,174원/달러
- 풋옵션 매입 : 행사가격 1,150원/달러
- 콜옵션 매도 : 행사가격 1,213원/달러

② 만기에 시장환율이

- 1,150원을 하회할 경우 1,150원에 달러를 매도
- 1,150원~1,213원 사이일 경우 시장환율로 달러를 매도
- 1,213원을 상회할 경우 1,213원에 달러를 매도

레인지 포워드거래시 선물환매도 환율

만기환율	옵션 행사 여부	선물환매도 환율
만기환율 < 1,150원	풋옵션만 행사	1,150원
1,150원 < 만기환율 < 1,213원	옵션 행사되지 않음	1,150~1,213원
만기환율 > 1,213원	콜옵션만 행사	1,213원

레인지 포워드거래 손익구조

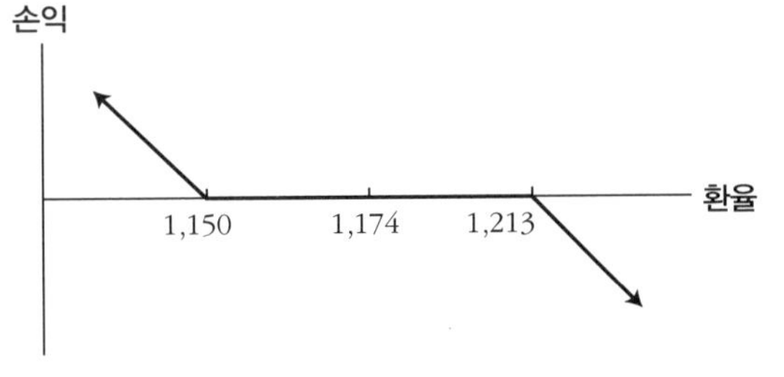

4) 환변동보험제도

환변동보험제도는 보험계약 형식으로 수출보험공사에서 운영하고 있는데 거래효과면에서는 선물환거래와 유사하다. 환변동보험제도의 구조를 보면 기업

이 보험료를 지급하고 계약만기 시점에서 시장환율이 계약환율(보장환율)보다 낮을 경우에 수출보험공사가 차액을 업체에 보전해 주는 반면, 시장환율이 보장환율보다 높을 경우에는 수출보험공사가 차액을 환수하게 된다. 수출보험공사는 기업으로부터 보험청약(선물환 매입)을 받으면 가장 높은 환율을 제시한 은행과 선물환매도 계약을 체결하고 이 환율을 기준으로 기업에 보장환율을 제시하기 때문에 개별 기업은 은행과 직접 선물환거래를 하는 것보다 더 유리한 환율을 적용받을 수 있다.

그리고 보험료는 보험계약자의 신용등급(A ~ G), 보험금액, 결제기간과 보험종류에 따라 다르게 산정된다. 예를 들어 기준등급(D) 기업이 계약기간이 3개월인 선물환방식 보험에 부보하는 경우에 요율은 0.04%이다.

〈예제〉

① A기업은 2005년 1월 24일 환위험헤지를 위해 수출보험공사와 환변동보험계약을 체결(1월 24일 현재 3개월물 보장환율은 1,038.2원)

- 계약금액 : $10만
- 계약만기 : 3개월
- 보장환율 : 1,038.2원(청약일 시장평균환율 1,037.5원 + 스왑포인트 0.7원)
- 보험료* : 41,500원(계약금액의 0.04%)

② 계약만기시 시장환율의 수준에 따라 차액을 정산

- 시장환율 > 보장환율(1,038.2원)** : 수출보험공사는 기업으로부터 차액을 환수하여 은행에 지급
- 시장환율 < 보장환율(1,038.2원)** : 수출보험공사가 은행으로부터 차액을 환수하여 기업에 지급

* 보험요율은 계약기간이 장기일수록 높아짐
예) D등급 기업의 기준요율 : 1개월 0.02%, 2개월 0.03%, 3개월 0.04%, 4~6개월 0.06%

** 수입거래(단, 수출용원자재인 경우만 부보 가능)인 경우 부등호 방향이 반대

기본 도해도

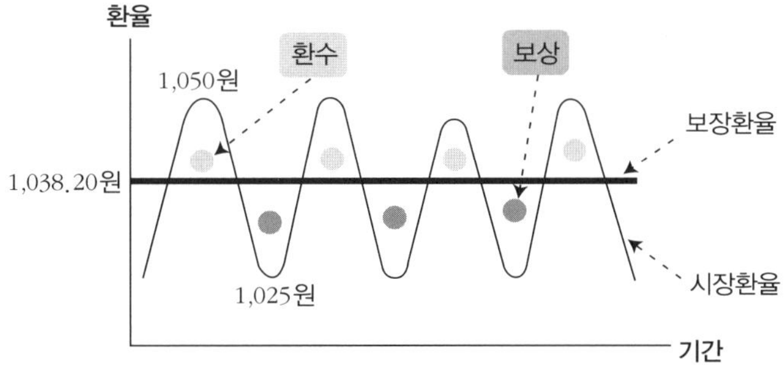

참고 : 환변동보험의 특징 *

(1) 최장 5년까지 환리스크 헤지 가능

- 청약시점부터 최장 5년까지 보장환율이 제공됨에 따라 플랜트, 선박 등 장기 수출계약건에 대한 환리스크 헤지 가능
- 수출거래 옵션형 상품의 경우 1년 이내로 제한

(2) 보험료 이외 부대비용 전무

- 선물환 또는 선물거래시 요구되는 계약이행관련 증거금, 담보제공 등의 절차가 생략되며 보험료 이외 추가비용 없음
- 6개월 동안 U$1백만 헤지시 보험요율은 0.04%~0.07%(U$400 ~ U$700)
- 수출거래 옵션형 상품의 경우 시중에 비하여 저렴한 가격으로 상품 제공 (수출거래 일반형 보험료 + 상품 종류에 따른 시장프리미엄)

(3) 자유로운 조기결제 실시

- 수출계약의 변경, 수출대금 조기입금 등 외화자금흐름과 환위험관리를 일치시킬 수 있도록 만기일 이전 조기결제 가능

(4) 외화자금의 실제인도 없이 차액만 정산

- 실제 외화자금 매매와 관계없이 공사와 환율차이에 따라 발생하는 원화 차액만 정산
- 외화자금 환전 등은 보험계약자가 기존 거래은행과 자유롭게 거래

* 수출보험공사 홈페이지(http://www.keic.or.kr/index.jsp)

5) 통화스왑거래, 통화선물거래, 통화옵션거래

통화스왑거래는 거래당사자 간에 보유 외환자산이나 부채를 서로 필요로 하는 통화로 매매하고 만기에 계약당시 환율로 원금을 다시 반대 방향으로 매매하는 거래이다. 또한 계약기간 동안 수입이자 또는 지급이자에 대해서도 계약조건에 따라 교환함으로써 이자에 따른 환위험도 회피할 수 있다. 일반적으로 통화스왑은 채권(bond)발행과 연계되어 거래되는 경우가 많은데 차입자가 각기 자신에게 유리한 국제금융시장에서 기채한 후 통화스왑을 통해 필요한 통화로 교환함으로써 환위험과 이자율위험 없이 차입비용을 절감할 수 있다.

그 밖에 중요한 외부적 관리기법으로 통화선물거래와 통화옵션거래를 들 수 있는데 이 거래에 대해서는 다음 장에서 상세히 설명하기로 한다.

【참고자료】 최근 외국환은행의 외환파생거래 동향[3]

1. 선물환거래

1) 거래 특징

외국환은행의 선물환거래는 고객과의 거래 중 일부만 은행간시장(interbank market)에서 해소되기 때문에 대고객 거래의 비중이 매우 높다. 그리고 외국환은행의 선물환매입 대상은 신용도가 높은 일부 기업에 국한되는데 이는 만기일에 거래가 청산(현물환 입금)되지 못할 경우의 외화자금 부족현상 우려에 따라 거래한도(credit limit)를 설정하여 신용리스크를 관리하기 때문이다. 그 결과 신용도가 낮은 중소기업들은 주로 통화옵션이나 통화선물을 이용하고 있다. 그리고 외국환은행은 기업이 환위험 헤지를 위하여 선물환을 매도함에 따라 취득한 선물환 매입초과 포지션(over-bought position)을 해외차입 또는 외환(통화)

3. 자료 : '최근 외국환은행의 외환파생거래 동향과 평가' (한국은행 국제국, 2009. 2)

스왑으로 조달한 현물환을 매각하여 상쇄시킨다.

외국환은행의 선물환 매입에 따른 현금흐름(원금 기준)[1)]

	계 약 시 점	만 기 시 점	
	선물환 계약	계약 이행시	계약 불이행시
선물환 매입	–	+USD/–KRW	–
외화 차입[2)]	+USD	–USD	–USD
현물환 매도[3)](입)[5)]	–USD/+KRW	–	(+USD/–KRW)[5)]
원화 운용[4)]	–KRW	+KRW	+KRW
현금흐름 합계	–	–	–

주 : 1) '+'는 현금 유입, '–'는 현금 유출을 의미
2) 포지션 조정을 위하여 외화차입의 형태로 외화를 조달한다고 가정
3) 현물환 매도로 선물환 매입초과 포지션을 조정
4) 포지션 조정과정에서 수취한 원화를 채권시장에서 운용한다고 가정
5) 선물환 계약 불이행에 따라 외화차입 상환에 필요한 현물환 매입

2008년 하반기 이후의 원화환율 상승으로 외국환은행의 선물환 순매입 규모가 다소 줄어들기는 하였으나 2008년에 외국환은행이 조선 · 중공업, 자동차 업체 등 수출기업으로부터 순매입한 선물환 규모는 에너지 관련 기업 등 수입기업에 대한 선물환 순매도 규모를 초과하였다.

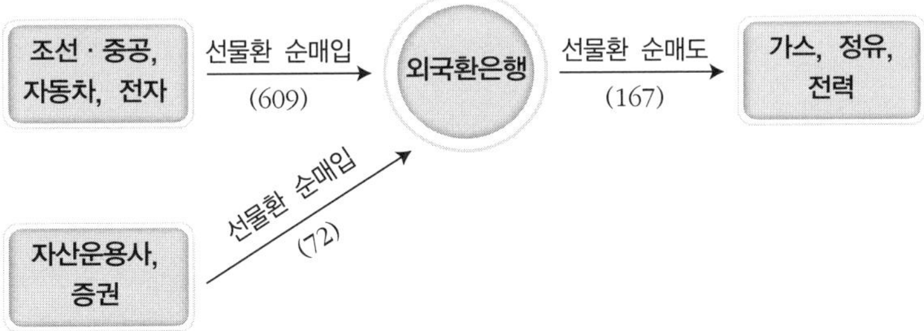

주 : ( ) 내는 2008년 중 외국환은행의 선물환 매입(매도) 거래실적(억달러)

외국환은행의 선물환 거래 흐름도

국내은행은 외은지점에 비해 대고객 선물환거래를 많이 취급하고 있는데 이는 기존 거래처인 기업들의 외화매각 수요를 고도의 기법이 필요 없는 선물환거래를 통해 흡수할 수 있었던 데 주로 기인한다.

국내은행 및 외은지점의 대고객 선물환 거래 비중 (%)

	2001~03[1]	2004	2005	2006	2007	2008
국내은행	34.9	44.9	41.1	63.6	73.3	63.7
외은지점	65.1	55.1	58.9	36.4	26.7	36.3

주 : 1) 기간중 연평균

2) 거래 동향

외국환은행의 선물환거래는 대고객 거래가 대부분을 차지하고 있으며 은행간에는 선물환거래보다 포지션에 영향이 없는 스왑시장을 주로 이용하고 있다. 2008년 중 외국환은행의 대고객 거래비중은 전체의 72%에 달하였다.

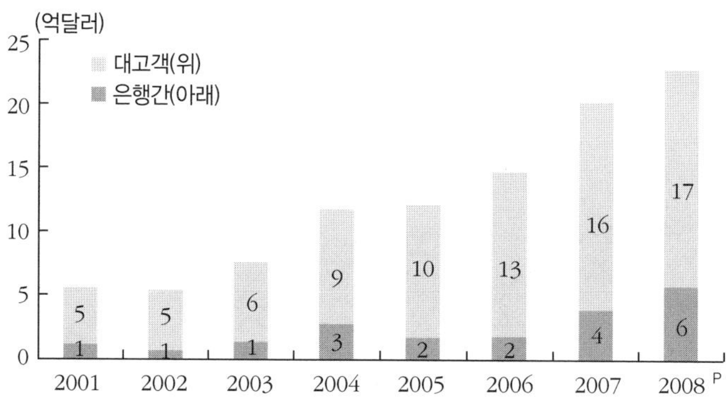

주 : 1) 기간중 일평균(매입 · 매도 거래의 합계액, 이하 동일)
2) 국외금융기관 등 비거주자와의 거래는 대고객에 포함(이하 동일)

선물환 거래 규모[1]

2004년부터 조선 · 중공업체의 선박수주 증가에 따라 외국환은행의 대고객 선물환 매입규모가 크게 늘어나기 시작하였으며 2007년에 들어서 해외주식 투자에 따른 환위험 헤지수요가 가세하면서 급증하였다.

외국환은행의 대고객 선물환 순매입[1)] (억달러)

	2001~03[2)]	2004	2005	2006	2007	2008
전체	7.2	529.1	481.7	810.1	1,291.8	740.5
비은행금융기관	24.2	58.8	57.5	195.6	336.5	124.9
민간	32.3	453.3	355.9	562.2	869.9	579.5
(조선, 중공, 자동차, 전자)	54.4	245.9	340.4	517.0	799.5	609.3
(정유, 가스, 전력)	-20.5	-18.1	-114.5	-113.1	-144.7	-167.3
기타	-49.4	16.9	68.2	26.3	67.7	36.1

주 : 1) 기간중 거래실적(이종통화간 거래 및 NDF 제외)
2) 기간중 연평균

한편 외국환은행의 대고객 선물환거래 만기는 2008년 중 매입실적 기준으로 6개월 미만인 거래가 전체의 62.0%를 차지하였다. 그리고 만기가 1년 이상인 선물환거래도 26.6%에 달하였는데 이는 대부분 조선·중공업체와 거래한 실적이었다. 일반 기업은 보통 대금결제일에 맞춰 단기 선물환을 주로 거래하고 있으며 조선·중공업체도 공기별로 결제금액이 확정된 경우에는 공기에 따라 1년 이내의 단기 선물환거래를 체결하고 있다.

2008년 중 외국환은행의 대고객 선물환 거래 만기별 비중[1)] (%)

	1개월 미만	1~6개월	6~12개월	1~2년	2년 이상	합계
전체	29.6	32.4	11.3	11.5	15.1	100.0
(비은행금융기관)	7.5	7.7	1.8	1.0	0.4	18.3
(민간)	12.5	22.3	9.4	10.5	14.7	69.5
(기타)	9.7	2.3	0.1	0.1	0.0	12.2

주 : 1) 매입거래 실적 기준

참고 : 외국환은행의 대고객 선물환 매입에 따른 외환시장 영향

- 외국환은행이 기업으로부터 선물환을 매입하면 외국환은행의 포지션 조정으로 인하여 현물환율 하락, 외채 증가, 재정거래 기회 확대 등이 발생
  - 기업으로부터 선물환을 매입한 은행은 환위험 헤지를 위해 포지션을 조정(square position), 즉 선물환 매입초과를 상쇄하기 위해 현물환을 매도(→ 현물환율 하락)
  - 현물환 매도에 필요한 외화는 해외로부터 차입하거나, Buy & Sell 스왑(또는 CRS Receive)*을 통해 조달(→ 해외차입시는 외채가 증가하고, 스왑거래시는 스왑레이트가 하락하여 재정거래 유인이 확대됨)

* 은행의 스왑거래 상대방은 Sell & Buy 스왑(또는 CRS pay)을 통해 조달한 원화를 국내 채권에 투자함으로써 '내외금리차-스왑레이트'의 무위험 차익을 획득

- 2008년 서브프라임(sub-prime) 위기 여파 등으로 안전자산에 대한 요구가 커지면서 외화자금을 공급하는 형태인 Sell & Buy 스왑이 감소
  - Buy & Sell 스왑수요가 유지되는 가운데 Sell & Buy 스왑공급은 감소함으로써 스왑레이트 하락폭이 확대

2. 차액결제선물환(NDF)거래

1) 거래 특징

NDF거래는 1999년 4월에 국내 외국환은행과 비거주자 간의 거래가 허용되면서부터 꾸준한 증가세를 나타내었다. NDF거래는 비거주자가 국내 증권투자자금에 대한 환헤지 수단으로, 환차익 획득을 위한 투기수단으로, 또는 해외은행들이 국내은행과 거래한 KIKO 등의 통화옵션 포지션에 대한 헤지수단 등으로 이용되고 있다.

비거주자와의 NDF거래는 다음과 같이 국내 현물환율 등락에 영향을 준다. 즉, 비거주자가 NDF를 매입하면 거래상대방인 은행은 선물환 매도초과 포지션이 발생하므로 포지션 조정을 위하여 현물환을 매입함에 따라 현물환율은 상승압력을 받게 된다. 이때 은행은 '현물환 매입 + NDF 매도' 포지션에서 발생

하는 금리위험을 Sell & Buy스왑으로 커버한다. NDF 청산시에는 원금교환이 일어나지 않기 때문에 은행은 최초 거래시점의 현물환 매입포지션을 커버하기 위해 현물환을 매도(fixing)함에 따라 현물환율의 하락요인이 된다. 이에 따라 일반 선물환(outright forwards)과 달리 NDF는 거래시와 청산시 모두 환율에 영향을 미치며 거래기간, 거래규모에 따라 환율의 변동성을 심화시켜 외환시장의 교란요인으로 작용하고 있다.

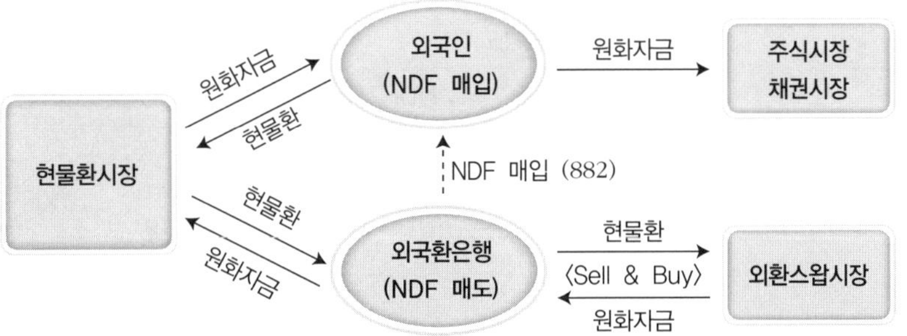

주 : ( ) 내는 2008년 중 외국환은행의 비거주자에 대한 NDF 순매도 거래실적(억달러)

외국인의 국내 증권투자 및 NDF거래 흐름도

2) 거래 동향

비거주자와의 거래가 대부분인 외국환은행의 차액결제선물환(NDF) 거래규모는 2001～03년 중 일평균 9억달러에서 2008년에는 75억달러로 대폭 증가하였다. 특히, 외국인 증권투자자들이 투자자금에 대한 환헤지를 위한 실수요가 늘어남에 따라 NDF거래가 크게 증가하였다.

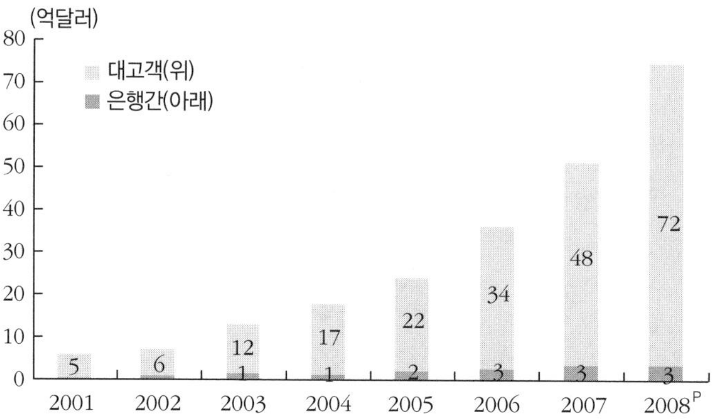

주 : 1) 기간중 일평균

NDF거래 규모1)

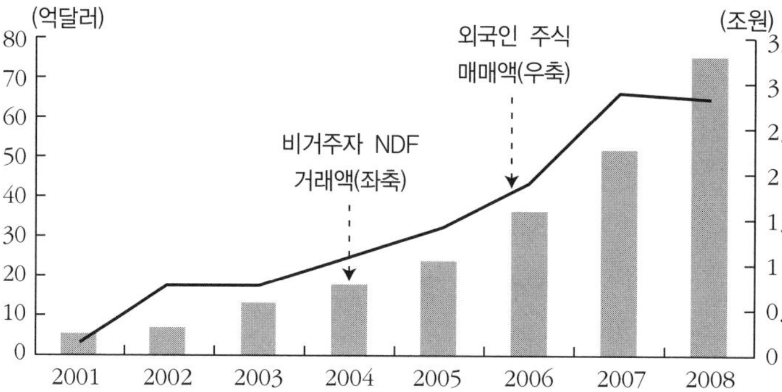

주 : 1) 거래소 및 코스닥
2) 기간중 일평균

NDF거래 및 외국인 주식1)거래 규모2)

다만 최근 글로벌 신용경색에 따라 비거주자의 국내 채권과 주식투자 규모가 축소되면서 NDF 순매입 증가세가 다소 둔화되는 모습을 보이고 있다.

외국환은행의 NDF 순매도1) (억달러)

2001~03[2]	2004	2005	2006	2007	2008
281.4	559.4	758.9	427.3	741.5	882.1

주 : 1) 기간중 대고객 거래실적(이종통화간 거래 제외)
2) 기간중 연평균

NDF거래를 만기별로 살펴보면 2008년 중 대고객 거래 기준으로 전체의 79.9%가 3개월 이내에 집중되고 있는데 이와 같이 단기물 비중이 높은 것은 비거주자가 국내 채권과 주식투자에 관련하여 환전 또는 송금시 단기 환헤지 수단으로 NDF거래를 활용하는 데 주로 기인한다.

2008년 중 외국환은행의 NDF거래 만기별[1) 비중[2)]

(%)

	1개월 이하	1~2개월	2~3개월	3~6개월	6개월 초과	합계
매입	14.2	18.6	5.3	6.5	2.7	47.3
매도	14.6	20.7	6.4	7.8	3.1	52.7
합계	28.7	39.4	11.8	14.3	5.8	100.0

주 : 1) 최초 만기 기준
2) 대고객 거래액 기준

참고 : 외국인의 NDF거래를 통한 채권 및 주식투자 환헤지

(1) 채권투자 환헤지

- 외국인은 채권투자 시점에 환헤지를 위해 NDF를 매입할 경우 통상 NDF 만기를 채권 만기와 일치시킴
  - 장기 채권투자에 대하여는 통화스왑을 이용하거나 NDF를 계속하여 차환(roll-over)

(2) 주식투자 환헤지

- 외국인은 주식투자의 경우 채권과 달리 만기가 없고 예상보유 기간이 불특정하며 주식변동성이 환율변동성보다 크기 때문에 환헤지 유인이 낮은 편이나 최근에는 환율이 상승하면서 NDF를 이용
  - 외국인은 필요한 주식 매입 또는 해외 송금을 위한 환전에 대비하여 NDF를 거래
  - 주식을 빈번하게 매매하는 외국인은 필요시 1개월 미만의 단기 NDF를 이용하고 장기 투자자는 장단기 NDF를 혼용*

* 투자금액의 일정 부분은 1개월 이상의 장기 NDF를, 나머지 금액은 단기 NDF를 이용함으로써 환율변동이나 주식가격 변동에 따라 헤지규모를 탄력적으로 조정(환율상승 추세가 지속되거나 주식가격이 상승하면 단기 NDF를 연장하고 미헤지분에 대해 헤지를 추가)

3. 외환스왑

1) 거래 특징

외환스왑(FX swap)거래는 단기외화자금 불일치 조정을 위한 은행간 거래와 외은지점 또는 외국인의 재정거래와 연계된 스왑거래가 활발하게 이루어지고 있다. 은행간 외환스왑은 주로 무위험 차익 획득(arbitrage), 포지션 조정, 원화와 외화자금 조달 등을 위하여 거래되고 있다. 특히, 외은지점은 국내은행보다 상대적으로 낮은 비용으로 차입한 외화자금을 은행간 스왑거래를 통하여 원화자금으로 바꾸어 국내 채권에 투자함으로써 위험부담 없이 재정거래 차익을 획득할 수 있다.

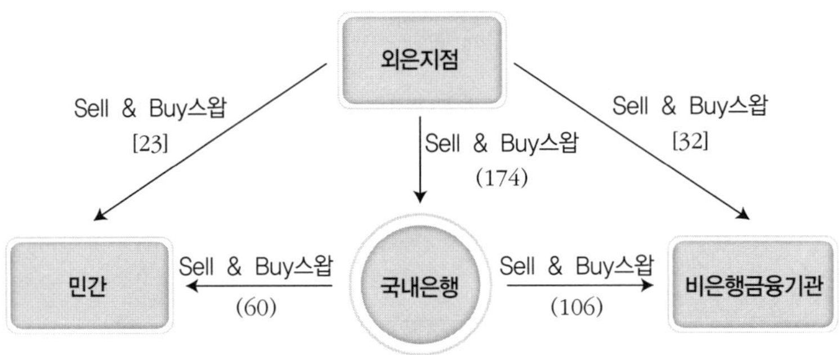

주 : ( )/[ ] 내는 2008년 말 국내은행/외은지점의 순Buy & Sell(순Sell & Buy) 포지션(억달러)

주요 외환스왑 거래 흐름도

2) 거래 동향

외환스왑은 2003년 이후 외은지점의 재정거래, 외국인의 국내 채권투자, 선물환(NDF 포함)거래에 따른 은행간 포지션 조정거래가 늘면서 거래규모가 크게 증가하였다. 특히, 조선 및 중공업체 등 수출기업들의 일방적인 선물환 매도에 따른 국내은행의 포지션 조정을 위한 Buy & Sell스왑 거래가 증가하면서 스왑시장의 불균형이 심화되고 재정거래 유인이 지속적으로 확대되었다. 그 결과 2003년 중 30억달러에 불과했던 일평균 외환스왑거래 규모가 2007년 중에는 122억달러, 2008년 중에는 169억달러로 대폭 증가하였다.

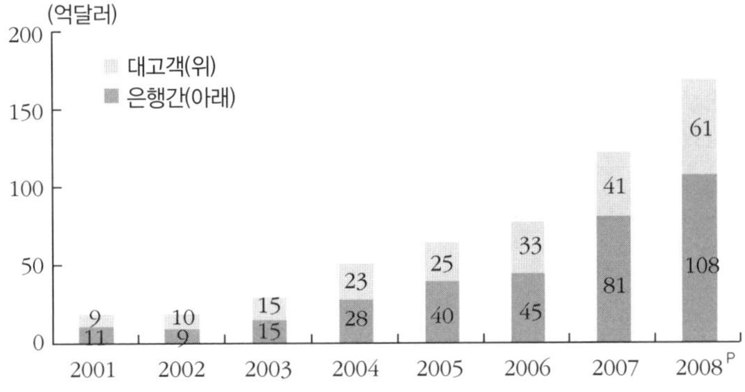

주 : 1) 기간중 일평균

외환스왑 거래 규모[1)]

외국환은행은 은행간 Buy & Sell스왑거래를 이용하여 선물환 매입초과 포지션을 조정하고 비은행금융기관과는 주로 Sell & Buy스왑을 거래하였다. 2006년 이후 해외투자 자유화 확대로 자산운용사 등 비은행금융기관들의 해외투자자금 헤지를 위한 Buy & Sell스왑 수요가 늘어남에 따라 외국환은행의 Sell & Buy스왑 규모가 증가하였으나 2008년 들어 글로벌 증시침체 등의 영향으로 증가세가 둔화되었다.

외국환은행의 대고객 외환스왑 거래[1)] (억달러)

	2001~03[2)]	2004	2005	2006	2007	2008
전체	138.8	-28.1	-1.9	-90.1	-446.6	-440.1
비은행금융기관	-16.9	-25.4	-77.9	-151.9	-429.7	-470.1
민간	64.6	-61.9	15.3	67.7	14.3	-110.3
비거주자	91.1	59.2	60.6	-5.9	-31.2	140.3

주 : 1) 기간중 이종통화간 거래를 제외한 순Buy & Sell거래액(Buy & Sell스왑 − Sell & Buy스왑)
2) 기간중 연평균

외환스왑거래의 만기별 비중(2008년 중 거래 기준)을 보면 1개월물 미만이 전체 거래의 65.8%를 차지하고 있는데 이는 외국환은행이 유동성 부족과 높은 금리 리스크 때문에 1개월 미만의 스왑거래를 주로 이용한 데 기인한다.

2008년 중 외국환은행의 외환스왑거래 만기별[1] 비중[2] (%)

	1개월 미만	1~2개월	2~3개월	3~6개월	6개월 이상	계
은행간	51.2	14.1	3.3	7.1	3.8	79.5
대고객	14.6	2.0	1.1	1.8	1.0	20.5
계	65.8	16.2	4.4	8.8	4.8	100.0

주 : 1) 최초 만기 기준
2) 거래액 기준

참고 : 외환스왑 거래의 이용목적에 따른 사례

(1) 은행간 거래

■ 포지션 조정

– 조선 · 중공업체 등의 선물환 매도 또는 자산운용사 등의 통화선물 매도에 따른 선물환 매입초과 포지션을 조정하기 위해 외국환은행은 외환시장에 매도할 현물환을 외환스왑거래를 통해 조달

① 조선 · 중공업체 또는 자산운용사 등이 선물환(통화선물)을 매도

② 은행은 선물환(통화선물) 매입초과 포지션 조정을 위해 현물환시장에서 매도할 외화를 Buy & Sell스왑 거래를 통해 조달*

* Buy & Sell스왑 거래 증가는 스왑레이트 하락(차익거래 유인 확대) 압력으로 작용

외환스왑(Buy & Sell) 거래를 통한 포지션 조정

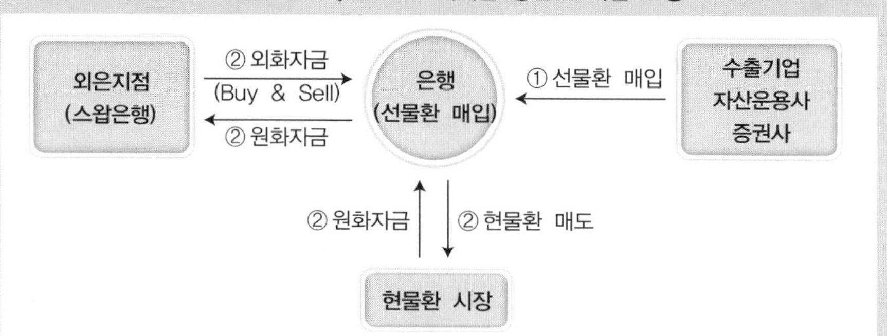

외화자금 수요(Buy & Sell) 증가에 따른 스왑레이트 하락

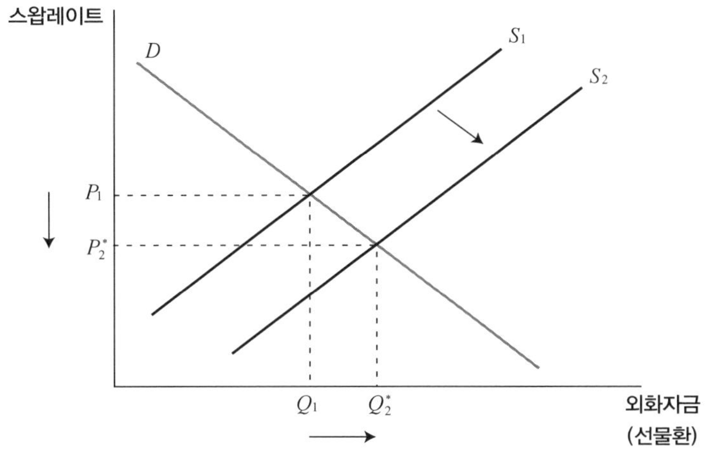

주 : 스왑시장에서 Buy & Sell(Sell & Buy) 수요 증가로 선물환 공급(수요)이(가) 늘어나면 선물환율이 하락(상승)하여 스왑레이트도 하락(상승)

- **금리 차익(arbitrage) 거래**
  - 외국환은행은 외환스왑 거래를 통하여 내외금리차보다 낮은 스왑레이트를 이용하여 무위험 금리 차익을 획득
    ① 은행은 해외로부터 외화를 차입
    ② Sell & Buy스왑을 통하여 외화를 대가로 원화를 조달
    ③ 조달한 원화를 국내 채권에 투자
    ⇒ 내외금리차(채권수익률 - 외화차입금리)와 스왑레이트의 차이를 무위험 금리차익으로 획득

외환스왑(Sell & Buy) 거래를 통한 무위험 금리 차익거래

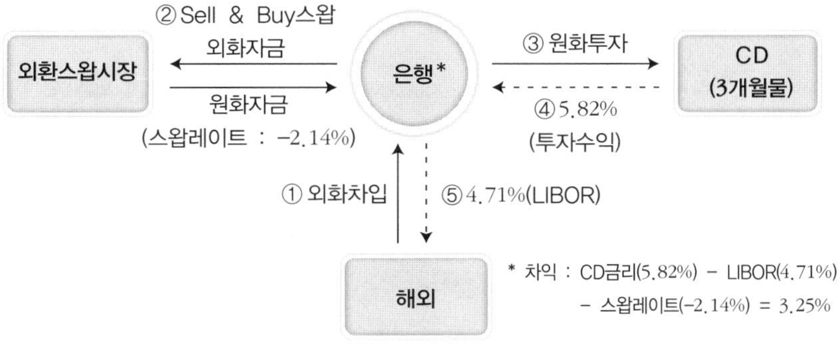

(2) 비은행금융기관 및 기업과의 거래

■ **보험사의 해외 유가증권투자 연계 스왑**

- 보험사는 해외 주식형 자산(주로 주식형 펀드)에 투자하면서 환위험 헤지를 위해 외환스왑*(Buy & Sell)을 주로 이용

* 주식형 자산의 환위험 헤지는 통화스왑보다 만기조정이 용이하여 헤지의 효율성이 높은 외환스왑을 주로 이용

□ 외환스왑을 투자기간 동안 차환(통상 6개월~1년 주기)하거나 투자 포지션 변동에 맞춰 반대거래를 통해 외환스왑 포지션을 조정

■ **증권사의 해외증권투자 연계 스왑**

- 증권사는 해외증권투자와 ELS* 발행과 연계하여 외환스왑을 거래**

* 주가지수연계증권(Equity Linked Securites)은 투자원금의 일부를 채권 등 안전자산으로 운용하고 나머지 부분은 주식이나 파생금융상품에 투자하는 금융상품

** 이외에도 통화선물 포지션 조정, 해외지사 · 현지법인의 자본금 조달 등에 활용

□ ELS 발행시 투자자의 원화원금을 Buy & Sell스왑(외국 증권사와의 back-to-back 거래)을 통해 외화로 전환하여 지급하고 중도 청산시에는 Sell & Buy스왑을 이용

증권사의 해외증권투자 연계 외환스왑 거래

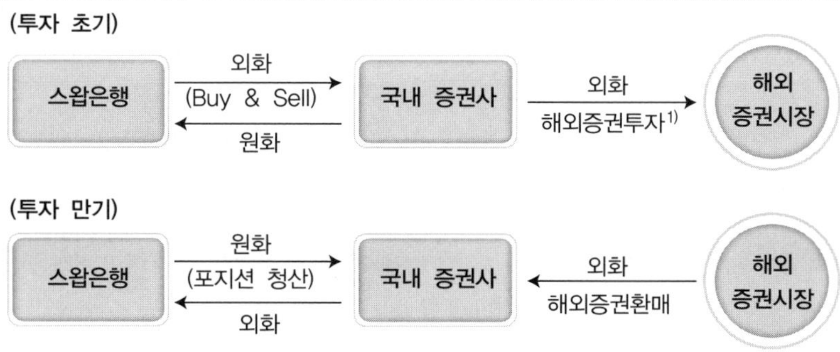

주 : 1) 투자기간 중 투자자산 가치 변화에 따른 헤지 조정은 통화선물, 외환스왑 등을 이용

■ **기업의 수출입 자금에 대한 환위험 헤지**

- 기업은 ① 수출입 대금의 결제일과 실제 자금수급의 시차(자금의 조기정산 또는 지연회수)에 따라 발생하는 환위험을 관리하거나 ② 수출입거래가 빈번할 경우 수

출 네고자금과 수입 결제자금의 흐름을 일치시키기 위하여 외환스왑을 이용

ㅁ 결제일에 맞춰 선물환을 매도한 수출기업은 수출대금이 조기 정산될 경우 Sell & Buy스왑을 통해 환위험을 헤지(기존 선물환 거래를 청산하는 효과가 발생)

수출대금 조기정산시 외환스왑

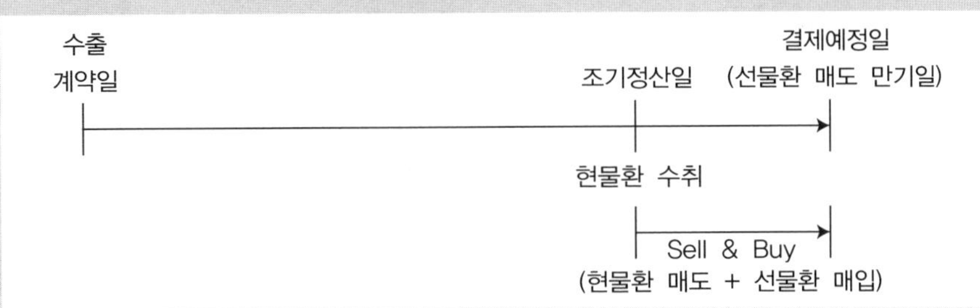

ㅁ 1개월 후 수출 대금이 유입되고 2개월 후 수입대금을 결제해야 할 경우 Sell & Buy스왑(1개월 선물환 매도 & 2개월 선물환 매입)을 통해 자금흐름을 일치

수출입 자금흐름 일치를 위한 외환스왑

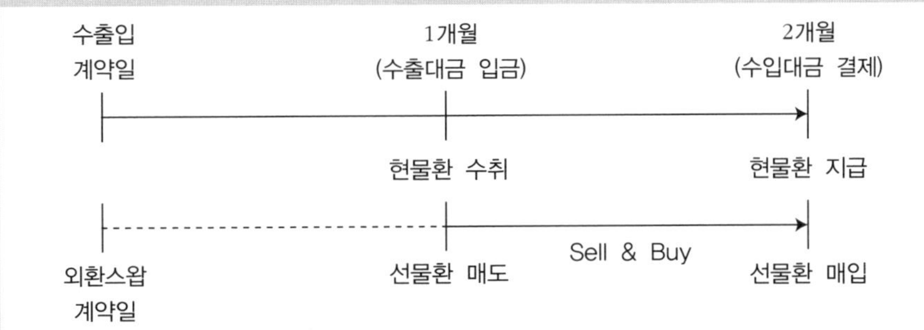

4. 통화스왑

1) 거래 특징

통화스왑거래를 통하여 국내은행은 외화자금을, 외은지점은 원화자금을 조달할 수 있고 기업들은 장기 외화자산과 부채에 대해 환위험을 헤지할 수 있다. 특히, 기업은 외화채권 발행, 은행은 해외 MBS 발행 등과 관련하여 부채스왑

(CRS Pay)을, 보험사는 해외투자와 연계된 자산스왑(CRS Receive)을 주로 거래한다.

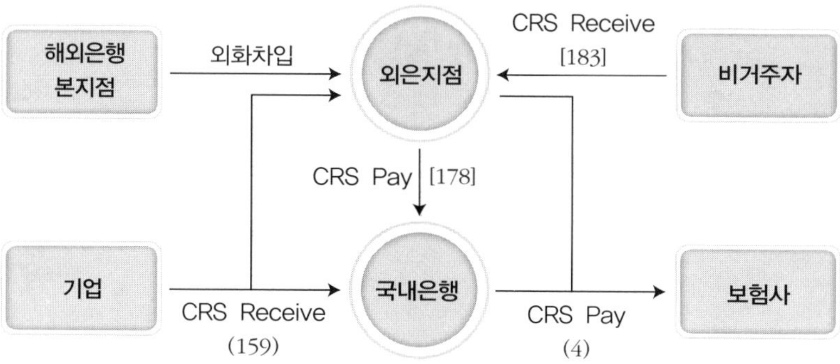

주 : ( )/[ ] 내는 2008년 중 국내은행/외은지점 기준 CRS 순Receive(Pay) 실적(억달러)

주요 통화스왑 거래 흐름도

2) 거래 동향

2006년 중 일평균 9억달러에 불과했던 외국환은행의 통화스왑 거래규모는 2007년 이후 외은지점과 비거주자의 차익거래가 늘어나면서 2008년 중에는 일평균 17억달러 수준으로 크게 증가하였다.

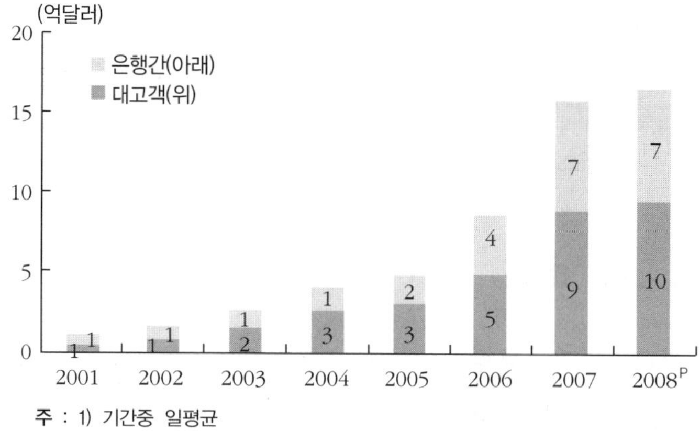

주 : 1) 기간중 일평균

통화스왑 거래 규모[1)]

국내은행은 주로 외은지점과 CRS Receive 형태를 통해 장기 외화자금을 조달하며 보험사는 주로 CRS Receive 거래를 통해 외화자금을 조달하여 해외증권에 투자하고 있다. 미국 서브프라임 사태 이후 신용스프레드가 확대되고 환율이 급등함에 따라 채권투자와 연계된 스왑포지션을 축소(unwinding)하기 위한 CRS Pay거래가 2008년에 증가하였다. 즉, 보험사는 해외증권투자 자금의 환헤지를 위해 CRS Receive 거래를 체결하였으나, 신용스프레드 확대와 환율 급등으로 인하여 투자채권과 CRS Receive거래에서 평가손이 발생하자 투자채권 매각과 함께 CRS Pay 거래로 기존 Receive 포지션을 상쇄하였다. 그리고 민간(공기업, 민간기업 등)과 여신전문기관(할부금융사, 신용카드사 등)은 외화채권 발행 후 CRS Pay거래를 통하여 국내금리보다 낮은 비용으로 원화자금을 조달할 수 있다. 특히, 국내금리와 CRS금리의 격차가 확대되면서 민간의 CRS 순Pay 거래(CRS Pay－CRS Receive)는 2006년 중 55.4억달러에서 2008년 중 159.2억달러로 증가하였다.

외국환은행의 대고객 통화스왑 거래[1)] (억달러)

	2001~03[2)]	2004	2005	2006	2007	2008
전체	-6.1	-27.6	-12.7	88.1	397.7	510.6
비은행금융기관	20.4	7.6	-28.2	-18.9	24.1	51.5
(보험사)	33.1	8.6	-31.6	-37.3	-41.1	-3.6
(여신전문)	-5.6	-0.7	8.1	6.2	37.5	23.5
민간	-19.4	-20.5	45.0	55.4	118.8	159.2
비거주자	-7.2	-14.7	-29.5	51.7	254.8	299.8

주 : 1) 기간중 이종통화간 거래를 제외한 CRS 순Receive(CRS Receive와 Pay 거래액의 차액)
2) 기간중 연평균

외은지점은 해외 본지점으로부터 외화자금을 장기적으로 조달할 수 있기 때문에 통화스왑 거래 비중이 전체의 60~70%를 차지할 정도로 시장조성자로서 역할을 하고 있다.

국내은행과 외은지점의 통화스왑 거래 비중 (%)

	2001~03[1]	2004	2005	2006	2007	2008
국내은행	28.4	29.7	39.1	34.5	36.5	31.3
외은지점	71.6	70.3	60.9	65.5	63.5	68.7

주 : 1) 기간중 연평균

2008년 중 통화스왑의 만기별 분포를 보면 만기 3년 미만의 거래가 63.0%을 차지하고 있으며 특히, 1~2년 단기물 거래의 비중이 31.6%로 높은 편이다.

2008년 중 외국환은행의 통화스왑 만기별[1] 비중[2] (%)

	1년 미만	1~2년	2~3년	3~4년	4~5년	5년 이상	계
전체	6.6	31.6	24.8	19.8	4.7	12.4	100.0
은행간	1.9	20.4	16.1	12.6	2.7	5.2	58.9
대고객	4.7	11.3	8.6	7.2	2.0	7.2	41.1

주 : 1) 최초 만기 기준

2) 거래액 기준

참고 : 거래동기에 따른 외국환은행의 통화스왑 거래 사례

(1) 기업 등의 선물환 매도에 따른 포지션 조정

- 조선 · 중공업체 등으로부터 장기 선물환을 매입한 외국환은행은 선물환 매입초과 포지션을 CRS Receive거래를 통하여 조정

① 조선업체 등이 외국환은행에 선물환을 매도

② 선물환을 매입한 은행은 현물환시장에서 매도할 외화를 CRS Receive(원화고정금리 수취 및 LIBOR 지급) 거래*를 통해 조달

* CRS시장에서 외국환은행의 CRS Receive(외화자금 수요)가 증가하면 수취금리인 CRS금리가 하락

통화스왑(CRS Receive)을 이용한 포지션 조정

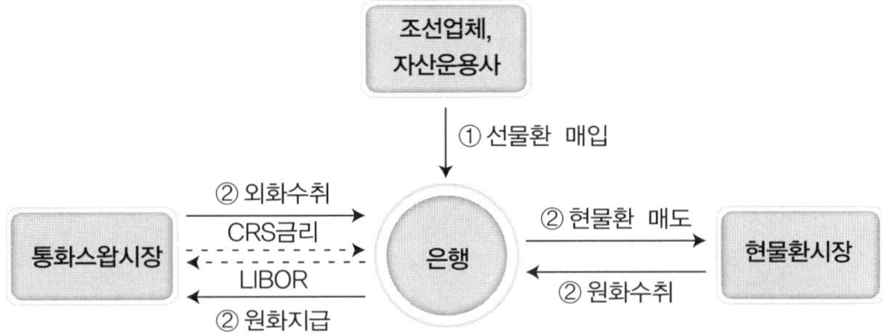

(2) 금리 차익거래

- 외은지점은 외화 차입금을 통화스왑(CRS Pay) 거래를 통해 원화자금으로 전환한 후 국내 채권에 투자함으로써 '채권수익률 – 통화스왑금리' 만큼의 무위험 차익을 취득
  - ① 외은지점 또는 외국인 등 차익거래자는 해외로부터 외화자금을 차입하고 일정기간마다 이자(LIBOR + 스프레드)를 지급
  - ② 차익거래자는 통화스왑(CRS pay)을 통해 외화자금을 원화자금으로 전환하고 스왑기간 중 CRS금리를 지급하는 동시에 LIBOR를 수취
  - ③ 차익거래자는 원화자금을 통안증권, 국채 등에 운용하고 이자를 수취

금리 차익거래

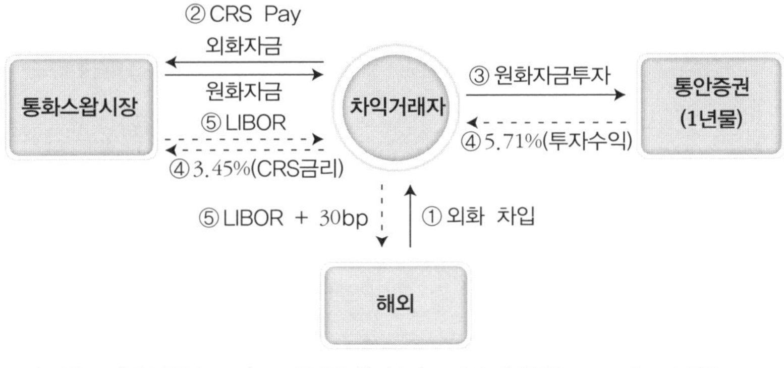

* 차익 : 채권수익률(5.71%) – CRS금리(3.45%) – 30bp(LIBOR spread) = 1.96%

(3) 외화채권 발행 또는 외화대출 차입기업의 원화자금 조달비용 절감

- 외화채권을 발행하거나 외화대출을 받은 기업은 통화스왑을 통해 자금조달 비용을 절감

① 원화자금이 필요한 기업은 표면금리가 LIBOR + 200bp인 외화채권을 발행

② 기업은 LIBOR + 200bp 수취 및 원화고정금리(CRS금리) 5.45% 지급의 CRS Pay(외화자금 지급 및 원화자금 수취) 거래를 통하여 차입한 외화를 원화로 전환

⇒ 국내에서의 원화채권 발행금리가 5.45%를 초과하면 기업은 상기거래를 통하여 원화자금 조달비용을 절감

외화채권 발행기업과의 통화스왑 거래

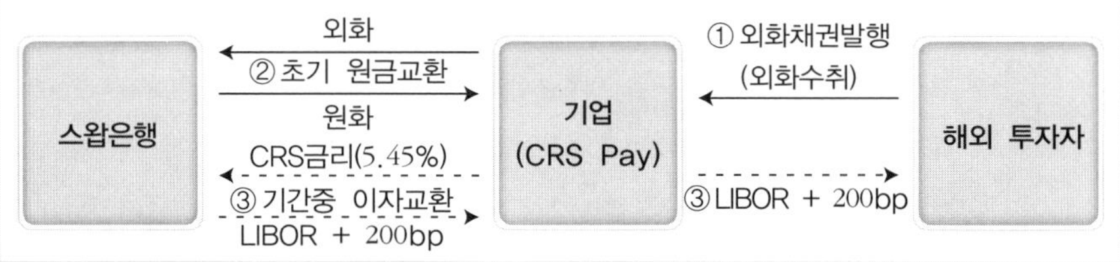

① 은행은 기업에 LIBOR + 200bp의 조건으로 외화자금을 대출*

② 기업은 대출은행과 LIBOR + 200bp 수취 및 금리 5.45% 지급의 CRS Pay를 통하여 차입 외화를 원화로 전환

⇒ 국내에서의 원화차입금리가 5.45%를 초과하면 기업은 상기거래를 통하여 원화자금 조달비용을 절감

* 2007. 8월부터 원화로 환전하여 운전자금으로 사용할 목적의 외화대출을 제한

외화대출을 받은 기업과의 통화스왑 거래

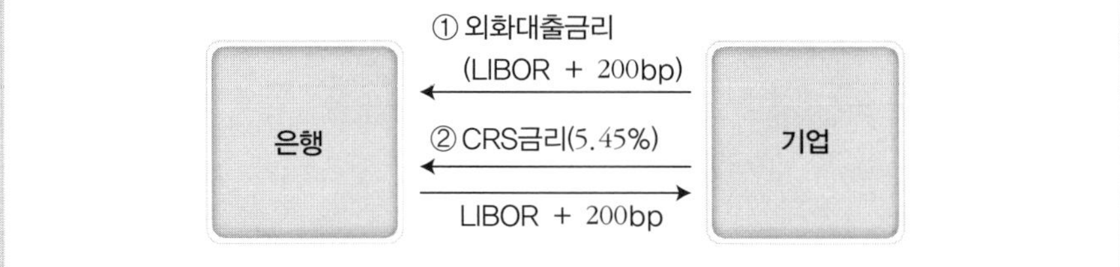

(4) 스왑베이시스 거래

- 외국환은행은 스왑베이시스(CRS금리 – IRS금리)의 변동을 예상하고 포지션을 취한 뒤 평가이익을 실현하는 스왑베이시스 거래를 수행
  - 負(–)의 스왑베이시스가 축소될 것으로 기대하고 'CRS Pay(CRS금리 지급) 및 IRS Receive(IRS금리 수취)'의 포지션을 취하고 예상대로 스왑베이시스가 축소되면 반대거래를 통해 평가이익 실현

  ① 스왑베이시스 거래자는 해외로부터 외화자금(LIBOR + 스프레드)을 차입

  ② CRS Pay거래를 통하여 외화자금을 원화자금으로 전환(LIBOR 금리 수취 및 CRS 금리 지급)

  ③ 취득한 원화를 CD에 투자(CD 변동금리 수취)

  ④ IRS시장에서 금리변동 위험을 헤지(CD 변동금리 지급 및 IRS 고정금리 수취)

  ⇒ 예상대로 스왑베이시스(負)가 축소되면 CRS Receive 및 IRS Pay거래로 기존 포지션을 청산하고 스왑베이시스 축소폭만큼 이익을 실현

스왑베이시스 거래

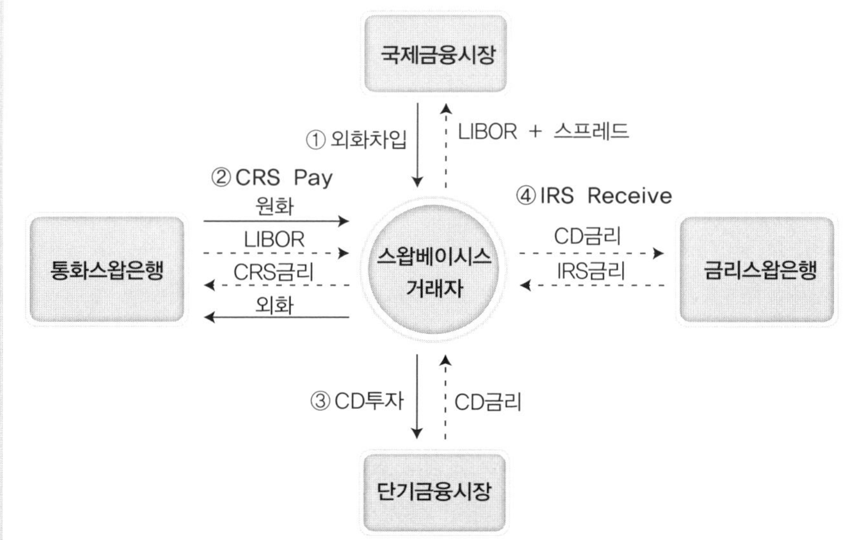

5. 통화옵션

1) 거래 특징

신용도가 낮은 중소기업은 거래비용을 절감하고 유리한 수준으로 외환을 매도하기 위해 통화옵션시장에 참여하며 외국환은행은 외환영업을 확대하기 위해 활발하게 통화옵션을 거래하고 있다. 특히, KIKO 등 수수료가 상계된 통화옵션거래가 거래비용 절감을 누리기 위해 크게 증가하였다. 통화옵션은 선물환거래와는 달리 환율이 불리한 방향으로 움직일 경우에 옵션 매입자가 옵션행사를 포기할 수 있기 때문에 외환의 유출입이 확정되지 않는 상황에서 유용하게 활용할 수 있는 금융상품이다. 그러나 선물환거래의 경우에는 수출대금의 유입이 확정되지 않은 상태에서 수출기업이 선물환을 매도한다면 외환이 예정대로 유입되지 않을 경우에는 선물환의 만기시점에서 외환의 결제가 불가능하게 된다.

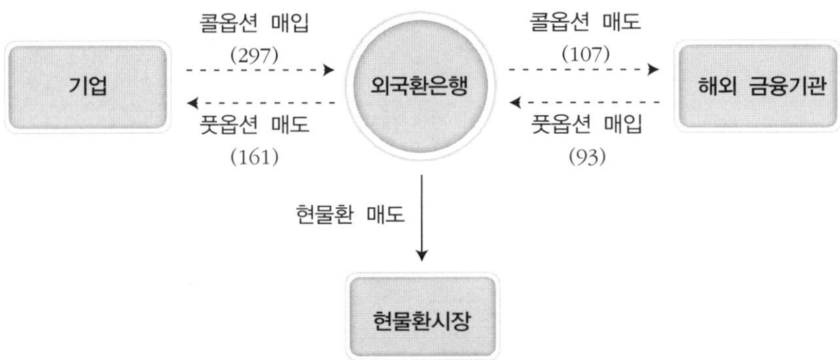

주 : ( ) 내는 2008년 중 외국환은행의 순거래실적(억달러)

외국환은행의 통화옵션거래 흐름도

2) 거래 동향

통화옵션거래는 2002년 중반부터 원화환율의 하락세가 지속되자 중소 수출기업이 수출대금을 높은 환율로 매각할 수 있을 뿐만 아니라 거래수수료도 절감할 수 있는 Target Forward 등의 통화옵션을 많이 거래하면서 2003년부터 증가하기 시작하였다. 2002년에 통화옵션 거래규모는 일평균 1억달러에 불과하였으나 2007년 중에 12억달러, 2008년 중에는 11억달러로 크게 증가하였다.

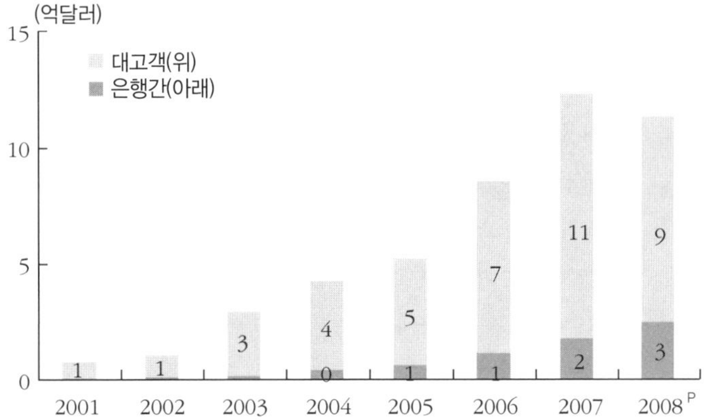

주 : 1) 기간중 일평균

통화옵션(장외) **거래 규모**[1)]

2007년에 급증했던 외국환은행과 기업간 통화옵션거래는 2008년 들어 환율 상승 반전에 따른 옵션거래 기업의 손실 발생으로 감소하였다. 외국환은행은 기업과의 옵션거래를 델타헤지 또는 해외 금융기관과 반대거래를 통해 헤지하였다.

외국환은행의 통화옵션 대고객 거래[1)] (억달러)

	2001~03[2)]	2004	2005	2006	2007	2008
콜옵션	5.1	103.9	67.7	99.0	117.2	192.9
(민간)	41.3	109.5	102.3	246.9	414.5	296.8
(비거주자)	-36.3	-6.8	-40.6	-155.6	-300.5	-107.8
(기타)	0.0	1.2	6.0	7.7	3.2	3.9
풋옵션	-14.7	-75.8	-59.5	-120.3	-274.5	-71.9
(민간)	-22.7	-29.7	-38.5	-78.1	-208.0	-160.6
(비거주자)	7.9	-40.5	-15.1	-39.8	-62.2	94.2
(기타)	0.0	-5.6	-6.0	-2.3	-4.3	-5.5

주 : 1) 기간중 대고객 순매입 거래액(+는 순매입, -는 순매도) 2) 기간중 연평균

참고 : 통화옵션 거래의 환율에 대한 영향

- 옵션 약정시점에서 외국환은행은 매매한 통화옵션의 환율변동 위험을 헤지하기 위해 옵션포지션과 반대방향으로 현물환을 매매('옵션금액 × 옵션 델타값'의 현재가치)하는 델타헤지를 실시하므로 환율이 변동
  - 외국환은행이 콜옵션 매입 및 풋옵션 매도 포지션을 동시에 거래(합성)하면 선물환 매입포지션과 동일하므로 환율하락 위험을 헤지하기 위하여 현물환을 매도하고 Buy & Sell스왑 거래를 실행함에 따라 환율이 하락
    - 외국환은행이 콜옵션 매입 및 풋옵션 매도 포지션을 해외 금융기관에 이전(back-to-back 거래)하더라도 해외 금융기관이 옵션포지션 헤지를 위해 국내 은행에 NDF를 매도하게 되면 NDF를 매입한 국내 은행은 현물환을 매도하게 됨으로써 환율이 하락

통화옵션 헤지거래에 따른 환율 변동(약정시점)

	콜옵션	풋옵션
은행의 옵션 매도	은행의 현물환 매입 증가 → 환율 상승 압력	**은행의 현물환 매도 증가 → 환율 하락 압력**
은행의 옵션 매입	**은행의 현물환 매도 증가 → 환율 하락 압력**	은행의 현물환 매입 증가 → 환율 상승 압력

- 옵션 계약기간 중에는 환율 상승(하락)에 따른 델타값의 변동에 따라 현물환을 추가 매도(매입) → 환율 하락(상승) 압력으로 작용
- 옵션 만기시 환율이 상승하게 되면 과다 헤지한 옵션매도자의 경우 결제를 위한 추가 외화자금 수요가 발생하여 환율에 영향을 미칠 수 있음
  - 옵션매도자인 기업이 콜옵션을 수출대금 이상으로 과도하게 매도했을 경우 옵션청산을 위해 추가로 현물환을 매입해야 하므로 환율 추가 상승요인으로 작용

6. 통화선물

외국환은행의 통화선물 거래규모는 2006년 중 일평균 4억달러에 불과하였으나 2007년 이후 자산운용사가 해외증권투자에 따른 환위험을 통화선물 매도

로 헤지하면서 12억달러로 크게 증가하였다.

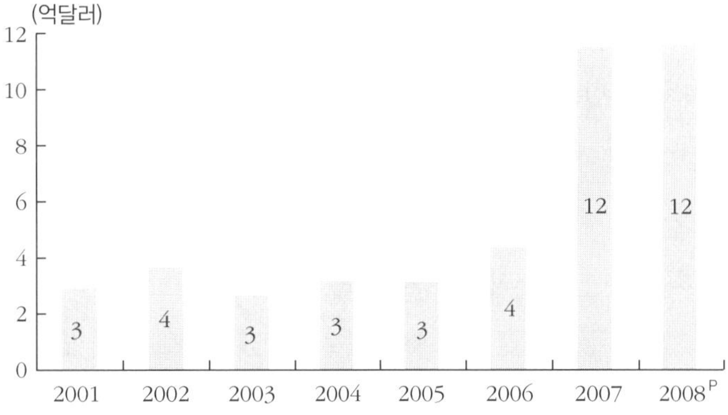

주 : 1) 기간중 일평균

외국환은행의 통화선물 거래[1)]

외국환은행은 한국거래소에서 거래되는 통화선물의 거래상대방 포지션을 최종적으로 조정하는 역할을 수행하는데 예를 들어 통화선물 매입에 따른 포지션을 현물환 매도와 Buy & Sell스왑 거래를 통해 조정한다. 그리고 자산운용사는 대규모로 선물을 거래할 필요가 있을 경우에 외국환은행과 미리 특정가격에 거래하기로 협의한 후 선물을 협의 대량거래방식(block deal)으로 거래하고 있다.

외국환은행의 통화선물거래는 2007년 중에 순매입 규모가 922억달러로 증가하였으나 2008년에 들어 해외증시 침체에 따른 자산운용사의 해외 투자자산가치가 감소하면서 383억달러로 크게 위축되었다.

외국환은행의 통화선물 거래[1)] (억달러)

	2001~03[2)]	2004	2005	2006	2007	2008
매입	173.9	267.0	415.2	525.3	1,279.2	991.7
매도	172.7	157.0	160.7	138.5	357.3	608.4
순매입	1.1	110.0	256.2	388.4	921.9	383.2

주 : 1) 기간중 거래액 2) 기간중 연평균

자산운용사는 해외펀드 투자에 따른 헤지수요가 급증하면서 대규모 순매도 포지션 상태이며 이와는 반대로 자산운용사의 통화선물거래 상대기관인 외국환은행은 순매입 포지션 상태이다. 일반적으로 신용도가 낮고 자산규모가 작은 자산운용사는 외국환은행과 선물환거래를 체결하기보다는 통화선물거래를 주로 이용한다. 통화선물거래는 한국거래소가 증거금제도를 통해 결제이행을 보증하기 때문에 결제리스크를 줄일 수 있어 외국환은행이 선호하는 금융상품이다. 그러나 최근에는 환율의 급등락으로 자산운용사는 마진콜(Margin call)제도를 적용받고 있는 통화선물거래에서 선물환거래로 매도헤지 방식을 전환하는 사례가 증가하고 있다.

참고 : 통화선물시장의 거래 구조 및 최근 특징

(1) 통화선물 거래 구조

- 통화선물의 주요 거래자는 자산운용사, 선물회사, 개인투자자 등이며, 외국환은행은 이들의 거래상대방으로서 통화선물의 수급 과부족을 조정
  - 통화선물을 활발하게 거래하는 자산운용사는 해외주식 투자에 따른 환위험을 헤지하기 위해 통화선물을 매도하고, 외국환은행은 자산운용사로부터 협의 대량거래방식(block deal)으로 통화선물을 매입

  ⇒ 외국환은행이 통화선물 순매입 포지션을 주로 현물환 매도와 Buy & Sell스왑 거래를 통하여 조정하기 때문에 환율이 하락하고 스왑레이트가 하락하여 금리 차익거래 유인이 확대

(2) 최근 글로벌 증시 침체 및 환율 상승에 따른 영향

- 최근 환율 상승에 따른 마진콜 우려와 해외펀드 순자산가치 감소에 따른 초과 헤지분 조정 수요로 자산운용사의 통화선물 거래가 순매수로 전환
  - 환율이 급등하여 마진콜이 발생하면 자산운용사는 추가증거금을 납입*하거나 증거금 충당이 여의치 않은 경우 반대거래(환매, short-covering)로 선물포지션을 청산

* 마진콜 발생시 추가증거금을 납입하기 위해 해외주식을 환매하여 자금을 조달하는 경우 환매기간이 통상 7~10영업일이어서 환매자금과 증거금 결제자금의 기간불일치가 발생

- 최근 환율 급등락에 따른 마진콜 발생 가능성이 높아지자 자산운용사는 통화선물을 통한 헤지를 선물환으로 전환*

* 다만 선물환은 유동성이 낮아 청산이 용이하지 않고, 신용도가 낮고 자산규모가 작은 중소 펀드의 경우 통화선물에 비해 가격 측면에서 불리하여 선물환 거래로의 전환은 제한적

- 글로벌 증시침체에 따라 해외펀드의 순자산가치가 감소하면 자산운용사는 초과헤지된 통화선물 매도포지션을 통화선물 환매를 통해 순자산가치 감소분만큼 청산

⇒ 환율 급등 및 해외펀드의 순자산가치 감소에 따라 자산운용사의 통화선물 환매가 증가하면서 외국환은행은 통화선물 매입 포지션 축소를 위해 현물환을 매입 (→ 환율 상승요인으로 작용)

자산운용사의 통화선물 거래 흐름도

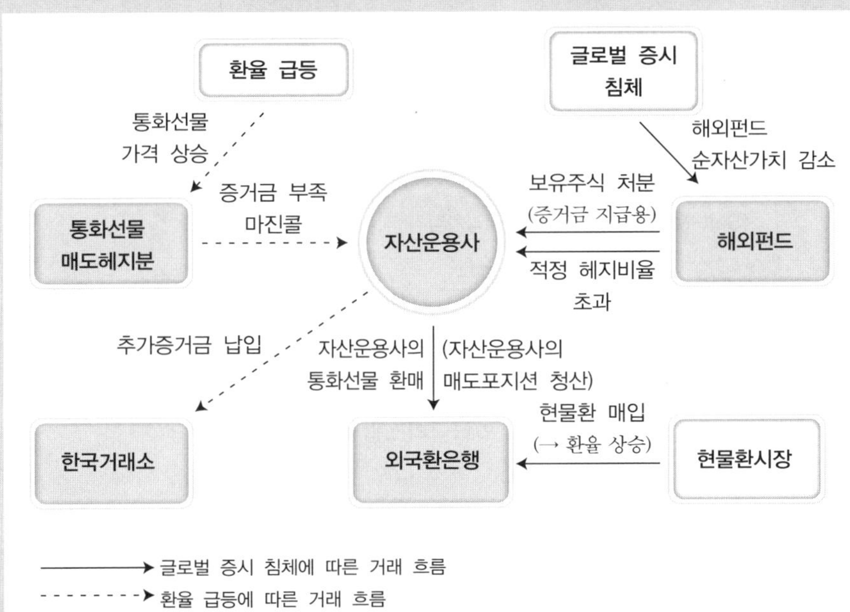

7. 금리스왑

외국환은행은 외화금리스왑을 이용하여 고객과의 선물환거래, 외화차입, 외화대출 등에서 발생하는 외화금리 위험노출(Exposure)을 상쇄시키고 있다. 통

상적으로 외국환은행의 외화금리스왑 포지션은 순Pay(IRS Pay > IRS Receive) 상태이다. 국내은행은 선물환 매입에 따른 외화금리(CRS로 포지션을 조정하면서 지급하는 LIBOR) 변동위험을 외화IRS Pay(외화고정금리 지급 및 LIBOR 수취) 거래로 헤지한다. 그러나 외은지점은 외환스왑(Sell & Buy스왑)을 통한 금리차익 거래시 조달한 외화자금의 금리변동 위험을 외화IRS Pay 거래로 헤지함으로써 외환스왑거래 시점에 스왑레이트가 확정(스왑레이트에 내재되어 있는 수취 외화금리가 확정)되기 때문에 스왑기간 중 외화의 조달금리인 LIBOR의 변동위험에 노출된다.

외화금리스왑 거래 흐름도

2005년 이후 미국 등 선진국의 금리가 상승기조로 전환됨에 따라 변동금리 조건을 고정금리로 전환하려는 수요가 확대되고 외국환은행의 헤지거래와 비거주자의 투기적 거래가 증가하면서 금리스왑은 일평균 거래규모(명목원금 기준)가 2002년 중 1억달러에서 2008년 중 37억달러로 크게 확대되었다.

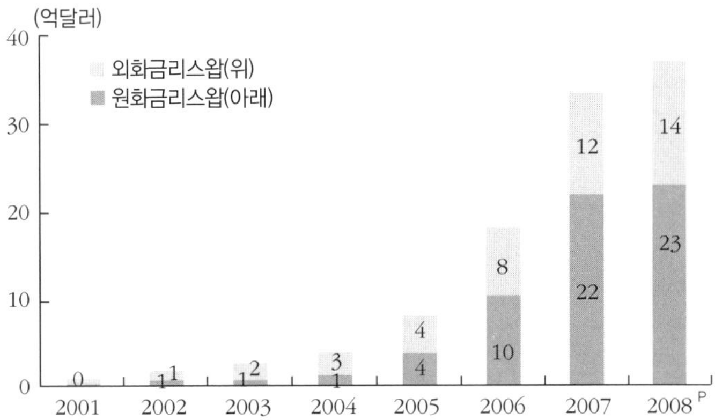

주 : 1) 기간중 일평균
2) 거주자 간 원화금리스왑은 제외

금리스왑 거래 규모[1)]

외국환은행의 외화금리스왑거래는 조선 · 중공업체의 선물환 매도, 외은지점 등의 외환스왑을 통한 금리차익거래로 인하여 외화금리 변동위험을 헤지하기 위한 수요가 늘면서 2005년 중 순Pay 거래규모가 175억달러에 불과하였으나 2007년 중 766억달러, 2008년 중 939억달러로 크게 증가하였다.

외국환은행의 금리스왑 거래 규모[1)] (억달러)

	2001~03[2)]	2004	2005	2006	2007	2008
외화금리스왑	-53.3	-122.7	-175.3	-499.2	-765.9	-938.7
(비거주자)	-49.9	-121.6	-200.7	-519.0	-788.4	-498.4
원화금리스왑[3)]	-4.9	1.1	-33.0	-29.1	-35.6	-289.8

주 : 1) 기간중 고정금리와 변동금리 간 금리스왑의 거래액으로 '+'는 순Receive, '-'는 순Pay
2) 기간중 연평균
3) 비거주자와의 거래

최근 글로벌 신용위기로 인하여 전세계 외환파생거래는 크게 위축될 것으로 예상되지만 우리나라의 외환파생거래는 비교적 높은 성장 잠재력을 보일 것으로 전망된다. 외국환은행의 외환파생거래는 1997년 외환위기 당시 우리나라의 환율제도가 자유변동제로 이행되면서 본격적으로 성장하기 시작하여 2003년에 들어 국내경기의 회복과 함께 증가세가 확대되었다. 그러나 BIS 조사(Triennial Central Bank Survey)에 따르면 우리나라의 장외파생거래 규모는 2007년 현재 세계 19위(전세계의 0.3%)에 불과하여 우리나라 경제규모나 자본시장 규모에 비하여 낮은 수준에 머물고 있다. 그러나 원화의 대달러화 환율변동성은 상대적으로 높은 수준으로 환위험 헤지를 위한 파생금융상품 거래수요가 많기 때문에 우리나라의 외환파생거래는 향후 성장 가능성이 높을 것으로 보인다.

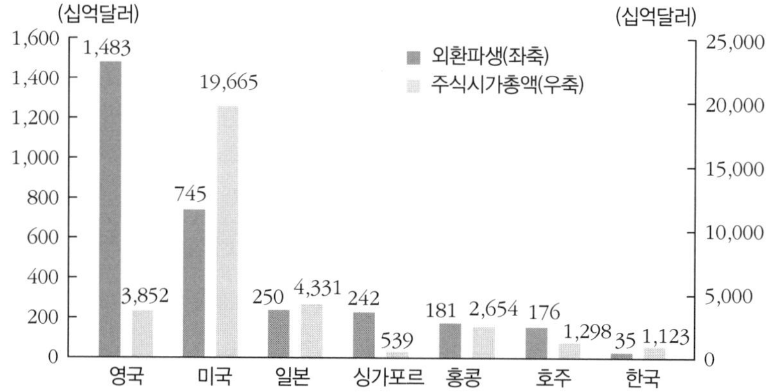

주 : 1) 2007년 4월 중 일평균 거래규모로서 전통적 외환거래 및 장외 외환파생상품 거래의 합계액

2) 2007년 말 기준 주식 시가총액

자료 : BIS(Triennial Central Bank Survey), 한국거래소(해외거래소 통계)

주요국 외환파생[1] 및 자본시장[2] 비교

주요국 통화의 환율 변동성[1) 2)] 추이

(일일 변동률의 기간중 평균) (%)

	2001	2002	2003	2004	2005	2006	2007	2008
한국원화	0.37	0.31	0.29	0.30	0.30	0.33	0.22	0.99
일본엔화	0.49	0.46	0.43	0.47	0.37	0.42	0.44	0.68
유로화	0.55	0.47	0.54	0.49	0.43	0.37	0.30	0.64
호주달러화	0.62	0.45	0.51	0.65	0.44	0.44	0.56	1.10
싱가폴달러화	0.22	0.21	0.20	0.23	0.20	0.22	0.19	0.33
대만달러화	0.11	0.14	0.10	0.16	0.20	0.21	0.10	0.26

주 : 1) 전일대비 변동률[100 × (금일 종가 – 전일 종가)의 절대값/전일 종가] 기준
2) 각국 통화의 美달러화에 대한 환율 기준(원화는 서울시장 종가 기준, 엔화는 Reuter 고시 동경시장 15:00, 유로화 및 호주 달러화는 Reuter사 뉴욕시장 16:30, 기타 통화는 Bloomberg 고시 동경시장 20:00)

다만 최근 글로벌 경기침체와 유동성 경색에 따라 우리나라의 파생금융거래도 당분간은 위축될 것으로 전망된다. 그 배경에는 경기침체로 인한 수주량 감소로 조선·중공업체의 선물환 매도가 줄어들고, 주가 하락으로 감소한 해외투자자산에 대한 헤지비율을 낮추기 위해 자산운용사가 선물환 매입을 늘림으로써 외국환은행의 선물환매입 포지션이 감소하고 있는 상황 등을 꼽을 수 있다. 또한 서브프라임 사태와 해외 투자은행의 부실에 따라 신용파생상품의 위험이 증가하면서 신용파생상품 거래도 위축될 것이다.

03 금리와 채권

3.1 금리

금리란 화폐자본을 사용하는 권리를 얻는 데 대하여 지급하는 가격이라고 정의할 수 있다. 금리변동요인으로는 국내외 경제여건, 물가상승률, 유동성 상황 등이 있다. 경기와 금리는 일정한 시차를 가지고 움직인다. 일반적으로 경기 호황시기에는 금리가 상승하고 경기 하강시기에는 금리가 하락한다. 그리고 물가가 올라가면 금리가 상승하고 물가가 떨어지면 금리도 하락한다. 왜냐하면 물가 상승으로 돈의 실질구매력이 떨어지면 자금 대여자는 이를 보상받기 위하여 자금의 사용가격인 금리를 올리기 때문이다. 그 밖에 금융기관의 자금공급능력에 비해 기업 및 가계의 자금수요가 많으면 당연히 금리는 올라가게 된다.

한편 금리의 종류를 보면 단기시장금리로는 한국은행 통화정책 파급경로의 시발이 되는 시장금리로서의 기능을 수행하는 익일물 콜금리, 기업 및 은행의 단기자금사정을 나타내는 CP(91일물) 및 CD(91일물)금리가, 장기금리로는 회사채(3년) 및 국고채(3년)수익률 등이 있다. 이 중 콜금리는 한국은행이 자금중개회사의 거래를 가중평균하여, 회사채 및 국고채유통수익률은 금융투자협회가 각 증권사로부터 받은 호가금리를 단순평균하여 매일 두 차례 고시하고 있다.

금리는 이자의 재투자 여부에 따라 단리와 복리가 있으며, 채권시장에서는 채권가격을 계산할 때 할인율과 만기수익률을 사용한다.

3.1.1 단리

단리(add-on yield)는 이미 발생한 이자에 대해 재투자를 고려하지 않고 이자를 계산한다. 일반적으로 단리는 1년 단위로 금리를 표시하는데 미국 단기재무부채권(T-bill)과 유로달러(Euro-dollar) 금리(LIBOR)의 경우에는 1년을 360일 단위로 표시하고 국내 CD 등은 365일 기준으로 표시한다.

예를 들어 유로달러 금리인 LIBOR는 아래와 같이 단리수익률 개념으로 계산된다.

$$\text{단리} = \frac{F-P}{P} \times \frac{360}{DTM}$$

단, F : 만기금액, P : 매입가격, DTM (Days to Maturity) : 잔여 만기일수

3.1.2 복리

복리(compound yield)는 이자의 재투자를 고려하는 개념으로서 투자기간을 여러 개의 부분기간으로 나누고 각 부분기간마다 원리금 합계를 계속 재투자하는 방식이다.

예를 들어 연 r의 이자율로 1원을 n년간 투자한 경우에 연단위 복리계산 원리금 합계는 다음과 같다.

$$\text{복리계산 원리금} = 1 \times (1 + r)^n$$

만약 1년에 m회 복리로 n년간 투자할 경우의 원리금 합계는 다음과 같다.

$$\text{복리계산 원리금} = 1 \times \left(1 + \frac{r}{m}\right)^{mn}$$

3.1.3 할인율

할인율(discount yield)은 액면가격을 기준으로 얼마나 할인되는가를 나타내는 개념인데 만기 1년 이하의 채권을 발행할 때 관행적으로 쓰이는 방법이다. 할인율은 다음과 같이 계산한다.

$$\text{할인율} = \frac{F - P}{F} \times \frac{DTM}{360}$$

단, F : 만기금액, P : 매입가격, DTM (Days to Maturity) : 잔여 만기일수

예를 들어 1년 후 만기시점에서 100을 받게 되는 T-bill의 현재가격이 95라고 하면 할인율은 5%이다. 그러나 단리개념으로는 95를 투자해서 100을 받으므로 5.26%(= 5/95)의 금리를 받게 되는 셈이다.

3.1.4 채권수익률

채권수익률(yield to maturity ; YTM)은 채권에 투자하였을 경우에 일정 기간 동안 발생된 투자수익을 투자원금으로 나누어 1년 기간으로 환산한 개념으로 미

래에 획득가능한 모든 투자수익의 현재가치와 채권의 시장가격을 일치시켜 주는 할인율이다. 일반적으로 채권수익률은 채권의 투자성과를 측정하는 데 사용되는 지표로서 채권가치를 나타내는 수단이다.

3.2 채권

3.2.1 채권의 개념

채권이란 발행자가 투자자에게 특정기간에 정해진 원금과 이자를 지급할 것을 약속하는 일종의 차용증서로서 발행주체, 기간, 담보제공 여부, 원금과 이자를 주는 방법에 따라서 분류할 수 있으며 이에 따른 위험과 수익률 또한 차이가 난다. 우리나라 채권은 발행주체에 따라 정부가 발행하는 국고채권 · 국민주택채권 등 국채, 한국은행이 발행하는 통화안정증권, 지방자치단체가 발행하는 지하철공채 · 지역개발공채 등 지방채, 상법상의 주식회사가 발행하는 회사채, 은행 · 증권회사 · 할부금융회사 · 신용카드회사 등 금융회사가 발행하는 금융채, 한국전력공사 · 한국토지공사 · 예금보험공사 등 특별법에 의해 설립된 법인이 발행하는 특수채 등으로 구분할 수 있다. 통상적으로 국채, 지방채 및 특수채를 포괄하여 국공채로 부르기도 한다.

한편 채권은 원리금에 대한 제3자의 지급보증 여부에 따라 보증채와 무보증채로 나누어진다. 보증채는 보증주체에 의해 정부보증채와 일반보증채로 구분된다. 일반보증채는 신용보증기금, 보증보험회사, 은행 등이 지급을 보증하는 채권이다. 무보증채는 발행주체의 자기 신용에 의해서 발행되는 채권을 말한다.

그리고 발행자의 담보제공 여부에 따라 담보부채권과 무담보부채권으로 나눌 수 있다. 담보부채권에는 일반담보부채권과 자산유동화증권이 있다. 일반담보부채권은 발행주체가 채권을 발행할 때 신용을 보강하기 위해 담보를 제공하는 채권을 말한다. 그리고 유동화증권(asset-backed securities ; ABS)은 기업이나 금융기관이 대출자산과 부동산 · 매출채권 등 유동성이 낮은 보유 자산을 담보로 발행하는 증권을 말하는데 자산담보부증권이라고도 한다. 이 채권은 1980년대 중반 미국에서 급성장했으며 자동차대출 담보증권, 리스대출 담보증권, 부동산대출 담보증권 등이 있다. 원래 자산담보부증권이라고 불렀으나 1998년 9월 자산유동화에 관한 법률이 제정되면서 유동화증권이라는 용어가 생겨났다. 기업이나 금융기관이 자금조달을 목적으로 보유 자산을 자산유동화 전문회사(special purpose company ; SPC)나 신탁에 양도하고, SPC나 신탁회사들은 해당 자산의 현금흐름 및 신용도를 바탕으로 증권을 발행한다. 자산을 보유한 기업은 유동화증권을 발행함으로써 자금조달 비용을 절감하고 일시에 대규모 자금을 확보할 수 있다. 또한 자산매각에 따른 현금 발생으로 기업의 재무구조가 개선된다. 금융기관의 경우 위험자산의 축소로 국제결제은행(BIS)의 자기자본비율을 높일 수 있다. 또한 유동화증권이 보유자의 신용도와 상관없이 신용도가 좋은 기관의 신용보강(credit enhancement)을 거쳐 발행되기 때문에 투자자들은 상대적으로 안전한 투자대상을 확보할 수 있으나 유동성이 부족하여 일반회사채에 비해 금리가 높기 때문에 고수익을 얻을 수 있다. 한국의 경우 경제위기 이후에 나타난 자본부족 현상 완화 및 채권시장 활성화 방안으로 법 제정(1998년) 등을 거쳐 1999년부터 본격적으로 발행되었다. 한편 ABS 가운데 주택저당대출을 담보로 한 것을 주택저당담보부증권(mortgage backed securities ; MBS)이라고 한다.[4]

또한 채권은 이자지급방법에 따라 할인채(discount bond, zero-coupon bond), 이표채(coupon bond), 복리채(compound interest bond) 등으로 구분할 수 있으며, 지급이자 변동 여부에 따라 고정금리부채권(straight bond)과 변동금리부채권(floating rate note ; FRN)이 있다.

그 밖에 회사채의 경우에는 발행회사의 주식으로 전환할 수 있는 권리가 부

4. 한국 브리태니커 온라인, "자산유동화증권 : 최신용어사전".

여된 전환사채(convertible bond ; CB), 사채권자에게 발행회사의 신주를 일정한 조건으로 매수할 있는 권리를 부여하는 신주인수권부사채(bond with warrant ; BW), 발행회사가 보유한 제3자 발행 유가증권과 교환할 수 있는 교환사채(exchangeable bond ; EB) 등 주식과 관련된 회사채도 발행된다.

이상과 같은 각종 채권은 만기구조에 따라 단기금융시장에서 거래되는 채권과 중장기자본시장에서 거래되는 채권으로 크게 구분할 수 있다.

3.2.2 단기금융시장

단기금융시장(money market)은 기업, 가계, 정부, 금융기관 등 경제주체들이 단기적인 자금 과부족을 조절하기 위해 보통 만기 1년 이내의 단기금융상품을 거래하는 시장이다. 우리나라 단기금융시장에서는 콜(Call), 기업어음(CP), 양도성예금증서(CD), 환매조건부채권매매(RP), 통화안정증권(MSB) 등이 거래되고 있다. 여기서 예금은행은 양도성예금증서 발행, 환매조건부채권매도, 콜차입 등을 통해 단기자금을 조달하고 일시적으로 남는 자금은 콜시장 등에서 운용한다. 그리고 증권회사, 보험회사, 상호저축은행 등은 콜시장 또는 환매조건부채권매매시장 등을 통해 부족자금을 조달하고 여유자금을 단기금융상품에 운용한다. 일반기업은 기업어음을 발행하여 일시부족 자금을 조달하며 여유자금은 양도성예금증서(CD), MMF 등 단기금융상품으로 운용한다. 한편 중앙은행인 한국은행은 환매조건부채권매각(매입) 또는 통화안정증권 발행(상환) 등을 통해 시중유동성을 환수(공급)하는 등 통화정책을 수행하기 위하여 단기금융시장에 참여한다. 이 밖에 가계도 일시적인 여유자금을 운용하기 위하여 단기금융시장에 참여하고 있다.

1) 콜시장

콜시장(call market)은 금융기관 상호 간에 일시적인 자금 과부족을 조절하는 시장으로 만기가 주로 1일인 초단기 금융시장이다. 금융기관은 고객을 상대로 예금을 받고 대출 또는 유가증권 투자를 하는 과정에서 자금이 남기도 하고 부족하기도 하는데 이러한 자금과부족을 콜시장에서의 자금거래(콜거래)를 통해 조절한다. 금융기관의 지급준비와 관련하여 일시적으로 자금이 모자라는 금융기관이 자금에 여유가 있는 금융기관에 자금을 요청하는 것을 콜(call)이라고 부르는데, 자금을 공급하는 것을 콜론(call loan), 자금을 수요하는 것을 콜머니(call money)라고 한다. 이처럼 콜거래는 금융기관의 일시적 자금과부족을 조절하는 거래이기 때문에 1일물 거래가 대부분이다

콜시장은 한국은행이 유동성 조절을 위한 공개시장 조작시 지표시장으로서의 역할을 하고 있으며, 금융시장 전체의 자금흐름을 비교적 민감하게 반영하는 곳이기 때문에 그 중요성이 크다. 이곳에서 결정되는 콜금리는 양도성예금증서(CD) 등 단기금융상품의 금리, 은행의 여수신금리, 채권수익률 등에 영향을 미친다. 콜금리의 변동은 장단기금리차를 이용한 재정거래를 통해 일차적으로 CD, CP 등 여타 단기금리 변동으로 이어진다. 나아가 회사채수익률 등 장기금리와 은행 여수신금리 등에 영향을 미치게 되며, 궁극적으로 그 효과가 소비, 투자 등 실물경제활동에 파급된다. 이러한 금리파급경로를 바탕으로 중앙은행은 공개시장조작 등을 통해 금융기관의 단기유동성을 조절하여 콜금리에 영향을 미침으로써 경기 및 물가를 바람직한 방향으로 유도한다.

콜거래에서 이율은 그날 자금수급 동향에 따라 결정되는데 이때 적용되는 이율인 콜금리(call rate)는 거래기간에 따른 콜거래의 종류를 보면 반일물, 익일물, 기일물이 있다.

반일물은 당일에 차입하여 한국은행 당좌계정 마감시각까지 결제할 것을 조건으로 거래되는 것이다. 익일물은 거래 익영업일에 결제가 되는 거래이고, 기

일물은 익영업일 이상 90일 이내인 콜거래를 말한다.

콜거래 만기는 최장 90일 이내에서 일별로 정할 수 있으나 실제거래에서는 1일물이 대부분을 차지하고 있다. 콜거래 금액은 최저 1억원이며 억원 단위로 거래된다. 거래이율의 변동 단위는 0.01%인데 과거에는 관행상 0.05% 단위로 거래되다가 최근 0.01% 단위로 거래되고 있다. 콜거래는 담보제공 여부에 따라 담보콜과 무담보콜(신용콜)로 구분된다. 콜금리는 콜시장에서의 자금수급사정에 따라 결정되기 때문에 수시로 변동한다. 한국은행은 3개 자금중개회사를 통해 거래된 무담보콜 1일물 거래에 대해 거래금액으로 가중평균한 지표금리를 매일 산출하여 공표하고 있다.

콜자금은 자산운용회사 등에 의해 주로 공급된다. 이는 자산운용회사의 경우 수탁재산의 일정 비율을 유동자산으로 운용하도록 약관에 명시되어 있는 데다 자금운용 과정에서 일시적인 자금잉여가 자주 발생하고 있기 때문이다. 콜시장의 주요 차입기관은 국내은행, 외국은행 국내지점 및 증권회사 등이다. 국내은행은 콜시장을 통해 지준자금을 조절하는 순콜머니(콜머니 > 콜론) 기관이다. 국내은행은 일시적으로 시장에 자금이 부족할 경우에는 콜차입을 축소(또는 콜론 확대)하고 자금이 남을 경우에는 콜차입을 확대(또는 콜론 축소)하면서 자금수급상의 불균형을 완화하는 기능도 수행하고 있다. 특히 외국은행 국내지점은 수신기반이 취약하기 때문에 영업자금조달을 콜차입에 크게 의존하고 있다. 즉, 외은지점은 단기 채권매매 또는 내외금리차를 이용한 재정거래시 콜차입을 적극 활용하고 있다. 그리고 자금조달수단이 고객예탁금, RP매각 등으로 제한되는 증권회사는 콜시장에서 영업자금을 조달하고 있다. 한편 콜거래의 중개는 2009년 6월 말 현재 한국자금중개(주), 서울외국환중개(주), KIDB자금중개(주) 등 3개의 자금중개회사가 담당하고 있다. 콜거래는 계약체결방식에 따라 중개거래와 직거래로 구분되는데 대부분의 거래는 중개거래로 이루어진다. 중개거래는 자금중개회사가 거래조건(금리, 만기, 금액 등)에 따라 자금의 공급자와 수요자를 연결시켜 줌으로써 계약이 체결되는 거래이다. 자금중개회사는 유선을 통해 콜론 및 콜머니 주문을 접수한 다음 콜론기관이 콜머니기관에 설정하는 신용공급 한도(credit line)를 확인한 후 거래를 체결시킨다. 이때 콜론기관이 콜머니기관을 지정하거나 자금공급시점 등에 대한 조건을 제시하는 경우도 종종 있다.

콜금리는 재정자금의 동향, 개인 및 기업의 현금수요 등을 배경으로 한 금융시장의 수급사정에 의해서 변동되지만 한국은행 통화정책과 밀접하게 연동되어 움직인다. 즉, 한국은행은 경기과열로 물가가 상승하면 기준금리를 높여 물가를 안정시키고, 경기가 위축될 것으로 판단되면 기준금리를 낮추어 경기를 활성화함으로써 통화정책 방향을 결정하게 된다. 이 과정에서 환매조건부채권, 통화안정증권 또는 국채를 시중은행과 사고파는 방식 등으로 시중의 자금을 조절하여 콜금리가 기준금리 수준에 근접하여 움직이도록 함으로써 한국은행 통화정책이 시중의 장 · 단기 금리에 효과적으로 파급되도록 하고 있다.

2) 환매조건부채권매매

환매조건부채권매매(repurchase agreement ; RP 또는 Repo)는 일정기간 경과 후 정해진 가격으로 환매매하는 조건으로 채권을 매매하는 거래이다. RP거래는 채권매매 형태로 이루어지나 실제로는 단기자금의 조달과 운용수단으로 이용되고 있어 단기자금 대차거래의 성격을 지니고 있다. 채권 이외에 주식 및 부동산 등도 환매조건부매매의 대상이 될 수 있으나 전통적으로 RP거래라고 할 때는 채권을 담보로 한 단기자금거래를 의미한다. 따라서 RP시장은 채권시장과 매우 밀접한 관계가 있다. RP거래는 채권을 매개로 하기 때문에 채권시장의 수급에 영향을 줄 뿐 아니라 RP시장과 채권시장 간의 차익거래 기회를 제공하여 채권가격이 보다 합리적으로 형성되도록 한다. 이처럼 RP시장은 단기금융시장과 자본시장을 연결시켜 주는 기능을 담당한다.

RP시장은 매도기관, 매수기관 및 중개기관으로 구성된다. 매도기관은 RP거래를 이용하여 보유채권을 팔지 않고서도 일시적으로 필요한 자금을 구할 수 있다. 또한 보유채권을 담보로 제공하기 때문에 다른 수단에 비해 비교적 낮은 비용으로 자금을 조달할 수 있다. 수익성은 높으나 유동성이 낮아 팔기 어려운 채권도 RP거래를 통해 유동화할 수 있는 장점이 있다. 한편 매수기관은 국채 등을 담보로 자금을 안전하게 운용할 수 있으며 중개기관은 매도기관과 매수기관을 연결해 주고 수수료 수입을 얻을 수 있다.

RP거래는 거래주체를 기준으로 금융기관과 일반고객 간에 이루어지는 대고객 RP, 금융기관간 RP, 공개시장조작 수단으로서 한국은행과 금융기관 간에 이루어지는 RP로 구분할 수 있다. 거래기간에 따라서는 1일물 RP(overnight RP), 2일 이상으로 만기가 미리 정해진 term RP, 만기일을 미리 정해두지 않고 어느 한쪽의 통지가 있기 전까지는 매일 자동적으로 만기가 연장되는 open RP 등으로 나눌 수 있다. 또한 담보대상 채권을 누가 보관하느냐에 따라 RP 매도자가 매수자에게 유가증권을 넘겨주는 인도형 RP(delivery RP), 매도자가 대상채권을 보관하는 점유개정형 RP(hold-in-custody RP), 제3의 환매서비스기관을 통해 채권을 보관하는 3자간 RP(triparty RP)로 구분할 수 있다. 우리나라의 경우에는 점유개정형 RP와 3자간 RP가 주로 이용된다.

RP거래 중 금융기관간 RP는 1일물, 대고객 RP는 1개월물 및 3개월물 위주로 이루어지고 있으며 만기 이전에 중도환매가 가능하다. 거래금액에 대한 제한도 없으나 금융기관간 RP는 10억원 이상, 대고객 RP 중 기관 및 법인과의 거래는 1억원 이상, 개인과의 거래는 500만원 이상이 일반적이다. 다만, 체신관서에서는 개인 위주의 소액거래가 대부분이기 때문에 최소거래금액을 5만원으로 설정하고 있다. 거래대상 채권은 대고객 RP거래의 경우 국채, 지방채, 특별법에 의해 설립된 법인이 발행한 특수채, 상장 및 등록법인이 발행한 회사채와 보증채 등으로 한정되고 있다. 금융기관간 RP거래는 국고채, 통안증권 등 안전자산 위주로 거래가 이루어지고 있다. 이자는 만기일에 지급되며 거래금리는 시장금리, 거래금액, 만기 등을 감안하여 결정되고 있다.

한국은행은 공개시장조작 수단의 하나로 환매조건부채권매매(RP)를 이용하여 일시적인 유동성 과부족을 조절하고 있는데 RP매도는 유동성 흡수가 필요할 때, RP매수는 유동성 공급이 필요할 때 각각 이용된다.

3) 양도성예금증서

양도성예금증서(negotiable certificate of deposit ; CD)는 은행 정기예금증서에 양도성을 부여한 것이다. CD시장은 CD가 발행 · 유통되는 단기금융시장으로서 발행기관, 중개기관 및 매수기관으로 구성된다. 발행기관인 은행의 입장에서는 대출 등 자금수요에 따라 발행규모를 조절함으로써 탄력적인 자금조달이 가능하다는 이점이 있다. 중개기관은 발행기관과 매수기관을 연결하여 수수료를 받을 수 있을 뿐만 아니라 자기계산으로 매매에 참여하여 시세차익을 얻을 수도 있다. 매수기관들은 만기 1년 이하 단기자금 운용수단으로서 CD를 매입하고 있다.

CD의 최장만기는 제한이 없고 최단만기는 30일 이상으로 제한되고 있으나 실제 거래에서는 4개월물 이상이 주종을 이루고 있다. 만기 이전의 중도환매는 엄격히 금지되어 있으나 양도가 가능하므로 매수기관이 보유 CD를 현금화하기를 원하는 경우 중개기관을 통하여 매각할 수 있다. 최소액면금액에 대한 제한은 없으나 고객이 기관 · 법인인 경우 대부분 10억원 이상이며 개인인 경우 1,000만원 이상이다.

CD는 할인방식으로 발행된다. 고객은 CD를 살 때 예치기간 동안의 이자를 뺀 금액만을 지급하고 만기에 액면금액을 받게 된다. 다만, 은행에서는 여타 금융상품과 수익률을 비교할 수 있도록 할인율 대신에 수익률로 금리를 고시하고 있다.

한편 투자금융협회는 10개 증권회사로부터 11시 30분과 15시 30분에 현재의 신용등급이 AAA급인 6개 은행 발행물(91일물 기준)에 대한 거래수익률 또는 호가수익률을 통보받아 매일 2회(12시와 16시) CD 최종호가수익률을 발표하고 있다. 이때 적용되는 수익률은 10개 증권회사로부터 통보받은 수익률 중에서 상하 각각 1개의 수익률을 제외한 나머지 8개의 수익률을 단순평균(소수점 셋째자리에서 반올림)하여 산출된다. 이렇게 산출 · 고시된 CD 유통수익률은 시장금리 연동대출 및 본지점 간 자금이체의 기준금리로 사용되고 있다.

4) 기업어음

기업어음(commercial paper ; CP)은 신용상태가 양호한 기업이 상거래와 관계없이 운전자금 등 단기자금을 조달하기 위하여 자기신용을 바탕으로 발행하는 융통어음으로서 상거래에 수반되어 발행되는 상업어음(commercial bill)과 구별된다. CP 만기는 종전에는 1년 이내로 제한되었으나 2009년 2월 '자본시장과 금융투자업에 관한 법률' 시행 이후 만기제한이 폐지되었다. CP는 법률적으로는 상업어음과 같은 약속어음으로 분류된다. CP 발행기업은 거래은행으로부터 지급지를 명시한 어음용지를 교부받아 발행하고 은행의 당좌예금계정을 통해 결제한다.

CP시장은 발행기업(issuers), 할인 · 매출기관(dealers) 및 매수기관(investors)으로 구성된다. CP는 발행절차가 간편한 데다 일반적으로 담보 없이 신용으로 발행되기 때문에 신속한 자금조달수단으로 이용되며 금리면에서도 은행대출보다 유리하다. 할인 · 매출기관은 발행기업으로부터 CP를 할인 매입한 후 이를 매수기관에 매출함으로써 매매차익을 얻을 수 있으며 매수기관은 만기 1년 이하의 단기자금 운용수단으로 CP를 활용하고 있다.

5) 통화안정증권

통화안정증권(monetary stabilization bond ; MSB)은 환매조건부채권매매(RP) 및 증권단순매매(outright transactions)와 함께 한국은행의 주요 공개시장조작수단으로 활용된다. 한국은행은 경상수지 흑자(적자) 또는 외국인 투자자금 유입(유출) 등으로 시중의 유동성이 계속 증가(감소)하여 이를 구조적으로 환수

(공급)할 필요가 있을 경우에 통화안정증권을 순발행(순상환)하여 유동성을 흡수(공급)하게 된다.

통안증권은 공모 또는 상대매출방식에 의하여 발행되는데 이 중 공모발행은 경쟁입찰, 일반매출 또는 모집에 의해 발행하는 방식이다. 경쟁입찰은 한국은행 공개시장조작 대상기관에 대해 실시하는 반면, 일반매출 및 모집의 경우에는 대상기관이 아니라도 참여할 수 있다. 상대매출은 유동성조절 또는 통화신용정책의 운영을 위하여 필요한 때 만기 2년 이내에서 특정 금융기관 또는 정부 출자·출연기관을 상대로 발행하는 방식이다. 이 경우 증권의 만기 및 발행금리는 공모발행 때와 다르게 적용할 수 있다. 경쟁입찰발행의 경우 발행예정규모가 공시되며 시장금리 수준을 감안하여 단일금리방식(Dutch auction) 입찰로 이루어진다. 일반매출의 경우에는 발행금리가 사전에 결정되어 공시되며 내부적으로 설정한 발행예정규모 범위 내에서 매출이 선착순으로 이루어진다. 모집발행의 경우에는 한국은행이 발행예정규모와 발행금리를 미리 정하여 공시한 상태에서 인수희망자를 모집한다. 응모총액이 발행예정금액을 초과할 경우에는 응찰금액에 비례하여 각 응찰기관에 대한 낙찰규모를 결정하게 된다. 한편 통화안정증권의 경우 실물교부와 등록발행이 모두 가능하나 실제로는 등록발행이 일반적이다.

통화안정증권의 만기는 공모발행의 경우 2년 이내에서 12종류로 되어 있으나 현재 63일물, 91일물, 182일물, 364일물, 546일물 및 2년물 위주로 발행되고 있다. 한편 한국은행은 통화안정증권의 유동성을 높이기 위해 2009년 6월부터 2년물의 경우 2개월마다 통합발행하고 있다. 만기가 2년 미만인 경우에는 할인방식으로 발행되어 만기일에 액면금액이 지급되며, 2년물과 1년물은 이표지급방식으로 발행되어 3개월마다 이자가 지급된다.

3.2.3 자본시장

자본시장(capital market)이란 기업, 정부 또는 지방자치단체 등이 장기투자자금을 조달하는 시장으로서 넓은 의미에서는 은행 시설자금대출 등 장기대출시장을 포함하기도 하나, 좁은 의미로는 국채, 회사채, 주식 등이 발행 · 유통되는 시장을 말한다. 자본시장에서 거래되는 증권은 크게 채권과 주식으로 구분된다. 채권이란 일반적으로 정부, 공공기관, 민간기업 등이 비교적 장기로 불특정 다수로부터 거액의 자금을 조달하기 위하여 정해진 이자와 원금의 지급을 약속하면서 발행하는 유가증권(fixed income securities)을 말한다. 그러나 만기 이전에 보유채권을 매각할 경우 주식과 같이 가격변동에 따라 자본이득(capital gain) 또는 손실(loss)이 발생한다. 또한 채권 발행자가 부도를 내면 원리금 회수가 곤란해지는 채무불이행위험(default risk)이 있다. 이러한 점을 감안하면 채권도 사실상 투자시점에서 수익이 확정되는 것은 아니다. 채권 발행자는 발행시장(primary market)을 통해 필요한 자금을 원활히 조달할 수 있으며, 채권 투자자는 채권을 발행시장에서 인수하거나 유통시장(secondary market)에서 매입할 수 있다.

1) 국채

국채는 국고채권, 재정증권, 국민주택채권, 보상채권 등 자금용도에 따라 4가지 종류로 나누어지며 종목에 따라 발행방식 및 이자지급방식 등이 서로 다르다. 먼저 발행방식을 보면 국고채권과 재정증권은 경쟁입찰을 통해 단일금리결정방식(Dutch auction)으로 발행되며 국민주택채권은 인허가와 관련하여 의무적으로 매입토록 하는 첨가소화방식으로, 보상채권은 당사자 앞 교부방식으로 각각 발행된다. 그리고 이자지급방식을 보면 국고채권은 6개월마다 이자가 지급되는 이표채이고, 재정증권은 할인채이며, 국민주택채권과 보상채권은 원리금이 만기에 일시 상환되는 복리채이다. 또한 발행만기별로는 국고채권의 경우 3년물(2009년 5월 말 현재 39조원, 12.7%), 5년물(152.5조원, 48.5%), 10년물(101.6

조원, 32.3%) 및 20년물(20.6조원, 6.5%)로 나누어진다.

참고 : 물가연동국고채 및 원금이자분리채권

① 물가연동국고채

물가연동국고채는 원금과 이자를 물가상승률에 연동시켜 물가변동위험을 제거함으로써 실질구매력을 보장하는 채권으로서 우리나라에서는 2007년 3월에 10년 만기 물가연동국고채가 최초로 발행되었다. 물가연동방식은 채권원금에 3개월 전 소비자물가지수를 이용한 물가변동가치를 더하게 되는데 구체적인 내용은 다음과 같다.

- 특정시점의 "조정된 원금가치"(A) = 채권원금 × "연동기준 물가 지수" 변동률*
- 특정시점의 "표면이자" = (A) × 표면금리

* 당기 물가지수/발행시 물가지수, 물가지수는 "3개월 전 소비자물가지수"를 사용

물가연동국고채 현금흐름(예시)

〈가정〉 액면 1,000억원, 만기 5년, 표면금리 4%, 연 1회 이자 지급

(억원, 포인트)

	물가지수	지수상승률	조정된 원금가치[1]	이자지급[2]	원금지급[3]	원리금계
발행시점	100.00	-	1,000.00	-	-	-
1년	103.00	3.00%	1,030.00	41.20	-	41.20
2년	105.06	2.00%	1,050.60	42.02	-	42.02
3년	110.31	5.00%	1,103.10	44.12	-	44.12
4년	114.73	4.00%	1,147.30	45.89	-	45.89
5년	118.17	3.00%	1,181.70	47.27	1,181.70	1,228.97
계	-	-	-	220.50	1,181.70	1,402.20

주 : 1. 조정된 원금가치 = 채권원금 × (당기 물가지수/발행시 물가지수)
2. 이자지급 = 조정된 원금가치 × 표면금리
3. 원금지급 = 액면 × (만기시 물가지수/발행시 물가지수)

물가연동국고채는 보험사, 연기금 등 채권 장기투자기관들에게 물가상승에 따른 보유채권의 가치하락위험에 대한 헤지수단을 제공해 줄 뿐만 아니라 동일만기의 명목국고채와 수익률 비교를 통해 기대인플레이션의 추정도 가능하다. 한편 미국은 1997년부터 물가연동국고채(Treasury inflation protected securities ; TIPS)를 발행하고 있는데 2006년 말

현재 발행규모는 국채발행액의 약 9% 수준이다.

② 원금이자분리채권

원금이자분리채권(separately trading of registered interest and principal of securities ; STRIPS)은 이미 발행된 이표채권의 원금과 이자를 분리하여 각각의 할인채권으로 발행한 채권을 의미하는데 우리나라에서는 2007년 4월 최초로 1개월 전 발행된 20년 만기 국고채를 대상으로 원금과 이자를 분리하여 여러 개의 할인채를 발행하였다. 구체적인 발행구조를 살펴보면 다음과 같다.

- 2007년 3월에 발행된 20년 만기 국고채(표면금리 5.25%, 이표지급기간 매 6개월)를 대상으로 총 41개의 할인채[원금분리채권 1개(300억원), 이자분리채권 40개(315억원)] 발행

이러한 원금분리이자채권은 장기국채를 여러 개의 단기 소액 할인채권으로 재발행이 가능하여 정부의 국고채 발행부담을 줄여 줄 뿐만 아니라 기관투자가 위주인 채권시장에 개인투자가의 참여기회를 제공해 주는 등 채권시장 저변을 확대하는 요인으로 작용할 수 있다. 아울러 거래가 부진한 경과물(off-the-run)의 거래 활성화가 가능하고 다양한 만기의 원금이자분리채권의 발행으로 투자가들에게 이표채권과의 재정거래 기회를 제공함으로써 채권시장의 효율성을 제고하는 데 기여할 수 있다.

2) 회사채

회사채는 모집방법에 따라 공모발행(public issue)과 사모발행(private placement)으로 구분된다. 공모발행은 인수기관인 증권회사, 한국산업은행 등이 총액을 인수하여 발행하며 사모발행은 발행기업이 최종매수자와 발행조건을 직접 협의하여 발행하게 된다. 만기를 보면 일반적으로 1, 2, 3, 5년 등으로 발행되는데 현재는 3년물이 주종을 이루고 있다. 표면금리는 발행기업과 인수기관 간 협

의에 의해 자율적으로 결정되는데 과거에는 표면금리가 관행적으로 유통수익률보다 1~2%p 낮은 수준에서 결정되었다.

3.2.4 이자지급방법에 따른 채권의 종류

1) **이표채**(coupon bond)

채권의 권면에 이표가 붙어 있어 이자지급일에 이표를 떼어 이자지급을 받을 수 있는 채권으로 우리나라에서는 회사채의 대부분이 이표채로 발행되고 있다.

2) **할인채**(discount bond)

액면금액에서 상환일까지의 이자를 미리 공제한 금액으로 매출하는 채권을 말한다. 대표적인 채권으로는 통화안정증권, 금융채 중 일부가 이에 속한다.

3) **복리채**(compound bond)

복리채는 이자지급기간 동안에 이자가 복리로 재투자되어 만기상환시에 원금과 이자를 동시에 지급하는 채권을 말한다. 대표적인 채권으로는 국민주택채권 1·2종, 지역개발채권, 금융채 중 일부가 있다.

3.2.5 채권투자에 따른 위험

채권투자는 비교적 안전하고 환금성 및 수익성이 좋은 것으로 인식하고 있지만 채권 발행기업이 파산하거나 물가상승 혹은 시장이자율 변동 등이 발생할 경우 투자자는 예기치 않은 손실을 입을 수 있다. 이러한 위험은 분산투자로도 회피가 불가능한 이자율위험, 구매력 위험 등 체계적 위험(systematic risk)과 분산투자로 회피 또는 축소가 가능한 채무불이행위험, 중도상환위험, 유동성위험 등 비체계적 위험(non-systematic risk)으로 나누어진다.

1) 이자율위험(interest rate risk)

이자율이 변동할 경우 채권의 가격은 이자율과 반대방향으로 움직임에 따라 보유하고 있는 채권을 매도할 때 당초 예상한 가치와 매도가치 간에 괴리가 발생할 수 있다. 또한 채권을 계속 보유할 경우에는 지급이자를 재투자하는 데 따른 재투자위험이 동시에 발생한다. 전자를 가격위험이라 하고 후자를 재투자 위험이라고 하는데 이 두 가지 위험은 상호 상쇄되는 경향이 있다. 그러나 이들이 완전히 상쇄되지 않기 때문에 이자율 변동에 따른 투자위험이 발생하게 된다.

2) 구매력위험(purchasing power risk)

채권에 투자할 때 고려요인 중의 하나가 인플레이션이다. 물가가 상승할 것으로 예상되는 경우 투자자는 현재의 이자율에 예상되는 물가상승률만큼을 가산한 이자를 요구하게 된다. 이러한 위험은 물가가 안정된 경우에는 큰 영향력이 없으나 물가가 급변할 경우에는 중요한 위험요인으로 작용하게 된다.

3) 채무불이행위험(default risk)

채권을 발행한 기업의 경영이 악화된다면 이자 혹은 원금을 지급할 수 없는 상황에 처할 수도 있다. 이렇게 약정된 이자나 원금을 상환할 수 없는 상태에 빠질 수 있는 위험을 채무불이행위험이라 한다. 이 위험은 이자나 원금의 일부밖에 지급할 수 없는 부분적 채무불이행위험과 기업이 완전히 파산하여 전체 채무를 지급할 수 없는 완전 채무불이행위험으로 구분된다.

4) 중도상환위험(call risk)

발행조건에 중도에 일정한 가격으로 중도상환할 수 있는 옵션조항(call provision)을 설치한다면 이자율 하락시에 기발행 채권을 상환하고 낮은 이자율로 새로운 채권을 발행하는 것이 기업에게 유리하다. 그러나 투자자 입장에서는 원금이 만기 이전에 투자자의 의도와 무관하게 상환되므로 당초에 기대한 수익률을 달성하지 못할 수 있다. 이러한 가능성을 중도상환위험이라 하며 중도상환조항이 없는 채권을 매입하거나 분산투자에 의하여 이 위험을 회피 또는 축소할 수 있다.

5) 유동성위험(liquidity risk)

보유채권을 매각하려 할 때 만일 수요가 부족하여 매각할 수 없거나 매각은 할 수 있지만 적정한 가격을 받지 못할 수 있는 위험을 말하며, 특히 시중의 자금사정이 악화되는 경우 커지게 된다.

한편 채권시장의 유동성을 측정하는 대표적인 지표로는 매수-매도 스프레드가 이용되는데 호가 스프레드가 작을수록 유동성 위험이 낮다고 볼 수 있다.

3.3 채권가격과 수익률

3.3.1 채권가격의 개념

현재의 1만원이 미래의 1만원과 같다고 간주하는 것은 시간경과에 따른 기회손실을 무시한 개념이다. 화폐는 시간가치를 가지고 있기 때문에 포트폴리오를 관리하는 대부분의 경우에는 일련의 미래 현금에 대한 현재가치를 결정하여야 한다. 현재가치를 수식으로 표현하면 아래와 같다.

각 시점 $t(= 1, \ldots\ldots, n)$의 현금흐름이 C_t일 때 이들 현금흐름의 현가(PV_t)

는 다음과 같이 표현할 수 있다.

$$PV_t = \frac{C_t}{(1+r)^t}$$

채권가격을 산출하는데 어느 종류의 채권이든지 간에 다음의 2가지 요소는 반드시 고려하여야 한다. 첫 번째는 기대되는 현금흐름을 추정하는 것이고, 두 번째는 적절한 요구수익률을 추정하는 것이다.

일반적으로 채권의 가격은 다음과 같은 공식을 사용하여 계산할 수 있다.

$$\text{채권의 가격 } P = \sum_{t=1}^{n} PV_t = \sum_{t=1}^{n} \frac{C_t}{(1+r)^t}$$

3.3.2 채권가격과 수익률 간의 관계

채권의 기본적 속성은 수익률 변동과 채권의 가격변화는 역으로 움직인다는 것이다. 예를 들어 쿠폰 15%(연이표), 만기 3년의 회사채의 매입수익률에 따른 가격변화를 보면 수익률이 상승하면 채권가격은 하락하고 수익률이 하락하면 채권가격은 상승한다. 이러한 관계를 그래프로 그리면 원점에 대해 볼록(convex)하게 나타난다. 채권발행시 표면이율과 매입수익률 관계를 요약하면 다음과 같다.

표면이자율 < 매입수익률 ↔ 채권가격 < 액면(할인발행)

표면이자율 > 매입수익률 ↔ 채권가격 > 액면(할증발행)

표면이자율 = 매입수익률 ↔ 채권가격 = 액면(액면발행)

(채권의 액면가 : 10,000.00원)

수익률	채권가격
10%	11,243.43
12%	10,720.55
14%	10,232.16
15%	10,000.00
17%	9,558.08
18%	9,347.72
20%	8,946.76

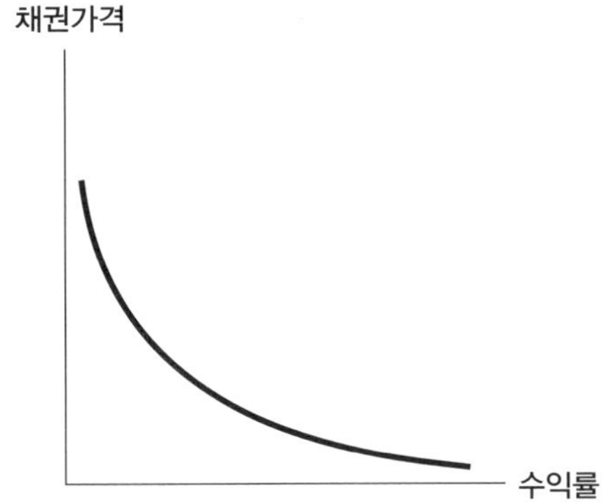

3.3.3 수익률의 종류

1) 만기수익률

만기수익률(yield to maturity ; YTM)이란 채권 유통시장 수익률로서 채권가격을 산정하는 수익률 개념이다. 미래 발생하는 현금흐름을 현가화하는 수익률로서 이는 만기 이전 발생하는 현금흐름은 만기수익률로 재투자한다는 가정이 내포되어 있다.

$$\text{채권의 현재가격 } P = \sum_{t=1}^{n} \frac{C_t}{(1+R)^t} \quad (R : \text{만기수익률})$$

2) 실효수익률

실효수익률은 사전적으로(투자시점에서) 추정하는 투자수익률 개념이다. 투자기간이 상이한 투자대안을 비교하기 위해 연단위 실효수익률을 사용한다. 그리고 연내 재투자 기회가 존재하는 이표채의 경우에 실효수익률은 커지게 된다.

예를 들어서 3년 만기(표면이율 12%) 산금 할인채를 발행시장(산업은행 창구)에서 매입하여 3년간 투자할 경우 세전 연 실효수익률은 다음과 같다.

$$10,000\text{원당 채권가격} = 10,000 \times (1 - 0.12 \times 3) = 6,400$$

$$\text{연실효수익률(세전)} = (10,000/6,400)^{1/3} - 1 = 0.1604(16.04\%)$$

위의 예에서 16.04%는 3년 만기 산금 할인채의 발행수익률이라고 부른다.

3.3.4 채권수익률의 기간구조

채권의 수익률은 위험뿐만 아니라 만기, 표면이자율, 세금 등 여러 가지 요인들에 의하여 영향을 받는다. 이와 같이 채권수익률의 결정요인 중에서 지급불능위험 등 다른 요소는 모두 같다고 가정하고 잔존만기(term to maturity)만 다른 경우 만기까지의 기간과 채권수익률과의 관계를 채권수익률의 기간구조(term structure of bond yield)라고 한다. 그리고 채권수익률의 기간구조는 일반적으로 수익률곡선(yield curve)으로 표현된다. 유동성선호(liquidity preference)이론에 의하면 정상적인 자금시장에서는 채권의 만기가 증가하면 수익률도 증가하며 초기의 만기에서는 수익률이 급격히 증가한다. 일반적으로 단기채권은 장기채권보다 위험이 적기 때문에 상대적으로 더 큰 가치를 가지게 되며 이에 따라 더 낮은 수익률을 나타내게 된다. 이러한 경우 수익률곡선은 우상향의 형태를 나타내는데 이를 정상수익률곡선(normal yield curve)이라고 한다. 반대로 단기자금시장에 극심한 자금수급 불균형 등에 따라 비정상적으로 장기금리가 단기금리보다 낮은 우하향의 역전수익률곡선(inverted yield curve)이 나타나는 경우도 발생한다.

이와 같은 수익률곡선의 만기별 이자율구조를 분석하면 미래의 이자율에 대한 시장의 기대치를 추정할 수 있다. 예를 들어 현재로부터 2년간 투자수익률과 1년간 투자수익률을 알고 있을 경우 지금부터 1년 후에 투자할 1년 만기 채권에 대한 수익률은 다음과 같이 산출할 수 있다.

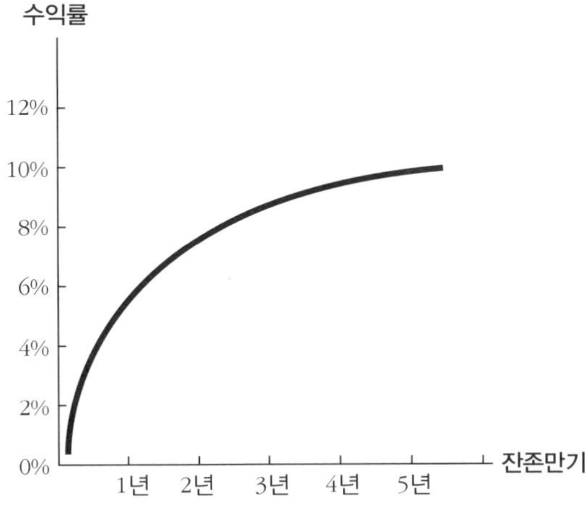

그림 1-4 정상수익률곡선

지금부터 2년간 채권에 투자하는 방법은 크게 두 가지 방안이 있다. 첫 번째는 1년물 채권에 투자하여 1년 후 만기시점에서 취득한 원리금을 1년간 재투자하는 방법이다(투자방안 I). 두 번째는 2년물 채권을 매입하여 한번에 2년간 투자하는 방법이다(투자방안 II). 채권시장이 효율적이고 균형을 이루기 위해서는 위의 두 가지 투자방안으로부터 기대할 수 있는 수익률이 동일해야 한다. 만약 어느 한쪽의 투자수익률이 다른 쪽보다 높거나 낮으면 무위험 수익을 획득하려는 재정거래가 발생하여 양 투자방안의 수익률을 동일하게 만들어 줄 것이다. 예를 들어서 투자방안 I의 수익률이 투자방안 II의 수익률보다 높다면 투자자들은 2년간 차입하여 투자방안 I과 같이 투자하려는 재정거래가 일어날 것이다. 그 결과 2년간의 이자율을 상승하게 되고 투자방안 I의 수익률은 하락하게 되는데 이러한 현상은 양 투자방안의 수익률이 동일하게 될 때까지 지속될 것이다. 그 반대의 경우에도 재정거래를 유발하여 균형상태로 옮아가게 된다. 이에 따라 다음과 같은 균형식을 유도할 수 있다.

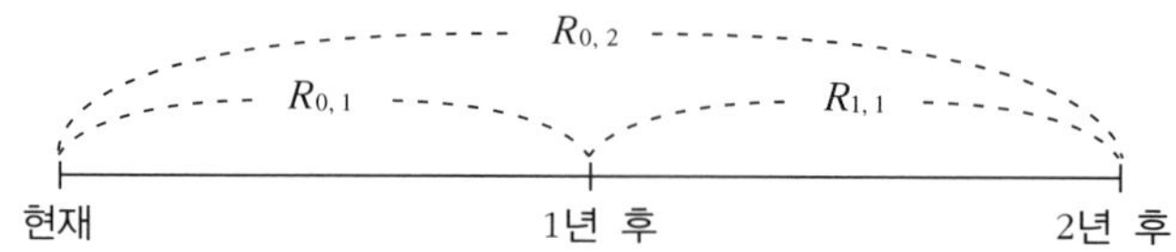

$$A(1+R_{0,1})(1+R_{1,1}) = A(1+R_{0,2})^2$$

$R_{0,1}$: 현재로부터 1년간 투자수익률

$R_{1,1}$: 현재로부터 1년 후 1년간 투자수익률

$R_{0,2}$: 현재로부터 2년간 투자수익률

A : 투자금액

따라서 현재로부터 1년 후의 1년간 투자수익률은 다음과 같이 계산할 수 있다.

$$1+R_{1,1} = \frac{(1+R_{0,2})^2}{1+R_{0,1}}$$

$$R_{1,1} = \frac{(1+R_{0,2})^2}{1+R_{0,1}} - 1$$

예를 들어 현재 채권시장에서 만기 1년짜리 채권의 수익률이 8%이고 만기 2년짜리 채권의 수익률이 9%라면 지금부터 1년 후에 거래될 만기 1년짜리 채권의 수익률은 상기 공식을 이용하여 다음과 같이 계산할 수 있다.

$$R_{1,1} = \frac{(1+0.09)^2}{1+0.08} - 1 = 0.10009$$

이와 같이 현재 채권시장에서 형성된 만기가 상이한 2개의 채권수익률로부터 산출한 미래 일정 기간의 이자율을 잠재선도금리(implied forward rate ; IFR)라고 부른다. 잠재선도금리는 다음과 같은 간편식을 이용하여 계산할 수 있다.

$$IFR = \frac{(L \times I) - (s \times i)}{L - s}$$

여기서 I : 장기채권의 수익률
i : 단기채권의 수익률
L : 장기채권의 만기
s : 단기채권의 만기

앞의 예에서 이 간편식을 이용하여 잠재선도금리를 계산해 보면 다음과 같다.

$$IFR = \frac{(2 \times 9\%) - (1 \times 8\%)}{2 - 1} = 10\%$$

앞에서 보는 바와 같이 간편식을 이용하여 계산한 잠재선도금리(10%)는 정확히 계산한 금리(10.009%)와 비슷한 수준이라는 것을 알 수 있다.

3.4 채권가격의 변동성

수익률의 변동에 따라 채권가격은 여러 가지 요인에 의해 영향을 받는다. 그 주된 요인으로는 만기까지의 잔존기간, 표면이자율을 포함하는 채권으로부터의 현금흐름이 있는데 이러한 채권가격 결정요인들에 따라서 채권가격은 서로 다른 변동성을 나타내게 된다.

3.4.1 채권가격에 관한 정리

① 채권가격은 채권수익률에 반비례한다.

② 채권의 만기가 길어질수록 일정 폭의 채권수익률 변동에 대한 채권가격의 변동폭은 커진다.

③ 채권수익률 변동에 의한 채권가격 변동폭은 만기가 길어질수록 증가하나 그 변동률은 체감한다.

④ 만기가 일정할 때 채권수익률 하락으로 인한 가격 상승폭은 같은 폭의 채권수익률 상승으로 인한 가격하락폭보다 크다.

⑤ 표면이자율이 낮은 채권이 큰 채권보다 일정한 수익률 변동에 따른 가격 변동폭이 크다.

3.4.2 채권가격의 탄력성

채권가격의 탄력성은 수익률 변화에 따른 채권 가격의 변동성을 나타내는 것으로 다음과 같은 산식으로 표시한다.

$$\text{채권가격 탄력성}(\varepsilon) = \frac{\text{채권가격의 변화율}(\%)}{\text{수익률의 변화율}(\%)} = \frac{\frac{A-B}{(A+B)/2}}{\frac{C-D}{(C+D)/2}}$$

A : 변화된 가격, B : 본래의 가격,

C : 1 + 변화된 채권수익률, D : 1 + 본래의 채권수익률

채권의 가격 탄력성에 영향을 주는 요소는 크게 표면이자율, 만기, 채권수익률 등의 3가지가 있다. 다른 요소들이 변하지 않을 경우 ① 채권의 만기가 길어질수록 ② 표면이자율이 낮을수록 ③ 수익률 수준이 낮을수록 채권의 가격탄력성은 커지게 된다. 이와 같은 채권가격의 결정요소들이 서로 복합적으로 변하는 상황에서 위 세 가지 요인을 포괄적으로 고려하여 채권의 가격탄력성을 측정하는 수단으로 개발된 것이 듀레이션(duration)이다.

3.4.3 듀레이션의 정의

1930년대 말 멕컬레이(Macaulay)에 의해 개발된 듀레이션의 개념은 채권의

현금흐름을 회수하는 데 걸리는 가중평균 상환만기를 의미하며 다음과 같은 산식으로 정의할 수 있다.

$$\text{Duration} = \frac{\sum_{t=1}^{n} t \cdot PV_t}{\sum_{t=1}^{n} PV_t} = \sum_{t=1}^{n} t \cdot (PV_t / P)$$

예를 들어서 1년 후에 100원, 2년 후에 100원, 3년 후에 1,100원을 지급하는 3년 만기 이표채(coupon bond)의 경우 할인율이 연 10%, 채권가격이 1,000원이라고 가정하여 듀레이션을 계산하면 2.735년이 되어 채권의 만기 3년보다 짧다.

$$D = 1 \times \frac{90.91}{1,000} + 2 \times \frac{82.64}{1,000} + 3 \times \frac{826.45}{1,000} = 2.735\text{년}$$

$$PV_1 = \frac{100}{1.1} = 90.91,\ PV_2 = \frac{100}{1.1^2} = 82.64,\ PV_3 = \frac{1,100}{1.1^3} = 826.45$$

이와 같이 계산된 듀레이션을 멕컬레이 듀레이션(Macaulay' s duration)이라고 부르며 "수익률 변동에 대한 채권가격의 변동성" 을 나타내는 지표이다. 따라서 수익률 변화에 따라 민감하게 반응하는 채권가격의 변화를 듀레이션 개념을 이용하여 쉽게 파악할 수 있다. 그 관계를 수식으로 표시하면 다음과 같다.

$$\frac{\Delta P}{P} = -D \times \frac{\Delta r}{(1+r)} = \frac{-D}{1+r} \times \Delta r$$

P = 채권가격, ΔP = 채권가격의 변동폭

r = 금리(채권의 만기수익률), Δr = 금리변동폭

D = 채권의 듀레이션

위 식에서 멕컬레이 듀레이션을 채권의 만기수익률에 1을 더한 값으로 나누어 계산한 값($\frac{D}{1+r}$)을 수정듀레이션(modified duration)이라고 한다. 즉, 채권가격의 변동률은 채권수익률 변동분에 수정듀레이션만큼의 민감도를 곱한 값의

반대부호(-)로 계산할 수 있다.

예를 들어 만기수익률이 10%에서 11%로 변할 때 듀레이션이 2.735년이라면 채권가격은 2.49% 하락한다.

$$\frac{\Delta P}{P} = \frac{-2.735}{1+0.10} \times (0.11 - 0.10) = -0.0249$$

일반적으로 듀레이션은 채권의 만기, 수익률, 표면금리, 이자지급빈도 등에 따라 값이 달라진다. 즉, 채권의 만기가 짧을수록, 표면금리가 높을수록, 채권의 수익률 수준이 높을수록, 이자지급빈도가 증가할수록 듀레이션은 작아진다.

참고 : 금리변동에 따른 듀레이션과 채권가격 변동률의 관계

$$\frac{\partial P}{P} = -D \cdot \frac{\partial r}{1+r}$$

각 시점 $t(=1, \cdots\cdots, n)$의 현금흐름 C_t의 현가 PV_t

$$PV_t = \frac{C_t}{(1+r)^t}$$

채권의 가격 $P = \sum_{t=1}^{n} PV_t$

$$= \sum_{t=1}^{n} \frac{C_t}{(1+r)^t}$$

시장금리 r에 대한 채권가격의 변화율 = P를 r로 편미분한 값($\frac{\partial P}{\partial r}$)

$$\begin{aligned}\frac{\partial P}{\partial r} &= -\sum t \cdot C_t \cdot (1+r)^{-t-1} \\ &= -\sum \frac{t \cdot C_t}{(1+r)^t} \cdot \frac{1}{(1+r)} \\ &= -\left(\sum t \cdot PV_t\right) \cdot \frac{1}{(1+r)} \\ &= -\left(\frac{\sum t \cdot PV_t}{P}\right) \cdot P \cdot \frac{1}{(1+r)} \\ \therefore \frac{\partial P}{\partial r} &= -D \cdot P \cdot \frac{1}{(1+r)}\end{aligned}$$

3.5 채권운용전략

3.5.1 적극적 운용전략

1) 이자율 기대전략

이자율 기대전략이란 펀드매니저가 이자율 수준을 예측하여 이자율 하락이 예상되면 펀드의 듀레이션을 증가시키고 이자율 상승이 예상되면 듀레이션을 감소시키는 투자전략이다. 이러한 전략을 운용하는 방법은 이자율 기대 스왑거래와 금리선물거래를 들 수 있다. 먼저 이자율 기대 스왑은 이자율을 예측하여 듀레이션만 다르고 나머지는 유사한 채권들을 교환하는 거래방법이다. 그리고 금리선물거래에 의한 거래방법은 듀레이션을 증가하고자 할 경우에는 금리선물을 매입하고 듀레이션을 감소시키고자 할 경우에는 금리선물을 매도하는 전략이다.

2) 수익률곡선전략

장기이자율과 단기이자율은 상승하고 중기이자율만 하락한다면 중기채 중심의 채권 포트폴리오인 "Bullet 포트폴리오"를 구성하는 것이 유리하다. 그리고 중기이자율만 상승한다면 단기채와 장기채 중심의 채권 포트폴리오인 "Barbell 포트폴리오"를 구성하는 것이 유리하다.

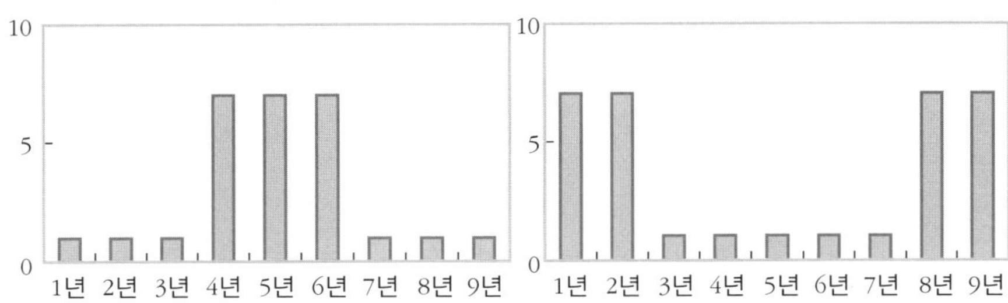

(a) Bullet 포트폴리오 (b) Barbell 포트폴리오

그림 1-5 Bullet 포트폴리오와 Barbell 포트폴리오

3) 수익률 스프레드전략

채권은 발행가, 신용도, 액면이자, 만기 등에 의해 여러 가지 종류로 나눌 수 있다. 수익률 스프레드전략이란 스프레드 예측에 의하여 투자하는 전략이다.

4) 종목선택전략

비슷한 신용도를 가지는 종목 중에서 수익률이 높은 종목이나 신용평가가 더 좋아져서 가격이 상승할 것으로 기대되는 종목을 선택하여 투자하는 전략이다.

3.5.2 면역전략(immunization strategy)

채권 포트폴리오 가치가 이자율 변동에 관계없이 일정하게 유지(면역)되도록 하기 위해서는 포트폴리오의 듀레이션이 투자기간과 일치하도록 하고 채권으로부터 현금흐름의 현재가치가 미래 원하는 현금흐름의 현재가치와 일치하도록 하면 된다. 다만 전제조건으로서는 이자율의 기간구조가 평평해야 하고 그 변화도 수평적으로 일어나야 하며 이자율의 변화는 듀레이션 조정 후 즉시 발생하여야 한다.

한편 우발적 면역전략(contigent immunization)에 의하면 펀드매니저가 적극적으로 채권 포트폴리오를 운용하다가 성과가 악화되어 최소 요구 안전수익률에 이르게 되면 면역전략을 구사하여 최소 목표수익률을 달성하는 전략이다.

3.5.3 만기보유전략

이는 채권을 매입하여 채권의 만기까지 보유하는 투자전략이다.

3.6 선도금리계약

선도금리계약(forward rate agreement ; FRA)은 장래의 일정 시점부터 만기일까지의 특정기간 동안 일정한 관념상의 예금(notional deposit)에 대하여 장래의 특정일에 지급하여야 할 이자율을 약정하고, 그 특정일에 가서 시장이자율(prevailing rate)과 약정이자율과의 차액을 할인방식으로 수수하는 거래이다. 따라서 실제로 원금의 이동이 일어나지 않으며 신용을 공여하기로 한 시점(결제일)에서 결제금리(결제일 2영업일 전의 시장금리)와 상호 합의한 계약금리와의 차액을 일방이 상대방에게 지급하면 거래가 종결된다. 따라서, 명목원금(notional principal amount)은 결제금액을 정하는 기준으로만 사용된다.

구체적으로 거래 메커니즘을 살펴보면 결제일에 시장금리(결제금리)가 계약금리를 상회하는 경우에는 자금을 차입하려는 선도금리 매입자(forward rate buyer)가 자금대여자인 매도자(forward rate seller)로부터 상기 차액을 수수하고 시장금리가 계약금리를 하회하는 경우에는 선도금리 매입자가 매도자에게 상기 차액을 지급하게 된다.

결제금리 > 계약금리 : 선도금리 매도자 → 매입자
결제금리 < 계약금리 : 선도금리 매입자 → 매도자

영국은행협회(British Banker Association ; BBA)에서 권고하는 이자차액의 현가계산방법은 다음과 같다.

$$\text{이자차액}=\frac{A\times\frac{(L\sim R)}{100}\times\frac{D}{B}}{1+\frac{L}{100}\times\frac{D}{B}}$$

L : BBA 이자결제금리(%), R : 계약금리(%)
D : 계약기간(일수), A : 계약금액
B : 360일 또는 365일

예를 들어 3월 15일에 A기업은 B은행으로부터 액면 $1억에 대하여 만기가 6월 15일이고 계약금리가 10%인 3개월물 선도금리계약을 매입하였다. 6월 15일에 Libor가 11%로 된다면 시장금리가 계약금리보다 높기 때문에 B은행이 A기업에게 다음과 같이 계산된 이자차액을 지급하게 된다. 다만, 선도금리의 정산은 만기일 후 2영업일에 이루어진다.

- 이자차액 = $1억 × (0.11 − 0.10) × (92/360) = $255,555.56
- 수취이자액 = $255,555.56/[1 + 0.11 × (92/360)] = $248,568.03

Chapter 2

제2장
금융선물거래

01 개념

02 금융선물상품의 주요 계약조건

03 선물가격 결정이론

04 금융선물거래의 활용

05 우리나라의 금융선물거래

01 개념

일반적으로 거래란 상품의 매매에 따른 대금을 지불하고 대상물을 인수도(delivery)하는 과정이라고 정의할 수 있는데 모든 거래는 매매계약시점과 인수도시점이 같은 경우와 다른 경우로 나눌 수 있다. 즉, 매매계약의 체결과 동시에 상품의 인수도와 대금결제가 이루어지는 거래를 현물거래(spot 또는 cash transactions)라고 부르며 매매계약 체결일로부터 일정기간 후에 거래대상물과 대금이 교환되는 거래를 선물거래(futures transactions)라고 말하는데 이는 일종의 매매예약거래로 정의할 수 있다. 그러나 넓은 의미의 매매예약거래에는 거래형태에 따라 선도(forward)거래, 선물(futures)거래, 옵션(options)거래, 스왑(swaps)거래 등이 포함되어 있는데 이러한 모든 거래를 파생상품(derivatives)거래라고 부른다.

실제로 거래방법에 따라 파생금융상품을 엄밀히 정의하면 앞에서 열거한 선도, 선물, 옵션, 스왑 등과 같은 계약형 금융상품과 자산담보부증권(Asset Backed Securities ; ABS), 주택담보부증권(Mortgage Backed Securities ; MBS) 등과 같은 증권형 금융상품으로 대별할 수 있다. 계약형 파생상품거래는 거래 대상물인 기초자산(underlying assets)에 따라 주식(주가), 외환(환율), 채권(금리), 상품(가격) 등을 대상으로 하는 시장파생상품(땅, 地), 신용등급, 도산, 스프레드 등을 대상으로 하는 신용파생상품(사람, 人), 기온, 비, 눈, 풍속 등을 대상으로 하는 기상

파생상품(하늘, 天)으로 구분할 수 있다.

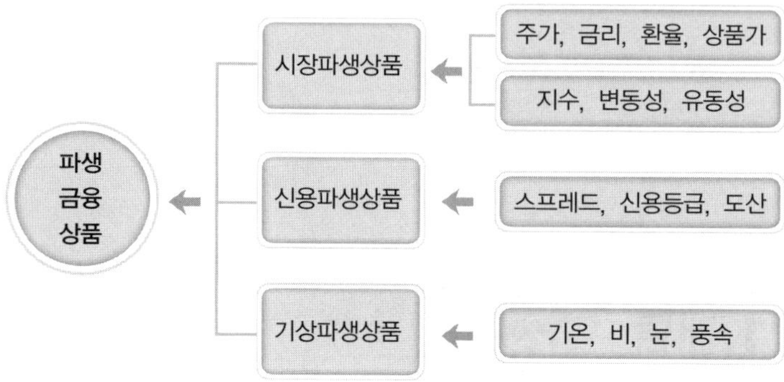

주 : 미래 일정시점에 특정조건(이 되면)에 따라 약속 당사자 간 정해진 금액을 주고 받는 거래

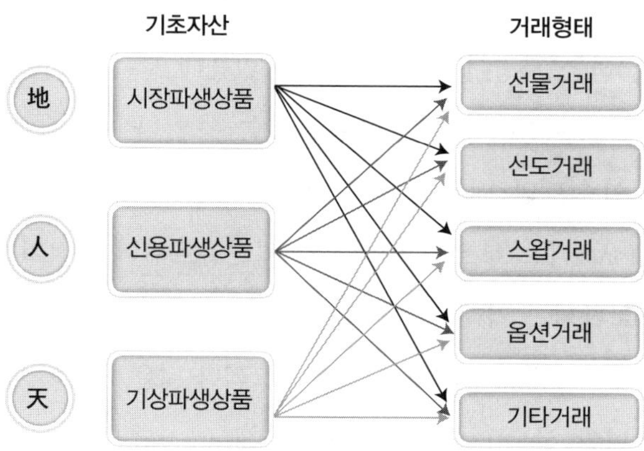

그림 2-1 파생상품의 종류

이 책에서 다루려고 하는 시장파생금융상품을 기초자산별, 거래형태별로 요약 정리하면 〈표 2-1〉과 같다.

표 2-1 **시장파생금융상품의 종류**

거래형태 / 기초자산	선도거래 [Forwards]	선물거래 [Futures]	옵션거래 [Option]	스왑거래 [Swap]
외환 [환율]	선물환 Forward Exchange	통화선물 Currency Futures	통화옵션 Currency Option	통화스왑 Currency Swap[CRS]
채권 [금리]	선도금리계약 Forward Rate Agreement [FRA]	금리선물 Interest Rate Futures	금리옵션 Interest Rate Option	금리스왑 Interest Rate Swap [IRS]
주식 [주가] [주가지수]		주가지수선물 Stock Index Futures 주식선물 Stock Futures	주가지수옵션 Stock Index Option 주식옵션 Stock Option	지수스왑 Equity Swap

한편 선도거래(forward transaction)와 선물거래(futures transaction)는 기능면에서 볼 때 동일하지만 거래를 실행하는 제도적인 측면에서 상당히 큰 차이가 있다. 선물환거래(forward exchange transaction)나 선도금리계약(forward rate agreement ; FRA)과 같은 선도(forward)거래는 전화 또는 텔렉스 등으로 점두거래(over the counter ; OTC)방식에 의하여 거래가 이루어지는 거래당사자 간의 사적인 계약이다. 또한 선도거래는 계약만기일에 매매대상물과 대금을 상호 교환함으로써 계약이 종결되며 계약이행 여부는 오직 거래당사자의 신용에 의해 결정된다.

그러나 선물거래는 거래소(exchange)라는 공인된 장소에서 표준물(standards)을 대상으로 공개경쟁입찰방식(open out-cry)에 의해 거래가 이루어지며 거래소의 공적기구인 청산소(clearing house)에 의해 모든 선물계약의 이행이 보증된다. 그리고 선물거래에서는 거래자가 선물의 계약가격과 만기일 이전에 형성되는 시장가격의 차액을 얻기 위한 목적으로 거래에 참여하는 경우가 대부분이다. 따라서 거래대상인 채권이나 통화가 실제로 선물의 만기일에 인수도되는 경우는 극히 드물고 만기일 이전에 반대거래에 의해 대부분의 계약이 소멸된다. 즉, 선물거래에서는 계약의 만기일에 가서 상품을 인수도하고 대금을 결제함으로써 계약이 종결되는 경우도 있지만 대부분의 경우에는 만기일 이전에 반대 매매를 통해 계약을 청산(off-set)하고 매매가격의 차액을 정산함으로써 계약이 종결된다.

선물거래와 선도거래의 주요 차이점을 보면, 먼저 선물거래는 거래단위(contract), 만기(maturity), 거래대상물(underlying assets) 등 모든 계약체결조건이 표준화(standardization)되어 있다. 반면에 선도거래는 계약조건이 거래당사자 사이에 합의로 결정되기 때문에 상호 간에 희망하는 조건으로 다양하게 거래할 수 있다. 그리고 선물거래는 만기일 이전에 반대거래에 의하여 청산(off-set)되는 경우가 대부분이기 때문에 선물계약의 만기일에 실물이 인수도되는 경우는 극히 드물다. 그러나 선도거래의 경우에는 만기일 이전에 계약상대방의 허락을 받은 후에 새로운 거래상대방을 구하여 청산거래를 한다는 것이 매우 어렵기 때문에 거의 모두가 만기일에 가서 대금을 수수하고 대상물을 인수도함으로써 거래가 종결된다. 또한 선물거래는 공인된 시장인 거래소의 매장(trading pit)에서 공개경쟁입찰방식에 의해 거래가 이루어지고 있다. 그러나 선도거래는 은행 간 전화 또는 텔렉스를 이용하여 매매당사자 간에 직접계약을 체결하는 점두거래이다. 그리고 선물거래에서는 청산소가 거래이행을 보증하고 결제 및 인수도 업무를 담당하는 대가로 거래액의 일정률에 해당하는 증거금(margin)을 받는다. 결과적으로 선물거래에서는 거래자가 증거금만 예치하면 거래상대방의 신용위험에 대해 전혀 염려할 필요가 없지만 선도거래는 오직 계약상대방의 신용에만 의존해야 하기 때문에 계약불이행 위험이 발생할 수 있다. 그리고 일부 선물상품의 경우에는 선도거래와 달리 하루 중 선물가격 변동폭이 제한되어 있다. 또한 선물거래에서는 모든 거래자 계정의 포지션이 일일정산제도(daily marked to market)에 의해 매일 시장가격에 의해 시가로 평가되어 손익이 정산되는 반면, 선도거래에서는 계약 만기일 이전에는 전혀 평가가 이루어지지 않는다. 끝으로 선도거래는 기관투자가, 은행 등을 중심으로 대규모의 거래가 주로 이루어지는 데 비해 선물거래에서는 소규모 기업 또는 개인의 소액 거래도 가능하다.

한편 선물거래는 거래대상물, 즉 기초자산(underlying assets)에 따라 크게 상품선물(commodity futures)과 금융선물(financial futures)로 나누어진다. 상품선물거래는 농산물, 축산물, 에너지, 비철금속, 귀금속 등 상품(commodity)을 대상으로 하는 선물거래이다. 그리고 금융선물거래는 채권, 외국통화, 주가지수 등 금융상품을 기초자산으로 하는 거래이다. 금융선물거래에는 거래대상에 따라 주요국 통화를 대상으로 하는 통화선물(currency futures)거래, 각종 주가지수를 대상으로 하는 주가지수선물(stock index futures)거래, 각종 예금, 채권을 거래대상으로 하는 금리선물(interest rate futures)거래가 있다.

1.1 금융선물거래의 도입배경

1848년 4월에 세계 최초로 시카고상품거래소(Chicago Board of Trade ; CBOT)가 설립되면서 거래가 시작된 상품선물거래와는 달리 금융선물거래는 그 역사가 매우 짧다. 미국은 1960년대 말부터 베트남전쟁 참전에 따른 군사비 지출증대와 대외원조 확대로 인하여 경제력이 약화되고 국제수지도 크게 악화되었다. 그 결과 기축통화인 미국 달러화의 가치가 급격히 떨어지면서 미국 달러화와 금과의 교환요구가 급증함에 따라 미국의 금 보유고는 급격히 줄어들게 되었다. 급기야 닉슨 대통령은 1971년 8월에 소위 "닉슨 쇼크(Nixon Shock)" 라고 불리는 금/달러 태환정지를 발표하였는데, 이로 인해 전후 20여 년 동안 지속되어 온 "브레튼 우즈" 체제(Bretton Woods System)가 붕괴되었다.

이러한 고정환율제도를 근간으로 하는 국제통화제도가 붕괴되면서 세계 외환시장은 큰 혼란에 빠지게 되었다. 혼란을 수습하기 위해 1971년 12월에 주요 10개 선진국 재무장관이 미국 워싱턴의 스미소니언 박물관에 모여 "스미소니언합의"를 도출하였다. 이 합의를 토대로 주요 통화 간 환율조정과 미국 달러의 대폭적인 평가절하에도 불구하고 미국 달러의 신인도 추락현상은 쉽게 멈추지 않았다. 급기야 1973년 2월에는 미국 달러화가 또 다시 10% 절하되었으며 이를 계기로 세계 통화제도는 완전한 변동환율제도로 탈바꿈을 하게 되었다.

변동환율제도로 바뀌면서 기업의 수출대금이나 외화자산 · 부채의 가치가 환율이라는 외적요인에 따라 크게 변동하는 상황에서 과거 환율변동에 대한 경험이 전혀 없던 다국적 기업이나 무역업체는 영업활동에 많은 어려움을 느끼게 되었다. 이에 따라 시카고상업거래소(Chicago Mercantile Exchange ; CME)는 시카고대학의 프리드만(Milton Friedman) 교수를 비롯한 경제학자들에게 환위험 회피방법의 개발을 의뢰하였다. 이들은 전통적으로 농산물거래에 이용되고 있던 상품선물거래방법을 그대로 따와 외환거래에 적용한 통화선물거래방법을 개발하였다. 드디어 1972년 5월에 시카고상업거래소는 신규사업부문으로 국제통화시장(international monetary market ; IMM)을 창설하고 일본 엔화, 영국 파운드화 등 주요 외국통화를 대상으로 통화선물거래를 시작하였는데 이것이 금융선물거래의 효시가 되었다.

한편 1973년 말 제1차 오일쇼크와 이에 따른 각국의 고인플레이션 현상, 국제적 금리자유화 추세, 유로 커런시(Euro currency) 시장의 급격한 성장과 더불어 국제정치 및 경제상황의 불확실성이 커짐에 따라 국제금리는 극심한 기복현상을 보였다. 예를 들어 미국의 우대금리(prime rate)는 1972년에 4.2%까지 하락하였으나 그 후 급반등하여 1974년에는 12%까지 올라갔고, 1976년에는 다시 6%까지 하락하였다가 1979년에는 15.7%, 1980년 12월에는 무려 21.5%까지 상승하였으며 1980년 중에는 42번에 달하는 이자율의 등락이 있었다.

이러한 격심한 금리변동에 따라 가장 많은 피해를 입었던 부문이 부동산, 주택 등에 대한 일종의 담보금융인 저당권(mortgage) 금융시장이었다. 이에 따라 연방주택저당금융공사(Federal Home Loan Mortgage Corporation ; FHLMC,

통상 'Freddie Mac' 이라 함)와 캘리포니아대학(부동산 · 도시경제학과)은 1973년에 시카고상품거래소(Chicago Board of Trade ; CBOT)에 주택저당권협회가 보증한 저당권증서에 대한 선물거래제도의 도입을 강력히 권고하였다. 그 결과 1975년 10월에 시카고상품거래소는 이자율변동에 따라 가치가 변하는 고정소득자산(fixed income asset)인 정부저당채권(government national mortgage association ; GNMA)을 대상으로 선물거래를 개시하였는데 이것이 최초의 금리선물거래이다.

이러한 금융선물거래가 성공적으로 정착되면서 1976년 1월에 시카고상업거래소는 단기금융시장 참여자를 위한 미국 재무부 단기채권(Treasury bill) 선물을 도입하였고, 같은 해 8월에는 시카고상품거래소가 15년물 재무부 장기채권(Treasury bond) 선물을, 9월에는 시카고상업거래소의 국제통화시장(IMM)에서 90일물 상업어음(commercial paper ; CP) 선물이 거래되기 시작하였다. 특히 1981년 12월에는 유로달러예금증서(Certificate of Deposit ; CD) 선물이 도입되어 기존의 외환시장과 밀접한 관계를 유지하면서 급격히 발전하였다. 그리고 뉴욕증권거래소(New York Stock Exchange ; NYSE)에서도 1980년 8월에 뉴욕선물거래소(New York Futures Exchange ; NYFE)를 자회사로 설립하여 각종의 금융선물거래를 개시하였다. 그 밖에 캔자스상품거래소(Kansas City Board of Trade ; KCBT), 뉴욕면화거래소(New York Cotton Exchange ; NYCE) 등에서도 다양한 금융선물상품이 상장되었다. 한편 시카고상업거래소(CME)는 2007년 7월에 CBOT를 인수합병한 데 이어 2008년 8월에 뉴욕상업거래소(NYMEX)도 합병하여 'CME Group' 이라는 세계 최대 파생상품거래소로 발전하였다.

금융선물거래는 미국뿐만 아니라 세계적으로도 꾸준히 확대되는 추세를 지속하였다. 국제적인 자본교류가 활발해지고 금리와 환율의 변동이 심화된 데다 미국에서 금융선물거래가 크게 활발해지고 있는 데 영향을 받아 1979년 10월에 오스트레일리아의 시드니선물거래소(SFE)가 개설되면서부터 세계 주요국이 경쟁적으로 선물시장을 창설하였다. 캐나다에서는 1980년 9월에 토론토증권거래소(TSE)가 캐나다 달러 및 국채, 미국 단기국채(T-bill) 선물거래를 시작하였으며 같은 해에 오타와와 몬트리올선물거래소가 설립되어 금리선물과 통화선물거래를 시작하였다. 영국에서는 다소 늦은 1982년 10월부터 런던국제금융선물거래소(London International Financial Futures Exchange ; LIFFE)가 설립되었으나 기술개발의 지연 등으로 독자 생존을 포기하고 2002년 1월에 유로넥스트(Euronext)에 합병되었다. 이에 따라 이 거래소는 암스테르담, 브러셀, 파리, 리스본 등 유로지역 거래소의 일원이 되어 유로넥스트 · 라이프(Euronext · liffe)라는 이름으로 거듭나게 되었다. 아시아에서도 1984년 9월에 싱가포르국제금융거래소(Singapore International Monetary Exchange ; SIMEX)를 필두로 1985년 10월에 일본에서는 처음으로 도쿄증권거래소에 일본국채선물(10년물)이 상장되었다. 그 후 1987년 6월에는 오사카증권거래소에서 주선(株先) 50이 상장되었으며 1989년 6월에는 도쿄금융선물거래소(Tokyo International Financial Futures Exchange ; TIFFE)가 개설되면서 세계 최초로 유로엔(Euro yen) 금리선물이 등장하였다.

우리나라에서도 이와 같은 세계적 추세에 부응하여 1996년 5월부터 주가지수선물이, 또한 1997년 7월부터는 주가지수 옵션이 증권거래소를 통해 거래되기 시작하였다. 또한 1999년 4월부터는 한국선물거래소가 개설되면서 금, 외환, 채권 등에 대한 선물과 옵션도 거래되기 시작하였다. 주가지수선물 및 옵션은 개설된 지 10여 년 동안 거래액이 비약적으로 늘어나면서 이제 현물시장 거래액의 4배 이상 수준에 이르렀다. 특히 옵션의 거래량은 몇 년째 세계 최고 수준을 기록하고 있다. 또한 선물 및 옵션을 바탕으로 한 프로그램 매매가 현물시장의 주식가격을 좌우하고 있다는 주장도 대두되고 있다. 이와 같이 선물 및 옵션시장이 양적으로나 기능적으로 금융시장에서 차지하고 있는 중요성이 날로 높아지고 있다.

1.2 금융선물의 주요 특징

선물계약(futures contract)은 표준화(standardized)된 특정상품을 공인된 거래소에서 현재 합의된 가격으로 미래 특정시점에 인수도할 것을 약속하는 법적 구속력을 갖는 계약이다. 금융선물거래는 금융자산을 대상으로 하는 선물계약을 매매하는 거래인데 주요 특징은 다음과 같다.

1.2.1 거래소

시카고선물시장을 비롯한 대부분의 선물거래소는 회원제로 운영되며 회원의 자격은 거래소마다 약간 상이하지만 개인 또는 법인은 일정한 자격요건을 갖추는 경우에 취득할 수 있다. 거래소 회원은 독점적인 중개권과 거래소 운영에 관여할 수 있는 권리를 갖는다. 그리고 거래소 회원은 거래소가 지정한 개장시간 동안 공개호가(open out-cry)방식 또는 전산거래방식을 통하여 반드시 장내에서 자기거래와 고객의 위탁거래를 수행한다. 일반적으로 선물거래는 반드시 공인된 거래소에서 회원(member)의 중개를 통하여 모든 거래가 이루어진다.

1.2.2 청산기관

선물거래소는 확실한 계약이행 보증과 원활한 거래를 도모하기 위해 청산기관을 운영하고 있다. 청산소는 거래소 내 하나의 부서, 별도 자회사 또는 청산전문기관에 의뢰하는 방식으로 청산기능을 수행하고 있다. 청산기관은 매입자와 매도자의 중간에서 거래상대방(counter party)의 역할을 맡아 계약이행을 보증할 뿐만 아니라 증거금(margin)을 바탕으로 일일정산제도(daily marking to market)를 운영한다. 또한 청산소는 재무적 건전성이 확보된 청산회원들을 중심으로 회원제로 운영되고 있다. 청산회원이 자기거래 또는 고객의 중개거래를 포함한 모든 거래에 대한 계약이행을 재정적으로 보증하기 때문에 선물거래에서는 계약의 이행과 결제의 확실성이 보장되고 있다. 즉, 선물거래는 청산소에 의해서 계약이행이 보증되기 때문에 모든 거래자는 거래상대방의 신용상태에 대해 전혀 염려할 필요가 없다. 또한 선물거래는 장내에서 이루어지기 때문에 선물중개회사에 수수료만 지급하면 거래금액에 관계없이 가장 유리한 시장가격으로 거래를 실행할 수 있다.

1.2.3 계약조건

앞에서 설명한 바와 같이 선도거래의 계약조건(specifications)은 계약당사자간의 합의로 결정된다. 그러나 선물거래의 경우에는 거래대상자산(underlying asset)의 규격과 품질, 계약단위, 인수도 시기와 방법, 호가단위(tick) 등 모든 계약조건이 거래소에 의해 사전에 정해진다. 이와 같이 선물거래는 모든 계약조건(contract specifications)이 표준화되어 있기 때문에 선도거래와 달리 거래할 때마다 거래상대방과 계약조건을 협의해야 하는 번잡함을 피할 수 있다. 또한 선물시장 참여자들이 계약조건에 대해 사전에 충분히 이해하고 있기 때문에 대규모로 거래가 이루어질 수 있을 뿐만 아니라 시장유동성이 높아 반대매매가 용이하다.

1.2.4 일일정산제도

선물거래에 참여하는 고객이나 회원들은 거래소에서 정한 일정액의 증거금을 의무적으로 납부하여야 한다. 이 증거금은 계약이행에 대한 보증금으로서 그 규모는 각 선물상품의 일일 가격변동 제한폭의 크기와 비슷한 수준으로 설정된다. 거래소는 증거금계정의 관리를 통해 매일매일 가격변동에 따라 발생하는 매입자와 매도자의 손익으로부터 계상되는 일일대차를 영(0)으로 만든다. 만일 손실이 발생한 선물포지션을 보유하고 있는 고객이 요구증거금을 추가로 납부하지 않으면 청산소는 다음날 당해 고객의 포지션을 강제적으로 청산하여 손실액을 최초의 위탁증거금에서 정산함으로써 계약이행의 안전성을 보장한다.

1.2.5 지렛대효과와 영합게임

선물거래는 소액의 증거금만 예치하면 현물거래와 동일한 규모의 거래를 할 수 있기 때문에 현물거래에 비하여 투자금액에 대한 기대수익률(expected rate of return)이 매우 높다. 예를 들어 우리나라 주가지수(KOSPI200)선물을 거래할 경우에는 계약금액의 15%에 해당하는 개시증거금(initial margin)을 예치하기 때문에 동일한 투자금액으로 현물거래의 6.66(1/0.15)배에 해당하는 규모로 거래를 확대시킬 수 있다. 그러나 모든 파생상품거래에서는 지렛대(leverage)효과를 이용하여 큰 이익을 기대할 수 있는 반면에 거래 쌍방에 발생하는 손실과 이익을 합하면 영(zero)이 되는 영합게임(zero-sum game)이기 때문에 큰 손실발생 가능성이 동시에 잠재하고 있다는 사실을 명심하여야 한다. 선물거래의 영합게임이란 양 거래자의 손실과 이익의 규모가 같을 뿐만 아니라 선물거래의 매입량과 매도량은 동일하다는 것을 의미한다.

1.2.6 부외거래와 청산거래

금융선물거래는 일종의 매매예약거래로서 현재시점에서 계약을 하고 거래의 실행은 미래에 하기 때문에 거래를 실행하는 시점에서는 거래자의 대차대조표에 영향을 미치지 않는데 이러한 거래들을 부외(off-balance sheet)거래라고 부른다. 1980년대에 들어와 국제결제은행(BIS)이 모든 금융기관에 대해 "자기자본 8% 원칙(8% rule)"을 부과하게 되자 세계적인 대형은행들은 전통적인 예금과 대출로부터 발생하는 예대마진으로 영업수익을 올리는 데 한계를 느끼게 되었다. 이에 따라 거래자의 대차대조표에 영향을 미치지 않으면서 수익을 얻을 수 있는 부외거래 성격인 파생금융상품거래가 폭발적인 증가세를 나타내었다. 그러나 파생금융상품거래는 장래 우발채무로서 거래은행의 경영에 심각한 영향을 미칠 가능성이 있기 때문에 반드시 대차대조표상의 각주로 표기하도록 요구하고 있다.

한편 선물시장의 거래자는 만기 이전에 매매차익을 획득하려는 목적으로 거래에 참여하기 때문에 실제로 만기일에 실물이 인수도되는 경우는 전체 거래량의 2～3%에 불과한 것으로 알려지고 있다. 즉, 대부분의 선물거래자는 만기 이전에 반대거래를 통하여 포지션을 청산(off-set)한다. 즉, 선물 매입자(the long)는 매입포지션(long position)을 매도하고(전매 : liquidation) 선물 매도자(the short)는 매도포지션(short position)을 다시 매입하여(환매 : short-covering) 손익을 실현하고 거래를 종결시키게 된다.

1.2.7 거래량과 미결제약정

선물의 거래량(volume)은 특정기간 동안 거래된 계약건수를 말하는데 전체 매입량과 매도량 중에서 한쪽만 계산한다. 그리고 미결제약정(open interest ; OI)은 인수도 또는 반대거래에 의하여 청산되지 않고 남아 있는 계약잔고를 말한다. 따라서 신규매수나 신규매도가 발생해야만 미결제약정이 증가한다. 반대로 전매도나 환매수가 많아지게 되면 당연히 미결제약정은 감소하게 된다. 흔히 미결제약정이 늘어나는 것은 매도세력과 매수세력 간의 장세전망이 크게 다른 경우에 나타나는 현상이다. 일반적으로 선물거래소에서는 투자자 보호 및 결제이행 보장을 위해 미결제약정을 일정 범위 내로 제한하고 있고 있는데 미결제약정은 매수와 매도별로 각각 계산하고 합계액에 대해서도 한도를 설정하고 있다. 이러한 거래량과 미결제약정에 관한 정보는 선물시장에서 차트분석가(chartist)

들의 기술적 분석(technical analysis)에 매우 중요한 기초자료로 활용되고 있다. 예를 들어 미결제약정이 증가하면 시장의 에너지가 증가한다고 볼 수 있으며 미결제약정이 줄어들면 시장의 에너지가 감소한다고 볼 수 있다. 그리고 미결제약정은 시장추세의 강도를 확인하는 중요한 지표로 활용되고 있다. 바꾸어 말해 미결제 약정이 증가한다는 것은 향후 시장의 변동성이 상승방향이든 하락방향이든 한쪽으로 확대된다는 의미이다. 즉, 미결제약정의 증가는 투자자들에게 상승이든 하락이든 일정한 방향성에 대한 확신이 존재한다는 것을 의미한다. 반대로 미결제 약정의 감소는 변동성이 작아진다는 뜻이므로 지수의 움직임이 적어지고 방향성이 없이 횡보를 하게 된다는 것으로 해석된다. 이에 따라 상승추세에서 미결제약정이 증가하면 매수에너지가 증가되어 상승추세가 지속될 가능성이 크고 하락추세에서 미결제약정이 증가하면 매도에너지가 증가되어 하락추세가 지속될 가능성이 높다. 일반적으로 미결제약정은 고점이나 저점 부근에서는 줄어드는 경향을 보인다. 즉, 상승추세에서 미결제약정이 감소하면 약세전환을 예고하는 신호이고 하락추세에서 미결제약정이 감소하면 강세전환을 예고하는 신호로 볼 수 있다. 참고로 거래량과 미결제약정을 계산하는 방법은 다음과 같다.

표 2-2 거래량과 미결제약정의 계산(예)

	거래자				거래량	미결제약정
	갑	을	병	정		
제1일	+10	-10	-	-	10	10
제2일	-2	-2	+4	-	4	12
제3일	-4	+2	-	+2	4	10
제4일	-4	+6	-	-2	6	4

표 2-3 KOSPI200선물 시세표(2009. 6. 9) (단위 : 포인트, 계약, 만주)

종목	이론가	종가	전일 대비	시가	고가	저가	거래량	미결제 약정수량
KOSPI 200	-	174.91	-2.76	179.49	180.00	174.87	17,086	-
2009년 6월물	174.94	174.25	-3.05	179.05	180.00	174.25	398,412	104,419
2009년 9월물	175.81	174.75	-2.75	179.30	180.00	174.40	13,224	59,588
2009년 12월물	176.80	175.50	-2.65	179.85	179.85	175.50	5	1,516
2010년 3월물	175.90	174.20	-2.80	179.00	179.00	174.20	14	89

자료 : 한국경제신문(2009. 6. 10)

1.3 선물 계약명세

1.3.1 기초자산

선물계약은 거래대상 상품(기초자산)에 따라 크게 상품선물(commodity futures)과 금융선물(financial futures)로 구분할 수 있다. 먼저 상품선물은 농축산물, 비철금속, 귀금속, 에너지상품 등 실물상품(actual commodity)을 기초자산(underlying asset)으로 거래하는 선물계약이다. 그리고 금융선물은 각국 통화, 채권(금리자산), 주가지수 등의 금융상품을 거래대상으로 한다.

선물계약의 기초자산을 선정하는 데에는 특별한 제한이 있는 것은 아니지만 상품의 품질, 저장성, 가격구조, 가격변동성, 헤지(hedge) 수요, 현물시장의 규모 등 여러 가지 조건이 고려되고 있다. 그러나 최근에는 금융기법이 고도화되고 각종 통신기술이 발달된 데 힘입어 경기선행지수, 오염물질 배출권, 기온 등 유·무형의 다양한 상품을 대상으로 선물거래가 이루어지고 있다.[1]

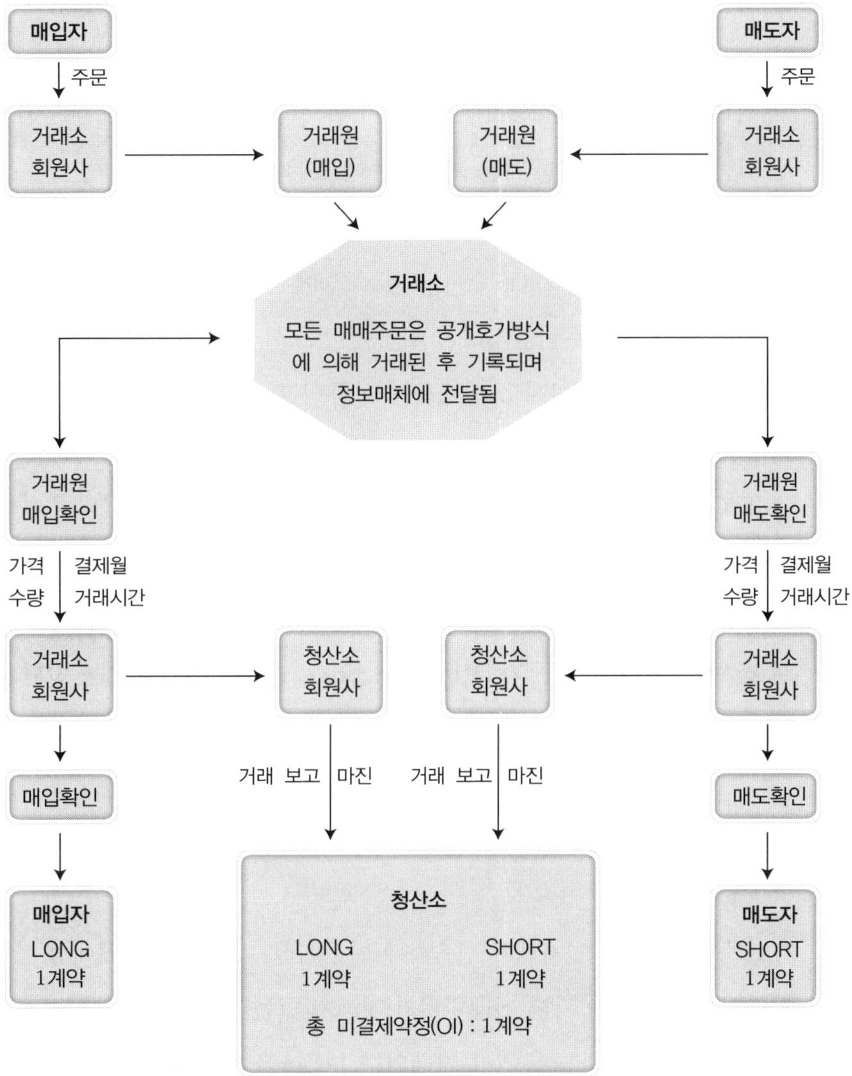

그림 2-2 선물거래 절차

---

1. 현재 CME Group에서 거래되고 있는 선물상품에는 전통적인 금리, 통화, 주가지수선물 이외에 Core CPI, Weather, Nonfarm Payrolls, Retail Sales Except Autos, US Initial Jobless Claims, CME Housing, CME US Commercial Real Estate 등 총 240여 개의 상품이 있다.

1.3.2 인도가능 등급

인도가능 등급(deliverable grade)이란 선물계약 만기일에 매도자가 인도할 수 있는 상품의 품질(등급)을 의미하는데 모든 선물계약명세에는 인도가능한 표준물(standards)이 설정되어 있다. 그러나 실제로 만기일에 실물인수도가 이루어질 때에는 숏-스퀴즈(short-squeeze) 등에 의한 선물시장의 가격조작을 비롯한 각종 불공정거래를 방지하기 위하여 반드시 표준물을 인도하도록 요구하지는 않는다. 따라서 실제로 인도하는 상품이 표준물보다 등급이 높을 경우에는 할증률, 낮을 경우에는 할인율로 조정하여 선물대금을 수수한다. 예를 들어 CME Group에서 거래되는 미국 장기국채(T-bond) 선물계약의 표준물은 만기 30년, 표면금리(coupon) 6%인 T-bond이지만 인도가능 채권(deliverable bond)은 표면금리에 관계없이 잔여만기 15년 이상인 채권은 모두 해당된다. 따라서 실물 인도에 따른 청구가격(invoice price)을 계산할 때에는 전환계수(conversion factor)에 의해 할증 또는 할인율을 적용한다.

1.3.3 거래단위

선물시장에서는 거래가 신속하게 이루어질 수 있도록 거래대상 상품별로 계약단위를 표준화한 기본 거래단위가 정해져 있는데 이를 1계약(contract)이라 한다. 예를 들면 CME그룹에서 거래되는 T-bond 선물의 1계약단위는 액면가치가 10만달러이고, CME그룹의 국제통화시장에서 거래되는 일본엔화선물은 1,250만엔, 우리나라 한국거래소에서 거래되는 KOSPI200주가지수선물은 지수 × 50만원으로 규정되어 있다.

1.3.4 인도월

인도월(delivery month)이란 선물계약의 만기일에 실물이 인수도되는 달을 말하며 결제월(settlement month)이라고도 한다. 선물거래소에서 선물계약을 상장시킬 때 거래의 유동성을 높이기 위해 그 상품의 특성에 맞추어 1년 중 4～6개의 달을 인도월로 지정하고 있다. 일반적으로 금융선물거래에서는 1년 중 3, 6, 9, 12월물로 구분하여 인도월이 지정되어 있으며 거래 가능한 최장 인도월은 1～2년 이내이다. 그러나 CME그룹의 유로달러선물과 같이 시장유동성이 높은 품목은 최장 10년까지 인도월이 설정되는 경우도 있다.

1.3.5 최소 가격변동단위

선물거래소마다 상품별로 선물계약을 매입 또는 매도하기 위하여 주문을 낼 때 최소 가격변동단위(tick)가 일정하게 설정되어 있다. 이 최소 가격변동단위에 거래단위를 곱하면 최소 호가단위가 1단위 변동할 때 계약당 손익금액(tick size)을 계산할 수 있다. 예를 들어 CME그룹에서 거래되는 T-bond 선물의 최소 가격변동단위는 액면의 1/32%($31.25)이며 우리나라 KOSPI200 주가지수선물은 0.05포인트(25,000원), 국제통화시장(IMM)의 3개월 유로달러선물은 1베이시스 포인트($25)이다.

1.3.6 가격 제한폭

선물거래소에서는 시장 과열을 방지하기 위하여 일부 선물상품에 대해 가격 제한폭(price limit)을 설정하는 경우도 있는데 가격 제한폭이란 전일의 결제가격을 기준으로 당일 거래시간 중 최대 가격변동범위를 의미한다. 그러나 일반적으로 선물계약의 만기일이 가까워져서 당월물이 되면 가격 제한폭이 적용되지 않는다. 그리고 CME Group 등 일부 거래소에서는 변동 가격제한제도(variable price limit system)를 실시하고 있다. 예를 들어 어떤 상품의 3개 이상 결제월물 가격이 3일간 연속 상한가(up-limit) 또는 하한가(down-limit)를 기록할 경우에는 다음날부터 가격 제한폭이 종전 가격 제한폭의 150%로 확대되는 변동 가격 제한제도가 적용된다. 만약 그 다음날에도 같은 현상이 발생할 경우에는 또 다시 전일 가격 제한폭의 150%로 확대된다. 현재 CME Group에서 거래되는 T-bond 선물, T-note 선물, 유로달러선물과 T-bill 선물 등은 가격 제한폭이 설정되어 있지 않다.

1.4 선물거래의 기능

1.4.1 미래 가격에 대한 예측기능

선물가격은 특정상품의 미래 현물가격에 대한 시장 참가자들의 견해가 종합적으로 반영되어 결정된다. 그러나 선물가격이 미래의 시장가격을 언제나 정확히 예측한다는 것은 아니며 현재시점에서 미래의 환율 및 금리수준에 관한 기대치를 나타내는 것일 뿐이다. 그렇지만 선물가격은 다양한 시장참가자들의 분산된 견해를 측정 가능한 하나의 지표로 집약함으로써 미래 시장가격에 대한 유용한 정보를 제공한다. 이러한 미래 현물가격에 대한 정보를 이용함으로써 생산자 또는 소비자들은 합리적인 의사결정을 할 수 있다.

1.4.2 가격변동위험의 전가

가격변동 위험을 회피하려는 헤저(hedger)는 위험을 기꺼이 감수하면서 높은 이익을 추구하는 투기자(speculator)에게 선물거래를 이용하여 가격변동위험을 전가(risk shifting)시킬 수 있다. 즉, 선물거래제도는 위험을 회피하기 원하는 헤저로부터 그러한 위험을 기꺼이 감수하면서 이익을 얻고자 하는 투기자에게 효율적으로 위험을 이전시키는 메커니즘을 제공한다. 그러나 선물시장의 가격변동위험은 헤저로부터 투기자로 전가될 뿐이지 소멸되는 것은 아니다. 이러한 선물시장의 위험 전가기능을 통하여 실수요자들은 가격변동위험을 효율적으로 관리할 수 있을 뿐만 아니라 현물시장의 유동성이 확대되고 안정성이 제고된다.

1.4.3 금융거래의 활성화

선물거래는 레버리지 효과(leverage effect)가 매우 크기 때문에 큰 위험을 감수하면서 적은 자금으로 높은 수익을 얻고자 하는 투기자에게 매우 적합한 투자수단이다. 이에 따라 선물거래는 투기성 자금의 시장 유입을 촉진하여 시장을 활성화시키며 한편으로는 선물시장과 현물시장 간의 재정(arbitrage)거래를 통하여 현물시장의 거래가 촉진된다. 예를 들어 채권의 인수자나 딜러는 금리선물거래를 이용하여 금리변동위험을 헤지할 수 있기 때문에 채권거래가 활성화될 수 있다.

1.4.4 금융시장의 효율적인 자원배분 기능

기업, 가계 등 시장정보 수집에서 열세에 있는 경제주체도 선물가격을 토대로 미래 현물가격을 용이하게 예측할 수 있기 때문에 투자 및 소비활동을 합리적으로 결정할 수 있다. 그리고 선물시장에서는 다수의 시장참가자가 경쟁하기 때문에 독점력이 감소되어 금융시장의 자원배분 기능이 보다 효율적으로 이루어질 수 있다.

02 금융선물상품의 주요 계약조건

2.1 통화선물

2.1.1 개념과 역사

통화선물거래(currency futures)란 조직화된 시장인 선물거래소에서 표준화된 일정량의 통화를 미리 약정한 환율로 장래의 일정 시점에 인수도하기로 약속하는 거래이다. 이러한 통화선물거래는 1972년 5월 처음으로 시카고상업거래소(CME)의 부속시장인 국제통화시장(International Monetary Market ; IMM)이 개설되면서 시작되었다. 미국에서 통화선물거래가 가장 많이 이루어지고 있는 국제통화시장에서는 상업은행, 통화브로커, 다국적기업, 기관투자가, 일반투자가 등이 광범위하게 참여하고 있다. 1982년 9월에 개설된 영국 런던의 국제금융선물거래소(LIFFE)에서는 영국 파운드화, 독일 마르크화, 스위스 프랑화, 일본 엔화 등의 거래가 시작되었고, 1984년 9월에 개설된 싱가포르의 국제통화거래소(SIMEX)에서는 일본 엔화, 독일 마르크화, 영국 파운드화 등이 거래되기 시작했다. 그 밖의 호주 시드니 선물거래소와, 뉴질랜드 선물거래소, 미국의 중미상품거래소, 캐나다 토론토 선물거래소 등에서 통화선물거래가 이루어지고 있다. 우리나라에서는 1999년 4월 23일에 한국선물거래소가 개설되면서 미국달러선물이 상장되어 거래되고 있다.

통화선물거래는 일정액의 통화를 계약시점에서 약정된 가격으로 미래의 일정 시점에서 매입 또는 매도한다는 점에서 볼 때 선도거래의 일종인 선물환거래와 비슷한 기능을 지니고 있다. 그러나 통화선물거래에서는 선물환거래의 계약불이행 위험이나 시장유동성 부족 등의 단점을 해결하기 위하여 계약의 표준화,

일일정산제도, 증거금제도, 청산제도, 가격변동제한폭 제도 등을 운용하고 있다. 통화선물거래는 도입 당시와 1980년대까지 선풍적인 인기를 끌었으나 모든 거래조건이 표준화되어 있는 관계로 수요에 대해 신축적이지 못해 그 매력이 크게 약화되었다. 특히 1990년대 이후에는 전산기술의 발달로 선물환거래에도 전산거래시스템이 도입되면서 통화선물거래의 차별성이 약화됨에 따라 현재는 거래규모면에서 선물환거래가 통화선물거래를 훨씬 능가하고 있다.

현재 가장 많은 통화선물거래가 이루어지고 있는 CME Group의 국제통화시장(IMM)에는 호주 달러(AD), 영국 파운드(BP), 유로화(EC), 캐나다 달러(CD), 일본 엔(JY), 우리나라 원화(KRW) 등 23개 통화[2]에 대해 49개의 통화선

표 2-4　　통화선물계약과 선물환계약의 차이점

	통화선물계약	선물환계약
거래장소	거래소(Exchange)	장외시장(OTC)
거래방법	공개호가방식에 의한 중개인을 통한 거래	전화, 텔렉스 등에 의한 당사자 간의 직접거래
거래내용 (거래단위, 만기 등)	표준화되어 있음	거래당사자 간의 합의에 의해 결정
이행보증	거래소(청산회사)가 보증	거래당사자 간의 신용도가 좌우
청산방법	매일 시가에 의한 일일정산	계약 당시 가격으로 만기일에 실물 인도시 청산
거래비용	정액 수수료 지급	매수/매도 가격차이(스프레드)
유동성	언제나 계약 가능	유동성이 낮음
규제	거래소 규약 및 정부기관에 의한 공적규제가 있음	자율적 규제
증거금	개시 및 유지증거금 납부	원칙적으로 없음

2. 2009년 6월 현재 CME Group의 IMM에 통화선물계약으로 상장되어 있는 통화는 다음과 같다. Ausrallian Dollar, Brazilian Real, British Pound, Canadian Dollar, $INDEX, Chinese Renminbi, Cross Rates, Czech Koruna, E-mini Euro FX, E-mini Japanese Yen, Euro FX, Hungarian Forint, Israeli Shekel, Japanese Yen, Korean Won, Mexico Peso, New Zealand Dollar, Norwegian Krone, Polish Zloty, Russian Ruble, South African Rand, Swedish Krona, Swiss Franc.

물계약이 상장되어 있다. 여기서는 세계적으로 가장 많은 거래가 이루어지고 있는 CME Group을 중심으로 통화선물거래제도에 대해 알아본다.

1) 계약단위

CME Group의 통화선물상품별 계약단위를 보면 영국 파운드선물 BP62,500, 캐나다 달러선물 CD100,000, 일본 엔선물 JY12,500,000, 호주 달러선물 AD100,000, 유로화선물 EC125,000, 우리나라 원화선물 KRW125,000,000 등으로 설정되어 있다.

2) 가격표시방법

통화선물의 가격은 해당 통화 1단위에 대한 미국 달러화 가격으로 표시하는 미국통화기준(American terms)이다. 일본 엔화, 우리나라 원화 등 일부 가치가 낮은 통화의 선물가격은 소수점 여섯째 자리까지 표시하지만 그 밖에 대부분의 통화선물가격은 소수 넷째 자리까지 표시한다. 반면에 은행간 외환시장(Inter-bank market)에서는 영국 파운드화(BP)와 호주 달러화(A$), 뉴질랜드 달러화(NZ$) 및 남아공 란트(SAR) 등 영연방국 통화 이외의 모든 통화의 현물환율과 선물환율은 구주통화기준(European terms)으로 표시하여 미화 1달러에 대한 해당 통화 표시가격이다. 예를 들어 은행간 외환시장에서 미국 달러화와 일본 엔화의 환율이 1달러당 125엔이라면 엔(Yen)선물의 가격은 그 역수인 0.8000달러(100엔당)로 표시된다.

3) 최소 가격변동단위

대부분의 통화선물가격은 $0.0001를 최소 변동단위로 하고 있으나 일본 엔화와 우리나라 원화 등 저가치 통화선물의 경우에는 최소 가격변동단위가 $0.000001로 설정되어 있다. 예를 들어 엔선물, 파운드선물과 스위스 프랑선물의 최소가격 변동액은 다음과 같다.

- 엔선물의 1 tick = 12,500,000 × 0.000001 = 12.5달러
- 파운드선물의 1 tick = 62,500 × 0.0001 = 6.25달러
- 스위스 프랑선물의 1 tick = 125,000 × 0.0001 = 12.5달러

4) 인도월

일반적으로 인도월은 3월, 6월, 9월, 12월의 3개월 단위로 설정되어 있다. 예를 들어 CME의 IMM에서 거래되는 통화선물은 분기별로 6개의 인도월이 상장되어 있다. 그리고 인도일(delivery date)은 인도월의 셋째 수요일로 설정되어 있다. 최종거래일은 셋째 수요일의 2영업일 전일이 되며 만약 이 날이 공휴일이면 그 다음 영업일로 순연된다.

5) 인수도방법

통화선물계약은 매입자가 인도일에 일정액의 거래대상 통화를 수취하는 대가로 미 달러화를 지급하기로 합의한 계약이다. 통화선물계약의 인수도 절차는 다음과 같다.

(1) 제1일(최종거래일)

청산소의 결제가격이 고시되면 선물 매도자는 청산소에 인도통보서를 송부하고 청산소에 인도할 거래대상 통화를 준비한다. 그리고 선물 매입자는 청산소에 인수통보서를 송부하고 거래은행에 대해 청산소에 충분한 달러자금을 예치하도록 지시한다.

(2) 제2일

청산소의 거래은행은 매입자측 은행으로부터 미 달러화를 수령하고 이를 청산소에 통보한다.

(3) 제3일

청산소는 관련은행을 통하여 선물 매입자에게 거래대상 통화를 지급하고 선물 매도자에게 미 달러화를 지급한다. 이때 일본 엔화, 스위스 프랑화 등 거래대상 통화는 청산소가 지정한 통화발행 모국소재 은행계좌를 통하여 결제되며 그 대금(미 달러화)은 시카고소재 청산소 지정은행(clearing bank)의 계좌를 통해 결제된다.

6) CME Group의 원화선물거래

CME Group의 원화선물거래는 2006년 9월에 상장되어 초기에는 거래가 다소 활발하였으나 그 이후 급격히 감소하였다. 외국인 거래자 입장에서 역외 NDF시장이 풍부한 유동성, 탄력적인 만기, 저렴한 거래비용, 역내시장과 동일한 시간대에서 거래가능 등 많은 장점을 보유하고 있기 때문에 NDF거래 물량이 CME의 통화선물거래로 이전되는 경우가 거의 없는 실정이다.

CME Group에서 거래되고 있는 주요 통화선물의 계약명세(Contract Specifications)를 보면 다음과 같다.

표 2-5 CME Group 통화선물계약의 주요 명세

통화별 / 구분	한국 원 (KRW)	영국 파운드 (BP)	일본 엔 (JY)	스위스 프랑 (SF)	유로FX (EC)
계약 기본단위	KRW 125,000,000	BP 62,500	JY 12,500,000	SF 125,000	Euro 125,000
가격표시방법	해당 통화 1단위에 대한 U$ 표시				
최소 가격 변동단위	0.0000001	0.0001	0.000001	0.0001	0.0001
tick size	U$12.5	U$6.25	U$12.50	U$12.50	U$12.5
가격변동제한폭	없음				

인도월	연속 13개월, 이후 분기 말월 중 2개	3, 6, 9, 12월 등 3개월 단위로 6개월물
거래시간	당일 7:00 ~익일 6:00	오전 7:20~오후 2:00 (최종거래일은 오전 7:20 ~ 오전 9:16)
최종거래일		각 결제월의 3번째 수요일의 2영업일 전일
인도일		각 결제월의 3번째 수요일
인수도 방법	현금결제	실물 인수도

2.2 금리선물

금리선물거래는 이자율변동에 따라 가치가 변동하는 각종 금리상품을 대상으로 한 선물계약을 말하는데 금리 자체는 매매의 대상이 될 수 없기 때문에 금리에 의해 가격이 결정되는 금융자산을 기초자산으로 설정한다. 금리선물거래의 결제방법으로는 약정일 이전에 반대매매를 통한 차금결제 또는 만기일의 실물인수도결제가 있다.

금리선물거래는 여타 선물거래와 구별되는 특성을 가지고 있다. 대부분의 선물거래의 경우 선물계약에는 만기가 있지만 기초자산인 현물상품에는 만기가 없는 반면에 금리선물거래에서는 선물계약뿐만 아니라 현물상품에도 만기가 있다는 점이다. 금리선물은 만기가 1년 미만인 단기금리선물과 만기가 1년 이상인 장기금리선물로 분류된다. 이렇게 장·단기로 구분하는 이유는 만기 1년 미만의 채권 또는 예금과 만기 1년 이상의 채권은 일수계산이나 이자계산방법이 서로 다르기 때문이다.

금리선물은 1975년 10월 미국 시카고상품거래소에서 미국정부주택저당채권증서(mortgage certificates ; GNMA)를 대상으로 처음 거래되었다. 이후 미국장기국채선물(1977년), 유로달러금리선물(1981년) 등의 다양한 금리선물상품이 속속 등장함에 따라 세계 선물시장에서 금리선물거래가 차지하는 비중도 점차 커지고 있다. 금리선물거래가 활발한 대표적인 선물거래소로는 미국의 CME Group, 런던국제금융선물거래소(LIFFE), 그리고 독일 EUREX 등을 꼽을 수 있다. 2008년에 들어 와서도 여타 파생상품은 꾸준한 증가세를 나타내었으나 미국발 금융위기로 인하여 세계 금융시장이 큰 혼란에 빠짐에 따라 금리관련 파생상품거래는 크게 위축되는 모습을 보였다.

표 2-6 부문별 파생상품 거래 현황 (단위 : 100만 계약)

부문별	2008년	2007년	증감(%)
주가지수	6,488.6	5,499.8	18.0
개별지수	5,511.2	4,400.4	25.2
금리상품	3,204.8	3,745.2	-14.4
농산물	888.8	640.7	38.7
에너지	580.4	496.8	16.8
통화	577.2	459.8	25.5
귀금속	180.4	151.0	19.5
일반 금속	175.8	106.9	64.5
기타	45.5	26.1	74.1
합계	17,652.7	15,526.6	13.7

주 : 세계 69개 거래소에 상장된 선물 · 옵션의 거래량 기준
자료 : FIA Volume Webinar(Futures Industry Association, 2009. 3. 26)

금리선물의 유용성을 살펴보면 다음과 같다.

첫째, 금리변동위험을 효율적이면서도 저렴하게 관리할 수 있는 도구를 제공한다. 예를 들면 채권 포트폴리오를 운용하고 있는 펀드매니저가 향후 금리상승으로 인한 채권가격의 하락을 우려한다면 포트폴리오의 듀레이션을 감소시켜 위험을 헤지할 수 있다. 이 경우에 듀레이션을 줄이는 방법에는 여러 가지가 있지만 금리선물을 매도하면 거래비용과 시장충격비용을 낮추면서도 손쉽게 듀레이션을 줄일 수 있다.

둘째, 새로운 투자기회를 제공한다. 헤지거래 이외에도 금리선물을 이용하여 투기거래나 차익거래 등이 가능하다. 예를 들어 금리하락을 예상하고 있는 투자자는 자본수익을 극대화하기 위하여 채권을 매수하려고 할 것이다. 이 경우에 채권현물을 매수하는 대신에 금리선물을 매수하고 향후 예상대로 금리가 하락한다면 금리선물을 매도하는 반대매매를 통해 손쉽게 이익을 얻을 수 있다. 이러한 투기거래에서는 선물거래의 특징인 높은 레버리지 효과를 이용하여 현물거래에 비해 높은 수익을 올릴 수 있다.

셋째, 현물시장의 활성화에 기여한다. 금리선물은 발행시장에서 채권인수에 따른 위험을 피할 수 있게 함으로써 인수기관이 적극적으로 발행시장에 참여할 수 있게 해준다. 또한 유통시장에서는 딜러에게 가격변동에 수반되는 위험과 불확실성을 제거하면서 일정 수준의 기대수익을 얻게 해줌으로써 현물시장의 안정과 확대에 기여한다.

2.2.1 단기금리선물계약

1976년에 시카고상업거래소(CME)의 부속시장인 국제통화시장(IMM)에서 미국 단기재정증권(T-bill)을 기초자산으로 단기금리선물거래제도를 처음 도입하였다. 그 이후 1970년대 말까지는 T-bill 선물이 매우 활발하게 거래되었으나 1981년에 유로달러를 대상으로 한 선물거래가 시작되면서부터 거래가 크게 위축되었다. 일반적으로 유로달러금리와 T-bill금리는 신용위험 스프레드(credit risk spread)밖에 차이가 없으며 이러한 스프레드는 일정한 범위 내에서 변동하기 때문에 상관관계가 매우 높다. 따라서 T-bill 현물보유자들도 거래유동성이 높은 유로달러선물로 교차헤지(cross hedge)하는 경향이 있기 때문에 T-bill 선물의 거래량은 점차 감소하고 있으며 1978년에 상장된 1년물 T-bill 선물은 거래가 부진하여 폐장되었다.

만기 1년 미만의 단기금리상품(money market instruments)을 거래대상으로 하는 단기금리선물계약으로는 CME그룹의 13주 T-bills 선물, 1개월 Libor 선물, 3개월 유로달러선물, 3개월 유로엔(TIBOR)선물과 30일 페더럴펀드(Federal Funds)선물 등이 있다.

그 밖에 도쿄금융선물거래소(TIFFE)에 3개월 유로엔선물, 영국의 유로넥스트 · 라이프(Euornext · Liffe)에서는 3개월 유로달러금리선물, 3개월 유로(EURIBOR)금리선물, 3개월 파운드금리선물, 3개월 유로엔(TIBOR)선물, 3개월 유로 스위스프랑(Euroswiss)금리선물, 프랑스금융선물거래소(Marche a Terme des Instruments Financiers ; MATIF)에서는 파리 은행간 금리(PIBOR)선물(3개월물), 홍콩선물거래소에서는 3개월 홍콩 은행간 금리(HIBOR)선물 등이 거래되고 있다.

현재 CME그룹에 상장되어 있는 단기금리선물을 중심으로 주요 계약조건을 살펴보면 다음과 같다.

1) T-bill 선물

미국 단기국채(U.S. Treasury bills)는 미국 정부의 채무증서이기 때문에 무위험 채권(risk-free debt instruments)으로 간주되며 안전성과 유동성을 확보하고 있기 때문에 단기금융시장의 중심상품으로서의 역할을 한다. 또한 무위험이라는 특성에 기인하여 T-bills의 수익률 변동은 순수한 이자율변동을 반영한다고 볼 수 있다. 현재 CME Group의 13주 T-Bill 선물은 거래소의 매장(pit)에서뿐만 아니라 그로벡스 시스템(CME Globex)에 의해서도 거래되고 있다.

(1) 계약단위

계약단위는 미국 단기재정증권(T-bill)의 액면금액 100만달러이며 T-bill 선물계약은 100만달러의 배수로 거래되고 있다.

(2) 가격표시방법

1976년 시카고상업거래소(CME)의 부속시장인 국제통화시장(IMM)에서 미국 단기재정증권(T-bill)을 기초자산으로 단기금리선물거래제도를 처음 도입하였을 때 대두된 가장 큰 문제점은 단기금리선물계약의 가격을 표시하는 방법이었다. 일반적으로 단기금융시장에서 거래되는 만기 1년 이내의 단기금리상품은 할인채(discount bond)이기 때문에 가격이 할인율로 호가된다. 예를 들어 단기금융시장에서 T-bill 현물은 할인 발행되어 1년을 360일 기준으로 할인수익률로 호가되고 있다. 그러나 선물계약에서는 거래의 속성으로 인하여 고시가격을 절대가격으로 표시하여야 하기 때문에 단기금융시장에서 거래되는 단기금리상품(현물)의 호가방법을 그대로 적용할 수가 없다. 이에 따라 CME에서는 현물시장의 호가방법인 할인율을 절대가격으로 바꾸기 위하여 "IMM Index"라는 새로운 가격지표를 개발하게 되었다. 그 이후 모든 단기금리선물의 가격은 "IMM Index" 방식에 의하여 표시하는 것이 관행이 되었다.

이와 같은 IMM Index는 100에서 채권의 수익률(할인율)을 차감하여 계산한다. 만약에 단기채권의 수익률이 4.50%이라면 단기금리선물의 가격인 IMM Index는 95.50(= 100 - 4.50)이 된다.

(3) 최소 가격변동단위

최소 가격변동단위는 0.5베이시 포인트(basis point ; bp), 즉 0.005%이다.

$$\begin{aligned} \text{1틱의 크기} &= \text{T-bill의 액면가액} \times 0.5\text{bp} \times \frac{\text{채권의 만기}}{360} \\ &= \$1,000,000 \times 0.01 \times 0.005 \times \frac{90}{360} \\ &= \$12.5 \end{aligned}$$

(4) 결제월

T-bill 선물계약의 결제월은 3월, 6월, 9월, 12월의 3개월 주기로 4개 달과 여기에 포함되지 않는 연속 2개 달로 설정되어 있다. 그리고 결제일은 만기 52

주 T-bill의 잔존만기가 13주가 되면서 만기 13주 T-bill이 발행되는 날을 최초 결제일로 정하고 이 날을 포함하여 연속 3일 중 매도자가 원하는 날이 결제일이 된다.

(5) 최종 거래일

T-bill 선물계약의 최종 거래일은 결제월의 세 번째 수요일이 속해 있는 주간에 실시된 91일물 미국 단기 재무부채권(T-bill)의 옥션(auction) 영업일이 된다. 그리고 T-bill 선물계약의 만기물(expiring contracts)은 최종 거래일 오후 12시에 거래가 종료된다.

(6) 결제방법

T-bill 선물계약은 과거에는 만기일에 실물 인수도(physical delivery)가 이루어졌으나 현재는 현금결제(cash settlement) 방법을 채택하고 있다. 즉, 결제월의 세 번째 수요일이 속해 있는 주간에 미국 재무부의 91일물 T-bill 옥션에서 형성된 최고 할인율을 기준으로 현금결제를 실시하고 있다.

2) 유로달러선물

미국 이외의 지역에 소재하는 은행에 예치된 달러자금을 대상으로 형성된 유로달러시장은 유로커런시(Euro-currency)시장에서 가장 중요한 시장이며 오늘날 국제적인 달러자금의 대출 및 차입이 이루어지는 중요한 자금시장으로 발전하였다. 미국 달러 이외에도 유로엔(Euro-yen), 유로파운드(Euro-pound) 등의 시장이 있다. 특히, 유로달러 정기예금(Eurodollar time deposit)은 주로 런던과 유럽 은행에 예치되어 있기 때문에 미국의 국내 예금에 적용되는 각종 규제를 받지 않는다. 그리고 유로달러 정기예금은 수신업무를 담당하는 상업은행들의 직접 채무이기 때문에 정부에 의해 채무상환에 대한 보증이 되지 않는다. 유로은행들이 유로달러 정기예금을 상호 예치할 때는 런던은행간대출금리(Libor)를 기준금리로 적용하며, 변동금리 조건의 대출을 실시할 경우에는 Libor에 일정한 스프레드를 가산하여 대출금리를 결정한다. 이에 따라 유로달러 예금금리는 기업이 자금을 차입할 때 기준금리로 오랫동안 적용되고 있다.

1981년에 CME에 상장된 유로달러금리선물은 일정기간 후(3월, 6월, 9월, 12월의 셋째주 수요일)에 적용될 90일간의 유로달러 정기예금에 대한 금리를 거래대상으로 하고 있다. 달러표시 단기금리와 변동금리부 자산 · 부채관리에 매우 유용하게 활용되고 있는 유로달러금리선물은 상장 이후 꾸준한 성장세를 나타내어 최근에는 현존하는 모든 금리파생금융상품 중에서 가장 높은 거래실적을 보이고 있다. 특히, 2006년 이후 CME의 유로달러선물과 옵션거래가 기록적인 신장세를 나타내어 2007년에 6억 2,140만 계약, 2008년에 5억 9,700만 계약의 거래실적을 기록하였다. 또한 CME Group의 그로벡스 전자거래시스템(Globex electronic platform)에 의한 유로달러선물거래도 꾸준히 성장세를 보임에 따라 전자거래방법에 대한 신뢰성이 한층 높아지고 있다. 최근에 CME Group에서는 유로달러선물 및 옵션과 관련하여 다양한 파생상품[3]을 개발하여 상장하였다.

표 2-7 세계 20대 금리선물 · 옵션상품 거래실적 (단위 : 100만 계약)

순위	계약상품(거래소)	2008년	2007년	증감(%)
1	Eurodollar Futures(CME)	597.0	621.4	-3.9
2	Euro-Bund Futures(Eurex)	257.8	338.3	-23.8
3	10 Year Treasury Note Futures(CME)	256.8	349.2	-26.5
4	Euribor Futures(Liffe)	228.5	221.4	3.2
5	Eurodollar Options on Futures(CME)	228.2	313.0	-27.1
6	Euro-Schatz Futures(Eurex)	174.2	181.1	-3.8
7	5 Year Treasury Note Futures(CME)	168.1	166.2	1.2
8	One Day Inter-Bank Deposit Futures(BM&F)	167.0	221.6	-24.7
9	Euro-Bobl Futures(Eurex)	155.1	170.9	-9.3
10	Euribor Options on Futures(Liffe)	106.7	74.2	43.7
11	Short Sterling Futures(Liffe)	104.6	119.7	-12.6

3. Eurodollar 5-Year E-mini Bundles, Eurodollar Calendar Spread Options 등.

12	30 Year Treasury Bond Futures(CME)	89.5	107.6	-16.9
13	2 Year Treasury Note Futures(CME)	79.3	68.6	15.6
14	Short Sterling Options on Futures(Liffe)	59.1	50.7	16.4
15	TIIE 28 Futures(Mexder)	57.9	220.6	-73.8
16	10 Year Treasury Note Options on Futures(CME)	56.8	61.5	-7.8
17	Euro-Bund Options on Futures(Eurex)	33.3	44.4	-25.0
18	3 Year Treasury Bond Futures(ASX)	26.1	33.6	-22.2
19	Long Gilt Futures(Liffe)	24.7	27.4	-9.7
20	Euroyen Futures(TFX)	22.4	39.0	-42.6

자료 : FIA Volume Webinar(Futures Industry Association, 2009. 3. 26)

유로달러 정기예금을 대상으로 하는 선물계약의 주요 계약조건은 다음과 같다.

(1) 계약단위

계약단위는 3개월 만기 유로달러 정기예금 액면 100만달러이다.

(2) 가격표시방법

유로달러선물의 가격은 T-bill 선물과 동일한 IMM Index방식에 의하여 100에서 3개월 Libor를 차감하여 표시한다. 예를 들어 Jun. Eurodollar의 종가가 94.65라면 3개월 Libor가 5.35%이라는 것을 의미한다. 관례적으로 Libor는 1년을 360일로 계산하는 유럽방식을 쓰고 있으므로 채권등가수익률(BEY)로 환산하려면 날짜조정을 하여야 한다.

(3) 최소 가격변동단위

최소 가격변동단위는 1베이시스 포인트(bp), 즉 0.01%이다. 1틱의 크기는 1백만달러 예금의 3개월 이자에 대한 0.01%의 변동금액($25)에 해당된다.

$$1\text{틱의 크기} = \$1,000,000 \times 0.0001 \times 90/360 = \$25$$

그리고 유로달러선물거래에서는 최근월물(nearest expiring contract month)의 최소 가격변동단위가 1/4틱(0.0025틱 = $6.25)으로 설정되어 있으며 그 밖에 모든 결제월물은 1/2틱(0.005틱 = $12.50)으로 정해져 있다.

(4) 인도월

인도월은 3월, 6월, 9월, 12월의 3개월 단위로 설정되어 있으며 인도일은 해당월의 셋째 수요일이다. 최근 CME그룹에서는 유로달러선물의 인도월이 최장 10년물까지 확대되어 총 40개 결제월물이 거래되고 있으나 아직까지 6년물 이상의 유로달러선물은 거래량이 극히 미미한 실정이다. 그리고 최종거래일은 인도일(인도월의 셋째 수요일) 전 2영업일(보통 셋째 월요일)이 된다.

(5) 결제방법

유로달러 정기예금은 양도가 불가능하기 때문에 CME의 유로달러선물은 만기일에 실물 인수도가 일어나지 않고 현금결제를 한다. 즉, 최종거래일 현재 거래소 지정은행에서 고시하는 3개월 Libor에 의해 현금으로 차액결제를 한다. 만기 결제금리는 거래소가 사전에 지정한 대표적인 런던소재 은행 20개 가운데 매번 12개 은행을 추첨하여 이들 12개 은행의 3개월 Libor를 오전 8시와 9시 30분에 조사한 후 상위 및 하위 은행의 금리 2개씩을 제외한 16개 Libor의 평균치를 적용한다. 이와 같이 복잡한 절차를 거치는 이유는 한 은행의 비정상적 금리결정이 선물시장의 결제가격에 영향을 미치지 않도록 함으로써 최대한 공정성을 확보하기 위한 것이다. 이와 같은 선물거래 만기결제에 사용되는 Libor와는 달리 국제금융거래에 사용되는 Libor는 영국은행협회(British Bankers Association)에서 런던시간 오전 11시 현재 주요 은행의 Libor를 조사하여 발표하고 있다.

표 2-8 CME Group 단기금리선물의 주요 계약명세

구분	T-bill 선물	Eurodollar선물
거래소	CME Group	좌동
기초자산	3개월(13주) 미국 Treasury Bills (만기 액면가액 = $1,000,000)	3개월 만기 유로달러 정기예금 (만기 액면가액 = $1,000,000)
계약단위	$1,000,000	좌동
가격표시	IMM Index(= 100 – 연수익률)	100.00 – 3개월 Libor
호가단위	0.5bp(5/1,000%) 즉, 12.5($100만×0.005%×90/360)	Regular 0.01 = $25.00 Half Tick 0.005 = $12.50 Quarter 0.0025 = $6.25 for nearest expiring month
결제월	분기별 3, 6, 9, 12월 중 4개 달과 분기에 포함되지 않는 연속 2개 달	분기별 3, 6, 9, 12월 중 40개 달과 가장 가까운 달 중에서 4개 달
일일가격변동 제한폭	없음	좌동
결제방법	현금결제	좌동
거래시간	7:20a.m~2:00p.m LTD (12:00p.m)	
거래장소	CME, Globex	
최종거래일	최초인도일 직전 영업일	결제월의 셋째주 수요일 2영업일 전 (보통 셋째주 월요일)
표시약어	Clearing = T1 Ticker = TB GLOBEX = GTB	Clearing = ED Ticker = ED GLOBEX = GE

3) LIBOR 금리선물

LIBOR 금리선물은 만기 1개월, 3백만달러의 유로달러 정기예금(Eurodollar Time Deposit)에 대한 LIBOR 금리를 거래대상으로 한다. 흔히 LIBOR는 기업대출, 부동산 대출 및 변동금리 대출의 기준금리로 이용되고 있기 때문에 LIBOR 금리선물과 옵션은 단기금리 변동위험을 관리할 필요성을 느끼고 있는 투자자에게 특별한 의미를 갖는 상품이다. 현재 CME에 연속 12개월의 LIBOR

금리선물이 상장되어 있지만 유로달러 금리선물의 만기월에 해당하는 3월, 6월, 9월, 12월에 거래가 집중되고 있다.

표 2-9 LIBOR 금리선물의 주요 계약명세

구분	LIBOR 금리선물
거래소	CME Group
기초자산	1개월만기 유로달러 정기예금(만기 액면가액 = $3,000,000)
계약단위	$3,000,000
가격표시	IMM Index(= 100 − 연수익률), 1point = 0.01 = $25.00
호가단위	0.0025point = $6.25($3,000,000 × 0.0025% × 1/12)
결제월	연속 12개월
일일가격변동 제한폭	없음
결제방법	현금결제
거래시간	7:20a.m~2:00p.m(Floor)
거래장소	CME Floor, Globex
최종거래일	결제월의 제3수요일 직전 2영업일
표시약어	Clearing = EM Ticker = EM GLOBEX = GLB

4) Federal Funds 금리선물

Federal Funds 금리선물은 CME Group에 상장되어 있는 초단기 금리선물 계약으로서 Federal Funds금리를 대상으로 하는 만기 30일의 금리선물거래이다. 페더럴펀드금리란 미국 페더럴펀드시장(Federal Funds Market)에서 은행 간에 익일물 자금거래를 할 때 적용되는 금리(over-night rate)로 여타 단기금리의 기준이 되고 있다. 이 금리선물의 거래 기본단위는 500만달러이며, 결제월은 연속적으로 24개월이 설정되어 있다(만기일은 해당월의 마지막 영업일). 그리고 선물가격은 100-R로 표시하는데 여기서 R은 뉴욕연준(FRB New York)에서 고시하는 익일물 Federal Funds Rate(연율, %)의 결제월 30일간 단순평균 금리이다.

표 2-10 CME Group의 단기금리선물 주요 계약명세

구분	Federal Funds Futures	mini-sized Eurodollar Futures
거래소	CME Group	좌동
기초자산	90일 Federal Funds Rate	3개월 만기 유로달러 정기예금 (만기 액면가액 = \$500,000)
계약단위	\$5,000,000	\$500,000
가격표시	100-R R = 결제월의 매일 fed funds over-night rate의 평균치 (예 : R = 7.25%일 때 92.75)	100-R R = Three-Month Eurodollar yield on an annual basis for a 360-day year
호가단위	최근월물 : 0.25bp(25/10,000%), 즉, \$10.4175(1/4 of 1/100 of one percent of \$5 million on a 30-day basis rounded up to the nearest cent) 기타 : 0.50bp(50/10,000%), 즉, \$20.835	0.5bp(5/1000%) 즉, \$6.25(\$50만×0.005%×90/360)
결제월	연속 24개월	3, 6, 9, 12월 주기로 연속 20개월
일일가격변동 제한폭	없음	좌동
결제방법	현금결제[1]	현금결제[2]
거래시간	Open Outcry : 7:20a.m~2:00p.m CME Globex : 5:30p.m~4:00p.m (SUN.~FRI.)	Electronic : 6:00p.m to 4:00p.m, Central Time, Sunday~Friday
최종거래일	결제월의 최종 영업일 (만기물 거래종료시간은 최종거래일의 오후 2시, 시카고시간)	결제월의 셋째 수요일 직전 2영업일 (런던은행)
표시약어	Open Auction : FF Electronic : ZQ	Electronic Trading : YE

주 : 1. The contract is cash settled against the average daily fed funds overnight rate, rounded to the nearest one-tenth of one basis point, for the delivery month. The daily fed funds overnight rate is calculated and reported by the Federal Reserve Bank of New York.

2. The contract is cash settled with the final settlement price based on the British Bankers' Association Interest Settlement Rate.

2.3 중장기금리선물계약

장기금리선물은 1975년 10월에 시카고상품거래소(CBOT)에서 지니메이(Ginnie Mae)라고 불리는 주택저당채권(GNMA)을 기초자산으로 처음 거래되기 시작하였다. 그 후 시카고상품거래소(CBOT)에서는 30년물 T-bond 선물, 10년물 T-bond 선물, 5년물 T-note 선물, 3년물 T-note 선물, 2년물 T-note 선물, 30년 금리스왑, 10년 금리스왑, 7년 금리스왑, 5년 금리스왑 등으로 상장품목의 종류를 확대하였다. 일본에서는 도쿄증권거래소(TSE)에 상장된 10년만기 일본국채(JGB)선물과 20년만기 국채선물이 있으나 10년물의 거래가 비교적 활발하다. 그리고 동경국제금융선물거래소(TIFFE)에서는 1995년 중에 5년물 일본국채선물도 상장하였다.

CME Group에 상장되어 있는 미국 재무부 채권선물을 중심으로 주요 계약조건을 살펴보면 다음과 같다.

2.3.1 주요 계약조건

1) 계약단위

일반적으로 미국 국채선물의 계약단위는 액면가액 기준 $100,000이다. 다만 만기 2년 T-note 선물의 계약단위는 $200,000이다.

2) 가격표시방법

선물가격은 액면금액에 대한 백분율(%)로 나타내며 소수점 이하 자리는 1%의 1/32 단위로 표시한다. 예를 들어서 Sept. T-bond 가격이 96-04라면 이는 액면가액의 $96\frac{4}{32}\%$라는 의미이다.

3) 최소 가격변동단위

최소 가격변동단위는 1/32%의 1/2인데 1틱의 크기는 \$15.625이다.

- 1틱의 크기 = $\$100,000 \times \frac{1}{100} \times \frac{1}{32} \times \frac{1}{2} = \$15.625$
- 만기 5년 T-note 선물의 1틱 = $\$100,000 \times \frac{1}{100} \times \frac{1}{32} \times \frac{1}{4} = \$7.8125$
- 만기 2년 T-note 선물의 1틱 = $\$200,000 \times \frac{1}{100} \times \frac{1}{32} \times \frac{1}{4} = \$15.625$

4) 인도월

인도월은 3월, 6월, 9월, 12월로 1년에 4개의 인도월이 있다.

5) 표준물

채권시장에서는 잔존만기와 표면금리가 다양한 많은 종류의 채권이 거래되고 있기 때문에 장기금리선물계약에서는 표준물을 설정하여 이를 대상으로 선물거래가 이루어지는 것으로 가정하고 있다. 예를 들어 30년 T-bond 선물계약에서는 만기 30년, 표면금리 6%인 채권을 표준물로 설정하고 있다. 그리고 선물계약의 만기일에 실제로 채권을 인수도할 때 적용하는 채권의 청구가격은 이 표준물의 가격을 기준으로 전환계수에 의하여 할증 또는 할인하여 계산한다.

2.3.2 T-bond 선물의 인수도 절차

선물거래의 매입자와 매도자는 선물계약의 만기일에 실물을 인수도하고 대금을 수수하는 권리와 의무를 동시에 갖는다. 일반적으로 대부분의 선물계약은 만기일 이전에 청산(offset)거래에 의해 당초 포지션이 상쇄되어 없어지게 되지만 만기일까지 남아 있는 포지션에 대해서는 기초자산인 현물의 인수도가 이루어진다. 이때 실물 인도기간 중 현물 인도일자, 인도상품 등급 등 인수도에 관한 선택권은 매도자가 갖게 된다. 따라서 매도자가 선택한 인도일을 통보받은 청산회사가 이를 매입자에게 통지하면 매입자는 그 지시에 따라 선물대금을 지급하고 상품을 인수해야 하는 수동적인 입장에 서게 된다.

1) 인수도 절차

T-bond 선물과 T-note 선물의 실물 인수도 절차는 다음과 같이 세 단계의 과정을 거치게 된다.

(1) 포지션 데이

포지션 데이(position day 또는 tender day)는 선물 매도자가 실물인도에 관해 공식적으로 의사를 표시하는 날이다. 첫 포지션 데이(the first position day)는 인도월의 첫 영업일로부터 2영업일 전인데 이는 실물의 인수도가 인도월의 첫째 영업일부터 가능하기 때문이다.

현재 CME Group에서 공개호가방식에 의한 거래는 월요일부터 금요일까지 아침 7시 20분～오후 2시 사이에 이루어지며 일중 거래시간이 종료되면서 결제가격이 결정된다. 이 결제가격을 기준으로 제3영업일 후 실물 인도시점에서 적용하는 청구가격이 산정된다.

(2) 통보일

인수도 과정의 둘째 날인 통보일(notice day 또는 intention day)에는 당일 오후 2시까지 선물 매도자가 인도예정 채권을 통보해야 한다. 즉, 매도자의 청산회원은 청산회사에 인도할 채권과 청구가격을 명시한 송장(invoice)을 제출한다. 청산소는 오전 8시 30분까지 가장 오랫동안 매입포지션을 보유하고 있는 매입자를 선정하여 당해 매입자의 청산회원(clearing broker)에게 송장 내용을 통보한다. 매입자의 청산회원은 청산회사에 매입자의 거래은행명, 계좌번호, 전신이체방법(wire transfer instructions) 등을 명시한 은행통보서(banking notification)를 제출한다.

(3) 인도일

인도일(delivery day)은 인도의사 통지 후 셋째 날로서 오후 1시까지 선물 매입자의 구좌에 당해 채권이 인도되어야 한다. 만약 매입자가 송장의 조건에 대해 이의를 제기하면 매입자의 청산회원은 인도일 오전 9시 30분까지 매도자의 청산회원에게 통보하여 분쟁을 해결하여야 한다. 매도자는 오전 10시까지 거래은행에 채권을 예탁하고 매입자은행으로부터 대금을 수령하도록 지시한다. 매입자는 오후 1시까지 거래은행에 대금지급과 연준전산망(Fed Wire System)을 통한 채권 수령을 지시한다.

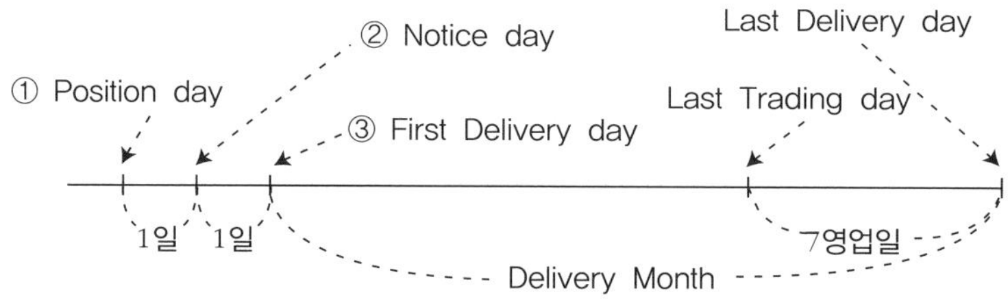

그림 2-3 T-Bond 선물 인수도 일정

2) 인수도 선택권

선물계약의 만기일에 실물 인수도에 관한 의사결정권은 선물 매도자에게 있다. 여기서 언제, 어떤 채권을 인도할 것인가에 대한 인수도 선택권(delivery option)을 매도자 선택권(seller' s option)이라고도 부르며 이와 같은 선물계약의 특성 때문에 선물시장은 흔히 매도자시장(seller' s market)이라고 일컬어진다. 이러한 매도자가 임의로 선택할 수 있는 권리는 일종의 풋옵션(put option)으로 볼 수 있기 때문에 실제 선물가격은 이론선물가격에서 매도자 옵션(풋옵션)의 가치를 차감한 값으로 결정된다. 매도자 옵션의 구체적 내용을 살펴보면 다음과 같다.

(1) 품목 선택권(quality option)

선물 매도자가 인도적격물 중에서 실제로 인도할 채권을 선택할 수 있는 권리를 말한다. 매도자는 인도기간 내에 여러 가지 인도적격 채권(deliverable bond) 중에서 매입비용이 가장 저렴한 T-bond를 인도할 수 있다.

(2) 자유재량 선택권(wild card option)

CME Group에서는 오후 2시에 거래가 마감되면서 결제가격이 결정되지만 선물 매도자는 당일 오후 8시까지 청산소에 인도의사를 통보하면 된다. 선물거래소의 종장 이후에도 장외시장에서 현물채권이 거래되기 때문에 현물시장의 채권가격이 하락하면 선물 매도자는 이미 결정된 결제가격을 기준으로 채권인도의사를 청산소에 오후 8시까지 통지한 후에 현물채권을 보다 저렴한 가격으로 구입함으로써 이익을 얻을 수 있다. 이에 따라 매도자는 자유재량 선택권(wild card option)을 보유하게 되는 셈이며 이를 매도자의 "wild card play"라고 부른다.

(3) 인도시점 선택권(timing option)

최초 인도일은 해당 결제월의 첫 영업일이고 최종 인도일은 해당 결제월의 마지막 영업일이므로 매도자는 이 기간 중에 자기에게 가장 유리한 날을 선택하여 인도일로 정할 수 있다. 이를 인도시점 선택권이라고 한다.

(4) 발생이자 선택권(accrued interest option)

선물 매도자는 현물 인도시 전환계수에 의해 조정된 인도가격뿐만 아니라 잔여 이자도 지불받게 된다. 따라서 선물 매도자는 여러 가지 인도가능 채권(deliverable bond) 중에서 잔여 이자금액이 상대적으로 가장 큰 채권을 선택하여 인도하려고 할 것이다. 이를 발생이자 선택권이라고 부른다.

3) 전환계수(conversion factor)

30년 T-bond 선물의 매도자는 선물의 만기에 가서 현물채권을 인도할 때 쿠폰의 크기에 관계없이 채권의 잔여 만기 또는 최초 수의 상환일(the first call date)까지 15년 이상 남아 있는 모든 채권을 인도할 수 있다. 그러나 선물시장에서 형성되는 선물가격은 만기 30년, 표면금리 6%인 이표채(coupon bond)를 표준물로 상정하여 형성된 호가이다. 따라서 인도적격물 중에서 표면금리가 표준물과 다른 채권의 선물가격은 표준물의 선물가격을 표면금리 차이만큼 조정하여 계산할 필요가 있다. 즉, 표준물과 상이한 T-bond에 해당하는 선물가격은 선물시장에서 형성된 선물가격에 전환계수를 곱함으로써 계산할 수 있는데 이를 조정선물가격(adjusted futures price)이라 부른다. 이러한 조정을 위해 CME Group에서는 전환계수(conversion factor ; CF)방법을 이용하고 있다.

$$\text{조정선물가격} = \text{선물가격} \times \text{전환계수(CF)}$$

예를 들어 경기미 1등품을 표준물로 정하여 미곡 선물가격을 호가한다고 가정할 경우에 경기미 2등품의 가격이 1등품의 가격의 80%에 상당한다면 경기미 2등품에 해당하는 선물가격은 표준물(1등품)의 선물가격에 0.8을 곱함으로써 구할 수 있다. 여기서 0.8이 전환계수에 해당된다.

T-bond 선물에서 전환계수는 30년 T-bonds 선물계약의 표준물인 표면금리 6%, 만기 30년인 T-bond의 가치를 1로 가정하였을 때 인수도대상 채권(비표준물)의 상대적 가치를 의미한다. 채권시장에서 높은 쿠폰의 채권은 낮은 쿠폰의 채권보다 가격이 비싸게 형성된다. 그 결과 쿠폰이 6%보다 큰 채권의 전환계수는 1.0보다 크고, 반대로 쿠폰이 6%보다 낮은 채권은 1.0보다 작은 값의 전환계수를 갖는다. 그리고 표면금리가 6%보다 큰 경우에는 만기가 길수록 전환계수가 커지고 표면금리가 6%보다 작을 경우에는 만기가 길수록 전환계수는

작아지는 특성을 가지고 있다.

$$CF = \sum_{t=1}^{2n} \frac{CPN/2}{(1+0.06/2)^t} + \frac{FV}{(1+0.06/2)^{2n}}$$

CPN : 표면금리

FV : 액면금액 = 1

n : 잔여만기(연 2회 이자지급)

예를 들어서 표면금리 10%(연 2회 쿠폰 지급), 잔여만기 16년인 채권의 전환계수를 계산하면 다음과 같다.

$$CF = \sum_{t=1}^{32} \frac{0.05}{(1+0.03)^t} + \frac{1}{(1+0.03)^{32}} = 1.1787$$

위의 공식을 이용하여 전환계수의 추정치를 계산할 수 있지만 정확한 전환계수표는 CME Group에서 잔여만기를 분기단위로 환산해 소수점 넷째 자리까지 계산하여 공식적으로 발표함으로써 거래자들이 쉽게 이용할 수 있도록 하고 있다.

전환계수는 각 현물채권 및 각 결제월별로 하나의 유일한 값을 가지며 특정 결제월주기 동안 일정하다. 그리고 전환계수는 T-bond 선물계약의 인수도에서 청구가격을 계산할 때나 선물의 헤지비율(hedge ratio)을 구할 때 매우 중요하게 사용된다.

4) 청구가격

T-bond 선물의 매입자는 매도자로부터 현물채권을 인도받을 때 선물대금을 지불하게 되는데 이를 청구가격(invoice price)이라고 한다. 실제로 인도하는 채권의 표면금리와 만기가 표준물(표면금리 6%, 만기 30년인 T-bond)과 상이하기 때문에 포지션 데이의 선물종가인 결제가격을 기준으로 청구가격을 계산할

때에는 결제가격(표준물에 대한 가격)을 조정하여야 한다. 이러한 청구가격 계산 방식을 "전환계수에 의한 청구가격 조정제도(conversion factor invoicing system)"라 부른다.

청구가격은 결제가격에 전환계수를 곱하고 최종 이자지급일로부터 발생한 경과이자(accrued interest)를 더한 금액으로 계산한다.

청구가격 = (선물가격 × 전환계수) + 경과이자

여기서 선물정산가격과 경과이자는 액면가 $100을 기준으로 나타내며 선물가격을 소수점으로 계산한다.

〈예시〉

만기 2027년 8월 15일, 표면금리 8 + 7/8% T-bond가 1998년 9월 30일에 인도된다고 가정해 보자. 이때 T-bond 선물의 결제가격은 105-07이고 인도대상 채권의 전환계수는 1.0935이다. 따라서 경과이자 기간은 1998년 8월 15일부터 98년 9월 30일까지이므로 액면가 $100당 $1.10938*이다.

그런데 선물계약의 단위가 액면가 $100,000을 기준으로 설정되어 있으므로 선물 1계약당 총 청구금액(invoice amount)은 $116,166.08**이 된다.

* 경과이자 = 100 × 0.08875 × 46/184 × 1/2 = $1.10938
** 청구가격 = {(105.21875 × 1.0935) + 1.10938} × $100,000 × 1/100 = $116,166.08

5) 최저가인도채권

30년 T-bond 선물의 인도가능 채권은 표면금리와 상관없이 해당 인도월의 첫째 영업일을 기준으로 잔여만기가 15년 이상 남은 미국 장기국채이면 된다. 만약 중도상환 청구권이 부여된 채권(callable bond)일 경우에는 최초 상환청구일(the first call date)까지 15년 이상 남아 있는 채권이면 인도할 수 있다. 일반적으로 현물시장에서 이러한 자격조건에 합치되는 인수도적격 채권은 대략 20～30종류에 달하는데 이 중에서 어떤 채권을 인도할 것인가를 선택할 수 있는 권리는 매도자에게 부여되어 있다. 따라서 매도자는 인도적격 채권 중에서 가장 값이 싼 채권을 인도하는 것이 유리하다. 이와 같이 매도자의 입장에서 가장 저렴한 채권을 최저가인도채권(cheapest-to-deliver bond ; CTD bond) 또는 "CTD채권"이라고 부른다.

최저가인도채권은 전환계수로 조정한 조정선물가격에 비하여 현물가격이 상대적으로 싼 채권이 해당된다. 다시 말하면 선물의 매도자의 입장에서 볼 때 조정선물가격에서 현물채권가격을 뺀 값이 매도자의 이익이 되는데 이 값이 최대로 되는 채권이 CTD이다. 인수도 적격채권 중에서 CTD가 존재하는 이유는 개개의 T-bond 현물의 가치가 자체의 수요와 공급에 따라 일률적이지 못하고, 또 전환계수의 산정방법이 완전하지 못하기 때문이다.

최저가인도물을 결정하는 방법은 크게 두 가지가 있다.

첫째는 선물계약에 대하여 내재가치가 가장 적은 채권으로 인도한다는 의미에서 선물의 이론가격과 조정선물가격의 차이인 벨류 베이시스(value basis)가 가장 적은 채권을 인도하는 방법이다.

둘째는 내재환매수익률(implied repo rate ; IRR)이 가장 높은 채권으로 인도하는 방법이다. 채권현물을 매입함과 동시에 채권선물을 매도하고 현물채권을 선물의 인도시점까지 보유하였다가 선물의 인도를 실행하는 거래를 "매수차익(cash and carry)" 거래라고 부른다. 이러한 거래를 통하여 얻을 수 있는 수익률을 내재환매수익률(IRR)이라고 정의하는데 가장 높은 내재환매수익률을 얻을 수 있는 채권이 기회비용이 최저가 된다.

(1) 벨류 베이시스

선물가격과 현물가격의 차이를 베이시스(basis)라고 부르는데 채권선물의 베이시스를 엄격히 정의하면 조정선물가격과 현물가격의 차이라 말할 수 있다.

베이시스 = 조정선물가격(adjusted futures price) ~ 현물가격

조정선물가격 = 선물가격 × 전환계수

선물시장의 선물가격은 약간의 오차를 제외하고는 이론적인 선물가격과 비슷한 수준에서 형성되는 것이 정상이다. 그러나 T-bond 선물의 시장가격과 이론가격 사이에는 다소 차이가 발생하는데 이러한 차이를 일반적인 베이시스와 구분하여 벨류 베이시스(value basis)라고 부른다. 따라서 채권선물에 현물가격과 조정선물가격의 차이인 베이시스는 실제선물가격과 이론선물가격의 차이인 벨류 베이시스와 현물가격과 이론선물가격의 차이인 캐리 베이시스(carry basis)로 구성된다.

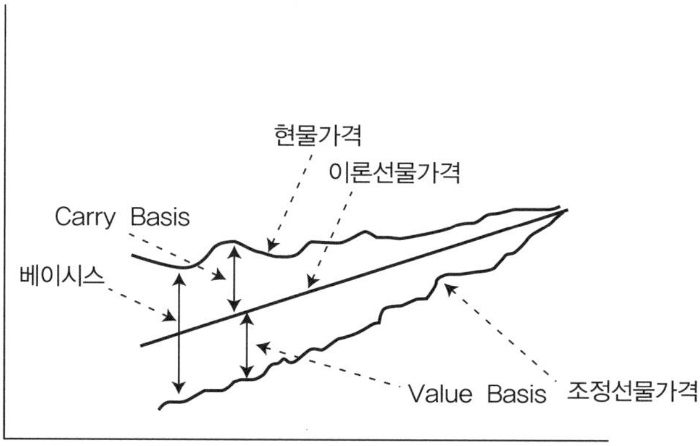

그림 2-4 벨류 베이시스와 캐리 베이시스

- 벨류 베이시스 = 이론선물가격 - 조정선물가격
- 캐리 베이시스 = 현물가격 - 이론선물가격
- 베이시스 = 캐리 베이시스 + 벨류 베이시스
- 베이시스 = 현물가격 - 조정선물가격

- 조정선물가격 = 선물가격 × 전환계수
- 이론선물가격 = 현물가격 - 캐리 베이시스

일반적으로 이론선물가격보다 실제선물가격이 낮게 형성되기 때문에 벨류 베이시스는 양의 값을 갖는데 구체적인 이유는 다음과 같다.

첫째, T-bond 선물의 인도와 관련하여 선물 매도자가 보유하는 여러 가지 형태의 선택권(option)이 선물가격에 반영된다. 선물 매도자는 인도월 중 어느 때나 인도시점으로 선택할 수 있으며 인도적격물 중 어느 채권이나 인도할 수 있다. 즉, 선물 매도자는 인도월 중에는 언제든지 선물시장 폐장 시간인 오후 2시부터 8시 사이에 2시에 미리 결정된 결제가격으로 채권을 인도할 수 있는 권리를 가진다. 예를 들어 선물의 정산가격이 오후 2시에 이미 결정된 후에도 현물가격이 계속 하락하면 선물 매도자는 가격이 하락한 채권 현물을 매입하는 동시에 거래소에 인도의사를 통보할 수 있다. 이 경우에 선물의 매도자는 싼 가격으로 매입한 현물로 인도하고 인도가격의 정산은 2시에 확정된 높은 선물시장가격으로 대금결제를 받음으로써 정산가격 수준과 현물채권 매입가격 수준의 차이만큼 재정거래이익을 얻을 수 있다. 이것은 선물 매도자가 풋옵션을 보유하는 것과 유사하기 때문에 이를 잠재적 풋옵션(implied put option)이라고 부른다.

둘째, 대체로 헤지목적의 거래자들은 보유포지션을 헤지하기 위해 선물매도 포지션을 취하려 한다. 따라서 선물시장 전체의 수급측면에서 볼 때 공급이 수요를 초과할 가능성이 크다.

셋째, 전환계수의 불안전성에 따른 선물 매도자의 상대적 편의성을 들 수 있다.

(2) 내재환매수익률

내재환매수익률(implied repo rate ; IRR)이란 채권을 매입하는 동시에 선물을 매도한 후 선물만기일에 현물채권을 인도하게 될 때 얻을 수 있는 이론적인 수익률이다. Repo 또는 RP로 불리는 환매계약(repurchase agreements)은 채권을 매도하면서 동시에 미래의 일정 시점에 특정한 가격으로 동 채권을 재매입하기로 약정하는 거래이다.

$$IRR = \frac{\text{선물인도가격} - \text{현물구입가격}}{\text{현물구입가격}} \times \frac{360}{t} \quad (2.1)$$

t : 현물 매입시점부터 선물 인도시점까지의 기간

- 선물인도가격(A) = 조정 선물가격[4] + 인도채권의 경과이자(t_m)[5]
- 현물구입가격(B) = 현물가격(P_c) + 경과이자(t_1)[6]
- $A - B = (P_f \times CF + t_m) - (P_c + t_1)$

$$= (P_f \times CF - P_c) + (t_m - t_1)$$

$$= (t_m - t_1) - (P_c - P_f \times CF)$$

$$= \text{경과이자}(t_2) - \text{베이시스}$$

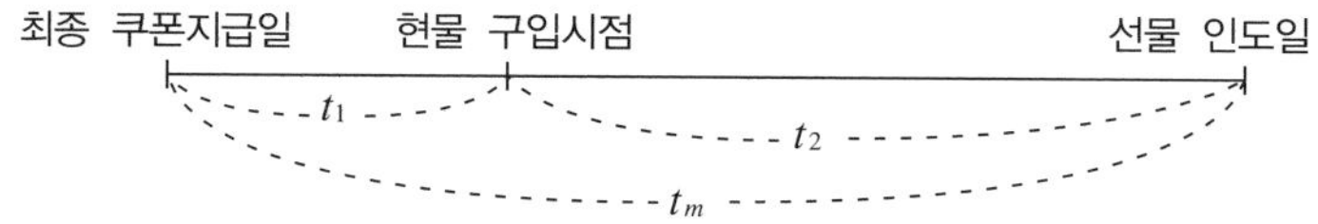

따라서 식 (2.1)은 다음과 같이 표시할 수 있다.

$$IRR = \frac{\text{경과이자}(t_2) - \text{베이시스}}{\text{현물구입가격}} \times \frac{360}{t} \quad (2.2)$$

---

4. 조정선물가격 = $P_f \times CF$

5. 직전 Coupon 지급일부터 선물 인도일까지의 경과이자

6. 직전 Coupon 지급일부터 현물 구입일까지의 경과이자

식 (2.2)에서 보면 잠재환매수익률(IRR)을 결정하는 요소는 경과이자, 베이시스(벨류 베이시스 + 캐리 베이시스), 현물구입가격, 그리고 경과기간(현물 구입일부터 선물 인도일까지)이다.

여기서 경과기간은 모든 인도가능 채권들에 동일하게 적용되므로 고려할 필요가 없다. 그리고 경과이자와 캐리 베이시스도 서로 상쇄되기 때문에 IRR에 영향을 주지 못한다. 결국 벨류 베이시스와 현물 구입가격 수준이 어떻게 되느냐에 따라 IRR은 변동하게 된다.

식 (2.2)로부터 IRR과 벨류 베이시스의 크기는 서로 반비례관계에 있음을 알 수 있다. 그러나 현물구입가격이라는 또 하나의 요소가 있기 때문에 항상 벨류 베이시스가 가장 작은 채권의 IRR이 가장 크다고 할 수는 없다. 일반적으로 선물 딜러들 사이에는 IRR에 의한 접근법이 보다 더 선호되고 있다.

표 2-11 CME Group 중장기 채권선물의 주요 계약조건

구분	30년 T-bond 선물	10년 T-note 선물	5년 T-note 선물	2년 T-note 선물
계약단위	액면가 $100,000	좌동	좌동	액면가 $200,000
인도가능물	잔여만기 15년 이상 또는 15년 이내에 조기 상환되지 않는 T-bond(결제월 첫 영업일 기준) (표준물의 표면금리는 6%로 간주)	잔여만기 6년 6개월 이상 10년 미만 남은 T-note(결제월 첫 영업일 기준) (표준물의 표면금리는 6%로 간주)	발행 당시 5년 3개월 미만의 T-note 중에서 잔여만기 4년 2개월 이상인 T-note(결제월 첫 영업일 기준) (표준물의 표면금리는 6%로 간주)	발행 당시 5년 3개월 미만의 T-note 중에서 잔여만기가 결제월 첫 영업일로부터 1년 9개월 이상이고 결제월 최종일로부터 2년 미만인 T-note
가격표시	포인트($1,000)와 1/32포인트	좌동	좌동	좌동
호가단위	1/32의 1/2포인트 ($15.625)	좌동	1/32의 1/4포인트 ($7.8125)	1/32의 1/4포인트 ($15.625)
거래시간 (시카고 기준)	오전 7:20~오후 2:00 오전 5:20~오후 8:05	좌동	좌동	좌동

결제월	분기월(3, 6, 9, 12월)의 첫 5개월	좌동	좌동	좌동
최초인도일	해당 결제월의 최초 영업일	좌동	좌동	좌동
최종거래일	해당 결제월의 최종 영업일로부터 7영업일 전일 12:01p.m.	좌동	좌동	좌동
최종인도일	해당 결제월의 최종 영업일	좌동	좌동	좌동
인도방법	Federal Reserve Book-entry상의 Wire Transfer	좌동	좌동	좌동
표시약어	US	TY	FV	TU

2.4 주가지수선물계약

1982년 2월에 캔자스상품거래소(Kansas City Board of Trade)에서 벨류 라인(Value Line)이라는 종합주가지수를 대상으로 주가지수선물거래가 처음 시작되어 미국 내 투자회사들로부터 크게 호응을 받았다. 그 후 시카고상업거래소(CME)에서 S&P 500지수, 뉴욕선물거래소(NYBOT)에서 NYSE 종합주가지수, 시카고상품거래소에서 DJAI지수를 대상으로 주가지수선물을 상장시키는 등 단기간 내에 주가지수를 대상으로 하는 선물거래가 급속히 확산되었다. 특히, 시카고상업거래소는 E-mini S&P 500, NASDAQ-100 등 다양한 주가지수선물계약[7]을 추가적으로 도입하여 미국에서 가장 큰 지수선물시장으로 발전하였다.

7. 현재 CME Group에서 거래되고 있는 지수선물은 S&P 500, E-mini S&P 500, NASDAQ-100, E-mini NASDAQ-100, E-mini NASDAQ Biotechnology, E-mini NASDAQ Composite, E-mini MSCI EAFE, S&P MidCap 400, E-mini S&P MidCap 400, S&P SmallCap 600, Russell 2000, E-mini Russell 2000, E-mini Russell 1000, S&P 500/Citigroup Growth, S&P 500/Citigroup Value, SPCTR, Nikkei 225, E-mini S&P Asia 50, Futures on ETFs 등이 있다.

일본에서는 1988년 9월부터 도쿄증권거래소에서 "동증주가지수(TOPIX)", 오사카증권거래소에서 "일경225 평균지수", "오사카 50 주가지수"를 대상으로 선물거래가 이루어지고 있다.

우리나라에서도 1996년 5월부터 한국증권거래소에서 KOSPI200지수를 대상으로 최초로 선물거래를 개시하였다. 그리고 2001년 1월에는 KOSDAQ50지수를 거래대상으로 하는 코스닥50선물시장이 개설되었으나 거래부진에 따라 폐지되고 2005년 11월에 코스닥 스타지수를 거래대상으로 하는 스타지수선물시장이 새로 개설되었다. 스타지수는 코스닥시장에 상장된 주식종목 중에서 시장대표성, 유동성 및 재무건전성이 유량한 30개 종목을 구성종목으로 하는 주가지수로 2003년 1월 2일 지수를 1,000으로 설정하여 2004년 1월 26일부터 발표되고 있다.

이와 같은 주가지수선물거래를 이용하여 투자자들은 보유하고 있는 포트폴리오의 시장위험(market risk)을 관리할 수 있게 되었다. 일반적으로 증권투자에 수반되는 위험은 크게 두 가지 요인으로 발생한다고 볼 수 있다. 즉, 당해 주식을 발행한 개별회사 자체의 고유한 요인 때문에 발생하는 가격변동 위험인 개별위험(individual risk)과 정치, 사회 등 전반적인 시장여건의 변화에 따라 발생하는 시장위험으로 구분할 수 있다. 투자이론에서는 후자를 체계적 위험(systematic risk), 전자를 비체계적 위험(unsystematic risk)이라고 부른다. 1970년대 말까지 증권투자에 관련된 위험관리는 주로 개별위험을 줄이기 위한 포트폴리오(portfolio)에 의한 분산투자이론이 주류를 이루었다. 그러나 개별위험 관리를 목적으로 개발된 분산투자기법으로는 시장위험을 제거할 수 없다는 것을 인식하여 주가지수선물거래가 도입되었다. 주가지수선물은 증권시장의 전체 또는 일부 주식들로 구성된 일종의 포트폴리오의 대표적 가격수준을 나타내는 주가지수를 거래대상으로 하는 선물계약이다. 주가지수선물은 거래대상이 실물이 아니라 주식시장의 가격수준을 나타내는 하나의 지표이기 때문에 선물계약의 만기일에 현금결제를 실시한다는 중요한 특징을 가지고 있다.

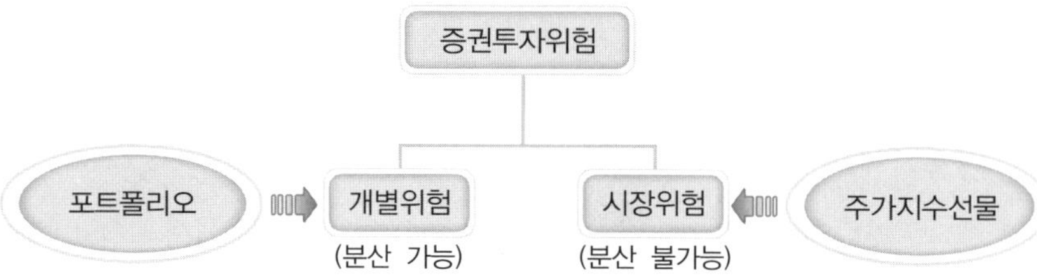

그림 2-5 증권투자위험의 관리기법

2.4.1 선물거래 대상지수의 종류

1) 스탠다드 & 푸어스 500종 주가지수

S&P 500지수(Standard & Poor' s 500 Index)는 뉴욕증권거래소에 상장된 500개의 주식(400개의 공업주식, 20개의 운수업주식, 40개의 금융업주식, 40개의 공공기업주식)을 대상으로 산출되는데 이는 뉴욕증권거래소에서 거래되고 있는 주식 시가총액의 약 80%에 해당된다. 이 지수는 1941년부터 1943년까지의 평균 시가총액을 기준시가총액으로 설정하여 이를 분모로 하고 해당일 각 기업의 상장주식수에 시장가격을 곱하여 계산한 해당일 시가총액을 분자로 하여 산출한 지수이다. 기준시가총액을 10으로 설정하였기 때문에 만약 현재 S&P 500지수가 1,200이라면 구성주식의 시장가격이 기준연도에 비하여 평균 120배가량 상승하였다는 것을 의미한다.

$$\text{S\&P 500지수} = \frac{\text{해당일의 시가총액}}{\text{기준시가총액}} \times 10$$

S&P 500지수는 개별주식의 자본금 규모에 의하여 가중치를 두어 시가총액을 계산하기 때문에 대형주의 가격변동에 많은 영향을 받게 된다. 그러나 미국의 기관투자가들은 기금운용수익의 평가기준으로서 S&P 500지수를 가장 많이 이용하고 있다.

2) 뉴욕증권거래소 종합지수

뉴욕증권거래소 종합지수(NYSE Composite Index)는 NYSE에서 거래되고 있는 약 1,700개의 보통주로 구성되며 자본금으로 가중평균한 시가총액방식으로 산출된다. 평균주가가 53.3달러이었던 1965년 말의 기준지수를 50으로 설정하였기 때문에 현재 NYSE지수가 5,000이라면 기준일인 1965년 말에 비해 주가 수준이 약 100배 상승하였다는 것을 의미한다.

$$\text{NYSE지수} = \frac{\text{해당일의 시가총액}}{\text{기준시가총액}} \times 50$$

NYSE지수는 S&P 500지수와 마찬가지로 시가총액방식에 의해 산출한 지수이기 때문에 대형주의 주가변동에 많은 영향을 받기는 하지만 이 지수를 구성하는 약 1,000여 개의 소형주들의 움직임도 반영하고 있다.

3) 벨류라인 종합평균지수

벨류라인 종합평균(value line composite average index ; VLCA)지수는 뉴욕증권거래소(NYSE), 아멕스거래소(American Stock Exchange), 그리고 장외시장(over the counter market)에서 거래되는 약 1,650개의 주식들을 대상으로 한다. 이 지수는 1961년 6월 30일을 기준일로 하여 기준지수를 100으로 설정하여 종목별로 동일한 가중치를 주어 계산된다. S&P 500지수와 달리 이 지수를 구성하는 각 종목의 가중치는 주가 수준이나 자본금의 규모에 관계없이 동일하다.

당초 이 지수는 기하평균(geometric average)방식에 의하여 계산하였으나 1988년부터는 산술평균지수도 발표되고 있다. 1982년에 캔자스거래소(KCBT)에서 이 지수를 대상으로 선물거래를 처음 시작하였으나 1988년 3월부터는 선물거래 대상지수가 산술평균방식의 지수로 변경되었다.

4) 다우존스공업평균지수

다우존스공업지수는 1884년 월스트리트저널의 창시자인 다우(Dow, Charles Henry)에 의해 처음 고안되어, 1896년 5월 26일 처음으로 12개의 주식을 표본으로 지수가 계산 발표되었다. 현재 다우존스공업평균지수(Dow Jones Industrial Average Index ; DJIA)를 계산하는 데 채택되는 표본주식은 뉴욕증권거래소(NYSE)의 상장기업 중에서 30개의 규모가 크고, 오래된 우량주식(blue-chips)들만을 포함하고 있어, 이 주식들이 시장 전체를 대표하기는 어렵다는 것이 문제점으로 지적되고 있다. 다우존스공업평균지수는 뉴욕의 다우-존스사가 매일 발표하고 있는 뉴욕주식시장의 평균주가를 말한다. 1896년 5월 26일 처음이 지수가 발표될 때는 40.94로 시작되었으나 1999년 3월 30일에 10,000포인트를 돌파하였다.

5) 도쿄주가지수

도쿄주가지수(Tokyo Stock Price Index ; TOPIX)는 도쿄증권거래소에 상장된 1,600개 주식의 주가를 시가총액가중방법을 이용하여 산출된 지수이다. 1968년 1월 4일을 기준시점으로 정하여 기준지수를 100으로 설정하였다. 이 지수는 매 60초마다 공표되고 있으며 도쿄증권거래소에서 이 지수를 대상으로 선물거래가 이루어지고 있다.

6) 닛케이 225평균지수

닛케이 225지수(Nikkei 225 Stock Average)는 도쿄증권거래소 1부에 상장된 225개 종목을 대상으로 작성된다. 이 지수는 도쿄증권거래소 1부에서 거래되고 있는 주식 시가총액의 약 60%를 차지하여 대표성이 높고 TOPIX보다 등락 폭이 크다. 1988년 9월부터 오사카증권거래소에서 이 지수를 대상으로 선물거래를 시작하였으며 그 후 싱가포르선물거래소(SIMEX)와 CME Group에도 상장되어 거래되고 있다. 오사카증권거래소의 닛케이 225지수선물거래가 도쿄증권거래소에 상장된 TOPIX지수선물거래보다 더 활발하게 이루어지고 있다.

2.4.2 주요 계약조건

주가지수선물계약은 추상적인 지수를 대상으로 하기 때문에 계약단위, 결제방법 등에서 여타 선물거래와는 다른 특이한 계약조건이 설정되어 있다.

1) 계약단위

주가지수선물 1계약의 가치(contract value)를 말하는데 거래단위(trading unit)라고도 한다. 지수선물 1계약의 가치는 해당 주가지수에 계약승수(contract multiplier)라는 일정 금액을 곱하여 산출할 수 있다. CME Group에서 거래되고 있는 S&P 500 선물과 E-mini S&P 500 선물의 계약단위는 지수에 각각의 계약승수인 $250과 $50을 곱하면 된다. 만약 S&P 500 선물지수가 1,200이라면 S&P 500 선물의 계약단위는 $300,000(1,200 × $250)이 된다. 그리고 E-mini S&P 500 선물의 계약단위는 $60,000(1,200 × $50)인데, 이것이 E-mini S&P 500 선물계약 1건에 대한 약정대금이 되는 셈이다.

주요 주가지수선물의 계약승수를 보면 캔자스상품거래소(KCBT)의 벨류라인 종합평균지수(VLCA)선물은 $50이며 뉴욕증권거래소의 종합지수(NYSE Composite Index)선물은 $25이다. 그리고 CME그룹의 다우존스공업평균지수(DJIA)선물의 계약승수는 $10이다. 그리고 닛케이 225평균지수(Nikkei 225 Stock Average)선물의 계약승수를 보면 오사카증권거래소와 싱가포르선물거래소에서는 각각 1,000엔과 500엔이며 CME그룹에서는 $5로 설정되어 있다.

2) 최소 가격변동단위

최소 가격변동단위란 호가단위라고도 부르는데 선물가격의 호가는 최소 가격변동단위의 배수로 표시된다. 예를 들어 현재의 S&P 500 선물지수가 1200.10이고 최소 가격변동단위가 0.10이라 한다면 선물가격은 1200.20, 1200.30, 1200.40…… 등으로 호가된다.

최소 가격변동단위는 각 거래소에서 지정한 거래단위를 고려하여 해당금액의 크기로 환산하여 나타낼 수도 있다. 예를 들어 S&P 500지수선물의 경우에는 최소 가격변동단위가 0.10포인트이며, 이를 금액으로 환산하면 \$25(0.10 × \$250)이 된다.

3) 인도월

VLCA지수, NYSE종합지수, S&P 500지수 등 대부분의 주가지수선물의 인도월은 3개월 주기로 설정되어 있다. 예를 들어 CME그룹에서 거래되고 있는 S&P 500 선물계약은 3, 6, 9, 12월 주기로 8개월물이 인도월으로 설정되어 있으며 E-mini S&P 500 선물계약은 3개월 주기로 최근 2개월물이 설정되어 있다.

4) 결제방법

일반적으로 선물계약 포지션을 만기까지 보유한 거래자는 만기일에 가서 선물거래대상 현물을 인수도함으로써 거래가 종결된다. 그러나 주가지수선물의 경우에는 기초자산이 지수의 형태로서 실물이 존재하지 않기 때문에 만기일에 실물 인수도가 불가능하다. 따라서 거래시 약정한 주가지수와 만기일의 실제 주가지수 간의 차이를 현금으로 결제(cash settlement)하게 된다. 그러므로 만기시점의 주가지수가 거래시점의 약정한 주가지수를 상회(하회)할 경우에는 선물 매입자(매도자)가 이익을 수취하게 된다. 주가지수선물계약은 약정금액의 일정 부분을 증거금으로 납부함으로써 거래가 이루어진다. 또한 적은 투자자금으로 큰 규모의 거래가 가능한 선물거래의 결제불이행 위험을 방지하기 위해 매일 미청산 포지션을 시장가격으로 평가하는 일일정산제도가 운영되고 있다.

표 2-12 주가지수선물계약의 주요 명세

구분 \ 지수별	S&P 500	E-mini S&P 500	NASDAQ 100
거래소	CME Group	좌동	좌동
계약기본단위	지수 × $250	지수 × $50	지수 × $100
최소 가격변동단위	0.10포인트($25)	0.25포인트($12.5)	0.25포인트($25)
가격변동제한폭	순차적으로 10%, 20%, 30%(하락시에만 적용)	좌동	좌동
결제월	3, 6, 9, 12월 주기로 8개월물	3, 6, 9, 12월 주기로 2개월물	3, 6, 9, 12월 주기로 3개월물
거래방법	Floor, CME Globex	좌동	좌동
거래시간	Floor : 8:30a.m.~3:15p.m. Globex : 3:30p.m.~8:15a.m.	5:00p.m.~3:15p.m. & 3:30p.m.~4:30p.m.	Floor : 8:30a.m.~3:15p.m. Globex:3:30p.m.~8:15a.m.
최종거래일	결제월의 셋째 금요일 직전 영업일	결제월의 셋째 금요일	결제월의 셋째 금요일 직전 영업일
표시약어	SP	ES	ND

구분 \ 지수별	E-mini NASDAQ 100	Nikkei 225	Dow Jones Industrial Average Index
거래소	CME Group	좌동	좌동
계약기본단위	지수 × $20	지수 × $5	$10 × DJIA
최소 가격변동단위	0.25포인트($5)	5.00포인트($25.00)	1포인트($10)
가격변동제한폭	순차적으로 10%, 20%, 30%(하락시에만 적용)	전월결제가격 / 일중제한폭 0~20,000 / 1,000 20,005~30,000 / 1,500 30,005 이상 / 2,000	순차적으로 10%, 20%, 30%(하락시에만 적용)
결제월	3, 6, 9, 12월 주기로 최근 5개월물	3, 6, 9, 12월 주기로 최근 4개월물	좌동

거래방법	Globex	Floor, Globex	Floor, Electronic System
거래시간	5:00p.m.~3:15p.m. & 3:30p.m.~4:30p.m.	Floor : 8:00a.m.~3:15p.m. Globex : 02:00~15:15	Open Auction : 8:30a.m~3:15p.m Electronic : 3:30p.m ~8:15a.m
최종거래일	결제월의 셋째 금요일 8:30a.m까지	결제월의 둘째 금요일 직전 영업일	결제월의 셋째 금요일 직전 영업일
표시약어	NQ	NK	Open Auction : DJ Electronic : ZD

03 선물가격 결정이론

선물가격은 선물시장에 상장된 정형화된 품목을 대상으로 시장참가자들의 공개경쟁방식에 의하여 결정되는 가격이며 기본적으로 선물시장의 수급에 의하여 가격이 형성된다고 볼 수 있다. 이러한 선물가격은 현재의 가격이 아닌 미래의 가격이지만 단순히 기대에 의하여 형성되는 미래의 예상가격이 아니라 순금융비용에 입각한 이론적 가격을 기준으로 결정된다. 그러나 때때로 선물가격은 이론가격으로부터 큰 폭으로 괴리되어 현물시장에 교란요인으로 작용하는 경우도 있는데 이것은 주로 다음과 같은 원인에서 비롯된다. 먼저 선물시장에서는 투기적인 기대요소가 많은 영향을 미친다. 금융선물거래의 중심지인 시카고선물시장에서는 전통적으로 차트분석(chart analysis)에 의존하는 다수의 대중 투자자(chartists)들이 참여하고 있기 때문에 선물가격이 이론가격에서 이탈되어 형성되는 경우도 종종 있다. 또한 선물시장에는 현물시장과의 재정거래(arbitrage transaction)에만 전념하는 청산회원이 참여하고 있다. 이들은 현물과 선물의 종합포지션(over-all position)을 균형포지션(square position)으로 만드는 것이 의무로 되어 있기 때문에 이와 같은 포지션 조정거래도 현물가격과 선물가격에 영향을 미치게 된다. 그리고 일부 금융상품의 경우에는 선물시장의 거래량이 현물시장의 거래량보다 압도적으로 커져 선물시장이 현물시장의 수급에 영향을 미칠 뿐만 아니라 현물가격을 선도하기도 하는데 이것을 "왝더독(wag the dog : Tail wag the dog)" 현상이라고 부른다.

3.1 선물의 이론가격

현물가격과 마찬가지로 선물가격도 기본적으로 선물시장에서 선물에 대한 수요와 공급에 의하여 결정된다. 선물의 수요는 미래의 가격 상승위험을 회피(헤지)하기 위한 목적의 매입수요와 미래의 가격상승을 예상하여 이익을 얻으려는 투기수요로 나눌 수 있다. 그리고 선물의 공급은 미래의 가격하락 위험을 회피하려는 선물의 매도거래와 미래의 가격하락을 이용하여 이익을 얻으려는 투기거래로부터 발생한다. 그런데 선물의 수요와 공급에 영향을 미치는 헤지(hedge)거래는 현물거래의 결과에 따라 사후적으로 발생되기 때문에 투기거래가 선물가격 형성에 더 많은 영향을 미친다고 볼 수 있다. 특히 선물거래에서는 거래금액에 비하여 실제로 투자되는 자금(증거금)의 규모가 매우 작기 때문에 투기적인 수요와 공급이 선물시장의 가격형성에 미치는 영향이 더욱 커지게 된다.

한편 선물계약은 만기일에 대상현물(underlying assets)을 인수도하는 약정이기 때문에 계약시점에서 결정되는 미래의 가격인 선물가격은 현물가격과 밀접한 연관성을 가지게 된다. 즉, 선물계약의 만기일이 되면 선물은 현물이 되기 때문에 만기시점에서 선물가격은 현물가격과 동일하게 된다. 그러나 장래 선물계약의 만기일에 형성되는 현물가격은 그 시점에서의 수급요인에 의하여 결정되기 때문에 만기 이전의 선물계약시점에서는 정확히 알 수 없다. 즉, 현재의 선물가격이 장래 만기일의 현물가격과 반드시 같을 수는 없다.

만약 현물시장에서 수요와 공급의 변동으로 현물가격이 변하게 되면 장래의 예상 현물가격도 같이 변하게 되며, 그 결과 선물가격에 영향을 미치게 된다. 선물가격과 현물가격의 관계는 선물가격이 장래 예상 현물가격이라는 관점에서도 설명할 수 있지만 일반적으로 다음과 같은 재정거래모델(arbitrage transaction Model)을 이용하여 설명되고 있다.

3.1.1 재고유지비용(Cost of Carry)

선물시장에서 선물가격과 현물가격의 차이를 "베이시스(basis)"라고 하는데 베이시스의 크기는 선물계약의 기초자산인 현물을 선물계약 만기일까지 보유함에 따라 발생하는 비용에 의해 결정된다. 이 비용을 재고유지비용(cost of carry)이라고 하며(줄여서 '캐리' 라고도 함) 특정자산을 보유(carry)함에 따라 발생하는 모든 비용(기회비용 포함)을 의미한다. 즉, 재고유지비용은 특정자산의 구입자금에 대한 이자비용과 대상자산을 일정기간 보유함에 따라 발생하는 창고료, 보험료 등 모든 비용으로 구성된다. 다만 금융자산(financial assets)인 경우에는 자산을 보유하는 데 따른 부대비용이 발생하지 않기 때문에 재고유지비용은 당해 자산의 구입자금에 대한 차입 이자비용만 고려하면 된다.

투자대상 자산이 상품(commodity)인 경우에는 특정자산을 구입하여 일정기간 동안 보유할 때 이자, 창고료, 보험료 등 비용만 발생하지만 금융자산인 경우에는 비용과 수익이 동시에 발생한다. 예를 들어 미국 재무부 장기국채(T-bonds)를 보유할 경우에 해당기간 동안 채권의 구입가격에 대한 자금비용이 들지만, 반대로 보유기간 동안 6개월마다 쿠폰(coupon)수익이 발생한다. 이때 채권구입자금에 대한 이자비용은 단기금리이고 채권의 쿠폰수익은 장기금리의 성격을 갖는다. 정상적인 수익률 만기구조(term structure of yield)에서는 장기금리가 단기금리보다 높기 때문에 T-bond를 구입하여 일정기간 보유할 경우에는 수익적 요소가 비용적 요소보다 더 크게 발생한다.

3.1.2 캐리모델(Carry Model)

선물계약의 최종결제일이 되면 선물은 현물이 되기 때문에 선물과 현물에 대한 투자는 대상물의 인수도 및 대금 지급시점만 다를 뿐 실질적으로 차이가 전혀 없다. 이론적으로 보면 선물의 계약시점부터 만기일까지 선물과 현물에 각각 투자할 경우에 투자결과가 동일하기 때문에 양 투자방법의 투자비용도 같아야 한다. 그렇지 않을 경우에는 선물시장과 현물시장 간에 재정거래가 발생하게 된다. 선물과 현물의 이러한 관계로부터 현물가격을 기초로 한 선물계약의 이론가격을 도출할 수 있다.

예를 들어 1년 후에 금 1온스를 투자자산으로 보유하려고 한다면 다음과 같은 두 가지 투자대안을 생각해 볼 수 있다. 첫 번째는 만기가 1년인 금선물(gold futures)을 매입하는 방법이고, 두 번째는 금 현물을 매입하여 1년간 보유하는 방법이다. 첫 번째 대안의 투자비용은 선물 매입대금(선물가격)이며, 두 번째 대안의 투자비용은 현물 매입가격, 현물 매입대금에 대한 1년간 차입 이자비용과 현물의 1년간 보관비용을 합한 금액이다. 이론적으로 두 가지 대안의 투자결과가 동일하기 때문에 각각의 투자비용은 같아야 한다. 이에 따라 다음과 같은 등식을 도출할 수 있다.

$$\text{이론선물가격} = \text{현물가격} + (\text{현물가격} \times \text{차입이자율}) + \text{보관비용} \quad (2.3)$$

식 (2.3)에 의하면 선물가격은 현물가격에 순보유비용을 더한 값이 된다. 그러나 현물보유에 따른 수익이 발생하지 않을 경우에는 비용만을 고려하지만 만약 현물보유에 따라 수익이 발생할 경우에는 선물가격은 현물가격에 순보유비용(비용 - 수익)을 가산한 값이 된다. 이와 같은 선물의 이론가격 계산 방정식을 캐리모델(carry model)이라고 부른다. 그러나 모든 상품에 캐리모델을 적용하여 선물의 이론가격을 구할 수는 없다. 이 캐리모델은 현재로부터 선물계약의 만기일까지 상품의 양과 질이 변하지 않고 보관이 가능한 상품에만 적용할 수 있다. 생돈, 생우와 같이 시간이 경과함에 따라 성장 등으로 인해 질과 양이 변화하는 상품이나 저장이 어려운 상품에는 이 모델을 적용할 수 없다. 그렇지만 대부분의 일반상품이나 금융상품에는 캐리모델을 적용하여 선물의 이론(적정) 가격을 산출할 수 있다.

캐리모델에서 캐리(carry)를 "수익 - 비용"으로 정의하고 비용은 음(-)으로 수익은 양(+)으로 표시하면 식 (2.3)은 다음과 같이 바꾸어 표기할 수 있다.

$$\text{이론선물가격}(P_f) = \text{현물가격}(P_s) - \text{캐리}(-\text{비용} + \text{수익}) \qquad (2.4)$$

표 2-13 **캐리의 구성**

상품선물	금융선물
▪ 창고료(−) ▪ 보험료(−) ▪ 자금차입비용(−)	▪ 기대수익(표면이자, 배당수입)(+) ▪ 자금차입비용(−)

캐리모델에 의한 금융선물가격 결정메커니즘을 설명하기 위하여 간단한 무차별분석(indifference analysis)의 예를 들어 보자.

지금부터 6개월 후에 $100에 해당하는 채권에 투자하는 방법은 두 가지를 생각할 수 있다. 첫째는 현물채권을 매입하여 6개월간 보유하는 방법(투자방안 I)이고, 둘째는 6개월 후에 인도(delivery)되는 채권선물을 매입하는 방법(투자방안 II)이다. 만약 채권의 표면금리(coupon)가 12%, 차입금리가 6%, 채권의 시장가격이 $100이라면 현물채권을 매입하여 6개월간 보유하는 투자방안(I)의 총 투자금액은 다음과 같이 계산할 수 있다.

- 현물채권 매입자금 = $100
- 6개월간 차입 이자비용 = $100 × 0.06/2 = $3

- 6개월간 표면금리 수입 = $100 × 0.12/2 = $6

  따라서 투자방안(I)의 총 투자금액은 $97($100 + $3 – $6)이 된다.

만기가 6개월인 채권선물을 매입하여 6개월 후에 현물채권을 인수하는 투자방안(II)의 경우에도 6개월 후에 현물채권을 투자자산으로 보유하고 있다는 점에서 투자방안(I)과 무차별(indifference)하다. 따라서 투자방안(II)의 투자금액인 채권선물의 가격은 투자방안(I)의 투자금액인 $97과 동일하여야 한다.

만약 채권선물시장에서 만기 6개월의 채권선물이 이론가격($97)보다 높은 $98에 거래되면 다음과 같은 재정거래가 발생한다. 재정거래자는 "저가매입 고가매도(buy low & sell high)" 원칙에 의하여 상대적으로 가격이 비싼 채권선물을 매도하고 동시에 현물을 매입한 후 선물계약의 만기에 가서 보유하고 있던 현물(기초자산)을 인도해 줌으로써 선물의 매도 포지션(short position)을 청산한다. 그 결과 재정거래자는 당초 선물가격이 현물가격에 비하여 보관비용 이상으로 고평가된 만큼의 재정거래이익($1)을 위험부담 없이 획득할 수 있다. 이와 같이 현물을 매입하는 동시에 선물을 매도하는 거래를 매수차익(cash & carry)거래전략이라고 부른다. 이러한 시장가격의 불균형 상태를 이용하여 무위험(risk-free) 수익을 획득하려는 재정거래자의 거래활동에 따라 선물가격과 현물가격은 상호 균형수준으로 복귀하게 된다. 즉, 현물시장에서는 현물에 대한 매입 수요가 증가함에 따라 현물가격은 상승하게 되고 선물시장에서는 선물의 공급이 늘어나면서 선물가격이 하락하는 결과를 초래한다.

위와는 반대로 채권선물가격이 적정가격($97)보다 낮은 $96로 형성된다면 재정거래자는 상대적으로 가격이 싼 선물을 매입하는 동시에 현물을 매도하는 매도차익(reverse cash & carry)거래전략을 통하여 무위험 수익을 획득할 수 있다. 이러한 매도차익거래에 따라 선물가격은 상승하고 현물가격은 하락하게 되어 균형가격으로 수렴한다.

위와 같은 재정거래에 따른 가격 조정과정은 선물가격이 이론(적정)가격과 일치할 때까지 지속되어 결과적으로 선물가격이 현물가격에 순보유비용을 가산한 수준에 근접할 때에 비로소 현물시장과 선물시장이 균형상태를 이루게 된다.

그러나 선물시장과 현물시장 간에 재정거래를 실행하는 데 있어 여러 가지 제약조건이 존재함에 따라 캐리모델은 상당한 한계점을 갖는다. 예를 들어 주가지수선물계약은 수많은 개별주식으로 구성된 포트폴리오를 기초자산으로 설정하고 있다. 예를 들어 우리나라 주가지수선물계약의 기초자산인 KOSPI200지수는 200개 종목의 주식으로 구성되어 있다. 이러한 주가지수선물과 현물의 재정거래를 정확하게 실시하기 위해서는 이론적으로 200개의 현물주식을 매매하여야 할 것이다. 그러나 지수를 구성하는 모든 종목을 한번에 거래한다는 것이 현실적으로 불가능하기 때문에 재정거래를 실행하기 위해 주가지수의 변동과 밀접한 연관성을 가지고 있을 것으로 예상되는 소규모의 주식 포트폴리오(portfolio)를 구성하게 된다. 재정거래자는 관리를 용이하게 하기 위하여 포트폴리오의 구성주식 종목 수를 가능한 축소하려고 할 것이지만 포트폴리오가 과도하게 축소되면 주가지수의 움직임을 제대로 반영하지 못하기 때문에 재정거래의 효율성이 떨어지게 된다.

또한 주가지수선물시장의 현물/선물재정거래는 비용이 많이 소요될 뿐만 아니라 상당히 복잡하기 때문에 현실적으로 많은 한계점을 갖는다. 이에 따라 지수선물의 가격은 전통적인 선물가격모델에 의하여 결정되는 이론가격 수준과 상당히 괴리를 나타내는 것으로 알려져 있다. 그리고 현물가격과 선물가격의 불균형상태를 이용하여 이익을 획득하려는 재정거래자는 재정거래에 소요되는 비용을 감안하고도 적정 수익을 얻을 수 있다는 확신을 가질 때에 비로소 재정거래를 실행한다. 따라서 실제로 시장에서 형성되는 선물가격은 캐리모델에 의하여 계산된 이론 선물가격에 재정거래비용을 가감한 범위 내에서 형성될 것이다.

$$\text{이론가격} - \text{재정거래비용} \leq \text{선물가격} \leq \text{이론가격} + \text{재정거래비용} \quad (2.5)$$

일반적으로 주가지수선물의 재정거래에 소요되는 비용은 여타 금융선물의 재정거래비용보다 더 많기 때문에 주가지수선물가격은 상대적으로 이론가격으로부터 더 큰 괴리현상을 나타낸다. 실제로 선물시장에서 형성되는 선물가격은 시장참가자들의 미래 주가전망에 영향을 받아 강세(bullish) 전망일 때는 식 (2.5)의 상한선에 가깝게 형성될 것이며 약세(bearish) 전망일 때는 하한선에 가깝게 형성될 것이다.

이에 반하여 기대가격결정모형(anticipatory pricing model)을 지지하는 학자들은 선물가격이란 선물계약 만기시점의 현물가격에 대한 선물시장 참가자들의 일치된 견해를 반영한 것이라고 주장한다.

3.1.3 캐리의 특성과 시장상황

대부분의 상품선물이나 금융선물 중 주가지수선물, 저금리통화선물은 음(-)의 캐리값을 가지고 정상수익률곡선하에서의 금리선물이나 고금리통화선물은 양(+)의 캐리값을 가진다.

먼저 상품의 경우에는 캐리(carry)를 구성하는 요소가 비용(-)만 있기 때문에 음의 캐리값을 가지며 주가지수선물의 경우에도 비용(-)인 단기자금 조달금리가 수익(+)인 배당수익률보다 훨씬 크기 때문에 음의 캐리값을 갖는다. 그리고 통화선물의 경우에는 선물계약의 대상통화(기초자산)를 보유하기 위해 미국 달러화의 단기금리만큼 투자기회를 포기해야 하기 때문에 캐리를 구성하는 비용(-)은 미국 달러화의 단기 이자율이 되고 수익(+)은 당해 통화의 단기 이자율이 된다. 따라서 미국 달러화보다 낮은 금리의 통화(저금리통화)선물은 음의 캐리값을 가지고 고금리통화선물은 양의 캐리값을 갖는다.

한편 금리선물의 경우에는 정상적인 자금시장, 즉 정상수익률곡선(normal yield curve)하에서는 양의 캐리값을 갖는다. 장기채권(T-bond)과 중기채권(T-note) 선물에서는 캐리를 구성하는 수익(+)은 채권의 표면금리(coupon rate)이고 비용(-)은 채권을 매입하기 위한 자금조달 금리이다. 표면금리는 장기금리이고 조달금리는 단기금리인데 일반적으로 정상적인 자금시장에서는 장기금리가 단기금리보다 높기 때문에 양(+)의 캐리값을 갖는다. 그리고 단기채권(T-bill)이나 유로달러(Eurodollar) 등을 대상하는 단기금리선물의 경우에도 단기금리선물의 만기인 3개월물 금리가 1일물 등 초단기금리보다 높기 때문에 양의 캐리값을 갖는다.

음의 캐리값을 갖는 상품선물의 경우에는 캐리모형에 의해 선물가격이 현물가격보다 높게 형성되는 것이 정상인데 이러한 상황을 콘탱고(contango)라고 부른다. 또한 상품선물의 만기별 선물가격 중에서도 원월물(deferred months)이 근월물(near-by months)보다 높은 선고형(先高型)의 시장이 정상이다. 반대로 양의 캐리값을 갖는 선물계약의 경우에는 선물가격이 현물가격보다 낮고 원월물로 갈수록 가격이 낮아지는 선저형(先低型)의 시장이 정상이다.

그러나 주가지수선물과 같이 이론적으로는 음의 캐리값을 가져 현물가격보다는 선물가격이, 근월물 가격보다 원월물 가격이 높은 선고형의 시장이 정상임에도 불구하고 때로는 선물가격이 현물가격보다 낮거나 원월물 가격이 근월물 가격보다 낮게 형성되는 경우가 있다. 이와 같은 시장상황을 비정상시장(inverted market) 또는 백워데이션(backwardation)이라고 한다.

아래 〈표 2-14〉와 같이 대부분의 상품선물, 주가지수선물, 미국 달러화 금리보다 저금리의 통화선물인 경우에는 이론적으로 선고(先高)상태가 정상시장(normal market)이라 할 수 있다. 그리고 T-bond 선물 등 금리선물과 고금리 통화선물의 경우는 선저형(先低型) 상태가 정상시장이다.

표 2-14 선물거래대상 상품별 정상시장(normal market)

선고형 : 음의 캐리(negative carry)	선저형 : 양의 캐리(positive carry)
▪ 대부분의 상품선물	▪ 금리선물
▪ 주가지수선물	▪ 미국 달러금리에 비해 고금리통화선물
▪ 미국 달러금리에 비해 저금리통화선물	

한편 어떤 선물시장에서도 실제 선물가격이 캐리모형에 의해서 계산한 이론적인 적정가치를 반영하여 형성되는 경우는 극히 드물다. 실제 선물가격에는 적정가치에 반영되는 캐리(carry) 외에도 결제월의 만기시점에서 현물의 수급예상 등에 대한 시장의 기대(market expectations)가 중요한 변수로 작용한다. 이에 따라 실제 선물가격은 캐리모델에 의하여 계산되는 이론 선물가격과 일치하지 않게 되며 선물시장에서 선물가격이 현물가격과 비정상적인 관계를 형성하게 된다. 그리고 선물계약의 만기일이 가까워질수록 캐리를 구성하는 비용과 수익의 크기가 감소(decay)하는 현상이 나타나기 때문에 선물가격은 점차 현물가격에 근접하게 된다. 결과적으로 만기일이 다가올수록 현물가격과 선물가격의 차이인 베이시스는 영에 접근하게 되며 최종적으로 만기일이 되면 선물은 현물이 되기 때문에 선물가격은 현물가격과 동일하게 된다. 이러한 현상을 선물가격의 현물가격에 대한 수렴현상(convergence)이라고 부른다.

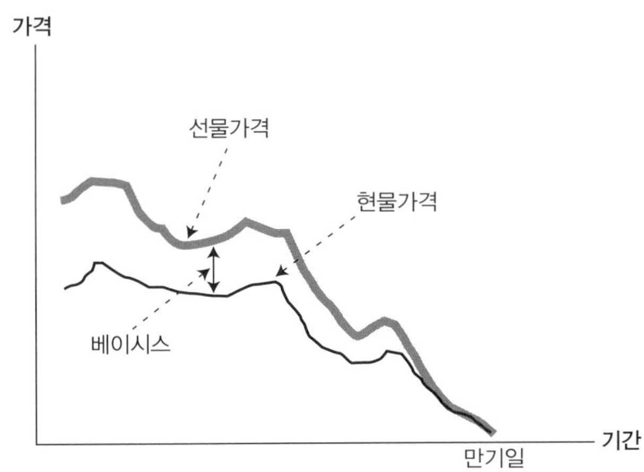

그림 2-6 선물가격의 수렴현상

3.2 장기금리선물의 가격

3.2.1 가격결정의 기본원리

장기금리선물의 균형가격은 금리전망 등 기타 요인을 고려하지 않고 단순히 캐리모형에 의하면 현물가격에서 표면금리(coupon)와 단기차입금리의 차이를 차감한 값이 된다. 이때 표면금리수입에서 단기차입금리를 차감한 값을 현물보유비용(cost of carry)이라고 한다.

현물보유비용 = 표면이자 수입 − 차입금융비용 (2.6)

이론선물가격 = 현물채권가격 − 보유비용
= 현물채권가격 − (표면이자수입 − 차입금융비용)
= 현물가격 + 차입금융비용 − 표면이자수입 (2.7)

한편 보유비용(carry)이 양(+)일 경우, 즉 이자수입이 차입금융비용보다 클 경우 선물가격은 현물가격보다 낮게 된다. 이처럼 현물채권 매입자금의 조달금리가 최저가인도채권(cheapest to deliver ; CTD)의 표면금리보다 낮은 양의 캐리(positive carry)상황에서 선물가격은 원월물로 갈수록 낮아지게 된다.

반대로 표면금리가 단기조달금리보다 작을 경우에는 보유비용은 음(−)이 되는데 이를 음의 캐리(negative carry)라고 한다. 일반적으로 조달금리는 RP금리를 기준으로 하는데 이는 채권딜러가 CTD채권을 매입한 후 이를 담보로 RP거래를 이용하여 현물채권 매입자금을 조달할 수 있기 때문이다.

선물가격과 인도 가능한 현물채권의 가격은 서로 밀접한 연관성을 가지고 있으며 이들 가격 간에는 항상 차이가 발생하는데 이 차이가 현물보유비용을 반영한다고 볼 수 있다. 앞에서 설명한 바와 같이 캐리모형에 의하면 선물가격

(P_f)은 현물가격(P_s)에 선물계약 만기일까지 당해 현물을 보유하는 데 따른 보유비용을 차감한 값이 된다. 즉, 예상 선물가격은 현물가격에 금융비용(r : 단기시장이자율)을 가산하고 현물보유수입이자(c : 현물보유이자율)를 차감한 후 잔존만기까지의 시간적 가치(t)를 고려하는 것이다. 단리(simple interest)조건하에서 장기금리선물가격의 캐리모형은 다음과 같은 식으로 표시할 수 있다.

$$P_f = P_s \times \left[1 - (c - r) \times \frac{t}{365}\right] \tag{2.8}$$

P_f : 예상선물가격
P_s : 현물가격
r : 단기이자율(금융비용)
c : 채권 표면이자율
t : 선물계약기간

〈예시〉

표면금리가 12%인 채권이 현물시장에서 $100에 거래되고 있으며, 단기이자율이 6%일 때 선물계약 만기까지 6개월(t = 0.5년) 남았다면 이 채권의 이론선물가격은 다음과 같이 산출된다.

$$F = \$100 \times [1 - (-0.06 + 0.12) \times 0.5] = \$97$$

그러나 연속적 복리(continuous compounding)조건하에서 캐리모델은 다음과 같이 변형된다.

$$P_f = P_s e^{(r-c)\frac{t}{365}}$$

상기 예시에서 이자를 연속적 복리로 계산한다면 이론선물가격은 다음과 같이 산출된다.

$$P_f = \$100e^{(0.06 - 0.12)\,0.5} = \$97.04$$

이와 같이 연속적 복리계산 방법을 적용하게 되면 양의 캐리시장에서는 현물가격에 대한 선물가격의 할인폭이 줄어들게 되고, 음의 캐리시장에서는 현물가격에 대한 선물가격의 할증폭이 커지게 된다. 다시 말해 복리계산방식에 의하면 단리계산방식보다 이론선물가격이 약간 높게 나오기 때문에 현물보유비용이 양(+)인 경우 베이시스가 줄어들고 음(-)의 경우 베이시스가 조금 크게 나타난다.

3.2.2 T-bond 선물의 이론가격

선물의 이론가격은 현물가격에 보유비용을 차감한 값이다. 이러한 논리는 T-bond 선물가격에도 그대로 적용된다. 다만, 한 가지 유의할 점은 이론가격을 산출하기 위한 현물가격의 선택이 여타 선물계약과는 다소 상이하다는 점이다.

여타 선물계약의 경우에는 주로 표준물에 해당하는 현물의 가격을 근거로 이론가격을 산출하게 된다. 그러나 T-bond 선물의 경우에는 전환계수 산정방법의 불완전성 때문에 인도 가능한 여러 가지 종류의 T-bond(만기가 15년 이상인 T-bond는 모두 인도 가능함) 중에서도 매도자에게 유리한 최저가인도채권(CTD)이 존재하게 된다. 또한 특정시점에서의 최저가인도채권이 어느 것이라는 것은 별로 어렵지 않게 계산할 수 있고 대부분의 T-bond 선물거래자들은 최저가인도채권이 인도될 것을 염두에 두고 거래에 임하게 된다. 따라서 T-bond 선물의 이론가격은 표준물(만기 30년, 표면금리 6%인 T-bond)이 설정되어 있음에도 불구하고 거의 모든 T-bond 선물 거래자들이 염두에 두고 있는 현물인 최저가인도채권(CTD)에 근거하여 산출된다.

T-bond 선물가격의 결정원리를 설명하기 위하여 앞에서 설명한 선물가격 결정식을 다시 보면 다음과 같다.

$$P_f = P_s \times \left[1 - (c - r) \times \frac{t}{365}\right] \tag{2.8}$$

여기에서 단기시장이자율(r)과 선물계약기간(t)은 객관적으로 구해질 수 있으므로 특별히 문제가 되지 않지만 현물가격(P_s)과 현물채권의 표면이자율(c)은 T-bond의 종류마다 상이하므로 어느 한 가지를 선택하여야 한다. 이때 선택되는 T-bond는 앞에서 설명한 바와 같이 최저가인도채권(CTD)이 되어야 한다.

또한 선물의 만기가 되어 T-bond가 인도될 때 지급되는 가격, 즉 청구가격은 선물가격에 해당 T-bond의 전환계수를 곱하여 구하게 된다. 그러므로 이론선물가격을 구하기 위해서는 반대로 해당 전환계수로 현물가격을 나누어야 할 것이다. 이에 따라 식 (2.8)을 수정하면 다음과 같다.

$$P_f = P_{s_i} \times \left[1 - (c_i - r) \times \frac{t}{365}\right] / CF_i \tag{2.9}$$

P_{s_i} : 최저가인도채권(CTD)가격
c_i : CTD의 표면이자율
CF_i : CTD의 전환계수

그런데 미국 국채선물의 기초자산인 T-bond는 만기 15년 이상의 장기채권이므로 정상수익률곡선하에서는 채권보유에 따른 수익률이 채권매입을 위한 단기차입비용보다 높다. 그리고 T-bond 선물의 이론가격은 현물가격에 현물보유비용을 차감하여 결정되기 때문에 이론선물가격이 현물가격보다 낮게 형성되는 것이 정상이다. 위 식에서 보면 $c_i > r$이기 때문에 $P_f < P_{s_i}$로 됨을 확인할 수 있다.

〈예시〉

2006년 8월 17일 뉴욕 채권시장에서 표면금리 7.625%, 만기 2026년 2월 15일인 T-bond의 가격은 126.04/06으로 주어졌다. 이 채권의 전환계수는 1.1748로 계산되었다. 9월 선물의 이론가격을 P_f라고 한다면 상기채권을 매입하고(매입자금은 Repo시장에서 조달) 동시에 9월선물을 P_f에 매도하는 차익거래를 실행할 때 손익은 제로가 되어야 할 것이다. Repo차입금리가 5.2%라 하고 9월선물 수도결제를 최종인도일인 9월 30일에 한다고 가정하고 P_f를 계산하면 다음과 같다. (만기선물 인도권한의 가치는 최종인도일에 현물인도를 한다고 가정할 때 가장 크다.)

▪ 채권가격(액면 100만달러)	1,261,875.0(ask price)
▪ 경과이자(8월 15일부터 3일간)	621.6
▪ 채권매입비용	1,262,496.6
▪ Repo이자(8월 18일에서 9월 30일까지 43일간)	7,841.5
▪ 선물매도수입	$P_f \times 1.1748 \times 10{,}000$
▪ 경과이자(8월 15일에서 9월 30일까지 46일간)	9,531.3

따라서

$P_f \times 1.1748 \times 10{,}000 + 9{,}531.3 = (1{,}262{,}496.6 + 7{,}841.5)$에서 P_f를 구하면

$P_f = 107.32(\%)$

소수점 이하를 32진법으로 바꾸면 $P_f = 107 - 10$

3.3 단기금리선물의 가격

단기금리선물의 가격은 잠재선도금리(IFR)와 같은 방법으로 설명할 수 있다. 금리선물거래에서는 선물계약의 인도일로부터 일정기간 후에 만기가 도래하는 채권이 기초자산으로 설정된다. 예를 들어 6월 15일에 CME Group에서 September T-bill 선물 1계약을 매입한 거래자가 선물계약의 만기일(9월 15일)까지 포지션(long position)을 보유한다면 만기일에 액면금액 100만달러에 상당하는 T-bill 현물을 인수하게 된다. 여기서 인수 대상물인 T-bill은 인도일로부

터 90일 후에 만기가 도래되는 T-bill(현물)이 된다.

따라서 선물거래시점인 6월 15일에 형성된 September T-bill 선물의 가격은 선물계약의 만기일인 9월 15일부터 90일간의 이자율에 대한 시장의 기대치를 반영한다고 볼 수 있다. 결과적으로 선물가격은 앞에서 설명한 잠재선도금리와 같은 개념이다.

〈예시〉

6월 15일 현재 단기국채(T-bill)시장에서 90일물 T-bill(만기일 : 9월 15일)의 수익률이 8%이고 180일물 T-bill의 수익률이 8.5%로 형성되어 거래되고 있다. 이러한 만기별 T-bill의 수익률을 토대로 6월 15일 현재 CME그룹의 국제통화시장(IMM)에서 거래되는 September T-bill의 적정 선물가격은 얼마가 될까?

September T-bill 선물의 적정가격은 9월 15일부터 12월 15일까지의 잠재선도금리(IFR)를 계산하여 구할 수 있다.

$$IFR = \frac{(180 \times 8.5\%) - (90 \times 8.0\%)}{180 - 90}$$
$$= 9.0\%$$

T-bill 선물의 가격은 IMM지수방식으로 표시하기 때문에 September T-bill의 적정가격은 91.00이 된다.

$$\begin{aligned} \text{IMM Index} &= 100.00 - \text{할인율} \\ &= 100.00 - 9.00 \\ &= 91.00 \end{aligned}$$

단기자금시장에서 자금의 차입과 운용은 단기금리선물시장에서 선물의 매입 및 매도와 밀접한 관계를 가지고 있다. 예를 들어 September T-bill 선물을 91.00의 가격으로 매입하여 선물계약의 만기일인 9월 15일까지 매입포지션(long position)을 보유한다면 만기일에 선물가격이 91.00보다 높을 경우에는 이익을 얻게 되지만 91.00보다 낮으면 손실을 입게 된다. 앞에서 설명한 바와 같이 단기금리선물의 가격은 IMM지수방식에 의하여 100.00에서 3개월 할인율을 차감한 값이기 때문에 September T-bill 선물가격이 91.00보다 높다는 것은 할인율이 9%보다 작다는 것을 의미하고 반대로 선물가격이 91.00보다 낮다는 것은 할인율이 9%보다 크다는 것을 뜻한다. 그러므로 6월 15일에 September T-bill 선물을 91.00에 매입하면 선물계약의 만기일인 9월 15일에 3개월 단기금리가 9% 아래로 하락할 때 이익을 보게 되기 때문에 9월 15일부터 3개월간 자금의 운용금리를 9%로 사전에 확정(lock-in)시키는 결과를 가져온다. 동일한 원리로 6월 15일에 September T-bill 선물을 91.00에 매도한다는 것은 9월 15일에 3개월 단기금리가 9%보다 높을 때 이익을 보게 되기 때문에 9월 15일부터 3개월간 자금의 차입금리를 9%로 사전에 고정시키는 것과 같은 효과를 얻을 수 있다.

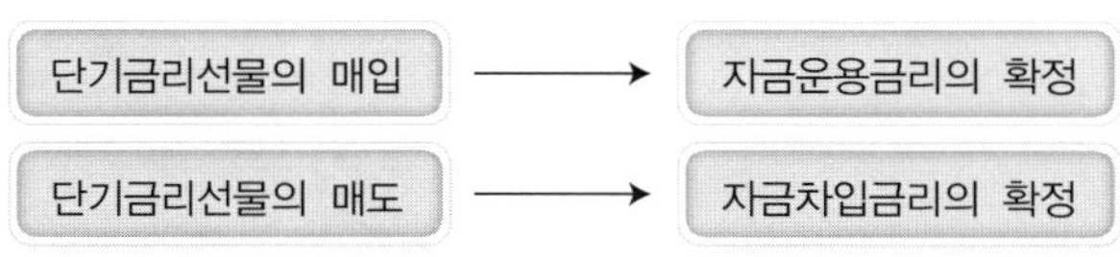

그리고 단기금리선물가격이 적정한 수준인가를 평가하는 방법은 만기별 수익률구조에서 산출한 잠재선도금리(IFR)가 선물가격으로 계산한 금리(R_F = 100 − 선물가격)와 일치하는가를 보면 된다. 만약 잠재선도금리가 선물가격으로 계산한 금리보다 높으면($IFR \succ R_F$) 선물가격이 상대적으로 고평가되어 있다는 것을 의미한다. 이에 따라 "저가매입 고가매도(buy low & sell high)" 원칙에 의하여 선물을 매도(선물시장에서 차입)하는 동시에 현물을 매입(현물시장에서 운용)하는 재정거래(cash & carry 전략)를 통하여 무위험 이익을 획득할 수 있다. 반대로 $IFR \prec R_F$이면 현물시장에서 차입하는 동시에 선물시장에서 운용(선물매입)하는 차익거래를 이용하여 이익을 얻을 수 있다.

6월 15일 현재 현물시장에서 9월 15일부터 3개월간 자금의 운용포지션(long position)과 차입포지션(short position)을 취하는 방법은 다음과 같다. 먼저 이 기간 동안 자금의 운용포지션을 취하기 위해서는 6월 15일부터 12월 15일까지 6개월간 자금의 운용포지션을 취하면서 동시에 6월 15일부터 3개월간의 운용자금은 차입으로 충당하면 된다. 반대로 6월 15일에 전체 6개월간 자금을 차입함과 동시에 그 자금을 3개월간 운용하면 처음 3개월간은 자금의 차입과 운용이 상쇄됨으로써 6월 15일부터 3개월 후의 자금 차입포지션(3개월간)을 창출할 수 있다.

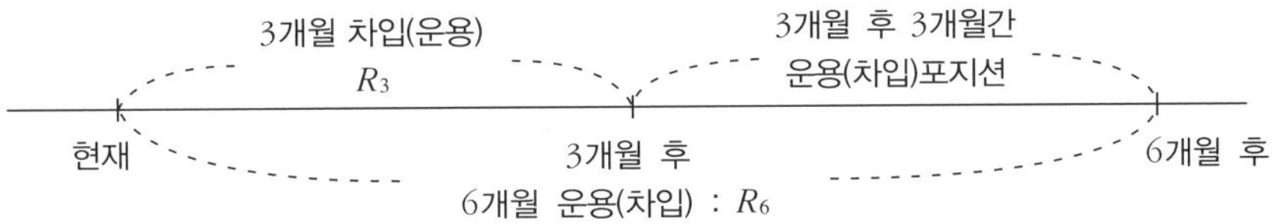

그림 2-7 현물시장에서 자금거래를 통한 장래 자금운용(차입)포지션 창출

한편 유로달러(Eurodollar)선물거래는 장래 자금의 운용 또는 차입금리를 계약한다는 점에서 선도금리계약(FRA)과 유사하다. 즉, 8월 15일에 September 유로달러(ED)선물계약을 체결하는 것은 1개월 후로부터 3개월간의 내재선도금리(implied forward rate ; IFR)를 사전에 확정하는 효과를 얻게 된다.

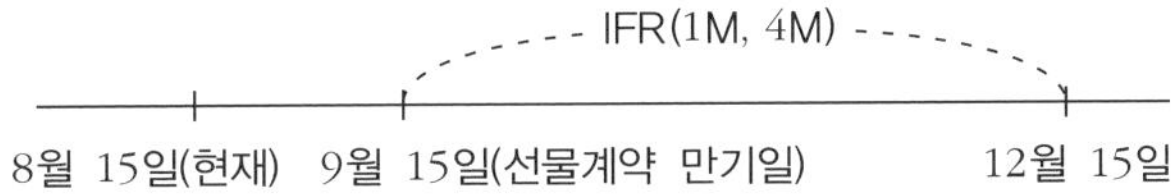

유로달러선물계약의 적정가격도 위에서 설명한 T-bill 선물가격과 같은 방법으로 계산할 수 있다.

〈예제〉

2006년 8월 15일 현재 유로달러시장에서 형성된 금리가 아래와 같을 때 September ED선물의 이론가격을 계산해 보자.

- 1month 유로달러금리 : 5.6875~5.8125
- 4month 유로달러금리 : 5.8750~5.9375

① 먼저 8월 15일부터 1개월 후 3개월간 운용하는 포지션의 금리(IFR_1)를 구하면 다음과 같다.

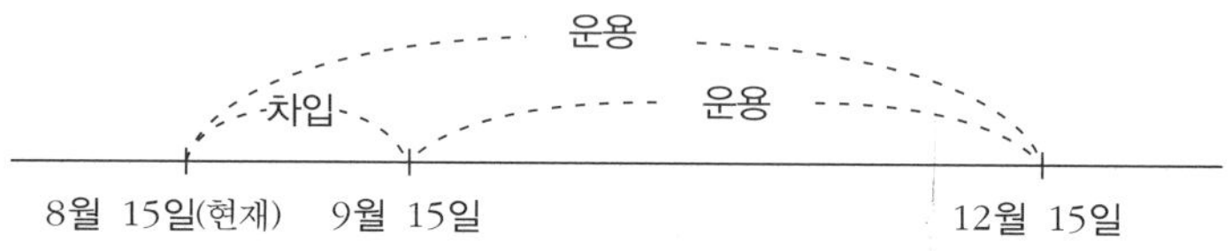

1개월 후 3개월간 100달러를 운용하는 포지션을 창출하기 위해서는 100달러를 4개월간 운용하는 동시에 1개월간 차입하는 포지션을 취하면 된다. 여기서 4개월 금리는 자금의 운용금리이기 때문에 bid rate가 적용되며 1개월 금리는 차입금리이기 때문에 offered rate가 적용된다(ED선물계약기간이 90일이기 때문에 IFR기간을 90일로 정하였으며 Money Market Basis에 따라 1년을 360일로 계산한다).

$$1 + 0.05875 \times \frac{121}{360} = (1 + 0.058125 \times \frac{31}{360})(1 + IFR_1 \times \frac{90}{360})$$
$$IFR_1 = 5.88\%$$

내재선도금리(운용)가 5.88%이기 때문에 ED선물가격에서 도출한 금리가 5.88%보다 낮으면 차익거래 기회가 발생하게 된다. 따라서 September ED선물금리는 5.88%보다 높아야 하며 IMM지수로 표시한 ED선물가격은 94.12(100 − 5.88)보다 낮아야 차익거래기회가 없어진다.

② 이번에는 1개월 후 3개월간 차입하는 포지션의 금리(IFR_2)를 계산하면 다음과 같다.

$$1 + 0.059375 \times \frac{121}{360} = (1 + 0.056875 \times \frac{31}{360})(1 + IFR_2 \times \frac{90}{360})$$
$$IFR_2 = 5.99\%$$

따라서 September ED선물금리가 5.99%보다 높으면 차익거래 기회가 발생하기 때문에 선물금리는 5.99%보다 낮아야 하며 선물가격은 94.01(100 − 5.99)보다 높아야 한다.

①, ②의 결과를 종합해 보면 1997년 8월 15일 현재 유로시장에서 1개월물과 4개월물의 금리가 위와 같이 형성되어 있을 때 재정거래기회가 발생하지 않는 September ED선물의 균형가격은 94.01보다 높고 94.12보다 낮은 범위에서 결정되어야 한다.

표 2-15 차익거래 발생 상황

① September ED선물가격이 94.12보다 높은 경우
선물 고평가 → 선물매도(선물시장 자금차입)
현물 저평가 → 현물매입(현물시장 자금운용 = 유로자금 4개월 운용 + 1개월 차입)
② September ED선물가격이 94.01보다 낮은 경우
선물 저평가 → 선물매입(선물시장 자금운용)
현물 고평가 → 현물매도(현물시장 자금차입 = 유로자금 4개월 차입 + 1개월 운용)

3.4 통화선물의 가격

자본 및 외환거래에 대한 제한이 없고 자국통화가 국제화되어 있는 나라들에 있어서 선물환율은 금리평가이론에 의하여 현물환율을 기초로 선물환거래의 만기까지 양 통화의 금리차를 반영하여 결정된다. 일반상품의 선물가격은 실물의 보관에 따르는 보험료, 보관료 등이 가격결정요소가 된다. 그러나 통화선물시장에서는 차입 및 대출이 자유롭기 때문에 추가적인 보관비용이 발생하지 않으며, 거래비용이 작아 대체로 양 통화의 금리차이만 선물환율에 영향을 주게 된다.

통화선물가격과 현물가격(환율)의 차이(basis, swap point)는 다음 공식에 의하여 계산할 수 있다.

$$basis = \text{현물환율} \times (\text{유로달러금리} - \text{유로통화금리}) \times \frac{\text{만기일}}{360}$$[8]

국제선물시장에서 통화선물가격은 미국식(American terms)으로 표시되기 때문에 현물환율은 미국 달러 이외의 통화 1단위에 대한 달러화 가격으로 표시

8. 국제적인 관례에 따르면 유로화(EC), 일본 엔화(JY), 스위스 프랑화(SF)의 경우에는 1년을 360일로 계산하고 영국 파운드화(BP), 오스트레일리아 달러화(A$), 캐나다 달러화(C$)의 경우에는 1년을 365일로 계산한다.

한다. 유로달러와 유로 통화(Euro-currency)의 금리는 선물계약의 만기일과 동일한 만기물의 통화에 대한 금리이다.

〈예제〉

2006년 3월 19일 현재 유로달러 및 유로 파운드화의 금리, 영국 파운드화의 현물환율이 아래와 같이 형성되어 있을 때 June British Pound 선물(계약 만기일 : 2006년 6월 18일)의 이론가격은 다음과 같이 계산할 수 있다.

- 3개월 유로 통화금리

  유로달러 : $4\frac{11}{16}\%$

  유로파운드 : $5\frac{15}{16}\%$

- 영국 파운드의 현물환율 : $1.7550

먼저 June British Pound 선물가격과 현물가격의 차이인 베이시스는 다음과 같이 계산한다.

$$
\begin{aligned}
basis &= 1.7550 \times (0.046875 - 0.059375) \times \frac{91}{365} \\
&= 1.7550 \times (-0.0125) \times \frac{91}{365} \\
&= -0.0055
\end{aligned}
$$

따라서 June British Pound 선물가격은 1.7495(1.7550 - 0.0055)이 된다. 즉, 영국 파운드화가 고금리통화이기 때문에 선물가격(환율)은 현물가격(환율)에 디스카운트로 형성된다.

위의 예는 환율과 금리가 모두 단일 가격으로 표시된 경우이다. 그러나 실제 외환시장과 단기금융시장의 모든 자금거래에서는 매입자와 매도자 사이에 딜러가 개재되어 가격이 이중고시(two-way quote)된다. 즉, 외환시장에서 환율은 매입률(bid rate)과 매도율(offered rate), 자금시장에서는 차입이자율과 운용이자율이 동시에 고시된다. 이와 같은 가격구조 때문에 적정선물가격은 단일가격으로 고시되기보다는 차익거래를 발생시키지 않는 일정한 가격범위 내에서 형성된다.

현실적인 환율과 금리구조를 토대로 통화선물의 적정가격을 계산해 보면 다음과 같다.

〈예제〉

2006년 5월 6일 현재 스위스 프랑화(SFr) 현물환율과 3개월 유로달러 및 프랑화의 이자율이 아래와 같이 형성되어 있을 때 101일 후에 만기가 도래되는 Dec. SF의 이론가격을 계산해 보자.

- 3개월 유로 통화금리
  유로달러 : 5.5625 – 5.6875%
  유로 스위스프랑 : 9.125 – 9.250%
- 현물환율(SFr/U$) : 1.7157 – 1.7162

통화선물의 가격이 금리평가이론에 근거한 적정가격 범위를 벗어날 경우에는 무위험 차익을 획득하기 위한 재정거래가 발생하게 되는데 선물가격이 적정가격보다 과대평가되어 있는 경우와 과소평가되어 있는 경우로 나누어 보면 다음과 같다.

첫째, 선물가격이 과대평가된 경우에는 현물가격은 상대적으로 과소평가되어 있다는 것을 의미하기 때문에 "저가매입 고가매도(buy low & sell high)" 원칙에 의하여 선물을 매도하는 동시에 현물을 매입하는 재정거래(cash & carry)가 발생한다.

둘째, 선물가격이 과소평가된 경우에는 반대로 선물을 매입하는 동시에 현물을 매도하는 재정거래(reverse cash & carry)를 실행하게 된다.

1) 통화선물가격의 과대평가시 재정거래(SF선물 매도 & SF현물 매입)

SF현물을 매입하기 위해 필요한 U$자금을 선물계약의 만기일까지 101일간 차입할 경우 원리금은 다음과 같다. 1달러를 차입한다고 가정할 경우 달러화의 차입금리는 딜러의 운용이자율(offered rate)인 5.6875%가 적용되며 유로시장에서는 1년을 360일로 계산한다(money market basis).

$$U\$1 \times (1 + 0.056875 \times \frac{101}{360}) = U\$1.01596$$

그리고 앞에서 차입한 1달러로 SF을 매입하여 101일간 보유할 경우에 적용환율은 딜러의 SFr매도율(U$매입률)인 1.7157이 되고 SFr 운용금리는 스위스프랑의 차입이자율(bid rate)인 9.125%가 된다. 이에 따라 SFr 현물보유에 따른 기대수익은 다음과 같이 계산된다.

$$1.7157(1 + 0.09125 \times \frac{101}{360}) = SFr1.75962$$

만약 SF선물(만기 101일)을 매도함과 동시에 차입한 U$를 SF(현물)으로 환전하여 선물계약의 만기까지 보유한다면 만기시점에서 선물의 매도자는 SF(현물)을 인도하고 선물가격에 상당하는 U$를 받게 된다. 이와 같은 일련의 거래에서 차익이 발생하지 않는 균형선물가격은 U$자금의 차입원리금과 SF자금의 보유기대수익을 동일하게 만들어 주는 환율, 즉 $\frac{1.75962}{1.01596} = SFr1.7320/U\$$이 된다.

만약 선물계약의 만기시점에서 SF선물의 매도자가 1.75962SF을 인도하는 대가로 1.01596달러 이상을 얻을 수 있다면 재정거래이익이 발생하기 때문에 만기 101일의 U$선물환율은 1.7320SF보다 커야 된다. 통화선물의 가격은 1SFr당 U$로 표시(American terms)되기 때문에 SF선물가격은 1/1.7320 = 0.5774달

러보다 낮아야 한다.

즉, 위와 같은 금리 및 환율구조 아래서 SF선물 매도 및 SF현물 매입의 재정거래의 기회가 존재하지 않기 위해서는 SF선물가격이 0.5774달러보다 작아야 한다.

2) 통화선물가격의 과소평가시 재정거래(SF선물 매입 & SF현물 매도)

SF선물의 매입자는 먼저 SF현물의 매도포지션(short position)을 창출하기 위해 SF(현물)을 차입하여 이 자금을 U$를 대가로 매도한다. 그리고 이때 취득한 달러자금을 선물계약의 만기(101일)까지 운용한다. 선물계약의 만기일이 되면 SF선물 매입자는 매도자로부터 SF을 인수하는 대가로 선물가격에 해당하는 달러를 지급해야 한다. 따라서 SF선물 매입자는 그동안 운용한 달러자금의 원리금을 선물 매입자에게 지급하고 인수한 SF(현물)으로 차입금을 상환함으로써 현물과 선물의 모든 포지션이 청산된다.

먼저 1SF의 차입원리금은 다음과 같이 계산할 수 있다.

$$1 + 0.0925 \times \frac{101}{360} = 1.02595SF$$

현물환시장에서 1SF으로 0.5827달러($\frac{1}{1.7162}$)를 매입할 수 있으며, 이 자금을 101일간 운용한 수익은 다음과 같다.

$$0.5827(1 + 0.055625 \times \frac{101}{360}) = 0.5918\text{달러}$$

따라서 선물계약의 만기일(101일 후)에 선물 매도자가 매입자에게 0.5918달러를 지급하고 1SF의 차입원리금인 1.02595SFr 이상을 인수하게 되면 재정거래이익이 발생한다. 그러므로 달러환율은 1.7336SFr($\frac{1.02595}{0.5918}$)보다 작아야 하며

SF선물가격은 0.5768달러($\frac{1}{1.7336}$)보다 높아야 한다.

1), 2)의 경우를 종합해 보면 재정거래 기회가 발생하지 않는 SF선물의 적정가격은 0.5768～0.5774의 범위 내에서 결정되어야 한다.

3.5 주가지수선물의 가격

3.5.1 가격결정의 기본원리

주가지수선물에서는 기초자산이 해당 주가지수를 구성하는 주식들이며 주식으로부터 배당수익이 발생하기 때문에 순보유비용을 계산할 때에는 이자비용에서 배당수익을 차감하여야 한다. 주가지수선물의 이론가격은 다음과 같이 정의할 수 있다.

주가지수선물의 이론가격 = 현물주가지수 - (배당수익 - 이자비용) (2.10)

$$P_f = P_s - P_s(d - r)\frac{t}{365} \tag{2.11}$$

P_f : 주가지수선물 이론가격
P_s : 현물주가지수
r : 이자율
d : 배당수익률
t : 만기까지의 잔존일수

식 (2.11)에 포함된 주가지수선물 이론가격의 결정요소는 다음과 같이 주가지수선물가격의 변동에 영향을 미친다.

첫째, 현물주가지수가 상승하면 이론선물가격도 상승한다.

둘째, 이자율이 높을수록 선물가격도 상승한다.

셋째, 대상지수의 배당률이 높을수록 순보유비용이 작아지기 때문에 이론선물가격은 낮아진다.

넷째, 잔존만기일수가 길수록 선물가격은 높아진다.

〈예제〉

현재 S&P 500지수가 1,200.00이고 T-bill 이자율이 5%, 배당수익률이 3%일 때 만기가 3개월 남아 있는 S&P 500지수선물의 이론가격(P_f)을 계산하면 다음과 같다.

$$P_f = 1,200 - 1,200 \times (0.03 - 0.05) \times 3/12 = 1,206$$

〈예제〉

현재 KOSPI200지수가 184.10이고 3개월 만기 CD수익률이 5.2%, 배당수익률이 0.4%일 때 6월물 주가지수선물의 이론가격(P_f)을 계산하면 다음과 같다. (만기일수 : 85일)

$$P_f = 184.10 - 184.10 \times (0.004 - 0.052) \times 85/365 = 186.16$$

이 주가지수선물의 9월물 이론가격(P_f)은 다음과 같이 계산된다. (만기일수 : 196일)

$$P_f = 184.10 - 184.10 \times (0.004 - 0.052) \times 196/365 = 188.85$$

참고 : 주가지수선물 가격모형의 도출

미래 특정시점(T)에 주식 포트폴리오를 보유하기 위해서는 다음과 같은 두 가지의 거래 전략이 가능하다.

① 주식을 매입하여 T시점까지 보유하거나

② T시점이 만기(인수도일)인 주가지수선물의 매입계약을 체결하고 주식매입대금은 T시점까지 무위험 자산에 투자한다.

$$\text{전략 ①의 투자수익}(R_1) = S_T - S_t + D$$

$$\text{전략 ②의 투자수익}(R_2) = F_T - F_t + rS_t$$

S_T : T시점의 주가, S_t : 현재의 주가, D : T시점까지의 배당

F_T : T시점의 선물가격, F_t : 현재의 선물가격, r : $(T-t)$ 기간의 이자율

①, ②의 투자전략은 투자비용과 위험이 같기 때문에 투자수익이 동일해야 한다. 만약 그렇지 않으면 무위험 이익을 얻을 수 있는 차익거래가 발생하고 이로 인하여 양 투자안의 수익은 서로 같아진다.

$$S_T - S_t + D = F_T - F_t + rS_t$$

그런데 선물의 만기일에는 선물가격(F_T)이 현물가격(S_T)과 같기 때문에 주가지수선물가격은 다음과 같이 정의할 수 있다.

$$F_T = S_t \cdot (1 + r) - D$$

3.5.2 베이시스와 주가지수선물가격

여기서 베이시스(basis)란 선물지수와 현물지수의 차이를 말한다. 즉, t시점에서의 베이시스는 다음과 같이 정의할 수 있다.

$$B_t = F_t - S_t \tag{2.12}$$

시장이 균형상태인 경우에 베이시스는 순보유비용과 같아진다. 일반적으로 이자율은 배당수익률보다 크기 때문에 베이시스는 (+)일 확률이 높다. 즉, 선물지수는 현물지수에 비해 프리미엄(premium)으로 거래된다. 이러한 시장을 정상시장(normal market)이라고 하며, 이때의 베이시스를 콘탱고(contango) 상태라고 한다. 반대로 베이시스가 (−)일 때를 역조시장(inverted market)이라고 하며 이때의 베이시스를 백워데이션(backwardation) 상태라고 한다.

선물지수의 이론가격 공식을 보면 만기가 가까워지면 이론가격은 현물지수에 접근한다는 것을 알 수 있다. 이를 베이시스의 수렴(convergence)현상이라고 하며, 지수선물계약의 만기시점에서는 선물지수와 현물지수가 동일하게 되므로 만기의 베이시스는 "0"이 된다.

3.5.3 거래비용과 주가지수선물의 가격

1982년 캔자스상품거래소에서 세계 최초로 주가지수선물거래가 시작된 이후 실제 지수선물의 가격 움직임은 대체로 이론적인 선물지수와 유사한 움직임을 보였으나 가끔 선물가격이 이론가격으로부터 괴리되는 경우도 발생하였다. 이는 선물지수에 영향을 미치는 요인들을 보는 시각이 투자자의 입장에 따라 다르게 나타나기 때문인데 가장 큰 요인은 거래비용(transaction cost)이라고 할 수 있다.

거래비용으로는 유가증권 매매시 증권회사나 선물중개회사에 지불하는 위탁수수료(brokerage commission), 매수-매도 호가차이(bid-ask spread)에 의한 시장충격비용(market impact cost) 등을 들 수 있다.

3.5.4 배당과 지수선물의 가격

대부분의 주가지수에는 배당이 고려되지 않기 때문에 배당은 선물지수의 가격산정에 복잡한 영향을 미친다. 특히 미국의 경우는 대부분의 기업이 연간 4회에 걸쳐 배당을 실시하기 때문에 배당이 중요한 가격 결정요인으로 작용한다.

지수선물의 이론가격을 계산할 때 고려하는 배당은 1년간 보유를 전제로 한 평균배당수익률이 아니라 해당 선물의 만기까지의 배당수익률이다. 이를 고정만기 배당수익률(fixed-maturity dividend yield)이라고 하며 지수선물의 만기까지 지수를 구성하는 모든 종목의 배당액을 계산한다. 만약에 많은 종목의 배당이 특정한 시점에 분포되어 있는 경우에는 일시적으로 배당수익률이 이자율을 초과할 수도 있다. 이 경우에는 지수선물의 이론가격은 현물지수보다 낮게 형성되어 근월물은 디스카운트로, 원월물은 프리미엄으로 거래되는 경우도 있다. 또한 고정만기 배당수익률의 예상치는 과거 실적에 의존하기 때문에 실제 수준과 차이가 나타날 수 있어 문제를 더욱 복잡하게 만들 수 있다.

04 금융선물거래의 활용

4.1 거래의 목적

금융선물거래는 거래목적에 따라 헤지(hedge)거래와 투기(speculation)거래로 구분할 수 있다. 헤지거래란 현재 보유하고 있거나 미래에 보유할 예정인 자산 또는 부채의 가격변동위험을 없애거나 축소하려는 거래이다. 그리고 투기거래는 미래의 가격변동방향을 예측하여 이를 토대로 선물을 매입 또는 매도함으로써 차익을 획득하려는 거래전략이다.

4.1.1 헤지거래

헤지거래란 현재 또는 장래 보유할 예정인 현물포지션(spot position)에서 발생하는 가격변동위험을 없애거나 줄이기 위한 거래이다. 선물을 이용한 헤지거래는 현재 보유하고 있거나 장래 보유할 예정인 현물포지션에 대해 선물시장에서 반대포지션을 취하여 현물포지션에서 발생하는 손실이나 이익을 선물포지션에서 발생하는 이익이나 손실로 상쇄함으로써 가격을 고정시키는 것이다. 결과적으로 헤저(hedger)는 불리한 가격변동위험을 줄이기 위하여 유리한 가격변동으로부터 얻을 수 있는 기대이익을 포기하게 된다.

헤지거래에는 매입헤지(long hedge)와 매도헤지(short hedge)가 있다. 매입헤지는 미래에 현물을 불확실한 가격으로 매입할 상황에 있는 경우에 가격상승에 대비하여 해당 선물을 미리 매입하는 계약을 체결하는 것이다. 미래에 현물가격이 상승할 경우 선물가격도 같이 상승하기 때문에 선물포지션에서 이익이 발생하여 현물포지션의 손실을 보전해 주게 되는 것이다.

반대로 매도헤지는 현재 현물을 보유하고 있거나 미래에 현물을 불확실한 가격으로 팔아야 하는 상황에 있는 경우에 해당 현물에 대응하는 선물을 미리 팔기로 계약하는 것이다. 이는 장래 가격 하락위험에 대비하는 거래로서 장래에 실제로 가격이 하락하더라도 선물계약을 당초 정한 선물가격으로 매도함으로써 얻는 이익으로 현물포지션의 손실을 상쇄하게 된다.

선물거래를 통하여 현물시장의 위험관리가 가능한 것은 현물가격과 선물가격이 같은 수급변동 요인에 따라 동일한 방향으로 일정한 관계를 유지하면서 변동하기 때문이다. 만약에 선물가격이 현물가격과 무관하게 변동하거나 변동패턴에 큰 차이를 보인다면 헤지가 불가능하거나 헤지의 효율성이 상당히 떨어질 수밖에 없을 것이다.

4.1.2 투기거래

투기거래는 미래의 가격변동 방향을 예측하여 이를 토대로 선물을 매입 또는 매도함으로써 차익을 획득하려는 거래전략이다. 투기자(speculator)는 가격변동위험을 기꺼이 부담하면서 가격이 상승할 것으로 전망되면 선물을 매입하고 하락할 것으로 예상되면 선물을 미리 매도함으로써 시세차익을 얻으려는 거래자이다. 물론 가격이 당초 예상과 반대로 변동할 경우에는 손실을 보게 된다.

선물거래는 매우 낮은 수준의 증거금만 예치하면 거래가 가능하기 때문에 현물거래에 비하여 손익확대(leverage)효과가 크다. 즉, 시장전망에 대한 예상이 맞을 때는 높은 수익률을 얻을 수 있으나 반대의 경우에는 큰 손실을 입을 수 있기 때문에 투기목적으로 선물거래를 할 때에는 신중한 의사결정이 요구된다.

시장의 기능적인 측면에서 보면 투기거래자는 헤지거래자가 전가하려는 위험을 받아주며 시장에 유동성을 조성하는 중요한 역할을 담당한다.

선물시장에서 구체적인 투기거래방법은 거래대상 선물계약의 종류 수에 따라 단순(outright) 투기거래와 스프레드(spread)거래로 나눌 수 있다.

단순 투기거래는 한 종류의 선물계약을 거래대상으로 삼는 전략으로서 장래 선물가격의 상승이 예상되면 선물계약을 매입하고, 가격하락이 예상되면 선물계약을 매도한 후에 전매 또는 환매를 통하여 이익을 얻으려는 전략이다. 즉, 싸게 사서 비싸게 팔거나 비싸게 판 후 싸게 사 갚으려는 목적의 단순한 거래전략이다. 이 거래는 선물가격의 변동폭이 그대로 거래손익으로 나타나기 때문에 높은 수익이 기대되는 만큼 손실을 입을 위험도 높은 거래전략이라고 할 수 있다.

한편, 스프레드거래란 두 종류 선물가격의 차이인 스프레드 변동을 예상하여 하나의 선물을 사는 동시에 다른 선물을 파는 전략이다. 서로 반대 포지션을 취한 두 종류의 선물계약포지션에서 한쪽은 이익이 발생하고 다른 쪽은 손실이 발생하게 되는데 이때 그 크기를 서로 다르게 하여 이익을 얻으려는 거래이다. 위험측면에서 보면 단순 투기거래전략은 하나의 포지션만을 취함으로써 예상이 어긋나 손실이 날 때에는 절대가격 변동액 전체에 대한 손실위험이 발생하지만 스프레드거래에서는 두 가지 선물의 가격차이, 즉 스프레드 변동액만큼의 손실위험으로 축소된다. 따라서 스프레드거래는 투기전략 중에서도 상대적으로 보수적인 투자자들에게 적절하며 실제로 거래할 때 요구되는 증거금 수준도 단순 투기거래에 비해 낮게 책정된다.

4.2 헤지거래

4.2.1 선물헤지의 개념

현물시장에서 거래자가 직면하는 위험에는 다양한 종류가 있지만 특히 여기서 다루는 위험은 가격변동으로부터 발생하는 위험을 말한다. 가격변동위험을 관리하기 위하여 많은 거래자들은 선물시장을 이용하는데 이러한 거래자들을 헤저(hedger)라고 부르며 그들이 실시하는 거래를 헤지(hedge)거래라고 한다.

헤지거래란 현재 또는 예정된 현물포지션에서 발생하는 가격변동위험을 없애거나 줄이려는 거래전략이다. 선물을 이용할 경우 헤지거래는 현재 보유하고 있거나 장래 보유할 예정인 현물포지션에 대해 선물시장에서 현물과 반대포지션을 취한다. 이러한 거래를 통하여 현물포지션에서 발생할 수 있는 손실이나 이익을 반대포지션을 취한 선물에서 발생하는 이익이나 손실로 상쇄함으로써 가격을 고정(lock-in)시키는 것이다. 그 결과 헤저(hedger)는 불리한 가격변동위험을 경감시키기 위하여 유리한 가격변동으로부터 얻을 수 있는 기대이익을 포기하게 된다.

4.2.2 헤지의 종류

1) 매도헤지와 매입헤지

헤지거래에는 매도헤지(short hedge)와 매입헤지(long hedge)가 있다. 매도헤지는 현재 현물을 보유하고 있거나 미래에 현물을 불확실한 가격으로 팔아야 하는 경우에 해당 현물에 대응하는 선물을 미리 팔기로 계약하는 것이다. 이는 현물가격의 하락 위험에 대비하는 거래전략으로서 장래에 실제로 가격이 하락하더라도 선물가격은 당초 결정된 대로 유지되므로 현물포지션에서 발생하는 손실을 상쇄할 수 있다.

반대로 매입헤지는 미래에 현물을 불확실한 가격으로 매입할 경우에 가격상승에 대비하여 해당 선물을 미리 매입하기로 계약하는 것이다. 미래에 현물가격이 상승할 경우에는 선물가격도 같이 상승하기 때문에 선물포지션에서 이익이 발생하여 현물포지션의 손실을 보전해 준다.

2) 직접헤지와 교차헤지

직접헤지(direct hedge)란 헤저가 보유하고 있는 현물상품과 동일한 상품이 선물시장에 상장되어 있는 경우에 그 선물상품을 이용하여 헤지를 수행하는 방법이다. 예를 들면 엔고현상에 따른 엔화표시 외상매입금 또는 차입금의 환차손을 줄이기 위해 엔화 통화선물을 이용하여 헤지거래를 하는 경우이다.

그러나 선물시장에 상장되어 있지 않은 상품의 거래자도 자기가 보유하고 있는 현물상품과 유사한 선물상품이 상호 비슷한 가격변동 패턴을 보인다면 선물을 이용한 헤지가 가능할 것이다. 이와 같이 현물상품과 선물상품이 일치하지 않는 경우에 이루어지는 헤지를 교차헤지(cross hedge)라고 말한다. 예를 들면 단기자금조달을 위하여 CD를 발행하려고 하는 은행이나 CP를 발행하려는 회사가 T-bill 선물을 이용하여 헤지하는 경우이다. 이러한 교차헤지는 거래자가 취급하는 현물을 기초자산(underlying asset)으로 하는 선물상품이 실제로 존재하고 있지 않지만 이와 유사한 선물상품이 거래되고 있으며 양 상품 간의 가격흐름이 비슷한 추세를 나타내고 있는 경우에 가능하다.

3) 현물헤지와 선행헤지

헤저가 현물로 보유하고 있는 기존의 포지션에 대한 위험을 제거하기 위하여 선물시장에서 포지션을 매입 또는 매도하는 것을 현물헤지(spot hedge)라고 한다. 그리고 선행헤지(anticipatory hedge)는 아직 포지션이 발생하지 않았으나 장래에 발생할 것으로 예상되는 현물포지션에 대한 헤지를 말한다.

4.2.3 선물헤지의 원리

선물거래를 통하여 현물시장의 위험관리가 가능한 것은 현물가격과 선물가격이 같은 수급변동 요인에 따라 동일한 방향으로 일정한 관계를 유지하면서 변동하기 때문이다. 만약에 선물가격이 현물가격과 무관하게 변동하거나 변동패턴에 큰 차이를 보인다면 헤지가 불가능하거나 헤지의 효율성이 상당히 떨어질 수밖에 없을 것이다.

헤지의 원리를 매도헤지를 중심으로 다음 〈그림 2-8〉에서 알아보자. 매도헤지는 현물의 매입포지션(long position)에 대한 가격하락위험을 없애려는 거래전략이다. 따라서 〈그림 2-8〉에서와 같이 매도헤지를 한 경우에 현물가격이 P_0^s에서 P_1^s으로 하락하면 현물 포지션에서는 $P_0^s - P_1^s$만큼 손실이 발생하게 된다. 그러나 현물가격이 하락하면 선물가격도 P_0^f에서 P_1^f으로 같이 하락하기 때문에 선물의 매도포지션(short position)에서는 $P_0^f - P_1^f$만큼 이익이 발생한다. 결과적으로 현물포지션에서의 손실은 선물포지션에서의 이익으로 상쇄될 수 있다.

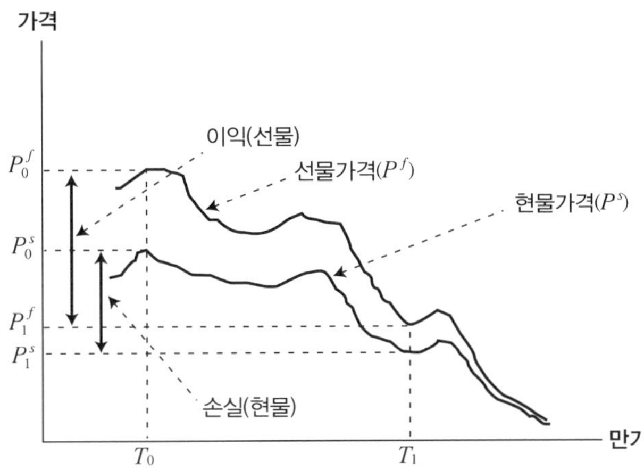

그림 2-8 매도헤지의 원리

이 경우에 선물가격의 하락폭과 현물가격의 하락폭이 같다면 현물포지션과 선물포지션에서 각각 발생하는 손실규모와 이익규모가 동일하여 두 포지션 간의 손익이 완전히 상쇄될 것이다. 이러한 경우를 완전헤지(perfect hedge)라고 부르는데 현실적으로 완전헤지가 이루어지는 것은 거의 불가능하다. 왜냐하면 헤지대상이 되는 상품과 동일한 상품을 거래대상(기초자산)으로 하는 선물계약이 존재하는 경우가 많지 않으며 또한 선물계약조건이 표준화되어 있기 때문에 예정한 헤지기간과 일치하는 인도시점을 가진 선물계약이 항상 거래된다고 할 수 없기 때문이다. 그리고 현물시장과 선물시장의 수급상황이 서로 다르기 때문에 현물가격과 선물가격의 차이(베이시스)가 시간의 흐름에 따라 변동하게 된다. 이에 따라 헤지를 실행하여도 당초 고정시키고자 한 목표가격을 확보할 수 없게 되는데 이를 베이시스 위험(basis risk)이라고 한다. 결과적으로 완전헤지가 거의 불가능하다는 점에서 보면 헤지거래는 현물의 절대가격 변동위험을 베이시스 변동위험으로 바꾸는 것이라고 말할 수 있다. 그렇지만 베이시스 위험은 절대가격 변동위험보다는 그 크기가 훨씬 작을 뿐만 아니라 관리가 가능하기 때문에 헤저는 선물헤지를 통하여 예측 불가능한 손익범위를 통제가능한 범위로 축소할 수 있다.

한편 헤저는 선물의 헤지거래를 통하여 불리한 가격변동위험을 경감시키기 위해 유리한 가격변동으로부터의 기대이익을 포기하는 셈이 된다. 〈그림 2-8〉의 왼쪽 부분에서 보는 바와 같이 미래의 불리한 가격변동으로 인하여 발생하는 현물포지션의 손실을 선물포지션의 이익으로 상쇄시킬 수 있지만 그림의 오른쪽 부분에서는 현물포지션에서 이익이 발생하더라도 선물포지션에서 손실이 발생하여 상쇄된다. 결과적으로 선물거래를 통한 헤지의 목적은 미래의 가격변동에 관계없이 자산 또는 부채의 가치를 현재시점에서 일정한 수준으로 확정(lock-in)시키는 데 있다.

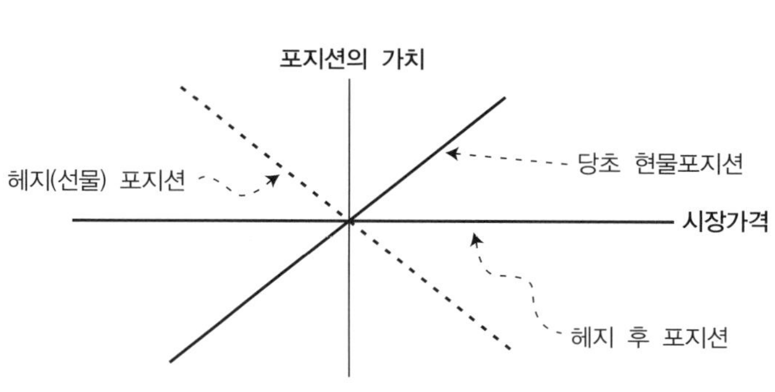

그림 2-9 현물포지션과 선물포지션의 손익 상쇄

4.2.4 헤지거래의 절차

1) 위험노출의 파악

헤지거래에 관한 의사결정의 첫 단계는 거래자가 현물포지션 또는 장래 취득예상 포지션(anticipatory position)에서 직면하고 있는 위험을 정확히 파악하는 것이다. 즉, 헤지거래를 하지 않을 때의 포지션(unhedged position)에서 발생하는 위험의 종류와 위험노출(risk exposures)의 정도를 파악하는 것이다.

다음 단계는 헤저가 노출된(또는 노출이 예상되는) 위험을 어느 정도 감수하느냐를 결정하는 문제이다. 헤지거래는 위험을 제거 또는 축소하는 유리한 효과를 기대할 수 있는 반면에 항상 헤지비용(hedging cost)이 발생하게 된다. 그리고 헤지거래는 잠재적 손실 가능성을 낮게 하지만 동시에 잠재적 이익 가능성이 상실될 수 있다. 따라서 헤지거래자의 위험에 대한 부담 정도(risk tolerance)에 따라 헤지의 실행 여부 또는 헤지규모를 결정할 수 있다.

2) 헤지수단의 선택

위험에 대한 파악이 완료된 후 매입헤지 또는 매도헤지를 결정하면 헤지거래에 이용할 선물계약을 선택하여야 한다. 이때 두 가지를 결정하여야 하는데, 첫째는 헤지를 위한 선물계약 종목을 정하는 것이고 다른 하나는 헤지대상 기간에 가장 적절한 선물계약의 결제월을 선택하는 것이다.

(1) 선물계약 종목의 선택

선물계약 종목의 선택기준은 헤지할 자산에 대하여 가격변동 측면에서 상관관계가 가장 높은 자산을 기준물로 하는 선물계약을 선택하는 것이다. 이는 일반적으로 동일한 자산에 대한 현물과 선물의 가격이 상관관계가 가장 높기 때문이다. 그러나 헤지대상 자산과 동일한 자산을 기준물로 하는 선물계약이 존재하지 않을 때에는 다양한 선물계약 중 가격변동면에서 헤지대상물과 가장 상관관계가 높을 것으로 추정되는 선물계약을 선택해야 한다.

(2) 결제월의 선택

이미 상장된 선물계약의 결제월(만기) 중에 헤지 희망기간과 일치하는 결제월이 없을 때에는 선택방안이 여러 가지가 있다. 그 중 대표적인 방안으로 선물시장에 상장된 결제월 중에서 헤지희망 기간보다 짧은 결제월을 이용하는 경우와 긴 결제월을 이용하는 경우를 생각해 보자.

먼저 결제월이 짧은 것을 구입하여 만기 직전에 청산한 후 또 다른 결제월을 매입하는 방법으로 짧은 만기의 선물계약을 연속적(roll-over)으로 이용하는 방법이 있다. 이때 연속적 결제월 중에 마지막 것이 헤지 희망기간과 일치하지 않는 경우에는 다시 두 가지 방안 중 하나를 선택하여야 한다. 하나는 헤지 희망기간보다 긴 만기의 선물계약을 매입하여 희망기간 종료시점에 선물계약을 중도 청산하는 방법인데 이 경우에는 베이시스위험이 발생되는 문제가 있다. 다른 하나는 희망기간보다 짧은 만기의 선물계약을 매입하여 선물계약 종료 후 헤지기간 만료일까지 헤지하지 않고 가격변동위험을 감수하는 것이다.

(3) 헤지비율의 결정

헤지수단으로 이용할 선물계약의 종류가 선택된 다음에는 거래할 선물계약의 규모를 결정하는 것이다. 즉, 현물시장에서 발생하는 자산의 위험노출(long exposure) 또는 부채의 위험노출(short exposure)을 헤지하기 위하여 얼마나 많은 선물계약을 매입 또는 매도해야 하는가를 결정해야 하는데, 이를 헤지비율(hedge ratio)이라고 한다.

헤지비율은 헤지수단으로 이용될 선물계약의 가치 변동액과 헤지대상 현물자산 가치의 예상 변동액의 비율으로 정의할 수 있다. 바꾸어 말하면 현물포지션의 단위 수량당 헤지를 위하여 필요한 선물계약수를 말한다.

완전헤지(perfect hedge)가 이루어진다고 가정하면 다음의 관계식이 성립한다.

$$\text{현물포지션의 가치변동액} = \text{선물포지션의 가치변동액} \tag{2.13}$$

식 (2.13)을 수량과 가격으로 세분하여 정의하면 다음과 같다.

$$\begin{aligned}&\text{현물포지션 구성 현물수량}(Q_S) \times \text{단위 현물가격 변동액}(\Delta S)\\&= \text{선물계약수}(Q_F) \times \text{계약단위}(CS) \times \text{단위 선물가격 변동액}(\Delta F)\end{aligned} \tag{2.14}$$

식 (2.14)에서 선물계약수(Q_F)가 헤지비율(HR)이 되는데 이는 다음 식 (2.15)와 같이 계산할 수 있다.

$$\begin{aligned}\text{헤지비율}(HR) &= \text{선물계약수}(Q_F)\\&= \frac{\text{현물수량}(Q_S) \times \text{단위 현물가격 변동액}(\Delta S)}{\text{계약단위}(CS) \times \text{단위 선물가격 변동액}(\Delta F)}\end{aligned} \tag{2.15}$$

실제로 헤지비율을 계산하는 데 있어서는 헤지대상 현물의 가격과 선물가격이 유사한 움직임을 보인다고 가정하여 대상현물과 동일한 선물계약으로 헤지를 수행하는 것이 가장 바람직할 것이다. 그러나 선물거래는 일반적으로 시장의 유동성 증대를 위하여 현물을 표준화시킨 가상적인 상품을 거래대상으로 선정하기 때문에 위와 같이 헤지비율을 계산하는 것은 비현실적이라고 할 수 있다. 이에 따라 헤지효율을 높이기 위한 다양한 수단이 개발되었는데, 예를 들어 T-Bond 선물을 이용하여 헤지하는 경우에는 basis point value, Duration 등을 활용하며, 주가지수선물을 이용한 헤지에서는 베타계수를 적용하고, 옵션을 이용한 헤지에서는 델타계수 등이 헤지비율의 결정과정에 활용된다.

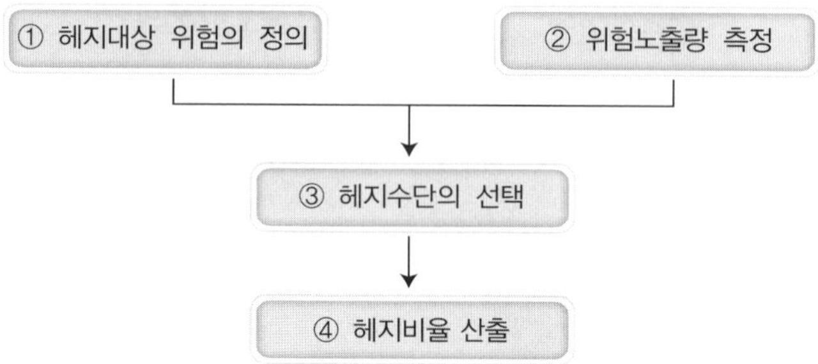

그림 2-10 **헤지관련 의사결정 과정**

4.2.5 선물헤지거래 사례

1) 통화선물을 이용한 헤지

수출입 등 대외거래와 관련된 모든 기업이나 개인은 항상 환율변동위험에 직면하고 있다. 예를 들어 수출입업무를 담당하는 종합상사는 외국과 상품을 구매 또는 판매하는 과정에서 수출입 결제자금을 미래의 일정 시점에 외화로 지급 또는 수취한다. 그리고 다국적기업은 해외에 소재하는 자회사에 외국통화로 환전 또는 송금하거나 자회사로부터 외국통화로 표시된 과실송금을 받을 경우도 있다. 이에 따라 대외거래와 관련된 모든 거래자는 예기치 못한 환율변동으로부터 발생하는 환위험을 회피하기 위한 금융수단을 필요로 하게 된다. 이러한 환위험 헤지를 위한 가장 효율적인 수단으로서 통화선물계약이 활용되고 있다.

통화선물계약의 거래대상물인 통화는 동질성(homogeneity)이 있기 때문에 통화선물의 헤지방법은 장기금리선물 등 여타 선물거래를 이용하는 헤지에 비해 비교적 단순하다. 즉, 통화선물계약을 이용하는 헤지거래에서는 현물가격과 선물가격의 변동패턴 차이로 인하여 발생하는 베이시스 위험(basis risk)만 존재한다.

여기서는 매입헤지와 매도헤지로 나누어 몇 가지 사례를 중심으로 통화선물의 헤지방법을 설명하려고 한다.

(1) 매입헤지

매입헤지는 가격상승위험을 회피하기 위한 위험관리방법이다. 특정 외국통화의 가치가 상승하여 환위험이 발생할 경우에는 통화선물의 매입헤지를 통하여 환율변동위험을 제거 또는 축소할 수 있다.

〈사례 1〉

미국의 다국적기업인 A회사는 6개월 후에 스위스 소재 자회사에 SFr250,000,000의 자금을 송금할 계획이다. 1월 12일 현재 스위스 프랑화의 환율시세가 다음과 같이 형성되어 있다.

$/SFr 환율시세 (1월 12일 현재)

구분	가격
현물	0.4935
3월물	0.5034
6월물	0.5134
9월물	0.5237
12월물	0.5342

위 표에서 선물환율은 만기가 길수록 높게 형성되어 있다. A상사는 미국 달러화에 대한 스위스 프랑화의 가치가 상승할 가능성에 대해 염려하여 6개월 후에 송금할 스위스 프랑화 자금의 매입환율을 현재의 선물환율로 확정시킬 계획이다. 이에 따라 만기 6월인 SFr 선물 2,000계약*을 1스위스 프랑당 0.5134달러에 매입하였다.

만약 이 회사가 송금하는 6월 16일에 가서 우려했던 대로 환율(U$/SFr)이 상승하여 0.5211이 된다 하더라도 A상사는 걱정할 필요가 없다. 왜냐하면 선물시장에서 SFr통화선물을 1프랑당 0.5134달러에 2,000계약(250,000,000프랑 상당)을 미리 매입해 둠으로써 선물의 만기일인 6월 16일에 선물대금 $128,350,000을 지불하고 SFr250,000,000을 인수할 수 있기 때문이다. 만약 A상사가 통화선물을 이용하여 헤지를 하지 않았다면 6월 16

* SFr선물의 필요계약건수 = 250,000,000(송금액) ÷ 125,000(계약단위)
= 2,000계약

일에 250,000,000프랑을 매입하기 위해 $130,275,000를 지불해야 하지만 다행히 헤지를 해놓음으로써 매입원가를 $1,925,000만큼 절감할 수 있게 되었다.

결과적으로 A상사는 환율변동위험에 노출되어 있었으나 통화선물을 이용함으로써 1프랑당 0.5134달러의 환율로 송금액을 미리 확보할 수 있다. 만일 이 회사가 헤지를 하지 않고 6월 15일까지 기다렸다면 1프랑당 0.5211달러를 지불해야만 했을 것이다. 그러나 반대로 스위스 프랑의 가치가 떨어져서 0.5134달러보다 더 낮은 환율에 프랑화를 매입할 가능성도 있다. 결과적으로 A회사는 통화선물 헤지거래를 통하여 송금에 필요한 스위스 프랑화 매입환율을 현재 시점에서 확정시킴으로써 미래 환율의 불확실성을 제거할 수 있다.

	현물시장	선물시장
1월 15일	A상사가 6개월 후에 스위스 자회사에 SFr250,000,000을 송금할 예정	통화선물시장에서 결제월 6월인 SFr선물 2,000계약을 매입 매입대금 $128,350,000
6월 15일	$/SFr 현물환율 : 0.5211 SFr250,000을 매입하는 데 $130,275,000 소요	선물결제일에 $128,350,000을 지불하고 SFr250,000를 인수
헤지에 따른 비용절감 : $135,275,000 − $128,350,000 = $1,925,000		

(2) 매도헤지

매도헤지는 가격의 하락위험을 회피하기 위한 거래이다. 일정기간 후에 수출결제자금을 외화로 수취할 예정인 기업이나 현재 외화표시 채권에 투자하고 있는 투자자의 경우 해당 외국통화의 가치가 하락하면 환차손이 발생하게 된다. 이때는 통화선물의 매도헤지를 통하여 환율변동위험을 제거 또는 축소할 수 있다.

〈사례 2〉

3월 1일에 미국의 B상사는 스위스의 S상사와 SFr500,000 상당의 자동차를 3개월 후에 스위스 프랑으로 결제하는 조건으로 수출 계약을 체결하였다. 그러나 최근 스위스 프랑화가 미 달러화에 대해 약세를 보임에 따라 미국의 B상사는 CME Group의 통화선물 계약을 이용하여 환위험을 헤지하려고 한다. 스위스 프랑화의 현물환율과 선물가격이 다음과 같이 변동하였을 경우에 헤지전략을 수립하여 시행한 결과 손익은 다음과 같이 발생한다.

$/SFr 환율시세

일자	현물(A)	선물(B)	베이시스(B-A)
3월 1일	0.6900	0.6922	0.0022
6월 1일	0.6811	0.6826	0.0015
단위당 손익	-0.0089	+0.0096	-0.0007(베이시스 축소)

미국의 B상사는 자동차 수출계약을 체결한 후 수출대금이 3개월 후에 스위스 프랑화로 결제되기 때문에 결제시점에서 프랑화의 가치가 하락하면 환차손을 입게 된다. 이러한 환차손을 미연에 방지하기 위해서는 통화선물시장에서 SFr선물의 매도포지션을 취함으로서 현물시장에서 발생하는 환차손을 감소 또는 제거할 수 있다. 이 경우에 B상사는 만기 6월인 SFr선물을 거래하는 것이 적합할 것이다. 그 이유는 대금결제일인 6월 1일까지 거래되는 여러 종류의 만기별 선물계약 중에서 근월물을 선택하면 높은 시장유동성을 이용하여 보다 유리한 가격으로 선물계약을 매매할 수 있기 때문이다.

헤지거래에 필요한 계약수는 수출계약금액 SFr500,000을 SFr선물 계약단위인 SFr125,000으로 나누면 4계약이 된다. 이에 따라 B상사는 환위험을 헤지하기 위하여 SFr선물 4계약을 매도한다.

수출계약의 자금결제일인 6월 1일에 B상사는 스위스에 자동차를 인도하고 받은 수출대금 SFr500,000을 현물환시장에서 스위스 프랑당 $0.6811로 교환하고 통화선물시장에서 SFr선물 4계약을 0.6826의 가격으로 매입하여 선물 매도포지션을 청산하였다. 통화선물거래의 수수료가 계약당 $65이라면 헤지결과 손익은 다음과 같이 계산된다.

먼저 매도헤지거래 결과 선물시장에서 1SFr당 $0.0096의 이익을 실현함으로써 현물시장에서 발생하는 1SFr당 $0.0089의 환차손을 상쇄하고 오히려 헤지거래 이익 $90.0*을 획득하였다.

이러한 헤지결과 B상사는 스위스 프랑화를 SFr당 $0.6902**의 가격으로 매도하게 되

---

* 헤지거래 이익 = $0.0007 × SFr125,000 × 4계약 − $260(수수료) = $90.0

** 매도가격 = 당초 현물가격 + 베이시스 변동폭 − 선물중개수수료

= 0.6900 + $0.0007 − $0.0005* = $0.6902

* 1SFr당 선물중개 수수료 = $\frac{\$65\,(1계약당\ 수수료)}{SFr125,000\,(계약규모)}$

는 셈이다.

헤지결과 B상사는 선물중개 수수료를 지불하고도 당초 스위스 프랑화의 가치하락을 우려한 시점보다 오히려 매도가격을 SFr당 $0.0002만큼 증대시켰다. 이는 거래기간 동안 선물가격 하락폭이 현물가격 하락폭보다 더 컸기 때문이다. 즉, 베이시스의 변동 측면에서 보면 헤지시점의 베이시스(0.0022)보다 결제시점이 베이시스(0.0015)가 축소된 결과이다. 선물가격이 현물가격보다 높은 음의 캐리시장(negative carry market)에서 매도헤지(short hedge)를 실시하였을 경우에 베이시스의 축소는 헤지거래자에게 유리하게 작용하여 이익이 발생한다. 이 경우에 만약 거래자가 선물시장을 이용하여 헤지를 하지 않았을 경우에는 스위스 프랑화의 가치하락으로 $4,450의 환차손***을 입게 된다.

*** 환차손 규모 = $0.0089/SFr × SFr500,000 = $4,450

〈사례 3〉

B기업은 1월 2일에 금리가 높은 파운드화 표시 CD(3개월 만기)에 투자하였다. 장래 파운드화의 가치하락이 예상되므로 파운드화 선물매도계약을 체결하여 환위험을 헤지하였는데 헤지결과를 요약하면 다음과 같다.

	현물시장	선물시장
1월 2일	1£ = $1.5000(매입환율)	1£ = $1.5050(매도가격)
	3개월 만기 파운드 CD(수익률 : 연율 12%)에 투자하기 위해 £500,000 매입 매입소요액 : $750,000(A)	결제월 4월 파운드선물 8계약*매도 매도금액 : $752,500(B)

* 매도계약수 = £500,000 ÷ £62,500

가. 예상과 같이 파운드화 가치가 하락한 경우

	현물시장	선물시장
4월 2일	£1 = $1.4000(매도환율)	1£ = $1.4050(매입가격)
	£515,000(= 원금 £500,000 + 이자 £15,000) 매도금액 : $721,000(C)	결제월 4월 파운드 선물 8계약 매입 → 포지션 청산 매입 소요금액 : $702,500(D)
결과	손실 $29,000(A – C)	이익 $50,000(B – D)
손익	$21,000 이익	

나. 예상과 반대로 파운드 가치가 상승한 경우

	현물시장	선물시장
4월 2일	£1 = $1.6000(매도환율)	1£ = $1.6050(매입가격)
	£515,000(= 원금 £500,000 + 이자 £15,000) 매도금액 : $824,000(E)	결제월 4월 파운드 선물 8계약 매입 → 포지션 청산 매입 소요금액 : $802,500(F)
결과	이익 $74,000(E - A)	손실 $50,000(B - F)
손익	$24,000 이익	

〈사례 4〉

1월 10일 미국의 A상사는 10억엔의 물품을 일본에 수출하고 그 대금을 2월 14일에 수취하기로 계약하였다. 그리고 이 회사는 8백만달러의 부채를 2월 14일에 상환할 예정이다.

현재 Yen/U$ 현물환율은 125.00엔(1엔 = 0.008달러)이며 3월물 Yen선물의 가격은 7981이다. 그리고 2월 14일 만기 선물환율은 125.10엔이다. 이 경우에 A상사는 환율변동위험에 대한 헤지전략을 다음과 같이 수립할 수 있다.

〈헤지 전략〉

ⓐ 1월 10일 현재 Yen 통화선물 3월물을 계약당 7981에 80계약* 매도함

ⓑ 2월 12일에 Spot Value Date가 2월 14일인 Yen 현물환 매도계약을 체결함과 동시에 이전에 매도한 선물포지션의 청산거래를 실시함

ⓒ 2월 14일에 Yen 결제대금으로 현물환 매도계약을 이행함과 동시에 현물환 계약에 의해 수취한 미 달러화로 부채를 상환함

〈변동상황〉

2월 12일 현재, Yen/U$ 현물환율 : 130Yen(1Yen = 0.007692달러)

3월물 Yen 통화선물 가격 : 7,680

* 80계약 = ¥1,000,000,000 ÷ ¥12,500,000

〈손익분석〉

1월 10일 현재 수출채권 달러 가치 : U$8,000,000 = ¥1,000,000,000 ÷ 125.0

2월 12일 현재 수출채권 달러 가치 : U$7,692,307.69 = ¥1,000,000,000 ÷ 130.0

엔화가치 하락에 따라 환차손이 $307,692.31 발생하였다. 그러나 선물거래 이익 $301,000**을 제외하면 헤지 후 순손실은 $6,692.31로 줄어든다. 여기서 헤지손실은 시간경과에 따른 베이시스 수렴현상 때문에 발생한 것이다. 즉, Yen 현물시세가 308틱(8,000 - 7,692) 하락하였는데 선물시세는 301틱(7,981 - 7,680) 하락함으로써 베이시스가 7틱 축소되었다.

베이시스 변동

	Yen 현물가격(A)	Mar. Yen 선물가격(B)	베이시스(A-B)
1월 10일	8,000	7,981	19
2월 12일	7,692	7,680	12
차이	308	301	7

결국 부채상환을 위해 조성된 자금은 수출채권 회수액 $7,692,307.69와 선물거래 이익 $301,000을 합쳐 $7,993,307.69에 불과하여 $6,692.31가 부족하게 된다.

그러나 이것은 헤지전략상의 문제이기보다는 당초 수출채권 회수액을 과대하게 평가한 것에 기인한다. 1월 10일 현재 10억엔은 당장 달러로 회수되는 것이 아니고 2월 14일에 가서 회수될 예정이므로 이 수출채권의 달러가액은 10억엔을 현물환율 125.0으로 나눈 $8,000,000가 아니라 당시 선물환율 125.10으로 나눈 $7,993,605로 보아야 합당하다. 그러므로 2월 14일의 $8,000,000 부채상환을 위해서 약 6,700달러를 별도로 조달하여야 할 것이다. 다만, 선물환율과 선물가격 간에는 반올림 등의 차이 때문에 약간의 오차가 발생할 수 있다.

** 선물거래 이익 = 301(=7,981 - 7,680)틱 × $12.5(tick value) × 80계약
= $301,000

2) 금리선물을 이용한 헤지

금리선물을 이용하는 헤지거래는 금리변동위험에 노출된 현물포지션의 가치를 안정적으로 유지하기 위한 목적으로 선물시장에서 현물포지션과 반대되는

포지션을 취득하는 거래이다. 금리선물을 이용하는 헤지거래자는 헤지수단인 선물계약의 종류와 계약건수, 헤지시점 등을 결정하는 데 있어서 다른 선물의 헤지보다 더 많은 어려움을 느끼게 된다. 특히, 장기금리선물의 경우에는 선물계약의 표준물과 헤지대상 현물채권이 대부분 상이하기 때문에 헤지전략을 수립하는 것이 매우 복잡하다.

금리위험에 직면해 있는 헤저의 상황별 헤지전략을 요약하면 다음 〈표 2-16〉과 같다.

표 2-16 금리변동 상황별 헤지전략

현물 포지션 상황	현물거래 형태	금리변동위험	선물거래의 헤지전략
현재 포지션 보유	채권 투자	금리상승 → 자산가치하락	금리선물 매도
	고정금리 차입	금리하락 → 기회비용발생	금리선물 매입
장래 포지션 보유예정	채권투자 예정	금리하락 → 투자수익률 하락	금리선물 매입
	차입 예정	금리상승 → 차입비용상승	금리선물 매도

금리선물을 통한 금리위험 헤지방법은 크게 미시헤지(micro-hedge)와 거시헤지(macro-hedge)로 나눌 수 있다. 미시헤지는 특정 자산, 부채 또는 금융계약을 개별적으로 헤지하는 방법이다. 그리고 거시헤지는 전체 포트폴리오의 금리위험을 감소시키기 위하여 선물포지션을 취득하는 것이다. 미시헤지는 특정 자산 또는 부채에만 연관된 위험관리방법이기 때문에 여타 포트폴리오 구성요소를 무시함으로써 오히려 기업의 총위험을 증가시킬 가능성이 있다. 그리고 거시헤지에서는 헤지활동의 효율성을 유지하기 위한 감독이 어렵다는 문제점이 따른다.

헤지의 기본원리는 현물포지션과 반대되는 선물포지션을 취득함으로써 현물과 선물의 가격변동에 따라 발생하는 손익을 상쇄시키는 것이다. 따라서 적절한 헤지는 현물가격의 변동을 선물가격의 변동에 최대한 일치시킴으로써 손익의 상쇄효과를 극대화하는 것이다.

매도헤지(short hedge)는 현물의 매입포지션(long position)을 보유하고 있을 경우 현물가격의 예기치 않은 하락으로부터 발생하는 손실을 상쇄하기 위하여 선물의 매도포지션(short position)을 취하는 것이다. 따라서 매도헤지에서 헤저는 보유하고 있는 현물증권을 나중에 매도하는 동시에 선물계약을 재매입해 선물매도포지션을 상쇄(short-covering)시키려는 의도를 갖는다. 이 경우에 선물가격의 하락은 선물포지션에서 이익을 발생시켜 현물가격의 하락으로 인한 현물포지션의 손실을 상쇄하게 된다.

정상수익률곡선하에서 금리선물의 가격은 현물가격에 디스카운트(discount)로 형성된다. 이 경우에 매도헤지(short hedge)를 실행하게 되면 현물가격이 선물가격보다 빠르게 상승하거나 선물가격이 현물가격보다 빠르게 하락할 경우, 즉 베이시스가 증가할 경우에는 헤저는 순이득을 얻게 된다. 반대로 베이시스가 감소하면 매도헤저는 순손실을 입게 된다.

반대로 매입헤지(long hedge)는 현물의 매도포지션(short position)을 보유하고 있는 경우에 예기치 않은 현물가격의 상승으로 인하여 발생하는 손실을 줄이기 위하여 선물에 대해 매입포지션을 갖는 것을 말한다. 매입헤지에 있어서 헤저는 나중에 현물을 매입하면서 선물계약을 재매도해 선물매입포지션을 상쇄(liquidating)시키려는 의도를 갖는다. 따라서 정상수익률곡선하에서 금리선물을 이용한 매입헤지에 있어서는 현물가격이 선물가격보다 빠르게 하락하거나 선물가격이 현물가격보다 빠르게 상승할 경우(즉, 베이시스가 감소할 경우) 헤저는 순이익을 얻게 된다.

그러나 베이시스의 불리한 변동에 따라 헤지 후 순손실이 발생할 경우에도 현물포지션에서 발생한 손실이 선물포지션에서 발생하는 이익으로 일부 상쇄된다. 따라서 헤지된 포지션(hedged position)의 가치변동성은 단지 베이시스의 변화에 의해 발생하기 때문에 일반적으로 헤지된 포지션의 가치변화는 헤지가 안 된 포지션(unhedged position)의 가치변화보다 작게 나타난다. 다만, 헤지를 효율적으로 관리하기 위해서는 베이시스의 변동에 의한 손실 및 이익 가능성을 면밀히 검토해야 한다.

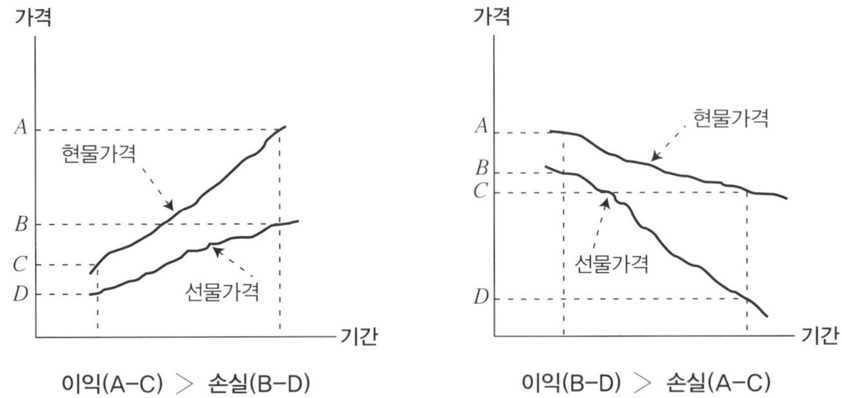

그림 2-11 정상수익률곡선하에서의 매도헤지

(1) 단기금리선물 헤지

i) 금리상승위험에 대한 매도헤지

금리상승에 따라 현물포지션에서 손실이 발생할 가능성이 있는 경우에는 선물계약의 매도포지션을 취함으로써 손실발생위험을 줄일 수 있다. 매도헤지는 현물의 매입포지션을 가지고 있을 경우 현물가격의 예기치 않은 하락으로부터의 손실을 상쇄하기 위하여 선물의 매도포지션을 취하는 거래전략이다. 매도헤지를 실행한 헤저는 헤지기간이 종료되면 보유하고 있는 현물채권을 매도하고 동시에 선물계약을 재매입해서 선물매도포지션을 상쇄시키게 된다. 그 결과 현물가격의 하락에 따라 발생하는 현물포지션의 손실은 선물가격의 하락에 따른 선물포지션의 이익으로 상쇄된다.

예를 들어 은행이 단기금리에 연동되어 있는 예금으로 자금을 조달하여 고정금리조건으로 중장기 대출을 하거나 투자를 할 경우에 자산과 부채의 만기구조와 금리조건의 불일치로 인하여 금리상승위험에 노출되게 된다. 그리고 장래에 은행으로부터 차입을 하거나 채권을 발행하여 자금을 조달하려고 계획하고 있는 기업도 금리가 상승하면 차입비용이 증가하게 되는 위험에 직면한다. 이러한 경우에 선물의 매도헤지를 통하여 금리상승위험을 제거 또는 축소할 수 있다.

〈사례 5〉

3월 2일에 A은행은 1,000만달러의 단기 CD를 매출하였는데 CD 소유자는 3개월 후에 이 CD를 만기갱신(rollover)할 것으로 예상된다. 시장금리가 상승하면 A은행은 지금보다 더 높은 금리를 지급해야 하기 때문에 순이자 마진이 감소될 위험에 직면하고 있다. 금리가 상승하면 선물가격이 하락하여 금리선물을 매도함으로써 이익을 얻을 수 있기 때문에 A은행은 단기국채(T-bill) 선물계약을 매도하여 금리상승위험을 헤지하려고 한다.

CD금리가 8%에서 10%로 상승하였을 경우를 가정하여 손익을 분석하면 다음 표와 같다. 이 표에서 금리상승으로 3개월 후의 CD 이자비용은 5만달러 증가하였으나 6월인도 단기국채선물 10계약을 매도하고 6월 2일에 이 매도포지션을 상쇄시키기 위하여 10계약을 재매입함으로써 얻은 이익(5만달러)으로 이자비용 증가분이 상쇄되었다. 결국 A은행의 이자비용은 당초의 8%에 고정되어 금리상승에도 불구하고 이 은행의 영업이익은 당초 수준을 유지할 수 있었다. 이 경우는 베이시스의 변동이 전혀 없어 완전헤지가 이루어진 것이다.

매도헤지 : CD 만기갱신 및 금리상승 예상

일자	현물시장	선물시장
3월 2일	① CD금리 = 8% ② 이자비용(3개월) = $1,000만 × 0.08/4 = $20만	① 6월인도 단기국채선물 선물금리 = 8% (선물가격 = 92) ② 매도계약수 = 10
6월 2일	① CD금리 = 10% ② 이자비용(3개월) = $25만	① 6월인도 단기국채선물 선물금리 = 10% (선물가격 = 90) ② 매입 계약수 = 10
손익계산	현물시장 손실(이자증가) ① 3월 이자 = $20만 ② 6월 이자 = $25만 손실 = $5만	선물시장 이익 = (92 − 90) × 100 × $25 × 10계약 = $5만

6월 실효이자비용 = 6월 현물이자 − 선물매매이익 = $25만 − $5만 = $20만
= 3월 현물이자 − 헤지 순이익 = $20만 − 0 = $20만

ii) 금리하락위험에 대한 매입헤지

매입헤지는 현물의 매도포지션을 보유하고 있는 경우 예기치 않은 현물가격

의 상승에 따라 발생하는 손실을 줄이기 위하여 선물의 매입포지션을 취하는 것을 말한다. 매입헤지에 있어서 헤저는 헤지기간이 종료된 후 현물을 매입하면서 동시에 선물계약을 매도해서 선물의 매입포지션을 상쇄시키려는 의도를 갖는다. 금융기관이나 기업은 흔히 장래 발생할 자금유입을 예상하고 이의 투자수익을 확보하기 위하여 선행헤지(anticipatory hedge)를 수행한다. 이 경우에 투자수익률이 하락(채권가격의 상승)하면 손실이 발생하며 금리선물의 매입을 통하여 이러한 금리하락위험을 헤지할 수 있다.

〈사례 6〉

4월 6일 B은행은 60일 후에 100만달러의 자금유입을 예상하고 이것을 3개월 만기 유로달러 정기예금에 투자할 계획이다. 이날 현재 3개월 만기 유로달러 정기예금의 현물금리는 8.0%이고 9월인도 유로달러선물금리는 8.2%이다. 이 은행은 금리하락을 우려하고 현재의 높은 수익률을 확보하기 위해 9월인도 유로달러선물 1계약을 매입했다. 이 매입헤지를 마감하기 위하여 6월 8일에 선물계약을 매도한 결과 헤지 후 손익은 다음 표와 같다.

6월 8일에 현물금리와 선물금리가 각각 7.75%와 7.9%로 하락하여 0.05%의 금리베이시스 변동이 발생하였다. 즉, 유로달러 예금금리의 하락으로 인한 손실(625달러)보다 선물매매로 인한 이익(750달러)이 더 크기 때문에 125달러(0.0005 × 100만달러 × 90/360)의 순이익이 발생한 것이다.

이 경우 실효수익률 = 6월 8일 현물금리(7.75%) + 선물매매이익률(0.30%)
= 초기(4월 6일) 현물금리(8.0%) − 베이시스 변화(−0.05%)
= 8.05%

매입헤지 : 유로달러 정기예금 가입 및 금리하락 예상

일자	현물시장	선물시장	금리 베이시스(%)
4월 6일	① 3개월 만기 유로달러 현물금리 = 8.00% ② 2개월 후 $100만 예금 예상	① 9월인도 유로달러 선물금리 = 8.20% (선물가격 = 91.80) ② 매입계약수 = 1	8.20 − 8.00 = 0.20

6월 8일	① 3개월 만기 유로달러 예금금리 = 7.75% ② $100만 예금	① 9월인도 유로달러 선물금리 = 7.90% (선물가격 = 92.10) ② 매도계약수 = 1	7.90 − 7.55 = 0.15
손익계산	① 현물시장 기회손실 = 8.00 − 7.75 = 0.25(%) ② 손실액 = $100만 × 0.0025 × (1/4) = $625	① 선물매매이익 = 8.00 − 7.90 = 0.30(%) ② 이익액 = $100만 × 0.003 × (1/4) = 750달러	① 베이시스 변화 = 0.15 − 0.20 = −0.05 ② 순이익 = 750달러 − 625달러 = 125달러

실효수익 = 이자수입 + 선물매매이익
= $100만 × 0.0775 × (90/360) + $750 = 19,375 + 750 = $20,125
실효수익률 = 6월 8일 현물이자율(7.75%) + 선물매매이익률(0.30%) = 8.05%
= 4월 6일 현물이자율(8.00%) + 헤지순이익률(0.05%) = 8.05%
= 4월 6일 현물이자율(8.00%) − 베이시스 변화(−0.05%) = 8.05%

iii) 스트립헤지와 스택헤지

스트립헤지(strip hedge)란 헤지해야 할 대상의 금리포지션이 장기간에 걸쳐 존재할 때 이 기간 동안 유로달러선물을 동일 수량만큼 매입 또는 매도하여 전체적으로 균형화하는 헤지기법을 말한다. 즉, 스트립은 단순히 2개 이상의 연속적인 결제월물을 시리즈로 매입 또는 매도하는 기법으로서 해당 스트립기간 동안의 수익률을 고정시킬 수 있는데 선도금리계약(FRA)이나 T-bill 선물 등을 이용하여 이러한 헤지 목적을 달성할 수도 있다. CME Group의 유로달러선물을 이용하여 스트립헤지를 할 경우에는 10년만기의 금리까지 금리변동위험을 관리할 수 있다. 스트립헤지를 할 때 유효금리 또는 목표금리(target rate)를 스트립금리(strip rate)라고 말하며 장래 수익률곡선의 변동과 상관없이 목표금리를 확정시킬 수 있다.

그리고 스택헤지(stack hedge)란 헤지대상물의 가액 전체 규모에 해당하는 근월물을 일괄 매입(매도)한 후 이월될 때까지 해당기간 경과분만큼을 제외한 나머지를 차기 근월물로 치환하는 스택 & 롤링헤지(stack & rolling hedge)이다. 이를 근월물 스택헤징이라 한다.

〈사례 7〉

A회사는 1년간 변동금리(90일 Libor 기준)로 2,500만달러를 차입하였다. 차입일은 2008년 12월 31일이고 만기일인 2009년 12월 31일에 원금이 상환되며 이자는 매 분기 말에 지급된다. 따라서 A회사는 금리상승위험을 회피하기 위하여 유로달러선물의 2009년 3월물 25개, 6월물 25개, 9월물 25개를 각각 매도하여 스트립헤지를 한 후 매 분기마다 해당 결제월물을 재매입하여 청산하면 된다. 이때 1년 차입금리에 대해 3개 결제월만 사용하는 것은 최초 확정금리기간을 제외해야 하기 때문이다. 반면에 스택헤지의 경우에는 75계약 전부를 근월물인 2009년 3월물로 매도한다. 그리고 매분기마다 기존의 결제월물 전부를 재매입하여 청산함과 동시에 잔여물량을 차기 근월물로 매도하여 치환한다. 예를 들어 2009년 3월 이자지급시에는 3월물 75계약 매입 및 6월물 50계약을 매도하면 된다. 이를 요약하면 다음 표와 같다.

스택헤지와 스트립헤지

구분	결제월	1/4분기	2/4분기	3/4분기
스택헤지	첫 번째 근월물(3월물)	75계약		
	두 번째 근월물(6월물)		50계약	
	세 번째 결제월(9월물)			25계약
스트립헤지	첫 번째 근월물(3월물)	25계약		
	두 번째 근월물(6월물)	25계약	25계약	
	세 번째 결제월(9월물)	25계약	25계약	25계약

즉, 3개월 이상의 금리위험 노출을 커버하기 위한 방법으로 스트립헤지는 연속적인 결제월을 각각 모두 거래하는 반면, 스택헤지는 한두 개의 결제월을 순차적으로 집중적인 거래를 하여 포지션을 구성한다. 선물시장의 유동성 문제 때문에 일반적으로 근월물 스택을 이용하지만 장래의 수익률곡선에 대한 전망에 따라서 원월물 스택을 이용하기도 하며, 스트립/스택처럼 양자를 혼용하는 방법도 있다. 그러나 중장기 금리변동위험을 헤지할 때 유동성이 높은 결제월까지는 스트립을 이용하고 나머지는 원월물로 스택하는 것이 일반적이다. 이를 롤링 스트립(rolling strip) 헤지라고 부른다.

(2) 장기금리선물 헤지

금리하락에 따른 채권가격의 상승위험에 노출되어 있을 때에는 금리선물의 매입을 통해서, 금리상승에 따른 채권가격의 하락위험에 노출되어 있을 때에는 금리선물의 매도를 통해서 금리변동위험을 헤지할 수 있다. 그러나 중장기채권의 경우에는 일반적으로 금리변동에 따라 현물과 선물의 가격변동이 각각 다른 양상을 보이기 때문에 헤지효과를 높이기 위해서는 정확한 헤지비율을 산출해야 한다. 여타 상품과는 달리 금리상품은 종류가 다양하기 때문에 금리선물을 이용하는 헤지에서는 대상현물과 선물이 상이한 교차헤지가 주로 이루어진다.

상품선물, 통화선물, 주가지수선물에서는 일반적으로 '포트폴리오 헤지모형(portfolio hedge model)'이라고 불리는 회귀분석을 이용하여 헤지비율을 산출한다. 그러나 장기금리선물의 경우에는 그 특수성 때문에 듀레이션을 이용한 '가격민감도 헤지모형(price sensitivity hedge model)' 등이 개발되어 실무에서 이용되고 있다. 모든 장기금리선물헤지의 기본원리는 보유하고 있는 채권포트폴리오의 가치변동이 선물포지션의 가치변동과 같게 선물헤지규모를 정하는 것이다.

현물채권 포트폴리오의 가치변동 = 선물포지션의 가치변동

$$Q(h) \times \Delta C = \$100,000 \times \Delta F \times HR \tag{2.16}$$

$Q(h)$: 현물포트폴리오 가액　　ΔC : 현물가격변동

ΔF : 선물가격변동　　HR : 선물헤지비율

식 (2.16)에서 헤지비율을 구하면

$$HR = \frac{Q(h) \times \Delta C}{100,000 \times \Delta F} \tag{2.17}$$

장기금리선물에서 일반적으로 사용하고 있는 헤지비율 계산방법을 살펴보면 다음과 같다.

i) 액면가치등가(face value naive)**모형**

액면가치등가모형은 현물자산의 액면가치와 선물자산의 액면가치를 단순히 일치시키는 헤지방법이다. 예를 들어 액면가격 10만달러의 회사채를 헤지하기 위해 T-bond 선물 1계약(10만달러)을 사용한다는 것이다. 그러나 이 모형은 다음과 같은 두 가지의 중요한 점들을 간과하고 있기 때문에 헤지의 효율성이 크게 떨어진다. 첫째, 이 모형은 현물과 선물 간에 액면의 가치는 동일하지만 시장가격이 서로 상이하게 변할 수 있다는 점을 무시하고 있다. 둘째, 이 모형은 현물시장 상황, 가격민감도에 영향을 주는 표면금리와 채권만기의 특성을 간과하고 있다.

$$\text{헤지비율}(HR) = \frac{\text{현물의 액면가액}}{\text{선물의 1계약단위}} \tag{2.18}$$

ii) 시장가치등가(market value naive)**모형**

시장가치등가모형은 액면가치등가모형과 유사하지만 현물과 선물의 액면가치가 아닌 시장가치를 동등하게 한다는 점에서 차이가 있다. 예를 들어 액면가치가 1백만달러인 회사채의 현재 시장가치가 90만달러이고 T-bond 선물가격이 80-00이라면 시장가치등가모형은 11.25계약($900,000 ÷ $80,000)을 헤지비율로 사용한다. 이 모형은 시장가와 액면가의 차이를 고려했기 때문에 앞에서 설명한 액면가치모형의 첫 번째 문제점은 해결할 수 있으나 두 번째 문제점은 여전히 남게 된다.

$$\text{헤지비율}(HR) = \frac{\text{현물가격}}{\text{선물가격}} \tag{2.19}$$

iii) 전환계수(conversion factor)**모형**

전환계수모형은 청구금액을 계산하기 위해 전환계수를 사용하는 T-bond 선물 또는 T-note 선물 등에만 적용이 가능하다. T-bond 선물에서는 표면금리가 6%인 채권이 기준물로 설정되어 있기 때문에 인도할 채권을 표준물(표면금리 6%, 만기 30년)로 전환하여야 한다. 이때 조정하는 계수를 전환계수라고 부르는데 이 전환계수는 선물거래소에서 공시하고 있다.

장기금리선물의 매도포지션 보유자가 선물계약의 만기일에 T-bond 또는 T-note 현물을 인도할 경우에 매입포지션 보유자에게 요구하는 청구가격을 계산할 때 전환계수가 사용된다. 그리고 인도시점에서 청구가격은 조정선물가격(선물종가×$1,000×전환계수)에 최종 이자지급일 이후의 경과이자를 가산하여 결정된다. 한편, 인수도채권의 선택권을 가진 선물 매도자는 인도적격 채권(deliverable bond) 중 최저가인도채권(CTD)을 인도하려고 하기 때문에 전환계수로 조정한 헤지비율을 사용함으로써 헤지오차를 줄일 수 있다.

$$\text{헤지비율}(HR) = \frac{\text{현물의 투자가치}}{\text{선물계약가치}} \times CF \tag{2.20}$$

〈사례 8〉

2006년 6월 21일 현재 표면금리 6+1/8%, 만기 2036년 5월 15일, 액면 1억달러의 미국 장기국채(T-bond)를 보유하고 있으며, 이 채권의 전환계수는 1.0139이다.

금리상승에 따른 채권가격의 하락위험에 대비하기 위하여 T-bond 선물로 헤지하려고 할 때 전환계수방법을 이용하여 헤지비율을 계산하면 다음과 같다.

$$HR = \frac{100,000,000}{100,000} \times 1.0139 = 1,013.9$$

따라서 금리변동위험을 헤지하기 위해서는 T-bond 선물 약 1,014계약을 매도하면 된다. 왜냐하면 선물가격은 쿠폰 6%를 기준으로 책정된 것이기 때문에 쿠폰 6+1/8% 채권의 가격은 이론적으로 선물가격 변동의 1.0139배만큼 더 크게 변동한다. 즉, 향후 보유채권의 가격이 1% 하락할 때 9월 선물가격은 1/1.0139%만큼 하락함으로써 현물손실금액을 선물포지션의 이익으로 상쇄할 수 있게 된다.

그러나 전환계수모형은 여러 가지 측면에서 많은 문제점을 가지고 있다. 먼저 헤지비율을 계산할 때 최저가인도(CTD)채권의 전환계수로 조정하는 것은 헤지대상 현물과 최저가인도채권이 무관할 경우 아무런 의미가 없거나 오히려 헤지오차를 더욱 크게 할 소지가 있다. 또한 헤지대상 현물의 전환계수로 조정하는 것도 이론적으로 볼 때 바람직하지 않다. 예를 들어 만기가 동일한 조건하에서 표면금리가 높을수록 채권의 전환계수는 더 큰 값을 갖게 되지만 듀레이션은 오히려 작아진다. 따라서 뒤에서 설명할 듀레이션모형에 의해 계산된 헤지비율은 더 줄어들지만 전환계수모형에 따라 전환계수(CF)로 가중할 경우에 헤지비율이 오히려 늘어나는 오류를 범하게 된다.

iv) 베이시스 포인트 벨류(basis point value)**모형**

베이시스 포인트 벨류(BPV)는 채권수익률이 0.01%(1bp) 변동할 때 채권가격의 변동폭을 의미하며 채권가격 변동폭의 절대값을 측정하는 데 가장 많이 사용되는 개념이다.

예를 들어 유로달러(Euro dollar)선물 또는 T-bill 선물의 1bp는 $25이다($1,000,000 × 0.0001 × 90/360). 만약 A기업이 향후 180일 만기 CP(상업어음)를 발행할 예정이라면 수익률이 1bp 변할 때 180일 CP가격은 90일 T-bill 선물가격에 비해 2배만큼 많이 변할 것이다. 이와 같이 금리에 대한 보다 큰 민감도를 반영하기 위해 헤지비율(HR)을 다음과 같이 구할 수 있다.

$$\text{헤지비율}(HR) = \frac{BPV_c}{BPV_f} \tag{2.21}$$

여기서 BPV_c는 수익률 1bp 변동에 따른 현물가격 변동폭이며, BPV_f는 1bp 변동에 따른 해당선물의 달러가치 변동액을 의미한다. 상기 예에서는 BPV_c가 BPV_f의 2배가 되므로 헤지비율은 2가 된다.

한편 채권선물의 경우에는 CTD의 BPV를 CTD의 CF로 나눔으로써 선물의 $BPV(BPV_f)$를 구할 수 있다. 이때 헤지비율은 다음과 같이 계산할 수 있다.

$$\text{헤지비율}(HR) = \frac{\text{포트폴리오 } BPV}{\text{선물의 } BPV} = \frac{\text{포트폴리오 } BPV}{BPV_{CTD}/CF_{CTD}} \qquad (2.22)$$

앞의 예시에서 9월물 T-bond 선물(September T-bond)에 대한 최저가인도채권(*CTD*)의 표면금리 5+1/2%, 만기 2032년 11월 15일, 전환계수 0.9463, *BPV*(액면 10만달러당) 932.63달러라면 선물의 *BPV*를 다음과 같이 산출할 수 있다.

선물의 *BPV*(액면 10만달러당) = 932.63/0.9463 = 985.55달러

따라서 1억달러의 현물채권(BPV = $993,420)에 대한 헤지비율을 계산하면 다음과 같다.

$$HR = \frac{\text{보유현물의 } BPV}{\text{선물의 } BPV} = \frac{993,420}{985.55} = 1,008$$

그러나 BPV는 항상 일정한 것이 아니라 수익률변동에 따라 수시로 변화하기 때문에 헤지비율을 계속 조정해야 하는데 이를 동적 헤지(dynamic hedge)라고 한다.

〈사례 9〉

한 상호기금관리자(mutual fund manager)는 3개월 후에 쿠폰 10%의 T-bond(현재 최저가인도물에 해당)에 $10,000,000을 투자할 계획이다. 그러나 이 기금관리자는 향후 수익률 하락위험에 대해 걱정하고 있다. 따라서 이 관리자는 현재의 매력적인 채권 매입가격을 확정시키기 위하여 T-bond 선물로 헤지하기로 결정하였다. 시장상황이 아래와 같이 변동하였을 경우에 이 기금관리자의 헤지전략과 헤지결과 손익을 분석하면 다음과 같다.

〈시장상황〉

매입 T-bond(CTD)	T시점	T + 90일
가격	116-00	117-04
BPV($100,000당)	$112.83	
전환계수(CF)	1.4465	
T-bond 선물가격	86-25	87-28
단기차입금리	6%	

〈헤지전략〉

① T-bond 선물계약의 BPV를 결정한다.

선물계약의 BPV = CTD의 BPV/전환계수

= $112.83/1.4465

= $78.00

② BPV를 이용하여 매입할 T-bond 선물의 계약수를 결정한다.

선물계약 수 = 현물의 BPV/선물의 BPV

= $11,283($10,000,000당)/$78.00

= 약 145계약

〈헤지결과 분석〉

결과비교	T시점	T + 90일
선물헤지를 하지 않았을 경우		
-채권매입가격	$11,600,000	$11,712,500
-채권매입원가 상승액		$112,500
선물헤지를 한 경우		
-채권매입가격	$11,600,000	$11,712,500.00
-선물거래 이익		$158,593.75*
-채권 순매입가격		$11,553,906.25

* 선물거래 이익 = 35틱[(87 − 28/32) − (86 − 25/32)] × $31.25 × 145계약

= $158,593.75

v) 듀레이션(Duration)모형

앞에서 설명한 베이시스 포인트 벨류(basis point value)는 수익률변동에 따른 채권가격의 민감도를 절대금액으로 측정하는 데 비해 듀레이션은 변동률로 나타내는 상대적인 측정치이다. 이자탄력도를 계산하는 데 있어서 BPV보다 우수한 지표라고 할 수 있는 듀레이션은 헤지비율을 계산하는 데뿐만 아니라 채권 포트폴리오 관리와 자산부채관리(ALM)에 유용한 도구로 사용된다.

듀레이션을 이용한 헤지비율 계산방법은 다음과 같다.

먼저 듀레이션은 금리변동에 대한 채권가격의 변동비율을 측정하는 지표이기 때문에 금리가 1% 변동할 때 현물채권의 가격변동액(ΔP_h)은 현물채권의 수정듀레이션(MD_h)에 현물채권의 가격(P_h)을 곱하여 계산할 수 있다.

$$\frac{\Delta P_h}{\Delta r} = -D \times P_h \times \frac{1}{(1+r)}$$

$$\Delta P_h = P_h \times \left(-\frac{D}{1+r}\right) \times \Delta r \tag{2.23}$$

$$\Delta P_h = P_h \times (-MD_h) \times \Delta r$$

마찬가지로 선물의 가격변동액 ΔF는 선물의 수정듀레이션에 선물가격을 곱하여 계산할 수 있지만 실제로 선물의 듀레이션을 구할 수 없기 때문에 최저가인도물(CTD)의 채권가격(P_{CTD})과 수정듀레이션(MD_{CTD})을 이용하여 간접적으로 추정한다.

$$\Delta F = -MD_{CTD} \times \frac{P_{CTD}}{CF_{CTD}} \tag{2.24}$$

여기서 CF_{CTD}는 최저가인도물 채권의 전환계수이다.

따라서 듀레이션을 이용한 헤지비율 계산식은 다음과 같이 정의할 수 있다.

$$HR = \frac{Q_h}{100,000} \times \frac{MD_h \cdot P_h}{MD_{CTD} \cdot P_{CTD} / CF_{CTD}} \tag{2.25}$$

〈사례 10〉

2006년 6월 21일 현재 표면금리 6 + 1/8%, 만기 2016년 5월 15일, 액면 1억달러의 미국 장기국채(T-bond)를 보유하고 있다. 이 채권의 수정듀레이션은 11.42년이고, 시장가격은 95-20이며 전환계수는 1.0139이다. 그리고 9월물 T-bond 선물의 최저가인도물(CTD)은 표면금리 5 + 1/2%, 만기 2014년 11월 15일인 채권인데 이 채권의 수정듀레이션은 10.83년, 가격은 88-08, 전환계수는 0.9463이다.

금리상승에 따른 채권가격 하락위험을 헤지하려고 할 때 듀레이션방법을 이용하여 헤지비율을 계산하면 다음과 같다.

$$HR = \frac{100,000,000 \times 11.42 \times 95.625 \times 0.9463}{100,000 \times 10.83 \times 88.25}$$
$$= 1,081.2$$

듀레이션이 고정금리채권의 금리위험 척도로 활용되는 것과 마찬가지로 채권포트폴리오 또는 금융기관의 자산·부채의 듀레이션은 각각의 금리위험에 대한 척도가 된다. 다양한 종류의 채권으로 구성되어 있는 포트폴리오의 듀레이션은 각 구성채권의 듀레이션을 구성비로 가중 합산하여 구할 수 있다. 예를 들어 어떤 포트폴리오를 구성하는 채권의 듀레이션이 각각 D_1, D_2, D_3이며 각 채권의 구성비가 w_1, w_2, w_3이라면 포트폴리오의 듀레이션은 다음과 같이 계산할 수 있다.

$$\text{포트폴리오 듀레이션} = w_1 \times D_1 + w_2 \times D_2 + w_3 \times D_3 \qquad (2.26)$$

포트폴리오 관리자 또는 은행의 자산부채관리 담당자는 이러한 듀레이션을 적절한 수준으로 유지함으로써 금리위험을 감소시키거나 금리변동을 이용하여 포트폴리오 또는 자기자본의 가치증대를 도모할 수 있다. 예를 들어 금리하락이 예상되면 포트폴리오의 듀레이션을 늘리기 위하여 단기채권을 장기채권으로 대체하거나 쿠폰이 낮고 만기가 긴 채권의 비중을 늘리는 등 포트폴리오(또는 자산)의 구성을 변동시킬 것이다. 이와 같이 현물거래를 통하여 포트폴리오의 구성을 바꿈으로써 전체 듀레이션을 조정할 수 있으나 장기금리선물거래를 이용하면 보다 용이하게 포트폴리오의 듀레이션을 조정할 수도 있다.

예를 들어 자산의 듀레이션(D_a)이 부채의 듀레이션(D_b)보다 크면 금리가 상승할 때 자산가치의 감소폭이 부채가치의 감소폭보다 크게 되어 순자산(자산 - 부채)의 시장가치가 감소한다. 따라서 금리상승이 예상될 때에는 자산의 듀레이션을 짧게 하고 부채의 듀레이션을 길게 하는 전략을 선택하는 것이 바람직하다. 이를 위해 자산의 구성면에서 보유자산의 만기를 축소하거나 중도이자지급이 많은 채권의 비중을 늘리는 방법이 있다. 그리고 부채의 구성면에서 부채의 만기를 늘리거나 중도이자지급이 적은 채권 또는 할인채로 바꾸는 방법을 고려해 볼 수 있다. 그러나 자산이나 부채를 직접 조정하는 방법은 경우에 따라 금융기관의 고객에게 원하지 않는 거래를 강요하게 되어 고객을 잃게 될 위험성이 있을 뿐만 아니라 많은 거래비용을 수반하게 된다. 이 경우에 장기금리선물거래를 이용하면 보다 더 신축적으로 그리고 낮은 비용으로 듀레이션을 조정할 수 있는데 장기금리선물의 매입은 듀레이션을 연장시키며 매도는 듀레이션을 단축시키는 효과를 가져온다.

현물채권 포트폴리오를 선물매도를 통하여 헤지할 경우 헤지 후 포트폴리오의 듀레이션은 다음과 같이 계산된다.

$$D_T = D_H - \frac{P_F}{P_H} \times D_F \tag{2.27}$$

단, D_T = 헤지 후 포트폴리오의 듀레이션(즉, 목표듀레이션)
D_H = 헤지대상 포트폴리오의 듀레이션
D_F = 선물계약의 듀레이션
P_F = 선물계약의 가격
P_H = 헤지대상 포트폴리오의 시장가치

위 식으로부터 선물계약의 매도규모(가액)를 계산하는 식을 유도하면 다음과 같다.

$$-P_F = (D_T - D_H) \times P_H / D_F \tag{2.28}$$

D_T를 포트폴리오 관리자가 원하는 목표 듀레이션이라고 한다면 P_F는 이 목표를 달성하기 위하여 매도해야 하는 선물계약의 규모가 된다.

〈사례 11〉

2006년 2월 2일 현재 채권포트폴리오의 시장가치는 1,225만달러이고 그 듀레이션이 7.6년, 2006년 6월인도 채권선물의 최저가인도물(CTD)의 듀레이션이 9년일 때 채권포트폴리오의 듀레이션을 5년으로 단축시키기 위한 선물매도액은 다음과 같이 계산된다.

$$-P_F = (5 - 7.6) \times 1,225\text{만달러}/9 = 353.89\text{ 만달러}$$

현재 2006년 6월인도 선물의 가격이 100-02라면 매도해야 할 선물계약수는 다음과 같다.

$$3,538,900\text{달러}/(1.000625 \times 100,000\text{달러}) = 35.37(\text{약 }35\text{계약})$$

만약 목표 듀레이션을 0으로 하려고 한다면 위 식에서 D_T를 0으로 하여 선물계약의 크기를 구하면 된다.

〈사례 12〉

한 포트폴리오 관리자는 앞으로 2개월 이내에 채권수익률이 급격히 하락할 것으로 전망하고 있다. 그는 이러한 전망에 대한 가능성이 매우 크다고 보아 현재 관리하고 있는 고정수익채권 포트폴리오의 듀레이션을 2배 이상 확대시키기 위하여 선물계약을 매입하기로 결정하였다. 시장상황이 아래와 같이 변동하였을 경우 헤지전략과 결과를 분석하면 다음과 같다.

〈시장상황〉

시장상황	T시점	T+60일
포트폴리오 듀레이션	4.6	
목표 듀레이션	10.0	
채권선물 가격	85-00	94-26
포트폴리오 가치	\$100,000,000	\$104,535,095
선물의 BPV	\$77.02	
포트폴리오의 만기수익률(YTM)	9.27%	

〈헤지전략〉

① 포트폴리오의 듀레이션을 BPV로 환산한다.

$$\frac{4.6}{\left(1+\frac{0.0927}{2}\right)} \times \$100,000,000 \times 0.0001 = \$43,962.35$$

② 포트폴리오의 목표 듀레이션을 BPV로 환산한다.

$$\frac{10}{\left(1+\frac{0.0927}{2}\right)} \times \$100,000,000 \times 0.0001 = \$95,570.32$$

③ 포트폴리오의 목표 듀레이션을 확보하기 위한 필요 선물계약수를 결정한다.

$$\frac{(\$95,570.32 - \$43,962.35)}{\$77.02} = 670\text{계약}$$

〈결과분석〉

결과분석	T시점	T+60일
선물헤지를 하지 않았을 경우		
포트폴리오 가치	\$100,000,000	\$104,535,095
수익률(연율)		27.21%
선물헤지를 한 경우		
포트폴리오 가치	\$100,000,000	\$104,535,095
선물거래이익*		\$6,574,375
수익률(연율)		66.66%

* 선물거래이익 = 314틱[(94 − 26/32) − (85 − 00/32)] × \$31.25 × 670계약 = \$6,574,375

3) 주가지수선물을 이용한 헤지

주가지수선물거래에 있어서도 위험관리는 매우 중요한 선물거래의 기능 중 하나이다. 특히 증권시장의 경우 가격변동성이 매우 높고 위험이 크기 때문에 이러한 위험을 효과적으로 관리하는 수단이 절실히 요청된다.

(1) 체계적 위험과 비체계적 위험

증권시장의 위험은 크게 체계적 위험(systematic risk)과 비체계적 위험(unsystematic risk)으로 나눌 수 있다. 먼저 체계적 위험은 이자율이나 소득의 변동 등 주식시장 전체에 영향을 미치는 요인들에 의한 위험을 말하는데, 이를 시장위험(market risk)이라고도 한다. 이 체계적 위험의 수준을 계량화한 대표적인 지표가 베타(β)이다. 베타는 증권시장의 주가변동요인이 개별 주식이나 포트폴리오에 미치는 영향을 수치화한 것으로 베타의 절대값이 높을수록 영향이 커다는 것을 의미한다. 수학적으로 베타는 개별주식의 수익률과 시장수익률과의 공분산(covariance)을 시장수익률의 분산으로 나눈 값이다. 이때 시장수익률의 베타는 1이며 무위험 자산의 베타는 0이 된다.

$$\text{베타}(\beta) = \frac{\text{개별주식의 가치변동률}(\%)}{\text{주가지수}1\%\text{ 변동}} = \frac{Cov.r_i, r_m}{Var.r_m} \tag{2.29}$$

r_i : 개별주식의 수익률, r_m : 시장수익률

그리고 비체계적 위험 또는 개별위험이란 시장 전체가 아닌 특정 기업 또는 업종에만 영향을 주는 위험을 말한다. 이러한 비체계적 위험은 다음 그림과 같이 여러 종류의 주식으로 구성된 포트폴리오를 보유(분산투자)함으로써 그 위험을 제거하거나 매우 적은 수준으로 감소시킬 수 있다.

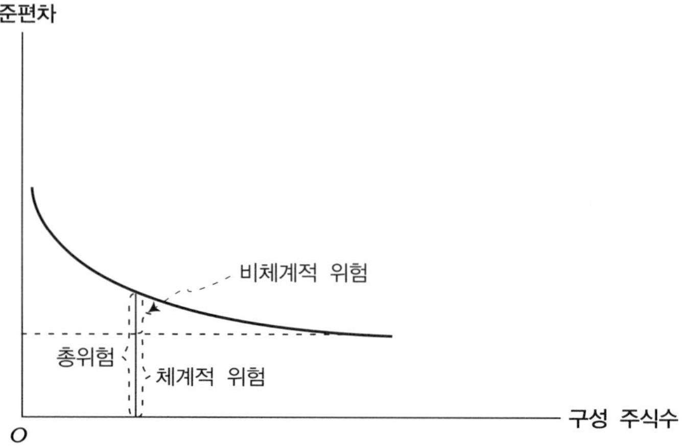

그림 2-12 증권투자위험

그러나 분산투자는 위험관리수단으로서는 두 가지의 한계점을 지니고 있다. 하나는 다양한 종목에 투자하기 위해서는 많은 거래비용이 요구된다는 점이다. 그리고 분산투자는 비체계적 위험은 줄일 수 있지만 체계적 위험은 감소시킬 수 없다는 것이다. 주가지수선물거래는 이러한 한계성을 극복할 수 있는 우수한 대안으로 활용되고 있다.

(2) 최소위험 헤지모형

주가지수선물계약을 이용하는 헤지거래에서는 위험회피 대상인 주식 또는 포트폴리오가 주가지수와 일치하지 않기 때문에 교차헤지 방법을 선택할 수밖에 없다. 따라서 주가지수선물을 이용한 헤지거래에는 베이시스 위험뿐만 아니라 현물가격과 선물가격 간의 상관관계 변동위험을 수반한다. 일반적으로 현물 포트폴리오를 주가지수선물계약으로 헤지할 경우에 발생하는 위험은 크게 두 가지를 생각할 수 있다. 하나는 헤지대상 현물의 가치변동과 현물주가지수 변동 사이에 발생하는 차이인 추적오차(tracking error)이고 다른 하나는 현물지수와 선물지수 간의 변동폭 괴리에서 오는 베이시스 위험(basis risk)이다.

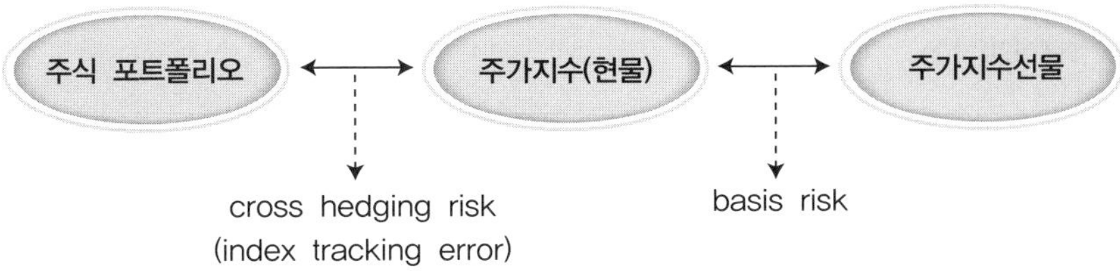

그림 2-13 주가지수선물 헤지거래시 발생위험

헤지의 효율성을 높이기 위해서는 주가지수의 변동과 보유 포트폴리오의 가격변동 간의 상관관계를 나타내는 베타값을 정확히 파악하는 것이 중요하다. 그리고 헤지실무 과정에서 가장 중요한 단계는 보유하고 있는 포트폴리오에 대해 얼마만큼을 헤지하느냐 하는 것인데 이는 투자목적과 시장상황, 포트폴리오의 베타 등을 고려하여 결정한다.

헤지에 필요한 주가지수선물 계약수는 다음과 같이 구한다.

$$\text{필요 선물계약수} = \frac{\text{보유 포트폴리오 가치} \times \text{희망 헤지비율}}{\text{대상 주가지수} \times \text{선물계약 승수}} \times \text{보유 포트폴리오 베타}(\beta) \qquad (2.30)$$

식 (2.30)에서 분모는 주가지수 1단위의 가치를 의미하고 분자는 보유 포트폴리오 중 헤지대상 부분의 가치를 의미한다. 그리고 보유 포트폴리오의 베타가 1 이외의 값을 가질 경우에는 포트폴리오와 주가지수의 움직임에 괴리가 발생하기 때문에 이를 조정하기 위하여 포트폴리오의 베타를 곱한다. 만약 포트폴리오의 베타가 1.5라면 주가지수가 1% 하락할 때 포트폴리오의 가치는 1.5% 하락하므로 1.5단위의 주가지수를 매도해야만 충분한 헤지가 가능하다. 그리고 포트폴리오의 베타는 포트폴리오를 구성하는 개별주식의 베타를 구성비로 가중합산하여 계산할 수 있다.

〈사례 13〉

어떤 투자자가 6월 17일 현재 3개의 주식으로 구성된 포트폴리오를 보유하고 있다. 향후 주식가격이 하락세를 보일 것으로 예상되어 KOSPI200 주가지수선물을 매도하여 가격하락위험을 헤지하려고 한다. 6월 17일 현재 포트폴리오를 구성하는 개별주식의 베타값과 9월물 KOSPI200 선물가격이 아래와 같을 때 선물매도 헤지비율을 계산해 보자.

- **포트폴리오의 구성**

A주식(베타 : 0.6)	= 20억원
B주식(베타 : 1.5)	= 50억원
C주식(베타 : 1.2)	= 30억원
합 계	100억원

포트폴리오의 베타를 구하면 1.23(= 0.6 × 0.2 +1.5 × 0.5 +1.2 × 0.3)이다.

그리고 Sept. KOSPI200 선물가격이 180.00이라면 선물매도 헤지비율은 다음과 같이 계산된다.

$$\text{선물매도 헤지비율} = \frac{10,000,000,000\text{원}}{180 \times 500,000\text{원}} \times 1.23 = 136.7 \ (\text{약 } 137)\text{계약}$$

〈사례 14〉 매입헤지

어떤 투자자가 앞으로 1개월 후인 3월 14일에 10억원에 상당하는 주식 포트폴리오를 매입할 계획이다. 그러나 주식시장의 활황으로 한 달 후에는 KOSPI200주가지수가 현재 180포인트에서 5% 정도 상승할 것으로 예상된다. 한편 매입예정인 포트폴리오의 추정 베타는 1.3이고 헤지에 이용하려는 6월물 KOSPI200선물가격은 185.70포인트이다. 이 경우에 향후 주가상승위험에 대비한 최적헤지 계약수를 계산하면 다음과 같다.

$$\begin{aligned}\text{최적헤지 계약수} &= \frac{1,000,000,000\text{원}}{185.70 \times 500,000\text{원}} \times 1.3 \\ &= 14\text{계약}\end{aligned}$$

실제로 1개월 후 KOSPI200 현물지수와 선물지수가 다음 표와 같이 각각 189와 195.00으로 동일하게 5%씩 상승하고 포트폴리오의 시가총액은 베타가 1.3이므로 6.5% 상승하여 10억 6,500만원으로 되었다면 이와 같은 매입헤지거래를 통하여 거의 완전한 헤지가 이루어지게 된다.

매입헤지의 예

일자	현물시장	선물시장
2월 14일	포트폴리오 시가총액 : 1,000,000,000원 KOSPI200지수 : 180	KOSPI200선물가격 : 185.70 14계약 매입포지션
3월 14일	포트폴리오 시가총액 : 1,065,000,000원(6.5% 상승) KOSPI200지수 : 189(5% 상승)	KOSPI200선물가격 : 195.00(5% 상승) 14계약 반대매도
손익	손실 : −65,000,000원	이익 : (195.00 − 185.70) × 500,000원 × 14 계약 = 65,100,000원
합계	순이익 = 100,000원	

만약 이 기간 동안 현물시장의 변동과 선물시장의 변동이 일치하지 않거나 또는 포트폴리오의 가격이 그 포트폴리오의 베타와 무관하게 변동하는 경우에는 완전헤지가 불가능하게 된다. 예를 들어 현물지수가 10포인트 상승하여 190이 되었으나 만기가 1개월 가까워진 6월물 선물가격은 겨우 5포인트 올라 현물지수와 비슷한 190.70이 되었다면 선물거래에서 발생하는 이익은 3,500만원*에 그치게 된다. 그러나 헤지하지 않았을 경우에 발생하는 총 기회손실 7,222만원** 중에서 약 절반 정도를 헤지거래를 통하여 줄일 수 있다.

* 이익 $=(190.70 - 185.70) \times 500,000 \times 14$

** 총 기회손실은 $\left[\left(\frac{190}{180} - 1\right) \times 1.3 + 1\right] \times 1,000,000,000 = 1,072,222,222$원에서 당초 포트폴리오 가액(1,000,000,000원)을 차감하여 계산

〈사례 15〉 매도헤지

현재 한 투자자가 〈사례 14〉와 같은 포트폴리오(10억원)를 보유하고 있으나 앞으로 한 달 뒤에는 주식시장의 침체로 주가지수가 10% 정도 하락할 것으로 예상하고 있다. 이 경우에는 KOSPI200선물을 매도한 다음 한 달 후에 반대매매를 통하여 결제하면 보유하고 있는 포트폴리오의 손실을 줄일 수 있다. 이러한 거래를 매도헤지라고 한다.

예를 들어 1개월 후에 KOSPI200의 현물지수가 10% 하락하여 162포인트가 된다면 포트폴리오의 가격은 13% 하락한 870,000,000원이 된다. 만약 선물가격은 이보다 조금 더 낮은 8%의 하락률을 보여 170.80포인트가 되었다면 매도헤지의 결과는 다음 표에 요약되어 있는 바와 같이 순손실이 2,570만원만큼 발생하게 된다. 그러나 선물시장을 이용

하지 않았을 때 발생하는 손실액(1억 3,000만원)을 대부분 커버할 수 있게 된다.

매도헤지의 예

일자	현물시장	선물시장
2월 14일	포트폴리오 시가총액 : 1,000,000,000원 KOSPI200지수 : 180	KOSPI200선물가격 : 185.70 14계약 매도 포지션
3월 14일	포트폴리오 시가총액 : 870,000,000원 KOSPI200지수 : 162(10% 하락)	KOSPI200선물가격 : 170.80(8% 하락) 14계약 반대매입
손익	손실 : −130,000,000원	이익 : (185.70 − 170.80) × 500,000원 × 14계약 = 104,300,000원
합계	손실 = 25,700,000원	

위의 예에서 보는 바와 같이 현물가격과 선물가격의 차이(basis)가 변동하거나, 보유하고 있는 포트폴리오의 가치변동이 베타계수에 의한 예상과 다를 때에는 완전한 헤지를 달성할 수 없다. 또한 선물시장과 현물시장의 유동성이 원활하지 못하여 원하는 대로 매입 또는 매도가 불가능한 경우에도 헤지거래를 실행하는 데 어려움이 따른다.

4.3 투기거래

4.3.1 단순 투기거래

투기(speculation)거래란 예상이 빗나갔을 때 입을 수 있는 잠재적 손실을 감수하면서 자산 또는 부채의 예상되는 가치변동으로부터 이익을 추구하는 거래로 정의한다.

선물거래는 대상현물의 가치에 비하여 현물시장에서의 신용거래보다도 낮은 증거금 수준(일반적으로 10% 이내)을 요구하기 때문에 현물거래에 비하여 손익확대효과(leverage effect)가 매우 크다. 일반적으로 투기거래는 시장 전반에 대한 예상이 맞을 때는 높은 수익률을 얻을 수 있으나 반대의 경우에는 큰 손실을 입을 수 있기 때문에 투기목적으로 선물을 거래할 때는 반드시 이 점을 충분히 고려하여 의사결정을 해야 한다.

선물시장에서 투기거래자는 헤지거래자가 전가하려는 위험을 받아주며 시장 유동성을 조성하는 중요한 역할을 담당한다.

선물을 이용하는 투기거래방법은 대상 선물계약의 종류 수에 따라 단순 투기거래와 스프레드(spread)거래로 나눌 수 있다.

단순 투기거래는 한 종류의 선물계약을 거래대상으로 삼는 전략으로서 장래의 선물가격 변동을 예측하여 가격상승이 예상되면 선물계약을 사고, 가격하락이 예상되면 선물계약을 팔아서 추후 가격변동 발생 후에 청산거래(반대거래)를 통하여 이익을 얻으려는 전략이다. 즉, 싸게 사서 비싸게 팔거나(liquidation) 또는 비싸게 판 후 싸게 사 갚으려는(short-covering) 목적의 단순형태의 거래이다.

이 거래는 해당 포지션을 일방적으로 한쪽으로만 취하여 선물가격의 변동폭이 그대로 거래손익으로 나타나기 때문에 큰 수익이 기대되는 만큼 손실을 입을 위험도 높은 거래전략이라고 할 수 있다.

4.3.2 복합투기거래

1) 베이시스거래

앞에서 설명한 캐리모형(carry model)에서 이론선물가격과 현물가격의 차이를 캐리(carry)라고 정의하였는데 베이시스는 실제선물가격과 현물가격 간의 차이를 말한다. 실무적으로 베이시스는 선물과 현물의 가격 차이에 대한 절대치로 사용하고 있다. 베이시스의 변동을 분류하는 방법은 강화(strengthen) 또는 약화(weaken)로 구분하는 방법과 절대값을 기준으로 축소 또는 확대로 구분하는 방법이 있다. 베이시스가 강화되었다는 것은 베이시스의 수치가 음에서 양의 값으로 변하거나 같은 부호 내에서 값이 커질 경우를 말한다. 반대로 양의 값에서 음의 값으로 변하거나 값이 적어질 경우를 약화되었다고 한다.

그리고 베이시스가 캐리와 다를 경우에 선물시장은 불균형상태라고 말할 수 있는데 이 경우에는 무위험 차익거래의 기회가 발생한다. 이를 현물과 선물 간의 재정(arbitrage)거래라고 부르는데 이는 현물과 선물을 동시에 반대포지션으로 매매하였다가 일정기간 후 또는 선물의 만기일에 가서 각각의 포지션을 처분하여 무위험 이익을 얻는 거래이다.

이러한 현물과 선물 간의 재정거래에서는 수수료와 세금이 발생하며 매입호가(bid)와 매도호가(ask) 간에 차이가 발생해 포지션을 취하는 시점에서 가격이 달라질 수도 있고 또한 언제든지 거래가 가능할 정도로 시장 유동성이 풍부하지 못하다는 한계점이 있다. 이론적으로 재정거래기회가 발생하여도 현실적으로는 거래수수료 등을 감안하여야 하므로 베이시스와 캐리의 차이, 즉 이론가격과 실제가격의 차이가 이러한 비용보다 커야 재정거래가 가능하게 된다.

재정거래기법은 두 거래대상 중 상대적으로 싼(저평가) 것을 매입하는 동시에 상대적으로 비싼(고평가) 것을 매도하는 것으로서 두 가지 유형으로 나누어진다. 만약 실제 선물가격이 고평가되어 있고 상대적으로 현물가격이 저평가되어 있는 경우에는 고평가된 선물을 매도하고 저평가된 현물을 매입하는 매수차익거래(cash & carry)를 하면 된다. 이와는 반대로 실제선물가격이 이론선물가격보다 낮은 선물의 저평가 상태에서는 선물을 매입하는 동시에 현물을 매도(매도차익거래, reverse cash & carry)하였다가 선물의 만기에 가서 반대 매매하면 된다. 그러나 재정거래기회가 발생하면 수많은 재정거래자들이 동시에 그 기회를 포착하여 집중적으로 이러한 거래를 실행하기 때문에 시장은 다시 선물가격과 현물가격 간의 적정 가치만큼의 차이를 유지하는 균형상태로 옮아가게 된다.

베이시스거래가 가장 활발한 시장은 금리선물시장과 주가지수선물시장이다. 금리선물시장에서는 채권현물을 매입하고 선물을 매도하는 베이시스 매입거래(long the basis)와 채권현물을 매도하고 선물을 매입하는 베이시스 매도거래(short the basis)가 있다. 베이시스의 크기가 확대될 것으로 예상되면 베이시스 매입거래를 택하며, 반대로 축소될 것으로 예상되면 베이시스 매도거래를 할 수 있다. 금리선물의 베이시스 매입거래에서 현물매입대금은 채권을 담보로 하여 자금을 차입하는 Repo거래를 통하여 조달하며, 베이시스 매도거래에서 현물매도대금은 채권을 담보로 하여 자금을 대출하는 Reverse Repo형태로 운용된다.

금리선물시장에서 단기적으로 베이시스 변동에 가장 큰 영향을 미치는 변수는 시장금리, 즉 선물만기까지 적용되는 T-bill 수익률이다. 금리선물시장은 양의 보유시장(positive carry market)으로서 시장금리가 하락하면 현물채권 조달비용이 감소하므로 베이시스가 확대된다. 따라서 단기금리의 하락이 예상될 때에는 베이시스 매입거래를 하고 반대로 금리상승이 예상될 때에는 베이시스 매도거래를 할 수 있다.

〈사례 16〉 베이시스 매입거래(long the basis)

2006년 1월 20일 현재 표면금리 5 + 1/4%, 2035년 5월 15일 만기 T-bond가 83-18에 거래되고 있다. 이 채권의 전환계수는 0.9012이다. 한편 3월물 선물가격은 91-24로서 베이시스는 28/32*에 불과하다. 앞으로 베이시스가 확대될 것으로 예상된다. 이에 따라 거래자는 베이시스 매입거래를 실시하였는데 그 결과는 다음과 같다.

▪ 1월 20일(결제일 : 1월 21일)

베이시스 매입(1계약 = 100만달러), 매입단가 = 28/32

즉, 현물채권(액면 1백만달러)을 83-18에 매입하고 3월선물 9계약**을 91-24에 매도한다. 베이시스거래에서 선물거래량은 현물의 전환계수로 계산한다.

▪ 2월 5일(결제일 : 2월 6일)

베이시스 1계약 매도청산

즉, 현물채권(액면 1백만달러)을 87-11에 매도하고 3월선물 9계약을 95-22에 매입한다. 이러한 베이시스 매입거래를 통하여 2,375.0달러의 이익이 발생하는데 그 내역은 다음과 같다.

− 베이시스거래 이익 : 2,375.0달러

* March Basis 28/32은 (83 + 18/32) − (91 + 24/32) × 0.9012 = 0.8774를 32진법으로 표현한 것임

** ($1,000,000/$100,000) × 0.9012 = 약 9계약

현물거래이익 : {(87 + 11/32) − (83 + 18/32)} × 31.25 × 10 = 37,812.5달러

선물거래손실 : {(91 + 24/32) − (95 + 22/32)} × 9 × 31.25 = −35,437.5달러

− 표면금리이자수입(16일간) : 2,307.7달러

1,000,000 × (0.0525/2) × 16/182 = 2,307.7달러

(여기서 182일은 2005년 11월 15일부터 2006년 5월 15일까지 이자지급 기간일수임)

− 총수입 = 2,375.0 + 2,307.7 = 4,682.70달러

만약 베이시스 매입거래에 필요한 자금을 RP금리 4.65%로 조달하였다면 16일간 이자비용은 다음과 같이 계산된다.

845,288 × 0.0465 × 16/360 = 1,746.93달러

여기서 차입원금 845,288달러는 채권원금 835,625달러와 2005년 11월 15일부터 2006년 1월 21일까지 67일간 발생한 경과이자 9,663달러(= 1,000,000 × 0.0525/2 × 67/182)를 합한 것이다. 따라서 RP차입에 의한 베이시스 매입거래의 순수익은 2,935.77달러(= 4,682.70 - 1,746.93)가 된다.

2) 스프레드거래

외환거래를 비롯한 일반적인 금융거래에서 스프레드는 매입(bid)가격과 매도(ask, offer)가격의 차이를 의미한다. 그러나 선물시장에서 스프레드는 특정 선물의 실제가격과 다른 선물의 실제가격의 차이를 말한다.

이러한 스프레드는 동일상품 내에서 결제월이 다른 선물의 가격 간 차이인 결제월간(inter-delivery) 스프레드와 동일한 결제월의 서로 다른 상품을 기초자산으로 하는 선물의 가격 간 차이인 상품간(inter-commodity) 스프레드가 있다.

결제월을 달리한 선물가격 간에도 이론적으로 결제기간 차이만큼의 캐리가 반영되어야 한다. 실제로 선물시장에서는 기초자산이 동일한 선물상품이라도 결제월별로 개별 선물상품은 서로 다른 상품이며 각각의 수급에 의해 선물가격이 결정된다. 이에 따라 스프레드도 베이시스와 마찬가지로 이론적인 캐리값과

다르게 형성되는 경우가 많다.

선물시장에서는 이러한 스프레드의 움직임을 예상하여 이익을 보려는 거래자들이 많이 있는데 이러한 거래자를 스프레더(spreader)라고 부른다.

스프레드거래란 스프레드의 변동을 예상하여 하나의 선물을 사는 동시에 다른 선물을 파는 전략이다. 서로 반대되는 두 종류의 선물계약포지션에서 한쪽은 이익이 발생하고 다른 쪽은 손실이 발생하게 되는데 이때 그 크기를 서로 다르게 하여 이익을 얻으려는 거래이다.

위험측면에서 보면 단순 투기전략은 한 종류의 포지션만을 취함으로써 장래 가격변동에 대한 예상이 어긋나 손실이 발생할 때에는 절대가격 변동액 전체에 대한 손실위험을 안게 된다. 그러나 스프레드거래에서는 두 가지 선물의 가격차이, 즉 스프레드 변동액만큼의 손실이 발생하기 때문에 위험이 크게 축소된다. 따라서 스프레드거래전략은 투기거래전략 중에서도 상대적으로 보수적인 투자자들에게 적절하며 실제 거래에서 요구되는 증거금수준도 단순투기거래에 비해 낮게 책정된다.

(1) 결제월간 스프레드

이는 결제월간 스프레드의 변동을 이용하는 거래로서 선물의 기초자산인 현물이 동일하며 만기가 서로 다른 두 선물계약을 동시에 매입·매도하는 전략이다. 이를 상품내 스프레드 또는 달력(calendar) 스프레드, 시간(time) 스프레드라고도 일컫는다. 상대적으로 만기가 가까운 선물계약(근월물)을 매입하고 만기가 먼 선물계약(원월물)을 매도하는 것을 강세스프레드(bull spread)거래 또는 매입스프레드(long spread)거래라 하며, 반대로 근월물을 매도하고 원월물을 매입하는 것을 약세스프레드(bear spread)거래 또는 매도스프레드(short spread)거래라 한다.

강세스프레드는 원월물에 비하여 더 빨리 상승하는 근월물의 가격변화, 즉 스프레드가 강화될 것으로 예상할 경우에 이용한다. 그리고 약세스프레드는 근월물을 매도하고 원월물을 매입하여 원월물에 비하여 더 빨리 하락하는 근월물의 가격변화, 즉 스프레드가 약화될 것으로 예상하는 경우에 사용한다.

〈예시〉

2006년 11월 15일(수요일) 현재 December T-bond 가격은 100-23이고 March T-bond 가격은 100-14로 형성되어 있다. 그 결과 December/March Spread가 9/32이다. 금융시장에서는 자금경색현상에 따라 향후 금리가 상승할 조짐을 보이고 있다.

이에 따라 펀드매니저 A씨는 T-bond 선물을 매도하려고 생각하였으나 예상이 빗나갈 경우 위험이 크고 증거금(계약당 2,800달러)에 대한 부담이 너무 크기 때문에 스프레드거래를 이용하기로 하였다(스프레드거래의 증거금은 계약당 450달러). 선물중개회사를 통하여 Dec/Mar Spread 100계약을 9틱에 매도하였다. (시장금리가 상승하여 채권가격이 하락하는 경우 근월물의 가격하락폭이 원월물보다 더 커서 스프레드가 축소되기 때문에 스프레드 매도거래를 함)

그 다음날 예상과 같이 금리가 상승하여 December T-bond는 100-06, March T-bond는 99-31로 가격이 하락하였다. 그 결과 Dec/Mar Spread가 7틱으로 축소되어 이 가격에 스프레드 포지션을 청산하였다.

- 거래이익 = (9 − 7) × 31.25 × 100 = $6,250
- 증거금 투자액 대비 수익률 = 6,250/(45,000) = 약 13.9%

(2) 상품간 스프레드

서로 다른 상품이면서도 경제적으로 연관성이 있어 두 상품의 가격이 밀접한 관계를 가지고 움직일 때 만기가 동일한 각각의 선물계약을 대상으로 동시에 한쪽을 매입하고 다른 쪽을 매도하는 거래전략이다. 즉, 만기가 동일한 두 상품간의 가격변동 양상이 서로 차이를 나타낼 것으로 예상될 때 그 차이(spread)로부터 이익을 얻으려는 전략이다. 동일한 만기를 갖는 두 선물계약에 대해 상대적으로 가격상승폭이 크거나 가격하락폭이 작으리라고 판단되는 선물계약을 매입하고 반대로 상대적으로 가격상승폭이 작거나 가격하락폭이 큰 선물계약을 매도한다.

i) NOB 스프레드거래

NOB(Notes over Bonds) 스프레드거래는 중기채권인 T-note 선물과 장기채권인 T-bond 선물의 가격 차이를 이용하는 거래이다. 이는 장기채권이 단기채권에 비해 시장수익률의 변동에 대해 가격 변동폭이 크다는 특성을 이용하는 거래전략이다. 일반적으로 시장금리가 상승할 때에는 장기채 가격이 단기채 가격보다 더 많이 하락하기 때문에 단기채 매입, 장기채 매도 전략을 선택한다. 반대로 시장금리가 하락할 때에는 장기채 가격이 단기채 가격보다 더 많이 상승하기 때문에 단기채 매도, 장기채 매입전략을 선택하는데, 이러한 거래전략을 선물에 적용한 것이 NOB 스프레드거래이다.

NOB 스프레드거래는 수익률곡선의 변동을 이용하는 거래전략이다. 만약, 수익률곡선이 위쪽으로 평행 이동하거나 우상향 수익률곡선의 기울기가 가파르게(steep) 되면 장기금리선물의 가격이 단기금리선물의 가격보다 많이 하락하게 되므로 T-note 선물을 매입하고, T-bond 선물을 매도하는 NOB 스프레드 매입거래를 해야 한다. 반대로 수익률곡선의 기울기가 더욱 완만해진다면 T-note 선물을 매도하고 T-bond 선물을 매입하는 NOB 스프레드 매도거래에 의하여 이익을 얻을 수 있다.

〈NOB 스프레드거래 전략〉

- 금리수준 예상에 따른 거래
  - 장단기금리가 동일하게 상승 예상 → NOB 매입
  - 장단기금리가 동일하게 하락 예상 → NOB 매도
- 수익률곡선 기울기 변화에 따른 거래
  - 수익률곡선이 더욱 가파르게 될 것으로 예상 → NOB 매입
  - 수익률곡선이 더욱 완만해질 것으로 예상 → NOB 매도

〈사례 17〉

스프레드거래자는 향후 금리하락 추세가 지속될 경우 T-note 선물보다는 T-bond 선물의 가격상승폭이 더 클 것으로 예측한다. 이에 따라 T-bond 선물을 74-16의 가격으로 매입함과 동시에 T-note 선물을 82-16의 가격으로 매도하기로 결정하였다. 몇 개월 후 예상대로 T-note 선물에 비해서 T-bond 선물의 가격상승폭이 더 크게 된다면 이익을 얻게 될 것이다. 이와 같이 NOB 스프레드 매도거래에서는 스프레드가 약화되면 순이익이 발생한다.

구분	T-note 선물	T-bond 선물
현재	82-16($82,500)의 가격으로 매도	74-16($74,500)의 가격으로 매입
미래	83-16($83,500)의 가격으로 매입	77-16($77,500)의 가격으로 매도
결과	손실 : 1-00($1,000)	이익 : 3-00($3,000)
	순이익 : 2-00($2,000 = 64틱 × $31.25)	

ii) TED 스프레드

TED 스프레드거래는 T-bill 선물과 유로달러(ED)선물의 가격 차이를 이용하여 이익을 얻으려는 거래전략이다. T-bill은 미국 정부에서 발행하는 무위험채권인 데 반해, 유로달러예금은 유로자금시장의 신용위험을 포함하고 있기 때문에 T-bill보다는 채무불이행위험이 높다. 따라서 국제적으로 신용위기가 고조될 때에는 T-bill 금리보다 유로달러금리가 더 크게 상승하므로 T-bill 선물가격보다 유로달러선물가격이 더 많이 하락한다. 이 경우 TED 스프레드(T-bill 선물가격에서 유로달러선물가격을 차감한 값)가 확대된다. 이러한 상황에서는 TED 스프레드 매입(T-bill 선물 매입, 유로달러선물 매도)거래를 이용하여 이익을 획득할 수 있다.

반대로 국제금융시장의 완화기에는 T-bill금리와 유로달러금리가 다같이 하락하지만 유로달러금리의 하락폭이 커서 TED 스프레드는 축소된다. 이 경우에는 TED 스프레드 매도(T-bill 선물 매도, 유로달러선물 매입)거래를 할 수 있다.

〈사례 18〉

2006년 11월 10일 현재 March Eurodollar선물의 가격은 94.71, T-bill 선물의 가격은 95.12이다. 그 결과 March TED 스프레드가 41베이시스 포인트(bp)이다. TED 스프레드 확대를 예상하여 TED 스프레드 100개를 매입하였다. 매입가격은 41bp이었다.

11월 12일이 되어 March ED는 94.57로 하락하고 March T-bill은 95.00으로 하락하여 March TED가 43bp로 확대되었으나 더 이상 늘어날 것으로 예상되지 않아 TED 스프레드 포지션을 매도 청산하였다.

- 거래이익 = 2bp(43 − 41) × $25 × 100개 = $500

11월 10일	March T-bill 매입 95.12 March ED 매도 94.71	March TED 매입 41bp
11월 12일	March T-bill 매도 95.00 March ED 매입 94.57	March TED 매도 43bp

iii) Turtle 스프레드

Turtle(bills over bonds) 스프레드거래는 NOB 스프레드거래와 유사한 거래로서 단기수익률과 장기수익률 간의 수익률 차이의 변동에 따른 매매차익을 획득하려는 거래이다.

장기수익률이 단기수익률보다 더 빠르게 상승해 우상향의 수익률곡선의 기울기가 더 가파르게 되는 경우나 우하향의 수익률곡선이 보다 완만하게 되는 경우에는 T-bond 선물의 가격이 T-bill 선물의 가격보다 더 빨리 하락하기 때문에 Turtle 매입(T-bill 선물 매입, T-bond 선물 매도)을 이용해 이익을 얻을 수 있다.

반대로 장기수익률이 단기수익률보다 더 빨리 하락해 우상향 수익률곡선의 기울기가 완만하게 되는 경우 또는 우하향의 수익률곡선이 더 가파르게 되는 경우에는 Turtle 매도(T-bill 선물 매도, T-bond 선물 매입) 전략을 추구해야 한다.

단기채권(bill)과 장기채권(bond)의 선물포지션을 취득하여 스프레드거래를 할 경우에는 수익률 등가비율(yield equivalency ratio)을 이용하여 일정한 수익률 변동에 따른 각각의 가격변동이 동일하도록 포지션을 조정여야 한다. 액면가액 $100만, 만기 90일인 단기채권(bill)선물계약의 1베이시스 포인트의 가치는 $25인 데 반하여 액면가액 $10만의 장기채권(bond)선물계약의 유효 베이시스 포인트 가치(effective basis point value)는 최저가인도물(CTD)인 채권의 BPV를 전환계수로 나누어 계산할 수 있다.

〈사례 19〉

2006년 4월 4일 최저가인도물(CTD Bond)은 만기 2030년, 표면금리 8+3/4%인 채권이다. 이 채권의 BPV는 $110.20이고 2006년 6월물 선물계약에 대한 전환계수는 1.1020이다. 이 경우에 bill/bond비율은 4가 된다.

- Bill/Bond 비율 = BPV_{bond} / BPV_{bill}

$$= \left[BPV_{CTD} / CF_{CTD}\right] / BPV_{bill}$$

$$= (\$112.20/1.1020)/\$25$$

$$= 4\text{bills}/1\text{bond}$$

05 우리나라의 금융선물거래

5.1 금리선물거래

우리나라에서 금리선물거래는 1999년 4월에 설립된 한국선물거래소(현재는 한국거래소로 통합, 이하 "한국거래소"라 함)에 CD금리선물이 상장되면서 처음 시작되었다. CD금리선물은 상장 초기인 1999년에 일평균 거래규모가 5,000계약을 넘어서기도 하였으나 1999년 9월에 3년 만기 국채선물이 도입되면서 거래가 매우 부진한 모습을 보이다가 2003년 이후부터는 거래가 거의 중단되어 2007년 말 상장폐지되었다. 이는 기초자산인 CD가 발행시장 위주로 거래가 형성되어 유동성이 크게 떨어지는 데다 발행주체인 은행들의 신용등급 차이로 거래대상인 CD의 동질성이 낮기 때문이었다. 한편, CD금리선물이 단기금리선물상품으로서 명맥을 유지하기 어렵게 되자 한국거래소는 2002년 12월에 CD금리선물을 보완하는 단기금리선물로 통화안정증권금리선물을 상장하였다. 그러나 이 또한 유동성이 풍부한 3년 만기 국채선물과 만기의 차이가 크지 않고 시장조성 세력이 없어 거래가 부진을 면치 못하고 있다.

5.1.1 주요 계약조건

1) 단기금리선물

한국거래소는 2002년 12월에 단기금리선물계약으로 통화안정증권금리선물을 상장하였다. 그러나 2009년 말부터 기초자산인 364일물 통안증권의 발행이 중단되면서부터 통안증권금리선물거래도 전혀 이루어지지 않음에 따라 2011년 2월에 상장폐지되었다. 통화안정증권은 한국은행이 통화량을 조절하기 위해 '통화안정증권법'에 따라 발행하는 채권으로 발행한도는 총통화의 50%이며, 만기는 주로 14일, 91일, 364일으로 설정되어 있으며 금융기관들의 단기자금 운용수단으로 선호되는 채권이다. 한국은행 총재가 인수기관으로 지정한 딜러사를 통해 경쟁입찰 방식으로 소화되며 한국은행에서 정하는 금리로 일반 창구매출도 실시하고 있다.

표 2-17 통안증권금리선물 주요 계약명세

거래대상	364일물 통안증권 금리
거래단위	액면가 2억원
결제월	3, 6, 9, 12월
상장결제월수	1년 이내의 4개 결제월
가격표시	100-R로 표시, R은 유통수익률에 100을 곱한 수치(IMM Index 방식)

호가가격단위	0.01
최소가격변동금액	20,000원(2억원 × 0.01%)
거래시간	09:00~15:15(월~금요일) 09:00~11:30(최종거래일)
최종거래일	결제월의 세 번째 화요일(공휴일인 경우 순차적으로 앞당김)
최종결제일	최종거래일의 다음 거래일
최종결제방법	현금결제
최종결제가격	최종거래일에 한국금융투자협회가 발표하는 364일물 통안증권 유통수익률을 최종결제수익률로 사용
가격제한폭	기준가격 ± 0.3%
포지션제한	없음. 다만 거래소가 필요하다고 판단할 경우 설정 가능
단일가격결정거래	개장시(08:00~09:00) 균형가격에 의해 거래체결

주 : 2011년 2월 상장폐지

2) 장기금리선물

한국거래소에서는 1999년 9월에 만기 3년짜리 국고채를 기초자산(underlying assets)으로 하는 장기금리선물계약을 처음 상장하였다. 그 후 만기 5년 이상인 장기 국고채권의 발행물량이 늘어나면서 2003년 8월에 만기 5년 국채선물을, 2008년 2월에 만기 10년 국채선물을 추가로 상장하였다. 그러나 현재 5년 국채선물은 전혀 거래가 이루어지지 않고 있다. 반면에 3년 국채선물은 거래량이 크게 증가하여 우리나라 금리선물시장의 대표적인 상품으로 자리잡고 있다. 이는 2000년 7월에 채권시가평가제도가 전면 실시되면서 지표채권으로서 국고채권 3년물에 대한 수요가 커진 데다 이 채권의 발행규모가 지속적으로 증가하여 유동성이 높아진 데 기인한다.

기관투자가는 이와 같은 국채선물을 활용하여 금리변동에 따른 고정수익채권(fixed-income securities)의 가격변동위험을 효율적으로 관리할 수 있을 뿐만 아니라 장래 일정 시점의 금리전망을 토대로 국채선물을 하나의 투자수단으로도 많이 이용하고 있다.

5년, 10년 국채선물의 경우 기초자산의 만기, 주문가격 제한폭 등을 제외하고는 모든 거래조건이 3년 국채선물과 유사하기 때문에 여기서는 3년 국채선물을 중심으로 거래조건을 설명하기로 한다. 3년 국채선물의 거래대상은 표면금리 연 5%, 반기별(semi-annually) 이표지급방식의 3년 만기 가상 국고채권이다. 그리고 선물가격의 표시방법은 액면금액 1억원을 100으로 환산하여 소숫점 둘째 자리까지 표시한다. 예를 들어 가상 국고채권의 가격이 1억 450만원이라면 104.50으로 표시한다. 그리고 최소 가격변동폭인 1틱(tick)의 크기는 0.01이며 1틱의 가치는 10,000원(= 0.01 × 1억원 × 1/100)에 해당된다.

우리나라 국채선물의 최종결제방법은 대부분의 외국 국채선물과 다르게 현금결제방식(cash settlement)으로서 만기일에 현물채권을 직접 인도하는 대신에 거래소가 정한 최종결제가격과 선물가격의 차액만을 정산하고 있다. 국채선물 도입 당시 기초자산인 국채의 유동성 부족에 따른 실물인도(physical delivery)의 어려움과 거래 편의성을 감안하여 현금결제방식을 채택하였다. 가상 국고채의 최종결제가격 산정에는 실제채권의 수익률이 사용되는데, 이때 사용하는 채권을 최종결제 기준채권이라고 한다.

최종결제 기준채권은 상장일 직전 영업일에 한국거래소가 미리 정한 기준에 따라 선정하며 국채선물의 최종결제가격은 최종거래일 현재 최종결제 기준채권의 수익률을 기초로 산정된다. 그리고 가격조작을 방지하기 위하여 최종거래일 3개 시점(10시, 10시 30분, 11시)의 수익률(소수점 넷째 자리에서 반올림)을 가상 국고채 가격산식에 대입하여 선물의 최종결제가격을 정한다. 최종결제가격의 기준이 되는 현물 바스켓(Basket)은 고정 바스켓(Fixed Basket)이란 방식으로 구성되며, 신규 결제월물 상장 전 시점에 기발행 현물채권을 지정하여 선물만기일까지 바스켓을 고정하는 방식이다.

현물 바스켓은 최종결제일을 기준으로 잔존만기 2년 이상, 회차별 발행규모 5,000억원 이상, 6개월 이표지급방식의 국고채 중에서 거래소가 지정하는 채권으로 구성된다. 그리고 거래소는 각 결제월별로 3개 이상의 국고채를 최종결제가격 기준현물로 지정하여 해당 결제월의 거래개시일 이전에 발표한다.

현금결제를 위한 최종결제가격은 바스켓에 포함된 국채의 최종거래일 유통수익률을 산술평균한 후 이를 표준물(이표 5%, 만기 3년)의 국채가격 계산공식에 대입하여 산출한다. 실제로는 선물만기일 기준으로 3년 만기, 5% 이표를 가진 국채가 존재하지 않기 때문에 실제 거래되는 국채의 가격으로부터 가상채권의 가격을 산출해야 하며 바스켓에 포함된 국채들의 평균수익률을 가상채권의 수익률이라고 가정한다.

표 2-18 국채선물 계약명세 (2013년 1월 현재)

구분	3년 국채선물	5년 국채선물	10년 국채선물
거래대상	이표 5%, 6개월 이자지급방식의 3년 만기 국고채	이표 5%, 6개월 이자지급방식의 5년 만기 국고채	이표 5%, 6개월 이자지급방식의 10년 만기 국고채
거래단위	액면 1억원	좌동	좌동
결제월	3, 6, 9, 12월	좌동	좌동
상장결제월수	6개월 이내의 2개 결제월	좌동	좌동
가격표시방법	액면가 100원 기준으로 표시 (소수점 둘째 자리까지 표시)	좌동	좌동
최소가격변동폭	0.01	좌동	좌동
최소가격변동금액	10,000원(1억원 × 0.01%)	좌동	좌동
포지션 제한	없음. 다만 거래소가 필요하다고 판단할 경우 설정 가능	좌동	5,000계약(최종거래일이 속한 거래월에 한함)
거래시간	09:00~15:15 09:00~11:30(최종거래일)	좌동	좌동
최종거래일	결제월의 세 번째 화요일	좌동	좌동
최종결제일	최종거래일의 다음 거래일(T + 1)	좌동	좌동

최종결제방법	현금결제 최종결제가격 산정에 사용되는 최종결제기준채권의 결제수익률은 한국금융투자협회에서 공시하는 다음의 최종결제 기준채권별 수익률을 평균한 후 소수점 넷째 자리에서 사사오입하여 산출 가. 최종거래일 11시 30분의 수익률 나. 최종거래일 10시, 10시 30분 및 11시의 수익률 중 최고치와 최저치를 제외한 수익률	좌동	좌동
최종결제기준채권	6개월 이자지급 방식의 국고채권	좌동	좌동

$$* \text{ 최종결제가격} = \sum_{t=1}^{6}\frac{8/2}{(1+r/2)^t} + \frac{100}{(1+r/2)^6}$$

5.1.2 주요 거래제도

1) 증거금제도

선물거래는 현재 시점에서 거래대상물과 대금이 필요 없는 대신 미래 특정 시점에서 계약을 이행하겠다는 약속에 대한 보증이 필요한데 이를 위해 증거금 제도가 도입되었다. 증거금이란 계약불이행 위험을 방지하기 위해 거래소가 매매당사자로 하여금 계약과 동시에 납부하도록 하는 일정 비율의 보증금이다. 즉, 투자자가 선물거래를 하기 위해서는 거래단계별로 정해진 증거금을 선물회사에 개설된 자기계좌에 예치하여야 한다.

선물거래는 현재시점에서 미래의 특정 시점에 결제하기로 약속하는 계약이다. 따라서 계약금 없이 선물거래가 이루어진다면 최종거래일에 선물가격이 오르거나 떨어졌을 경우 매도자가 매도를 거부하거나 매입자가 매입을 포기할 가능성이 생기게 되는데 증거금은 이를 방지하기 위한 제도이다. 그러나 만약 계약금액 전체를 계좌에 예치시키도록 하면 계약의 이행은 100% 보장되지만 선물거래의 장점인 지렛대효과(leverage effect)가 없어져 거래가 크게 위축된다. 따라서 선물거래를 원활하게 유지하면서 거래의 이행을 보장하기 위해 계약금액의 일부분만 증거금으로 예치하도록 요구하고 있다. 증거금의 수준은 거래소와 대상자산의 가격변동성에 따라서 다소 차이가 있으나 대체로 계약금액의 10% 이내에서 정해진다.

거래단계별 증거금을 보면 고객이 선물중개회사에 납부하는 위탁증거금과 중개회사가 결제기관에 납부하는 거래증거금이 있는데 위탁증거금은 세부적으로 개시증거금, 유지증거금, 추가증거금으로 구분된다.

그림 2-14 위탁증거금과 거래증거금

(1) 위탁증거금

i) 위탁증거금(initial margin)

위탁증거금은 최초 거래하는 시점에서 납부해야 하는 증거금으로서 일반적으로 선물거래 계약금액의 2~10% 수준으로 정해지나 거래소마다 상품의 특성을 고려하여 다르게 정한다.

ii) 유지위탁증거금(maintenance margin)

선물가격변동으로 인한 보유 포지션의 손실발생에 대비하여 최소한 유지해야 하는 증거금으로서 한국거래소의 경우 위탁증거금의 2/3 수준이다.

iii) 추가증거금(additional margin)

증거금이 "유지위탁증거금" 수준 이하로 떨어지면 마진 콜(margin call)이 발령되어 당초의 "위탁증거금" 수준까지 충당하도록 요구되는 증거금이다.

(2) 거래증거금

결제회원이 자신 또는 고객의 미결제약정을 성실하게 결제하겠다는 증거로 결제기관(거래소)에 납부하는 증거금이다.

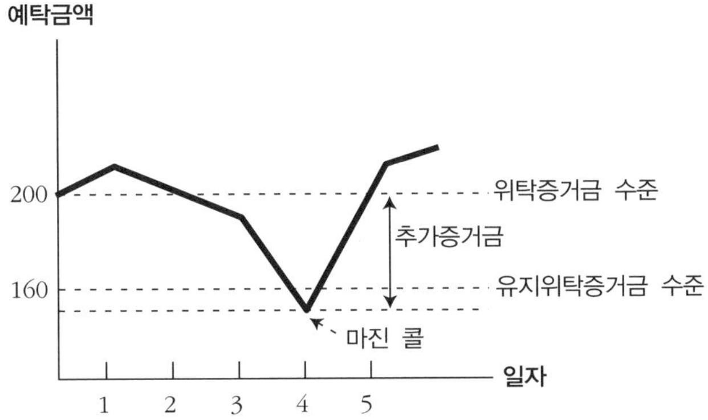

그림 2-15 위탁증거금의 운용내역

표 2-19 우리나라 금리선물계약의 증거금 현황 (2013년 1월 현재)

	3년 국채선물	5년 국채선물	10년 국채선물	통안증권 금리선물
거래증거금률	0.6%	0.8%	1.6%	0.2%
위탁증거금률[1]	0.9%	1.2%	2.4%	0.3%
유지위탁증거금률[2]	0.6%	0.8%	1.6%	0.2%

주 : 1. 위탁증거금률은 직전 영업일기준 해당 최종결제 기준채권 가격에 대한 비율
2. 유지위탁증거금률은 해당 거래일기준 해당 최종결제 기준채권 가격에 대한 비율

2) 일일정산제도

청산소는 매일 장이 끝난 후 종가를 기준으로 당일의 정산가격을 발표하고 이 가격을 기준으로 모든 거래 참여자들의 미청산계약(open interest)에 대한 잠정이익과 손실을 정산한다. 이러한 정산결과는 증거금계정에 반영되어 증거금 잔액이 유지위탁증거금 수준 이하로 하락하면 추가증거금을 납부해야 하지만

위탁증거금을 초과하는 부분에 대해서는 현금인출이 가능하다. 이와 같이 청산소는 일일정산 기능을 통하여 계약당사자들로 하여금 일정 수준의 증거금을 유지하도록 함으로써 계약불이행 위험을 미연에 방지하고 있다.

〈예시〉 일일정산에 따른 증거금 변동사례

선물투자자 A씨는 3년 국채선물 5계약을 102.51에 매수하여 그 다음날까지 보유하였는데 선물가격은 매수당일 11틱 하락하여 102.40으로, 익일에는 추가로 90틱 하락하여 101.50이 되었다.

그러면 선물투자자는 국채선물 5계약을 매수주문하기 위하여 위탁증거금 7,688,250원(= 5계약 × 102.51 × 1억원/100 × 1.5%)을 예탁해야 한다. 그리고 당일(t)에 선물가격이 11틱 하락(= 102.51 – 102.40)함에 따라 55만원(= 5계약 × 11틱 × 1만원) 손실이 발생한다. 이 투자자의 예탁금 잔액은 당일 손실액을 차감하여 약 714만원(= 769만원 – 55만원)으로 줄었으나 유지위탁증거금 512만원(= 5계약 × 102.40 × 1억원/100 × 1.0%)보다는 높기 때문에 아직까지는 추가증거금을 납부할 필요가 없다.

익일($t+1$)에 선물가격이 또 다시 90틱 하락한 101.50으로 떨어져 450만원(= 5계약 × 90틱 × 1만원) 손실이 발생하였기 때문에 예탁금 잔액이 264만원(= 714만원 – 450만원)으로 줄어든다. 드디어 예탁금 잔액이 유지위탁증거금 수준인 507.5만원(= 5계약 × 101.50 × 1억/100 × 1.0%)보다 낮아져 마진 콜(margin call)이 발생하게 된다. 이에 따라 선물투자자는 예탁금 잔액 264만원과 위탁증거금 761만원(= 5계약 × 101.5 × 1억/100 × 1.5%)의 차액인 497만원을 추가증거금으로 예탁하여야 한다. 만약 투자자가 추가증거금을 납부하지 않을 때는 선물회사가 투자자의 계약을 임의로 처분한다.

3) 인수도제도

앞에서 설명한 바와 같이 국내 금리선물거래의 인수도 절차는 실물인수도가 아닌 현금결제(cash settlement)로 이루어진다. 금리선물계약의 매입(도)자는 만기일 이전에 청산을 위해서 중도에 전(환)매를 할 수도 있지만 만약에 최종거래일(만기일)에 결제를 할 경우에는 계약체결 당시의 가격과 최종결제일(만기일)의 정산가격의 차액만큼을 수수함으로써 결제가 완료된다.

5.1.3 이론가격결정방법

1) 단기금리선물

단기금리선물의 이론가격은 수익률곡선의 형태를 분석하여 산출할 수 있는데 여기에는 내재선도금리(implied forward rate)의 개념이 사용된다.

내재선도금리란 미래의 단기수익률을 예고해 주는 지표로서 현재의 장 · 단기금리에 내재된 선도금리를 이론적으로 계산하여 도출한 것이다. 현재부터 t_1 시점까지 기간의 금리가 r_1이고, 현재부터 t_2시점까지 기간의 금리가 r_2라면 t_1에서 t_2까지 기간의 금리(r_3)는 r_1과 r_2의 금리에 내재되어 있다.

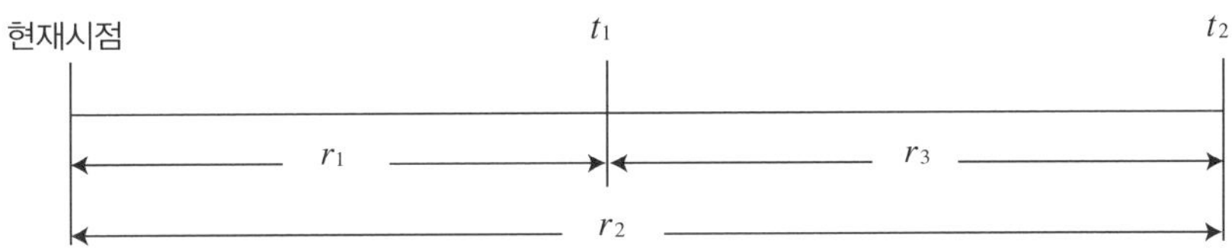

따라서 다음과 같은 과정을 통하여 선도수익률 r_3를 산출할 수 있다.

$$\left(1 + r_1 \times \frac{t_1}{365}\right) \times \left(1 + r_3 \times \frac{t_2 - t_1}{365}\right) = \left(1 + r_2 \times \frac{t_2}{365}\right)$$

r_1 : 현재시점부터 t_1까지의 이자율
r_2 : 현재시점부터 t_2까지의 이자율
t_1 : 현재시점부터 t_1까지의 거래일수
t_2 : 현재시점부터 t_2까지의 거래일수
r_3 : t_1시점부터 t_2시점까지의 선도수익률

통안증권 금리선물 최종결제가격은 결제월 세 번째 화요일 오전에 공시되는

통안증권 364일물 금리를 100에서 차감하여 구한다. 따라서 통안증권 금리선물의 이론가격은 수익률곡선에 내재되어 있는 결제월 세 번째 화요일로부터 364일 내재선도금리를 산출해서 이를 100에서 차감하여 구한다.

$$F = 100 - r \tag{2.31}$$

$$r = \left[\frac{(1 + r_T)\left(1 + r_T \times \frac{(T - 365)}{365}\right)}{\left(1 + r_t \times \frac{t}{365}\right)} - 1 \right] \times \frac{365}{364}$$

F : 이론선물가격(소수점 셋째 자리에서 반올림)

r : 이론유통수익률(내재선도이자율)

t : 현재시점부터 최종거래일까지의 산출잔존기간의 일수

T : $T = t + 364$

r_T : 현재시점부터 T일까지의 만기수익률

r_t : 현재시점부터 최종거래일까지의 만기수익률

2) 장기금리선물

금리선물의 이론가격은 선물가격의 적정성 여부를 평가하는 기준이 되며 차익거래 기회를 포착하는 데 이용된다. 그리고 선물계약 만기일의 최종결제가격은 "선도수익률 = 현물수익률"이라는 '현/선물 수렴원칙'에 의하여 바스켓의 평균수익률을 토대로 산출할 수 있다.

우리나라의 3년 국채선물과 5년 국채선물은 실물인수도 방식이 아닌 현금결제를 채택하고 있으며 현금결제를 위한 최종결제 기준채권(바스켓 채권)을 지정하여 해당채권의 수익률을 이용하여 최종결제가격을 산출한다. 따라서 국채선물의 이론가격은 바스켓에 편입된 채권의 수익률과 선도가격에 근거하여 다음과 같이 5단계를 거쳐서 계산된다.

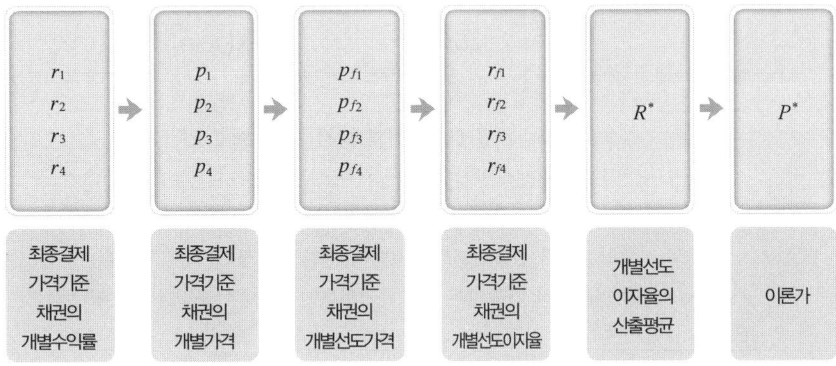

그림 2-16 국채선물 이론가격 도출과정

(1) 제1단계

개별채권의 시장수익률(r)로부터 개별채권들의 시장가격을 다음의 산식에 의해 구한다. (액면가 100원 기준)

$$p \bullet \left[1 + \frac{1}{2} \times \frac{d}{Q}\right] = \sum_{i=1}^{n} \frac{CR}{\left(1 + \frac{r}{2}\right)^{i-1}} + \frac{A}{\left(1 + \frac{r}{2}\right)^{n-1}}$$

p : 채권가격
r : 시장수익률(유통수익률)
d : 잔존일수(= 차기 이표지급일 매매일)
Q : 이자계산기간(= 차기 이표지급일 - 전기 이표지급일)
CR : 이표금액(= 원금 × 표면금리/2)
A : 원금(100원)
n : 잔존이자지급 횟수

(2) 제2단계

각 개별채권들의 현재 시장가격으로부터 다음의 산식에 의해 선도가격을 구한다.

$$F = \left[S - \sum_{i=1}^{n} \frac{CR}{\left(1 + r_i \times d_i/365\right)} \right] \times \left(1 + r \times d/365\right)$$

F : 선도가격　S : 개별채권의 현재가격　CR : 이표금액

r : 기준일로부터 선물만기일까지 적용될 무위험이자율(금융비용)

r_i : 기준일로부터 기준일과 선물만기일 사이의 각 이표일까지 적용될 무위험이자율

d : 기준일로부터 선물만기일까지의 잔존일수(선물만기일 기준일)

d_i : 기준일로부터 기준일과 선물만기일 사이의 각 이표일까지의 일수

(3) 제3단계

각 개별채권들의 선도가격으로부터 선도가격에 내재되어 있는 선도이자율을 계산한다. 그리고 선물만기일 기준으로 선도가격에 해당하는 수익률 r을 시행착오법(trial and error)이나 Bisectional방식 또는 Newton-Raphson방식을 이용하여 구한다.

(4) 제4단계

제1단계～제3단계의 방법을 통하여 구해진 개별채권의 선도이자율을 단순 산술평균하여 평균선도이자율(R^*)를 구한다.

(5) 제5단계

평균선도이자율(R^*)을 다음의 산식에 대입하여 이론가(P^*)를 구한다.

- 3년 국채선물의 경우 : $P^* = \sum_{i=1}^{6} \frac{2.5}{(1+R^*/2)^6} + \frac{100}{(1+R^*/2)^6}$
- 5년 국채선물의 경우 : $P^* = \sum_{i=1}^{10} \frac{4}{(1+R^*/2)^{10}} + \frac{100}{(1+R^*/2)^{10}}$

〈예시〉 국채선물의 이론가격 산출과정

① 최종결제 기준채권에 포함된 개별 국고채의 현물가격 계산

바스켓을 구성하고 있는 개별 국고채의 현물가격은 각 국채의 시장수익률을 이용해 다음과 같이 계산할 수 있다.

$$S_i = \sum_{t=1}^{T} \frac{C_i}{(1+r_i/2)^t} + \frac{P_i}{(1+r_i/2)^T}$$

단, S_i : 국고채 i의 현물가격(2006년 9월물의 경우 0425-0809, 0425-0803, 0500-1103)

C_i : 국고채 i의 매기 이자지급액　　P_i : 국고채 i의 만기 상환금액(액면금액)

r_i : 국고채 i의 현재 채권수익률　　T : 만기까지의 이자지급 횟수

② 최종결제 기준채권에 포함된 개별 국고채 선도가격 계산

먼저 현재시점부터 선물만기일 사이에 이자지급일이 있을 경우 이자지급액(표면이자)을 재투자금리(콜, CD금리 등)로 할인하여 현재가치를 구한다. 그 다음 동 이자액을 현물가격에서 차감한 후 단기금리가 반영된 보유비용을 이용하여 각 국고채의 선도가격을 계산한다.

$$F_i = \left[S_i - \frac{C_i}{(1+r_1)\times(d_i/365)}\right] \times \left(1 + r_2 \times \frac{d_2}{365}\right)$$

단, F_i : 국고채 i의 선도가격　　S_i : 국고채 i의 현물가격

C_i : 국고채 i의 매기 이자 지급액　　r_1 : 이자금액에 대한 할인율

r_2 : 자금조달 이자율　　d_1 : 산출시점부터 차기 이자지급일까지의 잔존일수

d_2 : 산출시점부터 선물만기일까지의 잔존일수

③ 최종결제 기준채권에 포함된 개별 국고채 선도수익률 계산

②에서 산출한 개별 최종결제 기준채권의 선도가격(F_i)을 채권가격 결정식에 대입하여 이에 해당되는 선도이자율(rf_i)을 산출한다.

$$F_i = \sum_{t=1}^{T} \frac{C_i}{(1+rf_i/2)^t} + \frac{P_i}{(1+rf_i/2)^T}$$

④ 바스켓의 선도수익률 계산

③에서 구한 개별국채의 선도수익률을 단순 산술평균해 평균선도수익률(R)을 산출한다.

⑤ 국채선물의 이론가 계산

④에서 산출한 바스켓의 평균선도수익률(R)을 표준물(표면금리 5%, 3년만기)의 국채가격 계산공식에 대입하여 이론가격을 산출한다.

$$\text{3년 국채선물 이론가격 : } F^*_{t,T} = \sum_{t=1}^{6} \frac{5/2}{(1+R/2)^t} + \frac{100}{(1+R/2)^6}$$

5.1.4 거래사례

1) 국채선물을 이용한 헤지거래

현재 국내 금리선물시장에서 국채선물거래가 가장 큰 비중을 차지하고 있다. 그 이유는 국채선물을 이용하면 보유채권에 대한 금리변동위험을 제거할 수 있고, 채권딜러들도 국채인수에 따른 위험을 국채선물을 통해서 헤지할 수 있기 때문이다.

그러나 국채선물을 이용하는 헤지거래에서는 완전헤지가 사실상 불가능하다. 이는 헤지대상 채권의 금리민감도와 선물 기초자산의 금리민감도가 서로 다를 뿐만 아니라 헤지대상 채권의 수익률과 최종결제가격 산정 기준이 되는 바스켓의 수익률이 동일하게 움직이지 않기 때문이다. 특히, 바스켓 편입채권이 복수일 경우에는 수익률곡선의 움직임이 선물가격에 반영됨에 따라 헤지가 불완전하게 된다.

〈예시〉 국채선물을 이용한 보유채권 헤지

2003년 7월 1일 국고채 5년물 103.61억원(액면기준 100억원)을 관리하고 있는 펀드매니저 A씨는 국채선물을 이용하여 향후 금리상승위험을 헤지하려고 한다. 현재 보유하고 있는 채권은 만기가 2008년 3월 12일에 도래하고 이표가 4.75%이며 듀레이션이 4.1269인 국고채이다. 한편 현재 5년 국채선물은 116.84의 가격에 거래되고 있으며 듀레이션은 4.2677이다.

구분	보유채권(국고 3-3)	5년 국채선물(5TB)
가격	103.61	116.84
듀레이션	4.1269	4.2677

주 : 채권단가는 액면 100원 기준

금리상승위험을 헤지하기 위해서는 국채선물을 매도해야 하며, 매도해야 할 선물계약수는 듀레이션을 이용하여 계산하면 약 86계약이 된다.

$$헤지계약수 = \frac{100억원 \times 1.0361 \times 4.1269}{1억원 \times 1.1684 \times 4.2677} = 85.75$$

따라서 5년 국채선물 86계약을 매도하여 보유채권에 대한 금리변동위험을 헤지한다. 2003년 9월 16일이 되어 헤지를 종료하는 시점에서 보유채권의 가격은 99.05억원, 5년 국채선물의 가격은 113.13이었다. 헤지를 하지 않았을 경우에는 금리상승으로 인해 보유채권에서 손실이 발생하지만 헤지를 하였기 때문에 헤지 당시의 단기 수익률 수준을 확보해 준다.

▪ 헤지거래 결과 분석

- 현물보유손실 = 103.61억 − 99.05억 = 4.56억
- 이표수입 = 100억 × 4.75% ÷ 2 = 2.375억
- 선물거래이익 = (116.84 − 113.13) × 100 × 10,000원 × 86계약 = 3.1906억

→ 총손익 = 3.1906억 + 2.375억 − 4.56억 = 1.0056억 이익

(헤지를 하지 않았을 경우의 총손익 = 2.375억 − 4.56억 = 2.185억 손실)

(단위 : 100만원)

구분	헤지를 하지 않은 경우	헤지를 한 경우
현물평가손익	−456.0	−456.0
이표수입	237.5	237.5
선물손익		319.0
총투자(연 수익률)	−218.5(−10.1%)*	100.5(+4.7%)**

$* \ \frac{-2.185억}{103.61억} \times \frac{12월}{2.5월} = -10.1\%$　　$** \ \frac{1.0056억}{103.61억} \times \frac{12월}{2.5월} = 4.7\%$

2) 국채선물을 이용한 투기거래

투기거래는 헤지거래와는 달리 현물포지션을 보유하지 않은 상태에서 단지 선물거래 자체에서 이익을 획득하기 위한 목적이다.

〈예제〉

투자자 A씨는 향후 금리가 하락할 것으로 예상하여 국고채 현물을 매수하는 대신 3년 국채선물을 50계약 매수하였다. 매수시점에서 선물가격은 110.35이었으며 그 후 실제로 금리가 하락하여 선물가격은 112.61이 되었다.

- 투기거래 결과 분석

선물거래이익 = (112.61 − 110.35) × 100 × 10,000원 × 50계약 = 1.13억

만일 금리가 상승하여 선물가격이 108.73이 되었다면 거래 결과는 다음과 같다.

선물거래손실 = (110.35 − 108.73) × 100 × 10,000원 × 50계약 = 0.81억

3) 국채선물을 이용한 차익거래

국채선물을 이용한 차익거래에서 바스켓 편입종목이 복수일 경우에는 수익률곡선의 형태가 차익거래 종료시점까지 일정해야 차익거래의 안정성이 확보된다. 수익률곡선의 형태가 바뀌게 되면 바스켓을 구성하는 개별채권의 가격움직임과 국채선물가격의 움직임에 일관성이 결여되어 차익거래로 인한 손익구조가 예상과 달라진다. 국채선물을 이용하여 차익거래를 할 때에는 바스켓 구성채권들과 국채선물 기초자산(채권)의 만기와 이표가 다르기 때문에 금리변동에 따른 가격민감도에 차이가 나는 점을 고려해야 한다. 즉, 차익거래의 사전적 이익과 사후적 이익 간에 괴리가 발생하기 때문에 차익거래를 위한 선물계약수를 선물의 듀레이션과 현물의 듀레이션의 비율로 조정할 필요성이 있다.

$$\text{차익거래시 선물계약수} = \frac{\text{현물의 듀레이션} \times \text{현물가치}}{\text{선물의 듀레이션} \times \text{선물가치}}$$

〈예제〉

2008년 7월 1일 현재 3년 국채선물의 바스켓 편입종목인 국고채 3-2(이표 = 4.5%, 만기 = 3년)의 수익률은 4.12%(가격 = 102.38)이며 3년 국채선물인 2009년 9월물(KTB309)은 111.32에 거래되고 있다. 단기수익률이 4%일 때 3년 국채선물의 이론가격이 110.82가 된다면 선물가격이 이론가격 대비 50틱 고평가되어 거래되고 있다. 따라서 현물을 매수하고 국채선물을 매도하는 매수차익거래를 실행하면 무위험수익을 얻을 수 있다. 이를 위해 채권매입대금을 차입하여 현물(국고채 3-2)을 매수하는 동시에 국채선물(KTB309)을 매도한다.

구분	현물	선물	이론가격
가격	102.38	111.32	110.82
듀레이션[1]	2.4692	2.7979	

주 : 1. 수정듀레이션을 의미

차익거래를 위해 현물 100억원(액면 기준)에 해당되는 매도 선물계약수는 다음과 같이 계산하면 81계약이 된다. 즉, 액면 100억원의 채권을 매수하는 동시에 3년 국채선물 81계약을 매도하면 된다.

$$\text{차익거래 계약수} = \frac{100\text{억원} \times 2.4692 \times 1.0238}{1\text{억원} \times 2.7979 \times 1.1132} = 81.16$$

선물만기일이 되어 선물을 만기 청산하고 현물채권을 매도하여 매도대금으로 차입금을 상환하면 차익거래가 종료되며 무위험 차익을 얻을 수 있다.

5.2 통화선물거래

1999년 4월에 한국선물거래소가 설립되면서 미국달러선물이 처음 상장되었으며 그 후 2006년 5월에 엔선물, 유로선물이 추가적으로 상장되었다. 일반적으로 CME그룹 등 외국의 선물거래소에서는 미국 달러화 이외의 통화가 상품통화로 상장되어 거래되고 있다. 그러나 우리나라에서는 통화선물거래를 처음 시작할 때 현물환율과 선물가격을 직접 비교하기 쉽도록 하기 위해 원화 대신에 미국 달러화를 선물거래의 기초자산으로 설정하였다. 그렇지만 우리나라 통화선물거래는 상대적으로 부진한 거래실적을 보이고 있다. 왜냐하면 비거주자들이 거래조건이 상대적으로 자유로운 차액결제선물환(NDF)거래를 선호하고, 기업들도 환리스크 헤지를 위해 선물환, 외환스왑 등 장외거래를 주로 이용하기 때문이다.

표 2-20 달러선물 거래량 추이

(단위 : 계약)

연도	거래일수	총거래량	증가율	일평균 거래량	연중 최대치
1999	177	259,249	-	1,465	4,662
2000	244	1,355,694	422.9%	5,556	18,346
2001	246	1,676,979	23.4%	6,817	20,202
2002	244	1,434,591	-14.5%	5,879	14,802
2003	248	1,506,123	5.0%	6,073	13,516
2004	250	2,090,291	38.8%	8,361	26,627
2005	249	2,667,005	27.6%	10,711	63,903
2006	247	3,104,641	16.4%	12,569	96,710
2007	246	5,752,134	85.3%	23,383	177,048
2008	248	6,658,144	15.8%	26,847	132,228
2009(~4.17)	74	3,025,213	-	40,881	125,715
합계	2,473	29,530,064	69.0%	11,941	177,048

자료 : 한국거래소(2009. 4.)

표 2-21 2008년 세계 통화선물 거래량

순위	거래소	기초자산	거래단위 (기초자산통화)	거래량(계약) 2008	거래량(계약) 2007	증감률(%)
1	MICEX(러시아)	USD	1,000	131,699,407	85,331,934	54.3
2	BM&F(브라질)	USD	50,000	87,442,346	84,774,568	3.1
3	CME(미국)	EUR	125,000	53,652,590	43,063,060	24.6
4	ROFEX(아르헨)	USD	1,000	41,796,793	25,042,919	66.9
5	CME(미국)	JPY	12,500,000	32,844,404	30,820,442	6.6

6	CME (미국)	GBP	62,500	20,497,378	20,799,827	-1.5
7	CME (미국)	CHF	125,000	14,814,153	14,478,658	2.3
8	TURKDEX (터키)	USD	1,000	13,979,082	7,832,542	78.5
9	RTS (러시아)	USD	1,000	13,656,896	4,682,186	191.1
10	TFX (일본)	USD	10,000	13,177,698	7,629,879	72.7
11	CME (미국)	CAD	100,000	11,378,024	12,224,845	-6.9
12	CME (미국)	AUD	100,000	11,212,985	10,785,897	4.0
13	TFX (일본)	AUD	10,000	9,246,469	6,835,958	35.3
14	TFX (일본)	GBP	10,000	7,634,056	6,041,471	26.4
15	BM&F (브라질)	USD	250,000	7,179,600	-	-
16	KRX (한국)	USD	50,000	6,658,144	5,752,134	15.8
17	TFX (일본)	EUR	10,000	5,883,330	4,070,296	44.5
18	CME (미국)	MXN	500,000	5,302,297	5,154,636	2.9
19	TFX (일본)	NZD	10,000	4,966,753	6,330,039	-21.5
20	BM&F (브라질)	USD	50,000	3,488,158	2,850,000	224

자료 : 한국거래소(2009. 4.)

5.2.1 주요 계약조건

선물환거래는 장외시장에서 개별적으로 거래가 이루어지는 데 반해 통화선물거래는 거래소라는 공적인 장소에서 표준화된 거래조건에 따라 집중 거래된다. 우리나라 통화선물거래는 기초자산, 거래단위, 만기 등 거래조건이 다음과 같이 표준화되어 있다.

표 2-22 통화선물계약의 주요 명세

구분	미국 달러선물	일본 엔화선물	유로화 선물
거래대상	미국 달러(USD)	일본 엔화(JPY)	유로화(EUR)
거래단위	USD 10,000	1,000,000엔	10,000유로
최소가격변동폭	0.10원	0.10원	0.01원

최소가격변동금액	1,000원 (USD 10,000 × 0.10원)	1,000원 (JPY 1,000,000/100 × 0.10원)	1,000원 (EUR 10,000 × 0.10원)
가격의 표시	1USD당 원 (원/달러, 소수점 둘째 자리까지 표시)	100엔당 원화 (원/엔, 소수점 둘째 자리까지 표시)	1유로당 원화 (원/유로, 소수점 둘째 자리까지 표시)
결제월	분기월 중 4개와 그 밖의 월 중 4개		
상장결제월	1년 이내의 8개의 결제월		
거래시간	09:00～15:15(최종거래일 09:00 ~ 11:30)		
최종거래일	결제월의 세번째 월요일(공휴일인 경우 순차적으로 앞당김)		
최종결제일	최종거래일로부터 기산하여 3일째 거래일		
결제방법	실물 인수도		
가격 제한폭	기준가격 ± 4.5%(엔과 유로는 5.25%)		
단일가격경쟁거래	개장시(08:00～09:00) 및 거래종료시(15:05～15:15)		

5.2.2 주요 거래제도

1) 증거금제도

선물환거래에서는 항상 거래상대방의 계약위반 가능성에 대한 위험(counter-party risk)에 직면하기 때문에 중개역할(dealer)을 담당하는 금융기관이 신용도가 높은 고객을 선별하여 거래한다. 그러나 통화선물거래에서는 거래 쌍방이 채무이행을 성실히 수행하겠다는 표시로 보증금 성격의 자금인 증거금을 예탁하고 있다. 즉, 거래자들은 미래의 채무이행을 보증하기 위하여 거래개시 시점에서 증거금을 예탁한 후 모든 채무를 이행한 다음에 증거금을 찾아가게 된다. 선물이나 옵션거래는 고위험, 고수익(High-risk, High-return) 상품으로 손실위험이 크기 때문에 결제이행을 위한 담보가 항상 필요하다. 특히 선물거래의 경우에는 계약시점과 결제시점 간의 기간이 길기 때문에 미결제약정을 보유하고 있는 투자자는 선물가격이 자신에게 불리하게 변동될 경우를 대비하여 증거금을 납부하도록 규정하고 있다. 그리고 통화선물거래의 증거금은 현금에 갈음하여 대용증권 또는 미국 달러화, 일본 엔화 등 외화[9]로도 납부가 가능하다.

2013년 1월 현재 한국거래소에서 거래되고 있는 미국달러선물의 경우에는 투자가가 선물계좌 개설 후 선물계약 1개당 납부하는 위탁증거금률은 거래금액의 4.5%이다. 그리고 거래 체결 이후 항상 유지해야 하는 최소한의 유지위탁증거금률은 거래금액의 3.0%이다. 위탁증거금률이 유지위탁증거금률보다 1.5배 많은 이유는 처음 시작할 때 유지위탁증거금보다 많은 금액을 위탁함으로써 가격하락에 따른 추가증거금의 빈번한 납입 등의 번거로운 절차를 줄이기 위해서이다. 만약 일일정산 결과 3.0% 수준의 유지위탁증거금도 잠식하게 되면 선물회사는 투자자에게 추가적인 증거금의 납부를 요구하게 되는데 이것을 마진 콜(margin call)이라 부르며, 이때 추가로 입금된 증거금을 추가증거금이라고 한다. 일본 엔선물은 위탁증거금률이 6.0%, 유지증거금률이 4.0%이다.

표 2-23 우리나라 통화선물 상품별 증거금률 (2013년 1월 현재)

	미국달러선물	엔선물	유로선물
거래증거금률	3.0%	4.0%	3.0%
유지위탁증거금률	3.0%	4.0%	3.0%
위탁증거금률	4.5%	6.0%	4.5%

2) 일일정산제도

선물거래에서는 당일 체결가격(신규 체결) 또는 전일 선물종가(미결제약정)를 매일의 선물종가로 재평가한다. 그리고 결제금액을 소액화하여 채무불이행 위험을 줄이고 결제사무를 단순화하기 위하여 재평가에 따라 발생하는 차손익을 매일 정산하고 있다.

---

9. 미국 달러화, 일본 엔화, 유로화, 영국 파운드화, 홍콩 달러화, 호주 달러화, 싱가포르 달러화, 스위스 프랑화, 캐나다 달러화.

〈예시〉

2009년 7월 25일에 8월물 미국달러선물 5계약을 1,020원에 매수한 투자자의 증거금과 일일정산의 흐름은 다음과 같다.

① 위탁증거금 : 2,295,000원 = 10,000 × 1,020 × 0.045 × 5

② 유지위탁증거금 : 1,530,000원 = 10,000 × 1,020 × 0.03 × 5

이때, 7월 25일의 정산가격이 1,010원으로 10원 하락하였다면 투자자의 손실은 500,000원(10,000 × 10 × 5)이 발생하며, 투자자의 증거금계정은 1,795,000원(2,295,000 - 500,000)이 된다. 그러나 이 금액은 유지증거금인 1,515,000원보다 크므로 추가증거금의 요구는 발생되지 않는다. 다시 7월 26일의 정산가격이 1,000원으로 10원 추가 하락하게 되면 투자자는 다시 500,000원의 손실을 입게 되고 증거금잔액은 1,295,000원(1,795,000 - 500,000)으로 떨어지게 되어 유지증거금 수준(1,500,000)보다 낮게 된다. 이때에 선물회사는 투자자에게 추가증거금의 납부를 요청(margin call)하게 되고 투자자는 다음날 7월 27일 오전 12시까지 증거금잔액을 개시증거금 수준인 2,250,000원에 이르도록 955,000원을 납입하여야 한다. 투자자가 이 금액을 납입하지 못하게 되면 선물회사는 일괄적으로 투자자의 계좌를 되사거나 되파는 반대매매를 통하여 청산하게 된다. 반대로 만약 일일정산을 통해 개시증거금 수준 이상의 증거금 잔액이 누적되면 그 잔액은 투자자가 자유롭게 인출할 수도 있다.

3) 인수도제도

우리나라 통화선물의 최종결제방법은 실물인수도이다. 최종거래일까지 반대매매되지 않고 남은 미결제약정에 대해서는 최종거래일에 실물을 직접 인수도 하는 방식으로 최종결제처리하고 있다. 최종거래일의 최종결제가격은 일일정산가격의 산정방식과 동일하다. 결제 결과 최종결제가격으로 원화와 해당 외국통화가 교환된다.

투자자는 최종거래일 거래종료시점 이전에 어느 때라도 당초 매도한 것을 되사거나(환매), 당초 매수한 것을 되파는(전매) 반대매매를 통해 보유하고 있는 포지션을 만기 이전에 청산할 수 있다.

5.2.3 이론가격 결정방법

한국거래소는 이자율평가이론(IRPT)에 의한 통화선물가격을 계산하여 공표하고 있는데 이것은 선물환(forward exchange)의 가격결정과 동일한 원리이다.

$$F = S \times \frac{1 + r_h \times (t/365)}{1 + r_f \times (t/365)} \tag{2.32}$$

F : 선물이론 가격
S : 서울외국환 중개주식회사에서 체결된 익익일물(value spot) 현물종가
t : 산출일로부터 최종거래일까지 잔존기간 일수
r_h : 거래시간 종료시점에서 고시된 1일물 평균콜금리와 만기 91일물 양도성 예금증서의 연수익률, 1년만기 통안증권의 연수익률을 보간법으로 산출한 원화금리
r_f : 영국은행협회에서 발표하는 1개월, 3개월, 6개월, 9개월, 12개월 만기 LIBOR를 보간법으로 산출한 달러금리

〈예제〉

2008년 11월 21일 현재 원/달러 현물환율과 금리가 아래와 같을 때 12월물(만기 : 2008년 12월 19일) 달러선물의 이론가격은 식 (2.32)를 이용하여 다음과 같이 계산된다.

- 현물환율 : 1,220원
- 원화금리 : 연 5%
- 달러금리 : 연 2%

$$F = 1,220\text{원} \times \frac{\left(1 + 0.05 \times \frac{28}{365}\right)}{\left(1 + 0.02 \times \frac{28}{365}\right)}$$
$$= 1,222.80\text{원}$$

여기서 현물환율인 1,220원과 12월물 미국달러선물 이론가격인 1,222.80원의 차이 2.80원은 12월물의 '베이시스(basis)'가 된다.

미국달러선물의 이론가격은 우리나라의 이자율이 미국 달러의 이자율보다 높으면 선물환율이 현물환율보다 높은 할증상태가 되고 반대로 우리나라의 이자율이 미국 달러의 이자율보다 낮으면 선물환율이 현물환율보다 낮은 할인상태가 된다.

이와 같은 환율과 금리 사이에 이자율평가이론(IRPT)이 성립되지 않으면 시장에서 재정거래가 발생하게 된다. 만약 시장에서 거래되는 선물가격이 금리평가이론에서 도출된 이론가격보다 높으면 고평가된 선물을 매도하고 원화를 차입해서 이를 달러로 바꾸어 은행에 예치시켜 놓거나 달러표시채권에 투자하면 차익을 얻을 수 있다. 반대로 선물가격이 이론가격보다 낮으면 저평가된 선물을 매입하고 달러를 차입한 후 이를 원화로 바꾸어 은행에 예치하거나 국내채권에 투자함으로써 차익을 얻을 수 있다.

5.2.4 거래사례

1) 통화선물을 이용한 헤지거래

통화선물의 헤지거래는 통화선물을 매입 또는 매도함으로써 환위험에 노출된 자산과 부채의 가치를 보전하기 위한 거래이다. 만약 한국의 수출기업 A가 미국 달러화로 받을 외상매출금(accounts receivable)이 있을 경우에 달러가치가 하락하면 외상매출금의 원화가치도 하락하게 된다. 이에 따라 환율의 하락위험에 직면한 A기업은 통화선물거래를 이용하여 환율하락위험을 회피할 수 있다. 통화선물거래를 이용하는 헤지거래에서는 기초자산의 가치가 감소할 때 통화선물거래에서 이익이 발생하게 된다. 여기서 A기업은 달러화에 대한 매입포지션을 보유하고 있기 때문에 이를 상쇄하기 위하여 달러선물의 매도포지션을 취하여야 한다. 반대로 수입기업의 경우에는 기초자산인 달러화의 매도포지션을 보유하기 때문에 이를 상쇄하기 위해 달러선물의 매입포지션을 취하여야 한다.

결국 달러화의 가치가 떨어지면 A기업은 매도한 선물포지션으로부터 얻는 이익으로 달러표시 외상매출금에서 발생하는 가치손실을 상쇄시킬 수 있다. 반대로 매도포지션을 보유하는 수입기업의 경우에는 달러화 가치하락으로 이익을 얻게 되지만 선물의 매도포지션에서 손실이 발생하여 그 이익이 상쇄되는 결과를 가져온다. 결과적으로 헤저(hedger)는 헤지거래를 통하여 환손실을 회피하는 동시에 유리한 환율변동으로 인한 이익의 기회도 포기하게 됨에 따라 위험도 없지만 이익도 얻지 못하게 된다.

(1) 매입헤지거래

매입헤지(long hedge)거래는 장래 매입해야 할 통화의 가치가 상승하여 손실이 발생할 가능성이 있을 경우 통화선물계약을 매입하여 통화의 가치상승에 대한 위험을 회피하고자 하는 거래이다.

〈예제〉

5월 1일 한국의 수입기업 A는 미국으로부터 상품을 수입하고 8월 1일에 $1,000,000를 결제할 예정이다. A는 향후 달러가치 상승위험을 회피하기 위해 한국거래소에 상장된 8월물 미국달러선물 100계약(= $1,000,000/$10,000)을 매입했다. 5월 1일 현재 현물환율은 930원/$이고, 8월물 통화선물가격은 940원/$이다. 8월 1일에 가서 A기업은 8월물 미국달러선물(8월 16일 만기) 100계약을 반대매매(매도)하여 선물포지션을 청산하고 수입결제자금 $1,000,000는 현물환시장에서 매입하였다.

8월 1일에 현물환율이 945원/$이고, 8월물 미국달러선물의 가격은 948원/$이 되었다고 가정하자. 그러면 8월 1일에 A기업은 현물환시장에서 $1,000,000를 매입하기 위해 945,000,000원을 지불하였지만 통화선물시장에서 8,000,000원의 이익이 발생하기 때문에 실제로는 937,000,000원을 지출한 셈이 된다. 결과적으로 달러가치 상승에 따른 수입대금 증가로 15,000,000원의 손실이 발생하였지만 선물거래이익으로 상쇄하여 순손실이 7,000,000원으로 축소되었다. 그러나 현물의 손실을 선물의 이익으로 완전히 상쇄하지 못한 불완전 헤지(imperfect hedge)에 머물렀는데 이는 베이시스의 변화에 따른 베이시스 위험(basis risk)에 기인한 것이다.

달러선물을 이용한 매입헤지(예상대로 환율이 상승한 경우)

	현물시장	선물시장
5월 1일	현물환율 930원/$ 930원×$1,000,000 = 930,000,000원	선물매입 940원×100계약×$10,000 = 940,000,000원
8월 1일	결제를 위해 $1,000,000 매입 945원×$1,000,000 = 945,000,000원	선물매도 948원×100계약×$10,000 = 948,000,000원
	15,000,000원 손실	948,000,000원 − 940,000,000원 = 8,000,000원 이익

만약 예상과 달리 달러가치가 하락하여 8월 1일에 가서 현물환율이 915원/$이고, 8월물 미국달러선물의 가격은 932원/$이 된다면 다음과 같이 오히려 순이익이 7,000,000원 늘어나는 효과도 나타날 수 있다.

달러선물을 이용한 매입헤지(예상과 달리 환율이 하락한 경우)

	현물시장	선물시장
5월 1일	현물환율 930원/$ 930원×$1,000,000 = 930,000,000	선물매입 940원×100계약×$10,000 = 940,000,000원
8월 1일	결제를 위해 $1,000,000 매입 915원×$1,000,000 = 915,000,000원	선물매도 932원×100계약×$10,000 = 932,000,000원
	15,000,000원 이익	940,000,000 − 932,000,000 = 8,000,000원 손실

(2) 매도헤지거래

매도헤지거래는 매입헤지와는 반대로 통화선물을 매도함으로써 현재 보유하고 있거나 장래 보유할 예정인 외화자산의 가치하락위험을 회피하는 거래이다.

예를 들어 6월 1일 현재 국내의 한 수출업자가 미국의 수입업자와 전자제품 수출계약을 체결하였다. 거래대금은 US$1,000만이며 신용장 결제조건으로 9월 15일에 선적할 예정이다. 6월 1일 현재 ₩/$의 환율이 950원이라면 이 수출업자는 95억원의 수출계약을 체결한 셈이다. 그러나 이 수출업자는 계약을 체결함과 동시에 US$1,000만의 달러자산에 대해 환위험에 노출되게 된다. 6월 1일 환율이 신용장 네고(nego) 시점까지 그대로 유지된다면 아무 위험 없이 95억원의 수출대금을 확보할 수 있지만 환율이 950원 아래로 하락할 경우에는 하락하는 만큼 손실을 보게 된다.

6월 1일 현재 선물시장에서는 9월물 달러선물이 955원에 거래되고 있다. 이 수출업자는 보유예정 자산인 1,000만달러에 대한 환위험을 헤지하기 위해 통화선물 1,000계약(=$10,000,000/$10,000)을 955원에 매도했다. 그 후 제품이 완성되어 9월 15일에 예정대로 선적을 완료하고 US$1,000만을 네고했다. 그런데 9월 15일이 되어 환율이 계약 당시의 950원에서 945원으로 하락하고 선물시장에서의 선물가격도 2009년 9월물 만기가 가까워지면서 949원으로 하락했다.

수출업자의 헤지결과를 살펴보면 은행에서 1,000만 달러를 945원에 네고함으로써 5천만원의 기회손실을 보게 되었다. 그러나 선물시장에서는 949원에 1,000계약을 매입(환매)해 6월 1일에 매도한 선물계약을 상쇄함으로써 60,000,000원[=(955원 − 949원) × 1,000계약 × $10,000]의 이익을 얻게 된다. 따라서 현물포지션에서 발생한 기회손실을 감안하면 헤지결과 종합적으로 10,000,000원의 이익을 보게 된다.

그러나 예상과는 반대로 환율이 상승하여 3월 15일에 현물환율이 958원이 되고 선물시장에서는 3월물의 가격이 959원으로 상승하였다고 하자. 그러면 은행 네고에서 수출업자는 80,000,000원의 환차익을 얻게 된다. 반면에 선물시장에서는 12월 1일 955원에 매도했던 선물계약을 959원에 재매입하여 상쇄하게 되므로 40,000,000원[=(959원 − 955원) × 1,000계약 × $10,000]의 손실을 보게 된다. 그러나 현물의 이익이 선물의 손실로 정확히 상쇄되는 완전헤지가 이루어지지 못함에 따라 40,000,000원의 이익을 보게 된다.

표 2-24 원/달러 통화선물시장을 이용한 매도헤지

▪ 예상대로 환율이 하락한 경우

구분	6/1	9/15	거래(기회)손익
현물환율	950원	945원(매도)	(-5원)
선물환율(9월물)	955원(매도)	949원(매입)	6원
베이시스	5원	4원	

▪ 예상과 달리 환율이 상승한 경우

구분	6/1	9/15	거래(기회)손익
현물환율	950원	958원(매도)	(8원)
선물환율(9월물)	955원(매도)	959원(매입)	-4원
베이시스	5원	1원	

2) 통화선물을 이용한 투기거래

통화선물을 이용한 투기거래는 현물포지션이 없는 상태에서 장래의 환율변동 전망을 토대로 선물포지션을 취함으로써 매매차익을 추구하는 투자전략이다. 이러한 투기거래자(speculator)는 헤지거래자(hedger)가 전가하려는 위험을 적극적으로 부담하면서 통화선물시장에서의 유동성을 높여주며 매수-매도 스프레드를 축소시켜 적정 선물가격을 유지시키는 역할을 한다.

(1) 단순투기거래

단순투기(outright speculation)거래는 미래의 달러선물가격에 대한 전망을 토대로 가격상승이 예상되면 선물매입포지션을 취득하고 가격하락이 예상되면 선물매도포지션을 취득하여 예상과 같이 선물가격이 변동한 후 반대매매를 통해 이익을 얻으려는 투자전략이다. 그러나 예상과 반대로 선물가격이 변동할 경우에는 막대한 투자손실을 감수해야 하는 문제점이 있다.

〈예제〉

5월 20일 현재의 현물환율은 950원/$이고, 12월물 통화선물가격은 960원/$이다. 투자자 A씨는 앞으로 환율이 상승할 것으로 판단하여 현재의 선물가격에 달러선물 50계약을 매입하였다. 12월 선물계약의 만기일인 12월 19일에 환율이 예상대로 1,000원/$로 상승했을 때는 다음과 같이 20,000,000원의 이익이 발생한다(만기일에 선물가격과 현물가격은 수렴한다고 가정).

	현물시장	선물시장
5월 20일	현물환율 950원/$	선물매입 960원/$ 매입가격 960원 × $10,000 × 50계약 = 480,000,000원
12월 19일	결제환율 1,000원/$	선물매도 1,000원/$ 1,000원 × $10,000 × 50계약 = 500,000,000원
	달러당 50원 상승	선물거래 이익 20,000,000원

그러나 만약 환율이 예상과는 달리 12월 19일에 900원/$로 하락하면 선물거래 투자자는 30,000,000원에 달하는 막대한 손실을 입을 수도 있다. 이같이 단순투기거래는 환율이 예상과 달라지는 경우에는 큰 손실도 감수해야 한다.

	현물시장	선물시장
5월 20일	현물환율 950원/$	선물매입 960원/$ 매입가격 960원 × $10,000 × 50계약 = 480,000,000원
12월 19일	결제환율 900원/$	선물매도 900원/$ 900원 × $10,000 × 50계약 = 450,000,000원
	달러당 50원 하락	선물거래 손실 30,000,000원

(2) 스프레드거래

통화선물거래를 이용한 스프레드거래는 선물시장에서 서로 다른 선물계약을 동시에 매입 · 매도함으로써 두 선물계약 간의 가격 차이의 변동에 따른 이익을 얻으려는 투자전략이다. 일반적으로 스프레드는 원월물 가격에서 근원물 가격을 차감한 값을 의미한다. 스프레드거래는 동일 상품 내에서 결제월물을 달리한 선물가격의 차이를 이용하는 결제월간 스프레드(inter-delivery)거래와 거래대상 통화를 달리하는 상품간 스프레드(inter-commodity)거래로 나누어 진다.

〈예제〉

10월 2일 현재 달러선물 10월물의 가격은 1,020원/$이고, 11월물 선물가격은 1,030원/$이다. 투자자 A씨는 현재의 스프레드가 적정수준보다 축소되어 있기 때문에 앞으로 확대될 것으로 전망하였다. 따라서 근월물인 10월물 달러선물을 매도하고, 원월물인 11월물 달러선물을 매입하였다. 10월 17일에 가서 10월물 선물가격은 1,022원/$, 11월물 선물가격은 1,034원/$이 되어 예상대로 스프레드가 확대되었다면 다음과 같이 1,000,000원의 이익이 발생한다.

스프레드가 확대된 경우

	미국 달러선물 10월물	미국 달러선물 11월물	스프레드
10월 2일	선물매도 1,020원/$ 1,020원 × $10,000 × 50계약 = 510,000,000원	선물매입 1,030원/$ 1,030원 × $10,000 × 50계약 = 515,000,000원	10원
10월 17일	선물매입 1,022원/$ 1,022원 × $10,000 × 50계약 = 511,000,000원	선물매도 1,034원/$ 1,034원 × $10,000 × 50계약 = 517,000,000원	12원
	선물손실 1,000,000원	선물이익 2,000,000원	

그러나 예상과는 달리 10월 17일에 가서 10월물 선물가격은 1,018원/$, 11월물 선물가격은 1,026원/$가 되어 스프레드가 줄어들면 오히려 1,000,000원의 손실을 입게 된다. 그러나 스프레드 거래는 단순투기거래보다는 손실이나 이익의 폭이 작게 나타나는 특징이 있다.

스프레드가 확대된 경우

	미국 달러선물 10월물	미국 달러선물 11월물	스프레드
2007년 10월 2일	선물매도 1,020원/\$ 1,020원 × \$10,000 × 50계약 = 510,000,000원	선물매입 1,030원/\$ 1,030원 × \$10,000 × 50계약 = 515,000,000원	10원
2007년 10월 17일	선물매입 1,018원/\$ 1,018원 × \$10,000 × 50계약 = 509,000,000원	선물매도 1,028원/\$ 1,028원 × \$10,000 × 50계약 = 513,000,000원	8원
	선물이익 1,000,000원	선물손실 2,000,000원	

3) 통화선물을 이용한 차익거래

차익거래는 선물가격과 현물가격의 일시적인 불균형을 이용해 가격이 저평가된 현물(또는 선물)계약은 매수하고 가격이 고평가된 선물(또는 현물)계약은 매도하는 전략으로 위험부담 없이 이익을 얻고자 하는 거래전략이다. 차익거래는 고평가된 선물을 매도하고 저평가된 현물을 매수하는 매수차익거래(cash & carry)와 저평가된 선물을 매입하고 고평가된 현물을 매도하는 매도차익거래(reverse cash & carry)가 있다.

〈예제〉

5월 20일 현재 현물환율은 950원/\$이고 한국의 이자율(r_{kr})과 미국의 이자율(r_{us})이 각각 6%(연율)와 4%(연율)일 때 8월물(만기 8월 16일, 잔여만기 87일) 달러선물가격이 952원/\$이라면 어떤 차익거래가 가능할까?

먼저, 이자율평가이론에 의하여 균형(이론)선물가격을 계산하면 다음과 같이 954.5원이 된다.

$$F = S \times \frac{1 + r_{kr} \times (t/365)}{1 + r_{us} \times (t/365)}$$

$$= 950 \times \frac{1 + 0.06 \times (87/365)}{1 + 0.04 \times (87/365)} = 954.5$$

따라서 현재 선물가격(952원)이 균형선물가격(954.5원)에 비해 저평가되어 있으므로 선물매입 & 현물매도의 '매도차익거래'를 실시하면 이익을 얻을 수 있다. 구체적인 매도차익거래전략을 보면 해외에서 4%(연율)로 달러를 차입하여 현물환시장에서 달러당 950원의 가격으로 달러를 원화로 환전한 다음 이 원화자금을 6%(연율)로 운용한다. 이와 동시에 통화선물시장에서 달러화 차입금의 원리금만큼을 달러선물로 미리 매입한다. 만기일에 가서 원화운용 원리금으로 달러선물 매입계약에 대한 결제를 하고 수취한 달러자금으로 차입금을 상환하면 모든 거래가 종결된다.

5.3 주가지수선물거래

주가지수선물거래란 증권시장에 매매되고 있는 전체 주식 또는 일부 대표적인 주식의 가격 수준을 나타내는 주가지수를 매매대상으로 하는 선물거래이다. 주가지수선물의 기초자산은 엄밀하게 말하면 주가지수를 구성하는 주식의 포트폴리오이지만, 주식시장에서 포트폴리오가 거래되는 것이 아니므로 이 포트폴리오의 가치를 지수화시킨 주가지수를 매매대상으로 한다. 그러나 추상적인 숫자에 불과한 주가지수를 거래대상으로 할 수 없기 때문에 주가지수선물시장에서는 주가지수에 일정 금액을 곱하여 거래금액을 정하도록 하고 있다. 예를 들면, 우리나라의 KOSPI200선물은 50만원, 스타지수선물은 1만원을 각각 지수로 표시되는 선물가격에 곱하여 계약금액을 정하고 있다.

또한 주가지수는 실물이 아니라 추상적인 숫자이기 때문에 만기에 실물로 결제할 수 없고 오직 현금에 의한 차액결제만이 가능하다. 즉, 투자자는 일정 시점에 선물지수로 계약을 체결하고, 결제일까지 반대매매로 계약을 청산하지 않는 경우에는 결제일에 가서 선물지수와 결제일 당일의 지수 간의 차이에 일정액을 곱한 금액을 수수하게 된다.

이와 같이 추상적인 상품인 주가지수가 선물거래의 대상이 된 것은 주식투자자들의 투자위험을 헤지하는 데 있어서 주가지수선물이 매우 유용한 수단이 되기 때문이다. 주가지수선물거래의 여러 가지 유용한 기능에도 불구하고 주가지수선물거래의 확대에 따른 주식시장의 가격변동성 심화와 효율성 저해 가능성에 대한 많은 논란이 제기되어 왔다. 그러나 많은 실증연구들이 주가지수선물의 도입이 주가의 변동성을 증가시키지는 않았다고 보고하고 있다.

주가지수선물거래의 주요 특징을 살펴보면 다음과 같다.

i) **무형의 기초자산** : 농축산물이나 광산물 같은 실물이 존재하는 상품을 거래의 대상으로 하고 있지 않고 계산상의 수치인 주가지수를 선물거래의 대상으로 하고 있다.

ii) **현금결제** : 주가지수와 같은 계산상의 수치는 거래대상물이 될 수 없기 때문에 주가지수선물거래에서는 주가지수에 일정 금액을 곱하는 방법으로 가치를 부여하여 거래하고 있다.

iii) **양방향 거래** : 선물거래는 매수-매도 쌍방의 계약거래이기 때문에 주가가 올라갈 것으로 예상하고 있는 투자자와 반대로 주가가 하락할 것으로 예상하고 있는 투자자가 만나야만 각각 매수포지션과 매도포지션을 취하면서 지수선물거래가 체결된다.

iv) **영합게임** : 한쪽의 손실은 다른 쪽의 이익으로 나타나서 전체적으로 손익은 영합(zero-sum)게임이 된다.

v) **만기의 존재** : 지수선물은 일정한 만기가 있어서 만기까지만 거래되고 그 후에는 상장 폐지된다. 우리나라 선물시장에 현재 상장되어 거래되는 지수선물은 3월물, 6월물, 9월물, 12월물이며 최장만기는 1년이다. 만기의 존재는 투자전략상 큰 변수로 작용한다.

vi) **투자의사결정의 용이성** : 주식투자에서는 매매타이밍과 종목선택이라는 두 가지 의사결정이 시장상황과 맞아 떨어져야만 투자수익을 실현할 수 있다. 비록 시장예측은 제대로 했다 하더라도 종목선택을 잘못하면 낭패를 볼 수도 있다. 이에 비해 주가지수선물거래는 미래의 주가지수를 사고

파는 것이기 때문에 미래의 시장이 전체적으로 상승세인가 하락세인가만 파악되면 종목 선택 없이 바로 주문이 가능하다.

vii) **레버리지 효과** : 주식시장과 달리 주가지수선물시장에서는 위탁증거금을 금융투자회사에 납입하는 것만으로도 거래를 할 수 있다. 미국에서는 일반적으로 증거금이 거래대금의 5% 정도인데 이는 20배의 배팅을 하는 셈이 되며 우리나라에서는 증거금이 15%이므로 약 7배의 배팅효과가 있다. 레버리지 효과는 작은 투자로 큰 수익을 기대할 수 있는 반면, 예측이 빗나가면 엄청난 손실을 입을 수 있다는 것을 의미한다.

우리나라에서는 1996년 5월부터 한국증권거래소에서 KOSPI200지수를 대상으로 처음 선물거래를 개시하였다. 그리고 2001년 1월에는 KOSDAQ50지수를 거래대상으로 하는 코스닥50선물시장이 개설되었으나 거래부진에 따라 폐지되었다. 그 후 2005년 11월에 코스닥 스타지수를 거래대상으로 하는 스타지수선물시장이 새로 개설되었다. 스타지수는 코스닥시장에 상장된 주식종목 중에서 시장대표성, 유동성 및 재무건전성이 유량한 30개 종목을 구성종목으로 하는 주가지수로 2003년 1월 2일의 지수를 1,000으로 설정하여 2004년 1월 26일부터 발표되기 시작하였다.

현재 우리나라의 선물시장에서 거래되는 가장 대표적인 주가지수선물인 KOSPI200선물계약의 주요 내용을 살펴본다.

5.3.1 주요 계약조건

1) 매매거래 대상

KOSPI200선물거래의 대상은 1990년 1월 3일을 기준시점(기준지수 100)으로 하여 유가증권시장에 상장된 200개 종목에 대해 시가총액방식으로 산출한 주가지수이다. KOSPI200의 한글명은 한국주가지수200이며 영문명은 Korea

Stock Price Index 200이다. KOSPI200 구성주식은 관리종목, 증권투자회사종목을 제외한 전체 상장종목 중에서 산업별 분류를 기준으로 평균 시가총액, 연간거래량 등을 기준으로 지수조작 가능성, 시장 대표성 등을 고려하여 거래소가 선정하는데, 구성종목의 시가총액이 전체 시가총액의 70% 이상이 되게 한다.

KOSPI200의 편입대상종목은 매년 6월에 직전연도의 1년간 종목별 평균 시가총액 및 연간거래량을 기준으로 선정된다. 이때 구성종목의 시가총액은 전체 시가총액의 70% 이상으로 해야 하며, 상장폐지나 관리종목지정, 합병 등의 사유 발생시 운영위원회를 개최하여 종목조정을 위한 특별 심의를 할 수 있다.

2) 거래종목 및 결제월

주가지수선물의 결제월은 3월, 6월, 9월, 12월이고 새로 상장되는 종목의 거래기간은 최장 1년이다. 그리고 최종거래일은 각 결제월의 두 번째 목요일(휴장일인 경우 순차적으로 앞당김)로서 이 날이 되면 해당 결제월 종목은 당일 거래시간 종료 후 상장이 폐지되고, 다음날부터는 새로운 결제월종목이 자동적으로 상장거래된다. 즉, KOSPI200 선물의 종목은 결제월에 따라 총 4가지로 구분된다.

예를 들어 2009년 6월 15일 현재 상장종목은 2009년 9월물, 12월물, 2010년 3월물, 6월물의 네 가지가 있으며, 9월 두 번째 목요일인 9월 10일이 최종거래일이 되고 이날이 지나면 2009년 9월물은 상장 폐지되고 9월 11일부터는 2010년 9월물이 상장된다.

3) 거래단위와 호가단위

거래의 편의상 일정 규모의 크기를 1계약으로 정하고 있는데, KOSPI200선물의 경우 주가지수에 거래단위승수 50만원을 곱한 값을 1계약단위(KOSPI200 × 50만원)로 한다. 호가의 수량단위는 1계약이며 호가의 가격단위는 1틱, 즉 0.05포인트이므로 금액으로는 1계약당 25,000원(0.05 × 50만원)이 된다.

따라서 만약 KOSPI200선물지수가 110포인트이고 어떤 투자자가 2계약을 매수하였다면 계약금액은 1억 1천만원(110 × 50만원 × 2계약)이 된다.

그리고 현재 KOSPI200선물가격이 75.30이라면 위로는 75.35, 75.40 등으로, 아래로는 75.25, 75.20 등으로 호가할 수 있다.

4) 가격 제한폭

선물거래의 상하 가격 제한폭은 기준가격대비 ±10%인데, 기준가격은 전일의 종가(기세포함)이다. 전일 종가가 없는 경우에는 최근일의 종가로 한다. 다만, 최근일의 종가와 전일의 이론가격의 차이가 최근일의 종가를 기준으로 한 가격 제한폭을 초과할 때에는 거래소가 산출한 이론가격을 기준가격으로 한다. 또한 시장개설시와 새로운 종목의 상장시에도 이론가격을 기준가격으로 한다. 만약 현재 KOSPI200지수가 100.00포인트라면 상한가는 110.00이며 하한가는 90.00이 된다.

표 2-25 KOSPI200선물의 계약명세 (2013년 1월 현재)

거래대상	KOSPI200 주가지수
거래단위	지수 × 50만원
호가가격단위	0.05, 1틱의 가치 = 25,000원(0.05 × 50만원)
결제월주기	3, 6, 9, 12월
상장결제월수	1년 이내의 4개 결제월
최종거래일	결제월의 두 번째 목요일(휴장시 순차적으로 앞당김)
거래개시일	최종거래일 익일(휴장시 순연)
거래시간	09:00~15:15(단, 최종거래일은 09:00~14:50)
매매체결방식	전산시스템에 의한 개별 경쟁매매(가격, 시간 우선)
가격변동제한폭	기준가격 대비 상하 10%
매매중단	전일 거래량이 가장 많은 종목의 가격이 기준가 대비 5% 이상 변동하고 이론가격 대비 괴리율이 3% 이상인 상태가 1분간 지속될 경우 5분간 매매중단

사이드카	선물가격이 5% 이상 변동한 상태가 1분간 지속될 경우에 5분간 프로그램 매매호가의 효력정지
일일정산	당일의 선물종가
최종결제가격	최종거래일의 KOSPI200 종가지수
위탁증거금	위탁증거금률 : 13.5% 거래증거금률 : 9% 유지위탁증거금률 : 9%

스타지수선물의 1계약액은 지수 × 1만원이고 호가단위는 0.5포인트(5,000원)다. 그 밖의 거래제도는 KOSPI200선물과 유사하기 때문에 KOSPI200선물거래에 대한 설명으로 대체한다. 그러나 현재 스타지수선물 계약은 거래가 전혀 없다.

표 2-26 스타지수선물의 계약명세 (2013년 1월 현재)

거래대상	스타지수(코스닥시장본부 발표)
거래단위	스타지수 × 1만원
결제월	3, 6, 9, 12월
상장결제월수	1년 이내의 4개 결제월
가격의 표시	스타지수(소수점 둘째 자리까지 표시)
최소가격변동폭	0.50포인트
최소가격변동금액	5,000원(1만원 × 0.50p)
거래시간	09:00~15:15(최종거래일 09:00~14:50)
최종거래일	각 결제월의 두 번째 목요일(공휴일인 경우 순차적으로 앞당김)
결제방법	현금결제
가격 제한폭	기준가격 대비 상하 ±10%
단일가격경쟁거래	개장시(08:00~09:00) 및 거래종료시(15:05~15:15)
필요적 거래중단(Circuit Breakers)	선물가격/현물가격 급변시 선물거래 일시중단

5.3.2 주요 거래제도

1) 거래시스템

KOSPI200선물시장은 금융투자회사(한국거래소의 회원사)를 통해 거래소의 선물매매시스템에 주문이 전달되면 연속적으로 매매가 이루어지는 전산시스템으로 구성되어 있다. 주가지수선물 매매거래는 거래소가 자체 개발한 전산시스템에 의하여 체결되므로 금융투자회사 직원들이 직접 모여서 매매하는 구체적인 선물시장이 존재하지 않는다. 거래소회원은 거래소의 선물매매시스템에 접속된 자체 전산시스템을 통하여 고객의 주문을 전달하고 그 체결결과를 통보받는다.

이러한 전산거래시스템은 모든 시장참여자들에게 동질의 시장접근성과 정보수집이 보장되며, 다양한 시장정보를 신속 · 정확히 전달할 수 있어 효율적이다. 또한 사람의 실수를 막고 정확하고 신속하게 거래체결 및 결제업무를 처리하며, 투명성이 확보되어 불공정거래의 소지가 적다. 그리고 장소와 인력면에서 비용이 절감되어 거래비용을 많이 줄일 수 있다. 나아가 기술의 발전에 따라 상업통신망과 인터넷을 통한 홈트레이딩도 가능하다.

2) 회원제도

금융투자회사가 주가지수선물시장에서 매매거래를 하기 위해서는 금융위원회의 허가를 받아 거래소의 회원이 되어야 한다. 거래소 회원이 선물시장에서 매매거래를 하기 위해서는 자본금 요건, 전산시스템, 인적구성, 지점요건 등 몇 가지 요건을 구비하여야 한다. 그리고 결제회원과 비결제회원의 구분 없이 모든 회원은 결제의 의무를 진다.

3) 거래시간 및 거래체결원칙

선물거래는 주식시장과 동시에 거래를 개시(09:00)하여 주식시장 종료 15분 후(15:15)에 거래를 종료한다. 그 이유는 확정된 현물포지션에 대해 자신의 투자목표 내지 전략에 맞게 선물포지션을 조정할 수 있는 기회를 부여하기 위해서다. 거래최종일에는 주식시장이 종료되면 최종결제가격이 확정되므로 더 이상 선물을 거래할 이유가 없고, 주식시장이 매매종료 전 10분 동안 동시호가에 의한 단일가로 거래되어 시장정보가 단절되기 때문에 주식시장보다 10분 일찍(14:50) 선물거래가 종료되도록 하고 있다.

거래의 체결은 주식시장과 마찬가지로 개별경쟁거래방식으로 가격, 시간의 우선원칙에 따라 이루어진다.

- 가격우선원칙 : 고가(저가)의 매수(매도)호가는 다른 호가에 우선함
- 시간우선원칙 : 가격이 동일할 경우 먼저 접수된 호가가 나중에 접수된 호가에 우선함(다만, 단일가 호가시간 중에 접수된 호가는 시간적으로 동일한 것으로 간주함)

4) 선물가격 급변시의 거래중단제도

(1) 매매체결 지연제도

프로그램매매란 모든 지수차익거래와 동일인이 15종목(KOSPI200 구성종목에 한함) 이상의 현물 포트폴리오의 매매거래를 동시 또는 일정 시간 내에 행하는 것으로 주로 기관투자가들이 이용하는 매매기법이다.

이 기법은 자신의 투자전략을 컴퓨터에 미리 입력한 후 시장상황에 따라 매매시점을 포착해 사전에 결정된 프로그램에 따라 매매를 일괄 수행하는 방법인데 1987년 10월 미국의 주가대폭락(Black Monday)의 원인이 되면서 사람들의 관심을 끌기 시작했다. 우리나라에서도 1996년 12월 12일(최종결제일)에 주가지수가 동시호가 직전 대비 10포인트나 급락(699 → 689)하면서 시가총액이 1조원

이상 감소해 주식시장의 큰 혼란을 초래하기도 하였다. 이렇듯 프로그램매매는 기관투자가들이 유사한 전략을 구사할 가능성이 많고 대량의 주문을 동시에 수행하기 때문에 주식시장이나 현물시장의 가격변동에 큰 영향을 미칠 수 있다.

이러한 프로그램매매로 인한 가격변동위험성을 최소화하기 위해서 도입한 제도가 바로 매매체결 지연제도(Side Car)이다. 즉, 직전일의 거래량이 가장 많은 선물종목의 가격이 전일 종가 대비 5% 이상 변동하여 1분 이상 지속될 경우 주식(현물)시장의 프로그램매매 호가를 5분간 지연(프로그램매매 호가 효력정지)하여 매매를 체결함으로써 프로그램매매가 주식시장에 미치는 영향을 줄이는 것이다.

프로그램매매 호가 효력정지 후 5분이 경과하면 접수순에 따라 가격결정에 참여하게 되며, 장 시작 5분 경과 전이나 장 마감 40분 전(14:20) 이후에는 프로그램 매매호가의 효력을 정지하지 않으며, 1일 1회에 한해 발동할 수 있다.

(2) 필요적 거래중단

선물의 필요적 거래중단제도(circuit breakers)는 시장의 가격 안정화를 도모하기 위하여 도입한 제도이다. 동시호가접수시간 종료 후 5분이 경과한 후(09:05)부터 전일의 약정수량이 가장 많은 선물종목의 가격이 당일의 기준가격 대비 ±5% 이상 벌어지고 선물가격과 선물이론가격 간의 괴리율이 3% 이상으로서 1분 이상 지속될 때 모든 선물종목의 거래가 5분간 중단된다. 5분간 거래체결을 중단한 후 10분간 호가를 접수하여 단일가격에 의한 개별경쟁거래방식으로 거래를 체결한다. 단, 주식시장 마감 40분 이내(14:20 이후)에는 거래중단제도의 적용을 배제하고 있다.

그 밖에 주식시장에서 KOSPI200 구성종목의 절반 이상이 거래가 이루어지지 않거나 시스템에 장애가 발생할 경우에도 거래를 일시 중단할 수 있다. 다만 인위적인 빈번한 시장개입으로 가격이 왜곡되는 것을 막기 위하여 거래중단은 1일 1회로 제한하고 있다.

5) 일일정산제도

일일정산이란 매일 선물거래의 각 종목별로 당일에 체결된 약정가격과 전일의 미결제약정을 당일의 정산가격(통상 당일의 선물종가)으로 평가하는 것을 말하고, 그 평가에 따라 발생하는 손익을 일일정산차금으로 거래소와 회원 간(고객과 회원 간)에 수수한다. 일일정산차금에는 당일차금과 갱신차금이 있다.

이러한 일일정산제도는 최종거래일에 한꺼번에 결제할 경우 결제금액이 매우 커질 수 있고, 이 경우 결제를 불이행할 가능성이 높기 때문에 매일 정산하여 결제금액을 소액화함으로써 결제불이행을 방지하는 기능을 한다. 일일정산제도는 증거금제도 및 결제기관제도와 함께 선물거래 및 옵션거래의 결제이행 안전장치이다.

(1) 정산가격

회원(금융투자회사)은 선물의 각 종목에 대하여 매일매일 정산가격으로 거래소와 정산하여야 한다. 이때 정산가격은 당일의 최종약정가격(기세 포함)으로 하며, 당일의 최종약정가격이 없을 경우 전일의 정산가격으로 한다. 그러나 이와는 별도로 선물이론정산가격을 정산가격으로 정하는 경우도 있다(한국거래소, 선물시장업무규정 §238).

(2) 정산차금

정산차금은 당일차금과 갱신차금 및 최종결제차금이 있고 이 금액을 거래소를 통하여 수수하여야 한다. 정산가격으로 정하는 경우도 있다.

i) 당일차금

당일차금은 당일의 매도·매수 체결가격을 당일의 정산가격으로 평가함에 따라 발생하는 금액이며 현금으로 회원과 거래소 간(고객과 회원 간)에 수수한다. 당일의 매도·매수 체결가격에는 선물스프레드거래의 성립으로 최근월물 및 원월물에도 동일수량이 성립된 것으로 보는 경우의 체결가격도 포함된다. 당일의 정산가격은 원칙적으로 최근월물의 경우 당일 중 가장 나중에 성립된 약정가격이고 원월물의 경우 당일의 종가단일가격(종가단일가격이 없는 때에는 가장 나중에 성립된 약정가격)이다.

☞ 당일차금 : 당일의 전체 약정을 당일의 정산가격으로 평가하여 산출한 금액
- 매도약정 : (당일의 각 약정가격 - 당일의 정산가격) × 각 약정가격별 수량 × 50만원
- 매수약정 : (당일의 정산가격 - 당일의 각 약정가격) × 각 약정가격별 수량 × 50만원

〈예시〉

4월 29일에 甲회원(A고객)이 KOSPI200선물 6월물을 100P에 2계약 매도하고 99P에 1계약 매수. (4월 29일의 선물종가는 102P)

- 매도 당일차금 : (100P - 102P) × 2계약 × 50만원 = -200만원
- 매수 당일차금 : (102P - 99P) × 1계약 × 50만원 = +150만원

당일차금이 계산된 후에는 동일종목의 매도 · 매수수량은 같은 수량에서 자동 상계 · 소멸된다. 즉, 동일종목에 있어 매도 · 매수의 체결가격이 다를 경우에는 상계할 수 없으나 당일차금이 계산된 후에는 모두 당일의 선물종가로 같아지게 되므로 매도수량과 매수수량 중 같은 수량은 상계할 수 있다. 이에 따라 甲회원(A고객)은 당일차금이 계산된 후에는 102P(4월 29일의 선물종가) 매도 1계약의 미결제약정을 보유하게 된다.

ii) 갱신차금

갱신차금은 전일의 정산가격으로 평가되어 있는 전일의 미결제약정을 다시 당일의 정산가격으로 평가함에 따라 발생하는 현금으로 거래소와 회원 간(고객과 회원 간)에 수수한다. 당일의 선물종가와 전일의 선물종가가 다른 경우에는 미결제약정의 보유자가 매매하지 않은 날이더라도 갱신차금은 발생한다. 상기 예에서 甲회원(A고객)이 4월 30일에 어떠한 종목도 매매하지 않았다 하더라도 4월 30일의 6월물 선물종가가 100P일 때에는 +2P의 갱신차금이 발생한다.

- 甲회원(A 고객)의 갱신차금(102P - 100P) × 1계약 × 50만원 = +100만원
- 甲회원(A 고객)은 갱신차금이 계산된 후에는 100P(4월 30일의 선물종가) 매도 1계약의 미결제약정을 보유하게 된다.

☞ 갱신차금 : 전일의 미결제약정을 당일의 정산가격으로 평가하여 산출한 금액

- 매도 미결제약정 : (전일의 정산가격 - 당일의 정산가격) × 전일의 매도 미결제약정수량 × 50만원
- 매수 미결제약정 : (당일의 정산가격 - 전일의 정산가격) × 전일의 매수 미결제약정수량 × 50만원

iii) 최종결제차금

최종거래일에도 일일정산을 한다. 최종거래일의 일일정산 후 소멸되지 않고 남은 미결제약정에 대하여는 최종 KOSPI200으로 평가하는 최종결제를 한다. 즉, 최종결제는 최종거래일의 정산가격(선물가격)으로 평가되어 남아 있는 미결제약정에 대하여 다시 최종거래일의 최종 KOSPI200(현물가격)으로 평가하는데 이때 미결제약정을 최종결제지수로 평가하여 산출한 금액이 최종결제차금이다.

☞ 최종결제차금

- 매도 미결제약정 : (최종일의 정산가격 - 최종결제가격) × 최종일의 매도 미결제약정수량 × 50만원
- 매수 미결제약정 : (최종결제가격 - 최종일의 정산가격) × 최종일의 매수 미결제약정수량 × 50만원

(3) 차감결제금액의 수수

회원은 거래소를 통하여 정산차금(당일, 갱신)과 최종결제차금의 합계액(차감결제금액)을 차감결제금액이 발생한 날의 다음날 16시까지 결제하여야 한다. 만약, 회원이 차감결제금액의 지불의무를 이행하지 않은 때에는 거래소가 당해

회원의 거래를 정지시키고 당해 회원이 수령할 금전의 전부 또는 일부의 지급을 정지시킬 수 있다.

거래를 정지시킬 경우에는 거래소가 다른 회원으로 하여금 당해 결제불이행의 처리에 필요한 매수 · 매도 또는 최종결제를 하게 할 수 있으며, 당해 회원이 거래정지 전에 위탁받은 거래 및 미결제약정을 거래소가 지정하는 다른 회원에게 인계하게 할 수 있다. 그리고 금전의 지급을 정지한 때에는 그 금전 또는 당해 회원이 예탁한 거래증거금을 결제불이행 채무의 변제에 충당할 수 있다.

차감결제금액은 거래소가 금전을 지급할 의무가 있는 회원으로부터 금전을 수령하여 금전을 지급받을 권리가 있는 회원에게 지급하는 방법으로 한다.

6) 수탁제도

(1) 계좌의 개설

선물거래를 하고자 하는 투자자는 현물과는 별도로 선물계좌를 개설해야 선물투자가 가능하다. 대용증권을 활용하려면 현물계좌를 개설하고 대용증권을 입고한 후 대용지정을 하면 된다.

선물 · 옵션계좌를 설정시에는 미리 위탁자의 투자목적, 투자경험, 신용상태 등의 사항을 서면으로 확인받아 기록 · 유지하여야 하며 거래위험고지서를 교부하여야 한다. 회원은 위탁자로부터 거래가 성립된 때나 최종결제된 때에는 회원이 정한 위탁수수료를 징수하여야 하며 회원은 이 위탁수수료를 사전에 공표하고 거래소에 통지하여야 한다.

(2) 매매거래의 수탁

투자자가 거래를 위탁할 때에는 종목, 매도 및 매수, 수량, 가격 등을 명확히 해 주문을 하여야 하며 회원은 이를 확인하여야 한다.

주문은 문서, 전화, Fax 등의 방법으로 하며 홈트레이딩시스템(HTS)을 갖춘 금융투자회사에 미리 등록한 경우에는 인터넷 등을 통한 홈트레이딩의 방법도

가능하다. 회원은 위탁받은 주문을 즉시 호가하여야 하며 위탁주문의 호가를 하기에 앞서 그 주문의 정보를 이용하여 자기 또는 제3자의 계산으로 호가를 하여서는 안된다.

7) 증거금제도

KOSPI200선물거래시에는 KOSPI200옵션거래와 연계하여, 보유 중인 선물・옵션 미결제약정을 기준으로 한 포트폴리오 위험기준 위탁증거금제도를 채택하고 있다.

(1) 기본예탁금

계좌를 개설한 후 미결제약정을 보유하지 않은 투자자가 최초의 신규 매도 또는 매수를 위탁하는 때에는 사전에 1,500만원 이상의 현금 또는 유가증권(대용증권)을 선물옵션 기본예탁금으로 금융투자회사에 납부하여야 한다. 이 금액은 선물옵션거래를 하기 위한 최소한의 기본금액을 설정한 것으로 투자자의 위탁증거금이 1,500만원 이하로 계산되더라도, 미결제약정을 보유하고 있는 한 기본예탁금은 인출할 수 없다.

이러한 기본예탁금제도는 소액 개인투자자의 무분별한 참여로 인해 시장과열 또는 큰 손실이 발생할지도 모르는 사회적 문제를 미리 방지하고, 기관투자가 중심의 안정적 시장을 육성하고자 하는 것이 그 의도이다.

(2) 신규 주문시의 위탁증거금

기존의 미결제약정에 대한 증거금과는 별도로 선물옵션의 신규 주문시에는 신규의 주문에 따른 증거금을 사전에 금융투자회사에 납부하여야 한다. 선물의 경우 위탁금액의 15% 이상을 납부하여야 하며 위탁금액의 5% 이상은 현금으로 납부하여야 한다.

예를 들어 현재 가격이 70.00인 KOSPI200 6월물 10계약을 신규 매수주문을 내려면 다음과 같은 증거금을 납부하여야 한다.

- 신규 위탁증거금 : 70.00 × 50만원 × 10계약 × 15% = 5,250만원
- 현금 위탁증거금 : 70.00 × 50만원 × 10계약 × 5% = 1,750만원

(3) 미결제약정 보유시 위탁증거금

미결제약정이 있는 상태에서의 위탁증거금은 보유하고 있는 선물옵션 미결제약정의 위험을 기준으로 산출되며, KOSPI200이 가장 불리하게 변동할 경우 보유 중인 선물 · 옵션 미결제약정의 최대손실액을 기준으로 부과된다.

현재 위탁증거금 수준은 3%, 6%, 9%, 12%, 15%의 5가지 구간 중에서 가장 불리한 수치로 계산한다.

예를 들어 6월물 10계약을 70.00에 전일 매도해서 70.00에 장이 마감되었다고 하자. 오늘 신규 매도주문을 내려면 신규 위탁증거금 외에도 미결제 매도포지션에 대한 선물옵션 가격변동 위탁증거금을 준비해야 하는데 KOSPI200이 15% 상승하는 경우(80.50)가 가장 불리해지기 때문에 위탁증거금은 다음과 같이 계산된다.

- 선물 · 옵션 가격변동 위탁증거금 : 10계약 × (80.50 − 70.00) × 50만원
= 5,250만원

(4) 위탁증거금의 유지 및 추가 납부

투자자의 예탁금이 선물옵션 미결제약정의 결제이행 보증에 필요한 최소 수준에 미달하는 경우 위탁증거금을 추가로 납부(margin call)하여야 하는데 이러한 증거금을 추가증거금이라고 한다.

투자자의 예탁금 수준이 선물옵션 미결제약정의 유지증거금 수준에 미달하는 경우 투자자의 현재의 예탁금과 당일에 계산된 위탁증거금과의 차액 이상을 다음날 12:00까지 금융투자회사에 추가로 납부해야 한다.

만일 소정의 시한 내에 위탁증거금의 추가납부가 이루어지지 않으면 금융투자회사는 선량한 관리자로서 위탁자의 미결제약정을 소멸시키는 매도 또는 매수를 하거나, 위탁증거금으로 징수한 대용증권을 매도할 수 있으며, 부족액이

있을 경우 그 부족분을 청구할 수 있다.

(5) 위탁증거금의 인출

투자자는 선물 · 옵션 미결제약정의 결제이행보증에 필요한 금액(위탁증거금)을 초과하는 금액은 인출할 수 있다. 그러나 미결제약정을 보유하고 있는 경우 미결제약정의 결제이행보증에 필요한 금액과 선물 · 옵션 기본예탁금(1,500만원) 중 큰 금액을 초과하는 예탁금액만 인출할 수 있다.

표 2-27 위탁증거금제도 내용

구분			위탁증거금
주문증거금	선물	개별종목	매도 · 매수위탁금액 × 15% → 현금 5% 이상
		스프레드	선물스프레드계약은 150만원 → 현금 0
	옵션	매수	위탁금액 전액 → 전액 현금
		매도	(i과 ii 중 큰 수치 – 옵션종가) × 매도수량 × 10만원 → 현금 0 i. 증거금구간수치상의 최대옵션이론가격 ii. 전일종가지수(KOSPI200) × 위탁증거금(15%) × 0.25 + 옵션증가
미결제약정	선물,옵션위험 위탁증거금		①, ②, ③의 합계금액과 ④의 금액 중 큰 금액 ① 옵션가격증거금 (매도미결제수량 × 전일종가 – 매수미결제수량 × 전일종가) × 10만원 ② 선물 · 옵션가격변동위탁증거금 전일종가지수가 ±15% 변동시 증거금구간수치상 발생하는 최대손실액 ■ 다만, 매도옵션의 경우 i과 ii 중 큰 수치를 적용 i. 증거금구간수치상의 최대옵션이론가격 ii. 전일종가지수(KOSPI200) × 위탁증거금률 × 0.25 + 옵션종가 ③ 선물 스프레드증거금 선물의 매도미결제수량과 매수미결제수량의 작은 수량 × 150만원 ④ 최소위탁증거금 선물계약당 5만원 + 매도옵션계약당 1만원
옵션 당일 체결손익			당일의 매수약정금액의 합계액 – 당일의 매도약정금액의 합계액 → 전액현금

8) 위탁수수료

위탁자는 거래가 성립될 때마다 약정금액의 일정 비율을 위탁수수료로서 금융투자회사에 납부하여야 한다. 또 선물거래시 외에도 최종결제일이 되면 자동적으로 위탁수수료가 발생한다.

9) 미결제약정 수량의 제한

회원의 자기분 선물 미결제약정 수량은 5,000계약으로 제한하고 있으며, 전체 결제월 종목의 매도/매수 미결제약정 수량을 합산하여 산출한 순미결제약정 수량을 기준으로 한다. 단, 거래소에 신고한 차익거래와 헤지거래임을 입증한 미결제약정 수량은 제외한다.

5.3.3 이론가격결정방법

주가지수선물도 주식과 마찬가지로 시장에서 매수자와 매도자 간에 이루어지는 수요공급에 따라 가격이 결정된다. 그리고 주가지수선물에 대한 투자는 실질적인 투자대상이 주식과 동일하며 이론적으로 선물의 만기일에 선물과 현물은 동일하게 되므로 현물지수와 선물지수는 만기일에 일치하게 된다.

따라서 주가지수선물의 이론가격은 현물지수에다 지수를 구성하는 주식을 매입하여 인덱스펀드로 만들어 선물의 만기일까지 보유하는 데 드는 순보유비용을 가산하여 계산할 수 있다. 이때 순보유비용은 금융비용(인덱스펀드를 구성하는 주식을 선물의 만기일까지 보유하는 데 필요한 이자비용)에서 배당수입(인덱스펀드 보유기간 동안의 배당수입)을 차감한 순비용을 의미한다.

- 선물가격 = 현물가격 + 보유비용

  = 현물가격 + (매입비용 − 예상배당수입)

- 보유비용 = 차입비용 - 예상배당수입
  = 현물가격 × (차입이자율 - 예상배당수익률)
  × 결제일까지의 일수/365
- 베이시스(basis) = 선물가격 - 현물가격 = 보유비용

$$F_t = S \times \{1 - (d - r) \times T/365\} \tag{2.33}$$

F_t : 만기가 t인 주가지수선물 이론가격　　S : 주가지수의 현재가격
r : 무위험이자율　d : 주가지수에 포함된 주식들의 예상배당수익률
T : 주가지수선물의 만기까지 잔존기간

식 (2.33)에서 배당수익률을 계산할 때는 엄밀히 말해서 배당이 균등하게 연속적으로 지급된다는 전제가 있어야 한다. 그러나 실제로 배당은 일정 기일 현재 주주명부에 기재된 주주에 대하여 후일에 지급되기 때문에 주가지수를 산출하기 위해서 선정된 종목의 배당기일 분포 여하에 따라서 배당수익률이 크게 영향을 미치게 되어 선물가격이 현물가격보다 낮게 형성될 수도 있다.

5.3.4 거래사례

1) 헤지거래

(1) 단순헤지

단순헤지의 목적은 주식포트폴리오의 위험을 최소화하거나 완전히 제거하는 데 있다. 그러나 헤지를 하더라도 다음과 같은 이유 때문에 위험이 완전히 제거되지 않는다. 첫째 헤지비율로 사용하는 주식포트폴리오의 베타는 과거 주가자료를 이용하여 산출한 값이기 때문에 이 베타가 사후적으로도 맞는지 알 수 없다. 둘째, 베타가 완전히 일치한다고 하더라도 헤지 만기시점의 선물가격과 현물가격의 차이, 즉 베이시스가 당초 예상과 일치하지 않으면 기대한 헤지효과

를 달성할 수 없다. 예를 들어 주가지수선물을 이용한 매도헤지의 경우에 베이시스가 예상보다 작아지면 손실이 발생한다. 결과적으로 선물시장의 가격변동과 포트폴리오 또는 현물시장의 가격변동은 완벽하게 일치하지 않는다. 따라서 선물과 현물의 가격변동이 다른 경우에 주식포트폴리오를 헤지할 때에는 헤지에 필요한 적정 선물계약수는 포트폴리오의 베타로 조정하여 계산한다.

〈예제〉

어떤 주식 포트폴리오를 보유한 투자자가 주식시장이 하락할 것으로 예상하여 주가지수선물을 이용하여 위험을 최소화하고자 하는 경우 헤지방법은 다음과 같다.

- 보유 포트폴리오 금액 : 300,000,000원
- β : 1.3
- KOSPI200선물가격 : 100

$$\text{적정 선물계약수} = \frac{\text{주식 포트폴리오 금액}}{\text{지수} \times 500,000\text{원}} \times \beta$$

$$= \frac{300,000,000}{100 \times 500,000} \times 1.3$$

$$= 7.8$$

따라서 KOSPI200선물 약 8계약을 매도하면 된다.

〈예제〉 매도헤지

투자자 A씨는 1억원 상당의 주식 포트폴리오(β = 1.2)를 보유하고 있다. 10월 1일에 A씨는 주가변동으로 인한 포트폴리오 가치하락위험을 방지하기 위해 12월물 KOSPI200선물 3계약*을 80포인트에 매도하였다. 그 후 11월 13일에 주식 포트폴리오의 가치가 10% 하락하고 선물가격도 9% 하락한 시점에서 헤지를 해제하였다면 헤지결과 손익은 다음과 같이 800,000원의 이익이 발생한다.

$$\text{* 적정 선물매도계약수} = \frac{\text{주식 포트폴리오 금액}}{\text{지수} \times 500,000\text{원}} \times \beta$$

$$= \frac{100,000,000}{80 \times 500,000} \times 1.2$$

$$= 3\text{계약}$$

매도헤지 결과

일자	선물시장	현물시장
10월 1일	선물 3계약 매도 (80P × 500,000원) × 3계약 = 120,000,000원	주식보유 100,000,000원
11월 13일	선물 3계약 환매수(선물가격 9% 하락) (72.8P × 500,000) × 3계약 = 109,200,000원	주식보유(주식가격 10% 하락) 90,000,000
손익	선물거래 이익 : 10,800,000원	현물가치 하락 : 10,000,000원

〈예제〉 매입헤지

9월 15일 투자자 B씨는 2개월 후에 10억원을 주식 포트폴리오(β = 1.2)에 투자할 예정이다. B씨는 향후 전반적인 주가상승으로 투자시점에서 주식매입가격이 상승할 것에 대해 우려하여 12월물 KOSPI200선물 30계약*을 80포인트에 매입하였다. 그 후 주식매입시점인 2008년 11월 15일에 당초 매입할 예정이었던 주식 포트폴리오의 가격이 12.5% 상승하면서 KOSPI200선물가격도 90포인트로 상승하였다면 헤지결과는 다음과 같다.

매입헤지 결과

일자	선물시장	현물시장
9월 15일	선물 30계약 매입(선물가격 : 80P) (80P × 500,000원) × 30계약 = 1,200,000,000원	2개월 후 10억원을 주식에 투자예정(현재는 현물 없음)
11월 15일	선물 30계약 전매도(선물가격 : 90P) (90P × 500,000) × 30계약 = 1,350,000,000원	주식투자(주식가격 12.5% 상승) 포트폴리오 매입가격 10억원 × (1 + 0.125) = 1,125,000,000
손익	선물거래이익 : 150,000,000원	기회손실 : 125,000,000

11월 15일에 투자자 B씨는 전반적인 주가상승으로 125,000,000원의 기회손실이 발생함에 따라 자금을 125백만원만큼 추가투입하게 되었지만 선물헤지거래에서 150,000,000원의 이익이 발생하여 이를 상쇄하고도 오히려 25,000,000원의 이익을 얻게 되었다.

$$* \text{ 적정 선물매입계약수} = \frac{\text{주식포트폴리오 금액}}{\text{지수} \times 500,000\text{원}} \times \beta$$

$$= \frac{1,000,000,000}{80 \times 500,000} \times 1.2$$

$$= 30\text{계약}$$

(2) 베타조정헤지

베타조정헤지란 베타를 이용하여 전체 포트폴리오의 시장위험을 조정하는 헤지방법이다. 앞에서 설명한 단순헤지의 목적은 보유하고 있는 주식포트폴리오의 위험을 완전히 제거하는 데 있는 반면, 베타조정헤지는 위험회피의 목적 이외에 시장상황에 따라 보유 포트폴리오의 위험노출 정도를 조정하여 적극적으로 수익도 얻고자 하는 헤지전략이다. 즉, 주가가 하락할 것으로 예상될 경우에는 주식포트폴리오와 주가지수선물을 포함하는 전체 포트폴리오의 베타를 낮춤으로써 주가하락에 따른 손실을 상대적으로 축소시키며 반대로 주가가 상승할 것으로 예상되면 전체 포트폴리오의 베타를 높임으로써 주가상승시 이익을 얻고자 하는 것이다. 이러한 베타조정헤지는 전체 포트폴리오의 베타값을 원하는 수준으로 만들기 위하여 헤지비율을 조정하는 것이다.

〈예제〉 주가하락대비 베타조정헤지

투자자 A씨는 12월 말 현재 50종목으로 구성된 주식 포트폴리오(시장가치 = 20억원, β = 1.2)를 보유하고 있는데 향후 주가하락이 예상되어 위험을 방어하기 위하여 β를 0.8로 낮추기를 원한다. 포트폴리오의 β를 낮추기 위해서는 구성주식을 β가 낮은 종목으로 교체해야 하지만 주가지수선물을 이용하면 포트폴리오의 조정 없이 쉽게 β값을 낮출 수 있다. 즉, 현재 KOSPI200선물지수가 80포인트라면 A씨는 KOSPI200선물 20계약*을 매도하면 포트폴리오의 β값을 0.8로 조정할 수 있다.

$$\text{* 선물 매도계약수} = \frac{\text{포트폴리오 가치}}{\text{선물의 } contract\ size} \times (\text{목표 } \beta\text{값} - \text{현재 } \beta\text{값})$$
$$= \frac{2,000,000,000\text{원}}{80P \times 500,000\text{원}} \times (1.2 - 0.8)$$
$$= 20\text{계약}$$

(3) 최소분산헤지

선물포지션과 현물포지션으로 구성된 포트폴리오를 보유하고 있을 때 보유하고 있는 선물계약수에 대하여 포트폴리오에 대한 분산을 최소화함으로써 포트폴리오의 위험을 감소시킬 수 있다. 헤지하고자 하는 포트폴리오를 p, 주가지수를 I, 주가지수선물을 F로 표시하고 포트폴리오 보유기간을 T라고 할 때 수익률은 다음과 같다.

$$R_p = \frac{V_T - V_o + D_p}{V_o}$$

단, V_o. V_T : 포트폴리오의 기초 및 기말 시장가치

D_p : 포트폴리오의 배당

$$R_T = \frac{I_T - I_o + D_p}{I_o}$$

$$R_F = \frac{F_T - F_o}{I_o}$$

$$R_F = \frac{I_T - I_o + D_p}{I_o} - \frac{D_p}{I_o} + \frac{(F_T - I_T) - (F_o - I_o)}{I_o}$$

$$= R_T - \frac{D_p}{I_o} + \frac{(B_T - B_o)}{I_o}$$

단, B_o, B_T : 기초 및 기말의 베이시스

최소분산 헤지비율 $h^* = \frac{\sigma_{PF}}{\sigma_F^2}$이며, h^*로 헤지하였을 경우 헤지된 포트폴리오 위험은 다음과 같다.

$$\sigma^2 Min = \sigma_p^2 (1 - \rho_{PE}^2)$$

단, ρ_{PE} : 포트폴리오와 주가지수선물의 상관계수

즉, 상관계수의 크기에 따라 헤지의 효과가 결정된다. 포트폴리오와 주가지수선물의 상관계수가 1이라면 헤지의 효과는 포트폴리오의 위험을 0으로 만들어 준다.

h^*는 포트폴리오의 수익률을 주가지수선물 수익률에 단순회귀시켜 얻을 수 있으므로 $R_P = \alpha + \beta \cdot R_F + \varepsilon$으로 구해진다. 즉, β가 h^*가 되며, 헤지상태가 만기시까지 지속된다면 최적 헤지비율은 β 계수가 된다.

2) 차익거래

차익거래는 현물시장과 선물시장에서 현물가격과 선물가격이 어느 한 시장의 특수요인에 의해 일시적 또는 순간적으로 정상적인 가격구조가 왜곡되어 비정상적인 상태로 괴리되는 경우, 이 가격 차이를 이용하여 무위험이익을 얻고자 하는 거래이다. 즉, 주가지수, 예상배당수익률, 단기금리 등을 고려해 볼 때 정상적인 상태로 되돌아갈 것으로 예상하여 고평가된 선물이나 주식을 매도하고 동시에 저평가된 주식이나 선물을 매수함으로써 차익거래가 이루어진다.

일반적으로 차익거래는 프로그램 매매에 의해 수행되는데 이는 시시각각 변하는 현물가격으로부터 이론선물가격과 베이시스 등의 계산이 신속히 이루어져야 하기 때문이다.

〈예제〉 차익거래

11월 13일 현재 KOSPI200 현물지수 80P이고, 12월물 선물지수는 84P에 거래되고 있다. 그리고 CD(3개월물)금리가 8%이고, 예상배당수익률이 연 2%라고 가정할 때 투자자 A씨는 12월 13일에 거래가 종료되는 선물가격이 81P 정도가 적정수준이라고 생각한다(증거금과 수수료는 고려하지 않음).

따라서 A씨는 주가지수선물가격이 고평가되어 있다고 판단하여 선물 5계약을 84P에 매도하고 동시에 연 8%로 자금을 차입하여 5계약에 상응하는 2억원의 주식을 매입하였다. 1개월 후(12월 13일)에 KOSPI200 현물지수가 70P로 하락하고 주식가격도 이와 동일한 비율(12.5%)로 하락한다면 다음과 같이 차익거래에 따라 900만원의 이익이 발생한다.

차익거래 결과

일자	선물시장	주식시장
12월 13일	선물 5계약을 70P에 환매수	주식매도 1.75억원
손익	이익 3,500만원 [= (84P − 70P) × 500,000원 × 5계약]	주식매매손실 : 2,500만원 보유비용 : 100만원 [= 2억원 × (8% − 2%) × 1/12] 손실합계 : 2,600만원
결과	이익 900만원 (= 3,500만원 − 2,600만원)	

3) 투기거래

적은 규모의 증거금으로 거래할 수 있는 주가지수선물거래는 레버리지가 높기 때문에 투기거래에 매우 적합한 거래방법이다. 투기거래자는 현물포지션을 갖지 않고 선물가격의 변화만을 이용하여 이익을 취하려는 거래자로서 현물포지션의 가격변동위험을 헤지하려는 거래자의 상대방이 되기도 한다. 한편으로 투기거래는 현물에 대한 예상가격의 발견과 자원의 적정배분이라는 경제적 기능을 수행하며, 이를 통하여 현물주식시장의 효율화와 활성화에 기여한다.

〈예제〉 투기거래사례

투자자 A씨는 향후 선물가격의 상승을 예상하여 보유자금 1억 2천만원으로 KOSPI200 선물을 80P의 가격으로 매수하였다. 예상과 같이 1개월 후에 선물가격이 85P로 상승하여 A씨는 보유하고 있던 선물포지션을 매도하였다. 만약 현물 주가도 선물가격과 같은 비율(6.25%)로 상승하였다면 동일한 자금으로 투자한 선물거래와 현물거래의 투자수익률은 다음과 같이 현격한 차이를 보이게 된다.

$$\text{선물 매입가능 계약수} = \frac{120,000,000\text{원}}{80P \times 500,000} \div 0.15^*$$
$$= 20\text{계약}$$

선물거래와 현물거래의 투자수익률 비교

선물거래	현물거래
(85P − 80P) × 50만원 × 20계약 = 50,000,000원	1억원 × 6.25% = 6,250,000원
투자수익률 : 41.67%	투자수익률 : 6.25%

* 선물 증거금률 : 15%

4) 스프레드거래

스프레드거래는 동일하거나 유사한 기초자산을 대상으로 하는 선물계약의 가격이 동일한 방향으로 움직인다는 점에 착안하여 둘 이상의 선물계약에 대해 서로 반대 방향으로 포지션을 취득하는 투기거래이다. 기본적으로 스프레드거래는 차익거래와 유사한 형태의 거래구조를 갖는다. 그러나 차익거래는 선물만기가 되면 현물가격과 선물가격이 같아지기 때문에 거래실행시점에서 차익규모가 확정되지만, 스프레드거래는 두 선물가격이 일치되지 않기 때문에 이익규모가 확정되지 않는다.

(1) 결제월간 스프레드

결제월간 스프레드거래는 근월물을 매입(매도)하고 원월물을 매도(매입)하는 거래이다. 즉, 동일한 거래소 내에서 동일상품을 대상으로 매도포지션과 매수포지션의 크기가 일치하도록 결제월이 다른 두 선물을 매매하는 것이다. 근원물을 매수하고 원원물을 매도하는 거래를 강세 스프레드(long spread, bull spread), 반대로 근원물을 매도하고 원원물을 매수하는 거래를 약세 스프레드(short spread, bear spread)라고 한다. 이러한 거래는 급격한 시세변동이 예상되더라도 한정된 위험만을 부담하고 시세차익을 얻고자 할 때 이용된다.

그러나 우리나라 선물시장에서는 주가지수선물거래가 주로 최근월물에 집중되어 원월물의 유동성이 매우 부족함에 따라 결제월간 스프레드거래가 거의 이루어지지 못하고 있다.

〈예제〉 결제월간 스프레드

향후 전반적인 주가상승이 예상되고 있으나 만약의 하락위험을 방어하기 위해 2008년 11월 15일에 KOSPI200선물 12월물을 10계약 매도하는 동시에 2009년 3월물을 10계약 매수하였다. 이 경우는 앞으로 주가지수가 상승할 경우에 근월물(12월물)보다 원월물(3월물)의 가격상승폭이 더 클 것이라는 전망에 근거를 둔 것이다.

11월 20일에 각 결제월별 KOSPI200선물가격이 다음과 같이 변동함에 따라 당초 거래와 반대 거래를 하여 포지션을 청산할 경우에 이 스프레드거래에서는 2,500만원의 이익이 발생한다.

결제월별 KOSPI200선물가격 추이 (단위 : 포인트)

	2008. 11. 15	2008. 11. 20
2008. 12월물	80	85
2009. 3월물	85	95

스프레드거래 손익

	12월물	2007. 3월물
2006. 11. 20	10계약 환매수(선물가격 : 85P)	10계약 전매도(선물가격 : 95P)
손익	2,500만원* 손실	5,000만원** 이익
결과	2,500만원 이익(= 5,000만원 – 2,500만원)	

그러나 예상과 반대로 12월물보다 2007년 3월물의 가격상승폭이 더 적을 경우에는 상기 스프레드거래에서 손실이 발생하게 된다.

* (80P – 85P) × 500,000원 × 10계약
** (95P – 85P) × 500,000원 × 10계약

(2) 상품간 스프레드

상품간 스프레드는 선물계약의 만기가 동일하지만 기초자산이 다른 두 개의 선물상품 중에서 하나는 매입하고 다른 하나는 매도하는 거래이다. 즉, 동일한 만기를 갖는 2개의 선물계약을 대상으로 상대적으로 가격상승폭이 크거나 가격하락폭이 작은 선물계약을 매입하고 반대로 가격상승폭이 작거나 가격하락폭이 큰 선물계약을 매도한다.

예를 들어 우리나라 주가지수선물시장에서 만기가 2007년 9월인 KOSPI200 선물을 매입(매도)하는 동시에 동일한 만기의 스타지수선물을 매도(매입)하는 거래이다.

Chapter 3

제3장
옵션거래

01 개념

02 옵션의 종류

03 옵션계약의 주요 내용

04 옵션의 가격

05 옵션거래의 손익구조

06 옵션가격 결정이론

07 옵션거래의 활용

08 장외 옵션거래

09 우리나라의 옵션거래

01 개념

옵션(option)이란 특정 상품(기초자산 : underlying asset)의 일정량을 미리 정해진 가격(행사가격 : exercise price 또는 striking price)으로 일정기간(만기 : maturity)내에 "매입할 수 있는 권리"(call option) 또는 "매도할 수 있는 권리"(put option)이다. 이러한 권리를 매매하는 거래인 옵션거래는 거래시점으로부터 일정기간 후에 권리를 행사할 수 있기 때문에 선물거래와 마찬가지로 일종의 매매예약거래라고 말할 수 있다.

앞에서 설명한 선물거래에서는 선물계약의 만기시점에서 매입자와 매도자가 대칭적 권리와 의무를 동시에 갖는다. 즉, 선물계약의 매입자(the long)는 선물 만기일에 기초자산을 인수할 수 있는 권리를 보유하는 대신에 선물가격에 해당하는 선물대금을 지급할 의무가 있다. 반대로 선물의 매도자는 기초자산을 인도해야 할 의무를 지는 대신에 선물대금을 수취할 수 있는 권리를 가진다. 그러나 옵션거래에서 매입자(holder)는 기초자산을 특정가격으로 매입(call) 또는 매도(put)할 수 있는 권리만 보유하고 아무런 의무는 지지 않는다. 반면에 옵션 매도자(writer 또는 grantor)는 권리는 전혀 없고 매입자가 권리를 행사할 경우에 이에 응해야 하는 의무만 진다. 이러한 옵션 매입자와 매도자의 비대칭적 권리 · 의무 관계에서 불리한 위치에 있는 매도자는 매입자에게 옵션(권리)을 넘겨주는 대가로 일정액의 보상금을 받는데 이것을 프리미엄(premium)이라고 부른다.

1.1 콜옵션과 풋옵션

콜옵션(call option)이란 일정액의 금융상품을 일정한 가격으로 특정 기간 내에 매입할 수 있는 권리이다. 콜옵션의 매입자는 해당 금융상품의 현물가격이 옵션만기 또는 만기 이내에 행사가격보다 더 높아질 것으로 기대하여 콜옵션을 보유한다. 즉, 콜옵션 매입자는 옵션을 행사하는 시점에서 현물가격이 행사가격보다 높을 경우에 권리를 행사하여 현물가격과 행사가격의 차이에서 프리미엄을 공제한 만큼 이익을 얻게 된다.

그러나 현물가격이 행사가격보다 낮을 경우에는 콜옵션의 매입자가 권리를 포기하기 때문에 이미 지급한 프리미엄만큼 손실을 입게 된다. 따라서 콜옵션의 매입자는 프리미엄만큼의 한정된 손실을 부담하는 대신에 현물가격이 행사가격보다 높을수록 이익이 확대되는 무한대의 이익실현 가능성을 갖게 된다. 그러나 콜옵션의 매도자는 매입자와 정반대로 수취한 프리미엄에 해당하는 한정된 이익을 얻는 대신에 무한대의 손실발생위험을 떠안게 된다.

한편, 풋옵션(put option)이란 옵션의 매입자가 옵션 대상물을 특정일까지 매도할 수 있는 권리로서 향후 계약기간 내에 기초자산의 현물가격이 행사가격보다 낮아질 것으로 기대하는 투자자들이 매입한다. 옵션의 행사시점에서 현물시세가 행사가격보다 낮을 경우에 풋옵션의 매입자는 행사가격과 현물가격의 차이에서 프리미엄을 차감한 만큼 이익을 얻게 된다. 그러나 현물가격이 행사가격보다 높을 경우에는 풋옵션 매입자는 옵션을 행사하지 않기 때문에 프리미엄 지급액만큼의 손실을 입게 된다. 따라서 풋옵션 매입자의 경우에는 옵션을 행사하는 시점에서 현물가격이 약세를 보일수록 실현이익이 확대된다.

1.2 옵션의 매입자와 매도자

옵션 매입자(buyer)는 옵션을 매입하여 기초자산을 매매할 수 있는 권리를 보유하는 투자자로서 흔히 홀더(holder)라고도 부른다. 그리고 옵션 매도자(seller)는 옵션계약의 이행을 요구하든가 아니면 포기할 수 있는 권리를 매입자에게 인가(granting)해 주기 때문에 흔히 '라이터(writer)' 또는 '그랜터(grantor)'라고도 일컬어진다.

콜옵션의 매입자는 옵션의 만기일 또는 그 이전에 언제라도 기초자산의 현물가격이 행사가격보다 높을 경우에는 매도자로부터 시장가격보다 낮은 행사가격으로 기초자산을 매입할 수 있다. 그러나 옵션 기초자산의 시장가격이 행사가격보다 더 낮을 경우에는 콜옵션 매입자는 상대적으로 높은 행사가격으로 기초자산을 매입할 필요가 없기 때문에 권리를 포기할 수 있다. 즉, 콜옵션 매입자는 매도자로부터 옵션계약의 이행을 요구하거나 또는 포기할 수 있는 권리를 취득한다. 반면에 콜옵션 매도자는 매입자가 만기일 또는 그 이전에 언제라도 콜옵션을 행사할 경우에는 옵션계약내용에 따라 기초자산을 행사가격으로 매입자에게 매도해야 할 의무가 있다. 이와 같이 매도해야 할 의무가 수반되어 불리한 조건을 감수해야 하는 콜옵션의 매도자는 매입자로부터 프리미엄이라는 일정한 보상금을 받는다.

한편 풋옵션에서는 콜옵션과 반대로 매입자가 매도자로부터 일정한 행사가격으로 기초자산을 매도할 수 있는 권리를 취득한다. 풋옵션 매도자는 매입자가 옵션을 행사할 경우에는 기초자산의 시장가격에 관계없이 기초자산을 행사가격으로 매입할 의무가 있다.

1.3 기초자산과 옵션행사

옵션을 행사함으로써 취득하게 되는 현물 또는 선물은 옵션의 가치를 결정하는 기준이 되므로 기초자산(underlying assets)이라고 한다. 즉, 금리옵션(interest rate option)의 기초자산은 채권이며 주식옵션(stock option)의 기초자산은 주식, 통화옵션의 기초자산은 외국 통화이다.

한편 옵션의 매입자 입장에서 기초자산의 시장가격이 행사가격(exercise price)과 비교하여 유리한 수준일 때 매입자는 매도자에게 옵션계약을 이행하도록 요구하는데 이것을 옵션의 행사(exercise 또는 strike)라고 한다. 그러나 옵션 매입자가 옵션을 행사하지 않을 경우에는 만기일이 지나면 그 옵션은 무효가 된다. 만약에 옵션의 내재가치(intrinsic value)가 매우 커서 당연히 행사되어야 할 옵션이 행사되지 않을 때에는 옵션거래소가 임의로 강제 행사하는 경우도 있다.

1.4 만기일

옵션 만기일은 옵션계약이 만료되는 날인데 각각의 옵션계약에 따라 상이하게 정해진다. 예를 들어 CME Group에서 거래되는 옵션의 경우에는 대개 만기일과 기초자산의 최종거래일이 동일하다.

1.5 발전과정

공적인 옵션거래는 1973년 4월에 시카고옵션거래소(Chicago Board of Options Exchange ; CBOE)가 개설되어 콜옵션이 상장되면서부터 시작되었다. 그 당시 농산품선물시장이었던 시카고상품거래소(CBOT)는 상품거래법에 규제를 받고 있었기 때문에 미국 증권감독위원회(SEC)가 규제하는 주식관련 옵션을 상장할 수 없었다. 이에 따라 시카고상품거래소는 주식옵션거래만을 전담하는 시카고옵션거래소(CBOE)를 독립회사로 창설하여 16개의 우량주식(blue chip)을 기초자산으로 하는 콜옵션거래를 세계 최초로 시작하였다. 상장주식을 대상으로 하는 콜옵션에 대한 인기가 상승하면서 5개월 후에는 총 32개 주식에 대한 콜옵션을 거래하기에 이르렀으며 1976년 6월부터는 풋옵션도 상장되었다. 1975년 1월에는 시카고옵션거래소가 급성장한 데 영향을 받아 뉴욕의 아멕스거래소(American Stock Exchange ; AMEX)가, 같은 해 6월에 필라델피아 주식거래소(Philadelphia Stock Exchange ; PHLX)가, 1976년 4월에 퍼시픽 증권거래소(Pacific Stock Exchange ; PSE)가, 그리고 1976년 12월에는 시카고의 미드웨스트 증권거래소(Midwest Stock Exchange ; MSE)가 각각 주식 콜옵션을 상장하여 거래하였다. 그리고 1977년 6월에 미국 증권감독위원회는 모든 옵션거래소에 풋옵션을 상장 거래하도록 허가하였다. 이와 같이 옵션거래소가 속속 개설되면서부터 전통적인 장외 옵션거래는 점차 줄어들고 대분분의 옵션거래는 조직화된 거래소를 통해 이루어지게 되었다. 그 후 1980년대에 들어서부터 옵션거래의 범위가 점차 확대되어 주가지수, 채권, 채권지수, 통화 등 현물자산뿐만 아니라 선물계약에 대한 옵션도 거래되기 시작하였다.

우리나라에서도 1997년 7월에 증권거래소에서 KOSPI200주가지수를 대상으로 콜옵션과 풋옵션거래를 동시에 개시하였다. 그 후 KOSPI200주가지수옵션은 폭발적인 증가세를 나타내어 현재는 거래규모면에서 우리나라 옵션시장이 압도적인 세계 1위 시장으로 성장하였다. 그리고 1999년 4월에는 부산에 선물거래소가 창설되어 미국 달러화를 대상으로 통화옵션이 거래되기 시작하였다. 2002년 5월에는 3년만기 국채선물옵션이 상장되었으나 그 이후 거래가 부진하여 상장 폐지되었다.

02 옵션의 종류

옵션계약 내용에서 ① 기초자산의 종류, ② 옵션행사가능 시기, ③ 옵션계약에 대한 보증주체, ④ 증거금 적립방법 등에 따라 옵션의 종류가 다양하게 분류된다.

첫째, 옵션계약의 기초자산이 현물일 경우에는 현물옵션(physical option 또는 option on actuals)이라고 하며, 선물계약일 경우에는 선물옵션(futures option 또는 option on futures contracts)이라고 한다. 옵션 매입자가 옵션을 행사할 경우에 현물옵션에서는 현물이 인수도되지만 선물옵션에서는 선물계약의 매입포지션(long position) 또는 매도포지션(short position)을 취득하게 된다. 예를 들어 시카고옵션거래소(CBOE)에서 거래되는 S&P100옵션의 경우에는 옵션 행사일의 주가지수를 기준으로 현금결제를 통하여 옵션계약이 청산되지만 시카고상업거래소(CME)의 주가지수선물옵션의 경우에는 주가지수선물 포지션을 취득하게 된다.

둘째, 옵션의 행사가능 시기에 따라서 미국식 옵션(American option)과 유럽식 옵션(European option)으로 구분된다. 미국식 옵션은 만기일 이전에 언제든지 옵션을 행사할 수 있는 반면, 유럽식 옵션은 만기일이나 만기일 직전에만 옵션을 행사할 수 있다. 미국식 옵션은 유럽식 옵션에 비해 옵션을 행사할 수 있는 기회가 더 많기 때문에 가격이 더 비싼 것이 정상이다. 런던금속거래소(LME)에서 거래되는 옵션은 대표적인 유럽식 옵션이며, 미국 옵션시장에서는 미국식 옵션이 주로 거래되고 있다.

셋째, 옵션계약의 보증주체에 따라 거래소 옵션(exchange option)과 딜러 옵션(dealer option)이 있다. 거래소 옵션은 거래소 자체에서 청산소를 통하여 옵션계약의 이행에 대한 보증이 이루어지며, 딜러 옵션은 옵션 매매당사자를 대표하는 딜러들이 보증하는 계약이다. 현재 미국내에 거래되는 대부분의 선물옵션은 거래소옵션이며, 미국의 Mocatt사에서 거래하는 금, 은 옵션과 영국 LME의 금속옵션은 대표적인 딜러옵션이다.

넷째, 거래증거금(margin money) 적립방식에 따라 증권식 옵션(stock-style option)과 선물식 옵션(futures-style option)으로 구분할 수 있다. 증권식 옵션에서는 거래 당시 프리미엄 전액을 청산소에 적립하며 선물식 옵션에서는 선물거래의 일일정산과 같은 방법으로 매일매일 변동하는 프리미엄의 차액만을 청산소에 적립한다. 현재 미국 내 거래소에서 거래되는 선물옵션은 모두 거래증거금을 증권식 옵션방식에 따라 정산회사에 적립하고 있다. 거래증거금 적립방식은 각 거래소에 따라 서로 다르기 때문에 옵션거래를 시작하기 전에 당해 거래소의 옵션계약의 세부적인 내용은 물론 옵션가격 산정방식, 증거금제도 등에 대한 충분한 이해가 필수적이다.

03 옵션계약의 주요 내용

미국 시카고옵션시장에서 거래되고 있는 주요 옵션상품의 계약내용을 간략히 살펴보자. 먼저 금리옵션(interest rate options)은 거래대상물(기초자산)이 단기금리상품인 경우와 장기금리상품인 경우로 구분할 수 있다. 현재 가장 활발하게 거래되고 있는 단기금리옵션은 유로달러선물옵션(Eurodollar futures option)이다. 유로달러선물옵션은 미래 특정일자 또는 그 이전에 특정가격으로 유로달러선물계약(Eurodollar futures contract)을 매입 또는 매도할 수 있는 권리이다.

〈예시〉

CME Group에서 만기 6월, 행사가격 90.00인 유로달러 콜옵션을 0.50의 프리미엄으로 매입하면 매입자는 지금부터 6월까지 당초 정해진 가격(행사가격)인 90.00으로 유로달러선물의 매입포지션을 취득할 수 있는 권리를 보유하게 된다.

- 프리미엄 = 50틱 × $25 = $1,250

옵션의 매입자가 옵션을 행사하면 90.00의 가격으로 유로달러선물의 매입포지션을 취득하게 되고, 즉시 시가평가(marked to market)를 받게 된다.

이때 선물가격이 91.50이라면 다음과 같이 $3,750가 매입자의 증거금계정에 입금되어 $2,500의 순이익이 발생한다.

- 선물가격 = 91.50
- 옵션 매입자 : 90.00의 가격으로 선물 포지션 취득
- 증거금계정 : $25 × (91.50 − 90.00) × 100 = $3,750
- 순이익 = $3,750 − $1,250 = $2,500

그리고 장기금리상품을 기초자산으로 거래하는 옵션도 이와 비슷한 구조를 가지고 있다. 현재 가장 활발하게 거래되는 장기금리옵션은 세계적으로 유동성이 가장 풍부한 미국 장기국채선물계약(T-bond futures contract)을 기초자산으로 하는 옵션인데, CME Group에서 거래되고 있다. 이 옵션의 매입자는 유로달러선물옵션과 마찬가지로 미래 특정일자 또는 그 이전에 특정가격으로 T-bond 선물계약을 매입 또는 매도할 수 있는 권리를 보유하게 된다.

〈예시〉

행사가격 100-00, 만기 6월의 T-bond 콜옵션(June T-bond call)을 3-48의 프리미엄을 지급하고 매입할 경우 프리미엄은 다음과 같이 계산된다.

- 프리미엄 = 240틱 × $15.625 = $3,750*

선물가격이 104-16일 때 옵션 매입자가 옵션을 행사하면 매입자는 100-00의 가격으로 선물 매입포지션을 취득하게 되고 증거금계정에 $4,500이 입금되어 순이익은 $750이 발생한다.

- T-bond 선물가격 = 104-16
- 매입자 : 100-00의 가격으로 선물매입포지션 취득
- 증거금계정 : $31.25 × 144틱(4-16은 144/32nd와 동일) = $4,500
- 순이익 = $4,500 - $3,750 = $750

* CME Group의 T-bond 선물가격은 32진법으로 표시된다. 즉, 98-12는 98과 12/32%이다. 그러나 옵션가격은 64진법으로 표시되어 옵션의 1틱은 T-bond 선물계약금액($100,000)의 1%의 1/64, 즉 $15.625이 된다.

이와 같은 미국식 옵션의 경우에는 선물옵션에 비하여 현물옵션이 거래자들에게 확실히 불리하다. 선물옵션의 매도포지션을 취한 거래자는 옵션이 행사되었을 때 신규 취득한 선물포지션에 대한 시가평가에 따라 증거금계정만 조정하면 된다. 그러나 현물옵션의 경우에는 콜옵션의 매도자는 현물채권을 인도해 주어야 하기 때문에 만약 현물을 보유하고 있지 않으면 시장에서 현물채권을 매입하여야 한다. 또한 이를 위해 채권매입에 필요한 자금을 공여받을 수 있는 신용한도(credit lines)를 유지해야 한다.

CME Group에서 거래되고 있는 주요 금리옵션계약 내용을 살펴보면 다음과 같다.

표 3-1　CME Group 30년 T-Bond 옵션의 주요 계약명세

구분	주요 내용
계약단위	CME Group 30-Year U.S. Treasury Bond futures contract 1계약
만기	최종거래일 오후 7:00시
호가 단위	1/64포인트($15.625/계약)
상장 결제월	연속 3개월물, 그 다음 4개 분기물(총 7개월물)

최종거래일	옵션 결제월 전월의 최종 영업일로부터 최소한 2영업일 이상 남아 있는 최종 금요일 만일 동 금요일이 영업일이 아니면 동 금요일의 전 영업일
거래시간	공개호가 : 7:20a.m~2:00p.m, 시카고시간, 월~금 전자방식 : 5:30p.m~4:00p.m, 시카고시간, 일~금요일
상품 코드	공개호가 : CG for calls, PG for puts 전자방식 : OZB
행사가격 설정간격	선물가격 1포인트의 배수로 행사가격을 설정. (만약 30-Year T-bond 선물가격이 92-100이라면, 행사가격은 ATM가격 92를 중심으로 1포인트 간격으로 상하 30개를 설정)
가격변동 제한	없음
권리행사	- 미국식 옵션(Amercan Style Option) - 옵션 매입자는 오후 6시(시카고 시간)까지 결제기관(CME Clearing)에 통보함으로써 옵션이 거래되는 영업일에 언제나 권리행사 가능 - 내가(ATM)옵션은 오후 6시까지 CME Clearing에 권리행사에 관한 매입자의 의사표시가 없으면 자동 행사됨

표 3-2 CME Group 10년 T-Note옵션의 주요 계약명세

구분	주요 내용
계약단위	액면가 $100,000인 10-Year U.S. Treasury Note futures contract 1계약
만기	최종거래일 오후 7:00시
호가 단위	1/64포인트($15.625/계약)
상장 결제월	연속 3개월물, 그 다음 4개 분기물(총 7개월물)
최종거래일	옵션 결제월 전월의 최종 영업일로부터 최소한 2영업일 이상 남아 있는 최종 금요일 만일 동 금요일이 영업일이 아니면 동 금요일의 전 영업일
거래시간	공개호가 : 7:20a.m~2:00p.m, 시카고시간, 월~금 전자방식 : 5:30p.m~4:00p.m, 시카고시간, 일~금요일
상품 코드	Open Auction : TC for calls, TP for puts Electronic : OZN

행사가격 설정간격	선물가격 1/2포인트의 배수로 행사가격을 설정. (만약 10-Year T-note 선물가격이 92-100이라면, 행사가격은 ATM가격 92를 중심으로 1/2포인트 간격으로 상하 50개를 설정)
가격변동 제한	없음
권리행사	-미국식 옵션(Amercan Style Option) -옵션 매입자는 오후 6시(시카고 시간)까지 결제기관(CME Clearing)에 통보함으로써 옵션이 거래되는 영업일에 언제나 권리행사 가능 -내가(ITM)옵션은 오후 6시까지 CME Clearing에 권리행사에 관한 매입자의 의사표시가 없으면 자동 행사됨

CME Group의 국제통화시장(IMM)에서는 일본 엔, 영국 파운드, 유로화 등 다양한 통화선물을 기초자산으로 하여 통화옵션(currency futures)이 거래되고 있다. 그리고 각각의 통화옵션상품에는 행사가능기간, 거래방법 등에 따라 여러 가지 종류가있다. 예를 들어 일본 엔옵션상품에는 JPY/USD American Style Premium Option, JPY/USD American Style Volatility Option, JPY/USD European Style Premium Option, JPY/USD European Style Volatility Option 등 4개의 계약이 상장되어 있다. 여기서는 JPY/USD American Style Premium Option의 계약조건을 살펴본다.

표 3-3 CME Group 일본 엔 옵션(American Style Premium Option)**의 주요 계약명세**

구분	주요 내용
계약단위	일본 엔 선물 1계약(￥12,500,000)
호가 단위	1포인트 = $.000001 / 1엔당(= $12.50 / 1계약당)
상장 결제월	3개월 주기의 4개월물, 연속 2개월물, 4개의 일주일물
결제방법	엔 선물계약 포지션 취득
거래시간	Open Outcry : 7:20a.m~2:00p.m. Globex : 5:00p.m~4:00p.m.
최종거래일	분기물, 월간물 : 해당 결제월의 셋째 수요일 직전 둘째 금요일 주간물 : 최근 금요일
가격변동 제한	없음
최소 가격변동폭	Regular : 0.000001(= $12.50 / 계약)

CME Group에서 거래되는 주가지수옵션 중에서 가장 대표적인 CME S&P 500 EOM(End-of-Month) 옵션은 그 이름에서 알 수 있듯이 결제월의 최종영업일에 옵션의 만기가 종료된다. EOM 옵션은 분기 또는 여타 시계열 옵션과 비교하여 여러 가지 중요한 차이점을 가지고 있다. 즉, EOM 옵션은 최근월로부터 6개의 매월 만기가 설정되어 있으며 결제월의 최종영업일에 만기가 종료되기 때문에 월말 기준으로 회계처리를 마감하는 고객에게 편리한 상품이다. 그리고 이 옵션은 유럽식 옵션으로서 만기일에만 권리를 행사할 수 있다. 또한 이 옵션을 행사하면 가장 가까운 만기의 CME S&P 500 선물계약을 취득한다.

표 3-4 CME Group S&P 500 EOM 지수옵션의 주요 계약명세

구분	주요 내용
거래단위	S&P 500주가지수선물 1계약
옵션종류	European Style
만기일	각월의 최종영업일
상장 결제월	연속 6개월(月)
행사가격 설정	원월물 : 25포인트, 10포인트 간격으로 설정 둘째 근월물 : 5포인트 가격으로 설정
행사가격 개수	Open Outcry : 모든 행사가격 간격(All Strikes intervals) Globex : NTM가격을 포함해서 상하 12개
상품 코드	Clearing = EV Ticker = EV
거래장소	Floor, CME Globex
거래시간	Open Outcry : 8:30a.m~3:15p.m(월~금) CME Globex : 3:30p.m~8:15a.m(월~목)
가격 제한폭	10%, 20%, 30%(하락시에 적용)
최소 가격변동폭	Outright 프리미엄 5P 이상 : 0.10 = $25.00 Half Tick 프리미엄 5P 이하 : 0.05 = $12.50
최종거래일	Open Outcry : 각월의 최종영업일 3:00p.m Globex : 각월의 최종영업일 8:15a.m

04 옵션의 가격

4.1 프리미엄

옵션가격은 프리미엄(premium)이라고 불리며 보험료와 유사한 성격을 지니고 있다. 피보험자가 위험으로부터 보호되는 대가로 보험료를 지급하듯이 옵션 매입자는 옵션을 행사할 수 있는 권리를 보유하는 대가로 매도자에게 프리미엄을 지급한다. 옵션 매도자는 매입자로부터 받는 프리미엄과 옵션 매도에 따른 손실 가능성을 상호 비교하여 의사결정을 하기 때문에 옵션가격은 옵션에 대한 수요량과 공급량을 일치시키는 균형가격변수로서의 역할을 한다. 만약 옵션가격이 너무 낮아서 매도자의 손실위험을 보전할 수 없다면 옵션의 공급량이 수요량보다 작게 되어 옵션가격은 상승하게 된다.

옵션의 가격인 프리미엄이 표시되는 방법은 각 개별옵션의 종류마다 조금씩 다르다. 예를 들어 June 100-00 T-Bond 선물 콜옵션의 프리미엄이 1-01이라고 하면 이는 1 + 1/64를 나타낸다. 이것은 1,000달러를 기준으로 하여 $1\frac{1}{64}$에 해당하는 1,015.63달러를 의미한다. 최소 가격변동단위인 0-01은 1/64%을 나타내므로 15.625달러에 해당한다.

그림 3-1 옵션의 가격(프리미엄)

4.2 내재가치와 시간가치

옵션가격(프리미엄)은 옵션시장에서 각 종목별로 매도호가와 매입호가의 경합에 의하여 가격이 형성된다는 점에서 선물거래와 동일하다. 그러나 매입자와 매도자가 반드시 결제를 이행하여야 하는 선물거래와 달리 옵션은 매입자의 일방적 의사표시에 의하여 결제이행 여부가 결정되므로 기초자산의 가격과 단순히 비교하여 이론가격을 산출할 수 없다. 일반적으로 프리미엄은 산출시점에서 권리를 행사하여 받을 수 있는 금액(행사가치)보다 높게 형성되므로 옵션의 가치는 내재가치(행사가치)와 그 나머지인 시간가치(time value)로 구분할 수 있다.

4.2.1 내재가치

내재가치(intrinsic value)는 옵션이 가지고 있는 현재의 행사가치를 말한다. 즉, 옵션을 지금 행사하였을 경우 현 시세에 비추어 얼마만큼의 이익을 볼 수 있는가를 나타낸다. 예를 들어 March 98-00 T-Bond 선물 콜옵션에서 현재 March T-Bond 선물의 시장가격이 100-00이라면 선물 콜옵션을 행사할 경우에는 March T-Bond 선물을 98-00에 매입할 수 있기 때문에 현 시세인 100-00에 비해 2-00($2,000)만큼 이익을 얻을 수 있다. 이와 같이 지금 당장 옵션을 행사할 경우에 이익이 발생하는 옵션은 내재가치를 가지고 있다. 그 반면 March T-Bond 선물의 현 시세가 98-00이거나 또는 그보다 낮을 때는 March 98-00 T-Bond 선물 콜옵션은 행사할 가치가 없기 때문에 내재가치가 존재하지 않는다.

〈예시〉

현재 KOSPI200지수가 70포인트일 때 행사가격이 68포인 KOSPI200 콜옵션의 내재(행사)가치는 2(= 70 - 68)포인트이다.

풋옵션에서는 행사가격이 현 시세보다 높을 경우에만 옵션을 행사할 가치가 있기 때문에 이 경우에 내재가치가 있다고 말한다. 예를 들어 March 102-00 T-Bond 선물 풋옵션은 현 시세가 100-00일 경우에 2-00($2,000)만큼의 내재가치를 가지고 있다. 왜냐하면 T-Bond 선물이 현재 100-00의 가격으로 거래되고 있다 하더라도 풋옵션 매입자는 매도자에게 March T-Bond 선물을 행사가격인 102-00에 매도할 수 있기 때문이다. 그 반면 현 시세가 102-00 또는 그 이상일 경우에는 March 102-00 T-Bond 선물 풋옵션은 내재가치가 존재하지 않는다.

〈예시〉

현재 KOSPI200지수가 70포인트일 때 행사가격이 73포인트인 KOSPI200 풋옵션의 내재(행사)가치는 3(= 73 − 70)포인트이다.

권리를 행사하면 손실이 발생하는 외가격(OTM)옵션의 보유자의 경우에도 내재(행사)가치는 마이너스가 아닌 "0"이 된다. 그리고 옵션 매입자가 권리를 행사하더라도 손실이나 이익이 발생하지 않는 등가격(ATM)옵션의 내재가치 역시 외가격옵션과 같이 "0"이 된다.

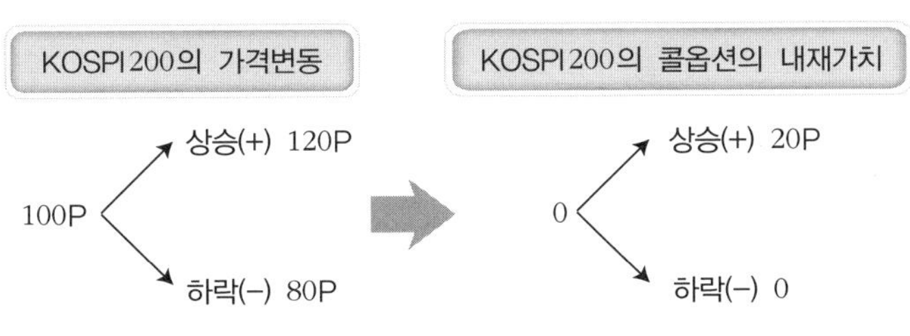

그림 3-2 KOSPI200 콜옵션의 행사가치 변화

4.2.2 시간가치

시간가치(time value)는 프리미엄에서 내재가치를 차감한 값이다. 예를 들어 KOSPI200지수가 74포인트인 경우에 행사가격이 70인 KOSPI200 콜옵션의 프리미엄이 4.5라면 시간가치는 0.5[= 4.5 - (74 - 70)]가 된다.

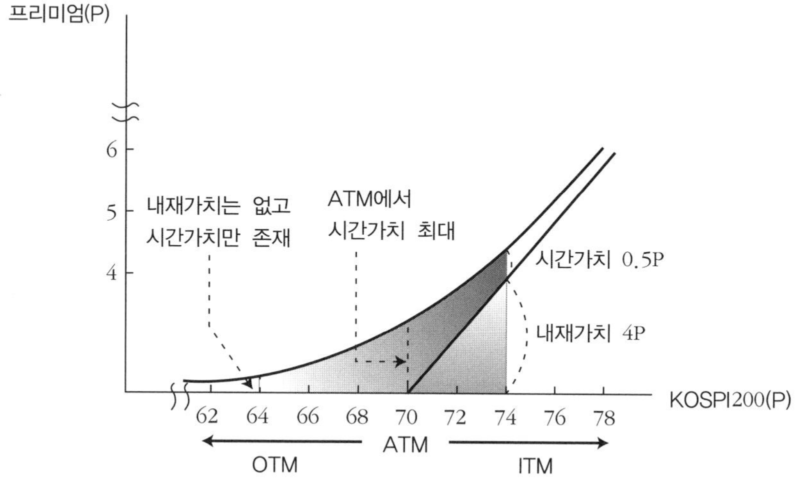

그림 3-3 콜옵션 프리미엄의 내재가치와 시간가치

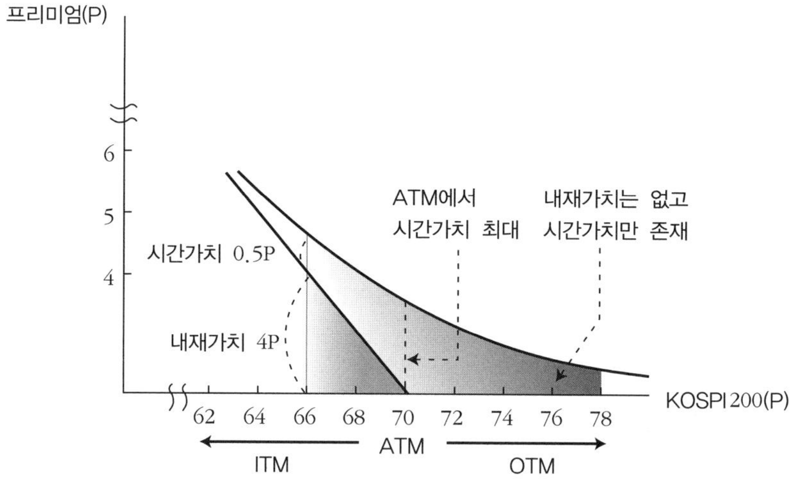

그림 3-4 풋옵션 프리미엄의 내재가치와 시간가치

반면 KOSPI200지수가 66인 경우에 행사가격이 70인 KOSPI200 풋옵션의 프리미엄이 4.5라면 시간가치는 0.5[= 4.5 - (70 - 66)]이다.

시간가치는 만기일까지의 잔여기간이 길면 길수록 크지며 만기일에 가까워지면 가속적으로 감소한다. 시간가치는 옵션의 매입자에게는 최종거래일까지의 잔존기간 동안에 옵션에서 얻어지는 이익과 회피할 수 있는 위험에 대한 기대치이기 때문에 최종거래일에 근접할수록 감소한다. 이러한 의미에서 옵션을 소모성상품(wasting assets)이라고 부른다. 그리고 시간가치는 장래에 내재가치를 가질 가능성이 클수록 상승하며 현재에 내재가치가 전혀 없는 외가격(OTM)옵션도 최종거래일까지 잔존기간 중에 얻을 수 있는 이익 가능성 때문에 시간가치를 갖는다. 또한 시간가치는 최종거래일까지의 잔존기간, 기초자산의 가격변동성 등 다양한 요소에 의하여 결정되기 때문에 그들의 관계는 내재가치와는 달리 간단하게 파악되지 않는다.

옵션의 시간가치는 만기가 도래하기 전에 보다 유리한 가격에서 옵션을 행사할 수 있는 기회, 즉 내재가치의 증대 가능성에 대한 가치를 반영한다. 이에 따라 행사가격과 시장가격이 가장 근접한 등가(ATM)옵션에서 시간가치가 제일 크고 내가(ITM)나 외가(OTM)로 갈수록 작아진다. 특히, 시장가격과 행사가격의 차가 매우 큰 깊은 내가(deep ITM)나 깊은 외가(deep OTM)옵션의 경우에는 시간가치가 거의 0에 가깝게 되어 옵션의 총가치는 내재가치에 접근한다. 이는 콜옵션의 시장가격이 행사가격보다 아주 낮다면(deep OTM) 어느 정도 시장가격이 상승하여도 내재가치가 발생할 가능성이 희박하기 때문이다. 반대로 시장가격이 행사가격보다 아주 높다면(deep ITM) 이미 지급한 프리미엄에는 내재가치가 상당부분 포함되어 있어서 주어진 시장가격 상승에 따른 내재가치 증가율이 작기 때문이다.

이제 시장가격의 변화에 따른 옵션 프리미엄의 변화를 보면 콜옵션의 경우는 시장가격의 상승에 따라 프리미엄이 증가한다. 이것은 내재가치의 상승에 비롯된 것이며 시간가치는 오히려 줄어든다. 반면에 풋옵션의 경우에는 시장가격이 하락함에 따라 프리미엄은 증가한다. 즉, 일정한 가격에 매도할 수 있는 풋옵션의 가치는 시장가격이 낮아질수록 높아진다. 이러한 프리미엄의 증가는 내재가치의 상승에서 비롯된 것이며 시간가치는 오히려 줄어든다.

옵션의 내재가치와 시간가치를 보다 명확히 이해하기 위해 다음의 예를 살펴보기로 하자. 옵션의 기초자산은 KOSPI200주가지수이며 2월 10일 현재 KOSPI200주가지수가 187.50이라고 할 때 각각의 만기와 행사가격에 따른 옵션의 가격(프리미엄)이 다음과 같다.

표 3-5 옵션가격의 예 (단위 : 포인트)

	콜(Calls)			풋(Puts)		
행사가격	3월	6월	9월	3월	6월	9월
180.00	8.90	9.10	9.30	0.63	0.70	0.85
182.50	6.60	6.80	7.10	0.99	1.05	1.15
185.00	4.70	4.90	5.10	1.46	1.50	1.59
187.50	2.95	3.05	3.15	2.18	2.25	2.32
190.00	1.55	1.60	1.75	3.45	3.52	3.60

* 2월 10일 현재, KOSPI200주가지수의 시장가격 = 187.50

〈표 3-5〉에서 만기 3월, 행사가격 185.00인 콜옵션의 프리미엄은 4.70이다. 이 옵션을 매입하여 권리를 당장 행사할 경우에 이익은 2.50(=187.5 - 185.0)에 불과하다. 그 나머지 2.20은 만기일에 이를 때까지 주가지수가 상승하여 보다 유리한 시장상황에서 옵션을 행사할 수 있는 가능성에 대한 가치라고 할 수 있다. 따라서 행사가격 185.0인 콜옵션의 프리미엄 4.70은 내재가치 2.50과 시간가치 2.20으로 구성된다.

한편 만기 3월, 행사가격 190.00인 콜옵션의 경우에는 현재 주가지수(187.50)가 행사가격보다 낮기 때문에 내재가치가 전혀 없다. 그럼에도 불구하고 이 옵션은 시장에서 1.55의 가격에 거래되고 있는데 이는 만기일에 이를 때까지 주가지수가 상승하여 이 옵션이 내재가치를 갖게 될 가능성에 대한 가치이다. 따라서 만기 3월, 행사가격 190.00인 콜옵션은 프리미엄 1.55는 모두 시간가치인 셈이다. 〈표 3-5〉에서 만기 3월의 콜옵션과 풋옵션의 프리미엄을 내재가치와 시간가치로 구분하면 다음과 같다.

표 3-6　만기 3월인 콜옵션과 풋옵션 프리미엄의 구성

행사가격		180.0	182.5	185.0	187.5	190.0
콜옵션	내재가치	7.50	5.00	2.50	0	0
	시간가치	1.40	1.60	2.20	2.95	1.55
	프리미엄	8.90	6.60	4.70	2.95	1.55
풋옵션	내재가치	0	0	0	0	2.50
	시간가치	0.63	0.99	1.46	2.18	0.95
	프리미엄	0.63	0.99	1.46	2.18	3.45

(KOSPI200 시장가격 = 187.50)

4.2.3 내가, 등가, 외가

옵션은 내재가치의 유무에 따라 내가(in the money ; ITM), 외가(out of the money ; OTM), 등가(at the money ; ATM 또는 near the money ; NTM)옵션으로 구분한다. 내가(ITM)옵션이란 내재가치가 있는 상태를 말한다. 예를 들어 콜옵션의 경우에는 현 시세가 행사가격보다 높을 때 내재가치가 발생하며, 풋옵션은 현 시세가 행사가격보다 낮을 때 내재가치가 발생하는데 이와 같은 상태를 내가(ITM)옵션이라고 한다.

외가(OTM)라 함은 옵션의 내재가치가 전혀 없는 상태를 말한다. 예를 들어 콜옵션은 현 시세가 행사가격보다 낮을 때, 풋옵션은 현 시세가 행사가격보다 높을 때를 외가(OTM)옵션이라고 칭한다.

등가(ATM)라 함은 현 시세가 행사가격과 같을 때를 말한다. 옵션이 등가일 때에는 옵션을 행사할 이유가 전혀 없는데 이것은 내재가치가 없기 때문이다. 그리고 NTM이란 옵션이 아직 정확하게 등가(ATM)의 상태를 도달하지 못하였을 경우를 나타낸다. 예를 들어 행사가격이 100-00인 T-Bond 선물옵션에서 현 시세가 정확하게 100-00이면 등가(ATM)옵션이라고 말할 수 있으나, 99-28과 같이 거의 100-00과 비슷할 경우를 NTM이고 표현한다. 그러나 통상적으로는 등가(ATM)을 사용한다. 이를 표로 나타내면 다음과 같다.

표 3-7 **내가, 등가, 외가**

	콜옵션	풋옵션
내가(in-the-money ; ITM)	S > X	S < X
등가(at-the-money ; ATM)	S = X	S = X
외가(out-of-the-money ; OTM)	S < X	S > X

(단, S : 기초자산의 현 시가, X : 옵션 행사가격)

4.3 옵션가격 결정요소

옵션 프리미엄을 결정하는 요소는 ① 행사가격(strike price 또는 exercise price) ② 기초자산의 현 시가(current price of the underlying commodity) ③ 무위험 단기이자율(risk free short-term interest rate) ④ 만기일까지의 잔존기간(time remaining to option maturity) ⑤ 기초자산의 가격변동률(volatility of the underlying price)의 5개로 구분되고 있다.

4.3.1 행사가격

행사가격(strike price)은 옵션 매입자가 계약조건에 따라 기초자산을 매매할 수 있는 가격이다. 예를 들어 78 December T-Bond 선물 콜옵션에서 매입자는 옵션 만기일 이전에 언제라도 T-Bond 선물계약을 78-00의 가격으로 매입할 수 있다. 이와 같이 콜옵션은 매입권이기 때문에 고가에 매입할 수 있는 권리를 부여하는 높은 행사가격의 콜옵션(high call option)은 낮은 행사가격의 콜옵션(low call option)보다 가치가 낮다. 즉, 행사가격이 높으면 높을수록 콜옵션의 프리미엄은 낮아진다. 반대로 풋옵션은 매도권이기 때문에 고가에 매도할 수 있는 권리를 부여하는 높은 행사가격의 풋옵션(high put option)은 낮은 행사가격의 풋옵션(low put option)보다 가치가 더 높다. 즉, 행사가격이 높으면 높을수록 풋옵션의 프리미엄은 높아진다.

4.3.2 기초자산의 현 시가

옵션의 매입자가 옵션을 행사하면 행사가격에 기초자산을 인수(콜옵션의 경우) 또는 인도(풋옵션의 경우)하게 된다. 그러므로 옵션의 행사 여부는 행사가격에 비하여 기초자산의 현 시가가 얼마나 높은지, 또는 낮은지에 달려 있다. 만약 T-Bond 선물의 현 시가가 81-00일 때 행사가격 80-00 T-Bond 선물 콜옵션은 행사가격 82-00 T-Bond 선물 콜옵션보다 더 가치가 있다. 그 이유는 80-00 T-Bond 선물 콜옵션은 매입자가 현 시가 81-00인 T-Bond 선물을 80-00에 매입할 수 있는 권리를 행사함으로써 1-00의 이익을 얻을 수 있기 때문이다.

4.3.3 단기금리

무위험 단기이자율(risk-free short-term interest rate)은 옵션거래에서 발생하는 기회비용을 대표하는 요소이다.

콜옵션은 매입자가 최종거래일에 행사가격에 해당하는 대금을 지급하고 기초자산을 매입하며, 풋옵션은 매입자가 최종거래일에 행사가격을 받고 기초자산을 인도한다. 따라서 콜옵션의 경우에는 단기금리의 수준이 높을수록 매입자가 최종거래일에 지급하는 행사가격의 현재가치가 작아지므로 콜옵션의 가치는 상승하고, 풋옵션의 경우에는 매입자가 장래 받게 될 행사가격의 현재가치가 작아지므로 풋옵션의 가치는 하락한다.

4.3.4 잔존기간

일반적으로 옵션은 만기까지의 잔존기간이 길수록 가치가 커지게 된다. 왜냐하면 만기가 길수록 기초자산의 가격이 유리한 방향으로 변동할 가능성이 커지기 때문이다. 이제 다른 조건은 모두 같고 단지 만기일만 서로 다른 두 가지 옵션을 생각해 보자. 만기가 긴 옵션의 소유자는 만기가 짧은 옵션의 소유자가 갖는 모든 행사 가능성 기회와 더불어 추가적으로 만기가 긴 만큼 기회를 더 많이 갖게 되므로 만기가 긴 옵션의 가치는 항상 만기가 짧은 옵션의 가치보다 더 크게 형성된다. 예를 들어 T-Bond 선물의 현 시가가 80-00일 때 행사가격 90 T-Bond 선물 콜옵션이 잔존기간이 하루밖에 안 남았을 경우에는 내가(ITM)로 될 확률은 거의 없지만 만약 잔존기간이 3개월이라고 하면 기존물의 가격이 90-00보다 더 높게 올라가 이 옵션이 내가(ITM)로 될 확률이 훨씬 더 커진다. 이와 같이 잔존기간이 길면 길수록 옵션이 내가(ITM)로 될 확률이 더 커짐에 따라 옵션 매도자는 그 만큼 위험성이 높아지므로 더 많은 프리미엄을 요구하게 된다.

다만, 유럽식 옵션의 경우에는 만기가 길수록 옵션의 가치가 반드시 더 높아지는 것은 아니다. 왜냐하면 단지 만기일에만 권리를 행사를 할 수 있는 유럽식 옵션은 미국식 옵션처럼 만기가 긴 옵션의 소유자가 짧은 옵션의 소유자보다 더 많은 권리행사 기회를 갖는 것이 아니기 때문이다. 예를 들어 유럽식 주식옵션에서 하나는 만기가 1개월 남은 콜옵션이고 다른 하나는 만기가 2개월 남은 콜옵션이 있다고 하자. 이때 6주 후에 매우 큰 배당이 예상된다면 이는 주가하락 요인으로 작용하기 때문에 만기가 짧은 콜옵션이 긴 옵션보다 오히려 더 높은 가치를 가지게 될 것이다.

그리고 옵션가격과 잔존만기는 시간의 상대적 가치 때문에 잔존기간과 제곱근(square root of time to maturity)의 관계를 갖는다. 예를 들어 잔존기간이 1,001일에서 1,000일로 하루 줄어들 경우보다 잔존기간이 2일에서 1일로 짧아질 경우가 옵션의 시간가치에 주는 영향이 상대적으로 더 크다. 그러므로 자존기간이 길면 길수록 시간이 프리미엄에 미치는 영향은 미미하지만 만기일이 가까워질수록 시간이 프리미엄에 미치는 영향은 커지게 된다. 이와 같이 옵션가격이 잔존기간과 제곱근의 관계를 가지면서 만기일에 가까워짐에 따라 옵션의 가치가 소멸해 가는 현상을 시간가치 잠식효과(time value decay)라고 부른다. 이 효과는 외가(OTM)옵션이나 내가(ITM)옵션보다 등가(ATM)옵션에서 더 뚜렷하게 나타나며 일반적으로 등가(ATM)옵션의 시간가치는 만기 10일 정도 남았을 때 급속하게 감소하는 경향이 있다. 그리고 선물의 시장가격과 행사가격 간에 차이가 많이 나는 깊은 외가(deep OTM)나 깊은 내가(deep ITM)옵션의 시간가치는 만기가 2주 정도 남게 되면 거의 영(0)에 근접한다.

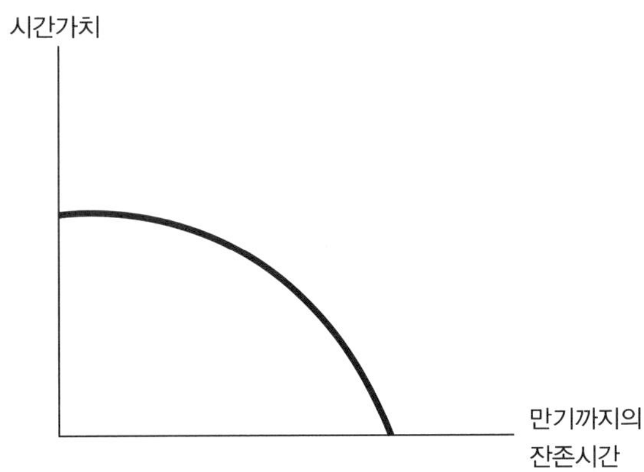

그림 3-5 시간가치 잠식효과

4.3.5 기초자산의 가격변동성

가격변동성(volatility)이란 옵션 기초자산의 가격이 최종거래일까지 변동하는 정도를 나타내는 지표이다. 다시 말해 장래 기초자산가격의 상승 또는 하락에 대한 기대수익률이 벗어나는 정도를 확률적인 개념을 이용하여 표현한 수치이다. 따라서 기초자산의 가격변동성이 크다는 것은 기초자산의 가격이 앞으로 크게 오르거나 내릴 가능성이 높다는 것을 의미한다. 이는 손실규모가 프리미엄으로 한정되어 있는 옵션 매입자에게는 그만큼 이익을 획득할 수 있는 기회가 많아지게 되어 변동성이 커질수록 프리미엄도 비싸게 된다. 예를 들어 T-Bond 선물의 시장가격이 만기까지 계속 80-00을 유지하여 가격변동성이 전혀 없다면 행사가격 80-00인 T-Bond 선물 콜옵션이나 풋옵션은 전혀 가치가 없다. 반면에 가격변동성이 높아 현 시세인 80-00을 중심으로 75-00에서 85-00 사이에서 등락할 것으로 예상되면 80-00 T-Bond 선물 콜옵션의 경우에는 5-00의 이익을 획득할 수 있는 가능성이 있으며 84-00 T-Bond 선물 콜옵션도 1-00의 이익을 획득할 기회가 있다. 이와 마찬가지로 행사가격 76-00 T-Bond 선물 풋옵션의 경우에는 가격변동폭이 75-00에서 85-00 사이라면 1-00이 이익을 볼 가능성이 있지만 가격변동폭이 77-00에서 85-00으로 축소되면 이익을 획득할 가능성이 전혀 없다. 옵션 매도자의 입장에서 보면 가격변동성이 크면 클수록 옵션이 내가(ITM)로 되어 행사될 가능성이 많기 때문에 그만큼 높은 보상을 요구하게 됨에 따라 옵션 프리미엄이 상승하게 된다.

일반적으로 옵션 투자자는 얼마에 매입 또는 매도 주문을 낼 수 있는지를 결정하는 프리미엄의 수준에 가장 많은 관심을 갖는다. 그러나 적정 프리미엄을 계산하는 데 있어서 대부분의 프리미엄 결정요들은 시장에서 쉽게 입수할 수 있기 때문에 큰 문제가 되지 않지만 가격변동성, 즉 장래 기초자산가격의 변동에 관한 예측은 매우 어려운 문제로 대두된다.

변동성에는 일반적으로 역사적 변동성(historical volatility)과 내재변동성(implied volatility)이 있다. 역사적 변동성이란 기초자산의 가격이 과거 일정기간 동안 어떻게 변동하였느냐를 나타내 주는 지표이다. 그리고 내재변동성이란 옵션시장에서 형성된 프리미엄으로부터 투자자가 추정한 변동성으로서 프리미엄 결정모델을 이용하여 역산한 지표이다. 현재 우리나라 거래소에서는 투자의사 결정에 참고할 수 있도록 일정한 기준에 의해 산출된 KOSPI200의 역사적 변동성과 내재변동성을 모두 공표하고 있다.

표 3-8　　프리미엄 결정변수와 옵션가격의 변화

프리미엄 결정변수			옵션가격의 변화	
			Call	Put
행사가치	대상자산의 가격	상승	상승	하락
		하락	하락	상승
	행사가격	높다	싸다	비싸다
		낮다	비싸다	싸다
시간가치	잔존기간	길다	비싸다	
		짧다	싸다	
	가격변동성	증가	상승	
		감소	하락	
	단기금리	상승	상승	하락
		하락	하락	상승

앞에서 설명한 옵션 가격결정요소 중 행사가격과 기초자산의 현 시가는 옵션의 내재가치를 결정하고 무위험 단기이자율, 만기일까지의 잔존기간과 기초자산의 가격변동성은 시간가치를 결정한다. 이것을 수식으로 나타내면 다음과 같다.

$$\text{옵션가격}(OP) = \text{내재가치}(IV) + \text{시간가치}(TV) \tag{3.1}$$

$$\text{내재가치}(IV) = f[\text{옵션 행사가격}(X),\ \text{기초자산의 현 시가}(P)] \tag{3.2}$$

$$\text{시간가치}(TV) = g[\text{무위험 단기이자율}(r),\ \text{만기일까지의 잔존기간}(T),\ \text{기초자산의 가격변동성}(V)] \tag{3.3}$$

여기서 옵션의 내재가치는 옵션이 얼마만큼 내가(ITM) 상태가 되어 있느냐를 나타내는데 콜옵션의 내재가치는 기초자산의 현 시가에서 행사가격을 뺀 값이고 풋옵션의 내재가치는 행사가격에서 기초자산의 현 시가를 차감하여 구한다. 다만 옵션의 내재가치는 음(-)인 경우가 없이 반드시 0 또는 양(+)의 값을 갖는다.

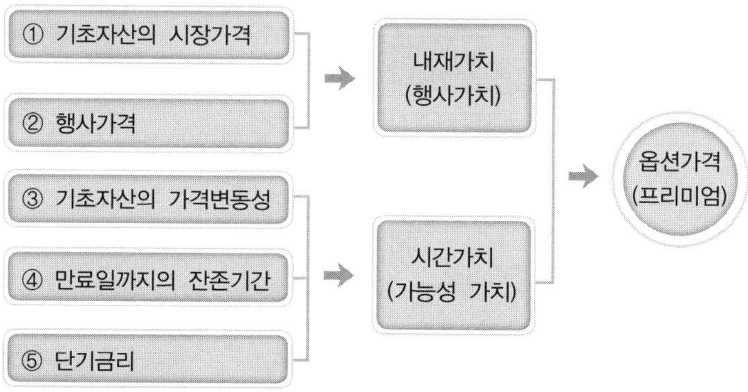

그림 3-6 옵션가격(프리미엄)의 구성과 결정요소

05 옵션거래의 손익구조

5.1 콜옵션 매입자와 매도자

콜옵션은 매입자에게 기초자산을 특정가격으로 매입할 수 있는 권리를 부여하는 계약이다. 예를 들어 행사가격이 100-00인 T-bond 콜옵션을 1-00($1,000)의 프리미엄으로 매입한다면 만기일에 기초자산의 가격이 100-00일 때에는 행사가치, 즉 내재가치가 없기 때문에 이미 지급한 옵션 프리미엄(1-00)

만큼 손실이 발생한다. 그러나 기초자산가격이 101-00이 되면 내재가치가 1-00이 발생하여 이미 지급한 옵션 프리미엄(1-00)과 상쇄됨으로써 손익분기(break-even)가 된다. 만약 기초자산가격이 101-00 이상을 초과하게 되면 그때부터 비로소 이익이 발생하게 된다. 반면 기초자산가격이 행사가격인 100-00보다 낮을 경우에는 지급한 옵션 프리미엄만큼의 손실을 보게 된다.

콜옵션 매도자의 손익은 콜옵션 매입자의 손익과 정반대로 발생한다. 옵션도 영합게임(zero-sum game)이기 때문에 콜옵션 매입자가 이익을 볼 때에는 매도자는 동일한 규모의 손실을 보며 반대로 콜옵션 매입자가 손실을 볼 때에는 콜옵션 매도자가 이익을 보게 된다. 콜옵션 매입자의 최대 손실액은 지급한 프리미엄으로 한정되기 때문에 매도자의 최대이익은 수취한 프리미엄으로 한정된다. 그 반면 콜옵션 매입자는 기초자산가격이 상승함에 따라 거의 무제한의 이익을 보게 되므로 매도자는 거의 무제한의 손실을 볼 가능성이 있다. 이에 따라 콜옵션을 매도하는 것은 옵션을 매입하는 것보다 더 큰 위험에 노출된다.

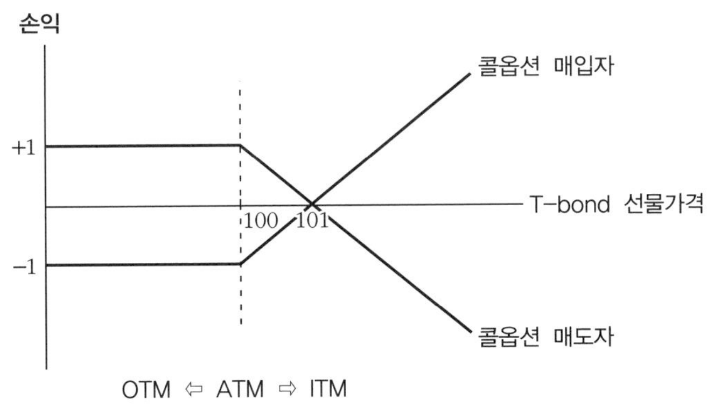

그림 3-7 콜옵션 거래자의 손익구조

5.2 풋옵션 매입자와 매도자

풋옵션은 매도할 권리를 부여하는 계약이다. 예를 들어 행사가격이 100-00인 T-bond 풋옵션을 프리미엄 1-00($1,000)에 매입하였다면 만기일에 기초자산의 가격이 100-00일 경우에는 내재가치가 없기 때문에 이미 지급한 옵션 프리미엄(1-00)만큼 손실이 발생한다. 그러나 기초자산의 가격이 99-00일 경우에는 내재가치 1-00과 프리미엄 1-00이 상쇄되어 손익분기(break-even)가 된다. 만약 기초자산의 가격이 99-00 아래로 떨어지면 그때부터 비로소 이익이 발생하게 된다. 그 반면 기초자산의 가격이 행사가격인 100-00을 초과할 경우에는 옵션 매입자는 행사를 포기하고 지급한 옵션 프리미엄에 해당하는 손실을 보게 된다.

풋옵션 매입자가 이익을 볼 때에는 풋옵션 매도자가 손실을 보며 풋옵션 매입자가 손실을 볼 때에는 풋옵션 매도자가 이익을 보기 때문에 풋옵션 매입자와 매도자의 손익구조는 정반대가 된다. 풋옵션 매입자의 최대 손실은 지급한 옵션 프리미엄으로 한정되므로 매도자의 최대이익은 수취한 옵션 프리미엄으로 한정된다. 반면에 풋옵션 매입자는 기초자산가격이 하락함에 따라 비례적으로 이익을 보며 매도자는 그만큼 손실을 보게 된다.

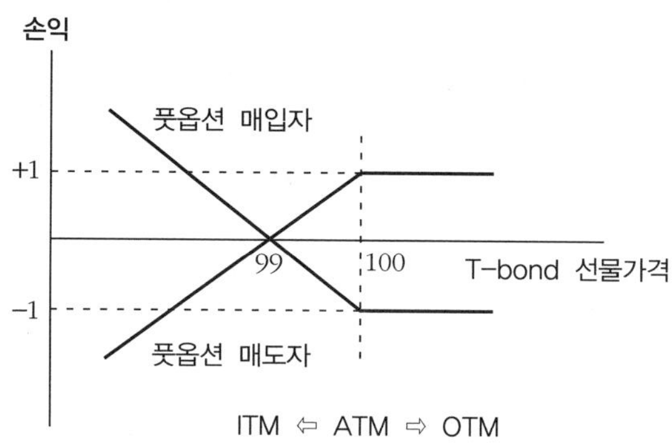

그림 3-8 풋옵션 거래자의 손익구조

콜옵션 매입은 기초자산의 가격이 상승할 때 이익이 발생하므로 가격 상승세가 기대될 때에 콜옵션의 매입이 적합한 거래방법이다. 그 반면 콜옵션 매도는 기초자산의 가격이 행사가격을 하회할 때에 이익이 발생하므로 가격이 안정적이거나 하락세가 기대될 때에는 콜옵션의 매도가 적합한 거래방법이다. 풋옵션 매입은 기초자산의 가격이 하락할 때 이익이 발생하므로 가격 하락세가 기대될 때에 풋옵션 매입이 적합한 거래방법이다. 반대로 풋옵션 매도는 기초자산의 가격이 행사가격을 상회할 때에 이익이 발생하므로 가격이 안정적이거나 상승세가 기대될 때에는 풋옵션 매도가 적합한 거래방법이다.

5.3 옵션거래의 결제

옵션 매입자는 다음과 같은 세 가지 종류의 선택권을 가지게 된다. 즉, ① 매입한 옵션과 동일한 옵션을 만기일 이전에 매도하는 방법, ② 매입한 옵션을 만기일 이전에 행사하는 방법(미국식 옵션의 경우), ③ 매입한 옵션을 만기일을 넘김으로써 무효화시키는 방법이다.

첫째, 매입한 옵션과 동일한 옵션을 매도할 때에는 콜옵션과 풋옵션이 상이하다는 점을 유의할 필요가 있다. 즉, March 100-00 T-Bond 선물 콜옵션을 매입한 사람은 동일한 March 100-00 T-Bond 선물 콜옵션을 매도함으로써 옵션 매입에 따른 포지션을 상쇄시킬 수 있다. 이 경우에 March 100-00 T-Bond 선물 풋옵션이나 March 102-00 T-bond 선물 콜옵션 또는 June 100-00 T-Bond 선물 콜옵션을 매도한다면 상기 March 100-00선물 콜옵션의 포지션은 상쇄되지 않는다.

둘째, 매입한 옵션을 만기일 이전에 행사하기 위해서는 아래와 같은 절차가 필요하다. 먼저 T-Bond 선물옵션의 매입자는 행사의사(notice of inten-tion to exercise)를 결정하여 당일 오후 8시(시카고 시간)까지 청산회사에 통보해야 한다. 오후 8시까지 행사의사가 청산회사에 전달되면 청산회사에서는 무작위로 선택된 매도자에게 옵션행사를 통보하는 동시에 기초자산인 T-Bond 선물이 행사가격에 매매된 것과 같이 청산회사의 각 거래자 계정에 기록된다. 예를 들어 March 100-00 T-Bond 선물 콜옵션이 행사되면 청산회사에서는 저녁 8시 이후 콜옵션을 행사한 매입자가 March T-Bond 선물계약을 100-00에 매입한 것과 같이 청산회사의 선물장부에 기록한다. 만약 그 날 March T-Bond 선물계약의 결제가격이 102-00이라면 콜옵션을 행사한 매입자의 청산회사 선물장부에는 2-00의 이익이 기록되며 매도자의 청산회사 선물장부에는 2-00의 손실이 기록된다. 이와 같이 옵션 매도자들은 행사를 당함으로써 상당한 손실 가능성이 있기 때문에 신용유지를 위하여 증거금을 청산회사에 예치해 두어야 한다.

옵션이 행사되었을 때에는 무작위로 선택된 매도자가 행사를 당하게 되기 때문에 매도자는 옵션이 내가(ITM) 상태가 될 때에는 항상 행사당할 준비를 하여야 한다. 이에 대비하기 위하여 기초자산인 해당 선물을 미리 매입 또는 매도해 두는 경우가 있다.

셋째, 옵션의 만기일이 지나면 효력을 상실하기 때문에 내가(ITM)옵션이 매입자의 실수로 만기일에 행사되지 않는 것을 방지하기 위하여 T-Bond 선물옵션의 경우에는 자동행사(automatic exercise) 규정이 있다. 즉, 만기일에 옵션이 기초자산의 1일 가격변동폭을 초과한 만큼의 내재가치를 가지고 있을 경우에는 자동적으로 행사되도록 하고 있다. 다만, 어떤 특수한 경우에 의도적으로 행사하지 않으려고 할 경우에는 옵션 매입자가 청산회사에 자동행사금지 요청서를 제출하여 자동행사를 중지할 수 있다.

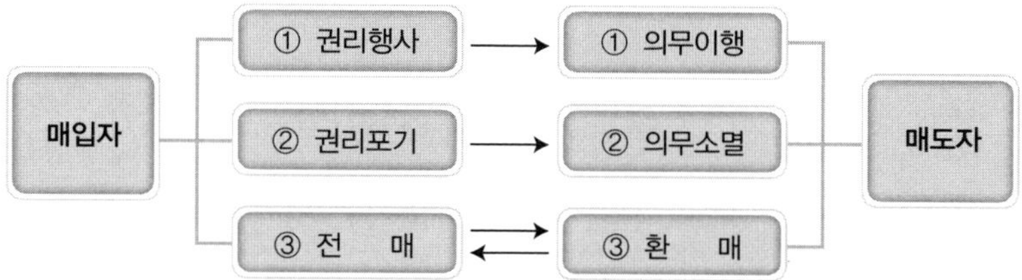

그림 3-9 옵션거래의 결제

06 옵션가격 결정이론

6.1 옵션가격의 범위

6.1.1 콜옵션

배당금이 없는 주식옵션의 경우에 유럽식 콜옵션가격(C)이 움직일 수 있는 범위를 살펴보면 다음과 같다.

첫째, 옵션은 유리한 경우에만 행사되는 권리이기 때문에 옵션의 가치가 0보다 작을 수는 없다. 만약 만기일에 주가(S)가 행사가격(X)보다 낮으면 콜옵션 매입자는 권리행사를 포기하게 되므로 콜옵션의 이익은 0이 될 것이다. 그러나 주가가 행사가격보다 높으면 콜옵션을 행사함으로써 주가와 행사가격의 차이만큼의 이익을 얻게 된다. 이와 같은 관계를 식으로 표시하면 다음과 같다.

$$C = max(0, S - X) \geq 0 \tag{3.4}$$

둘째, 콜옵션의 가치는 그 기초자산(주식)의 가치보다 클 수 없다. 콜옵션은 기초자산을 살 수 있는 권리이기 때문에 이러한 권리가 기초자산의 가격보다 더 높은 가치를 가질 수는 없다.

$$C \leq S \tag{3.5}$$

만약 위 조건이 성립되지 않으면 주식을 매입하는 동시에 콜옵션을 매도하는 차익거래를 통하여 무위험수익을 얻을 수 있다.

셋째, 콜옵션의 가격은 기초자산의 가격에서 행사가격의 현재 가치를 차감한 값보다 크다.

$$C \geq S - e^{-rt}X \tag{3.6}$$

상기 식 (3.6)을 증명하기 위하여 다음과 같은 두 가지 투자방법을 비교해 보기로 한다.

투자방법 A : 기초주식을 매입하여 보유하는 전략
투자방법 B : 콜옵션을 매입하고 동시에 행사가격의 현재가치와 같은 금액 ($e^{-rt}X$)의 채권을 매입하여 만기까지 보유하는 전략

투자방법 B에서는 채권투자로부터 만기일에 행사가격과 같은 금액이 항상 확보된다. 따라서 만기일에 주가가 행사가격보다 높으면 투자방법 B에서는 콜옵션을 행사함으로써 투자방법 A의 투자수익과 동일한 수익(S_T)을 얻는다. 그러나 만약 만기일의 주가가 행사가격보다 낮을 경우에는 투자방법 A의 투자수익은 투자방법 B의 투자수익(행사가격)보다 작게 된다. 왜냐하면 투자방법 B는 주가가 아무리 하락한다 하더라도 항상 무위험 채권투자로부터 행사가격(X)만큼의 금액을 확보할 수 있기 때문이다. 이를 표로 나타내면 다음과 같다.

표 3-9 콜옵션의 가격범위

투자방법	투자시점의 가치	만기일의 가치	
		$S_T \leq X$	$S_T > X$
A	주식매입(S)	S_T	S_T
B	채권매입($e^{-rt}X$) + 콜매입(C)	X	$X + (S_T - X) = S_T$

투자방법 B의 투자수익이 투자방법 A의 투자수익보다 항상 크거나 같기 때

문에 단순히 주식을 매입해서 보유하는 것보다는 콜옵션과 무위험채권을 보유하는 것이 더 유리하다. 그러므로 차익거래의 기회가 존재하지 않기 위해서는 투자방법 A보다 투자방법 B의 초기 투자금액이 더 커야 한다.

즉,

$$C + e^{-rt} X \geq S \tag{3.7}$$

위 식 (3.7)을 다시 정리하면 $C \geq S - e^{-rt} X$를 얻을 수 있다.

6.1.2 풋옵션

풋옵션의 가격(P)도 콜옵션의 경우와 같이 일정한 범위 내에서 결정된다. 배당금이 없는 유럽식 풋옵션의 가격범위를 보면 다음과 같다.

첫째, 풋옵션도 유리한 경우에만 행사되는 권리이기 때문에 풋옵션의 가격은 항상 0보다 커야 한다.

둘째, 풋옵션의 가격은 행사가격보다 낮다. 풋옵션은 보유자에게 행사가격으로 주식 1주를 매도할 수 있는 권리를 부여하는 옵션이므로 주가가 아무리 낮아진다 하더라도 결코 풋옵션의 가격이 행사가격보다 더 높은 가치를 지닐 수는 없다. 따라서 다음과 같은 식을 유도할 수 있다.

$$P \leq X \tag{3.8}$$

그런데 만기일에 유럽식 풋옵션의 가격은 행사가격보다 낮은 가치를 지니게 된다. 그러므로 만기이전에 행사할 수 없는 유럽식 풋옵션의 가치는 행사가격에 대한 현재가치보다 더 낮게 되는 것이다.

$$P < Xe^{-rt} \tag{3.9}$$

만일 그렇지 않다면 차익거래자는 옵션을 매도하고 그 수입을 무위험이자율로 투자함으로써 무위험수익을 얻을 수 있다.

셋째, 풋옵션의 가격은 행사가격을 무위험 수익률로 할인한 현재가치에서 기초주식의 가격을 차감한 값보다 크다.

즉,

$$P \geq e^{-rt}X - S \tag{3.10}$$

식 (3.10)을 유도하기 위해 다음과 같은 두 가지 투자방법을 비교해 보기로 한다.

투자방법 A : 기초주식을 매입하여 보유하는 전략

투자방법 B : 풋옵션을 매도하고 동시에 행사가격의 현재가치와 같은 금액 ($e^{-rt}X$)의 채권을 매입하여 만기까지 보유하는 전략

이러한 포트폴리오를 구성할 경우 포트폴리오의 가치는 〈표 3-10〉과 같다.

표 3-10 풋옵션의 가격범위

투자방법	투자시점의 가치	만기일의 가치	
		$S_T \leq X$	$S_T > X$
A	주식매입(S)	S_T	S_T
B	채권매입($e^{-rt}X$) + 풋매도($-P$)	$X-(X-S_T)$	X

만약 만기시에 주가가 행사가격보다 낮으면 투자방법 A는 투자방법 B의 투자수익(S_T)과 같게 된다. 왜냐하면 채권투자로부터 행사가격과 같은 금액이 확

보되고 풋옵션을 매도한 것으로부터 $(X - S_T)$만큼의 손실이 발생하기 때문이다. 그러나 만기일의 주가가 행사가격보다 높게 되는 경우에는 투자방법 B의 투자가치가 투자방법 A의 투자가치보다 항상 작게 된다. 왜냐하면 투자방법 B는 주가가 아무리 상승한다 하더라도 행사가격(X)만큼의 금액만 확보할 수 있는 반면 투자방법 A는 행사가격보다 높은 주식의 가격을 얻을 수 있기 때문이다. 즉, 만기시에 투자방법 A의 투자가치가 투자방법 B의 투자가치보다 항상 크거나 같기 때문에 투자방법 A의 현재가치가 B의 현재가치보다 더 커야 한다.

즉,

$$S \geq e^{-rt} X - P \tag{3.11}$$

6.1.3 풋-콜 평가

기초자산과 만기와 행사가격이 동일한 콜옵션과 풋옵션의 가격 사이에는 일정한 관계식이 성립하는데 이것을 풋-콜 평가(put-call parity)라고 한다.

풋-콜 평가관계를 도출하기 위하여 다음과 같은 투자방안을 생각해 본다. 주식 1주를 매입하고 동시에 이 주식을 기초자산으로 하는 풋옵션 1개를 매입하고, 콜옵션 1개를 매도하는 포트폴리오를 구성한다고 하자. 이 포트폴리오는 만기일의 주가 수준에 관계없이 일정한 수익을 보장해 준다. 만기일에 주가가 행사가격보다 높은 경우와 낮은 경우로 구분하여 각각의 수익(payoff)을 보면 다음과 같다.

표 3-11 만기일의 포트폴리오 수익발생 상황

포트폴리오 구성	만기일의 수익(payoff)	
	$S_T < X$일 경우	$S_T > X$일 경우
주식매입(S)	S_T	S_T
콜옵션 매도($-C$)	0	$-(S_T - X)$
풋옵션 매입(P)	$X - S_T$	0
$S + P - C$	X	X

〈표 3-11〉과 같은 포트폴리오를 구성하면 만기일에 주가와 관계없이 포트폴리오의 가치는 항상 X가 된다. 즉, 주식과 옵션을 적절히 결합하여 위험이 전혀 없는 무위험 포트폴리오를 구성하면 이 포트폴리오의 수익률은 시장이 균형상태에 있을 경우에 무위험이자율과 같아야 한다. 그렇지 않다면 차익거래가 가능하기 때문에 기초주식과 콜옵션, 그리고 풋옵션의 가격 간에는 다음과 같은 관계식이 성립되어야 한다.

$$(S+P-C)e^{rt}=X \tag{3.12}$$

식 (3.12)를 정리하면 다음과 같은 풋–콜 평가식을 도출할 수 있다.

$$P=C-S+e^{-rt}X \tag{3.13}$$

유럽형 옵션의 경우에 풋–콜 등가식에 의해 콜옵션의 가치를 안다면 풋옵션의 가치를 추정할 수 있기 때문에 풋–콜 평가식은 상당히 유용하게 사용될 수 있다.

예를 들면 행사가격과 주가가 같은 등가(ATM)옵션에서는 콜옵션의 가격이 풋옵션의 가격보다 커야 한다. 이는 식 (3.13)을 다시 정리하면 알 수 있다.

$$C-P=S-e^{-rt}X \tag{3.14}$$

식 (3.14)에서 등가옵션의 경우에는 $S=X$이기 때문에 식 (3.14)는 다음과 같이 쓸 수 있다.

$$C-P=S-e^{-rt}S \tag{3.15}$$

식 (3.15)의 우변은 이자율 r이 음(-)이 아닌 한 항상 0보다 커야 한다. 따라서 등가옵션의 경우에 콜옵션의 가치는 반드시 풋옵션의 가치보다 커야 한다.

한편 기초자산이 선물인 옵션의 경우에 풋-콜 평가식은 선물가격의 캐리모형($F = e^{rt} S$)을 이용하면 다음과 같이 나타낼 수 있다.

$$P = C - e^{-rt}(F - X) \tag{3.16}$$

따라서 선물옵션의 경우에는 등가(ATM) 상태에서 콜옵션과 풋옵션의 가격이 같아야 한다. 이러한 풋-콜 평가식이 성립하지 않으면 차익거래가 가능한데 이에 대해서는 컨버젼(conversion)과 리버젼(reversion)에서 설명하기로 한다.

6.2 옵션가격결정 모형

1973년 피셔 블랙(Fisher Black)과 마이런 숄즈(Myron Scholes)는 시장에서 관찰 가능한 변수를 사용하여 옵션가격을 계산할 수 있는 '블랙-숄즈 모형' 을 개발하였는데 이 모형은 아직까지도 옵션거래자들 사이에 가장 널리 활용되고 있다. 그 후 1979년에 Cox-Ross-Rubinstein은 'CRR 모형' 을 개발하였는데 이 모형은 옵션가격에 대한 기본 개념을 이해하는 데 매우 편리하다. 블랙-숄즈 모형이 유럽식 옵션가격 결정모형인 데 반하여 CRR 모형은 미국식 옵션가격 결정과정을 설명하는 데에도 널리 이용되고 있다. 여기서는 블랙-숄즈 옵션모형보다 뒤에 개발된 모형이지만 옵션가격결정과정의 이해를 돕기 위하여 CRR 모형을 먼저 설명한다.

6.2.1 CRR 모형

CRR(Cox-Ross-Rubinstein) 모형은 기초자산의 가격이 일정한 비율로 오르거나 내리는 이항분포(binomial distribution)에 따른다는 가정에서 개발된 옵션 가격 평가모형이다. 옵션의 기초자산이 주식인 경우에 주가는 일정한 비율로 오르거나 혹은 일정한 비율로 내리게 되는데, 이때 주가가 상승 또는 하락할 확률은 이항확률분포에 의해서 결정된다.

이제 옵션 기초자산이 주식인 경우에 단기간(one-period) 모형에서 주식의 콜옵션 가격이 어떻게 결정되는지를 살펴보고 이를 다기간(multi-period) 모형으로 일반화시키기로 한다.

1) 단기간(one-period) 모형

현재의 주가가 S인 어떤 주식을 대상으로 콜옵션이 매도되었다고 하자. 이때 이항분포에 따르는 주식의 오르는 비율을 u로, 내리는 비율을 d로 표현한다면 1기 후의 주식가격과 행사가격 X인 콜옵션 가격은 다음과 같이 나타나게 된다.

기초자산가격		옵션가격	
현재 가격	1기 후 가격	현재 가격	만기 가치
S	상승시 : $S_u = (1+u)S$	C	상승시 : $C_u = max[0, (1+u)S - X]$
	하락시 : $S_d = (1-d)S$		하락시 : $C_d = max[0, (1-d)S - X]$

예를 들어 현재의 주가는 100이고 오르는 폭이 10%, 그리고 내리는 폭이 8%라고 하면 $u = 0.1$, $d = 0.08$이 되며 행사가격이 100인 콜옵션의 가격과 주가의 변화를 표시하면 다음과 같다.

주식가격 변동 경로

$S = 100$	$S_u = (1+0.1)\,100 = 110$
	$S_d = (1-0.08)\,100 = 92$

콜옵션 가격의 변동 경로

C	$C_u = max[0, S_u - X] = max(0, 110 - 100) = 10$
	$C_d = max[0, S_d - X] = max(0, 92 - 100) = 0$

이제 콜옵션의 가치를 결정하기 위하여 주식가격의 등락에 관계없이 콜옵션과 항상 동일한 투자수익률을 기대할 수 있는 포트폴리오를 구성한다. 이 포트폴리오의 현재가치가 콜옵션의 가치와 같지 않으면 차익거래가 일어나기 때문에 콜옵션의 가격은 포트폴리오의 가치와 반드시 같아야 한다. 이 과정을 설명하기 위해 어떤 주식 h주와 정부공채 B만큼을 동시에 보유하는 포트폴리오를 구성한다. 이 포트폴리오의 현재가치는 $hS+B$가 되는데 주식가격의 등락에 따라 1기 후에 이 포트폴리오의 가치는 다음과 같이 변하게 될 것이다.

포트폴리오의 가치

현재가치	1기 후의 가치
$hS + B$	상승시 : $(1+u)hS + (1+r)B$
	하락시 : $(1-d)hS + (1+r)B$

따라서 주식가격의 등락에 관계없이 포트폴리오의 가치와 옵션의 가치가 동일하게 되는 주식수 h와 정부공채 투자액 B는 다음의 연립방정식으로부터 얻을 수 있다.

$$(1+u)hS + (1+r)B = C_u \quad (3.17)$$

$$(1-d)hS + (1+r)B = C_d \quad (3.18)$$

$$h = \frac{C_u - C_d}{(u+d)S},\ B = \frac{(1+u)C_d - (1-d)C_u}{(u+d)(1+r)} \quad (3.19)$$

식 (3.17～18)의 h와 B는 1기 후, 즉 콜옵션의 만기에 주가의 등락에 관계없이 포트폴리오의 가치와 콜옵션의 가치를 동일하게 해주는 값이다. 따라서 만약 무위험 차익거래 기회가 없다면 현재에도 포트폴리오의 가치와 옵션의 가치가 동일해야 하므로 아래와 같은 수식이 성립되고 h와 B의 값을 대입함으로써 오늘 현재의 옵션가격을 계산할 수 있다.

즉,

$$
\begin{aligned}
C &= hS + B \\
&= S\frac{C_u - C_d}{(u+d)S} + \frac{(1+u)C_d - (1-d)C_u}{(u+d)(1+r)} \\
&= \left[\frac{(r+d)}{(u+d)}C_u + \frac{(u-r)}{(u+d)}C_d\right] / (1+r)
\end{aligned}
\tag{3.20}
$$

만약 $p = \dfrac{r+d}{u+d}$로 정의하면 위의 수식을 다음과 같이 나타낼 수 있다.

$$
C = \left\{(p \cdot C_u) + (1-p)C_d\right\} / (1+r) \tag{3.21}
$$

식 (3.21)이 단일기간에서의 이항 콜옵션 가격을 결정하는 수식인데 이때 콜옵션 가치는 u, d, S, X와 r의 값을 알면 구할 수 있다. 이상과 같은 결과는 옵션의 가격결정과 관련하여 몇 가지 중요한 사실을 시사해 주고 있다.

첫째, 옵션의 가치는 주가가 상승 또는 하락할 확률과는 무관하게 결정된다는 것이다. 즉, 투자자들이 옵션가격을 결정하는 다른 변수에 대해 동일한 예측을 하고 있다면, 주가가 오르거나 내릴 확률에 대해 서로 다른 예측을 하고 있더라도 콜옵션의 균형가격은 존재할 수 있다.

둘째, 옵션의 가치는 투자자들의 위험선호도에 관계없이 결정된다는 것이다. 위의 식을 도출하는 데 있어 투자자들의 행동과 관련하여 필요한 가정은 보다 많은 부(wealth)를 선호한다는 것뿐이다. 따라서 투자자가 위험을 회피하든 선호하든 동일한 가격을 도출할 수 있다.

셋째, 옵션의 가치를 설명하는 확률변수는 기초주식의 가격뿐이라는 것이다. 즉, 옵션의 가치는 시장포트폴리오와 같은 다른 자산이나 포트폴리오의 가치와는 무관하다.

마지막으로 p의 수치가 0과 1 사이에 있으므로 확률로서 해석 응용할 수 있다는 점이다. p의 값은 1보다 클 수가 없다. p가 1보다 크기 위해서는 $r>u$이어야 한다. 그러나 이는 무위험이자율이 주가가 상승할 경우의 수익률보다 큼을 의미하는 것인데 이러한 주식은 존재하지 않는다. 왜냐하면 주식의 최대수익률이 무위험이자율보다 작다면 어느 투자자도 가격이 하락할 위험마저 존재하는 주식에 투자하려 하지 않을 것이기 때문이다. 그러므로 $u>r$이라는 조건이 성립되어야만 주식이 투자대상물이 되며, 이러한 조건하에서 p는 1을 초과할 수 없게 된다. 또한 r과 u와 d가 플러스(+) 수치인 한 p는 0보다 작을 수가 없으므로 p는 0과 1 사이의 수치를 갖게 되는 것이다. 따라서 p를 헤지확률(hedge probability)이라고 한다.

콜옵션의 가치를 계산하는 단계를 정리하면 다음과 같다.

① S, u, d, X를 이용하여 C_u와 C_d를 구한다.

$$C_u = max[0, (1+u)X - X]$$

$$C_d = max[0, (1-d)S - X]$$

② 헤지확률 p를 구한다.

$$p = \frac{r+d}{u+d}$$

③ 현재 시점의 옵션가격은 만기에 가능한 두 상황에 대한 발생확률로 가중하여 이를 현재가치로 할인함으로써 얻어진다. 즉, 주가가 상승할 경우 콜옵션의 가치를 p의 확률로 가중하고 주가가 하락할 경우 콜옵션의 가치를 $(1-p)$의 확률로 가중한 후 무위험이자율로 할인하면 된다.

이제 다음의 예를 가지고 옵션의 가격을 구해보자.

〈예시〉

$S = 100$, $X = 100$, $u = 10\%$, $d = 8\%$, $r = 6\%$인 경우 콜옵션의 가치는?

이 경우 앞에서 본 바와 같이 $C_u = 10$이고 $C_d = 0$이다.

한편 헤지확률 p는 다음과 같이 구해진다.

$$p = \frac{r+d}{u+d} = \frac{0.06+0.08}{0.1+0.08} = 0.7778$$

따라서 콜옵션의 가치는 다음과 같이 구할 수 있다.

$$C = \frac{0.778\,(10) + 0.2222\,(0)}{1+0.06} = 7.3375$$

2) 다기간(multi-period) 모형

앞에서 설명한 단기간 이항식옵션 가격모형을 다기간 모형으로 확장한다. 단기간 상황에서 주가는 상승 또는 하락하는 두 개의 상황만이 존재하였지만, 한 기간을 더 추가할 경우에 주가는 다음 그림에서와 같이 세 개의 상황이 존재하게 되고 3기에는 4개의 상황이 존재하게 된다. 1기에 주가가 상승하였을 경우에 2기의 주가는 상승 또는 하락할 수 있으며, 상승하면 $S_{uu} = S(1+u)^2$이 되고 하락하면 $S_{uu} = S(1+u)(1-d)$가 된다. 반대로 1기의 주가가 하락한 경우와 동일해지며, 하락시에는 $S_{uu} = S(1-d)^2$이 된다. 이와 같은 논리로 각각의 주가에 상응하는 3기 콜옵션의 가치는 다음과 같다.

$$C_{uuu} = max[0, S(1+u)^3 - X]$$

$$C_{uud} = max[0, S(1+u)^2(1-d) - X]$$

$$C_{udd} = max[0, S(1+u)(1-d)^2 - X]$$

$$C_{ddd} = max[0, S(1-d)^3 - X]$$

앞에서 사용했던 예를 가지고 만기가 3기인 콜옵션 가격이 결정되는 과정을 단계별로 설명하기로 한다.

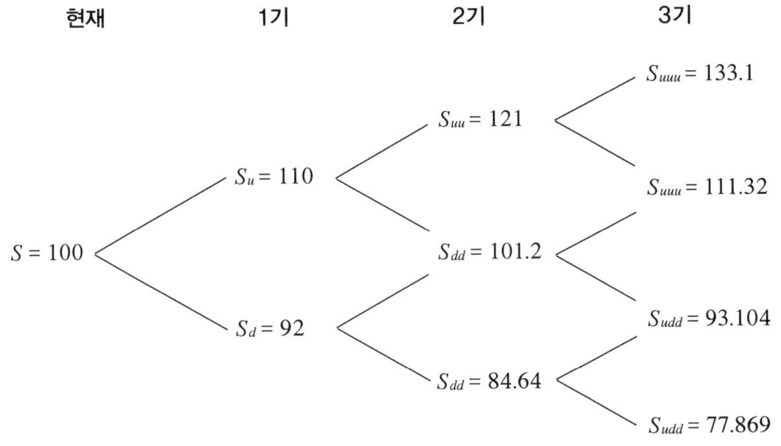

주가가 3기 동안 위와 같이 변동할 때 이에 따른 콜옵션 가격은 단기간 모형에서의 가격결정 과정이 만기에서부터 거꾸로 반복되면서 얻어질 수 있다. 이를 그림으로 나타내면 다음과 같다.

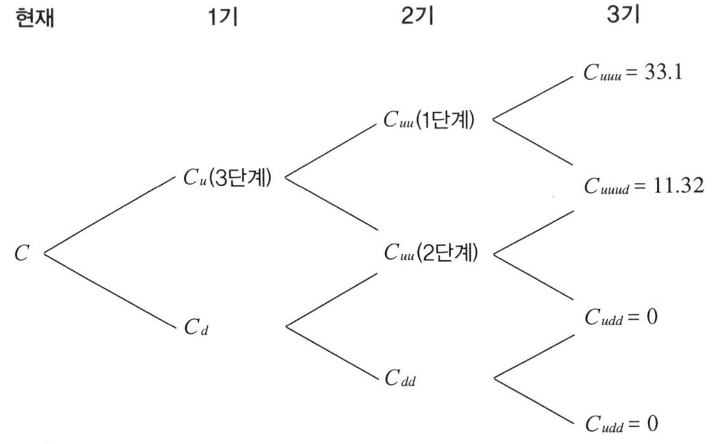

- 1단계 : C_{uu}는 헤지확률 $P = 0.7778$을 이용하여 C_{uuu}와 C_{uud}의 값을 이용하여 구한다.

$$C_{uu} = \frac{0.7778(33.1) + 0.2222(11.32)}{1.06} = 26.661$$

- 2단계 : 같은 방법으로

$$C_{dd} = \frac{0.7778(11.32) + 0.2222(0)}{1.06} = 8.306$$

- 3단계 : $C_u = \dfrac{0.7778(26.661) + 0.2222(8.306)}{1.06} = 21.304$

이와 같이 축차적으로 계속하면 오늘 콜옵션의 가치 C는 16.91이 된다. 이는 결국 만기시의 여러 가지 가능한 옵션의 가치를 각각의 위험중립적 확률로 가중평균한 값이다. 이상의 이항과정에 의한 콜옵션 모형을 만기가 n기인 경우로 일반화시켜서 수식으로 표현하면 다음과 같다.

$$C = \sum_{j=0}^{n} \frac{n!}{j!(n-j)!} pj(1-p)^{n-j} Max[0, (1+u)^j(1-d)^{n-j} \cdot S - X]/(1+r)^n \quad (3.22)$$

이때 j는 n기간 동안에 주가가 상승한 횟수를 나타낸다. 따라서 식 (3.22)에 앞의 콜옵션 가격을 나타내면 다음과 같다.

$$C = \frac{(0.778)^3(33.1) + 3(0.7778)^2(0.2222)(11.32) + 0 + 0}{1 + 0.06^3} = 16.91$$

6.2.2 블랙-숄즈 옵션가격 모형

1973년에 피셔 블랙(Fischer Black)과 마이런 숄즈(Myron Scholes)가 물리학의 열확산속도를 계산하는 공식(heat diffusion equation)을 응용하여 옵션가격을 산정하는 방법을 제시하였다. 블랙-숄즈 옵션가격 모형도 이항평가모형의 경우와 마찬가지로 주식과 옵션으로 구성되는 무위험 포트폴리오의 개념에서 출발한다. 그러나 실제로 이 모형을 도출하기 위해서 사용된 수학적 접근방법은 매우 복잡하기 때문에 여기서는 그 결과만을 설명한다. 블랙-숄즈 옵션 평가모형은 다음과 같은 가정 아래 얻어진다.

① 기초자산의 거래가 불연속적(discrete)이 아니라 지속적(continuous)으로 이루어지므로 항상 가격의 변동이 일어나고 있다.

② 기초자산의 일일가격변동치가 로그정규분포(lognormal distribution)를 따른다.

③ 옵션잔존기간 동안 무위험이자율이 변하지 않는다.

④ 가격의 변동성은 옵션의 잔존기간 동안 고정되어 있다.

⑤ 옵션잔존기간 동안 주식배당금이나 쿠폰지급금 같은 배당금의 지급이 없다.

⑥ 옵션의 행사는 단지 만기일에만 할 수 있는 유럽식 옵션의 가격을 산정한다.

이러한 가정하에 블랙-숄즈 옵션가격결정모형에 의한 콜옵션가격은 다음과 같이 표현할 수 있다.

$$C = S \cdot N(d_1) - e^{-rt} X \cdot N(d_2) \qquad (3.23)$$

여기서 $d_1 = [\,ln\,(S/X) + (r + \sigma^2/2)\,t]/\,\sigma\sqrt{t}$

$d_2 = d_1 - \sigma\sqrt{t}$

$N(\ )$ = 표준정규분포의 누적확률

한편 풋옵션의 가격은 다음과 같다.

$$P = e^{-rt} X \cdot N(-d_2) - S \cdot N(-d_1) \qquad (3.24)$$

여기서 $N(-d_1)$ 정규분포의 대칭성을 이용하면 $1-N(d_1)$이 되고, 따라서 $N(-d_2)=1-N(d_2)$이다.

이제 이러한 블랙-숄즈 옵션가격결정모형을 이용하여 실제로 옵션가격을 계산하는 것을 예를 들어 설명하기로 하자. 현재 주가(S)가 \$42이고 무위험이자율(r)이 10%라고 할 때 만기일까지 6개월이 남은 행사가격(X)이 \$40인 옵션의 가격을 구하기로 한다. 이때 변동성(σ)은 연 20%라고 가정한다. 그러면 t는 0.5가 되고

$$d_1 = (\ln 1.05 + 0.12 \times 0.5) / 0.2(0.5^{\frac{1}{2}}) = 0.7693$$
$$d_2 = 0.7693 - 0.2(0.5)^{\frac{1}{2}} = 0.6278$$

다음으로 누적확률의 값은 표준정규분포의 면적을 제곱하는 표로부터 쉽게 구할 수 있다

표에 의하면 $N(0.7693)$ = 0.7791, $N(0.6278)$ = 0.7349 이고 $N(-0.7693)$ = 0.2209, N = (−0.6278) = 0.2651이다. 따라서 식 (3.23)과 (3.24)에 의한 콜옵션과 풋옵션의 가치는 각각 다음과 같다.

$$C = 42(0.7791) - 40e^{-(0.1)(0.5)}(0.7349) = 4.76$$
$$P = 40e^{-(0.1)(0.5)}(0.2651) - 42(0.2209) = 0.81$$

〈예시〉

2007년 5월 20일 현재 원/달러 현물환율은 ₩950/\$, 한국의 이자율은 연 4.00%, 미국의 이자율은 연 1.00%이고 현물환율의 변동성은 15%로 추정된다. 행사가격이 960원이고 만기가 앞으로 3개월 남은 콜옵션과 풋옵션의 가격을 계산하면 다음과 같다.

먼저 d_1과 d_2를 구하면 다음과 같다.

$$d_1 = \frac{ln\left(\frac{950}{960}\right) + \left(0.04 - 0.01 + \frac{0.15^2}{2}\right) \cdot 3/12}{0.15 \times \sqrt{3/12}} = -\ 0.0021173$$

$$d_2 = -\ 0.0021173 - 0.15\sqrt{0.25} = -\ 0.0771173$$

이 결과치를 토대로 표준정규분포표의 누적밀도함수를 이용한 근사치를 구하면 다음과 같이 계산된다.

$$N(-\ 0.0021173) \fallingdotseq 0.4999 \qquad N(-\ 0.0771173) \fallingdotseq 0.4760$$

이 조건을 콜옵션의 가격결정식에 대입하면 다음과 같은 결과가 나온다.

$$\begin{aligned} C &= 950 \times e^{-0.01 \times 0.25} \cdot 0.4999 - 960 \times e^{-0.04 \times 0.25} \cdot 0.4760 \\ &= 473.7192 - 452.4132 \\ &= 21.3060 \end{aligned}$$

풋옵션의 가격은 다음과 같이 구할 수 있다.

$$c = Se^{-r_f T} \cdot N(d_1) - Xe^{-r_f T} \cdot N(d_2)$$

$$p = Xe^{-r_f T} \cdot N(-\ d_2) - Se^{-r_f T} \cdot N(-\ d_1)$$

$$N(0.0021173) \fallingdotseq 1 - 0.4999 = 0.5001 \qquad N(0.0771173) \fallingdotseq 1 - 0.4760 = 0.5240$$

$$\begin{aligned} P &= 960 \times e^{-0.04 \times 0.25} \cdot 0.5240 - 950 \times e^{-0.01 \times 0.25} \cdot 0.5001 \\ &= 498.0347 - 473.9087 \\ &= 24.126 \end{aligned}$$

6.2.3 미국식 옵션의 가격결정 과정

미국식 옵션의 경우 만기 이전에 옵션을 행사할 수 있는 권리의 경제적 가치를 설명할 수 있는 모형이 필요하다. 이를 위해서는 거래가 이산적(discrete)으로 일어나는 모형이 개념의 이해뿐 아니라 계산의 간편성에서도 유용하기 때문에 여기서는 앞에서 설명했던 이항옵션 모형을 사용하여 미국식 통화옵션의 가격결정 과정을 설명하기로 한다. 일반적으로 배당금이 없는 콜옵션은 미국식 옵션이라 하더라도 만기 이전에 행사할 유인이 없다. 따라서 만기 이전에 행사할 유인이 존재하는 통화옵션을 가지고 설명을 진행하기로 한다. 우선 유럽식 통화 콜옵션의 가치를 결정하기 위하여 앞에서와 같이 환율의 변동과 관계없이 항상 통화옵션과 같은 투자수익률을 보장해 주는 포트폴리오를 구성한다. 옵션의 기초자산이 영국 파운드화라 하고 달러화 표시 정부공채 B와 h만큼의 파운드화를 보유하는 포트폴리오를 생각하기로 한다. 이때 이항분포에 따르는 파운드화의 오르는 비율을 u로, 내리는 비율을 d로 표현하고 달러화에 대한 이자율을 r_d, 파운드화에 대한 이자율을 r_f라고 하면 파운드화 환율의 변동에 따라 이 포트폴리오의 가치는 다음과 같이 변하게 된다.

$$hS + B \quad \begin{cases} (1+u)(1+r_f)hS + (1+r_d)B \\ (1-d)(1+r_f)hS + (1+r_d)B \end{cases}$$

주식옵션의 경우와 다른 점은 파운드화를 매입하여 보유하는 동안 r_f만큼의 이자가 지급된다는 것이다. 이제 파운드가격의 등락에 관계없이 포트폴리오의 가치와 옵션의 가치가 동일하게 되는 h와 B는 다음의 연립방정식으로부터 얻을 수 있다.

$$(1+u)(1+r_f)hS + (1+r_d)B = C_u \tag{3.25}$$

$$(1-d)(1+r_f)hS + (1+r_d)B = C_d \tag{3.26}$$

따라서

$$h = \frac{C_u - C_d}{(u+d)(1+r_f)hS}, \quad B = \frac{(1+u)C_d - (1-d)C_u}{(u+d)(1+r_d)} \tag{3.27}$$

앞에서 얻은 h와 B로부터 통화콜옵션의 가치를 구하면

$$C = hS + B$$
$$= \frac{1}{1+r_d}\left[\frac{(r_d - r_f) + d(1+r_f)}{(1+r_f)(u+d)}C_u + \frac{u(1+r_f)-(r_d-r_f)}{(1+r_f)(u+d)}C_d\right]$$

만약 $r^* = \frac{r_d - r_f}{1+r_f}$로 정의하고 정리하면 위의 식은 다음과 같이 다시 쓸 수 있다.

$$C = \frac{1}{1+r_d}\left[\frac{r^*+d}{u+d}C_u + \frac{u-r^*}{u+d}C_d\right]$$
$$= \frac{1}{1+r_d}\left[p^*C_u + (1-p^*)C_d\right] \qquad (3.28)$$

이때 헤지확률은 $p^* = \frac{r^*+d}{u+d}$이다.

〈예제〉

현재 파운드 환율(S)이 1.4이고 $r_d = 9\%$, $r_f = 13\%$, $u = 7\%$, $d = 12\%$일 때 행사가격이 1.4인 만기 2기의 콜옵션 가격은?

〈파운드화의 변동경로〉

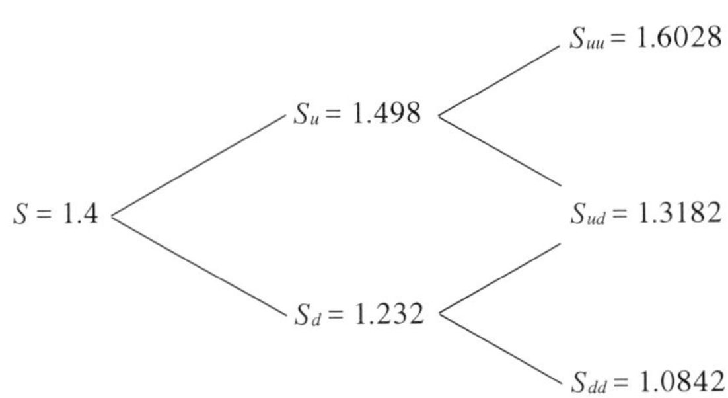

이때 헤지확률 $p^* = \frac{(0.09-0.13)/1.04 + 0.12}{0.07+0.12} = 0.4453$이므로 콜옵션의 가치 C는 다

음과 같이 계산된다.

$$C_{uu} = max\,(S_{uu} - X,\ 0) = 0.2028$$

$$C_u = \frac{(0.2028)(\ 0.4453)}{1 + 0.09} = 0.8029$$

$$C = \frac{(0.829)(\ 0.4453)}{1 + 0.09} = 0.3386$$

이제 만기 이전에 행사할 권리를 가진 미국식 옵션의 가격결정 과정을 살펴보기로 한다. 미국식 옵션에서 만기 이전에 옵션을 행사할 것인지의 여부는 잔존기간(life time) 동안 매 거래시점마다 보유하고 있는 옵션의 가치와 내재가치를 비교하여 결정한다. 매 거래시점에서 미국식 옵션의 가치는 다음과 같이 결정된다.

	콜옵션	풋옵션
만기 이전	$max\,[S - X,\ C_{alive}]$	$max\,[X - S,\ P_{alive}]$
만기	$max\,[S - X,\ 0]$	$max\,[X - S,\ 0]$

C_{alive}, P_{alive}는 매 시점에서 이항옵션모형에 의해 계산된 옵션의 가치를 나타낸다.

일반적으로 만기 이전에 옵션을 행사하게 되는 경우는 이자율이 옵션의 시간가치에 미치는 영향이 클 때에 발생한다. 만약 파운드 콜옵션을 보유하고 있을 때 파운드화의 이자율이 달러화의 이자율에 비해 높은 수준이라면 만기 이전에 행사할 가능성이 높아진다. 옵션의 내재가치가 높을수록(deeper-in-the-money), 기회비용(만기 이전에 행사하여 얻을 수 있는 파운드화의 이자소득)의 가치가 점차 커질 것이기 때문이다. 따라서 만기 이전에 옵션을 행사하게 된다. 앞의 예에서 유럽식 콜옵션의 가치는 매 거래시점마다 다음과 같다.

〈유럽식 콜옵션의 가치〉

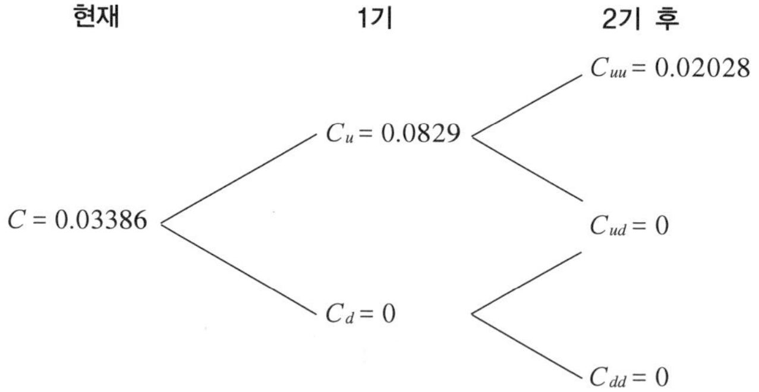

앞의 그림에서 1기 후 현물가격이 1.498로 올랐을 경우 유럽식 옵션의 가치는 0.0829이다. 그러나 이때 이 옵션의 내재가치는 0.098이 된다. 따라서 미국식 옵션 C_a의 가치는 0.03386보다 높은 0.04의 가치를 갖게 된다.

〈미국식 콜옵션의 가치〉

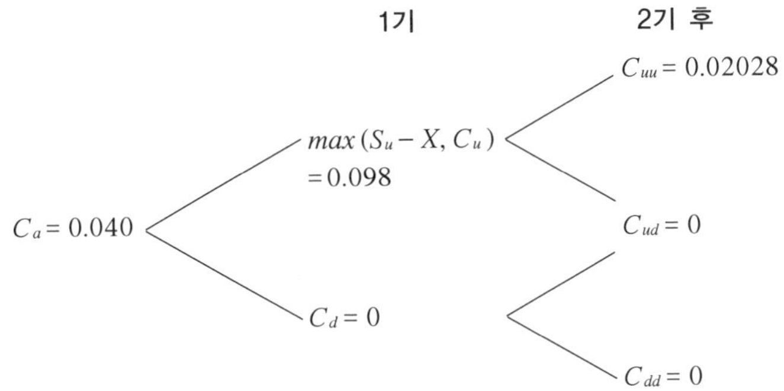

이와 같이 매 거래시점마다 이항옵션모형에서 얻어진 유럽식 콜옵션의 가치와 옵션의 내재가치를 비교하여 옵션의 내재가치가 크면 이 값으로 대체하는 과정을 반복하여 미국식 옵션의 가치를 결정하게 된다. 이렇게 결정된 미국식 옵션의 가치는 당연히 유럽식 옵션의 가치보다 높다.

6.2.4 변동성

옵션가격을 결정하는 요소는 기초자산의 가격, 행사가격, 만기까지의 잔존기간, 이자율, 그리고 기초자산의 변동성(volatility) 등 다섯 가지인데 이들 5개 변수를 옵션가격결정모형에 입력하면 옵션가격을 계산해 낼 수 있다. 그런데 다른 요소들은 모두 입력할 값을 쉽게 찾을 수 있지만 변동성에 대한 값은 파악하기가 매우 어렵다. 그리고 동일한 옵션모형을 사용하더라도 변동성에 대한 값이 어떻게 입력되는가에 따라 옵션가격이 서로 다르게 계산된다. 따라서 옵션가격결정모형을 이용할 때 가장 중요한 것은 가격 변동성을 파악하는 것이다. 그러므로 옵션가격결정모형을 이용하여 옵션가격을 정확히 산출하기 위해서는 가능한 최근 데

이터를 토대로 변동성을 추정하여 옵션가격결정모형에 대입하여야 한다.

옵션가격모형으로 계산한 이론가격과 옵션의 시장가격 간에는 다음과 같은 관계를 갖는다. 첫째, 변동성이 과대평가된 옵션은 시장가격이 이론가격에 비해 과대평가되고, 변동성이 과소평가되면 옵션의 시장가격이 이론가격에 비해 과소평가되는 경향이 있다. 둘째, 주식옵션의 경우에 만기일까지의 잔존기간이 긴 옵션의 시장가격에 내재된 변동성은 잔존기간이 짧은 옵션에 비해 크다. 특히 잔존기간이 길어서 이 기간 중에 새로운 정보를 얻을 수 있을 것이라는 기대가 큰 경우에는 이러한 현상이 더욱 뚜렷이 나타난다.

변동성을 추정하는 중요한 목적은 첫째로 변동성의 변화에 대해 옵션가격이 얼마나 민감하게 반응하는가를 평가하여 옵션을 포함한 최적의 포트폴리오를 구성하는 데 있다. 둘째로 여러 가지 옵션가격결정모형의 전제가 되는 시장의 옵션가격이 적정하게 평가되어 있는가를 판단하여 이에 대응하는 적절한 옵션 포지션을 유지하는 것이다.

가장 많이 사용되는 변동성 추정방법은 과거의 기초자산가격 변화로부터 변동성(σ)을 추정하는 역사적 변동성 추정(historical volatility estimates) 방법과 옵션가격을 이용하여 그 옵션가격이 대표하는 가격변동성, 즉 내재된 변동성(implied volatility)을 추정하는 방법이 있다.

1) 역사적 변동성

역사적 변동성(historical volatility) 추정은 과거의 가격자료를 이용하여 변동성을 구하는 방법이다. 〈표 3-12〉의 자료는 9월 중 파운드화의 일별 시가, 고가, 저가, 종가를 나타내고 있는데 이를 이용하여 역사적 변동성을 추정하면 다음과 같다.

가장 보편적으로 사용되는 방법은 종가의 수익률을 이용하여 표준편차를 구하는 방법이다. 우선 가격자료로부터 종가의 수익률을 구하면 t시점의 수익률

R_t는 다음과 같이 계산된다.

$$R_t = ln(S_t / S_{t-1}),\ \text{이때 } S_t\text{는 } t\text{시점의 종가이다.}$$

표 3-12 British Pound의 일일가격변동

일자	시가	고가	저가	종가
9/01	1.5025	1.5025	1.4905	1.4980
9/05	1.4940	1.4965	1.4940	1.4965
9/06	1.4995	1.5005	1.4975	1.4975
9/07	1.4943	1.5030	1.4943	1.5020
9/08	1.4917	1.4930	1.4917	1.4920
9/09	1.4949	1.4945	1.4940	1.4945
9/12	1.5057	1.5057	1.4965	1.4965
9/13	1.4938	1.4947	1.4938	1.4945
9/14	1.4922	1.4945	1.4905	1.4945
9/15	1.4940	1.4990	1.4940	1.4985
9/16	1.4998	1.5020	1.4998	1.5020
9/19	1.5005	1.5145	1.5005	1.5145
9/20	1.5105	1.5105	1.5040	1.5040
9/21	1.5065	1.5065	1.5025	1.5025
9/22	1.5032	1.5032	1.4995	1.5025
9/23	1.5015	1.5020	1.4995	1.5015
9/26	1.5039	1.5050	1.5035	1.5047
9/27	1.4975	1.4990	1.4975	1.4990
9/28	1.4990	1.5020	1.4990	1.5020
9/29	1.4993	1.5025	1.4950	1.4950
9/30	1.4960	1.4970	1.4960	1.4960

이 수익률의 평균과 분산은 다음과 같이 계산된다.

$$m = \frac{1}{T}\sum_{t=1}^{T} R_t \tag{3.29}$$

$$S_2 = \frac{1}{(T-1)}\sum_{t=1}^{T}(R_t - m)^2 \tag{3.30}$$

이때 T는 표본의 수로서 앞의 예에서는 20이다. 이와 같은 방법으로 평균과 분산을 구하면 $m = -0.0006$, $s^2 = 0.0000125$이다. 따라서 표준편차 $s = \sqrt{0.0000125} = 0.003536$이 된다. 그런데 이때 표준편차 s는 일반수익률을 이용하여 구해졌기 때문에 옵션가격모형에 사용하기 위해서는 이를 연율로 환산하여야 한다. 따라서 우리가 원하는 변동성 $\sigma = \sqrt{365}$, $s = 0.06757$, 즉 6.76%이다.

또 다른 방법은 일별 고가와 저가를 이용하는 방법이다. 이 방법에 의하면

$$s = \frac{0.627}{T}\sum_{t=1}^{T} ln(H_t / L_t) \tag{3.31}$$

이때 $H_t = t$기의 고가 $L_t = t$기의 저가

따라서 이를 연율로 환산하면 $\sigma = 0.06222$로서 6.2%이다.

2) 내재변동성

앞에서 살펴본 바와 같이 옵션가격은 S, X, r, t, σ의 함수로서 이상의 5가지가 주어지면 옵션가격이 계산될 수 있다. 즉, $C = f(S, X, r, t, \sigma)$이다. 그런데 내재된 변동성의 추정방법은 위의 식에서 이미 알려진 옵션가격을 이용하여 미지수 σ를 찾는 것이다.

예를 들어 ×××회사의 주가(S) = 100, 이자율(r) = 연 12%인 경우에, 행사가격(X) = 100, 만기(t) = 90일 후인 이 회사 주식의 옵션이 시장에서 5라는 가격으로 거래되고 있다고 가정하자. 만약 이 옵션의 시장가격 5를 계산하기 위해 사용된 기초자산의 변동성(σ)이 25%였다면 이를 내재변동성(implied volatility)이라 한다. 이때 A라는 투자자가 추정한 ×××회사 주식의 가격변동성이 20%이라면 A는 이 옵션의 가격을 5보다 더 낮은 가격으로 계산한 것이며, 따라서 A

는 이 옵션이 고평가되어 있다고 판단하여 이 옵션의 매도를 고려할 수 있을 것이다. 반대로 B가 ×××회사 주식의 가격변동성을 30%로 추정한다면 B는 이 옵션의 가격을 5 보다 높은 가격으로 계산한 것이며, 따라서 B는 이 옵션이 저평가되어 있다고 판단할 것이다. 따라서 내재변동성 25%는 시장 참가자들이 평가한 ×××회사의 가격변동성 추정치이다. 이 내재변동성은 기초자산의 위험(risk) 정도에 대한 여러 시장 참가자들의 평가를 대변해 준다는 점에서 많이 이용되고 있다. 일반적으로 기초자산이 동일하고 만기가 같은 경우라도 행사가격이 다르거나 콜옵션이냐 풋옵션이냐에 따라 그 옵션의 내재변동성은 같지 않다. 다음 〈표 3-13〉는 미국의 주가지수선물옵션의 가격과 내재변동성을 보여주고 있다. 만기가 동일한 옵션들로서 440～460의 행사가격을 가진 콜과 풋인데 각 옵션의 내재변동성은 다르게 나타나고 있다. 이와 같이 상이한 내재변동성의 정보는 옵션들의 가치에 대한 상대비교를 가능하게 해준다. 즉, 〈표 3-13〉에서 보면 행사가격이 445로 동일한 콜옵션과 풋옵션의 내재변동성은 각각 14.12%(콜)와 13.26%(풋)이다. 따라서 콜옵션이 풋옵션에 비해 상대적으로 시장에서 높게 평가되어 거래되고 있다는 것을 보여주고 있다.

표 3-13 주가지수선물옵션의 가격과 내재변동성

옵션	프리미엄(P)	내재변동성(%)
440.0 콜	7.00	15.54
445.0 콜	3.80	14.12
450.0 콜	1.50	12.43
455.0 콜	0.50	11.99
460.0 콜	0.15	12.07
430.0 풋	0.85	17.71
435.0 풋	1.40	16.00
440.0 풋	2.55	14.97
445.0 풋	4.25	13.26
450.0 풋	6.50	9.40

그러나 내재된 변동성은 컴퓨터를 이용하지 않고서는 계산할 수 없다는 단점이 있다. 즉, σ가 S, X, r, C(또는 P), t 변수들의 함수인 것은 알지만 σ가 이들의 폐쇄형(closed-form)으로 표현되지 못하기 때문에 비선형함수(non-linear function)의 해를 구하는 수치최적화 방법으로 컴퓨터를 이용하여 계산해야 한다.

또한 여러 가지의 행사가격을 가진 표본으로부터 계산된 변동성이 일치된 값을 갖지 못하는 경우가 많다는 것이다. 즉, 시장에는 만기일은 같으나 상이한 행사가격에 의해 다른 옵션가격이 존재하기 때문에 이 옵션가격에서 산출되는 내재변동성은 서로 다르다. 이론적으로 일치되어야 함에도 불구하고 이러한 현상이 발생하는 원인은 ① 거래비용의 존재, ② 시간에 따라 변동이 일정하지 않을 수 있는 가능성, ③ 옵션기준의 가격분포에 대한 일치되지 않은 시장의 인식 등 때문이다.

따라서 실제적으로는 대표되는 내재변동성을 구하기 위하여 여러 가지 상이한 행사가격으로부터 구해진 여러 개의 내재변동성들을 가중평균하여 사용하는 것이 일반적이다. 이때 등가(ATM)옵션의 가중치를 가장 크게 두는데 이는 등가옵션의 가격이 가장 높을 뿐만 아니라 등가옵션의 경우 변동성의 변화에 대한 옵션가격의 변화가 가장 민감하기 때문이다.

07 옵션거래의 활용

옵션거래는 활용목적에 따라 크게 투기거래와 헤지거래로 나눌 수 있다. 먼저 투기거래는 단순투기거래, 스프레드(spread)거래, 컴비네이션(combination)거래, 차익거래(arbitrage trading)로 구분할 수 있다. 단순투기거래에는 ① 콜옵션 매입(long call), ② 콜옵션 매도(short call), ③ 풋옵션 매입(long put), ④ 풋옵션 매도(short put)가 있다. 그리고 스프레드거래에는 ① 수직스프레드(vertical spread), ② 수평스프레드(horizontal spread), ③ 나비형 스프레드(butterfly spread)가 있다. 그리고 컴비네이션거래는 ① 스트래들(straddle), ② 스트랩(strap)과 스트립(strip), ③ 스트랭글(strangle)과 거트(gut)로 나누어진다. 마지막으로 차익거래에는 ① 합성포지션(synthetic position), ② 컨버전(conversion)과 리버스 컨버전(reverse conversion), ③ 크레딧 박스(credit box)와 데빗 박스(debit box)가 있다. 이와 같이 다양한 옵션투자기법 중에서 투자자들에게 가장 많이 알려져 있고 널리 사용되고 있는 투자기법들을 중심으로 살펴본다.

한편 옵션을 이용한 헤지거래는 크게 정태적 헤지와 동태적 헤지로 구분할 수 있는데 먼저 정태적 헤지거래에는 ① 보증된 콜(covered call) 매도, ② 보호적 풋(protective put) 매입, ③ 펜스(fences) 등이 있다. 그리고 동태적 헤지거래에는 ① 델타헤지(delta hedge), ② 포트폴리오보험(portfolio insurance) 등이 있다. 끝으로 옵션포지션관리를 위한 유용한 지표로서는 ① 델타(Delta), ② 감마(Gamma), ③ 베가(Vega), ④ 쎄타(Theta) 등이 있다.

7.1 단순투기거래

단순투기거래는 향후 기초자산가격의 추세를 예상하여 단순히 콜 또는 풋을 매입하거나 또는 매도하는 전략이다. 특히 옵션 매도의 경우에는 다른 포지션과 관계없이 옵션만 거래하기 때문에 큰 위험에 노출될 수 있다.

7.1.1 콜옵션 매입

콜옵션을 매입하는 경우에는 기초자산의 가격이 행사가격을 초과할 경우에 이익을 얻을 수 있으며, 반대로 기초자산의 가격이 행사가격 이하로 하락하여도 손실규모는 지급한 프리미엄에 한정된다. 콜옵션을 매입하여 만기까지 보유할 경우 이익(π)은 다음과 같이 표시된다.

$$\pi = Max(S_t - X, 0) - C \tag{3.32}$$

콜옵션의 매입에 따른 손익분기점이 되는 만기시점의 기초자산가격은 식 (3.32)에서 $\pi = 0$이 되어야 한다. 즉,

$$S_T^* = X + C \tag{3.33}$$

따라서 만기시점의 기초자산가격이 행사가격에 프리미엄을 더한 가격 이상으로 상승하여야만 이익이 발생한다. 콜옵션 매입의 만기시점 손익구조는 〈그림 3-10〉과 같다.

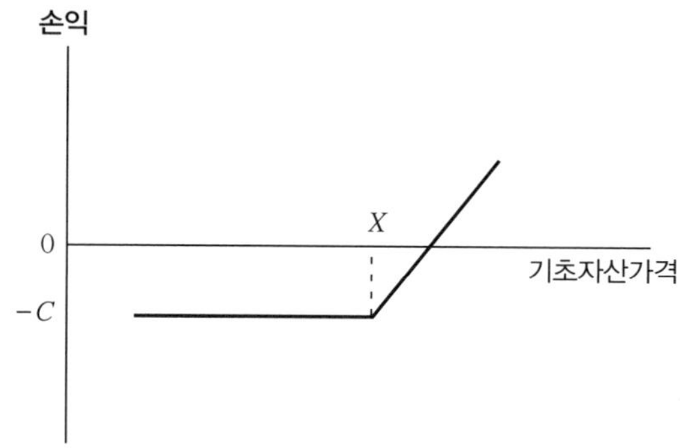

그림 3-10 콜옵션 매입의 손익구조

콜옵션 매입은 기초자산가격의 상승이 예상되는 강세시장(bull market)에 유리한 투자전략이며 또한 레버리지 효과가 매우 커서 시장이 예상대로 강세를 보일 경우에는 높은 수익률을 얻을 수 있다.

한편 콜옵션 매입은 헤지거래에도 유용하게 사용될 수 있다. 예를 들어 어

느 연금관리자가 앞으로 3개월 후에 주식을 매입할 자금이 마련된다고 하자. 이때 연금관리자가 구입할 예정인 주식 포트폴리오의 가격상승을 우려하여 주식을 매입하기 전에 최고 매입가격을 확정시키기 원한다면 콜옵션을 매입하면 된다. 만약 헤지시점에서 행사가격 100인 주식 콜옵션의 프리미엄이 1이라면 최고 매입가격은 행사가격 100에 콜옵션 프리미엄 1을 더한 101로 확정된다.

표 3-14 3개월 후 주식 매입가격

$S_T \geq 100$일 때		$S_T \leq 100$일 때	
콜옵션 행사	100	주식 매입	S_T
콜옵션 프리미엄	1	콜옵션 프리미엄	1
실제 주식 매입비용	101	실제 주식 매입비용	S_T+1

즉, 3개월 후 주식가격이 행사가격 보다 높으면 이 투자자는 콜옵션을 행사하여 주식을 행사가격인 100에 매입할 수 있다. 다시 말해, 주가가 상승할 경우에는 주식매입을 위해 지급해야 할 높은 가격, 즉 기회손실을 콜옵션을 행사함으로써 회피할 수 있다. 이것은 일종의 보험에 가입한 것과 동일한 효과를 가지며 보험가입에 소요되는 비용이 콜옵션의 프리미엄인 셈이다. 따라서 주식을 매입하는 데 소요되는 최대 비용은 101이 된다. 반대로 주식가격이 행사가격인 100 이하로 하락할 경우에는 콜옵션을 포기하고 주식을 시장에서 매입함으로써 101보다는 낮은 가격으로 주식을 매입할 수 있게 된다. 결국 이 투자자는 향후 주식가격이 얼마가 되든지에 상관없이 항상 101 이하의 가격으로 주식을 매입할 수 있게 됨에 따라 사전에 최고 매입가격을 확정할 수 있다.

7.1.2 콜옵션 매도

투자자가 기초자산을 보유하지 않은 상태에서 콜옵션을 매도하는 것을 무방비 콜(naked call or uncovered call)이라고 하며 이 투자방법은 매우 큰 위험을 수반한다. 즉, 콜옵션 매도자는 후에 매입자의 요구에 따라 행사가격에 기초자산을 인도할 의무가 있으므로 해당 기초자산을 보유하지 않은 경우에는 손실이 매우 크게 발생할 가능성이 있다. 따라서 중개회사들은 투자자가 충분한 기초자산을 보유하지 않은 경우에는 이 투자기법의 사용을 엄격히 제한하고 있다.

콜옵션 매도에 따른 이익은 콜옵션 매입의 경우와 정반대가 된다.

$$\pi = -Max(0, S_T - X) + C \tag{3.34}$$

만기시점에서 콜옵션 매도의 손익분기점은 기초자산가격이 행사가격에 프리미엄을 더한 값과 같을 때이고 기초자산가격이 이 손익분기점보다 낮아야만 이익을 얻을 수 있다. 따라서 이 투자방법은 약세시장(bear market) 전망일 경우에 유용한 전략이며 향후 시장약세에 대한 확신이 높을수록 내가(ITM)에 가까운 옵션을 매도함으로써 높은 프리미엄을 획득할 수 있다.

콜옵션 매도의 만기시점 손익구조는 〈그림 3-11〉과 같다.

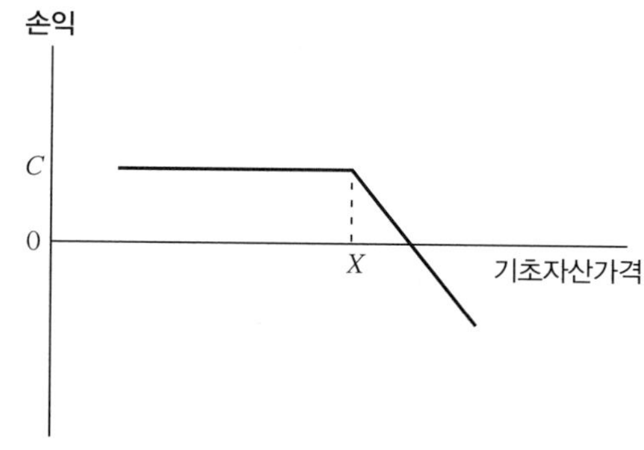

그림 3-11 콜옵션 매도의 손익구조

7.1.3 풋옵션 매입

풋옵션 매입자는 기초자산의 가격이 행사가격보다 낮을 때 이익을 보게 되나 그 반대로 기초자산의 가격이 행사가격 이상으로 상승하게 되면 지급한 프리미엄만큼 손해를 보게 된다. 투자자가 풋옵션을 매입하여 만기일까지 보유할 경우의 손익은 다음 식으로 표시된다.

$$\pi = Max(X - S_T, 0) - P \tag{3.35}$$

따라서 만기시점에서 기초자산의 가격이 행사가격에서 프리미엄을 뺀 가격 이하가 되어야만 이익이 발생하게 된다. 즉, 풋옵션 매입은 기초자산가격의 하락이 예상되는 약세시장에 유리한 투자전략이다.

풋옵션 매입의 만기시점 손익구조는 〈그림 3-12〉와 같다.

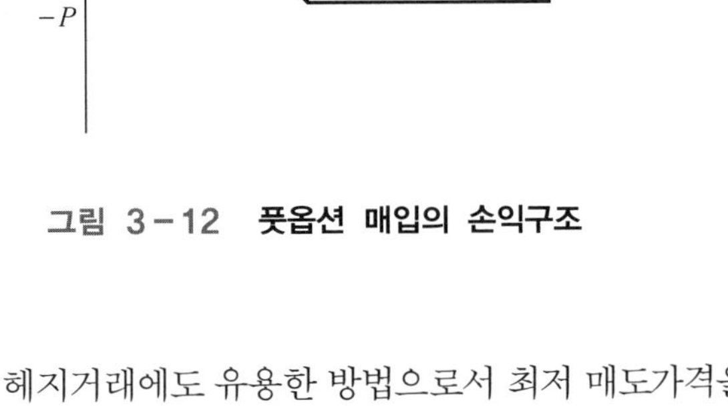

그림 3-12 풋옵션 매입의 손익구조

풋옵션 매입은 헤지거래에도 유용한 방법으로서 최저 매도가격을 미리 확정하는 데 사용되고 있다. 예를 들어 연금관리자가 상당량의 주식을 보유하고 있는데 3개월 후에 이를 매도해야 하는 경우에는 풋옵션을 매입함으로써 가격하락에 따른 기회손실을 헤지할 수 있다. 만약 헤지시점에서 행사가격이 100인 주식 풋옵션 프리미엄이 1이라면 주식을 매도하려는 투자가는 최저 매도가격을 행사가격 100에서 프리미엄인 1을 뺀 99로 확정시킬 수 있다.

표 3-15 **3개월 후 주식 매도가격**

$S_T \geq 100$일 때		$S_T < 100$일 때	
주식 매도	S_T	풋옵션 행사	100
풋옵션 프리미엄	1	풋옵션 프리미엄	1
실제 주식 매도가격	$S_T - 1$	실제 주식 매도가격	99

만약 3개월 후에 주식가격이 행사가격보다 낮아지면 이 투자자는 풋옵션을 행사함으로써 주식을 99의 가격에 매도하게 되는 결과가 된다. 반면에 주식가격이 행사가격보다 높으면 풋옵션을 포기하고 주식을 시장에서 직접 매도함으로써 주식 매도가격을 최저 99 이상으로 높일 수 있다. 이때 최저 매도가격을 확정시키기 위해 지급한 옵션프리미엄은 일종의 보험료라고 생각할 수 있다.

7.1.4 풋옵션 매도

옵션 기초자산의 가격이 행사가격 이하로 크게 하락할 경우에 풋옵션 매도자는 옵션 기초자산을 행사가격으로 매입할 의무를 가지므로 큰 손실을 볼 가능성이 있다. 따라서 옵션 기초자산의 매입포지션이 없는 상태에서 단순히 풋옵션을 매도하는 투자방법은 위험이 매우 높다.

풋옵션 매도에 따른 이익을 식으로 표시하면 다음과 같다.

$$\pi = -Max(0, X - S_T) + P \tag{3.36}$$

따라서 풋옵션 매도자는 옵션 기초자산의 가격이 행사가격에서 옵션프리미엄을 뺀 가격보다 높아야만 이익을 얻을 수 있다. 즉, 풋옵션 매도는 향후 시장이 약세를 보이지 않을 것이란 전망에 유용한 투자전략이다. 이때 시장의 강세에 대한 확신이 높을수록 내가(ITM)에 가까운 옵션을 매도하여 높은 옵션프리미엄을 이익으로 얻을 수 있다.

풋옵션 매도의 만기시점에서 손익구조는 〈그림 3-13〉과 같다.

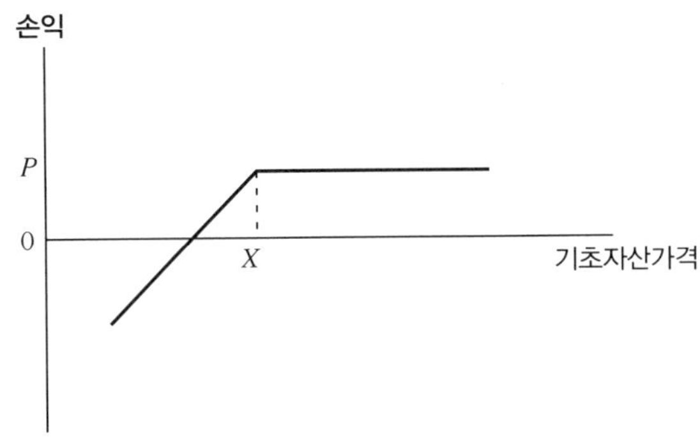

그림 3-13 풋옵션 매도의 손익구조

7.2 선물과 옵션의 합성포지션

7.2.1 6개의 거래기본단위

옵션을 이용한 투자전략에는 기초자산(현물 또는 선물)과 콜 또는 풋옵션을 이용하는 단순한 투자기법으로부터 여러 종류의 옵션을 동시에 이용하는 복잡한 투자기법에 이르기까지 수많은 거래방법이 존재한다. 이와 같은 복합적인 옵션투자기법을 쉽게 이해하고 옵션투자전략을 효율적으로 수립하는 데 도움을 주기 위해 선물과 옵션거래에 관련된 6개의 기본거래단위(6 building blocks)를 다음과 같이 정의한다.

6개의 거래기본단위는 ① 선물 매입(long futures), ② 선물 매도(short

futures), ③ 콜옵션 매입(long call), ④ 콜옵션 매도(short call), ⑤ 풋옵션 매입(long put), ⑥ 풋옵션 매도(short put) 등이다. 각 거래단위의 손익구조를 그림으로 나타내면 〈그림 3-14〉와 같다. 그리고 이 그림에서 선물 매입가격(S)과 옵션 행사가격(E)을 기준으로 각 거래단위의 손익선 기울기를 왼쪽과 오른쪽으로 구분하여 표시하면 〈표 3-16〉과 같다.

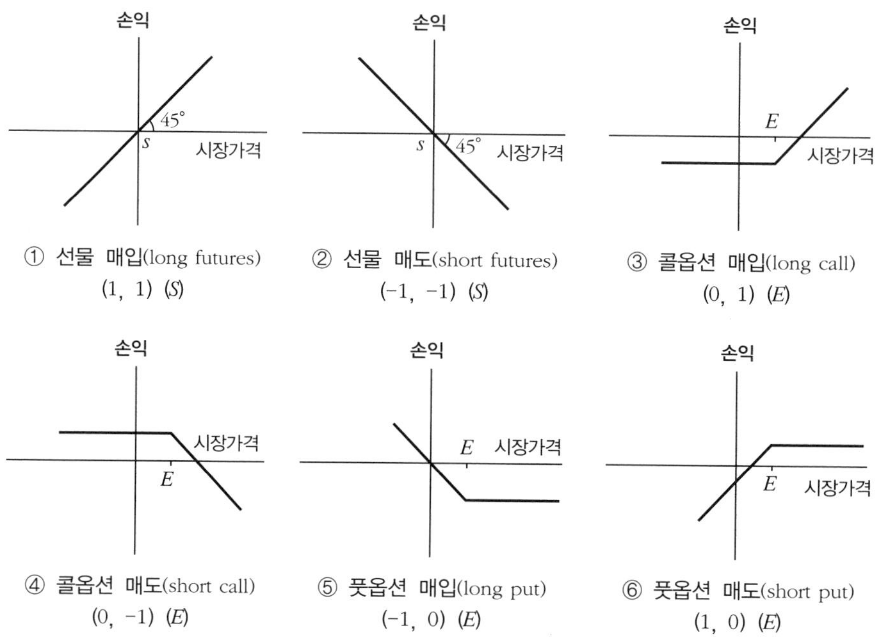

그림 3-14 6개의 거래기본단위

표 3-16 6개 거래기본단위의 기울기

거래기본단위	기울기
① 선물 매입(long futures)	(1, 1) (S)
② 선물 매도(short futures)	(−1, −1) (S)
③ 콜옵션 매입(long call)	(0, 1) (E)
④ 콜옵션 매도(short call)	(0, −1) (E)
⑤ 풋옵션 매입(long put)	(−1, 0) (E)
⑥ 풋옵션 매도(short put)	(1, 0) (E)

이러한 6개의 거래기본단위를 적절히 조합함으로써 다양한 합성포지션(synthetic position)을 창출할 수 있다. 다음 장에서 다룰 차익거래 방법을 설명하기 위해 옵션과 기초자산을 이용하여 얻을 수 있는 합성포지션에 대하여 알아본다. 이때 주로 사용하는 옵션이 선물옵션(futures option)이므로 옵션의 기초자산은 선물(futures)이라고 가정한다.

7.2.2 합성포지션의 창출

1) 합성선물

동일한 행사가격과 만기를 가진 콜옵션과 풋옵션을 결합하면 선물포지션을 만들 수 있다. 즉, 행사가격과 만기가 동일한 콜옵션을 매입하고 풋옵션을 매도하는 옵션포지션의 손익구조는 마치 선물을 매입한 것과 동일하며 이를 합성선물 매입포지션(synthetic long futures position)이라고 한다.

예를 들어 만기가 30일 남은 주가지수선물옵션 중에서 행사가격이 100인 콜옵션(가격 = 1.50)을 매입하고 풋옵션(가격 = 1.00)을 매도하면 이는 마치 주가지수선물을 매입하는 것과 동일하게 된다.

표 3-17 합성선물 매입포지션

	$S_T \leq 100$	$S_T > 100$
100 콜옵션 매입	0	$(S_T - 100)$
100 풋옵션 매도	$-(100 - S_T)$	0
만기시 손익	$S_T - 100$	$S_T - 100$

즉, 콜옵션을 매입하고 풋옵션을 매도하면 만기시점에 이 포지션은 주가지수선물의 가격에 관계없이 손익이 $(S_T - 100)$으로 나타난다. 이는 마치 주가지수선물을 옵션의 행사가격(100)에 매입한 것과 동일한 손익구조이다. 그러나 이 포지션을 구성하기 위해서 이 투자자는 콜옵션 매입에 따른 비용으로 1.50을

지급하고 풋옵션 매도에 따라 1.00을 수취하여 0.50의 현금 순지급이 발생하였기 때문에 합성된 선물포지션의 실제 매입가격은 행사가격보다 현금 순지급비용만큼 비싸게 매입한 결과와 같다. 즉, 합성선물가격 = 행사가격 + 포지션 구성시 순지급금액 = 100 + 0.50 = 100.50이다. 이때 순현금흐름의 이자비용까지를 감안한다면 정확한 합성선물매입가격은 다음과 같이 나타낼 수 있다

$$\text{합성선물매입가격} = X + e^{rt}(C - P) \tag{3.37}$$

이를 그림으로 나타내면 〈그림 3-15〉와 같다.

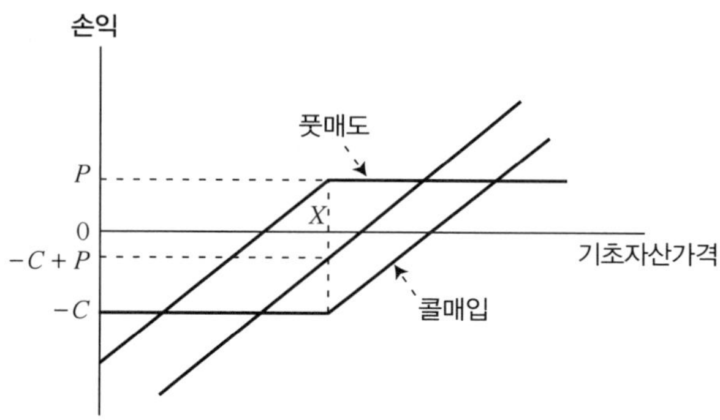

그림 3-15 선물매입 포지션의 합성

한편 선물의 매도포지션(short futures position)은 그 선물에 대한 콜옵션을 매도하고 행사가격과 만기가 같은 풋옵션을 매입하여 합성할 수 있다. 앞의 예를 가지고 합성선물 매도포지션을 구성하면 〈표 3-18〉과 같다.

표 3-18 합성선물 매도포지션

	$S_T \leq 100$	$S_T > 100$
100 콜옵션 매도	0	$-(S_T - 100)$
100 풋옵션 매입	$(100 - S_T)$	0
만기시 손익	$100 - S_T$	$100 - S_T$

즉, 이 포지션의 만기시 손익은 $(100-S_T)$로서 마치 100의 행사가격에 선물을 매도한 것과 동일하다. 그러나 이때에도 이 포지션을 구성하기 위해 발생한 순현금흐름을 감안하면 합성된 선물매도 포지션의 매도가격은 행사가격에서 순현금흐름만큼 비싸게 매도한 것과 같다. 따라서 합성선물매도가격은 다음과 같이 나타낼 수 있다.

$$\text{합성선물매도가격} = X + e^{rt}(C - P) \qquad (3.38)$$

이를 그림으로 나타내면 〈그림 3-16〉과 같다.

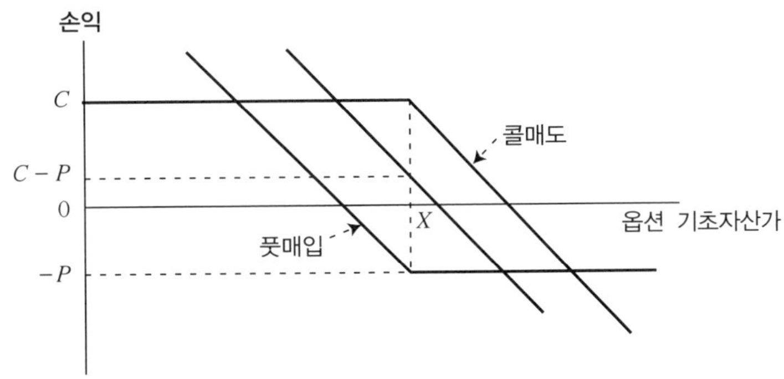

그림 3-16 선물매도 포지션의 합성

앞에서 설명한 6개의 거래기본단위의 조합을 통해서 다양한 합성선물 포지션을 창출할 수 있다. 예를 들어 〈표 3-18〉에서 ③ 콜옵션 매입(기울기 : 0, 1)과 ⑥ 풋옵션 매도(기울기 : 1, 0)를 합성하면 ① 선물매입(기울기 : 1, 1)과 동일한 손익구조를 갖게 되는데 이를 합성선물 매입(synthetic long futures)포지션이라고 부른다. 반대로 ④ 콜옵션 매도(기울기 : 0, −1)와 ⑤ 풋옵션 매입(기울기 : −1, 0)을 합성하면 ② 선물매도(기울기 : −1, −1)가 되어 합성선물 매도(synthetic short futures)포지션을 창출할 수 있다.

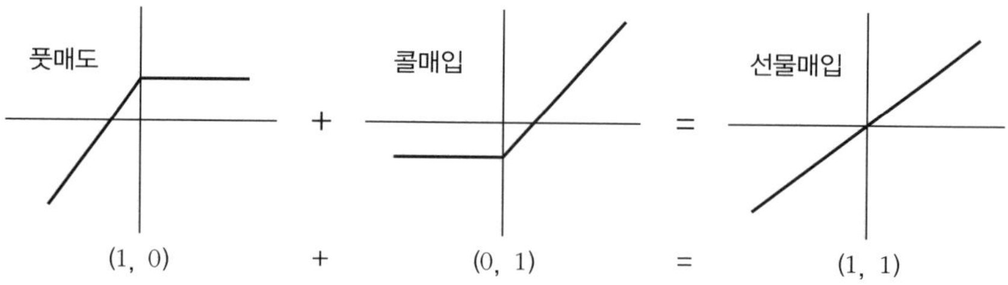

그림 3-17 합성선물 매입포지션 창출

2) 합성옵션

앞에서 콜옵션과 풋옵션을 결합하여 옵션 기초자산을 합성하는 방법을 설명하였는데 거꾸로 기초자산과 어느 한 옵션을 결합하면 다른 종류의 옵션을 합성할 수도 있다. 즉, 기초자산과 콜옵션을 결합하면 풋옵션을 합성할 수 있으며 기초자산과 풋옵션을 결합하면 콜옵션을 합성할 수 있다. 이를 설명하기 위해 다음과 같이 주가지수선물과 이에 대한 옵션의 시장상황을 가정한다.

표 3-19 시장상황

5월 만기 주가지수선물 가격	100.20
행사가격 100인 5월물 주가지수선물 콜옵션 가격	1.50
행사가격 100인 5월물 주가지수선물 풋옵션 가격	1.00
이자율은 4%이고, 옵션만기까지의 잔존기일은 20일	

먼저 주가지수선물을 매입하고 풋옵션을 매입하면 콜옵션의 매입포지션을 합성할 수 있다. 이 포지션의 만기시의 손익을 보면 다음과 같다.

표 3-20 합성콜옵션 매입포지션

	$S_T \leq 100$	$S_T > 100$
100 풋옵션 매입	$100 - S_T$	0
주가지수선물 매입	$S_T - 100.20$	$S_T - 100.20$
만기 손익	(100 − 100.20)	$(S_T - 100.20)$

만기시점에서 이 포지션의 손익은 행사가격이 100이고 프리미엄이 0.20인 콜옵션 매입포지션의 손익과 동일하다. 그런데 이 포지션을 구성하기 위해 거래시점에서 풋옵션 매입비용으로 1.00을 지급하였으므로 주가지수선물과 풋옵션을 이용하여 구성된 합성콜옵션 가격은 다음과 같다.

$$\text{합성콜옵션 가격} = P + e^{-rt}(S - X)$$
$$= 1.00 + e^{-0.04 \times \frac{20}{360}}(100.20 - 100) \fallingdotseq 1.1996 \qquad (3.39)$$

그리고 풋옵션의 매입포지션을 합성하기 위해서는 콜옵션을 매입하고 주가지수선물을 매도하면 된다. 이렇게 구성된 포지션의 만기시점의 손익은 다음과 같다.

표 3-21 **합성풋옵션 매입포지션**

	$S_T \leq 100$	$S_T > 100$
100 콜옵션 매입	0	$S_T - 100$
주가지수선물 매도	$-(S_T - 100.20)$	$-(S_T - 100.20)$
만기 손익	$100.20 - S_T$	$100.20 - 100$

만기시점에서 이 포지션의 손익은 행사가격이 100인 풋옵션의 매입과 동일한 형태이다. 다만 손익도가 수직이동된 것이 다를 뿐이다. 그런데 이 포지션을 구성하기 위해 거래시점에서 콜옵션 매입비용으로 1.50을 지급하였으므로 합성풋옵션 가격은 다음과 같이 나타낼 수 있다.

$$\text{합성풋옵션 가격} = C - e^{rt}(S - X)$$
$$= 1.50 - e^{-0.04 \times \frac{20}{360}}(100.20 - 100) \fallingdotseq 1.3004 \qquad (3.40)$$

한편 콜옵션 매도포지션의 합성(synthetic short call)은 콜옵션 매입포지션 합성과 정반대로 풋옵션을 매도하고 기초자산을 매도함으로써 만들 수 있다. 그리고 풋옵션 매도포지션의 합성은 풋옵션 매입포지션 합성의 정반대로 콜옵션을 매도하고 기초자산을 매입함으로써 구성할 수 있다.

마찬가지로 6개의 거래기본단위를 이용하여 다양한 합성옵션 포지션을 만들 수 있다. 예를 들어 〈표 3-18〉에서 ① 선물매입(기울기 : 1, 1)과 ⑤ 풋옵션 매입(기울기 : -1, 0)을 합성하면 ③ 콜옵션 매입(기울기 : 0, 1)과 같게 되는데 이를 합성콜 매입(synthetic long call)포지션이라고 부른다. 그리고 ⑤ 풋옵션 매입포지션(-1, 0)을 합성하기 위해서는 ② 선물 매도(기울기 : -1, -1)와 ③ 콜옵션 매입(기울기 : 0, 1)을 조합하면 된다.

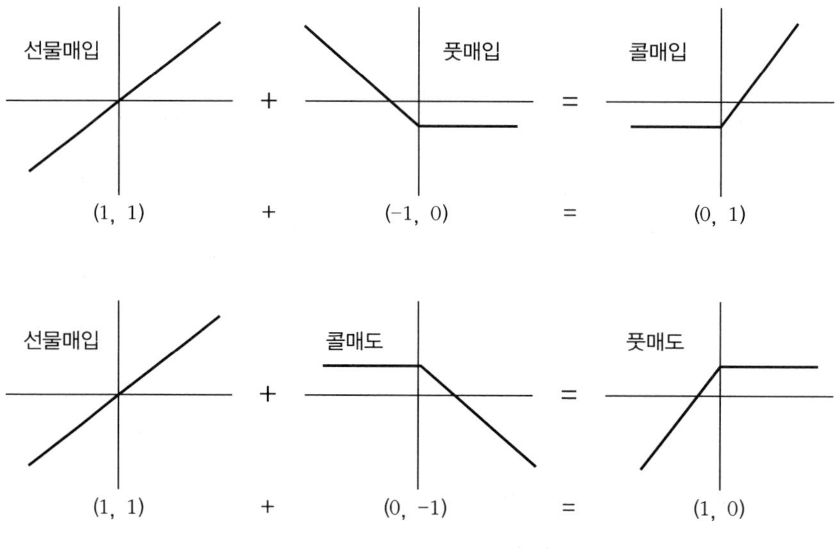

그림 3-18 합성옵션 포지션 창출

다양한 합성포지션 창출방법을 요약하면 다음 〈표 3-22〉와 같다.

표 3-22 합성포지션 구성방법

합성 기초자산 매입	=	콜 매입 + 풋 매도
합성 기초자산 매도	=	콜 매도 + 풋 매입
합성 콜 매입	=	풋 매입 + 기초자산 매입
합성 콜 매도	=	풋 매도 + 기초자산 매도
합성 풋 매입	=	콜 매입 + 기초자산 매도
합성 풋 매도	=	콜 매도 + 기초자산 매입

7.3 스프레드거래

스프레드 포지션은 동일한 기초자산을 대상으로 하는 옵션 중에서 행사가격 또는 만기일이 서로 다른 콜(또는 풋)옵션을 각각 동일한 수량으로 매입 또는 매도하는 전략이다. 즉, 행사가격이 다르거나 또는 만기일이 서로 다른 옵션을 하나는 매입하고 다른 하나는 매도하는 것인데, 이때 두 개 옵션의 가격차이를 스프레드라 한다. 스프레드 포지션은 시장가격의 변화가 당초 예상과 같을 때 이익을 얻고, 반대로 예상이 빗나갔을 경우에는 손실이 발생하지만 그 규모를 작게 하려는 전략이다. 스프레드거래는 사용되는 옵션의 종류에 따라 콜스프레드(call spread)와 풋스프레드(put spread)로 구분되고, 거래방법에 따라 수직스프레드(vertical spread), 수평스프레드(horizontal spread), 나비형 스프레드(butterfly spread) 등으로 구분된다.

수직스프레드(vertical spread)는 가격스프레드(price spread) 또는 머니스프레드(money spread)라고도 일컬어지는데 전통적인 옵션가격표의 형태에서 그 이름이 연유되었다. 월스트리트저널 등의 매체에서 옵션가격을 나타내는 표를 보면 세로방향으로는 행사가격이 표시되고 가로방향으로는 만기구조가 나타난다. 이러한 관행에 따른 옵션가격표시의 구조에 의거해서 수평스프레드는 행사가격은 같고 만기가 서로 다른 두 개의 옵션을 가지고 포지션을 구축하는 경우이고, 수직스프레드는 만기는 같고 행사가격이 서로 다른 두 개의 옵션을 가지고 스프레드 포지션을 구축하는 경우이다.

예를 들어 표 〈3-23〉에서 만기 6월, 행사가격 98인 콜을 매도하고 동일한 만기의 행사가격 102인 콜을 매입한 경우를 수직스프레드라고 말하는데 이는 두 옵션의 가격이 수직적으로 위치한 데서 비롯된 것이다.

표 3-23 T-Bond 옵션가격(예)

행사가격	콜옵션			풋옵션		
	March	June	Sep.	March	June	Sep.
94-00	6-02	6-03	10-15	0-25	0-58	1-00
96-00	4-08	4-10	6-10	0-40	1-15	1-45
98-00	2-44	2-50	4-30	1-01	1-04	1-50
100-00	1-43	2-00	3-00	1-00	2-00	3-00
102-00	1-01	1-40	1-50	2-44	2-50	4-30
104-00	0-40	1-15	1-45	4-08	4-10	6-55
106-00	0-25	0-88	1-00	6-02	6-03	10-15

수평스프레드는 시간스프레드(time spread or calendar spread)라고도 말하며 만기의 차이를 이용한 스프레드거래이다. 이것은 특정 만기의 옵션을 매입하는 동시에 여타 조건은 같지만 만기가 상이한 옵션을 매도하는 거래이다. 예를 들어 행사가격 100, 만기 3월인 콜옵션을 매입하고 동일한 행사가격인 만기 6월의 콜옵션을 매도하는 거래인데 이 2개의 옵션은 옵션가격표에서 수평적으로 위치하고 있다.

7.3.1 수직스프레드

수직스프레드는 각기 다른 행사가격의 콜옵션을 이용한 수직 콜스프레드(vertical call spread)와 풋옵션을 이용한 수직 풋스프레드(vertical put spread)로 나누어진다. 그리고 이 거래방법들이 상승세의 시황에 유리한지 아니면 하락세의 시황에 유리한지에 따라서 수직강세 스프레드(vertical bull spread)와 수직약세 스프레드(vertical bear spread)로 세분된다.

1) 수직강세 스프레드

만기가 동일한 옵션 중에서 행사가격이 높은 옵션을 매도하고 행사가격이 낮은 옵션을 매입하는 전략으로서 이 스프레드거래는 기초자산의 가격이 오르는 강세시장에서 이익을 얻을 수 있다. 콜옵션의 경우를 생각해 보면 강세시장에서는 행사가격이 낮은 콜옵션의 행사로부터 얻는 이익이 행사가격이 높은 콜옵션이 행사되었을 때 발생하는 손실보다 더 크다. 그러나 약세시장에서는 두 콜옵션이 모두 행사가치가 없기 때문에 이 스프레드거래는 손실을 입는다. 따라서 이와 같은 스프레드거래를 강세 스프레드라고 부른다.

그러면 스프레드거래의 손익구조가 어떻게 나타나는지를 살펴보기로 한다. 예를 들어 주식가격이 강세를 보일 것으로 예상됨에 따라 행사가격이 $98인 주식 콜옵션을 프리미엄 $2에 매입하고 동시에 행사가격 $100인 콜옵션을 프리미엄 $1에 매도하였다면 최대 손실은 두 콜옵션 프리미엄의 차이($1)만큼 발생한다. 왜냐하면 주가가 $98 이하로 낮아지면 두 콜옵션이 모두 행사가치가 없는(out-of-money) 상태가 되기 때문이다. 그리고 이 스프레드거래에서 얻는 최대이익은 주가가 $100 이상이 되어 두 콜옵션이 모두 행사될 때에 발생하는 이익으로서 두 행사가격 차이와 순 수취 콜옵션 프리미엄의 합이 된다.

주가가 두 행사가격 사이에 있을 때에는 행사가격이 낮은 콜옵션은 행사되지만 행사가격이 높은 콜옵션은 행사되지 않기 때문에 이익은 주가수준에 따라 다르다. 이 스프레드거래의 만기 이익은 주가수준에 따라 달라지며 다음과 같이 나타낼 수 있다.

	$S_T \leq 98$	$98 < S_T \leq 100$	$100 < S_T$
98 콜 매입	0	행사함 : $(S_T - X_1)$	행사함 : $(S_T - X_1)$
100 콜 매도	0	0	행사당함 : $-(S_T - X_2)$
스프레드	$C_2 - C_1$	$C_2 - C_1$	$C_2 - C_1$
거래이익	$C_2 - C_1$	$(S_T - X_1) + (C_2 - C_1)$	$(X_2 - X_1) + (C_2 - C_1)$

이때 X_1 : 낮은 행사가격($98) X_2 : 높은 행사가격($100)
C_1 : 행사가격이 낮은 콜옵션의 가격($2) C_2 : 행사가격이 높은 콜옵션의 가격($1)

따라서 수직강세 콜스프레드의 손익구조는 다음과 같다.

- 최대손실 = 순 수취 프리미엄 = −$1
- 최대이익 = 행사가격 차 + 순 수취 프리미엄 = $2 + (− $1) = $1
- 손익분기점 = 낮은 행사가격 + 프리미엄 차 = $98 + $1 = $99

이 스프레드거래를 그림으로 나타내면 다음과 같다.

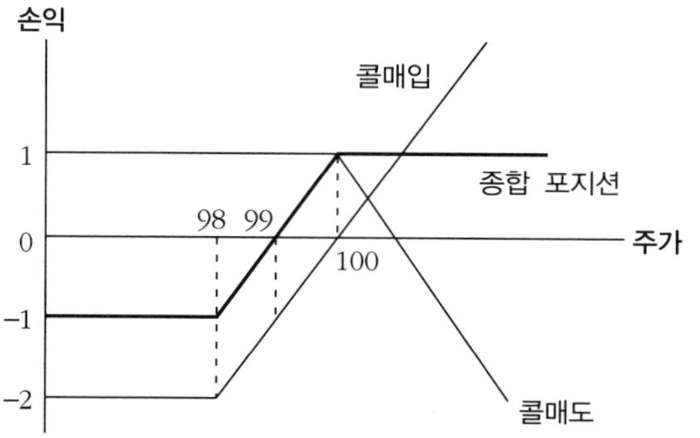

그림 3−19 수직강세 콜스프레드의 손익구조

한편 풋옵션을 사용할 경우 행사가격이 높은 옵션을 매도하고 행사가격이 낮은 옵션을 매입하면 강세시장에서 이익을 얻게 된다. 예를 들어 행사가격 $98인 풋옵션을 $1에 매입하고 동시에 행사가격 $100짜리 풋옵션을 $2에 매도하였다고 하면 이 스프레드거래의 이익은 다음과 같다.

	$S_T \leq 98$	$98 < S_T < 100$	$100 < S_T$
98 풋 매입	행사함 : $X_1 - S_T$	0	0
100 풋 매도	행사당함 : $S_T - X_2$	행사당함 : $S_T - X_2$	0
스프레드	$P_2 - P_1$	$P_2 - P_1$	$P_2 - P_1$
거래이익	$(X_1 - X_2) + (P_2 - P_1)$	$(S_T - X_2) + (P_2 - P_1)$	$(P_2 - P_1)$

이때 X_1 : 낮은 행사가격($98) X_2 : 높은 행사가격($100)
P_1 : 행사가격이 낮은 풋옵션의 가격($1) P_2 : 행사가격이 높은 풋옵션의 가격($2)

이 스프레드거래에서의 최대이익은 주가가 $100 이상으로 상승하여 두 옵션 모두 행사가치가 없는 상태에서 발생하며 최대이익은 순 수취 프리미엄에 해당된다. 한편 이 거래에서 최대손실은 주가가 $98 이하로 하락하여 두 옵션이 모두 행사될 때 나타난다. 주가가 두 행사가격 사이에 있을 때에는 행사가격이 높은 풋옵션은 행사를 당하지만 행사가격이 낮은 풋옵션은 행사되지 않기 때문에 손익은 주가수준에 따라 다르게 나타난다. 수직강세 풋스프레드의 손익구조는 다음과 같이 정리할 수 있다.

- 최대손실 = 행사가격 차 + 순 수취 프리미엄 = ($98 − $100) + $1 = −$1
- 최대이익 = 옵션가격 차 = $1
- 손익분기점 = 높은 행사가격 − 옵션가격 차 = $100 − $1 = $99

이를 그림으로 나타내면 다음과 같다.

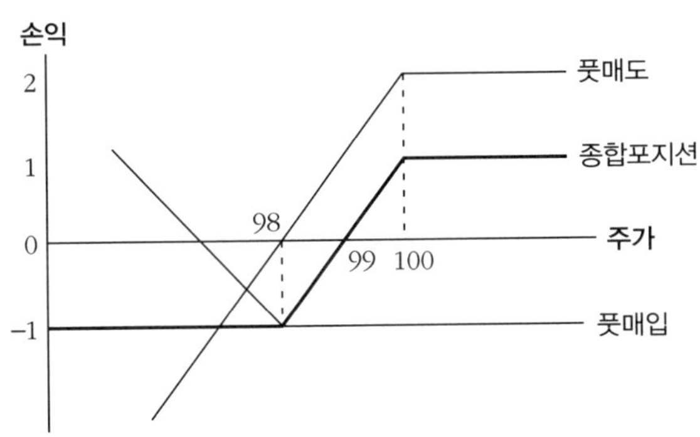

그림 3-20 수직강세 풋스프레드의 손익구조

2) 수직약세 스프레드

수직강세 스프레드와는 반대로 행사가격이 높은 옵션을 매입하고 행사가격이 낮은 옵션을 매도하는 전략으로 약세시장에서 이익을 기대할 수 있다. 예를 들어 행사가격이 $98인 콜옵션을 $2에 매도하고 행사가격이 $100인 콜옵션을

$1에 매입하였다고 할 때 스프레드거래에 따른 만기시의 손익은 다음과 같다.

	$S_T \leq 98$	$98 < S_T < 100$	$100 < S_T$
98 콜 매입	0	행사당함 : $-(S_T - X_1)$	행사당함 : $-(S_T - X_1)$
100 콜 매도	0	0	행사함 : $(S_T - X_2)$
스프레드	$C_2 - C_1$	$C_2 - C_1$	$C_2 - C_1$
거래손익	$C_2 - C_1$	$(X_1 - S_T) + (C_2 - C_1)$	$(X_1 - X_2) + (C_2 - C_1)$

이때 X_1 : 낮은 행사가격($98) X_2 : 높은 행사가격($100)
C_1 : 행사가격이 낮은 콜옵션의 가격($2) C_2 : 행사가격이 높은 콜옵션의 가격($1)

이 거래에서 최대이익은 주가가 $98 이하로 낮아져 두 옵션 모두 행사가치가 없을 때에 발생하며 그 크기는 두 옵션의 순 수취 프리미엄이 된다. 반면 최대손실은 주가가 $100 이상이 되어 두 옵션이 모두 행사될 경우에 나타난다. 한편 주가가 두 행사가격 사이에 있을 경우의 손익은 주가수준에 따라 다르게 나타난다.

- 최대손실 = 행사가격 차 + 순 수취 프리미엄 = ($98 – $100) + $1 = –$1
- 최대이익 = 순 수취 프리미엄 = $1
- 손익분기점 = 낮은 행사가격 + 옵션가격 차 = $98 + $1 = $99

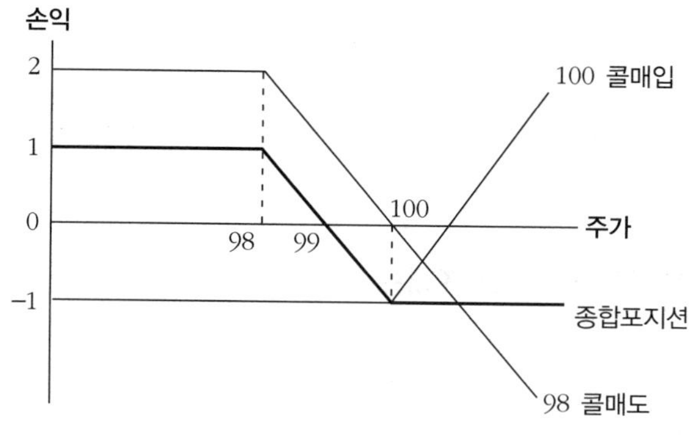

그림 3 – 21 수직약세 콜스프레드의 손익

한편 수직약세 풋스프레드 거래는 행사가격 $98인 풋옵션을 $1에 매입하고 동시에 행사가격 $100인 풋옵션을 $2에 매도하여 구성하며, 이때의 손익은 다음과 같다.

	$S_T \leq 98$	$98 < S_T < 100$	$100 < S_T$
98 콜 매도	행사당함 : $S_T - X_1$	0	0
100 콜 매입	행사함 : $X_2 - S_T$	행사함 : $X_2 - S_T$	0
스프레드	$P_2 - P_1$	$P_2 - P_1$	$P_2 - P_1$
거래이익	$(X_1 - X_2) + (P_2 - P_1)$	$(X_2 - S_T) + (P_2 - P_1)$	$(P_2 - P_1)$

이때 X_1 : 낮은 행사가격($98) X_2 : 높은 행사가격($100)
P_1 : 행사가격이 낮은 풋옵션의 가격($1) P_2 : 행사가격이 높은 풋옵션의 가격($2)

즉, 최대손실 = 순 수취 프리미엄 = -$1

최대이익 = 행사가격 차 + 순 수취 프리미엄 = $2 + (-$1) = $1

손익분기점 = 높은 행사가격 - 옵션가격 차 = $100 - $1 = $99

이를 그림으로 나타내면 〈그림 3-22〉와 같다.

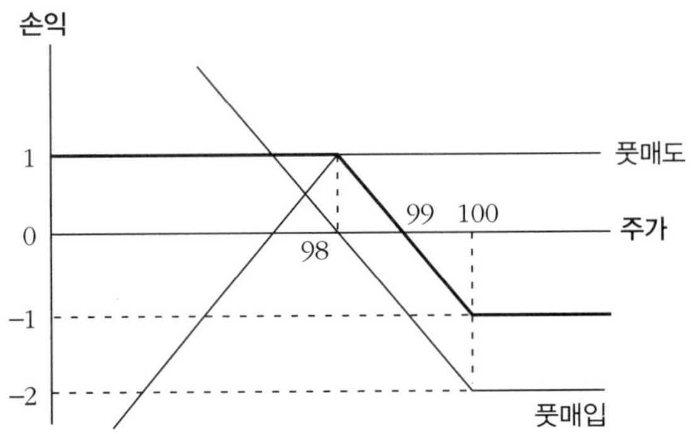

그림 3-22 수직약세 풋스프레드의 손익구조

3) 백 스프레드(back spread)와 비율수직스프레드(ratio vertical spread)

이 두 가지 스프레드는 행사가격이 높은 콜옵션과 낮은 콜옵션을 각각 매입하고 매도할 때 그 비율을 다르게 할 경우에 나타나는 포지션이다. 앞에서 본 강세 스프레드의 경우 행사가격이 98인 콜을 사고 100인 콜은 팔았는데 이때 매수한 옵션과 매도한 옵션의 거래비율은 일대일로 동일하였다. 그러나 행사가격이 98인 콜옵션을 한 개 매도하는 동시에 100인 콜옵션을 두 개 매수할 경우에는 〈그림 3-23〉과 같이 좌우가 비대칭인 형태의 손익구조를 가지게 된다. 이를 콜 백 스프레드(call back spread)라고 부르는데 이 스프레드의 특징은 기초자산의 가격이 현재 시점보다 하락할 가능성보다는 상승 가능성에 더 많이 배팅한다는 점이다.

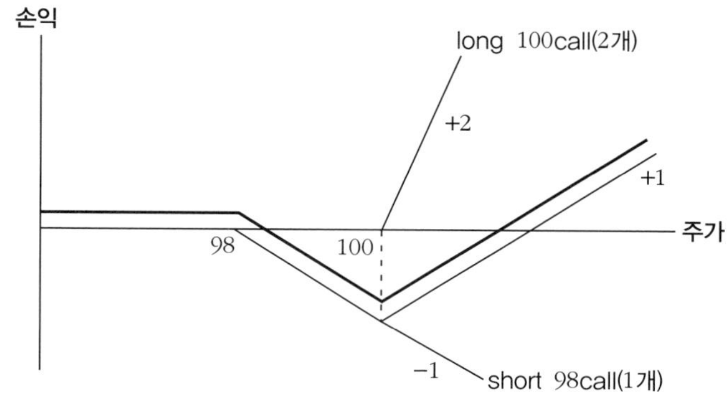

그림 3-23 백 스프레드

그리고 비율수직스프레드(ratio vertical spread)는 백 스프레드와 정반대의 포지션으로서 행사가격이 98인 콜옵션은 한 개 매수하는 동시에 100인 콜옵션은 두 개 매도하는 경우에 구축되는 포지션을 의미한다. 이는 〈그림 3-24〉와 같이 백 스프레드와 x축에 대해 대칭인 모양을 가지게 된다.

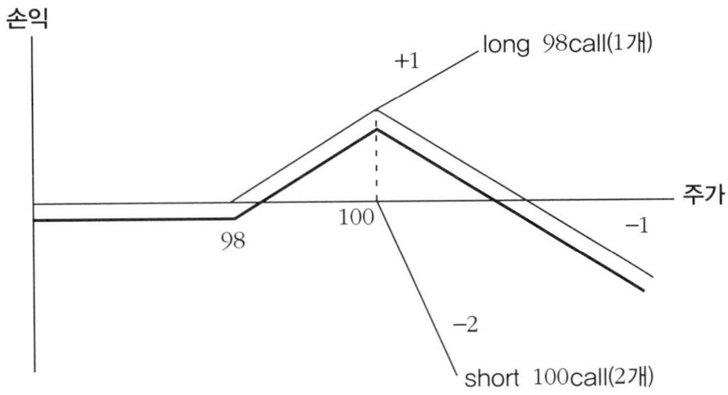

그림 3-24 비율수직스프레드

7.3.2 수평스프레드

수평스프레드는 행사가격의 차이를 이용하는 수직스프레드와 달리 만기의 차이를 이용하는 투자기법이다. 시간스프레드라고도 부르는 이 거래는 특정 만기의 옵션을 매입하고 여타 조건은 같지만 만기가 다른 옵션을 매도하는 거래전략이다.

만기가 다른 두 옵션을 거래하는 수평스프레드의 분석은 가격스프레드보다 좀더 복잡해진다. 수평스프레드에서 사용되는 두 옵션은 행사가격이 같으므로 어느 시점에서나 행사가치는 같다. 따라서 수평스프레드로부터의 이익은 두 옵션의 시간가치의 차이가 어떻게 변화하느냐에 달려 있다. 옵션의 시간가치는 만기일이 가까워질수록 그 가치가 상대적으로 급속히 감소하는 특성이 있다. 수평스프레드는 이 점을 이용하여 만기일이 가까운 옵션을 매도하고 만기일이 먼 옵션을 매입하는 형태를 취한다. 즉, 만기가 긴 옵션의 시장가치가 본격적으로 하락하기 전에 만기가 짧은 옵션의 시장가치가 급격히 감소하는 것을 이용하는 거래전략이다. 따라서 상대적으로 시간가치의 비중이 큰 등가격(ATM)옵션을 이용하여 가격변동이 심하지 않은 경우에 유용한 투자전략이다.

예를 들어 만기가 3개월 남은 등가(ATM) 콜옵션의 가격이 $6이고 만기가 6

개월 남은 같은 행사가격의 콜옵션 가격이 $7.50이라고 하자. 이때 어떤 투자자가 향후 3개월 동안 시장에서 가격변동이 미미하리라고 예상하여 만기가 짧은 옵션을 매도하고 만기가 긴 옵션을 매입하는 수평스프레드를 구성한 경우에 예상대로 시장가격의 변화가 없었다고 가정하고 스프레드의 변화를 살펴보자.

표 3-24 시간경과에 따른 스프레드 변화

		시간의 경과			
		거래시점	1개월 후	2개월 후	3개월 후
옵션가격	만기 3개월	6.00	5.00	3.00	0
	만기 6개월	7.50	7.25	6.75	6
스프레드		1.50	2.25	3.75	6

위 표에서 거래시점에 두 옵션의 스프레드는 1.50이었다. 따라서 두 옵션이 모두 등가(ATM)옵션이므로 시간가치만 가지고 있는데 만기가 긴 옵션의 시간가치가 더 커서 이 수평스프레드를 구성하는 데 $1.50의 비용이 소요된다. 이후 시장가격의 변화가 없다면 시간이 경과함에 따라 두 옵션의 가치는 점점 감소하게 된다. 그러나 만기가 짧은 옵션의 시간가치가 훨씬 더 빠르게 감소하므로 두 옵션의 스프레드는 점점 커지게 된다. 결국 3개월이 지나서 만기가 짧은 옵션이 만기에 다다랐을 때 아직도 등가(ATM) 상태라면 이 옵션은 가치가 없을 것이다. 그러나 만기가 긴 옵션은 3개월의 잔존기간이 남아 있으므로 $6의 시간가치를 가지게 된다. 따라서 이 시점에서의 스프레드는 $6가 되며 이 투자자는 증가된 스프레드만큼 이익을 얻게 된다. 즉, 이 거래는 투자시점에 $1.50의 비용이 소요되지만 3개월 후에는 두 옵션포지션을 청산함으로써 $6를 수취할 수 있으므로 수평스프레드 거래로부터 $4.50의 이익을 얻게 된다. 이를 그림으로 나타내면 〈그림 3-25〉와 같다.

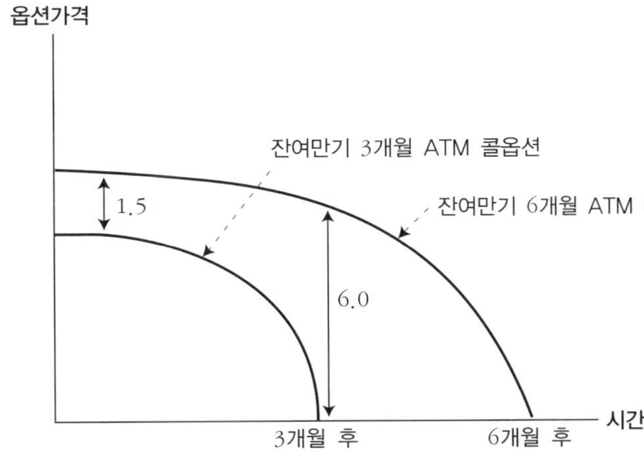

그림 3-25 시간가치의 감소

즉, 수평스프레드는 등가(ATM)옵션을 대상으로 시간가치 감소(time value decay)의 상대적 변화 차이를 이용하는 거래이다.

그러나 만약 시장가격이 예상과는 달리 크게 하락할 경우에는 두 옵션이 모두 외가격(OTM)옵션이 되어 시간가치가 큰 폭으로 떨어지게 됨에 따라 두 옵션 사이의 스프레드도 작아지게 될 것이다. 반대로 시장가격이 크게 상승하는 경우에도 두 옵션이 모두 내가격(ITM)옵션이 되어 시간가치가 대폭 감소하게 됨에 따라 시간가치의 차이인 스프레드가 역시 작아지게 된다. 따라서 시장가격의 변동이 큰 경우에는 이 거래는 오히려 손실을 볼 가능성이 있다.

이 거래의 손익은 매 시점마다 옵션가치 평가모형을 사용하여 시간가치를 추정하여야 두 콜 프리미엄의 차이에 의한 스프레드를 알 수 있게 된다. 이를 바탕으로 만기가 가까워졌을 때의 손익구조를 나타내면 〈그림 3-26〉과 같다.

수평스프레드는 옵션 만기의 차이를 이용하여 구성하는데 앞에서 설명한 대로 만기가 긴 옵션을 매입하고 만기가 짧은 옵션을 매도하는 방법을 수평스프레드 매입(long time spread)이라고 하며, 반대로 만기가 짧은 옵션을 매입하고 만기가 긴 옵션을 매도하는 방법을 수평스프레드 매도(short time spread)라고 부

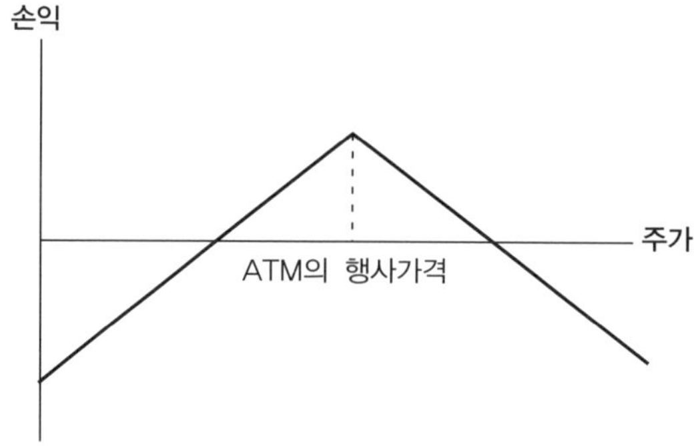

그림 3-26 수평스프레드 거래의 손익

른다. 앞에서 살펴본 바와 같이 수평스프레드 매입은 옵션 기초자산가격의 변동이 그리 크지 않을 경우에 이익가능성이 큰 투자전략이다. 따라서 옵션 기초자산가격의 변동가능성이 큰 경우에는 수평스프레드의 매도전략을 이용하는 것이 유리하다.

7.3.3 나비형 스프레드

수직스프레드는 시장의 강세 또는 약세에 따른 전망에 기초하여 구성되는 투자전략인 데 반해, 나비형 스프레드(butterfly spread)는 시장가격의 변동성 전망에 기초한 투자전략이다. 시장가격의 변동성 전망에 근거한 스트래들(straddle) 또는 스트랭글(strangle)의 매도전략들은 예상이 빗나갈 경우 손실위험이 매우 크다. 이에 반하여 나비형 스프레드는 변동성에 기초한 투자전략임에도 불구하고 예상이 빗나갈 경우에도 손실위험이 한정된다는 특징이 있다. 이러한 특징은 나비형 스프레드가 약세 스프레드와 강세 스프레드를 합한 것과 동일하게 구성되기 때문이다. 이와 같이 나비형 스프레드 거래는 변동성 스프레드이지만 그 손익구조는 가격스프레드와 유사하다. 나비형 스프레드에는 보통 행사가격이 다른 세 종류의 옵션이 사용된다. 예를 들어 다음 세 종류의 콜옵션이 있다고 하자.

	행사가격	콜 프리미엄
콜옵션 1	$X_1 = 98$	$C_1 = 2.0$
콜옵션 2	$X_2 = 100$	$C_2 = 1.0$
콜옵션 3	$X_3 = 102$	$C_3 = 0.5$

이때 나비형 스프레드 거래는 콜옵션 1을 매입하고 콜옵션 2를 매도하는 강세 스프레드 거래와 콜옵션 2를 매도하고 콜옵션 3을 매입하는 약세 스프레드의 결합으로 이루어진다. 즉, 행사가격이 가장 큰 옵션과 가장 작은 옵션을 각각 1개 매입하고 중간 행사가격을 가진 옵션을 2개 매도하여 구성한다. 이에 따른 거래이익은 다음과 같이 나타난다.

	$S_T \leq 98$	$98 < S_T \leq 100$	$100 < S_T \leq 102$	$102 < S_T$
98 콜 매입	0	행사함 : $S_T - X_1$	행사함 : $S_T - X_1$	행사함 : $S_T - X_1$
100 콜 2개 매도	0	0	행사당함 : $2(X_2 - S_T)$	행사당함 : $2(X_2 - S_T)$
102 콜 매입	0	0	0	행사함 : $S_T - X_3$
스프레드	$2C_2 - C_1 - C_3$	$2C_2 - C_1 - C_3$	$2C_2 - C_1 - C_3$	$2C_2 - C_1 - C_3$
거래손익	$2C_2 - C_1 - C_3$	$(S_T - X_1) + (2C_2 - C_1 - C_3)$	$2X_2 - (S_T + X_1) + (2C_2 - C_1 - C_3)$	$2X_2 - (X_1 + X_3) + (2C_2 - C_1 - C_3)$

기초자산의 가격이 가장 작은 행사가격보다 낮아지면 모든 콜옵션은 행사가치가 없어지기 때문에 투자자는 스프레드 구성을 위해 지급한 옵션 프리미엄만큼 손실을 보게 된다. 기초자산가격이 가장 큰 행사가격보다 높아지면 콜옵션은 모두 행사가치가 있으며, 이때 매입한 옵션으로부터 얻게 되는 이익은 매도한 옵션 2개로부터의 손실로 상쇄되고 결국 스프레드 구성에 따른 옵션프리미엄만큼의 손실이 발생한다. 한편 옵션 기초자산가격이 가장 낮은 행사가격과 가장 큰 행사가격 사이에 있을 경우에 스프레드의 손익은 기초자산가격에 따라 다르게 나타난다. 이 스프레드거래의 최대이익은 시장가격이 중간 행사가격과 같을 때

나타난다.

- 최대이익 = (중간 행사가격 - 작은 행사가격) + 순 수취 옵션프리미엄
  = ($100 - $98) + ($2 - $2 - $0.5)
  = $1.50
- 최대손실 = 순 수취 옵션프리미엄 = $0.50
- 손익분기점(가격상승시) = 중간 행사가격 + 최대이익 = $100 + $1.50
  = $101.50
- 손익분기점(가격하락시) = 중간 행사가격 - 최대이익 = $100 - $1.50
  = $98.50

나비형 스프레드의 손익구조를 도표로 나타내면 〈그림 3-27〉과 같다. 이 그림에서 알 수 있는 바와 같이 나비형 스프레드는 주가의 변동이 미미할 때 이익을 얻을 수 있다. 그러므로 이 거래전략은 주가변동의 방향은 확실히 알 수 없으나 주가변동이 크지 않을 것으로 예상될 때 주로 사용되는 투자전략이다.

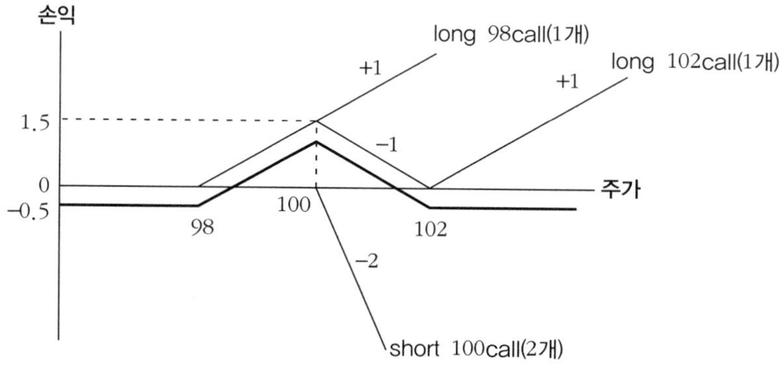

그림 3-27 나비형 스프레드 매입의 손익구조

여기서 나비스프레드의 프리미엄 부분에 대해서 자세히 살펴보자. 행사가격이 98인 콜옵션이 가장 비싸고 102인 콜옵션은 세 옵션 중 가장 싸다. 그리

고 100인 콜옵션의 가격은 중간에 있다. 결국 나비스프레드는 가장 비싼 옵션과 가장 싼 옵션을 매수하고 중간가격을 가진 옵션은 두 개 매도하게 되므로 전체적으로 볼 때 초기 투자비용은 그리 크지 않게 된다. 그러나 초기 투자비용은 결코 음이 되지 않는다. 그 이유는 나비스프레드의 수익구조에서 쉽게 알 수 있다. 만약 초기 투자비용이 0 또는 음인 경우에는 무위험 차익거래의 가능성이 존재하게 된다. 다시 말해, 기초자산가격이 높거나 낮을 때는 손해가 전혀 안 나고 중간일 경우에는 이익을 보는 구조를 만들 수 있게 되는 것이다. 이러한 포지션의 구축에 대해 초기 투자비용이 안 들게 된다면 모든 투자자들은 이 포지션은 구축하려 할 것이기 때문에 매수 대상이 되는 옵션가격은 올라가고 매도대상이 되는 옵션가격은 떨어져서 결국 나비스프레드의 초기 투자비용은 양의 값을 가질 것이다.

앞에서 설명한 스프레드거래는 나비형 스프레드 매입(long butterfly spread)이라 칭하는데 이는 이 스프레드를 구성할 때 옵션매도로부터 수령한 프리미엄보다 옵션매입에 따른 지급 프리미엄이 더 커서 순비용이 발생하기 때문이다. 나비형 스프레드 매도(short butterfly spread)는 나비형 스프레드 매입과 정반대로 구성되며 그 손익구조도 정확히 반대이다. 따라서 이 거래전략은 주가의 변동이 클 것으로 전망될 때 사용되며 최대 손실과 최대이익의 폭이 확정된다.

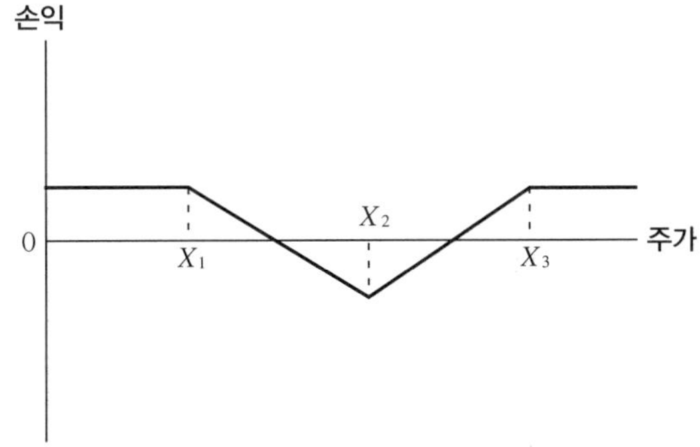

그림 3-28 나비형 스프레드 매도의 손익

7.4 컴비네이션

컴비네이션(combination)거래는 수직스프레드 거래와는 달리 시장가격의 변동성에 대한 전망에 근거하여 구사되는 투자전략이다. 따라서 시장가격이 상승 또는 하락하는 방향보다도 가격의 움직임을 나타내는 변동성에 더 많은 관심을 두는 전략이다. 컴비네이션 중에서 가장 널리 사용되는 투자방법으로는 스트래들(straddle), 스트랩(strap), 스트립(strip), 스트랭글(strangle), 거트(gut) 등이 있다.

7.4.1 스트래들

스트래들거래는 기초자산, 만기일, 행사가격이 같은 콜옵션과 풋옵션을 동시에 매입하는 스트래들의 매입(long straddle)과 두 옵션을 동시에 매도하는 스트래들 매도(short straddle)가 있다. 스트래들 매입에는 두 옵션의 프리미엄 합계액에 해당하는 투자비용이 소요된다. 그러므로 스트래들 매입의 최대손실은 두 옵션이 모두 행사가치가 없을 때 발생하며 그 크기는 $-(C+P)$이다.

만약 만기시점에서 기초자산가격이 행사가격보다 높으면 풋옵션의 행사가치는 없어지고 다만 콜옵션의 행사로부터 $(S_T - X)$의 이익을 얻는다. 스트래들 매입의 총이익은 $(S_T - X) - (C+P)$가 된다. 따라서 이 영역에서는 옵션 기초자산가격의 상승과 함께 정비례하여 이익이 증가한다. 그리고 기초자산가격이 행사가격보다 낮으면 콜옵션은 행사가치가 없지만 풋옵션에서 $(X - S_T)$의 이익이 발생한다. 그러므로 스트래들 매입의 총이익은 $(X - S_T) - (C+P)$가 된다. 따라서 이 영역에서도 기초자산가격의 하락과 함께 정비례하여 이익이 증가한다.

- 최대손실 = 콜옵션 프리미엄 + 풋옵션 프리미엄
- 상방손익 분기점 = 행사가격 + 두 옵션가격의 합
- 하방손익 분기점 = 행사가격 - 두 옵션가격의 합

이를 그림으로 나타내면 〈그림 3-29〉와 같다.

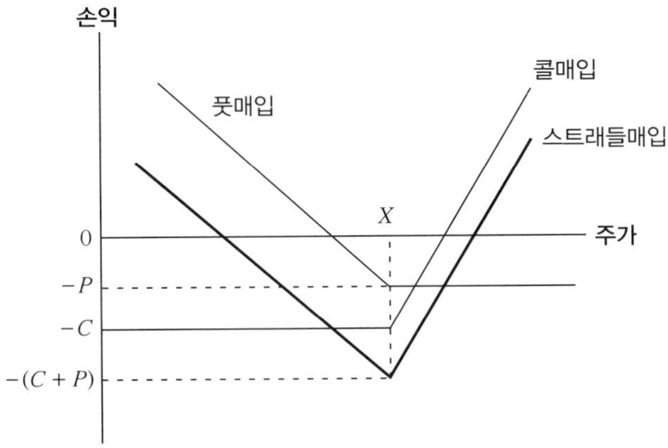

그림 3-29 스트래들 매입의 손익구조

스트래들 매입거래는 기초자산가격의 상승 또는 하락에 관계없이 그 변동폭이 클수록 이익가능성이 커지는 투자기법이므로 기초자산가격이 어느 방향으로 움직일지에 대해서는 확신이 없으나 그 가격의 변동이 클 것으로 예상될 때 유용한 투자전략이다. 일반적으로 대부분의 스트래들 매입거래는 등가(ATM)옵션을 이용한다. 그러나 가격이 상승하면서 변동폭이 클 것으로 예상되면 낮은 행사가격의 옵션을 이용하고 가격이 하락하면서 변동폭이 클 것으로 예상되면 높은 행사가격의 옵션을 이용하는 것이 유리하다.

스트래들 매도거래의 손익구조는 스트래들 매입과 정반대이기 때문에 시장상황에 대한 예상도 정반대로 안정적인 횡보상태가 예상되는 경우에 유용한 전략이다. 즉, 시장가격이 안정적일 때에는 수취한 옵션 프리미엄의 수익을 확보할 수 있게 된다. 그러나 스트래들 매도는 최대 이익폭이 한정되어 있는 반면, 가격이 급변할 경우의 손실폭은 무한대로 커지기 때문에 장기간 보유하기에는 매우 위험한 투자전략이다. 〈그림 3-30〉은 스트래들 매도의 손익구조를 나타내고 있다.

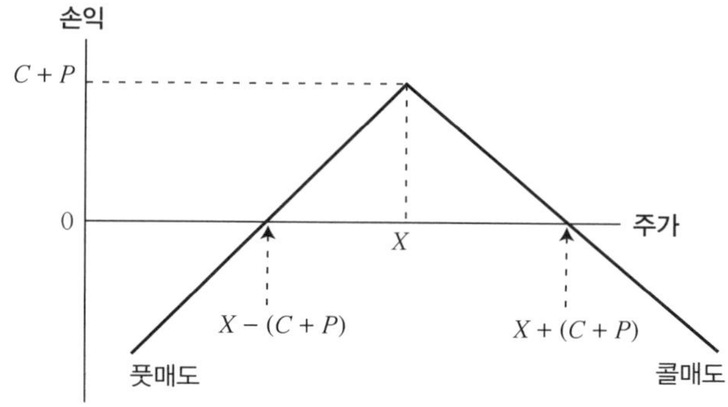

그림 3-30 스트래들 매도의 손익구조

〈예시〉

1995년 초에 세계금융시장을 뒤흔들었던 베어링은행의 파산사건은 닉 리슨(Nick Leeson)이라는 딜러가 과도하게 선물과 옵션에 투자한 데서 비롯되었다. 당시 리슨은 일본경제가 상당기간 동안 안정되어 일경지수(NIKKE225)가 별로 움직이지 않을 것으로 전망하여 일경지수 콜옵션과 풋옵션을 모두 매도하는 스트래들 매도(short straddle) 포지션을 구축하였다. 그러나 며칠 후 고베지역에 대지진이 발생하면서 일경지수가 크게 하락함에 따라 리슨은 1차로 큰 손실을 보게 되었다. 그는 이때 입은 손실을 만회하려는 의도와 더 이상 지수가 하락하지 않으리라는 확신을 가지고 이번에는 일경지수선물을 엄청나게 많이 매입하였다. 그러나 그의 예상과 달리 일경지수가 또 다시 폭락하여 15억달러의 손실을 보게 되어 베어링은행은 파산으로 내몰리게 되었다.

7.4.2 스트랩과 스트립

컴비네이션에는 스트래들의 약간 변형된 형태로서 풋과 콜의 결합 비율을 조정한 스트랩(strap)과 스트립(strip)이 있다. 스트랩은 2개의 콜옵션과 1개의 풋옵션을 결합하는 투자방법이고 스트립은 2개의 풋옵션과 1개의 콜옵션을 결합하는 투자방법이다. 이들의 이익형태는 스트래들과 비슷하다. 스트래들 매입은 기초자산 가격의 변동방향은 확실히 알 수 없으나 가격변동의 정도가 클 것으로 예상될 때

콜과 풋을 동일하게 매입하는 전략이다. 이 경우에는 큰 폭의 기초자산가격 상승과 마찬가지로 큰 폭의 기초자산가격 하락으로부터도 똑같은 이익을 얻을 수 있다.

그런데 만약 옵션 기초자산가격의 상승 가능성이 하락보다 더 클 것으로 예상되는 경우에는 기초자산가격이 오를 때 더 큰 이익을 얻기 위해 풋옵션보다 콜옵션을 더 많이 매입하는 것이 유리하다. 즉, 1개의 풋옵션과 2개의 콜옵션을 동시에 매입하는 거래전략이 더 유리한데 이러한 거래를 스트랩이라고 부른다.

반대로 옵션 기초자산가격이 내릴 가능성이 더 크다고 생각될 때는 콜옵션보다는 풋옵션을 더 많이 매입하는 것이 유리한데, 1개의 콜옵션과 2개의 풋옵션을 결합한 것을 스트립이라고 한다. 〈그림 3-31〉은 스트래들과 스트랩, 스트립의 손익구조를 비교한 것이다.

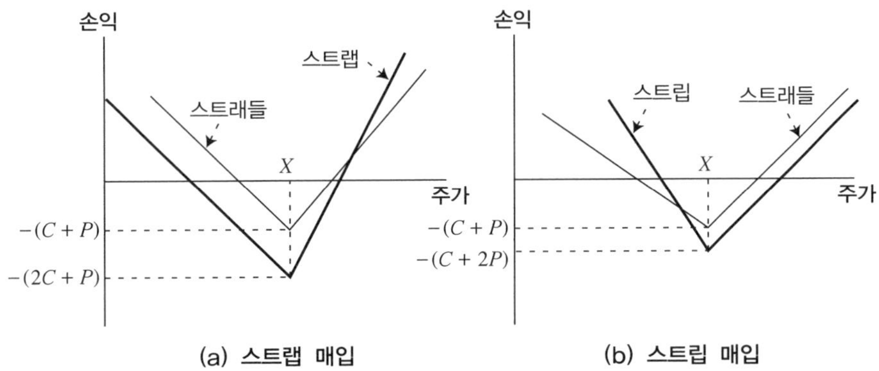

그림 3-31 스트랩과 스트립의 손익

7.4.3 스트랭글과 거트

스트래들의 변형으로서 만기일은 같으나 행사가격이 다른 콜옵션과 풋옵션을 동시에 매입 또는 매도하는 전략으로 스트랭글(strangle)과 거트(gut)가 있다. 스트래들은 주로 등가(ATM)옵션들을 이용하는데 스트랭글은 등가(ATM)옵션에 비하여 프리미엄이 작은 외가(OTM)옵션을 이용하는 투자방법이다. 즉, 스트랭글 매입(long strangle)은 행사가격이 높은 외가(OTM) 콜옵션과 행사가격이 낮은 외가(OTM) 풋옵션을 매입하는 투자방법이며, 옵션 매입비용을 줄일 수 있는 장점이 있다. 그러나 이익을 실현할 수 있는 기초자산의 가격변동 범위는 스트래들의 경우보다 좁아진다.

스트랭글 매입의 최대손실은 두 옵션이 모두 행사가치가 없을 때, 즉 기초자산의 가격이 풋 행사가격과 콜 행사가격의 사이에 있을 경우에 발생한다. 반면에 기초자산가격이 콜 행사가격보다 높으면 콜옵션 행사로 인하여 이익은 기초자산가격의 상승과 함께 정비례하여 증가한다. 또한 기초자산가격이 풋옵션 행사가격보다 낮으면 풋옵션 행사로 인해 기초자산가격의 하락과 함께 정비례하여 이익이 증가한다.

- 최대손실 = 콜옵션 프리미엄 + 풋옵션 프리미엄
- 상방손익 분기점 = 콜옵션 행사가격 + 두 옵션 가격의 합
- 하방손익 분기점 = 풋옵션 행사가격 - 두 옵션 가격의 합

스트랭글 매입의 손익구조를 보면 〈그림 3-32〉와 같다.

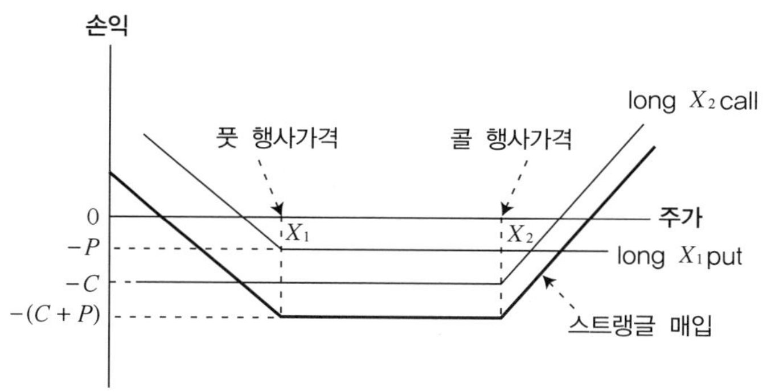

그림 3-32 스트랭글 매입의 손익구조

〈그림 3-32〉에서 두 옵션의 행사가격 차이가 클수록 옵션 매입비용은 작게 되지만 이익의 가능성도 역시 낮아지기 때문에 스트래들보다 매우 보수적인

투자전략이라고 말할 수 있다.

스트랭글의 손익구조와 매우 유사한 투자전략으로서 거트가 있다. 스트랭글은 외가(OTM)옵션을 이용하는 데 반하여 거트는 내가(ITM)옵션을 이용하여 구성된다. 즉, 행사가격이 낮은 콜옵션과 행사가격이 높은 풋옵션을 동시에 매입하는 방법을 거트라고 한다. 거트 매입(long gut)의 최대손실은 기초자산가격이 두 옵션의 행사가격의 사이에 있는 경우에 나타난다. 이 영역에서는 두 옵션 중 적어도 한 옵션은 행사가치가 있기 때문에 최대 손실은 행사가격의 차이에서 두 옵션의 매입비용을 뺀 값이 된다. 반면 기초자산가격이 콜 행사가격보다 낮거나 풋 행사가격보다 높을 때에는 스트랭글 매입과 같은 손익구조를 갖는다.

- 최대 손실 = 행사가격의 차이 - 두 옵션가격의 합
- 상방손익 분기점 = 풋옵션 행사가격 + 최대손실
- 하방손익 분기점 = 콜옵션 행사가격 - 최대손실

〈그림 3-33〉은 거트 매입의 손익구조를 나타내고 있다

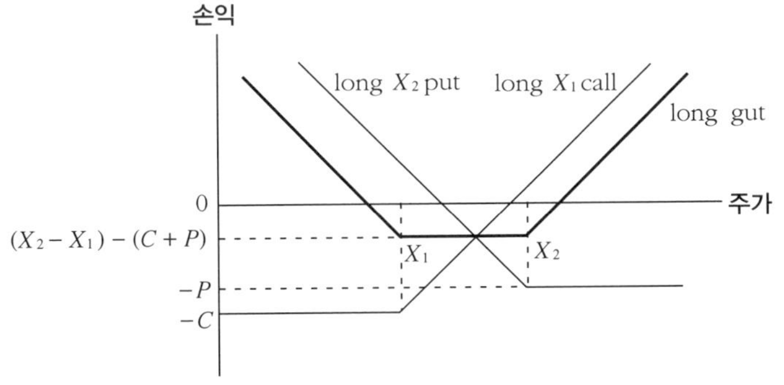

그림 3-33 거트매입의 손익구조

거트의 손익구조는 스트랭글과 매우 유사하다. 그러나 스트랭글은 외가격(OTM)옵션을 이용하는 데 반하여 거트는 내가격(ITM)옵션을 이용하기 때문에

거트를 구성하는 비용이 스트랭글을 구성하는 비용에 비하여 더 많이 든다. 일반적으로 거트의 최대손실은 스트랭글의 최대손실보다는 작기 때문에 거트의 손익분기점 범위가 스트랭글에 비해 좁다. 이것이 거트의 구성비용이 스트랭글의 구성비용보다 큼에도 불구하고 거트가 많이 활용되는 이유이다. 거트를 스트래들, 스트랭글과 비교하면 〈그림 3-34〉와 같다.

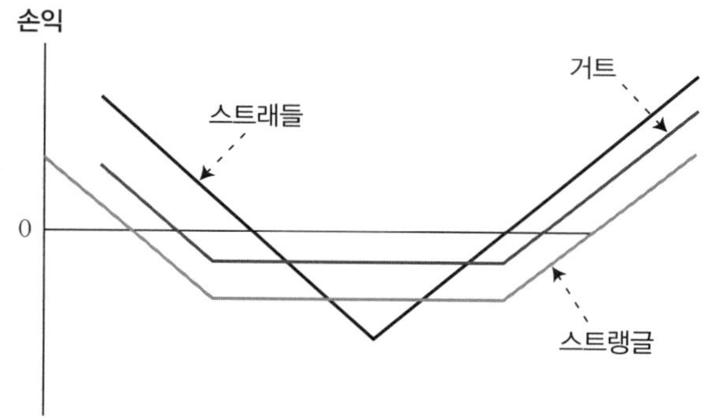

그림 3-34 스트래들, 스트랭글, 거트의 비교

7.5 차익거래

옵션 차익거래전략(option arbitrage trading strategy)이란 일시적인 옵션가격의 불균형을 이용하여 위험부담 없이 이익을 획득하려는 투자전략이다. 옵션시장에서는 만기일이나 행사가격에 따라 또는 풋옵션과 콜옵션에 따라 다차원적인 가격불균형이 종종 발생한다. 가격불균형이 지속되는 시간은 길지 않지만 이 짧은 순간에 차익거래전략을 활용하여 이익을 얻을 수가 있다.

대표적인 차익거래전략으로는 컨버젼(conversion)과 리버스 컨버젼(reverse conversion), 그리고 크레딧 박스(credit box)와 데빗 박스(debit box)가 있다. 이와 같은 거래방법들은 옵션과 옵션 또는 옵션과 기초자산을 결합한 합성포지션(synthetic position)을 이용하는 거래전략이다. 그러나 초단기적으로 발생하는 차익거래의 기회는 전문적인 딜러 외에는 이용하기가 어렵다. 또한 이 투자전략을 위해 기초자산을 합성해야 할 경우에는 여러 종류의 옵션을 동시에 거래할 수 있어야 차익거래의 달성이 용이하다. 따라서 이러한 종류의 차익거래는 일반적으로 현물옵션보다는 옵션과 기초자산의 동시거래가 용이한 선물옵션이 주로 이용되고 있다.

7.5.1 컨버젼과 리버스 컨버젼

컨버젼은 콜옵션의 가격이 풋옵션의 가격보다 상대적으로 과대평가되어 있을 때 이용하는 차익거래 방법이다. 즉, 상대적으로 과대평가되어 있는 콜옵션을 매도하면서 동시에 콜옵션의 매입포지션을 합성하여 그 차익을 순이익으로 획득하는 투자전략이다. 앞에 합성포지션을 설명할 때 가정했던 〈표 3-19〉(378 페이지)의 시장상황에서 주가지수선물 및 옵션의 예를 사용하여 컨버젼과 리버스 컨버젼을 설명하기로 한다.

식 (3.39)에 의하면 합성콜옵션의 가격은 약 1.20이다. 그런데 〈표 3-19〉의 시장상황을 보면 실제로 거래되는 콜옵션의 가격이 1.50이므로 이 옵션은 과대평가 되어 있다. 따라서 과대평가된 콜옵션을 매도하는 동시에 상대적으로 과소평가되어 있는 풋옵션을 이용하여 콜옵션의 매입포지션을 합성한다.

즉, (i) 콜옵션을 매도하는 동시에 (ii) 풋옵션을 매입하고 주가지수선물을 매입하여 합성콜옵션 매입(synthetic long call)포지션을 창출함으로써 컨버젼을 구성하면 만기시점의 주가지수 선물가격에 관계없이 항상 0.20의 손실이 발생한다. 그러나 이 컨버젼을 구성할 때의 현금흐름을 보면 콜매도로부터 1.50의 수익이 발생하고 풋옵션 매입으로 1.00의 지출이 발생하기 때문에 0.50의 순수입을 얻게 된다. 따라서 이 거래를 통하여 거래시점에서 0.50의 수입을 획득하고 만기시에는 0.20의 손실이 발생하므로 옵션 기초자산가격에 관계없이 항상 0.30의 이익이 발생하게 된다.

표 3-25 **컨버젼거래의 손익구조**(만기시점)

	$S_T \leq 100$	$S_T > 100$
100 콜 매도	0	$-(S_T - 100)$
100 풋 매입	$(100 - S_T)$	0
주가지수선물 매입	$(S_T - 100.20)$	$(S_T - 100.20)$
	-0.20	-0.20

이와 같은 0.30의 이익은 식 (3.39)에 의해 계산된 합성콜옵션의 가격으로부터 예상한 이익이다. 즉, 합성콜옵션의 가격이 1.20이므로 컨버젼은 콜옵션을 마치 1.20에 매입한 것과 동일한 포지션을 합성하고 실제로 콜옵션을 1.50에 매도하였으므로 항상 0.30의 이익이 보장된다. 이자비용을 무시한다면 컨버젼의 순이익은 다음과 같다.

$$\text{컨버젼 순이익} = (C - P) - (S - X)$$

이를 그림으로 표시하면 〈그림 3-35〉와 같다.

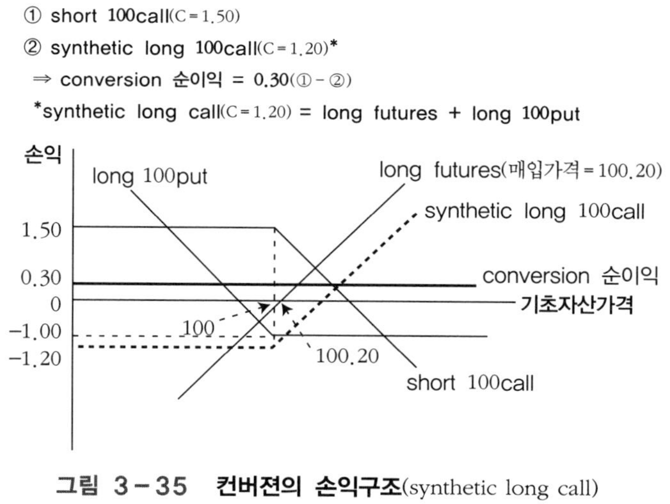

그림 3-35 **컨버젼의 손익구조**(synthetic long call)

〈그림 3-35〉에서 보면 풋옵션(P=1.00)을 매입하고 주가지수선물(매입가격=100.20)을 매입하여 합성콜옵션 매입(synthetic long call)포지션을 창출하면 프리미엄 1.20을 지급하고 콜옵션을 매입하는 손익구조를 갖게 된다. 여기에 콜옵션을 매도하여 프리미엄 1.50을 수취하기 때문에 결과적으로 기초자산의 시장가격에 관계없이 항상 0.30의 컨버젼 순이익이 발생한다.

이번에는 컨버젼의 손익구조를 합성선물매도(synthetic short futures)포지션을 창출하는 방법으로 설명하면 〈그림 3-36〉과 같다.

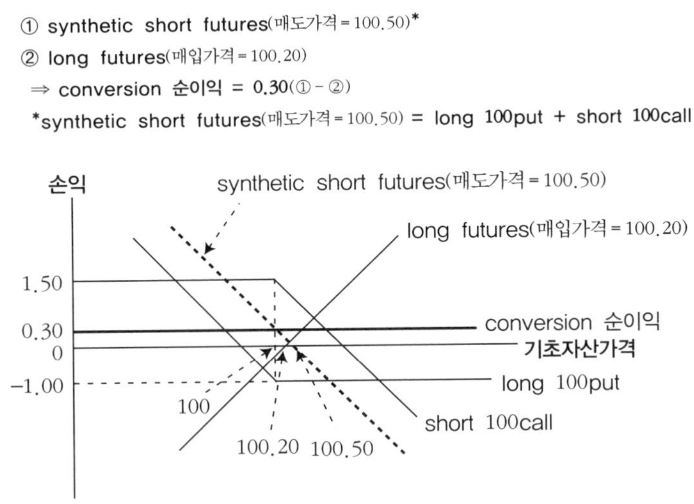

그림 3-36 컨버젼의 손익구조(synthetic short futures)

〈그림 3-36〉에서 보면 풋옵션(P=1.00)을 매입하고 콜옵션(C=1.50)을 매도하여 합성선물 매도(synthetic short futures)포지션을 창출하면 주가지수선물을 100.50에 매도하는 손익구조를 갖게 된다. 이와 같은 합성선물 매도포지션의 창출과 더불어 주가지수선물을 100.20에 매입하게 되면 기초자산의 시장가격에 관계없이 항상 0.30의 컨버젼 순이익이 발생하게 된다.

한편 리버스 컨버젼은 리버설(reversal)이라고도 부르는데 컨버젼과 정반대의 차익거래전략으로서 풋옵션 프리미엄이 과대평가되어 콜옵션 프리미엄보다 상대적으로 높을 때 이용하는 방법이다. 즉, 과대평가되어 있는 풋옵션을 매도하고 합성풋 매입포지션을 구성하는 것이다. 즉, (i) 풋옵션을 매도하는 동시에 (ii) 선물을 매도하고 콜옵션을 매입하여 합성풋옵션 매입포지션을 창출하면 리버스 컨버젼이 된다. 이때 차익거래 이익은 다음과 같다.

$$\text{리버스 컨버젼 순이익} = (P - C) - (X - S)$$

〈예제〉

3월 2일 현재 6월물 국채선물의 시장가격이 104.85이고 행사가격이 104인 국채선물옵션 6월물의 콜옵션이 2.50에, 풋옵션이 0.80에 거래되고 있다. 시장이자율(r)이 4%일 경우에 어떠한 차익거래가 가능한지 알아보자.

풋–콜–선물 패리티[$C - P = (F_t - X)\,e^{-r(T-t)}$]를 이용하여 차익거래 기회를 파악하면 컨버젼이 가능하다는 것을 알 수 있다.

$$2.50\,(C) - 0.80\,(P) = 1.70 > 0.84\,[= (F_t - X)\,e^{-r(T-t)}]$$

따라서 합성선물 매도포지션(콜 1계약 매도 + 풋 1계약 매입)을 만드는 동시에 국채선물 1계약을 매입하면 옵션 만기일에 국채선물의 시장가격에 상관없이 850,000원의 이익이 발생한다.

차익거래 결과 손익

구분	현재시점		만기시점			
			선물가격 < 행사가격		선물가격 > 행사가격	
	가격	손익	가격	손익	가격	손익
선물매입	104.85	–	103.50	−1,350,00	105.50	650,000
콜매도	2.50	2,500,000	0	0	−1.50	−1,500,000
풋매입	0.80	−800,000	0.50	500,000	0	0
손익	1,700,000		−850,000			
총손익	850,000					

* 국채 선물의 1계약 : 1억원, 국채선물옵션의 최소가격 변동단위 : 1/100%(=10,000원)

7.5.2 크레딧 박스와 데빗 박스

앞에서 설명한 컨버젼과 리버스 컨버젼은 옵션과 선물계약 포지션을 이용하여 차익거래 이익을 얻는 방법인 데 반하여 크레딧 박스와 데빗 박스는 선물계약 포지션 대신에 옵션만을 이용하여 옵션가격에서 발생하는 불균형을 이익으로 확보하려는 차익거래 방법이다.

크레딧 박스(credit box)는 'selling a box' 라고도 부르는데 이 전략은 합성선물 매입포지션(즉, 콜옵션을 매입하고 풋옵션을 매도한 포지션)에 이용된 옵션의 행사가격이 합성선물 매도포지션(즉, 콜옵션을 매도하고 풋옵션을 매입한 포지션)에 이용된 옵션의 행사가격보다 높은 경우를 말한다. 크레딧 박스의 특징은 거래시점에서 옵션을 매입 또는 매도하기 위하여 지급 또는 수취한 프리미엄의 총합이 플러스(plus)로 나타나므로 포지션 개설시 현금이 필요하지 않다는 점이다.

예를 들어 3월 인도물 T-Bond 선물의 가격이 100일 때 이 선물을 기초자산으로 하는 3월 인도물, 행사가격 100인 풋옵션 프리미엄과 콜옵션 프리미엄이 각각 1.00이고 3월 인도물, 행사가격 98인 풋옵션 프리미엄과 콜옵션 프리미엄이 각각 0.30과 2.80이라고 하자. 이 경우에 크레딧 박스 거래전략을 이용하여 2.50의 순이익을 볼 수 있다. 차익거래시점인 현재 크레딧 박스거래를 했을 경우 거래시점의 손익과 만기시의 손익을 알아보면 다음과 같다.

표 3-26 크레딧 박스거래의 손익구조

98 콜 매도	2.80	100 콜 매입	-1.00
98 풋 매입	-0.30	100 풋 매도	1.00
합성선물 매도포지션 프리미엄 순수입	2.50	합성선물 매입포지션 프리미엄 순수입	0

즉, 거래시점에서는 2.50의 수익을 얻게 된다. 그러나 위와 같은 크레딧 박스 포지션을 개설하면 만기시점에서는 시황의 변동에 관계없이 항상 두 합성선

물 포지션에 이용된 행사가격의 차이만큼 손실을 보게 된다. 이는 다음 표에서 알 수 있다.

표 3-27　만기시점의 크레딧 박스 포지션 손익

	$S_T \leq 98$	$98 < S_T < 100$	$100 \leq S_T$
98 콜 매도	0	$-(S_T - 98)$	$-(S_T - 98)$
100 콜 매입	0	0	$S_T - 100$
98 풋 매입	$98 - S_T$	0	0
100 풋 매도	$-(100 - S_T)$	$-(100 - S_T)$	0
순손익	−2.00	−2.00	−2.00

즉, 크레딧 박스거래는 거래시점에서 옵션매매에 따른 프리미엄의 수지에서 발생하는 순현금흐름을 수익으로 획득하고 만기에는 크레딧 박스의 구성에 사용된 옵션의 행사가격 차이만큼 손실이 발생한다. 따라서 거래시점의 수익이 만기시의 손실보다 크면 항상 이익을 얻을 수 있는데 앞의 예에서는 항상 0.50의 순이익이 발생한다. 이와 같이 크레딧 박스는 옵션가격이 복합적으로 불균형을 이룰 때 합성선물 포지션을 이용하는 차익거래 전략이다. 크레딧 박스의 순이익은 다음과 같이 계산할 수 있다.

크레딧 박스의 순이익 = (매도한 콜 프리미엄 + 매도한 풋 프리미엄)
　　　　　　　　　　　− (매입한 콜 프리미엄 + 매입한 풋 프리미엄)
　　　　　　　　　　　− (높은 행사가격 − 낮은 행사가격)

한편 크레딧 박스의 정반대 거래방법인 데빗 박스(debit box)는 'buying a box' 라고도 부르는데 이 전략은 합성선물 매입포지션에 이용된 행사가격이 합성선물 매도포지션에 이용된 행사가격보다 낮은 경우이다. 데빗 박스를 거래하기 위해 매입 또는 매도하는 옵션가격의 총합이 마이너스(minus, 즉 debit)로 나타나므로 데빗 박스 포지션을 개설하기 위해서는 현금이 필요하게 된다. 이 데빗 박스의 순이익은 다음과 같다.

데빗박스 순이익 = (매도한 콜프리미엄 + 매도한 풋프리미엄)
− (매입한 콜프리미엄 + 매입한 풋프리미엄)
− (낮은 행사가격 − 높은 행사가격)

데빗 박스와 크레딧 박스의 가장 큰 차이점은 차익거래시점의 현금 필요성 여부에 달려 있다. 즉, 크레딧 박스에서는 차익거래시점에 지급하는 프리미엄보다 수취하는 프리미엄이 더 많기 때문에 현금의 순수입이 발생한다. 그러나 데빗박스에서는 수취하는 프리미엄보다 지급하는 프리미엄이 더 많기 때문에 차익거래시점에서 그 차액만큼의 현금이 필요하게 된다. 이에 따라 데빗 박스는 크레딧 박스보다 인기가 떨어지지만 데빗 박스에서 보장받는 순이익이 이자비용을 감안한 것보다 많을 경우에는 매력적인 투자전략이라 할 수 있다.

7.6 헤지거래

7.6.1 정태적 헤지

옵션을 이용한 헤지거래는 기초자산을 보유한 상태에서 옵션계약을 체결함으로써 불리한 가격변동에 따른 손실을 줄이려는 거래이다. 옵션거래는 선물거래와 달리 가격이 예상과 반대방향으로 움직일 경우에는 매입 또는 매도권리를 포기하고 기초자산의 유리한 현물가격으로 거래함으로써 이익추구가 가능한 양면성을 지니고 있다. 따라서 미래의 금융자산가격 전망 또는 경쟁 입찰의 낙찰 여부가 불확실한 상황에서 헤지거래를 할 경우에는 옵션거래가 매우 적합한 헤지수단이다.

옵션을 이용한 정태적 헤지거래방법을 보면 옵션 기초자산을 매입한 상태에서 풋옵션을 매입하거나 콜옵션을 매도함으로써 기초자산에 대한 투자에서 발생하는 손실을 옵션거래의 이익으로 보충할 수 있다. 반대로 옵션 기초자산을 공매(short-sell)한 경우에는 콜옵션을 매입하거나 풋옵션을 매도함으로써 옵션 기초자산 투자에서의 손실을 줄일 수 있다. 옵션의 기초자산을 보유한 상태에서 이용하는 가장 대표적인 옵션 헤지거래에는 보호적 풋(protective put), 보증된 콜(covered call), 그리고 펜스(Fences)가 있다.

1) 보호적 풋

보호적 풋(protective put)은 옵션 기초자산의 매입포지션을 보유하는 동시에 풋옵션을 매입하는 전략이다. 보호적 풋 전략은 옵션 기초자산을 매입한 상태에서 보험을 드는 것과 같은 효과를 기대할 수 있다. 보험이란 부보기간 동안 재난이 발생하면 손실의 일부 또는 전부를 보상받을 수 있지만 사고가 발생하지 않으면 단순히 보험료만큼의 손해를 보게 된다. 이와 마찬가지로 옵션 기초자산의 가격이 행사가격 이하로 떨어지는 약세시장에서는 풋옵션을 행사함으로써 기초자산가격의 하락에 따른 손실을 일정 수준으로 고정시킬 수 있는데 이것은 보험금을 받는 것과 같은 효과이다. 반면 강세시장에서는 옵션 기초자산의 가격이 상승하기 때문에 보험기능의 필요성은 없어지게 된다. 다만 기초자산가격 상승에 따른 이익이 이미 지급한 옵션 프리미엄, 즉 보험료만큼 감소될 뿐이고 가격상승에 따른 혜택을 그대로 누릴 수 있게 된다. 즉, 약세시장에서 기초자산가격 하락의 위험으로부터 보호받으면서 강세시장에서 기초자산가격 상승의 혜택을 그대로 누릴 수 있는 방법이 보호적 풋 전략이다. 이러한 보호적 풋은 포트폴리오 보험(portfolio insurance)전략의 대표적인 방법으로 이용되고 있다.

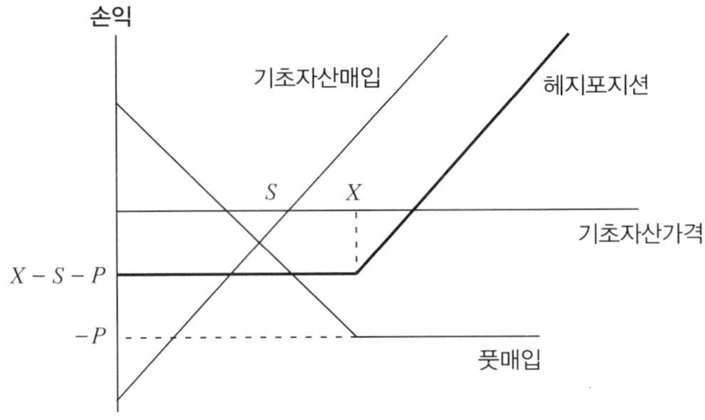

그림 3-37 보호적 풋

2) 보증된 콜

옵션 기초자산을 보유한 상태에서 해당 콜옵션을 매도하는 것을 보증된 콜(covered call)이라 한다. 옵션 기초자산의 매입포지션을 보유하고 있는 투자자는 가격이 하락할 경우 손실을 볼 위험에 노출된다. 이때 콜옵션을 매도하면 기초자산의 가격하락에 따른 손실의 일정 부분을 상쇄시킬 수 있다. 보증된 콜은 무방비 콜(naked call)과는 달리 기초자산의 가격이 상승하여 콜옵션이 행사되더라도 보유하고 있는 기초자산을 인도함으로써 의무를 이행할 수 있지만 기존에 보유한 기초자산의 가격상승에 따른 이익을 포기해야 하는 단점이 있다. 결과적으로 보증된 콜은 강세시장에서 가격상승에 따른 기초자산 매입포지션의 기대이익을 일정 수준으로 한정하는 대신에 안정적인 시장상황에서 콜 프리미엄만큼 수익을 증대시키면서 약세시장에서 발생하는 손실을 일정액(프리미엄)만큼 줄일 수 있는 거래기법이다.

〈그림 3-38〉에서 보면 기초자산의 가격이 행사가격 이상으로 상승하면 이익이 일정 수준으로 고정되지만 가격이 옵션 프리미엄 이상 하락하지 않는 한 이익이 발생하게 된다. 따라서 이 전략은 기초자산의 시장가격이 약보합세를 보일 것으로 예상될 때 실행할 수 있는 유용한 헤지전략이다.

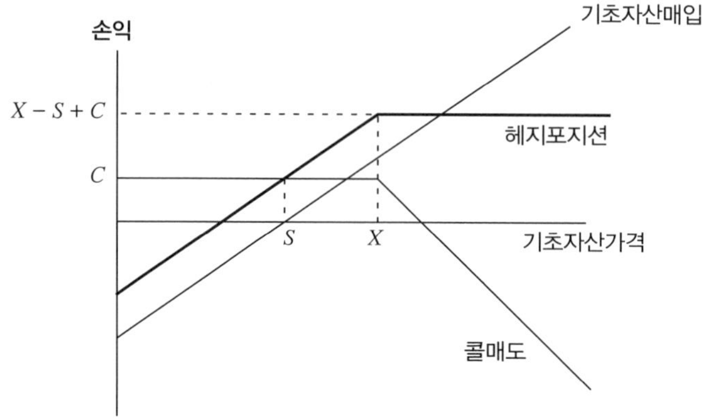

그림 3-38 보증된 콜

3) 펜스

가장 전형적인 펜스(fences)는 낮은 행사가격(K_1)의 외가격(OTM) 풋옵션을 매입하고 높은 행사가격(K_2)의 등가격 콜옵션을 매도하는 포지션인데 기초자산의 시장상황에 따른 펜스의 전체적인 손익은 다음과 같다.

첫째, 강세장에서는 기초자산의 가치가 상승하지만 콜 매도포지션에서 손실이 발생하여 서로 상쇄됨으로써 최초의 프리미엄 수입만이 확보된다.
둘째, 약세장에서는 기초자산의 가치가 하락하지만 풋 매입포지션에서 이익이 비례적으로 증가하기 때문에 순손실액이 작은 규모로 고정된다.

기초자산의 매입포지션과 펜스의 종합손익구조는 풋-콜 패리티(put-call parity)에 의해 강세 풋스프레드(bull put spread)와 유사함을 알 수 있다. 즉, 풋-콜 패리티($C - P = S$)에서 기초자산의 보유와 등가격(ATM) 콜옵션의 매도는 합성된 등가격 풋옵션(synthetic ATM put) 매도($S - C = - P$)와 같다. 그러므로 이러한 합성 등가격 풋옵션 매도와 외가격 풋옵션 매입은 합성된 강세 풋스프레드 포지션이 된다.

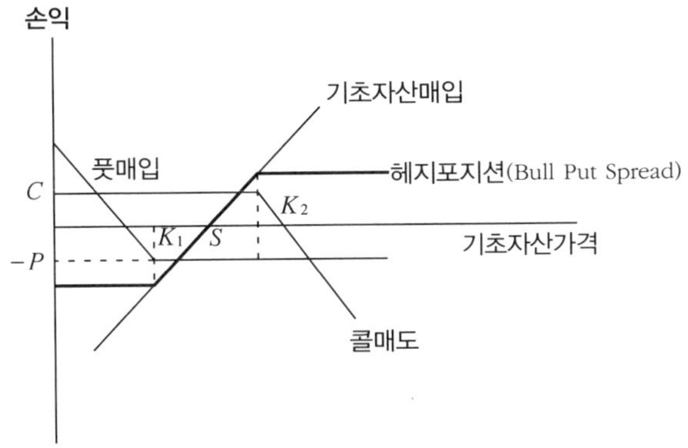

그림 3-39 펜스

합성 등가격 풋옵션매도 + 외가격 풋옵션매입 = 합성 강세 풋스프레드

4) 헤지전략의 비교

기초자산을 보유하고 있을 때 투자자는 가격하락 위험을 회피하기 위하여 ① 선물매도, ② 보호적 풋옵션, ③ 보증된 콜옵션 등의 헤지방법을 고려할 수 있는데 이들은 시장상황에 따라 다음과 같이 우선순위를 매길 수 있다.

첫째, 향후 약세시장에 대한 확신이 있는 경우에는 선물을 매도하는 것이 위험을 최소화할 수 있다. 선물로써 완전헤지를 할 경우에는 무위험 이자율의 수익이 보장되기 때문에 가격하락시 가장 우월한 헤지전략이 된다.

둘째, 시장이 보합세를 이루어 가격변동이 없을 경우에는 보증된 콜옵션 매도가 가장 유리하다. 세 가지 헤지전략 중 유일하게 당초 프리미엄의 순수입이 발생하기 때문이다.

셋째, 시장가격이 대폭 상승할 가능성이 큰 경우에는 보호적 풋옵션 매입포지션이 가격상승의 이익을 향유할 수 있기 때문에 가장 유리한 헤지전략으로 선호된다.

이와 같이 시장이 어떤 상황으로 변하던지 상관없이 항상 우월한 헤지방법은 없다는 것을 알 수 있다. 시장가격이 큰 폭으로 상승(bullish)하면 보호적 풋 → 보증된 콜 → 선물매도 순으로 헤지방법이 바람직하다. 그러나 반대로 시장가격이 크게 하락(bearish)하면 선물매도 → 보호적 풋 → 보증된 콜 순이며, 시장가격이 변동하지 않고 안정적(neutral)이면, 보증된 콜 → 선물매도 → 보호적 풋 순으로 유리하다. 그러면 시장상황에 대한 예상이 좀더 복잡한 경우의 헤지방법 선택에 대해 살펴보자. 예를 들어 시장상황이 하락세에서 안정적인 상황으로 변할 것으로 예상된다면, 두 가지 상황, 즉 하락장세와 안정에서 각 상황별 우선순위의 합을 구하고 이것을 이용하여 가장 유리한 헤지방법을 판단할 수 있다. 즉, 각 상황별 우선순위의 합은 선물매도 3(=1+2), 보증된 콜 4(=3+1), 보호적 풋 5(=2+3)이므로 하락 → 안정 전망에 적합한 헤지방법은 선물매도 → 보증된 콜 → 보호적 풋 순으로 볼 수 있다.

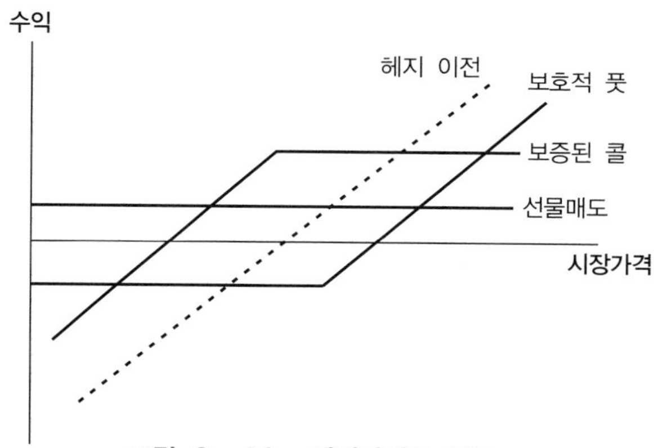

그림 3-40 헤지방법의 비교

〈예시〉

고정금리부 채권을 보유할 경우에는 금리상승(채권가격 하락)위험에 노출된다. 이에 대한 기본적인 헤지방법은 ① 금리선물 매도방법, ② 금리풋옵션 매입방법, ③ 금리 콜옵션 매도방법이 있다. 각각의 헤지결과를 요약하면 다음과 같다.

① 금리선물 매도방법

투자이익을 금리변동에 관계없이 일정 수준으로 고정하게 된다. 즉, 채권가격이 변하더라도 투자자의 수익을 금리선물 매도가격에서 채권매입가격을 차감한 수준(=$F-B$)으로 고정시킬 수 있다.

(B : 채권 매입가격, F : 금리선물 매도가격, B_T : 채권의 현재가격)

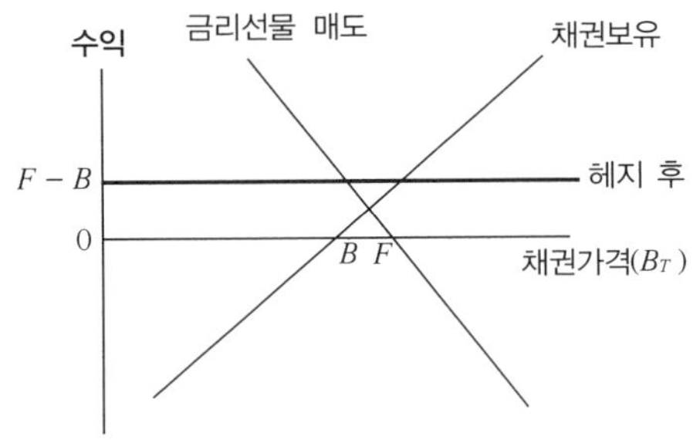

채권 보유손익	금리선물 매도손익	총손익
$B_T - B$	$F - B_T$	$F - B$

② 금리풋옵션 매입방법

금리상승시 투자손실을 일정 수준으로 제한하는 동시에 금리하락에 따른 투자이익을 획득할 수 있다. 즉, 금리상승시 손실규모를 옵션의 행사가격에서 프리미엄과 채권 매입가격을 차감한 수준(=$X-B-P$)으로 제한한다.

(P : 금리풋옵션의 프리미엄, X : 행사가격)

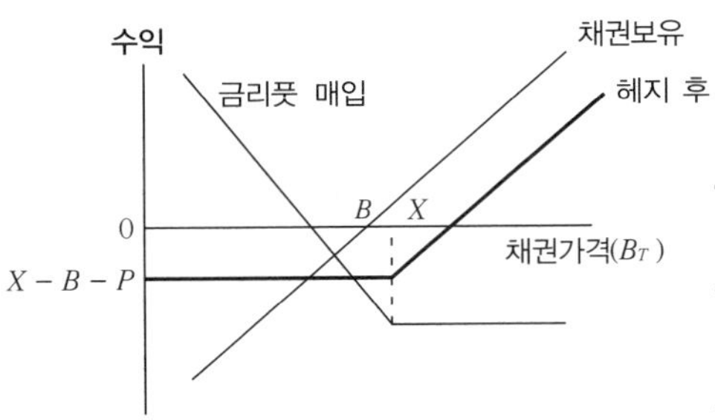

채권가격 변동범위	채권보유 손익	금리풋 매입손익	총손익
$B_T < X$	$B_T - B$	$X - B_T - P$	$X - B - P$
$B_T > X$	$B_T - B$	$-P$	$B_T - B - P$

③ 금리 콜옵션 매도

옵션 프리미엄 수입으로 금리상승에 따른 투자손실 중 일부를 상쇄시킬 수 있다. 즉, 금리하락시 이익규모는 행사가격에 프리미엄을 더하고 채권 매입금액을 차감한 금액 $(=X-B+C)$으로 제한되나, 금리상승시에는 프리미엄 수취분만큼 손실규모를 축소할 수 있다.

(C : 콜옵션의 프리미엄, X : 행사가격)

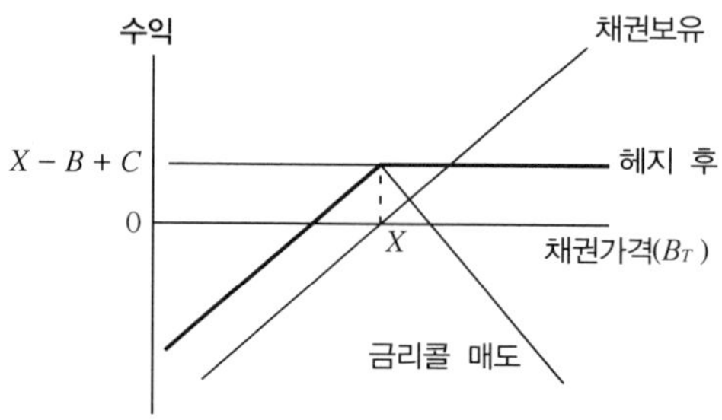

채권가격 변동범위	채권보유 손익	금리콜 매도손익	총손익
$B_T < X$	$B_T - B$	C	$B_T - B + C$
$B_T > X$	$B_T - B$	$X - B_T + C$	$X - B + C$

금리 콜옵션 매도방법을 이용할 경우에는 옵션의 시간가치 획득을 위하여 시간가치가 큰 등가격 또는 등가격과 비슷한 행사가격을 가지는 옵션을 주로 이용한다. 따라서 만약 콜옵션을 매도할 당시에는 등가격 옵션이었으나 일정기간 후 내가격 또는 외가격 옵션이 되었다면, 이미 매도한 콜옵션을 되사고 그 대신 등가격 또는 이와 비슷한 옵션을 매도하여야 한다. 그리고 옵션의 잔존만기가 짧아지면 옵션의 시간가치가 하락하게 되므로 옵션의 잔존만기가 긴 옵션으로 교체하는 것이 바람직하다.

5) 옵션을 이용한 위험관리(사례)

〈사례 1〉 투자계획에 대한 헤지방안

2006년 2월 A투자회사는 3개월 후에 채권에 투자할 예정이다. 이 회사는 3개월 후 투자하는 시점에서 금리가 하락하여 운용수익률이 떨어질 가능성에 대해 염려하고 있다. 이에 따라 금리하락에 따른 기회손실을 방지하기 위하여 T-bond 선물계약에 대한 콜옵션을 매입하기로 결정하였다.

이 회사의 헤지 후 시장상황별 손익발생 결과를 요약하면 다음과 같다.

(가) 2006년 2월 현재 T-bond 선물 콜옵션 가격

- 기초자산 : T-bond 선물계약(액면: $100,000) 현재가격 = 75.50
- 프리미엄 : 1-12($1,187.50)
- 행사가격 : 76
- 만기일 : 2001년 6월

(나) 시장상황별 헤지결과

- 금리상승 : 선물가격 < 76
  - 콜옵션 불행사
  - 헤지의 결과 : $1,187.50 손실
- 금리 소폭하락 : 선물가격 = 77
  - 콜옵션 행사(선물계약 76에 매입, 77에 매도)
  - 헤지의 결과 : $187.50 손실(= $1,000 - $1,187.50)
- 금리 대폭하락 : 선물가격 = 81
  - 콜옵션 행사(선물계약 76에 매입, 81에 매도)
  - 헤지의 결과 : 3,812.50 이익(= $5,000 - $1,187.50)

〈사례 2〉 자금조달계획에 대한 헤지방안

B기업은 2006년 3월 10일 현재 아래와 같은 조건으로 2006년 8월 16일에 1억달러 규모의 채권을 발행할 계획이다. 이에 따라 이 기업은 금리상승위험에 노출되어 있다. 금리상승위험에 대한 헤지방안에는 ① T-bond 선물매도(short futures)에 의한 금리고정, ② T-bond 풋옵션 매입에 의한 금리상한 설정(capping), ③ T-bond 풋옵션 매입(cap)과 T-bond 콜옵션 매도(floor)에 의한 금리상하한 설정(collaring) 등이 있다. 각 헤지방안별 손익발생결과를 분석하면 다음과 같다.

(가) 자금조달계획

- 예상발행일 : 2006년 8월 16일
- 만기 : 25년(만기일 : 2031년 8월 16일)
- 현재 시장금리 : 10%

- 채권발행액 : 1억달러
- 장기증권과의 스프레드 : 1%
- 채권발행가격 : 액면가

(나) 헤지목적과 방법(헤지 개시일 : 2006년 3월 10일)

① 고정(fixing) : 2006년 9월물 T-bond 선물매도
선물금리 = 10.05%

② 상한설정(capping) : 2006년 9월 만기 T-bond 풋옵션 매입
캡(행사금리) = 10.10%, 프리미엄 = 0.35%

③ 상하한설정(collaring) : 2006년 9월 만기 T-bond 풋옵션 매입,
캡(행사금리) = 10.60%
2006년 9월 만기 T-bond 콜옵션 매도,
플로어(행사금리) = 9.50%

(다) 기대금리비용(2006년 8월 16일~2031년 8월 16일)

(단위 : %, 2006년 8월 16일 현재)

시장금리	비헤지	고정	캡	칼라
8.5	8.5	10.05	8.85	9.5
9.0	9.0	10.05	9.35	9.5
9.5	9.5	10.05	9.85	9.5
10.0	10.0	10.05	10.35	10.0
10.5	10.5	10.05	10.45	10.5
11.0	11.0	10.05	10.45	10.6
11.5	11.5	10.05	10.45	10.6

자금조달계획 헤지의 결과

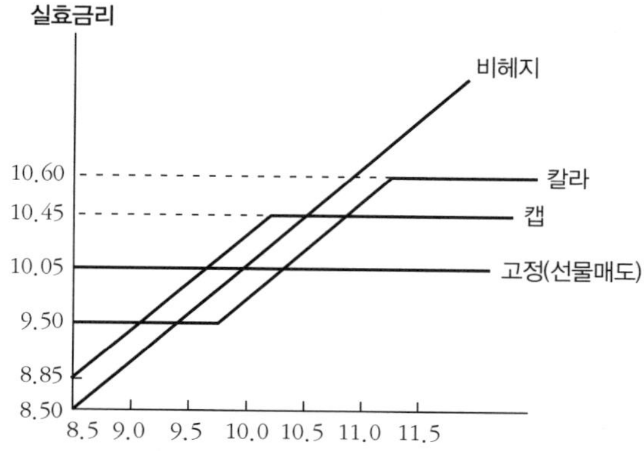

〈사례 3〉 환위험 헤지방법 비교

K조선(주)은 미국의 해운회사로부터 선박구입 관련 입찰을 요청받아 입찰에 응하기로 하였다. 이 입찰은 입찰서류 마감일로부터 3개월 후에 당락결과가 통보될 예정이고 선박 건조는 입찰결과 통보 3개월 후에 시작될 예정이다. 그리고 K조선(주)은 선박 수주시 선박 건조대금은 미 달러화로 받게 되며 선박건조를 위해 상당량의 기자재를 일본으로부터 엔화로 수입하여야 한다.

따라서 K조선(주)는 U$/¥의 환위험에 노출되어 6개월 후의 U$/¥환율을 확정시키지 않으면 현재의 응찰가격을 정할 수 없는 형편이다.

(가) K조선(주)의 응찰가 결정방법

① 환율예측에 의한 결정

- 환율예측기법을 총동원하여 6개월 후의 환율을 예측하고 이를 기준으로 응찰가를 산정한다.
- 문제점
  - 보수적인 환율예측(¥ 강세)에 의한 가격산정은 환위험을 줄일 수 있으나 응찰가의 가격경쟁력을 떨어뜨리고, 낙관적인 환율예측(¥ 약세)에 의한 산정은 응찰가격의 경쟁력을 높이는 반면 환위험을 증대시킨다. 따라서 보수적인 면과 낙관적인 면의 장단점을 각각 감안하여 최적의 환율로 정하여야 하는 어려움이 있다.
  - 이 방법의 장점은 수주에 성공치 못하였을 경우 아무런 위험이 없다는 것이나, 낙찰되었을 경우에는 환위험이 매우 크다.
  - 낙찰 후 환율이 예상대로 변동하여 엔화가 약세로 갈 경우에는 무한대의 환차익이 발생할 가능성도 있으나, 반대로 엔화 강세시에는 무한대의 환차손이 발생할 가능성이 상존하여 매우 위험한 방법이다.

② 선물환으로 환율 확정 후 결정

- K조선은 응찰가를 정하기 위해 6개월 선물환으로 미 달러화 매도, 일본 엔화 매입거래를 함으로써 환율을 확정한 후 응찰가를 산정한다.
- 문제점
  - 입찰결과(수주 여부)와 관계없이 선물환계약을 체결하였으므로 K조선이 수주에 성공할 경우에는 환리스크가 완전헤지(환율확정)되어 바람직하다고 볼 수 있다. 그러나 만일 수주에 실패할 경우에는 실수요가 없이 불필요한 선물환계약만 남게 되어 일종의 투기적 선물환거래(U$ Short position)를 한 결과를 초래한다. 즉, 수

주에 실패한 후 환율이 엔화 약세(달러 강세)로 움직일 경우에는 선물환의 청산거래(position square)에서 환차손을 감수해야 한다. 물론 운좋게 엔화 강세(달러 약세)인 경우에는 환차익을 볼 수도 있으나 결론적으로 환위험이 매우 크다.

③ 옵션 매입으로 환율 확정 후 결정

- K조선은 U$ Put(¥ Call) 9개월 만기 옵션을 매입하고, 이 옵션의 행사가격을 기준으로 환율을 정하여 응찰가를 산정한다.
- 옵션 매입 방법의 장점
  - K조선은 옵션을 매입함으로써 수주에 성공하였을 경우 옵션상품의 장점(limited loss/unlimited profit)을 누릴 수 있다.
  - 만일, 수주에 실패할 경우에는 ②의 경우와 유사한 결과를 가져온다. 즉, 불필요한 옵션계약만 남게 되어 입찰결과 후의 환율에 따라 옵션 매매이익 또는 매매손실이 발생할 수 있다. 그러나 자세히 살펴보면 그 결과는 ②와 매우 다르다는 것을 알 수 있다.

  일단 수주에 실패할 경우 K조선은 이미 매입한 옵션을 매도하여야 하지만 ②의 경우와 달리 손실을 프리미엄으로 이미 확정하였기 때문에 매도시점을 여유있게 결정할 수 있다. 또한, K조선이 이 옵션을 매도할 때 환율이 ¥화 강세(U$ 약세)인 경우에는 수취하게 되는 프리미엄이 내재가치(strike price와 market price의 차)와 시간가치를 갖고 있기 때문에 ②보다 유리하다. 반대로 ¥화 약세(U$ 강세)의 경우에도 내재가치는 없으나 시간가치의 프리미엄을 수취하게 되므로 엄청난 환차손을 볼 수 있는 ②의 경우보다 훨씬 유리하다.

(나) 결론

K조선의 응찰가 결정방법을 요약하면 다음과 같다.

결정방법	구분	예상결과
① 환율예측에 의한 결정	수주 성공시	-낙관적 환율예측(¥ 약세/U$ 강세)에 의한 가격 결정으로 ¥ 강세시 환차손 발생 가능성 높음
	수주 실패시	-아무런 거래가 없기 때문에 위험 전무
② 선물환에 의한 결정	수주 성공시	-환율확정으로 추가비용 발생은 없으나, ¥ 약세(U$ 강세)에 따른 기대이익 포기
	수주 실패시	-불필요한 선물환 거래로 입찰결과 발표 후의 불리한 환율 변동에 따라 무한한 환차손익 발생(¥ 약세/U$ 강세시 환차손 발생)

<table>
<tr><td rowspan="2">③ 옵션매입에 의한 결정</td><td>수주 성공시</td><td>– 환위험은 U$ 풋옵션 매입으로 헤지되었으며, ￥ 약세/U$ 강세시 권리행사 포기로 ②의 경우와 달리 무한한 환차익 실현 가능</td></tr>
<tr><td>수주 실패시</td><td>– ￥ 강세/U$ 약세시 U$ 풋옵션 매도로 옵션 매매익(환차익)을 실현 가능
– ￥ 약세/U$ 강세시에는 ②의 경우와 달리 최대손실은 프리미엄으로 확정될 뿐만 아니라, 옵션매도에 따라 시간가치에 해당되는 프리미엄 수취로 손실을 줄일 수 있음</td></tr>
</table>

결론적으로 이 사례에서와 같이 기업의 미래 환위험 발생이 불확실한 경우에는 옵션매입이 가장 바람직한 헤지방법이라는 것을 알 수 있다.

7.6.2 동태적 헤지

정태적 헤지전략을 이용하여 당초 목표한 헤지효과를 달성하기 위해서는 헤지기간 동안에 옵션의 계약수를 탄력적으로 변화시켜 헤지성과를 높이는 동태적 헤지(dynamic hedging)전략의 활용이 요구된다. 대표적인 동태적 헤지전략으로는 델타헤지와 포트폴리오보험이 있다.

1) 델타헤지

델타헤지(delta hedge)란 일정기간 동안 기초자산의 가격변화에 영향을 받지 않는 포트폴리오를 구축하기 위하여 보유한 현물 포트폴리오와 함께 옵션포지션을 지속적으로 변화시켜 현물 포트폴리오의 손익과 옵션포지션의 손익이 서로 상쇄되게 하는 동태적 헤지방법이다.

이 경우에 헤지 포트폴리오의 델타는 0이 되어야 하므로 델타헤지란 결국 헤지 기간 동안에 지속적으로 델타중립적(delta neutral)인 포지션을 만드는 과정을 의미한다.

옵션 델타는 기초자산의 가격에 대한 옵션가격의 변화율로 정의한다. 만약 콜옵션의 델타가 0.5(등가격 옵션)라면 이것은 옵션가격이 기초자산가격 변동의 50%만큼 변한다는 것을 의미한다. 예를 들어 주가지수(KOSPI200)가 80.00일 때 지수와 연동하는 주식포트폴리오($\beta_P = 1$)를 1억원어치 매입하였다면 이를 주가지수옵션으로 헤지하기 위해서는 다음과 같이 적정 옵션매도 계약수를 산출할 수 있다.

옵션계약수*

$$= \text{포트폴리오 베타}(\beta_P) \times \frac{\text{포트폴리오가치}}{\text{지수가치}} \times \frac{1}{\text{델타}}$$

$$= 1 \times \frac{₩1\text{억}}{80.00 \times ₩100,000} \times \frac{1}{0.5} = 25$$

* 보증된 콜 매도 혹은 보호적 풋 매입

여기서 (1/델타)을 헤지비율(hedge ratio)이라 말한다.

헤지 후에 주가지수가 하락하다면 주식 포트폴리오의 가치도 하락하여 손실이 발생하지만 옵션포지션에서 동일한 크기의 이익이 발생하기 때문에 전체적인 가치변동은 없게 된다.

델타헤지를 실행하는 데 있어서 발생하는 문제점은 시간이 경과함에 따라 옵션 델타값이 변하기 때문에 델타중립 상태가 단기간 동안에만 유지된다는 점이다. 그러므로 헤지성과를 확보하기 위해서는 델타를 지속적으로 조정해야 한다. 델타헤지를 수행하는 데는 풋옵션을 탄력적으로 매입하거나 콜옵션을 매도할 수 있다.

첫째, 보호적 풋(protective put) 매입을 통하여 델타헤지를 할 경우에는 주가지수가 제한된 범위 내에서 움직일 때 헤지효과가 높다. 주가지수의 변동이 심하면 옵션가격의 볼록성(convexity)으로 인하여 델타중립 상태가 확보되지 못하기 때문이다. 따라서 주가지수가 상승하면 풋 델타가 증가하므로 헤지비율을 낮추고, 반대로 주가지수가 하락하면 헤지비율을 높이는 과정을 지속적으로 반복함으로써 헤지효과를 극대화할 수 있다. 또한 보호적 풋매입 포지션은 시간소멸효과가 불리하게 작용하기 때문에 풋매입의 델타헤지는 단기간의 제한된 주가지수변동에 적절한 헤지전략이다.

둘째, 보증된 콜(covered call) 매도를 이용한 델타헤지의 경우에는 주가지수가 상승하면 콜옵션의 델타도 증가하므로 헤지비율을 낮추고, 역으로 주가지수가 하락할 경우에는 헤지비율을 높임으로서 헤지효과를 극대화할 수 있다. 그리고 시간이 경과함에 따라 콜옵션의 가치가 하락하는 시간가치소멸효과가 유리하게 작용하기 때문에 이익확보 차원에서 이를 이용한다.

2) 포트폴리오보험

포트폴리오보험(portfolio insurance)은 1980년대 미국의 릴랜드(Leland)와 루빈슈타인(Rubinstein)에 의해 제안된 선물을 이용한 옵션복제기법(option replication strategy)으로서 주식투자의 수익성과 안정성을 동시에 달성하려는 자산운용전략이다. 즉, 풋매입 델타헤지의 장점인 볼록성을 유지하면서 시간가치가 소멸하는 부정적 효과를 제거하기 위하여 주가지수선물을 탄력적으로 매매함으로써 합성 풋(synthetic put) 매입포지션을 만드는 전략이다.

주가지수선물을 이용하면 옵션과 달리 시간이 경과함에 따라 가치가 하락하는 시간가치소멸효과가 발생하지 않는다. 그러므로 포트폴리오보험의 핵심과제는 주가지수선물 계약수를 적절히 조정하여 합성 풋 매입포지션을 복제하는 데 있다.

그러므로 포트폴리오보험은 '주식포트폴리오 매입 + 주가지수선물 매도 = 보호적 풋옵션 매입' 을 달성하기 위하여 주가지수가 상승하면(강세장) 풋옵션의 델타가 증가하므로 헤지비율을 낮추기 위해 선물계약수를 감소시키고(환매), 역으로 주가지수가 하락하는 약세장에서는 선물계약수를 증가시키는(추가 순매도) 과정을 반복하는 것이다. 다시 말해서 주가하락시에는 선물매도포지션을 늘려 주식포트폴리오의 손실을 선물포지션의 이익으로 상쇄하고 주가상승시에는 선물포지션을 청산하여 주식포트폴리오에서 발생하는 이익을 그대로 유지하기 위한 전략인 셈이다.

주가지수선물을 이용한 포트폴리오보험은 옵션의 볼록성을 유지하면서 시간가치 소멸효과를 제거하는 특성을 가지고 있다. 또한 선물시장의 유동성이 높아 거래가 신속하게 이루어지고 거래비용이 낮다는 장점이 있다. 그러나 선물시장의 가격이 이론가격에서 괴리되면 포트폴리오보험의 효과가 감소한다.

7.7 옵션포지션 관리

7.7.1 포지션 관리에 유용한 지표

옵션의 가치는 시장의 많은 경제적인 요인에 영향을 받기 때문에 변화가 심하며 옵션거래에서는 순간적인 결정이 요구되기 때문에 거래자들은 개별옵션의 가치뿐만 아니라 복합옵션 포지션에 대해서도 시장조건의 변화가 미치는 영향을 파악해야 한다. 다행히 옵션가격결정모형은 이론가격 산정과 더불어 시장상황 변화에 따른 옵션가치의 방향과 크기를 추정하는 데 이용되는 델타, 감마, 쎄타, 베가 등 지표를 산출해 준다. 옵션거래자들은 시장상황이 변함에 따라 이러한 지표들이 어떻게 변동하는지를 주시하면서 옵션포지션의 위험을 관리한다.

1) 델타

옵션 기초자산의 가격이 증가한다면 콜옵션의 가격은 증가하고 풋옵션의 가격은 감소한다. 여기서 기초자산의 가격이 변동할 때 이에 따른 옵션가격의 변화를 나타내는 지표를 델타(delta)라고 한다. 예를 들어 옵션델타가 1이라면 기초자산의 가격이 1원 변동할 때 옵션가격도 1원이 변동한다는 것을 의미하며, 옵션델타가 0.5라면 기초자산의 가격이 1원이 변동함에 따라 옵션가격은 0.5원 변동한다는 것을 나타낸다.

델타는 다음과 같이 정의된다.

$$델타 = \frac{옵션가격의\ 변동분}{옵션기준물가격의\ 변동분} \tag{3.41}$$

콜옵션의 가격은 옵션 기초자산가격이 상승하면 항상 증가하게 되므로 델타값이 0보다 작을 수는 없다. 그리고 옵션가격은 이론적으로 기초자산가격보다 더 크게 변동할 수 없으므로 델타는 1을 초과할 수 없게 된다. 이에 따라 콜옵션 델타는 0과 1 사이의 값을 가진다. 그리고 깊은 외가(deep OTM) 콜옵션의 가격은 기초자산의 가격변화에 거의 반응하지 않기 때문에 이 경우의 델타는 0에 가깝다. 그러나 깊은 내가(deep ITM) 콜옵션의 가격은 대부분 내재가치로 구성되어 있기 때문에 기초자산의 가격변화와 밀접한 관계를 가지고 있어 옵션델타가 1에 가깝다.

풋옵션의 델타는 콜옵션 델타와 부호만 다르고 그 밖에 델타가 가지고 있는 기본적인 특성은 동일하다. 즉, 콜옵션의 델타는 양(+)의 수치인 데 반하여 풋옵션델타는 음(-)의 수치이다. 예를 들어 기초자산의 가격이 1원 상승하면 풋옵션의 가격은 델타만큼 하락하게 되는데 이는 기초자산의 가격이 상승함에 따라 행사가격에 매도할 권리를 부여하는 풋옵션의 가치가 상대적으로 하락하기 때문이다. 결과적으로 풋옵션의 델타는 0과 -1 사이의 값을 가지며 깊은 외가(deep OTM) 풋옵션의 델타는 0에 가깝고 깊은 내가(deep ITM) 풋옵션의 델타는 -1에 가까운 값을 가진다.

델타는 외가(OTM)옵션이 내가(ITM)옵션이 되거나 내가(ITM)옵션이 계속하여 내가 옵션으로 남아 있을 확률로 이해되기도 한다. 델타의 부호를 무시하면 옵션이 깊은 외가(deep OTM) 상태에서 내가(ITM)로 옮겨감에 따라 그 델타값은 0에 근사한 값에서 1에 근사한 값으로 바뀌어 가는데 이러한 현상은 확률으로 설명할 수 있다. 기초자산의 가격이 깊은 외가(deep OTM) 상태에 있을 때는 가격이 다소 유리하게 변화하여 외가(OTM)의 상태가 이전보다 약간 덜해지더라도 실제 옵션가격의 변동은 기초자산가격 변동분의 극히 적은 부분에 그칠 것이다. 그 이유는 이 옵션이 현 상태에서 내가(ITM)로 바뀌기 위해서는 기초자산의 가격이 매우 큰 폭으로 변동하여야만 하는데 그 확률은 매우 낮기 때문이다. 한편 등가(ATM) 상태의 옵션은 외가(OTM)로 바뀔 확률이나 내가(ITM)로 바뀔 확률이 동일하기 때문에 델타값은 0.5가 된다. 반면 깊은 내가(deep ITM) 상태의 옵션은 선물가격이 갑자기 크게 움직여서 그 옵션을 외가(OTM)로 만들 확률은 지극히 낮고 계속 내가(ITM)로 남아 있을 확률이 절대적으로 크기 때문에 델타의 값은 1에 가깝다. 델타값이 1에 가깝다는 것은 기초자산의 가격변화가 옵션프리미엄에 거의 그대로 반영된다는 것을 의미한다.

옵션 델타값은 옵션을 이용하여 옵션 기초자산을 헤지하려 할 때 헤지비율을 결정하는 데 유용하게 사용된다. 즉, 옵션 기초자산에 대한 옵션포지션의 완전헤지를 만들기 위해 필요한 옵션과 옵션 기초자산의 적정비율을 찾는 데 바로 델타를 이용하게 된다. 옵션 기초자산은 항상 1의 델타를 가지며 따라서 적정 헤지비율은 1을 옵션델타로 나눔으로써 얻어진다. 만약 어떤 옵션이 등가격(ATM) 상태에 있다면 델타는 0.5이며, 따라서 헤지비율은 2(=1/0.5)가 된다. 예를 들어, 델타가 0.5인 옵션의 경우에는 옵션 기초자산을 1개 매입하고 풋옵션을 2계약 매입하면 기초자산의 가격변동에 따른 위험을 완전히 제거할 수 있다. 이는 기초자산을 매입하였을 경우 가격이 1원 하락하면 1원의 손해를 보지만 델타가 0.5인 풋옵션 2계약에서 각 계약당 0.5원의 이익을 봄으로써 기초자산가 변동에 따른 1원의 손실을 완전히 상쇄해 줄 수 있기 때문이다. 같은 방법으로 0.2의 델타를 가진 옵션은 2개의 옵션 기초자산 매입에 대해 10개의 풋옵션계약 매입이 필요하게 된다(2/0.2 = 10). 그러나 델타의 값은 기초자산가격과 시간의 함수관계를 가지고 있어 단순하지 않고 계속 변화하기 때문에 완전헤지를 유지하기 위해서는 옵션포지션이 자주 조정되어야 한다.

한편 여러 개의 옵션으로 구성된 옵션포지션의 델타는 각 개별옵션의 델타를 보유 옵션수량으로 가중 합산한 값으로서 기초자산가격의 움직임에 대해 옵션포지션이 얼마나 노출되고 있는가를 나타낸다. 만약 기초자산이 주식일 경우에는 주가가 상승하는 강세장에서는 포지션 델타가 0보다 큰 것이 바람직하고 주가가 하락하는 약세장에서는 포지션 델타가 0보다 작은 것이 유리하다. 그리고 포지션 델타가 0인 경우를 델타중립포지션(delta neutral position)이라고 하는데 이 포지션의 가치는 주가의 변동에 무관하기 때문에 주가의 움직임이 불확실할 때 포지션을 보호받을 수 있다. 그러나 이러한 중립포지션을 유지하는 것은 실제로 불가능하다. 왜냐하면 거래비용과 시장개장시간의 제약조건 때문에 시시각각의 변화요인에 따라 계속 옵션포지션을 조정하는 것이 현실적으로 어렵기 때문이다. 따라서 이러한 현실 제약조건 아래서 포지션의 위험을 관리할 때 중요한 추가정보를 제공해 주는 것이 다음에 설명하는 감마, 쎄타, 베가이다.

〈예시〉

델타가 0.5인 등가(ATM) 콜옵션을 3계약 보유하면 전체 포지션의 델타가 1.5가 되어 포지션의 가치는 기초자산가격 변동률의 1.5배씩 변동한다. 이 포지션의 위험을 상쇄하려면 델타가 −0.5인 등가(ATM) 풋옵션을 3계약 매입하면 총델타가 0이 되어 완전헤지가 가능하게 된다.

$$\text{총델타} = (0.5 \times 3) + [(-0.5) \times 3] = 0$$

〈예시〉

어떤 포트폴리오가 다음과 같이 구성되어 있을 경우

- **포트폴리오의 구성**
  - −June ED선물 2계약 매도*
  - −95.50 April call(델타 = 0.4) 5계약 매입
  - −96.00 June put(델타 = −0.65) 10계약 매도
  - −95.00 June call(델타 = 0.6) 10계약 매도

* 선물 매도포지션의 델타 = −1, 선물 매입포지션의 델타 = +1

이 포트폴리오의 델타값을 계산하면 다음과 같다.

$$\text{포트폴리오의 델타} = -2 + (0.4 \times 5) + [(-0.65) \times (-10)] + [0.6 \times (-10)] = 0.5$$

따라서 ED선물가격이 1틱 상승(하락)하면 이 포트폴리의 가치는 0.5틱 증가(감소)한다.

2) 감마

옵션의 델타는 해당 옵션의 상태에 따라 그 값이 변화한다. 앞에서 설명한 바와 같이 어떤 옵션이 외가(OTM) 상태에서 내가(OTM) 상태로 바뀐다면 그 델타의 절대값도 0.5보다 작은 숫자에서 0.5보다 큰 숫자로 변할 것이다. 다시 말해 델타값은 고정불변이 아니고 기초자산의 가격이 변함에 따라 함께 변화한다는 것이다. 이러한 델타값의 변화 속도를 나타내는 지표를 감마(gamma)라고 한다.

감마를 정의하면 델타값의 변동분을 옵션 기초자산가격의 변동분으로 나눈 것이 된다.

$$\text{감마} = \frac{\text{델타의 변동분}}{\text{옵션기준물가격의 변동분}} \tag{3.42}$$

이제 어떤 콜옵션의 감마가 0.003이고 델타가 0.50일 때 옵션 기초자산가격의 변화가 델타값을 얼마만큼 상승시키는가를 계산하여 보기로 한다. 예를 들어 옵션 기초자산가격이 30포인트 상승하였다면 델타의 변동분은 0.09이다.

즉,

$$\begin{aligned}\text{델타 변동분} &= \text{감마} \times \text{옵션 기초자산가격 변동}\\ &= 0.003 \times 30\\ &= 0.09\end{aligned}$$

따라서 새로운 델타값은 0.59(= 0.5 + 0.09)로 계산된다.

감마의 값은 포지션 델타를 일정한 범위 내에서 관리하고자 하는 거래자들에게 특히 중요한 의미를 갖는다. 즉, 경험이 많지 않은 거래자들에게는 옵션포지션의 델타가 일정 수준을 넘지 않도록 요구하는 경우가 흔히 있다. 만약 어떤 거래자에게 포지션 델타의 한도가 5로 주어져 있다면 이 거래자는 포지션의 델타뿐 아니라 감마에 대해서도 잘 살펴보아야 한다. 왜냐하면 현재의 포지션 델타가 한도 내에 있다 하더라도 포지션 감마가 크다면 옵션 기초자산가격이 변할 경우에 포지션 델타가 한도를 벗어날 가능성이 있기 때문이다. 예를 들어 어떤 거래자가 델타값이 0.3이고 감마가 0.05인 콜옵션을 10개 매도하였다면 이 거래자의 포지션 델타는 −3이 되어 이론적으로 옵션 기초자산 3개를 매도한 것과 동일하다. 가령 이 거래자가 평소 5개 또는 그 이하의 옵션 기초자산 거래에 익숙해 있다면 상기의 포지션은 아직 자신이 관리할 수 있는 위험한도 이내에 있는 것이다. 그러나 만약 시장에서 옵션 기초자산가격이 10포인트 상승한다면 이 거래자의 포지션 델타값은 −5[=포지션 감마(−0.5) × 기초자산가격 변동(10포인트)] 만큼 변동하여 새로운 포지션 델타값은 −8이 될 것이다. 이 새로운 델타 포지션은 평상시 관리할 수 있는 위험한도를 초과하는 것이 된다. 따라서 이러한 경우가 발생하지 않도록 하기 위해서는 사전에 감마값을 감안하여 포지션을 면밀히 관리하여야 한다.

이와 같이 감마는 사전적으로 델타를 관리해 주는 역할을 하므로 델타중립포지션(delta neutral position)을 구축하는 데에도 중요하게 이용된다. 델타 중립적인 포트폴리오를 유지하고자 하는 거래자는 기초자산의 가격변동에 따른 델타값의 변화에 직면하게 된다. 따라서 계속하여 중립포지션을 유지하기 위해서는 새로운 델타값에 맞게 포지션 자체를 계속 조정하여야 한다. 이때 감마의 절대치가 작다면 델타의 변화는 매우 느리게 일어나기 때문에 포트폴리오의 델타중립포지션을 유지하기 위한 포트폴리오의 조정은 상대적으로 드물게 발생한다. 그러나 감마의 절대치가 크다면 기초자산가격의 변화에 대해 델타는 매우 민감하게 변하게 되고 델타 중립포지션을 오랫동안 유지한다는 것이 매우 어렵게 된다.

한편 깊은 외가(deep OTM)옵션의 델타는 0에 가깝기 때문에 기초자산의 가격이 변화해도 델타는 크게 변하지 않으며 이에 따라 감마의 값도 매우 작다. 감마의 값은 등가(ATM)에서 제일 크고 내가(OTM)의 상태가 커질수록 다시 작아진다. 그리고 콜매입과 풋매입 포지션은 동일한 양(+)의 감마값을 가지는데, 이는 기초자산의 가격이 상승함에 따라 두 포지션의 델타값이 모두 증가하기 때문이다.

3) 베가

옵션의 가치는 기초자산의 가격 변동성에 의해서도 크게 영향을 받는다. 일반적으로 변동성은 시간에 따라 변하는 것으로 인정되고 있는데 베가(vega)는 옵션 기초자산의 변동성에 따른 옵션가치의 변화를 나타내며 흔히 카파(kappa)라고도 불린다. 베가를 수식으로 표현하면 다음과 같다.

$$\text{베가} = \frac{\text{옵션가격의 변동분}}{\text{변동성의 변동분}} \tag{3.43}$$

모든 옵션은 변동성이 증가함에 따라 가치가 증가하기 때문에 콜이나 풋에 대한 베가는 항상 양의 숫자이다. 만약 어떤 옵션이 0.5의 베가를 가지고 있다면 이는 매 1%의 변동성증가에 대하여 옵션의 가치가 0.5씩 증가된다는 것을 나타낸다. 이 옵션의 이론가치가 5.25이고 변동성이 15%라면 이 옵션은 변동성이 16%로 증가할 경우에는 이론가치가 5.75가 될 것이며 변동성이 14%로 하락하면 이론가치는 4.75가 될 것이다. 베가의 절대치가 크다면 변동성의 작은 변화에도 옵션의 가치가 크게 변하는 것을 의미하고 절대치가 작다면 변동성의 변화가 상대적으로 옵션의 가치에 적은 영향을 미친다는 것을 뜻한다. 따라서 베가는 옵션의 레버리지를 직접적으로 측정하는 지표라고 할 수 있다.

4) 쎄타

옵션의 가치는 만기까지의 잔존기간에 의해서도 영향을 받는다. 그러나 앞서 살펴본 델타와 감마는 이러한 시간의 요소를 전혀 고려하지 않고 있다. 다시 말하면 기초자산의 가격이 변하지 않더라도 만기일이 가까워지면 옵션가치가 변화하게 되는데 쎄타(theta)는 시간이 경과함에 따라서 옵션가치가 얼마나 빨리 잠식되는가를 나타낸다. 옵션은 시간이 경과함에 따라 그 가치가 감소하는 자산인데 쎄타는 기초자산의 가격이 변하지 않는 상태에서 하루가 지남에 따라 가치잠식이 어떤 비율로 일어나고 있는가를 측정하는 지표이다. 따라서 쎄타는 옵션보유에 대한 비용의 정도 혹은 옵션매도에 따른 이익의 정도를 나타낸다고도 볼 수 있으며 시간가치가 클수록 쎄타도 크다. 쎄타를 수식으로 표현하면 다음과 같다.

$$\text{쎄타} = \frac{\text{옵션가격의 변동분}}{\text{시간의 변동분}} \tag{3.44}$$

즉, 쎄타는 매 1일마다 옵션가치의 상실 정도를 나타내는데 쎄타 -0.25를 가진 옵션은 다른 시장조건이 변하지 않을 경우에 하루가 경과함에 따라 옵션의 가치가 0.25만큼 감소한다는 것을 의미한다. 즉, 오늘 옵션의 가치가 2.75였다면 내일은 0.25가 줄어든 2.50이 될 것이며 모레는 2.25가 된다는 것이다. 그런데 시간의 경과에 따라 옵션의 가치는 감소하기 때문에 쎄타의 값은 음(-)의 숫자로 표시하는 것이 관례이다.

표 3-28 옵션관련 지표

	델타포지션	감마포지션	쎄타포지션	베가포지션
옵션 기초자산 매입	+	0	0	0
옵션 기초자산 매도	-	0	0	0
콜옵션 매입	+	+	-	+
콜옵션 매도	-	-	+	-
풋옵션 매입	-	+	-	+
풋옵션 매도	+	-	+	-

표 3-29 시장상황과 옵션포지션

델타포지션	Positive(+)	기초자산의 가격 상승시 유리
	Negative(−)	기초자산의 가격 하락시 유리
감마포지션	Positive(+)	기초자산의 가격이 크게 변할 때 유리
	Negative(−)	기초자산의 가격이 변할 때 불리
쎄타포지션	Positive(+)	기초자산의 잔존기간이 줄어듦에 따라 유리
	Negative(−)	기초자산의 잔존기간이 줄어듦에 따라 불리
베가포지션	Positive(+)	기초자산의 변동성이 상승할 때 유리
	Negative(−)	기초자산의 변동성이 하락할 때 유리

만약 어떤 포지션의 감마가 음(negative)의 값을 가질 경우에는 옵션의 기초자산가격이 크게 변동면 포트폴리오의 가치는 하락하게 된다. 반대로 포지션의 감마가 양(positive)의 값을 가지면 옵션 기초자산가격이 크게 변동할 때 포트폴리오의 가치가 상승하게 된다. 따라서 감마가 양의 값을 가질 경우에는 옵션 기초자산의 가격이 변하기만 하면 유리하며 손실위험도 없다. 그리고 옵션의 잔존기간은 줄어들기만 하기 때문에 포트폴리오의 쎄타도 양의 값을 갖는 한 위험이 존재하지 않는다.

08 장외 옵션거래

옵션은 거래소에서 거래되는 장내 옵션(Exchange option)과 거래소 이외에서 사적 계약형태로 거래가 이루어지는 장외 옵션(OTC option)이 있다. 장외 옵션은 그 종류가 매우 다양하고 필요에 따라 계속 생성되고 있는데 여기에서는 대표적인 장외 금리옵션과 장외 통화옵션에 대해 살펴본다.

8.1 장외 금리옵션

8.1.1 금리 캡, 플로어, 칼러

금리 캡(cap), 플로어(floor), 칼러(collar) 등을 설명하기에 앞서 장외 금리 콜옵션과 풋옵션에 대해 알아보자. 앞에서 설명한 장내 금리옵션의 기초자산은 채권(현물) 또는 금리선물계약인 데 반하여 장외 금리옵션은 금리를 대상으로 옵션계약을 체결한다. 이에 따라 장외 금리옵션을 이용한 금리상승(하락) 위험에 대한 헤지거래 또는 금리상승(하락) 전망에 근거한 투기거래에서는 장내 금리옵션과는 반대로 금리 콜(풋)옵션을 매입하여야 한다. 예를 들어 A기업이 30일 후에 Libor(90일물) 기준으로 1천만달러를 차입할 계획이라면 A기업은 향후 금리상승 위험에 노출되기 때문에 장외 금리 콜옵션(행사금리 = 7%)을 매입하여야 한다. 만약에 30일 후 금리가 상승하여 8%가 되면 A기업은 금리 콜옵션을 행사하여 옵션 실행일로부터 90일 후에 U$25,000[= 1천만달러 × (8% – 7%) × 90일/360일]를 수취함으로써 금리상승에 따른 이자손실을 상쇄할 수 있다. 반대로 금리하락에 따라 발생하는 손실위험을 헤지하기 위해서는 장외 금리 풋옵션을 매입하여야 한다.

한편 차입자가 향후 금리상승을 우려하여 차입금리를 최고 7% 이내로 제한하려 한다면 금리 캡(cap)을 이용할 수 있다. 이 경우 금리 캡 보유자는 매 이자지급일마다 시장금리가 7%를 상회하면 이 부분만큼의 금리 추가부담분(원금 × max[0, 시장금리 – 7%] × 기간/360일)을 수취할 수 있다. 이때 매 이자지급일마다 행사할 수 있는 금리 콜옵션을 케플릿(caplets)이라고 한다.

반대로 금리하락에 따라 손실을 입는 대출자의 경우에는 금리하락 위험을 헤지하기 위해 금리 플로어(floor)를 이용할 수 있다. 금리 플로어는 기본적으로 금리 캡과 구조가 동일하며, 다만 행사금리가 금리하한의 역할을 한다는 점만 다르다. 그리고 금리 캡과 금리 플로어가 결합(금리 캡 매입, 금리 플로어 매도)된

것을 금리 칼러(collar)라고 한다. 금리 칼러 보유자가 차입자라면 금리가 상승할 경우에는 차입금리 지급 상승분을 캡으로 상쇄할 수 있으며, 금리가 하락할 경우는 플로어 계약에 따라 차액을 지급해야 하지만 당초 대출계약에서 발생하는 차입금리 지급액 감소분으로 충당할 수 있다. 그리고 칼러는 캡 매입시 지급하는 프리미엄을 플로어 매도시 수취하는 프리미엄으로 상쇄할 수 있는 장점이 있다. 특히 수수하는 프리미엄이 동일하여 칼러를 거래하는 시점에서 초기비용이 전혀 발생하지 않는 경우도 있는데 이를 무비용 칼러(zero cost collar)라고 부른다.

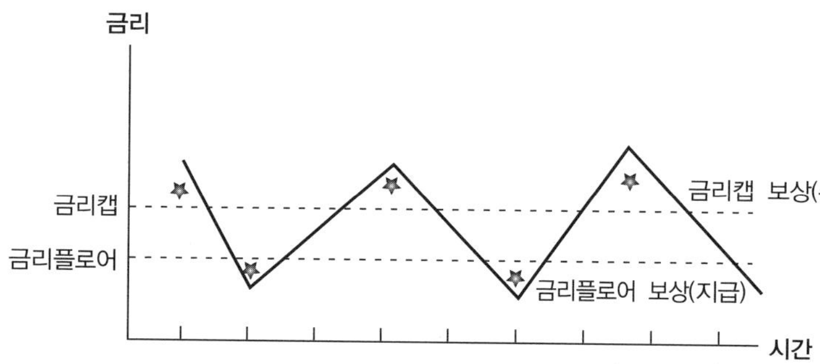

그림 3-41 금리 칼러의 손익구조

〈예시〉 무비용 칼러(Zero Cost Collar)

A기업은 금리상승 위험을 헤지하기 위하여 CAP(strike @ 8.0%)을 매입하는 동시에 cap 구입에 필요한 프리미엄을 마련하기 위하여 FLOOR(strike @ 5.0%)를 매도하였다. 이에 따라 만약에 LIBOR가 cap strike rate 이상으로 상승하면 A기업은 그 시점의 LIBOR와 cap strike rate의 차이를 받게 되고, 반대로 LIBOR가 floor strike rate 이하로 하락하면 그 시점의 LIBOR와 floor strike rate의 차이를 지불하여야 한다. 무비용 칼러는 프리미엄의 지급없이 기업의 금리 상승위험을 효과적으로 헤지할 수 있는 편리한 수단이다.

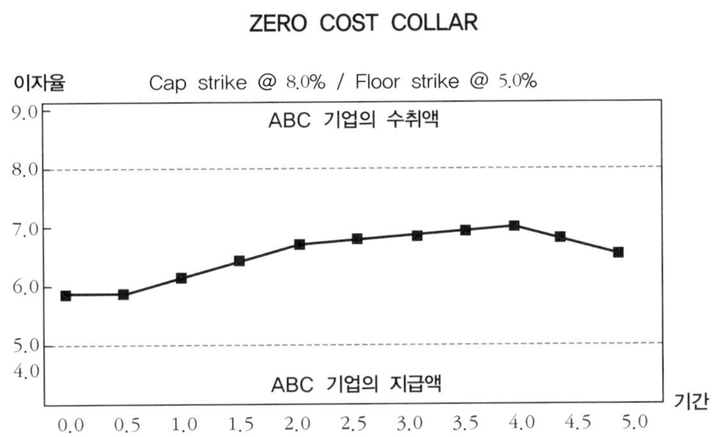

〈예시〉 Zero Cost Collar with Knock-out

Zero Cost Collar with Knock-out 또한 거래비용을 들이지 않고 변동금리부 채무를 헤지할 수있는 방법이다. 즉, 금리가 Knock-out rate(상단) 아래에 머물러 있으면 기업은 낮은 금리수준을 향유하면서 동시에 달러금리가 cap rate 이상으로 상승하는 위험을 회피할 수 있다. 특히, Knock-out structure를 가미함으로써 Plain Zero Cost Collar보다 cap level을 향상시킬 수 있다. 그러나 이자율이 대폭 상승하여 knock-out이 되면 매우 높은 금리수준에서 위험에 노출되는 위험성을 내포하고 있다.

- 거래금액 : USD100,000,000
- 고객 매입 : 6.30% Cap with Knock-out at 9.0%
- 고객 매도 : 5.00% Floor with Knock-out at 3.0%
- 거래시작일 : Spot Start
- 거래만기일 : 거래시작일로부터 5년
- 옵션프리미엄 : 없음(Zero Cost)
- Knock-out structure : 매 reset date마다 6개월 Libor가 Knock-out level을 touch하지 않으면 옵션은 유효. Knock-out은 매 기간마다 독립적으로 적용됨. 즉, 일정 시점의 Knock-out은 그 기간의 Caplet에만 영향을 주고 향후 잔여 Caplet에는 영향을 주지 않고 계속 옵션이 유효함.

〈사례〉 Cap/Floor Straddle

- A외국은행 본점이 서울지점으로부터 옵션 매입
  - 거래일 : 2004년 9월 22일, 만기 : 2007년 9월 23일
  - 기준금리 : 3개월물 USD Libor
  - 거래일 현재 기준금리 : 1.94%, 만기 기준금리 : 5.20%
  - 콜옵션 매입 : 행사금리 3.74%, 명목금액 5천만달러, 프리미엄 1.7만달러
  - 풋옵션 매입 : 행사금리 3.74%, 명목금액 5천만달러, 프리미엄 1.7만달러

Cap/Floor Straddle의 만기시 시장금리별 손익구조

만기 시장금리	Cap/Floor Straddle 거래시 손익*
금리 ≤ 3.672	(3.672 − 만기금리) × 5천만달러 이익
3.672 < 금리 ≤ 3.74	(만기금리 − 3.672) × 5천만달러 손실
3.74 < 금리 ≤ 3.808	(3.808 − 만기금리) × 5천만달러 손실
금리 > 3.808	(만기금리 − 3.808) × 5천만달러 이익

* 각 옵션 프리미엄의 만기시 가치를 170만달러로 계산

* 총 지급 프리미엄/명목금액 = ($1.7만 × 2)/$5,000만 = 0.068(%)

Cap/Floor Straddle의 손익구조

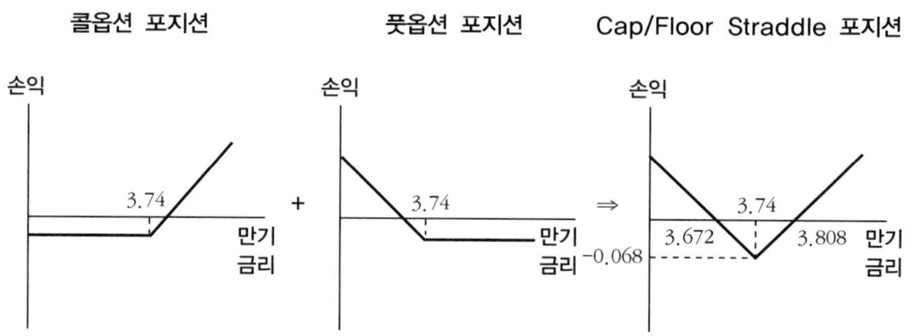

8.1.2 스왑션

스왑션(options on swaps)은 옵션을 행사할 경우 미리 정해진 스왑조건으로 금리스왑거래를 할 수 있는 옵션을 말한다. 스왑거래시 고정금리 지급/변동금리

수취일 경우에는 지급자(payer) 스왑션, 반대로 고정금리 수취/변동금리 지급일 경우에는 수취자(receiver) 스왑션이라 한다. 예를 들어, 장래 금리상승을 염려하여 지급자(payer) 스왑션을 체결하였다고 가정하자. 만일 예상대로 금리가 상승하여 스왑션 만기일에 스왑션을 행사한다면 지급자 스왑션 보유자는 행사시점에서 시장의 스왑고정금리 수준과 스왑션의 행사금리 차이만큼 이익을 얻게 된다. 이 스왑션 보유자가 스왑션 행사와 동시에 시장에서 스왑션에서의 스왑거래 조건과 반대의 스왑거래(고정금리 수취/변동금리 지급)를 하면 변동금리의 수취와 지급은 서로 상쇄되며, 고정금리 부분은 행사금리와 시장금리 차이만큼 매 이자 지급일에 순수취할 수 있게 된다. 연금지급과 같이 스왑기간 동안 매기 고정된 금액이 지급되는 이 부분이 바로 스왑션거래에 따른 순이익부분이 된다.

〈예시〉

매 6개월마다 Libor(6M) 수취/고정금리(7%) 지급 조건의 만기 3개월, 원금 1천만달러 금리스왑(만기 3년)의 지급자 스왑션을 체결하고 3개월 후 만기일에 시장에서 Libor(6M) 지급/고정금리(7.5%) 수취 조건으로 금리스왑(만기 3년)을 체결한다면, 동 거래자는 지급자 스왑션 거래를 통해 향후 3년간 매 6개월마다 $25,000(=1천만달러 × 0.5%/2)씩 순이익을 얻게 된다.

〈사례〉 Swaption Straddle

- 외국은행 본점이 서울지점으로부터 스왑션을 매입
  - 스왑션 거래일 : 2007년 11월 13일
  - 시행일 : 2009년 11월 15일, 만기 : 2011년 11월 15일
  - 거래일 현재 2년물 IRS금리 : 4.26%
  - 이자지급일 : 시행일부터 만기까지 매 3개월마다
  - 명목금액 : 25백만달러
  - Payer 스왑션 매입 : 고정금리 4.629% 지급, USD Libor(3개월) 수취
  - Receiver 스왑션 매입 : 고정금리 4.629% 수취, USD Libor(3개월) 지급
  - 스왑션 프리미엄 : 52만달러

Swaption Straddle의 거래구조

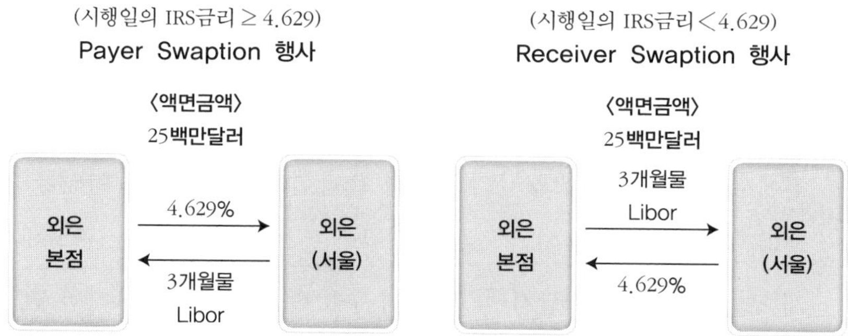

Swaption Straddle의 스왑 시행일 IRS금리별 손익구조

시행일의 IRS금리	Swaption Straddle 거래시 손익*
금리≤ 3.589	(4.629−IRS)% × (3/12) × 8(2년동안 매3개월) × 25백만달러−52만달러 이익
3.589＜금리 ≤ 4.629	(IRS−4.629)% × (3/12) × 8(2년동안 매3개월) × 25백만달러+52만달러 손실
4.629＜금리 ≤ 5.669	(4.629 −IRS)% × (3/12) × 8(2년동안 매3개월) × 25백만달러+52만달러 손실
금리＞5.669	(IRS−4.629)% × (3/12) × 8(2년동안 매3개월) × 25백만달러−52만달러 이익

* 스왑션 프리미엄의 시행일부터 만기까지의 가치를 52만달러로 계산

* 1년간 프리미엄/명목금액 = ($52만/2)/$2,500만 = 1.04(%)

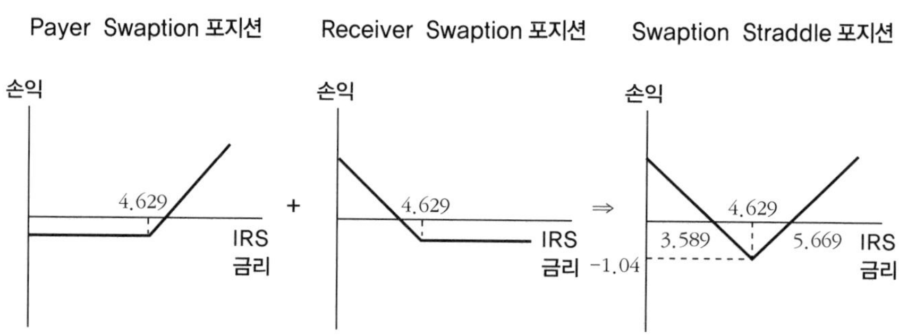

8.1.3 구조화 채권

장외 금리옵션이 채권발행에 활용되고 있는 대표적인 사례를 살펴보면 다음과 같다.

중기채권(notes)은 통상 만기가 2～10년이며 고정금리 또는 Libor 연동 변동금리로 발행된다. 그러나 1990년대 들어 신용상태가 우량한 기업들이 금리옵션 성격을 가미한 각종 변형 중기채권을 발행하기 시작하였는데 이를 구조화 채권(structured notes)이라고 부른다.

그중 레인지 플로터(range floater)라고 부르는 채권은 예를 들어 Libor와 같은 특정 금리가 미리 정해진 범위 이내에 있으면 약정된 이자를 지급하고, 이 범위를 벗어나면 이자를 지급하지 않게 된다. 이때 금리변동 범위는 채권만기 동안 매년 다르게 정할 수도 있으며, 이자를 지급하지 않는 경우도 발생할 수 있기 때문에 지급이자는 일반적인 수준보다 높게 정해진다. 투자자 입장에서 보면 이 채권에 투자하는 것은 일반적인 변동금리부 채권투자에 추가적으로 금리 캡을 매도하는 것과 같다.

인버스 플로터(inverse floater) 또는 리버스 플로터(reverse floater)는 미리 정해진 금리수준(X)에서 시장금리(Libor)를 차감한 수준으로 금리가 정해지며, 만일 시장금리가 상승하면 투자자는 거꾸로 하락한 이자를 받게 된다. 반대로 시장금리가 하락하면 투자자는 상승한 이자를 받게 된다. 인버스 플로터 발행자는 고정금리 수취/변동금리 지급의 금리스왑으로 헤지하여 고정금리(= X - 스왑에서 수취하는 고정금리)를 지급하는 포지션으로 전환할 수 있다.

구조화 채권은 투자자의 수요에 맞도록 변형이 가능하다는 장점 때문에 성공을 거두었으나, 손익구조에 레버리지 효과를 가미하면서 투자자의 손익이 크게 변동함으로써 위험이 크다는 인식이 확산되고 있다.

최근 금리연계 구조화 채권에 대한 수요가 크게 증가한 배경을 보면 다음과 같다.

첫째, 구조화 채권은 투자자의 시장위험 부담을 전제로 고수익 기회를 제공한다. 둘째, 투자자의 다양한 시장전망 및 투자성향에 부합하는 맞춤형 상품에 대한 수요가 크게 증가하였다. 셋째, 파생상품 발전에 따라 구조화 채권 설계가 용이해졌다. 넷째, 투자자는 구조화 채권에 내재된 파생상품을 직접 거래하는 것과 동일한 경제적 효과(위험관리 효과)를 달성할 수 있다.

참고 : 금리연계 구조화 채권

1. 금리연계 구조화 채권의 종류

(i) (Callable) Inverse FRN

- 이표 예시 : 10% − CD
- 금리하락 예상

(ii) Dual Indexed FRN

- 이표 예시 : 4% + (CMT5* − CD)
- 수익률곡선의 기울기 상승 예상

(iii) CD Range Accrual Note

- 이표 예시 : 7% × (n/N), 0 ≤ CD ≤ 7%
- CD금리 7% 하회 예상

(iv) CMS Spread Accrual Note

- 이표 예시 : 7% × (n/N), CMS5** − CMS2 ≥ 0
- 금리차 역전현상 없을 것으로 예상

(v) Power Spread

- 이표 예시 : 5.5% + 12 × (CD − 3개월 국고채 금리), Max 7%, Min 0%
- 금리차 유지 내지는 벌어질 것으로 예상

2. 금리연계 구조화 채권의 발행구조

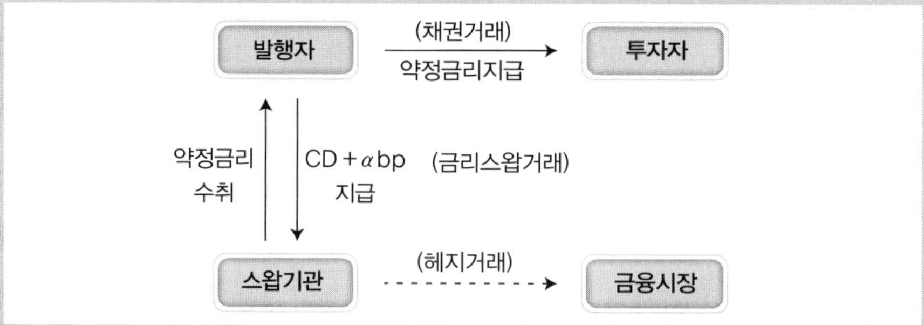

* Constant Maturity Treasury(5년 국고채 금리)

** Constant Maturity Swap(5년 스왑 금리)

3. 금리연계 구조화 채권 시장의 참가자

- **투자자** : 주로 보험사 및 연기금
  - 수익률 제고 및 포트폴리오 다양화
  - 관련 시장위험 부담
- **발행자** : 주로 시중은행
  - 안정적인 자금조달 및 자금조달비용 절감
  - 관련 위험은 스왑기관에 전가
- **스왑기관** : 주로 외은지점
  - 파생거래수익 창출
  - 헤지위험 부담
- **증권사**
  - 수수료 수익 창출

8.1.4 수의상환채권

채권발행자가 일정 금액을 지급하면 기 발행 채권을 중도에 상환할 수 있는 권리가 부여된 채권이 수의상환채권(callable bonds)이다. 일반적으로 일정기간 동안에는 권리를 행사할 수 없도록 규정하고 있으며 채권발행자는 과거에 높은 금리로 채권을 발행하였으나, 현재 금리가 크게 하락하여 기존 채권을 상환하고 낮은 금리로 채권을 재발행하고자 하는 경우에 이 권리를 행사하게 된다. 이 채권은 통상적인 고정금리부 채권에 미리 정해진 상환금액이 행사가격인 채권에 대한 콜옵션이 부가된 것으로 볼 수 있다.

참고 : 고정금리채권과 수의상환채권의 비교

- **고정금리채권의 예시**
  - 10년 만기
  - 매 3개월마다 연율 5.00% 이표 지급
- **수의상환채권의 예시**
  - 10년 만기
  - 매 3개월마다 연율 5.50% 이표 지급
  - 발행자가 매년 채권을 조기상환할 수 있는 권한 보유

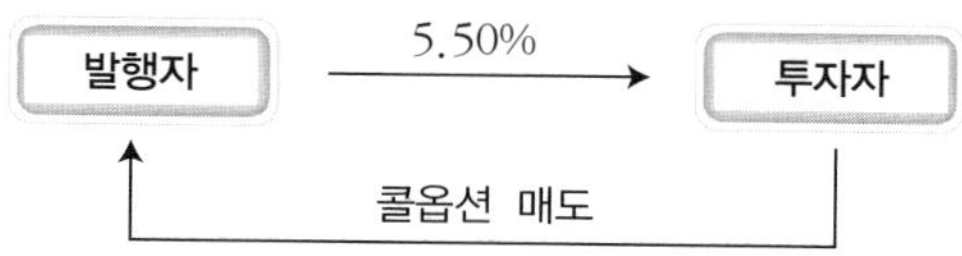

8.2 장외 통화옵션

장외시장의 통화옵션계약들은 금액, 만기일, 행사가격 등 계약조건을 표준화시키지 않고 계약당사자 간의 합의에 의해 조정할 수 있다. 예를 들어 뉴욕과 런던의 금융거점에 있는 투자은행과 상업은행들로 구성된 장외시장의 옵션계약에서는 통화금액이 일반적으로 100만달러 또는 그 이상으로 거래소 옵션계약에 비해 매우 크며, 계약대상 통화의 종류도 다양하다.

은행간 통화옵션시장은 외화시장과 밀접하게 관련되어 있다. 상업은행, 투자은행, 중개회사들은 장외 옵션계약을 기업들에게 판매하지만 은행간 거래는 거의 하지 않는다. 그 대신 은행들은 통화옵션 중개회사들을 통해 옵션계약의 매입포지션과 매도포지션의 균형을 유지시켜 옵션거래의 위험을 관리하고 있다. 이들 중개회사들은 전화와 전신을 통하여 은행들의 매입과 매도주문을 일치

시켜 주는 역할을 한다. 따라서 장외옵션은 대부분 전신으로 거래되며 만기는 단지 몇 시간 정도밖에 되지 않는다.

이러한 장외시장 거래에서 가장 중요한 문제는 상대방과 협상하여 상호 계약조건을 일치시키는 것이다. 은행간 시장은 개장이나 폐장시간이 없기 때문에 이러한 장외시장은 24시간 시장이라고 볼 수 있다. 그리고 은행간 거래는 은행들 간에 직접 이루어지므로 청산소가 없고 또한 다른 시장조성자들의 역할이 필요 없기 때문에 거래소시장과 달리 수수료가 없다. 은행간 시장의 규제는 거래당사자인 은행들이 스스로 하거나 또는 중앙은행의 규제를 받는다.

8.2.1 단순통화옵션

단순통화옵션은 외국통화를 매입할 수 있는 권리(콜옵션)와 매도할 수 있는 권리(풋옵션)를 사고 파는 거래이다. 통화옵션 매입자는 프리미엄이라는 일정한 대가를 지급함으로써 만기일 또는 그 이내에 언제라도 옵션을 행사할 수 있는 권리를 취득하게 된다. 물론 시장여건이 옵션 매입자에게 불리할 경우에는 옵션 행사를 포기할 수도 있다.

반면에 통화옵션 매도자는 환율이 불리하게 변동할 경우에는 무제한적인 환위험을 부담하게 된다.

표 3-30 통화옵션거래전략

당사자	콜옵션	풋옵션
매입자	가격상승 예상	가격하락 예상
매도자	가격하락 내지 불변 예상	가격상승 내지 불변 예상

8.2.2 합성통화옵션

통화옵션거래를 보면 한 종류의 통화옵션을 이용하여 일정한 방향으로 일정한 환위험만을 부담하려는 경우도 있지만 더 좁은 범위 안에서 또는 더 많은 환차익을 겨냥하는 형태의 거래도 자주 일어나고 있다. 이 경우에 옵션과 옵션을 합성해서 만들어진 상품을 결합옵션(combination option)이라고 한다. 이러한 통화옵션 상품들은 금리옵션과 연계하여서도 활발하게 거래되고 있다.

옵션과 옵션이 결합된 거래형태와 구분하여 옵션과 통화선물 또는 선물환거래를 결합하여 만들어진 상품을 합성옵션(synthetic option)이라고 한다. 일반적으로 많이 사용되고 있는 통화옵션 결합상품들은 스프레드(spread), 스트래들(straddle), 스트랭글(strangle) 등을 들 수 있다.

1) 스프레드

스프레드(spread)거래는 동일한 통화를 대상으로 행사가격 또는 만기일이 서로 다른 콜옵션 또는 풋옵션을 동일한 비중을 두어 매입하고 매도함으로써 상반되는 포지션을 취하는 거래전략이다. 거래하는 옵션이 콜옵션이면 콜스프레드라고 하고 풋옵션이면 풋스프레드라 한다. 또 수평스프레드는 한 옵션을 매입하면서 만기만 다른 동일한 옵션을 매도하는 것이다.

이와 같은 통화 스프레드를 사용할 때에는 시장상황이나 가격전망에 따라 합성옵션이 달라지게 된다. 예를 들어 수직강세 콜스프레드는 행사가격이 낮은 콜옵션을 매입하고 행사가격이 비교적 높은 콜옵션을 매도함으로써 매입대상 통화의 가치가 상승할 것으로 예상하는 경우에 채택할 수 있다. 반대로 미래가격이 하락할 것이라고 예측하고는 있지만 반드시 하락한다는 확신이 없을 때에는 수직약세 콜스프레드를 이용한다. 이러한 경우에는 행사가격이 낮은 콜옵션을 매도하고 행사가격이 높은 콜옵션을 매입한다.

2) 스트래들

환율변동성의 변화를 이용하여 이익을 얻고자 하는 경우에는 스트래들과 스트랭글이라는 합성옵션을 활용한다. 스트래들(straddle) 매입포지션은 동일한 특성을 가진 콜옵션과 풋옵션을 매입하는 전략이다. 여기에서는 동일한 특성이란 행사가격, 만기, 기초 자산이 동일하다는 의미이다. 이 두 옵션의 개별적인 특성을 결합시키면 이 포지션의 수익구조가 'V' 자와 같은 형태가 되는 것을 알 수 있다.

스트래들 매입포지션은 기초자산가격의 변화방향을 중시하기보다는 자산가격이 크게 변동할 때 이익을 볼 수 있는 거래이다. 즉, 장래 변동성이 증가해서 가격이 상승 또는 하락하는 방향으로 크게 움직인다고 예상했을 때 취하는 전략으로서 변동성이 증가하면 유리하고 변동성이 감소하면 불리한 손익구조를 가진다.

3) 스트랭글

스트랭글(strangle)은 스트래들을 대신하여 가장 많이 사용되는 투자전략이다. 행사가격이 서로 다른 옵션을 활용한다는 점을 제외하고는 스트래들과 동일한 거래구조를 갖는다.

스트랭글 매입포지션의 손익구조는 두 행사가격 사이에 나타나는 평평한 부분을 제외하면 'V' 자 형태를 가진 스트래들과 거의 비슷하다. 스트랭글 매입포지션은 만기는 동일하지만 행사가격이 서로 다른 콜옵션과 풋옵션을 같은 단위로 매입하는 포지션이다. 이는 미래에 만기가 될 때 스트래들 매입과 같이 상하 어느 한쪽으로 현물환율이 크게 변동하는 것을 기대하는 거래전략이다. 반면에 스트랭글 매도포지션은 행사가격이 서로 다른 콜옵션과 풋옵션을 같은 단위로 매도하여 스트랭글 매입포지션과는 정반대의 손익구조를 보여주게 된다.

스트랭글은 스트래들의 경우와 거의 동일한 장세전망을 하고 있을 때 사용되는 전략이지만 가격변동이 보다 클 것으로 예상될 때 유효한 전략이다. 합성옵션은 스프레드, 스트래들, 스트랭글 이외에도 프로텍티브(protective)옵션, 룩백(look-back)옵션, 녹아웃(knock-out)옵션, 무비용(zero-cost)옵션, 델타헤징(delta hedging) 포지션 등 다양한 형태가 있다.

【참고자료】 키코(KIKO), 스노우볼(Snowball) 등 비정형 통화옵션[1]

비정형 통화옵션은 여러 파생상품을 합성하거나 일반 파생상품의 거래조건을 변형한 거래형태로서 대표적으로 수출기업들이 환헤지 목적으로 활용하는 통화관련 옵션상품이다. 예를 들어 2007년에 원화 환율의 하향 안정을 전망한 수출기업들이 환헤지 비용절감을 위해 활발하게 거래한 Target Forward, KIKO 등을 들 수 있다.

1. 레인지 포워드(Range Forward)

레인지 포워드는 동일한 만기와 금액의 콜옵션과 풋옵션을 서로 다른 행사가격으로 동시에 매입 · 매도하는 거래로서 옵션프리미엄을 상쇄하는 한편 환율변동에 따른 손실위험을 일정범위로 제한할 수 있다는 장점이 있다. 이 거래는 환위험 헤지규모가 크고 헤지기간도 장기인 수출기업이 옵션프리미엄의 지급부담을 줄이는 한편, 시장환율이 풋옵션과 콜옵션의 행사환율을 벗어나더라도 환위험 손익을 일정규모로 고정하기 위해 활용한다.

---

1. 자료 : '비정형 외환파생금융거래 해설' (한국은행 국제국, 2009. 4)

〈예시〉

수출업체인 A기업은 환율 변동위험을 헤지하기 위하여 B은행과 다음 조건의 옵션을 거래하였다.

- 거래일 : 2008년 4월 14일(만기 3개월)
- 거래일 현재 시장환율 : 978원
- 풋옵션 매입 : 행사환율 973.0원, 금액 15백만달러
- 콜옵션 매도 : 행사환율 982.8원, 금액 15백만달러

A기업의 만기시 시장환율별 손익구조

만기 시장환율	Range Forward 거래시 손익
환율 ≤ 973	(973 − 만기환율) × 15백만달러 이익
973 < 환율 ≤ 982.8	손익 발생하지 않음(시장환율로 달러를 매도)
환율 > 982.8	(만기환율 − 982.8) × 15백만달러 손실

따라서 A기업은 이러한 헤지거래를 통하여 만기환율이 982.8원을 상회하거나, 973.0원을 하회하더라도 거래손익을 일정범위로 제한할 수 있다.

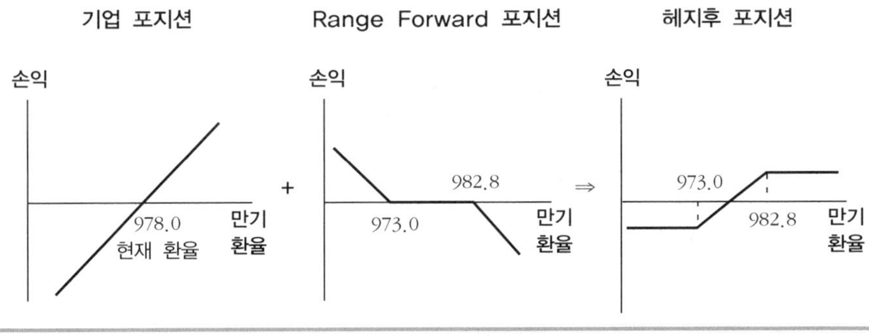

2. 타겟 포워드(Target Forward)

타겟 포워드는 동일한 만기와 행사가격의 콜옵션과 풋옵션을 반대방향으로 매매하되 매입금액과 매도금액을 다르게 설정하는 거래이다. 예를 들어 환율하락 위험을 헤지하려는 수출기업의 경우에는 특정 풋옵션을 매입하는 동시에 이

풋옵션과 동일한 만기와 행사가격을 갖는 콜옵션을 매도하는데 이때 콜옵션 매도액은 풋옵션 매입액의 배수로 설정한다. 타겟 포워드는 환율의 추가상승이나 추가하락이 제한될 것으로 예상되지만 환율의 내재변동성이 높게 형성될 때 유용한 거래이다. 즉, 거래자는 거래비용(옵션 프리미엄)을 부담하지 않으면서 선물환율보다 유리한 가격으로 외환을 매매할 수 있다. 반면에 환율이 행사환율 이상으로 상승할 경우에는 콜옵션 매도규모의 레버리지 영향으로 환손실 규모가 크게 확대될 위험에 노출된다.

〈예시〉

수출업체인 A기업은 환율 변동위험을 헤지하기 위하여 B은행과 다음 조건의 옵션을 거래하였다.

- 거래일 : 2007년 1월 15일(만기 1년)
- 거래일 현재 시장환율 : 938.6원, 1년 NDF 환율 : 932.2원
- 풋옵션 매입 : 행사환율 960.0원, 금액 5백만달러
- 콜옵션 매도 : 행사환율 960.0원, 금액 10백만달러

A기업의 만기시 시장환율별 손익구조 비교

만기 시장환율	Target Forward 거래 시	선물환(NDF) 매도 시
환율 ≤ 932.2	(960－만기환율) × 5백만달러 이익	(932.2－만기환율) × 5백만달러 이익
932.2 ＜ 환율 ≤ 960	(960－만기환율) × 5백만달러 이익	(만기환율－932.2) × 5백만달러 손실
환율 ＞ 960	(만기환율－960) × 10백만달러 손실	(만기환율－932.2) × 5백만달러 손실

따라서 A기업은 이러한 헤지거래를 통하여 만기환율이 손익분기점인 981.4원보다 더 높게 올라가면 환율이 1원 상승할 때마다 누적적으로 5백만원의 손실을 보게 된다.

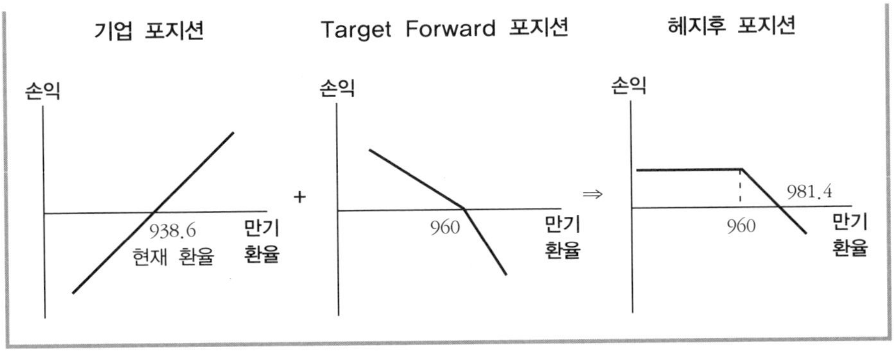

3. Enhanced Target Forward

Enhanced Target Forward는 동일한 만기의 콜옵션 1개와 풋옵션 2개를 동시에 매입 · 매도하는 거래이다. 예를 들어 수출업체의 경우에는 동일한 행사환율의 풋옵션을 1개 매입하고 콜옵션을 2개 매도하는 동시에 이보다 낮은 행사환율의 풋옵션을 1개 매도하는 거래이다. 여기서 풋옵션 매도거래의 행사환율이 풋옵션 매입거래의 행사환율보다 낮기 때문에 만기환율이 매도 풋옵션의 행사환율보다 낮은 범위 내에서 움직일 경우 특정 수준의 환차익을 획득할 수 있게 된다.

〈예시〉

수출업체인 A기업은 수출액 1백만달러에 대한 환율 변동위험을 헤지하기 위하여 B은행과 다음 조건의 옵션을 거래하였다.

- 거래일 : 2007년 11월 13일
- 만기 : 2008년 1월 29일부터 2009년 12월 31일까지 월단위
- 거래일 현재 시장환율 : 918.7원
- 풋옵션 매도 : 행사환율 875원, 금액 1백만달러
- 풋옵션 매입 : 행사환율 926.5원, 금액 1백만달러
- 콜옵션 매도 : 행사환율 926.5원, 금액 2백만달러

Enhanced Target Forward의 만기시 시장환율별 손익구조

만기 시장환율	Enhanced Target Forward 거래시 손익
환율 ≤ 875.0	(926.5 − 875.0) × 1백만달러 이익
875.0 < 환율 ≤ 926.5	(926.5 − 만기환율) × 1백만달러 이익
환율 > 926.5	(만기환율 − 926.5) × 2백만달러 손실

따라서 A기업은 이러한 헤지거래를 통하여 만기환율이 875.0~926.5원 범위 내에서 결정되면 헤지후 포지션으로부터 7.8백만원의 이익을 확정시킬 수 있다.

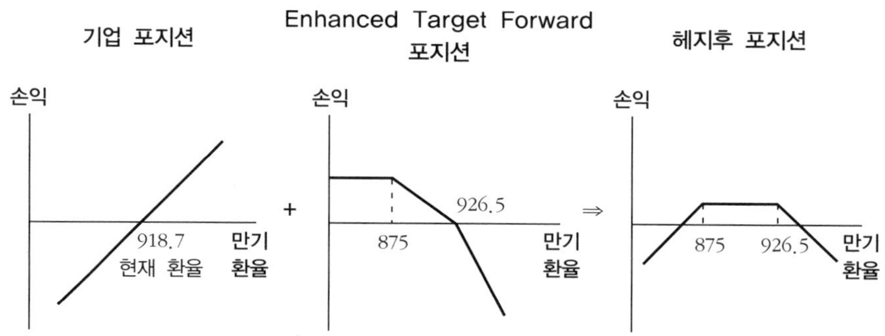

4. Target Redemption Forward

Target Redemption Forward는 일반 Target Forward에 효력발생조건(Trigger event)이 추가된 상품으로서 월별 내재가치(MIV : Monthly Intrinsic Value)의 누적액(CIV : Cumulative Intrinsic Value)이 효력발생(Trigger) 수준을 상회할 경우 잔여 통화옵션이 소멸(Knock-out)되는 거래이다. 이 거래는 환율의 변동성이 크지만 환율의 하락폭이 제한될 것으로 예상되는 경우에 유리한 손익구조를 갖는다. 또한 Target Redemption Forward는 일반 Target Forward보다 높은 행사환율을 설정할 수 있기 때문에 효력발생조건이 발생하지 않을 경우에는 높은 환율로 외화를 매도할 수 있는 장점이 있다.

〈예시〉

수출업체인 A기업은 환율 변동위험을 헤지하기 위하여 B은행과 다음 조건의 옵션을 거래하였다.

- 거래일 : 2007년 11월 17일, 만기일 : 2009년 5월 29일
- 각 회차별 행사환율 : 1회~5회 950원, 6회~10회 933원, 11회~18회 925원
- 풋옵션 매입 : 16.2백만달러(18개 기간중 각각 0.9백만달러)
- 콜옵션 매도 : 32.4백만달러(18개 기간중 각각 1.8백만달러)
- 옵션 프리미엄 : 8만달러(A기업이 수취)
- Trigger event : 회차별 MIV[Max(행사환율 - 시장환율, 0)]의 누적액이 100원(Trigger 수준)을 상회하는 경우 발생
- Trigger event 발생시 : Trigger event 발생회차에는 행사환율이 조정*되며, 이후 잔여옵션은 소멸

* 해당회차 옵션결제일의 시장환율 + 100원(Trigger수준) - 직전 회차까지의 MIV 누적액

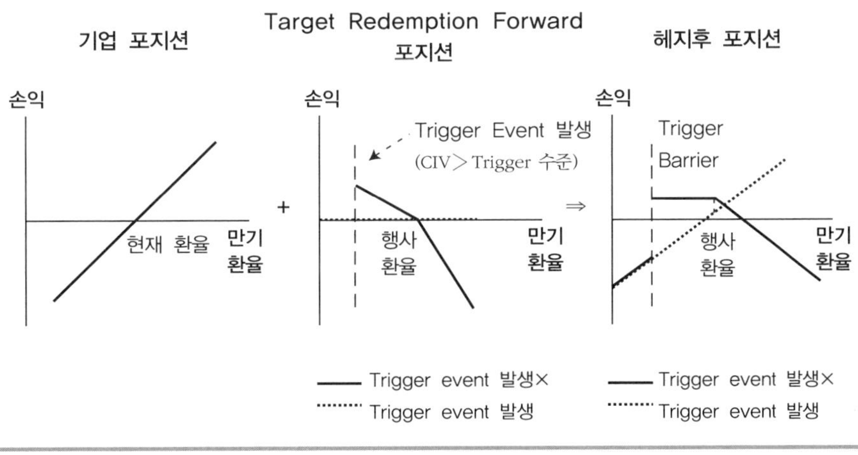

5. Caterpillar

Caterpillar는 Window형 만기구조에 일정기간 동안 풋옵션과 콜옵션 비율

을 1:2로 유지하다가 잔여기간에는 1:1로 적용하는 거래로서 기업은 일정기간 후 환율이 상승할 것으로 전망하는 경우 레버리지 적용을 배제하여 환손실 규모를 제한할 수 있다. 결과적으로 1:1 비율이 적용되는 기간에는 일반 선물환, 1:2 비율이 적용되는 기간에는 Target Forward와 같은 손익구조를 가지게 된다.

〈예시〉

수출업체인 A기업은 환율 변동위험을 헤지하기 위하여 B은행과 다음 조건의 옵션을 거래하였다.

- 거래일 : 2007년 12월 3일, 만기일 : 2008년 11월 27일
- 행사환율 : 930원
- 풋옵션 매입 : 2.4백만달러(12회차 모두 각각 0.2백만달러)
- 콜옵션 매도 : 4.2백만달러(9회차까지 각각 0.4백만달러, 10회차 이후 0.2백만달러)
- 옵션 프리미엄 : 9천달러
- Knock-out 환율 : 880원

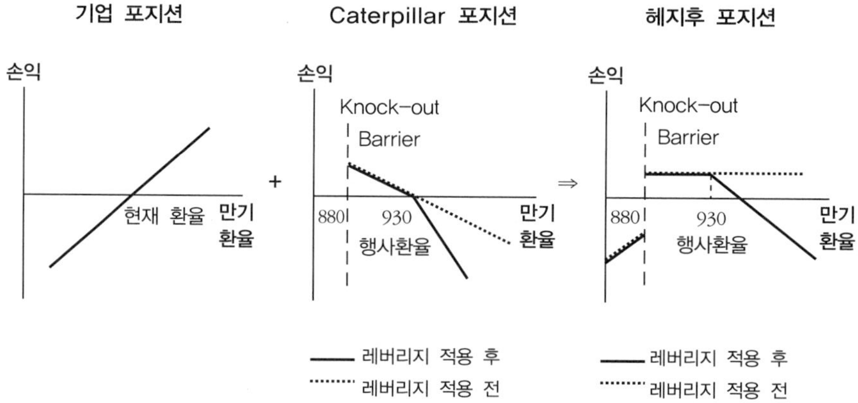

6. Barrier Option

Barrier Option은 환율이 특정 Barrier에 도달할 경우 옵션이 발효(Knock-in)되거나 소멸(Knock-out)되는 조건을 부가한 거래로서 일반 선물환 가격(환율)보다 유리하게 행사환율을 설정할 수 있다.

1) Knock-in(KI) 옵션

Enhanced Target Forward 거래의 콜옵션(매도)에 KI 조건을 부가하여 옵션기간 중 환율이 KI barrier 이상으로 상승하면 콜옵션(매도)이 발효된다.

〈예시〉

수출업체인 A기업은 환율 변동위험을 헤지하기 위하여 B은행과 다음 조건의 옵션을 거래하였다.

- 거래일 : 2007년 11월 15일
- 만기 : 2008년 11월 17일(최종 만기)까지 매월 15일(window형)
- 거래일 현재 시장환율 : 915.5원
- 풋옵션 매도 : 행사환율 885.0원, 금액 5백만달러
- 풋옵션 매입 : 행사환율 915.0원, 금액 5백만달러
- 콜옵션 매도 : 행사환율 915.0원, 금액 10백만달러(KI barrier : 935.0원)
- A기업은 16만달러의 프리미엄을 수취

KI Enhanced Target Forward의 만기시 시장환율별 손익구조

만기 시장환율	Barrier	KI Enhanced Target Forward 거래시 손익*
환율 ≤ 885	–	(915 – 885) × 5백만달러 이익
885 < 환율 ≤ 915	–	(915 – 만기환율) × 5백만달러 이익
환율 > 915	Knock-in event 발생	(만기환율 – 915) × 10백만달러 손실
	Knock-in event 미발생	손익이 발생하지 않음

* 옵션 프리미엄 제외

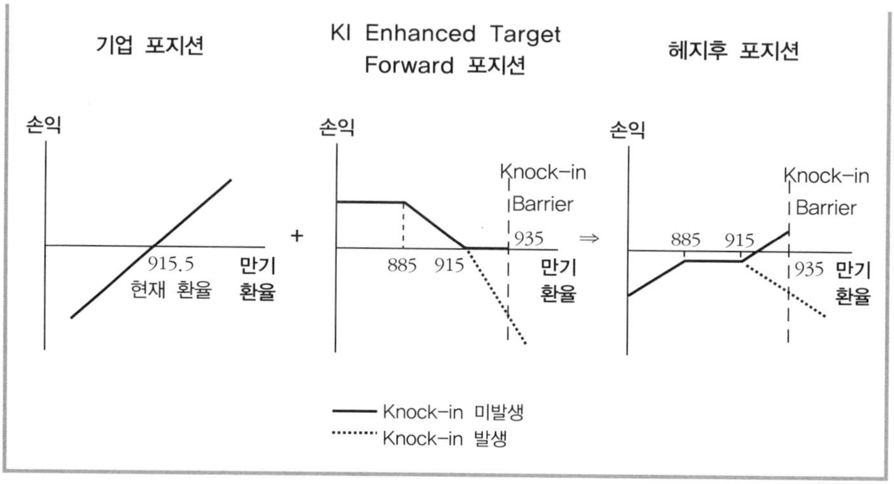

2) Knock-out(KO) 옵션

Target Forward거래의 풋옵션(매입)에 KO 조건을 부과하여 옵션기간 중 환율이 KO barrier 이하로 하락하면 풋옵션(매입)이 소멸되는 구조이다.

〈예시〉

수출업체인 A기업은 환율 변동위험을 헤지하기 위하여 B은행과 다음 조건의 옵션을 거래하였다.

- 거래일 : 2007년 11월 8일, 만기 : 2007년 12월 26일
- 거래일 현재 시장환율 : 804.41원/100엔
- 풋옵션 매입 : 행사환율 825.00원, 금액 3억엔(KO barrier : 780.00원)
- 콜옵션 매도 : 행사환율 825.00원, 금액 6억엔
- 옵션 프리미엄 : 없음

KO Target Forward의 만기시 시장환율별 손익구조

Barrier	만기 시장환율	Knock-out Target Forward 거래시 손익
Knock-out event 발생	·	손익이 발생하지 않음
Knock-out event 미발생	환율 < 825.0	(825.0 − 만기환율) × 3억엔/100 이익
	환율 ≥ 825.0	(만기환율 − 825.0) × 6억엔/100 손실

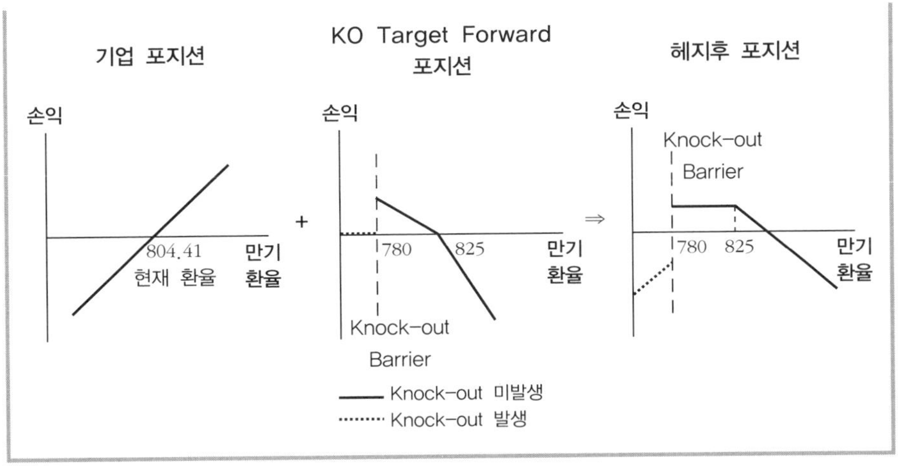

3) Knock-in Knock-out(KIKO) Forward

KIKO Target Forward는 풋옵션(매입)에 KO, 콜옵션(매도)에 KI 조건을 부가하여 옵션기간 중 환율이 KO barrier 이하로 하락하면 풋옵션(매입)이 소멸되고, 환율이 KI barrier 이상으로 상승하면 콜옵션(매도)이 발효되는 상품구조이다. 이 거래는 환율하락을 전망하는 수출기업이 환헤지 수단으로 주로 활용하는데 전망과 달리 시장환율이 상승하더라도 콜옵션의 KI 수준에 도달하지 않는 한 행사환율보다 높은 시장환율로 수출대금을 매도할 수 있는 장점이 있다. 그러나 시장환율이 KI 환율을 상회하면 콜옵션(매도)이 발효되며 환율상승세가 지속될 경우에는 기업이 옵션만기시 수출대금의 2배 이상을 시장환율보다 낮은 행사환율로 매도해야 하기 때문에 거액의 손실발생 위험에 노출된다. 또한 옵션만기 전에도 환율이 크게 상승하면 '매입 풋옵션'의 행사가능성은 낮아지고 '매도 콜옵션'의 행사가능성은 높아지면서 두 옵션의 가치가 모두 하락하여 평가손실이 발생하게 된다.

한편 KIKO 거래가 외환시장에 미치는 영향을 살펴보면 다음과 같다. 만약 옵션 만기시점에서 시장환율이 상승하여 콜옵션이 발효되면 기업은 수출대금을 초과하는 규모의 현물환을 외환시장에서 매입하여 결제하여야 한다. 또한 은행도 기업이 관련 옵션을 조기 청산하거나 만기시 콜옵션 결제의무를 이행하지 못할 경우에는 은행의 헤지 포지션을 상쇄하기 위하여 현물환을 매입하여야 하기 때문에 외환시장에서 환율상승 압력으로 작용하게 된다.

2005년 3월부터 국내시장에서 KIKO가 거래되기 시작하여 수출 중소기업을 중심으로 거래가 크게 확대되어 왔다. 그 배경에는 경상수지가 흑자를 보이는 가운데 조선 · 중공업 및 일반수출기업의 미래 수출외화에 대한 헤지수요가 계속 증가함에 따라 원/달러환율이 지속적으로 하락하였다. 그 결과 외환시장에서 형성되는 선물환율이 이론가격에서 크게 벗어나 현물환율보다 오히려 낮은 디스카운트 상태를 나타내었다. 이에 따라 수출기업은 매도환율을 제고하기 위하여 선물환보다는 KIKO거래를 더 선호하게되었다. 특히 수출기업의 한계환율 도달으로 KIKO거래를 하게 되면 매도환율을 10～20원 정도 높게 책정할 수 있다는 것은 큰 매력이었다. 한편, 원/달러 환율변동성은 주요 선진국 통화간 변동성보다 현저히 낮게 유지되어 왔기 때문에 장래 환율이 Knock-in, Knock-out 구간을 벗어날 가능성이 희박할 것으로 예상하였다. 실제로 2005년 1월부터 2008년 2월까지 기간중 환율변동성(연간)을 보면 원/달러(5.97%)가 엔/달러(9.17%), 달러/유로(8.03%)보다 낮게 나타났다. 그 결과 원/달러환율의 상승 및 상승폭 확대위험을 상당히 낮게 평가함으로써 KIKO의 개발 및 거래가 촉진된 측면이 있다. 그리고 일반적으로 기업은 환위험 헤지에 수반되는 비용(hedge cost)부담을 꺼려하기 때문에 비대칭적으로 옵션의 매입과 매도를 결합하여 기업이 프리미엄을 부담하지 않도록 설계된 무비용(Zero-cost) 옵션거래인 KIKO를 선호하였다. 그러나 2008년 3월 중순부터 해외펀드 헤지를 위한 선물(환) 매입수요가 폭발적으로 증가하면서 원/달러환율이 1,000원 이상으로 상승함에 따라 대부분의 KIKO는 Knock-in 상태로 전환되어 거래기업들의 손실이 눈덩이처럼 불어나기 시작하였다.

〈예시〉

수출업체인 A기업은 환율 변동위험을 헤지하기 위하여 B은행과 다음 조건의 옵션을 거래하였다.

- 거래일 : 2007년 12월 26일
- 만기 : 최종 만기일(2009년 6월 26일)까지 매월 26일 옵션 결제
- 거래일 현재 시장환율 : 938.3원/달러
- 풋옵션 매입 : 행사환율 932.0원, 금액 0.5백만달러(KO barrier 863.0원)
- 콜옵션 매도 : 행사환율 932.0원, 금액 1.0백만달러(KI barrier 973.0원)
- A기업이 옵션 프리미엄 48,000달러 수취

KIKO Target Forward의 만기시 시장환율별 손익구조

만기 시장환율	KIKO Target Forward 거래시 손익*
환율 ≤ 863	손익이 발생하지 않음
836 < 환율 < 932	(932.0 − 만기환율) × 0.5백만달러 이익
932 ≤ 환율 < 973	손익이 발생하지 않음
973 ≤ 환율	(만기환율 − 932) × 1백만달러 손실

* 옵션 프리미엄(48,000달러)은 제외

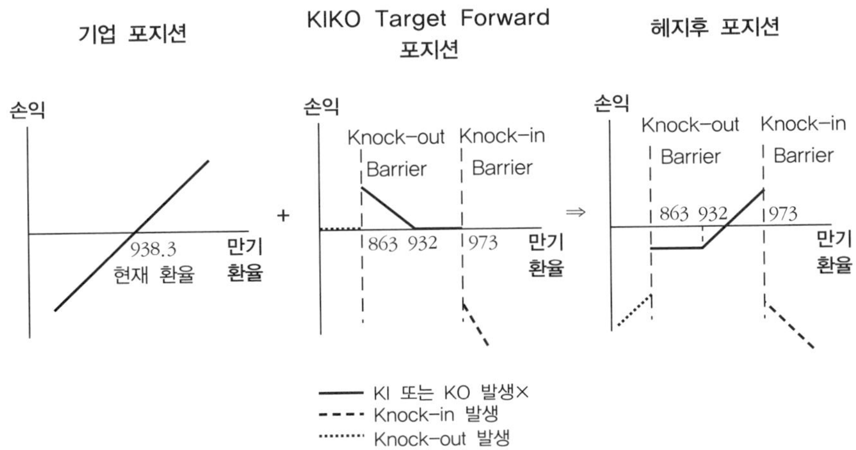

〈사례〉 KIKO Target Foward

A기업은 B은행으로부터 원/유로 KIKO Target Forward를 매입하기 위해 다음과 같이 옵션계약을 20개 기간으로 분리하여 체결하였다.

① A기업은 B은행으로부터 Knock-out 풋옵션을 매입
- 금액 : 1,000만 유로(20개 기간중 각각 50만 유로)
- 계약개시일 : 2007년 10월 23일
- 계약만기일 : 2009년 7월 2일
- 행사환율 : 1,337.0원(Knock-out Barrier : 1,280.0원)

② A기업은 B은행에 Knock-in 콜옵션을 매도
- 금액 : 2,000만 유로(20개 기간중 각각 100만 유로)
- 계약개시일 : 2007년 10월 23일
- 계약만기일 : 2009년 7월 2일
- 행사환율 : 1,337.0원
  (Knock-in Barrier : 1,360.0원)

A기업은 B은행을 비롯한 다수 은행과 풋옵션 매입(총 3,800만 유로)과 콜옵션 매도(총 1억 2,005만 유로)의 Target Forward 옵션 계약을 체결함으로써 2008년 2월 말 현재 13억원의 거래손실이 발생하였다. 또한 원/유로환율이 상승세를 지속하여(2008년 3월 17일 종가 1,553.41원) 풋옵션의 시장가치는 0에 가까워지고 콜옵션의 시장가치는 크게 상승함에 따라 2008년 2월 말 현재 110억원에 달하는 대규모 평가손실이 발생하였다.

KIKO Target Forward의 손익구조

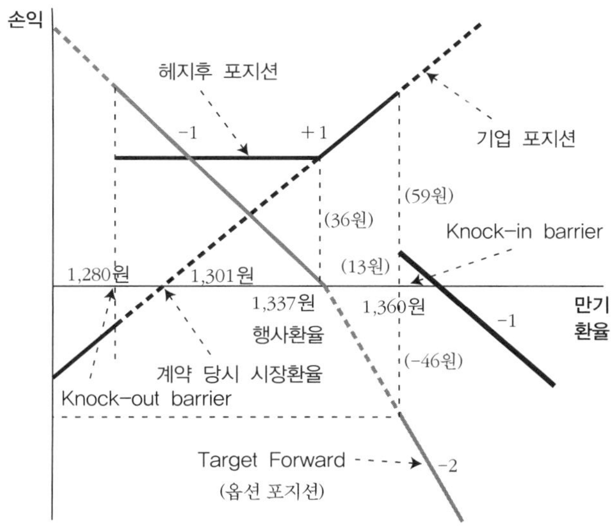

- 기업 포지션 : 계약시점의 환율 1,301원을 기준
- Target forward(옵션 포지션) : 1,337원 초과 시에는 기울기가 -2가 됨
- 헤지후 포지션 : 기업 포지션 + 옵션 포지션
- 이 상품의 특징은 환율이 1,280원에서 1,337원 사이에 있을 때에는 달러당 36원(1,337-1,301원)의 이익이 발생하고 1,337원부터 1,360원 사이에서는 36원부터 59원까지의 이익이 발생하지만 1,280원 이하 혹은 1,360원 이상일 때에는 손실이 커짐
- 기본적으로 수출업체들에게 팔린 타겟 포워드(Target forward)는 환율하락에 대비하기 위해 풋옵션을 한 개 사고 콜옵션을 두 개 팔아 풋옵션 매입비용을 충당한 것임
  ⇒ 기업이 별도의 비용을 부담하지 않기 때문에 zero-cost option

7. Seagull

Seagull은 동일한 만기와 동일한 금액의 풋옵션과 콜옵션 3개를 조합하여 동시에 매입 · 매도하는 거래로서 Enhanced Target Forward와 달리 개별 옵션의 행사환율이 서로 다른 경우이다. 이 거래는 환율의 움직임이 상 · 하방 경직성을 나타낼 때 단기적인 헤지수단으로 활용된다. 그러나 환율이 일정 지지선이나 저항선을 넘으면 손실위험에 노출된다.

〈예시〉

수출업체인 A기업은 환율 변동위험을 헤지하기 위하여 B은행과 다음 조건의 옵션을 거래하였다.

- 거래일 : 2007년 11월 23일
- 만기 : 최종 만기일(2008년 7월 29일)까지 매월 28일 결제
- 거래일 현재 시장환율 : 930.6원
- 풋옵션 매도 : 행사가격 906.8원, 금액 7백만달러
- 풋옵션 매입 : 행사환율 925.0원, 금액 7백만달러
- 콜옵션 매도 : 행사환율 930.0원, 금액 7백만달러
- 옵션 프리미엄 : 풋옵션 매입에 따른 프리미엄을 콜옵션과 풋옵션 매도로 상쇄

Seagull의 만기시 시장환율별 손익구조

만기 시장환율	Seagull 거래시 손익
환율 ≤ 906.8	(925 − 906.8) × 7백만달러 이익
906.8 ≤ 환율 ＜ 925	(925 − 만기환율) × 7백만달러 이익
925 ＜ 환율 ≤ 930	손익이 발생하지 않음
환율 ＞ 930	(만기환율 − 930) × 7백만달러 손실

이 거래의 손익구조를 보면 4개의 서로 다른 구간이 만들어지는데 환율이 906.8원(지지선) 아래로 떨어질 경우 기업의 헤지후 포지션상에서 손실이 확대된다.

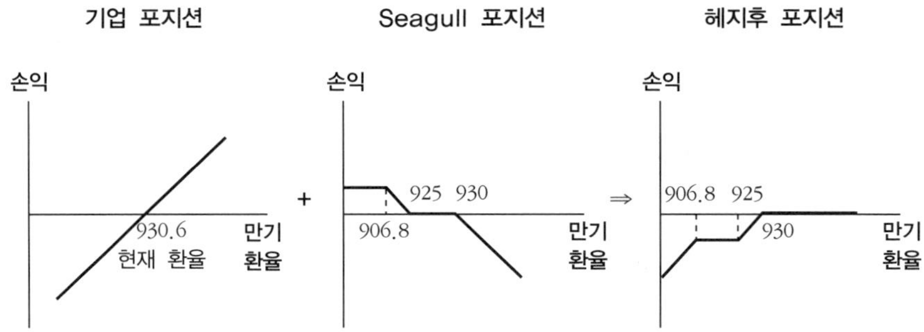

8. Average Rate Option

이 거래는 옵션의 행사여부가 만기 시장환율 대신 일정기간 동안의 평균환율에 의해 결정되는 옵션이다. 따라서 거래손익도 평균환율과 행사환율의 차이로 산출하는데, 다만 만기환율이 평균환율보다 높을 경우 동일한 구조의 Range Forward 거래가 더 유리하다. 항공·해운업체 등 일정한 외환수요가 지속적으로 발생하는 기업은 환율의 변동성 확대에 대응하여 옵션기간 중 평균환율로 행사여부를 결정하는 것이 기업 경영에 더 안정적인 효과를 얻을 수 있다.

〈예시〉

수입업체인 A기업이 Asian 콜옵션(매입)과 Asian 풋옵션(매도)을 결합한 옵션(Average Rate Option)*을 다음 조건으로 B은행으로부터 매입하였다.

- 거래일 : 2006년 11월 6일
- 만기 : 2008년 1월 31일부터 2008년 12월 30일까지 매월 옵션결제
- 거래일 현재환율 : 906.1원
- 행사여부 결정환율 : 옵션결제월 중 평균환율
- 콜옵션 매입 : 행사환율 1,000.0원, 금액 10백만달러
- 풋옵션 매도 : 행사환율 865.0원, 금액 10백만달러
- 옵션 프리미엄 없음

Average Rate Option의 평균환율별 손익구조

평균환율	Average Rate Option 거래시 손익
평균환율 ≤ 865.0	(865.0－평균환율) × 10백만달러 손실
865.0 < 평균환율 ≤ 1,000.0	손익 발생하지 않음(시장환율로 거래)
1,000.0 < 평균환율	(평균환율－1,000.0) × 10백만달러 이익

* Asian Option이라고도 칭함.

Average Rate Option의 손익구조

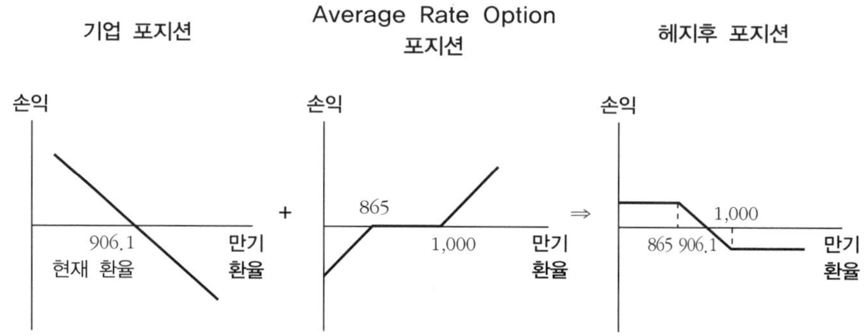

9. Lookback Option

옵션계약 시점에서 행사환율이 정해져 있지 않고 옵션 보유자에게 만기시의 행사환율 선택 권리가 부여된 옵션이다. 즉, 옵션거래 시점부터 만기일 이전에 실현된 기초자산의 가격에 대하여 콜옵션 매입자는 가장 낮은 환율을, 풋옵션 매입자는 가장 높은 환율을 행사환율로 선택한다. 옵션 매입자는 행사환율을 선택하는 대신 여타 옵션에 비해 높은 프리미엄을 지급하기 때문에 '만기시 시장환율과 행사환율의 차이'가 옵션거래손익을 결정한다.

〈예시〉

A기업이 B은행으로부터 다음 조건으로 Lookback 콜옵션을 매입하였다.

- 거래일 : 2006년 4월 12일, 만기 : 2008년 4월 14일
- 거래일 현재환율 : 955.6원
- 명목금액 : 479백만달러
- 옵션 프리미엄 : 명목금액 × 7.70%
- 만기시 옵션매입 기업의 거래이익 산출 :

명목금액 × min[20%, max{(행사환율* - 만기 시장환율)/거래일 환율, 0%}]

* 옵션기간 중 가장 낮은 환율

Lookback Option의 시장환율별 손익구조

만기환율 - 최저환율	Lookback Option 거래시 손익*
(환율차/거래일 환율) ≤ 0	7.7% × 479백만달러(옵션 프리미엄) 손실
0% <(환율차/거래일 환율) ≤ 7.7%	(7.7% - 환율차/거래일 환율) × 479백만달러 손실
7.7% <(환율차/거래일 환율) ≤ 20%	(환율차/거래일 환율 - 7.7%) × 479백만달러 이익
20% <(환율차/거래일 환율)	(20% - 7.7%) × 479백만달러 이익

* 만기시 옵션 프리미엄의 가치를 7.7% × 479백만달러로 계산

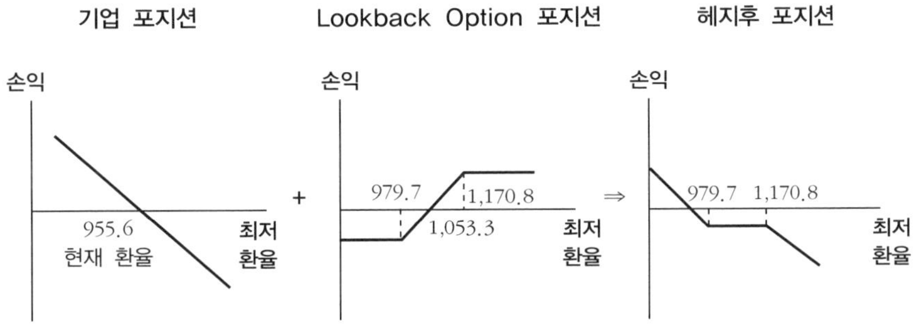

*2008년 4월 14일 종가 : 979.7

10. Compound 옵션

옵션에 대한 옵션(Options on Options)으로서 특정한 옵션 자체를 기초자산으로 설정한 옵션이다. Compound 옵션은 일정 시간이 지난 뒤에 옵션의 매도 또는 매입을 결정하여야 할 경우 이용되며 크게 Call on Call, Call on Put, Put on Call, Put on Put 등 4종류가 있다. 예를 들어 Call on Call의 경우 옵션 매입자는 첫 만기일인 t시점에 행사가격(1)을 지불하고 콜옵션을 매입할 권리가 주어지며, 매입한 콜옵션은 두 번째 만기일인 T시점에 행사가격(2)으로 기초자산을 매입할 수 있는 권리가 주어진다.

〈예시〉

A기업이 B은행으로부터 다음 조건으로 Call on Put 옵션을 매입하였다.

- 매입 대상 Put 옵션(매입) 내역
  - 옵션개시일 : 2009년 12월 29일, 만기 : 2014년 9월 29일
  - 행사환율 : 926.4원, 명목금액 : 15백만달러
  - 옵션 프리미엄 : 945천달러

- Call 옵션 : 매입대상 풋옵션(매입)이 개시일에 내가격 상태에 있으면 옵션을 행사하여 풋옵션의 기초자산에 대한 이익을 수취할 권리를 가지고 외가격 상태에 있으면 옵션 소멸
  - 거래일 : 2007년 6월 29일
  - 만기(풋옵션 개시일) : 2009년 12월 29일
  - 옵션 프리미엄 : 375천달러

Compound Option(Call on Put)의 기간별 현금흐름 구조

기간별 환율	콜옵션 거래일 (Compound)	풋옵션 개시일	기초자산 만기
개시일 환율＞926.4	−375천달러 (옵션 프리미엄)	0	0
개시일 환율 ≤ 926.4 만기 환율＞926.4	−375천달러 (옵션 프리미엄)	−945천달러 (옵션 프리미엄)	0
개시일 환율 ≤ 926.4 만기 환율 ≤ 926.4	−375천달러 (옵션 프리미엄)	−945천달러 (옵션 프리미엄)	(만기 환율−926.4) × 15백만달러 이익

Compound Option의 손익구조

(기초자산 개시일 환율＞926.4)

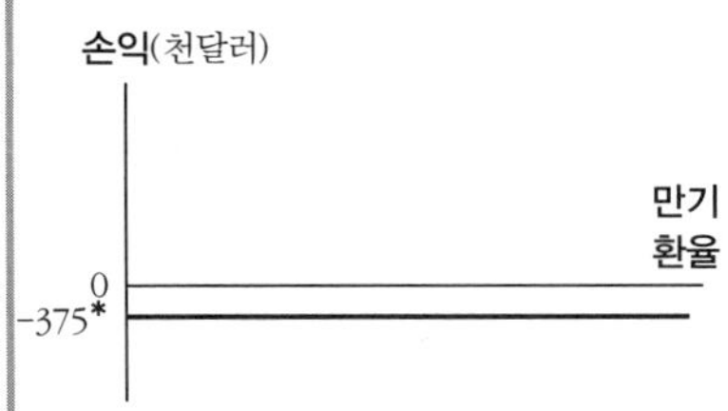

(기초자산 개시일 환율 ≤ 926.4)

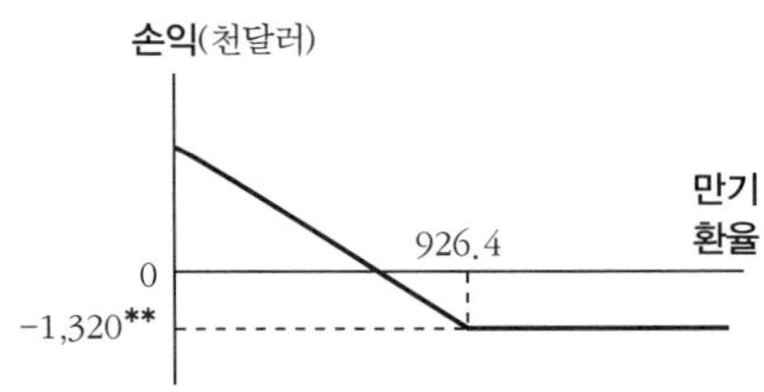

* Compound 프리미엄 = $375천달러

** Compound 프리미엄 + 기초자산 프리미엄 = $1,320천달러

11. Dual Currency Structured Forward

2개의 통화옵션이 결합된 상품으로서 수출기업이 수출대금을 기간별로 달러화, 유로화 등으로 받는 경우 결제통화에 내재된 환위험을 헤지하기 위하여 활용된다.

〈예시〉

A기업이 원/달러 Forward(매도)와 원/유로 Target Forward(매입)를 결합한 옵션을 다음 조건으로 B은행으로부터 매입하였다.

- 거래일(2007년 8월 22일) 현재환율 : 원/달러 944.60, 원/유로 1,271.48
- 원/달러 거래
  - Forward 매도 : 행사환율 963.45원, 금액 10백만달러
  - 만기 : 2008년 2월 5일부터 2008년 5월 13일까지 매월
- 원/유로 거래
  - 풋매입 및 콜매도 : 행사환율 1,293.65원, 금액 10백만유로(Put)와 20백만유로(Call)
  - 만기 : 2008년 6월 13일부터 2009년 3월 27일까지 매월

Dual Currency Structured Forward의 만기환율별 손익구조

만기환율		Dual Currency Structured Forward 거래시 손익
원/달러	환율 ≤ 963.45	(963.45 − 시장환율) × 10백만달러 이익
	환율 > 963.45	(시장환율 − 963.45) × 10백만달러 손실
원/유로	환율 ≤ 1,293.65	(1,293.65 − 시장환율) × 10백만유로 이익
	환율 > 1,293.65	(시장환율 − 1,293.65) × 20백만유로 손실

〈원/달러〉

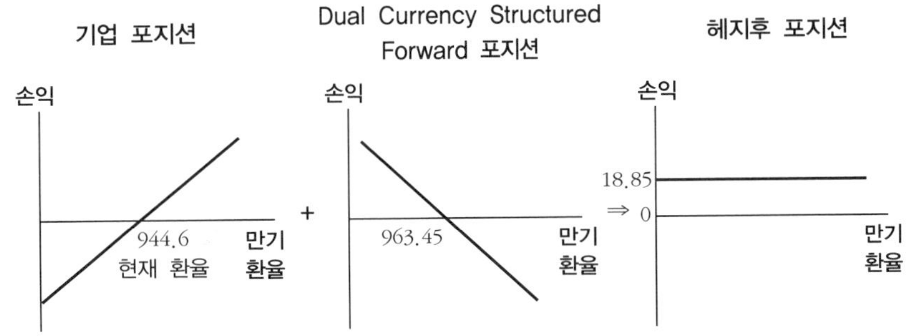

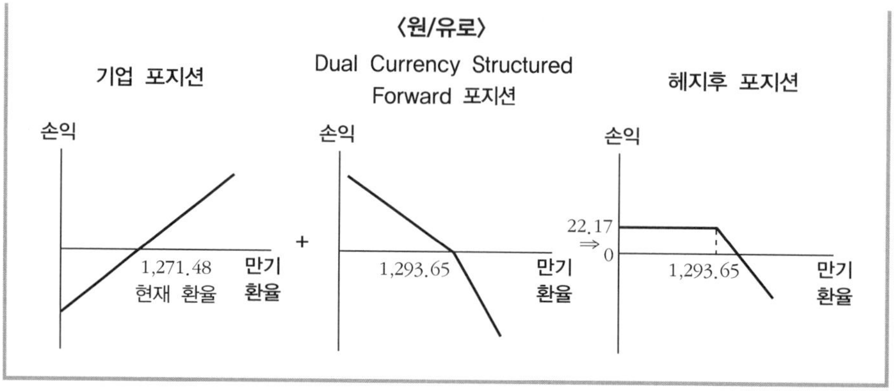

12. Pivot Forward

Pivot Forward는 환율이 큰 변동없이 일정한 범위 내에서 움직일 경우에는 기업에 이익이 되지만 환율이 상·하단부 범위를 벗어날 경우에는 손실이 확대되는 고위험 통화옵션상품이다. 이 상품의 손익구조를 보면 기업은 ① 시장환율이 하단부 행사환율과 중심환율 사이에 있을 경우에는 기업이 계약금액을 하단부 행사환율로 매입하고, ② 시장환율이 상단부 행사환율과 중심환율 사이에서는 상단부 행사환율로 계약금액을 은행에 매도함으로써 이익이 발생한다. 반면에 ① 시장환율이 하단부 행사환율 이하이면 기업이 계약금액의 2배를 하단부 행사환율로 매입하고, ② 시장환율이 상단부 행사환율 이상이 되면 계약금액의 2배를 상단부 행사환율로 매도함으로써 손실이 가중된다.

〈예시〉

A기업이 B은행으로부터 다음 조건으로 옵션을 매입하였다.

- 거래일 : 2007.7.3, 만기 : 2007.8.2일부터 2008.1.8일까지 월단위 결제
- 거래일 현재 시장환율(원/엔) : 7.54
- 콜옵션 매입 : 하단부 행사환율 7.39원, 금액 1억엔

-콜옵션 매도 : ① 상단부 행사환율 7.69원, 금액 1억엔

② 중심환율(pivot rate) 7.50원, 금액 2억엔

-풋옵션 매도 : 하단부 행사환율 7.39원, 금액 2억엔

Pivot Forward의 만기시 시장환율별 손익구조

만기 시장환율	Pivot Forward 거래시 손익
환율 ≤ 7.39	(7.39-만기환율) × 2억엔 손실
7.39 < 환율 ≤ 7.5	(만기환율-7.39) × 1억엔 이익
7.5 ≤ 환율 < 7.69	(7.69-만기환율) × 1억엔 이익
7.69 ≤ 환율	(만기환율-7.69) × 2억엔 손실

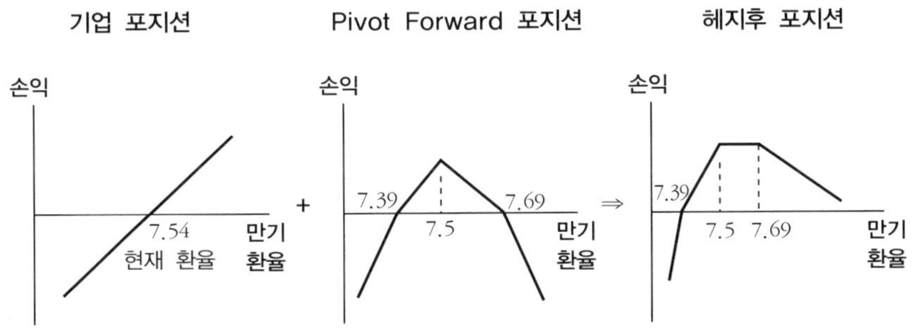

13. Snowball Target Forward

Target Forward와 거래구조가 동일하나 행사가격이 전기 행사환율과 당기 시장환율에 연동하여 결정되기 때문에 시장환율이 높아짐에 따라 행사환율이 높아지거나 낮아지게 된다. 예를 들어 시장환율 상승에 따라 행사환율이 높아지는 상품은 환율변동에 따른 손익발생 위험을 축소할 수 있는 반면에 행사환율이 낮아지는 상품은 환율이 상승할 경우에 콜옵션 매도금액의 레버리지로 인해 대규모 평가손실 발생위험이 내재되어 있다. 2008년에 들어 원화 가치가 급격히 하락(환율상승)함에 따라 평가손실이 크게 확대된 일부 기업은 당초 거래를 청산하고 Snowball Target Forward로 거래구조를 변경(restructuring)함으로써 더 큰 손실을 입었다.

〈예시〉

A기업은 B은행으로부터 Snowball Target Forward를 다음 조건으로 매입하였다.

－풋옵션 매입금액 : 12억엔(24개 기간중 각각 0.5억엔)
－콜옵션 매도금액 : 24억엔(24개 기간중 각각 1억엔)
－계약개시일 : 2007년 8월 6일, 계약만기일 : 2009년 8월 4일
－행사환율(1회차～3회차) : 853원/100엔
　행사환율(4회차 이후) : [전기행사환율 + 853원 − 당기 시장환율]

그러나 A기업은 원/엔환율 상승으로 행사환율이 하락하고 평가손실이 늘어남에 따라 다음과 같이 Window KIKO Target Forward로 구조를 변경하고 옵션금액과 계약기간을 늘림으로써 행사환율을 개선하는 한편, 기존거래 청산에 따른 손실을 보전하기 위해 B은행으로부터 19.85억원의 프리미엄을 수취하였다.

－풋옵션 매입금액 : 90억엔(30개 기간중 각각 3억엔)
－콜옵션 매도금액 : 180억엔(30개 기간중 각각 6억엔)
－계약개시일 : 2008.1.31, 계약만기일 : 2010.7.28
－행사환율 : ① 시장환율이 900원을 한 번이라도 상회할 경우 → 900원
　　　　　　② 시장환율이 910원을 한 번이라도 상회할 경우 → 910원
　　　　　　③ 시장환율이 920원을 한 번이라도 상회할 경우 → 920원
－Knock-in 환율 : 940원, Knock-out 환율 : 850원
－프리미엄 : 19.85억원

〈예시〉 은행의 통화옵션 거래에 따른 포지션 헤지

은행은 옵션기간 동안 옵션가치에 영향을 미치는 환율등락에 따른 손실위험을 헤지하기 위해 델타(Delta)헤지 거래를 병행, 델타(Delta)란 기초자산 가치변화에 따른 옵션가치의 민감도로 옵션 포지션의 헤지를 위해 매매해야 하는 기초자산의 규모(옵션계약금액 대비 비중)를 표시

- 콜옵션 매입(풋옵션 매도) 포지션을 가진 은행은 환율상승시 옵션가격 상승(하락)에 따른 델타값 상승(하락)으로 현물환을 매도(매입)하여 손익을 상쇄

- 환율상승이 지속될 경우에는 은행이 매입한 콜옵션의 행사가능성이 높아져 옵션가격도 상승함에 따라 현물환 매도규모도 확대(이와 동시에 옵션만기까지의 금리위험 헤지*를 위해 buy & sell스왑을 거래)

* delta 산출시 일정한 금리수준 유지가 전제되므로 내재금리가 고정되는 선물환을 이용하여 헤지를 하여야 하나, 특정 만기의 선물환은 유동성이 부족하기 때문에 현물환 매매 및 외환스왑 거래로 대체

(예) 100만달러의 풋옵션 매도, 200만달러의 콜옵션 매입

① 최초 거래시(풋델타 : -0.4, 콜델타 : 0.1)

→ 현물환 60만달러 매도(100만달러 × 0.4 + 200만달러 × 0.1)

② 환율상승 및 Delta값 변경에 따른 추가 헤지(풋델타 : -0.2, 콜델타 : 0.5)

→ 현물환 60만달러 추가 매도

(100만달러 × 0.2 + 200만달러 × 0.5 - 60만달러)

③ 옵션만기 전 콜옵션의 내가격 옵션 전환에 따른 추가 헤지(풋델타 : 0, 콜델타 : 1)

→ 현물환 80만달러 추가 매도(200만달러 × 1 − 120만달러)

09 우리나라의 옵션거래

9.1 금리옵션

금리옵션(interest rate option)은 옵션거래의 손익이 금리수준에 의해 결정되며 옵션의 기초자산에 따라 채권(현물), 채권선물, 그리고 금리에 대한 옵션으로 분류할 수 있다. 금리옵션은 투자자나 기업의 재무관리자에게 중요한 금리위험 관리수단을 제공할 뿐만 아니라 지렛대 효과를 이용한 투기거래에도 매우 유용하게 활용되고 있다. 한국거래소(KRX)에서는 2002년 5월에 3년만기 국채선물옵션을 처음 상장하여 거래하기 시작하였으나 거래가 거의 이루어지지 않다가 결국 상장 폐지되었다.

국채선물옵션은 국채선물을 특정가격(행사가격)에 매입할 수 있는 권리(call option) 또는 매도할 수 있는 권리(put option)를 상대방에게 부여하고 그 상대방은 그 권리에 대한 대가(premium)를 지급할 것을 약정하는 거래이다. 과거 우리나라의 국채선물옵션은 거래대상이 국채선물(KTB futures)인 선물옵션(option on futures)상품이었다. 따라서 옵션의 권리행사와 배정에 관련된 거래자는 행사가격을 체결가격으로 하여 국채선물 미결제약정을 취득하였다. 이와 같이 국채옵션의 기초자산을 국채현물이 아닌 국채선물로 정하였던 이유는 다음과 같다. 국채 현물은 주로 장외시장을 통해 거래되기 때문에 일반 투자자들이 가격정보에 대한 접근이 상당히 어려운 데 반해, 국채선물은 장내시장(선물거래소)에서 거래되므로 유동성이 높고 가격이 실시간으로 제공될 뿐만 아니라 옵션 행사로 받게 되는 선물포지션의 청산이 용이하기 때문이었다. 현재 해외 선물거래소에서 거래되는 채권옵션의 경우에도 대부분 선물옵션을 채택하고 있다.

또한 과거 우리나라의 국채선물옵션은 국채선물을 거래대상으로 하는 선물옵션이면서 옵션만기일 이전에 언제라도 권리를 행사할 수 있는 미국형 옵션이었다. 그러나 현재 우리나라 선물시장에서 거래되고 있는 달러옵션과 KOSPI200 옵션은 현물지수를 대상으로 하는 현물옵션(cash option)이면서 만기일에만 권리를 행사할 수 있는 유럽형 옵션이다. 미국형 옵션은 옵션 매수자에게 최종거래일 이전에 언제라도 조기에 권리를 행사할 수 있는 선택의 기회를 제공한다. 따라서 미국형 옵션은 조기 권리행사를 통하여 만기일 이전이라도 이익을 실현할 수 있으며, 실현한 이익을 다시 재투자할 수 있다는 점이 유럽형 옵션에 비해 장점이라 할 수 있다. 일반적으로 선물옵션의 경우에는 대부분 미국형을 채택하고 있다. 이에 반하여 유럽형 옵션의 경우에는 최종거래일 이전에 내가(ITM)옵션인 경우 반대매매(전매/환매)를 통하여 이익을 실현할 수 있지만 깊은 내가옵션(deep ITM)의 경우에는 유동성이 충분치 않아 반대매매의 기회를 포착하는 것이 용이하지 않을 수 있다. 이와 같이 미국형 옵션은 만기일 이전이라도 반대매매에 의하지 않고 이익을 실현할 수 있기 때문에 유럽형에 비하여 프리미엄이 약간 높게 형성된다.

그리고 과거 우리나라 3년만기 국채선물옵션에서는 투자자들이 옵션의 권리행사로 받게 되는 선물포지션을 원활히 정리할 수 있는 시간적 여유를 주기 위하여 국채선물옵션의 최종거래일은 국채선물 최종거래일(세 번째 수요일의 직전 거래일)보다 2주 정도 앞서 도래하도록 설정되어 있었다. 즉, 국채선물의 경우 최종거래일 약 1주일 전부터 차근월물로 거래가 집중되는 경향을 보이기 때문에 거래가 차근월물로 이동되기 전에 약 1주일 가량의 시간적 여유를 제공함으로써 옵션의 거래자가 권리행사로 취득하게 되는 선물포지션을 원활히 정리할 수 있는 기회를 가질 수 있었다.

9.2 통화옵션

통화옵션(currency option)은 계약기간 또는 만기일에 특정 외국통화를 미리 결정한 환율(exercise price)로 매입하거나 또는 매도할 수 있는 권리이다. 우리나라의 통화옵션거래는 1999년 4월 한국선물거래소(KRX)가 개설되면서 미국달러옵션이 상장되어 거래되었으나 2003년 이후부터는 전혀 거래가 이루어지지 않고 있다.

한국거래소에 상장된 미국달러옵션은 기초자산이 미국 달러(현물)로 정해져 있는 현물옵션이다. 그러나 미국의 시카고상업거래소(CME)에서 거래되고 있는 통화옵션은 통화선물을 기초자산으로 하고 있는 선물옵션이다. 선물옵션은 행사시에 해당통화를 직접 인수도하는 것이 아니고 선물계약을 인수도하는 것이기 때문에 거래가 쉽고 상대적으로 가격이 저렴하다. 또한 공매의 제한이 없기 때문에 차익거래가 용이하다는 장점으로 인하여 많은 거래소에서는 현물옵션보다 선물옵션을 선호하고 있다. 그러나 우리나라 선물거래소에서는 선물거래에 대한 경험이 적은 국내사정을 고려하여 선물옵션 대신 현물옵션을 도입하였다.

우리나라의 통화옵션은 만기에만 행사가 가능한 유럽형 옵션으로서 단순하고 이해하기 쉬운 장점이 있다. 계약단위는 USD 10,000로 정하였는데 이는 종목 수가 7개나 되는 옵션의 유동성을 확보하기 위한 것이다.

그리고 권리행사에 따른 결제는 실물인수도(physical delivery settlement)로 이루어진다. 옵션행사 및 배정결과에 따라 옵션 매입자와 매도자가 미국 달러화와 원화대금을 각각 수수한다. 결제되는 미국달러금액 및 원화금액은 다음과 같이 계산된다.

i) 콜옵션의 경우

- 매입자 : "계약수 × 계약단위 × 행사가격" 상당의 원화를 지급하고 "계약수 × 계약단위" 만큼의 미국달러화 현물을 받는다.
- 매도자 : "계약수 × 계약단위" 상당의 미국달러화 현물을 지급하고 "계약수 × 계약단위 × 행사가격" 만큼의 원화를 받는다.

ii) 풋옵션의 경우

- 매입자 : "계약수 × 계약단위" 상당의 미국달러화 현물을 지급하고 "계약수 × 계약단위 × 행사가격" 만큼의 원화를 받는다.
- 매도자 : "계약수 × 계약단위 × 행사가격" 상당의 원화를 지급하고 "계약수 × 계약단위" 만큼의 미국달러화 현물을 받는다.

행사거부 요청이 접수되지 않은 포지션 중 내가격(ITM)옵션에 대해서는 거래소가 정한 기준에 따라 자동적으로 행사된다. 이때 행사된 옵션을 무작위방법에 의하여 회원(사)에게 배정하고 그 내용을 통보하며, 통보를 받은 회원은 다시 고객 계좌별로 자동 행사된 옵션행사 내용을 통지한다. 그리고 최소 행사단위에 대해서는 제한을 두지 않고 있다.

표 3-31 미국달러옵션 주요 계약명세 (2013년 1월 현재)

항목	내용
기초자산	미국 달러(USD)
거래단위	USD 10,000
결제월주기	분기월 중 2개와 그 밖의 월 중 2개
상장결제월수	6개월 이내에 3개 결제월
가격표시방법	원
호가가격단위	0.10원(1틱 = 1,000원)
행사유형	유럽식(European style)
행사가격간격	10원
행사가격의 수	신규결제월 상장시 각 결제월별 ITM(내가격) 3개, ATM(등가격) 1개, OTM(외가격) 3개. (총 7개)
신규 시리즈 상장방법	권리행사가격의 추가설정은 당일 현물환율종가가 변동할 경우를 기준으로 외가격 및 내가격 옵션이 3개 이상 존재하도록 다음날 새로운 권리행사 가격을 추가로 상장한다.
가격제한폭	기준가격 ±4.5%
포지션 한도	거래소가 필요하다고 판단할 경우 설정 가능
거래시간	월~금 : 09:00~15:00(중식시간 없이 연속거래) 최종거래일 : 09:00~11:30
최종결제일	최종거래일로부터 기산하여 3일째 거래일
최종거래일 및 만기일	최종거래일 : 결제월 3번째 월요일(공휴일인 경우 순차적으로 앞당김) 만기일 : 최종거래일이 만기일임
옵션매입 대금수수	거래일 다음 거래일
결제방법	인수도결제
단일가격경쟁거래	개장시(08:30~09:00) 균형가격에 의해 거래체결

9.3 주가지수옵션과 주식옵션

9.3.1 주가지수옵션

주가지수옵션이란 주가지수를 기초자산으로 하는 옵션거래를 말한다. 우리나라에서는 1997년 7월부터 KOSPI200지수옵션이 처음 거래되기 시작하였다.

1) 거래대상지수와 결제월

주가지수옵션거래의 대상지수는 주가지수선물과 마찬가지로 KOSPI200지수이다. 주가지수옵션의 결제월은 당월을 포함한 연속 3개월 3개와 3, 6, 9, 12월 중 3개로 총 6개의 결제월이 존재한다. 3, 6, 9, 12월물의 최장거래기간은 1년이지만 근월물의 최장거래기간은 3개월이다.

그림 3-42 KOSPI200옵션의 결제월(2007.3.2일 기준)

2) 주가지수옵션의 최종거래일

주가지수옵션의 최종거래일은 주가지수선물과 같이 각 결제월의 두 번째 목요일이며 당일이 공휴일인 경우 순차적으로 앞당긴다. 이와 같이 선물과 옵션의 최종결제가 같은 날에 이루어지면 일괄결제를 할 수 있어 편리하다.

3) 호가방법

(1) 호가가격단위

주가지수옵션거래의 호가가격단위는 옵션가격이 3포인트 이상인 경우에는 0.05포인트, 옵션가격이 3포인트 미만인 경우에는 0.01포인트이다.

(2) 행사가격의 수

신규상장 옵션의 행사가격은 최근 3개월은 2.5포인트 간격으로 ATM 1개, ITM 6개, OTM 6개이며 최원월(분기물)은 5포인트 간격으로 ATM 1개, ITM 3

개, OTM 3개이다.

(3) 행사가격의 간격

주가지수옵션의 행사가격은 2.5포인트의 간격으로 설정되고 있다.

(4) 호가내용

주요 호가내용은 각 옵션 시리즈의 종목명, 가격과 수량, 매매구분(신규매입, 신규매도, 환매, 전매 등)이다.

(5) 거래단위

거래단위는 "계약"으로 표시되며 최소거래단위는 1계약이다. 옵션가격은 P(포인트)로 표시하며, 1계약 가격은 포인트에 10만원을 곱한 금액이다. 예를 들어 옵션가격이 1.5P인 콜옵션을 3계약 매입한 경우의 옵션금액은 45만원이 된다.

$$\text{옵션금액} = 1.5\text{P} \times 10\text{만원} \times 3\text{계약} = 45\text{만원}$$

(6) 거래시간

주가지수옵션시장의 거래시간은 주가지수선물시장과 동일하다. 전장의 거래시간은 현물시장과 동일하지만 후장의 거래시간은 확정된 최종 현물지수 및 현물 포지션에 따라 선물과 옵션포지션을 조정할 수 있도록 현물시장보다 15분 늦게 종료한다.

4) 매매의 중단

선물거래가 중단되면 옵션거래도 동시에 중단되며 거래재개 또한 선물거래와 동일한 방법으로 재개된다.

5) 옵션거래대금의 수수

옵션을 신규로 매입하거나 환매한 경우 옵션 매입자는 익일에 옵션대금을 지급하며, 옵션을 신규로 매도하거나 전매한 옵션 매도자는 익일에 옵션매도대금을 수령한다.

6) 권리행사일과 신고

최종거래일에만 권리를 행사할 수 있는 유럽형이며 최종거래일이 도래한 종목에 대하여 권리행사를 하고자 할 경우에는 당해 종목의 매매거래 종료 후 90분 이내에 증권회사에 신고를 해야 한다. 다만, 권리행사로 인해 0.05P 이상의 행사이익이 발생하는 종목에 대하여는 권리행사를 위한 신고가 없어도 자동적으로 권리가 행사되며 권리행사로 손실이 발생하는 종목에 대해서는 권리행사를 신고할 수 없다.

7) 옵션 매매대금과 권리행사 차금의 수수

결제금액이 발생한 다음날(휴장일인 경우는 순차적으로 연기) 12시까지 증권회사를 통해 수수해야 한다.

8) 옵션계좌의 개설

주가지수옵션의 결제와 수탁제도는 주가지수선물과 거의 비슷하다. 선물계좌를 개설하면 선물거래와 옵션거래가 모두 가능하다.

9) 증거금

옵션계약의 증거금은 계약이행을 위한 보증금이기 때문에 옵션의 매입자는 증거금의 납부가 요구되지 않는다. 왜냐하면 옵션 매입자는 프리미엄을 전액 납부하고 옵션을 매입하게 되므로 추가적으로 비용이 발생하지 않기 때문이다. 옵션 매입자의 손실은 본인이 매입한 옵션 프리미엄으로 한정되는데, 이는 복권을 매입하는 사람과 마찬가지로 복권이 낙첨될 경우 복권값만큼 손해를 보는 것이지 그 이상 손해를 보지는 않는다는 논리이다. 반면, 옵션 매도자는 자신이 매도한 옵션이 내가격 상태가 될 경우 옵션의 매입자가 청구하는 당첨금 전액을 책임지고 지급해야 한다. 따라서 거래소는 옵션 매도자에게 일정 공식에 의해 계산한 증거금을 요구하며 매도자는 이 증거금에 해당하는 금액을 납부하여야 한다.

옵션거래자는 매매거래 후 자기 계좌의 예탁총액(현금 및 대용증권)에 익일 결제금액을 가감한 금액이 당일 장 종료 후 선물옵션 미결제약정에 대한 유지증거금에 미달하는 경우 동 금액과 미결제약정의 위탁증거금으로 산출되는 금액의 차액을 다음날 12시까지 증권회사에 추가로 납부해야 한다.

10) 결제방법

주가지수를 대상으로 하는 주가지수옵션의 경우에는 기본자산이 실물로 존재하는 것이 아니라 추상적인 지수이므로 현금을 통한 차금결제방식으로 이루어진다. 옵션거래는 만기시 권리 행사 또는 포기, 그리고 만기 전 전매나 환매를 통해 결제를 할 수 있다.

(1) 권리행사

권리행사는 옵션의 매입자가 권리관계를 종결짓기 위한 방법의 하나다. 권리행사를 할 것인지 여부는 옵션 매입자의 자유이며 옵션 매도자는 거래의 이행을 청구할 수 없다. 따라서 권리행사가 이루어지게 되는 것은 통상 옵션의 매입자에게 이익이 될 경우에 한정된다. 이에 따라 권리행사는 옵션의 매도자에게는 손실이 발생하는 결과가 된다.

(2) 권리포기

옵션의 만기일까지 매입자가 권리행사나 전매를 하지 않은 경우에는 기한이 넘게 되어 권리가 소멸된다. 이 경우 옵션 매입자와 매도자 간에는 금전수수가 일어나지 않는다. 결과적으로 옵션 매입자는 거래를 개시한 시점에서 지급한 프리미엄을 잃게 된다.

(3) 전매 · 환매

실물결제와 같이 전 환매는 옵션거래에서 자주 이용되는 결제방법이다. 옵션 매입자는 이미 가지고 있는 옵션을 옵션시장에서 매도함으로써 권리의무관

표 3-32 KOSPI200옵션의 주요 계약명세 (2013년 1월 현재)

항목	내용
거래대상	KOSPI200 (유가증권시장본부 발표)
거래단위	KOSPI200 × 50만원
결제월	최근 연속 3개월 및 3, 6, 9, 12월
상장결제월	6월 이내의 4개 결제월
행사가격 설정	-각 결제월의 최초 상장시 행사가격 설정방법 최근 3개월 : 2.5포인트 간격으로 ATM 1개, ITM 6개, OTM 6개 최원월(분기물) : 5포인트 간격으로 ATM 1개, ITM 3개, OTM 3개 -지수 변동에 따라 항상 ATM 기준으로 상하 6개(최원월 분기물은 3개)가 되도록 추가 설정 -최원월의 분기물이 최근 3개월 연속월에 해당하는 경우에는 2.5포인트 간격의 행사가격 추가 설정
가격의 표시	포인트(point)
호가가격단위	프리미엄 3 이상 : 0.05포인트 프리미엄 3 미만 : 0.01포인트
최소가격 변동금액	프리미엄 3 이상 : 25,000원(50만원 × 0.05) 프리미엄 3 미만 : 5,000원(50만원 × 0.01)
거래시간	09:00~15:15 (최종거래일 09:00~14:50)
최종거래일	각 결제월의 두 번째 목요일(공휴일인 경우 순차적으로 앞당김)
최종결제일	최종거래일 다음 거래일
권리행사	최종거래일에만 행사가능(유럽형 옵션)
결제방법	현금결제
단일가격경쟁거래	개장시(08:00~09:00) 및 거래종료시(15:05~15:15)
필요적 거래중단	선물가격/현물가격 급변시 옵션거래 일시중단

계를 종결지을 수 있는데 이것이 전매다. 그리고 옵션 매도자가 자신이 가지고 있는 매도 포지션에 대해 매입을 취하는 것이 환매이다.

9.3.2 주식옵션

주가지수선물과 주가지수옵션은 무형의 주가지수를 기초자산으로 하는 것과는 달리 주식옵션(stock option)은 주식을 기초자산으로 하여 주식을 매입 또는 매도할 수 있는 권리를 매매하는 것이다. 우리나라에서는 2002년 1월부터 대표적인 7개의 대형 우량회사(삼성전자, SKT, 국민은행, KT, 한국전력, POSCO, 현대자동차)의 주식에 대해 옵션거래를 시작하여 2013년 1월 현재 33개 기업의 개별주식 품목이 거래되고 있다.

표 3-33 주식옵션의 주요 계약명세 (2013년 1월 현재)

항목	내용
기초자산	33개 종목의 개별 주식
행사유형	유럽식
거래단위	개별주식옵션가격 × 10(거래승수)
결제월 주기	연속 3개월 및 3, 6, 9, 12월
상장 결제월 수	분기월 2개와 그 밖의 월 중 2개
행사가격의 수 및 간격	1) 행사 가격의 수 : 9개 2) 행사가격의 간격 : 대상주식의 주가수준에 따라 달리 적용 3) 권리행사간격의 간격폭 : ① 5,000원 미만 100원 ② 5,000원 이상 ~ 10,000원 미만 200원 ③ 10,000원 이상 ~ 20,000원 미만 500원 ④ 20,000원 이상 ~ 50,000원 미만 1,000원 ⑤ 50,000원 이상 ~ 100,000원 미만 2,000원 ⑥ 100,000원 이상 ~ 200,000원 미만 5,000원 ⑦ 200,000원 이상 ~ 500,000원 미만 10,000원 ⑧ 500,000원 이상 ~ 1,000,000원 미만 20,000원 ⑨ 1,000,000원 이상 50,000원

호가 가격단위	※ 옵션(프리미엄) 수준에 따라 상이함 옵션가격 호가가격단위 : ① 1,000원 미만 10원 ② 1,000원 이상 ~ 2,000원 미만 20원 ③ 2,000원 이상 ~ 5,000원 미만 50원 ④ 5,000원 이상 ~ 10,000원 미만 100원 ⑤ 10,000원 이상 200원
가격제한폭	기초자산 기준가격 대비 ±18%에 해당하는 옵션이론가격
거래시간	09:00~15:15(최종거래일에도 동일함)
최종거래일 및 만기일	각 결제월의 두 번째 목요일(단, 당일이 공휴일인 경우 순차적으로 앞당김) 최종거래일과 만기일은 동일함
기준가격	거래 개시 : 이론가격 거래개시일 익일부터 최초 거래성립일까지 : 전일의 기세 최초 거래성립일 익일 이후 : 전일 종가
상장 폐지	대상주식이 관리종목으로 지정 또는 상장 폐지시 당해 옵션도 상장 폐지됨
옵션거래 중단	주식시장의 매매거래 중단 조치가 있는 경우 해당 주식옵션의 매매거래도 중단 주식옵션의 시스템의 장애시 매매거래 중단 매매거래 중단 후 재개시 매매체결은 단일가 매매

주 : 2013년 1월 현재 기초자산은 33개 기업*

*강원랜드, KB금융지주, 기아자동차, 대한항공, 삼성물산, 삼성전기, 삼성전자, 삼성증권, 삼성화재해상보험, 삼성SDI, 신한금융지주, 케이티, 케이티앤지, 포스코, 하나금융지주, 한국가스공사, 한국전력공사, 한국타이어, 한진해운, 현대모비스, 현대자동차, 현대중공업, CJ, GS홀딩스, 현대제철, LG, LG전자, LG화학, SK이노베이션, SK텔레콤, 엘지디스플레이, 우리금융지주, 이마트

Chapter 4

제4장
스왑거래

01 이자율스왑

02 통화스왑

03 신용스왑

01 이자율스왑

이자율스왑(interest rate swaps)이란 두 거래 당사자가 일정한 계약기간 동안 동일한 통화의 일정한 명목원금(notional principal)에 대해 서로 다른 이자 지급기준에 따라 정해지는 이자금액을 주기적으로 교환하는 거래이다. 즉, 미리 합의된 금리기간과 명목원금에 대해 이자지급 의무를 계약 쌍방이 상호 교환하는 거래로서 동일 통화의 일정 명목원금에 대한 이자만을 교환하고 원금은 교환하지 않는다. 예를 들어 장기간의 변동금리부 차입에 따른 금리위험을 헤지하기 위해 선도금리계약(FRA)이나 금리선물을 이용할 경우에는 분기 혹은 반 년 단위로 계약을 반복해야 하는 관리상 어려움이 있다. 그러나 이자율스왑은 이러한 문제점을 개선하여 일정기간 동안 자산과 부채에 적용되는 금리 불일치를 해소함으로써 금리위험을 축소할 수 있다.

가장 일반적인 이자율스왑의 형태는 변동금리와 고정금리의 이자지급조건을 상호 교환하는 계약으로 이를 쿠폰스왑(coupon swap)이라고 부른다. 쿠폰스왑에서 고정금리를 지급하는 당사자를 고정금리 지급자(fixed rate payer), 변동금리를 지급하는 당사자를 변동금리 지급자(floating rate payer)라고 칭한다. 그리고 쿠폰스왑에는 두 종류가 있는데 첫째는 이종통화 쿠폰스왑(currency coupon swaps)이 있고 둘째는 동일한 통화표시 원금에 대해 변동금리와 고정금리의 이자지급 의무만을 교환하는 플레인 바닐라 스왑(plain vanilla swaps)이 있다. 그 밖에 한 변동금리와 다른 변동금리에 따라 결정되는 이자지급을 상호 교환하는 이자율스왑을 베이시스 스왑(basis swap) 또는 인덱스 스왑(index swap)이라고 한다. 베이시스 스왑에서는 3개월 Libor와 6개월 Libor의 교환, 또는 6개월 Libor와 미국 우대금리(prime rate)의 교환 등 다양한 변동금리의 조합이 이루어진다.

한편 대부분 통화의 이자율스왑에서 변동금리의 기준은 6개월 Libor로 정해진다. 따라서 이자율스왑의 가격은 고정금리로 표시되는데, 이를 스왑레이트(swap rate)라고 부른다.

이자율스왑은 부외거래이지만 이를 대차대조표 항목으로 생각해보면 고정금리 지급자는 고정금리로 자금을 차입(채권 발행)하여 변동금리로 자산을 운용하는 것과 같고, 변동금리 지급자는 변동금리로 조달하여 고정금리로 운용하는 것과 같다고 할 수 있다. 따라서 스왑레이트는 이자율스왑과 만기가 같은 채권의 수익률과 비슷한 수준에서 결정된다.

스왑딜러들은 스왑의 매입률(bid rate)과 매도율(offer rate)의 양방가격(two way prices)으로 스왑가격을 제시하는데, 전자는 스왑딜러가 수취하는 금리를 말하고 후자는 스왑딜러가 지급하는 금리를 말한다. 따라서 스왑딜러에게는 "bid-offer" 차이가 수익의 원천이 된다. 스왑가격은 절대가격(All-in prices)으로 제시되기도 하고 스왑기간과 만기가 같은 국채의 수익률인 기준(benchmark) 이자율에 대한 스왑 스프레드로 제시되기도 한다.

앞에서 설명한 바와 같이 이자율스왑이란 금리선물계약을 연속적으로 여러 기간에 걸쳐 체결한 것과 같다. 따라서 스왑레이트는 금리선물계약의 연속적인 여러 기간의 가격(선물금리)의 평균 수준에서 결정된다고 말할 수 있다.

그리고 이자율스왑은 자산과 부채의 금리 특성을 변형시킴으로써 스왑거래자들로 하여금 금리위험을 헤지할 수 있게 해준다. 예를 들어 고정금리로 자금을 조달하여 변동금리로 자금을 운용하는 경우 금리가 하락하면 손실을 입을 위험에 노출되어 있다. 이때에는 변동금리 지급자로 이자율스왑을 체결하면 금리위험을 헤지할 수 있다. 마찬가지로 변동금리로 자금을 조달하여 고정금리로 자금을 운용하는 경우에는 고정금리 지급자로 이자율스왑을 체결하면 금리위험을 헤지할 수 있다. 그리고 금리상승을 예상하는 변동금리 차입자는 고정금리 지급자로 이자율스왑을 체결하면 변동금리 부채를 고정금리부채로 변형시켜 차입비용의 감소를 기대할 수 있다. 반대로 금리하락을 예상하는 고정금리 차입자는 변동금리 지급자로 이자율스왑을 체결하면 고정금리부채를 변동금리 부채로 변형시켜 차입비용의 감소를 기대할 수 있다. 그 밖에 금리변동을 예상하는 투자자도 이자율스왑을 이용하여 변동금리자산을 고정금리자산으로, 또는 고정금리자산을 변동금리자산으로 변형시켜 투자수익의 증대를 기대할 수 있다.

이자율스왑의 거래구조를 요약하면 다음과 같다.

1) 고정금리

스왑계약시점에서 결정된 고정금리는 스왑기간 중 시장금리의 변동과 관계없이 동일하게 적용되며 스왑레이트(swap rate) 또는 스왑가격(swap price)이라고 부른다. 이러한 스왑레이트는 채권수익률과 같은 일종의 장기금리로 생각할 수 있는데 예를 들어 3년만기 원화 스왑레이트는 우리나라 금융시장에서 형성되고 있는 3년만기 장기이자율 중 하나이다.

2) 변동금리

스왑기간 중 3개월 또는 6개월마다 정기적으로 결정되는 금리로서 일국의 단기금융시장(money market)에서 가장 유동성이 풍부한 금융상품의 금리를 지표로 이용한다. 일반적으로 달러 금리스왑에서는 Libor를, 원화 금리스왑에서는 CD금리를 변동금리의 인덱스로 사용한다.

3) 원금

단지 이자계산을 위한 기준금액으로 이용되며 실제적으로 상호 교환은 이루어지지 않기 때문에 명목원금(notional amount)이라고 부른다.

4) 이자계산방법과 결제

이자금액은 '원금×경과일수/1년(일수)' 로 계산하며 결제위험(settlement risk)을 줄이기 위해 차액결제(payment netting)방법으로 이루어진다.

이자율스왑은 원래 금리위험의 헤지를 위한 상품으로 도입되었으나 오늘날에는 자본시장의 불완전성을 이용하여 차입비용의 감소를 도모하기 위한 수단으로 널리 활용되고 있다. 예를 들어 기업 A와 기업 B가 100만달러를 6개월간 차입할 때, 고정금리시장과 변동금리시장에서 부담해야 하는 차입비용이 〈표 4-1〉과 같고 기업 A와 B는 각각 변동금리와 고정금리로 자금을 조달하려고 한다.

표 4-1 **차입조건**

	고정금리시장	변동금리시장
기업 A	13.00%	LIBOR
기업 B	14.00%	LIBOR + 0.50%
금리차	1.00%	0.50%

기업 A와 기업 B가 각각 변동금리와 고정금리로 자금을 직접 조달하는 경우에 두 기업이 부담하는 차입비용은 각각 Libor와 14.00%이다. 그러나 각 기업이 상대적으로 비교우위를 가지고 있는 시장에서 자금을 조달(즉, 기업 A는 고정금리시장에서 13.00%로 100만달러를 차입하고 기업 B는 변동금리시장에서 Libor + 0.50%로 100만달러를 차입)한 다음, 서로 이자지급을 교환하는 이자율스

왑을 체결하게 되면 다음 〈표 4-2〉에서 보는 바와 같이 두 기업이 모두 당초 원하는 조건으로 차입하면서 부수적으로 차입비용도 절감할 수 있다.

실제로 스왑거래에서 한 당사자가 직접 거래상대방을 찾는 것은 매우 어렵거나 거의 불가능하므로 스왑계약은 중개은행의 알선을 통해 이루어진다. 이 경우에는 상대방의 신용상태를 염려할 필요가 없을 뿐만 아니라 상대방의 금리지급조건 등을 파악할 필요가 없이 중개은행과 계약을 체결하면 된다. 이때 중개은행은 두 기업과 각각 스왑거래를 체결하고 중개수익을 얻게 된다.

표 4-2 이자율스왑 효과계산

	A기업	B기업
비교우위 시장 차입금리(−)	13.0%	Libor + 0.50%
스왑 지급금리(−)	Libor + 0.50%	13.75%
스왑 수취금리(+)	13.75%	Libor + 0.50%
① 실제 금리부담	Libor − 0.25%	13.75%
② 당초 차입금리	Libor	14.00%
금리 절감효과(① − ②)	0.25%	0.25%

〈예시〉 미달러화 이자율스왑 계약서

- Notional Amount : $10,000,000 ①
- Trade Date : 1 October 2008 ②
- Effective Date : 3 October 2008 ③
- Terminate Date : 3 October 2010 ④
- Floating Amount ⑤
  - Floating Rate Payer : Swap Bank ⑥
  - Floating Rate Payer Payment Dates : 3 April, 3 October in each year, commencing on 3 April 2009 and ending on the Termination Date, inclusive, subject to Adjustment in accordance with the Modifed Following Business Day convention ⑦

- Floating Rate Index : USD-LIBOR-BBA ⑧
- Designated Maturity : 6 months ⑨
- Spread : none ⑩
- Floating Rate Day Count Fraction : A/360 ⑪
- Reset Date : the first Day of each Calculation Perid ⑫

▪ Fixed Amount ⑬

- Fixed Rate Payer : Comany A ⑭
- Fixed Rate Payer Payment Dates : 3 April, 3 Oct. in each year, commencing on 3 April 2009 and ending on the Termination Date, inclusive, subject to Adjustment in accordance with the Modifed Following Business Day convention ⑮
- Fixed Rate : 3% ⑯
- Fixed Rate Day Count Fraction : A/365 (Fixed) ⑰

▪ Business Days : New York and London ⑱

▪ Documentation : Standard ISDA Master Agreement and Schedule ⑲

〈계약서 해설〉

① Notional Amount : 명목원금, 이자금액 산출기준

② Trade Date : 스왑계약 체결일

③ Effective Date : 스왑개시일, 변동(고정)금리 이자액계산 기준일(달러 금리스왑 등 일반적인 금리스왑 : 계약일 후 2영업일, 원화 금리스왑 : 1영업일)

④ Terminate Date : 스왑계약 만기일(마지막 이자지급일)

⑤ Floating Amount : 변동금리 지급액에 관한 사항 표기

⑥ Floating Rate Payer : 변동금리 지급자(Pay Floating) = Receive Fixed
= Short(Sell) Swap = Long in the Bond Market

⑭ Fixed Rate Payer : 고정금리 지급자(Pay Fixed) = Receive Floating
= Long(Buy) Swap = Short in the Bond Market

⑦ Floating Rate Payer Payment Dates, ⑮ Fixed Rate Payer Payment Dates :

- 1년 중 변동(고정)금리 이자지급 횟수 표시(일반적으로 3개월, 6개월 주기)
  상기 사례에서는 6개월 주기
- Business Day convention : 이자지급일이 휴일인 경우 조정방법

(i) Following : 휴일 다음 영업일을 지급일로 변경

(ii) Preceding : 휴일 직전 영업일을 지급일로 변경

(iii) Modified Following : (i) 방법과 같으나 지급일이 다음 달로 넘어갈 경우에는 (ii) 방법으로 변경

⑧ Floating Rate Index : 금리스왑계약에서 변동금리의 기준금리 표시

– 일반적으로 Libor*를 사용하며 미국에서는 CD, CP, Prime Rate도 이용

– USD-LIBOR-BBA : Libor Fixing을 British Bankers Association이 런던시간 11시에 고시하는 금리(Telerate 3,750페이지에 게시)

⑨ Designated Maturity : 몇 개월의 Libor 인덱스인가를 표시

(표준적인 스왑에서는 6(3)개월마다 Libor 금리교환 ⇨ 6(3)개월 Libor 사용)

⑩ Spread : Libor에 가산되는 스프레드의 크기 표시(표준적인 스왑에서는 Libor flat으로 거래)

⑪ Floating Rate Day Count Fraction, Fixed Rate Day Count Fraction : 이자금액 계산을 위한 일수 계산방법(Actual : 실제 경과일수, 한편 넣기)

(i) Actual/360 : 1년을 360일로 계산(Money Market 사용방법)

가장 보편적인 방법이나 우리나라와 영국은 예외

(ii) Actual/360(Fixed) : 1년을 365일로 계산(윤년인 경우 366/365)

(iii) Actual/365, Actual/Actual : 윤년 366일, 평년 365일

(iv) 30E/360, Bond Basis : 1년을 360일, 1달을 30일로 계산

(단, 2월말이 만기일인 경우는 예외)

⑫ Reset Date : 변동이자율이 재설정되는 기준일은 매 이자기간의 첫째 날, Libor Fixing Date는 Reset Date의 2 런던 영업일 전

⑬ Fixed Amount : 고정금리 지급에 관한 조건 표시

⑯ Fixed Rate : 고정금리의 수준(스왑기간 중 동일)

⑱ Business Days : 은행과 외환시장의 영업일

⑲ Documentation : ISDA의 Master Agreement와 관련된 서류로 한다는 의미

* BBA(British Bankers Association)의 11시(London 시간) 고시 금리

〈사례〉 이자율스왑

2006년 12월 1일에 A은행이 B은행과 고정금리 5%를 지급하고 CD금리(변동금리)를 수취하는 2년물 이자율스왑계약을 체결

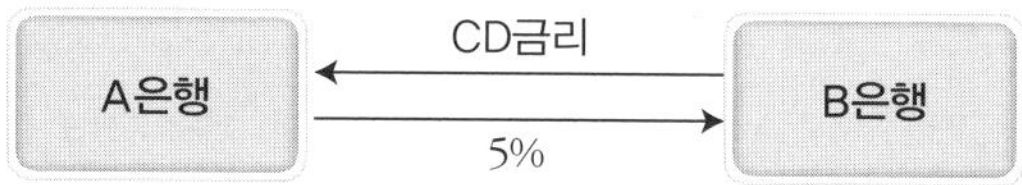

A은행의 이자율스왑계약 현금흐름(명목금액 100억원) (억원)

Date	CD Rate	FLOATING Cash Flow	FIXED Cash Flow	Net Cash Flow
2006.12. 1	4.2%			
2007. 3. 1	4.4%	+1.05	-1.25	-0.20
2007. 6. 1	4.6%	+1.10	-1.25	-0.15
2007. 9. 1	4.8%	+1.15	-1.25	-0.10
2007.12. 1	5.2%	+1.20	-1.25	-0.05
2008. 3. 1	5.2%	+1.30	-1.25	+0.05
2008. 6. 1	5.2%	+1.30	-1.25	+0.05
2008. 9 1	5.4%	+1.30	-1.25	+0.05
2008.12. 1	5.4%	+1.35	-1.25	+0.10

참고 : 우리나라의 이자율스왑 거래동향[1]

우리나라 금융시장에서 외국환은행은 외화이자율스왑을 이용하여 고객과 선물환거래, 외화차입, 외화대출 등 업무수행 과정에서 발생하는 외화금리 변동위험 노출(Exposure)을 상쇄시키고 있다. 따라서 외국환은행의 외화이자율스왑 포지션은 일반적으로 순Pay(IRS Pay > IRS Receive) 상태가 된다. 즉, 국내은행은 선물환 매입에 따른 외화금리(CRS로 포지션을 조정하면서 지급하는 LIBOR) 변동위험을 외화IRS Pay(외화고정금리 지급 및 LIBOR 수취) 거래로 헤지한다. 그리고 외은지점도 외환스왑(Sell & Buy스왑)을 통한 금리차익 거래

1. 자료 : '최근 외국환은행의 외환파생거래 동향과 평가' (2009.2월, 한국은행 국제국)

를 위하여 조달한 외화자금의 금리변동 위험*을 외화IRS Pay거래로 헤지한다.

외화이자율스왑 거래 흐름도

이자율스왑은 일평균 거래규모(명목원금 기준)가 2002년 중 1억달러에서 2008년 중 37억달러로 크게 증가하였다. 이는 2005년 이후 미국 등 선진국의 금리가 상승기조로 전환됨에 따라 변동금리 조건을 고정금리로 전환하려는 수요가 확대되고 외국환은행의 구조화채권 발행이나 선물환 매입에 따른 금리변동 헤지거래가 늘어난 데 기인한다. 또한 비거주자의 금리 방향성에 대한 투기적 거래, 만기별 IRS금리 차이를 이용한 거래(curve play), 국채선물 매수와 IRS Pay 거래 등 투기적 거래의 증가도 이자율스왑거래의 확대요인으로 작용하였다.

외국환은행의 외화 이자율스왑거래는 조선·중공업체의 선물환 매도, 외은지점 등의 외환스왑을 통한 금리차익거래로 인하여 외화금리 변동위험을 헤지하기 위한 수요가 늘면서 크게 증가하였다. 즉, 2005년 중 순Pay 거래규모가 175억달러에 불과하였으나 2007년 중 766억달러, 2008년 중 939억달러로 확대되었다.

외국환은행의 이자율스왑 거래규모[1] (억달러)

	2001~03[2]	2004	2005	2006	2007	2008
외화이자율스왑	-53.3	-122.7	-175.3	-499.2	-765.9	-938.7
(비거주자)	-49.9	-121.6	-200.7	-519.0	-788.4	-498.4
외화이자율스왑[3]	-4.9	1.1	-33.0	-29.1	-35.6	-289.8

주 : 1. 기간중 고정금리와 변동금리간 이자율스왑의 거래약으로 '+'는 순Receive, '-'는 순Pay
2. 기간중 연평균 3. 비거주자와의 거래

* 외환스왑거래 시점에서 스왑레이트가 확정(스왑레이트에 내재되어 있는 수취 외화금리가 확정)되기 때문에 스왑기간 중 외화의 조달금리인 LIBOR의 변동위험에 노출

02 통화스왑

통화스왑(currency swap)거래는 계약당사자 간 보유 외화자산이나 부채를 서로 필요로 하는 통화로 매매하고 만기에 계약 당시 환율로 원금을 다시 반대 방향으로 매매하는 거래이다. 또한 계약기간 동안 수입이자 또는 지급이자에 대해서도 계약조건에 따라 교환함으로써 이자에 따른 환위험을 회피할 수 있다. 통화스왑에서 이자의 교환은 고정금리조건 상호 간 또는 변동금리조건 상호 간 뿐만 아니라 고정금리조건과 변동금리조건 상호 간에도 가능하며 원금의 교환을 제외하면 이종통화 간의 이자율스왑(cross-currency interest rate swap)의 성격을 띠고 있다. 일반적으로 통화스왑은 채권(bond)발행과 연계되어 거래되는 경우가 많다. 차입자가 각기 자신에게 유리한 국제금융시장에서 기채한 후에 통화스왑을 이용하여 필요한 통화로 교환함으로써 환위험과 이자율위험 없이 차입비용을 절감하기 위하여 사용한다.

예를 들어 일본계 J기업은 미국에 투자하기 위해 미국 달러화가 필요하고 미국계 A기업은 일본에 진출하기 위해 일본 엔화가 필요하다. 양자가 국제금융시장에서 채권발행조건이 다음과 같은 경우 J기업은 일본 엔화를, A기업은 미국 달러화를 차입한 후 다음과 같이 통화스왑거래를 실시하면 모두 이득을 볼 수 있다.

표 4-3 차입조건

	JPY	USD
J기업	5.0%	Libor + 1%
A기업	4.5%	Libor

i) 최초 계약시 당시 환율로 원금을 교환

ii) 계약기간 중 이자는 다음의 조건(예)으로 교환

J기업은 미달러화로 Libor의 이자를 A기업에 지급하는 대신 A기업으로부터 일본 엔화로 4.25%에 해당하는 이자를 수취한다. 이 경우에 J기업은 엔화원금 차입에 대해 5%를 지급해야 하므로 실제 지급이자는 (Libor + 0.75%)가 되어 당초 미달러화로 차입한 경우에 비해 0.25%의 이자비용을 절약할 수 있다. 마찬가지로 A기업도 0.25%의 비용을 절감할 수 있다. 한편 A기업은 엔화이자를 0.75% 지급해야 하는 데서 발생하는 환위험을 헤지하기 위하여 별도로 이종통화간 이자율스왑거래를 할 수도 있다.

iii) 계약만기시에 원금을 다시 최초 계약시의 환율로 교환

결국 통화스왑을 통해 J기업과 A기업 모두 차입비용을 절감하였을 뿐만 아니라 필요로 하는 통화를 운용하면서 원금과 이자지급에 따른 환위험을 제거할 수 있다. 한편 차입비용 절감뿐만 아니라 필요로 하는 통화의 차입이 어려운 경우에도 유동성이 높은 미국 달러화로 차입한 후 필요통화와 통화스왑을 통해 실질적으로 환위험 없이 필요한 통화로 운용할 수 있다.

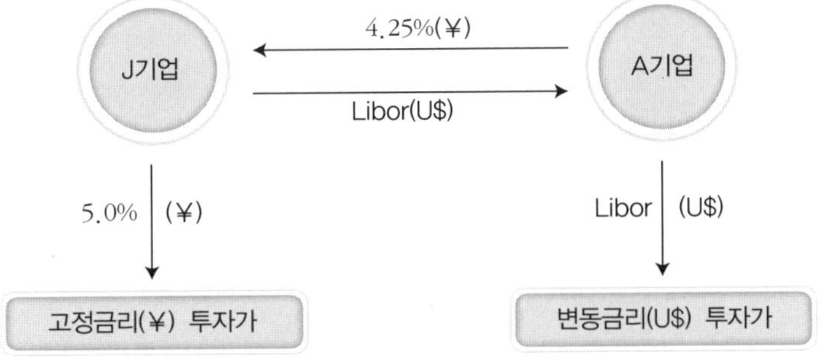

그림 4-1 통화스왑의 이자흐름

표 4-4 통화스왑 효과계산

	J기업	A기업
비교우위 시장 차입금리(−)	5.00%	Libor
스왑 지급금리(−)	Libor	4.25%
스왑 수취금리(+)	4.25%	Libor
① 실제 부담금리	Libor + 0.75	4.25%
② 당초 차입금리	Libor + 1%	4.50%
금리 절감	0.25%	0.25%

〈예시〉

A은행이 B은행과 현물환율 1,153원에 1,000만달러를 지급하고 이에 상응하는 원화를 수취한 후 만기시점에 원금을 재교환하는 통화스왑계약을 체결하였을 경우에 원리금의 흐름은 다음과 같다.

- 거래시점에서 A은행은 B은행에 1,000만달러를 지급하는 대가로 원화 115.3억원(1,153원 × 1,000만달러)을 수취
- 계약기간 동안 A은행은 B은행에게 원화금리를 지급하고 미달러화 금리를 수취
- 만기시점에 A은행은 B은행으로부터 1,000만달러를 돌려받고 원화 115.3억원(1,153 × 1,000만달러)을 상환

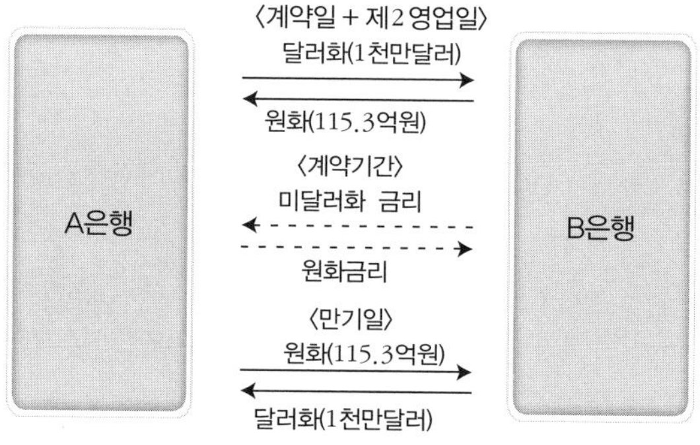

주 : 실선은 원금흐름, 점선은 이자흐름

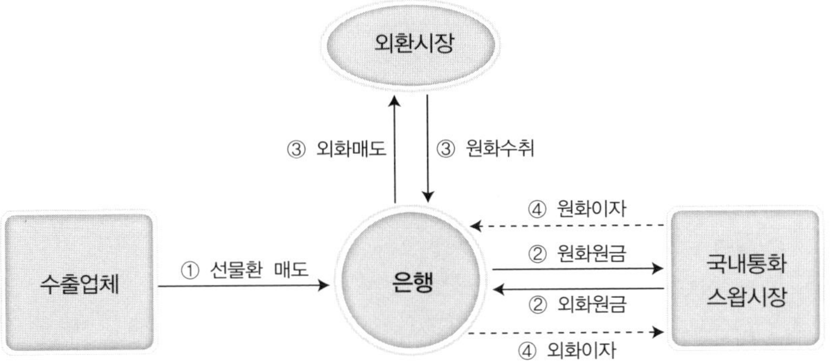

그림 4-2 수출업체의 선물환 매도 증가에 따른 통화스왑금리 하락

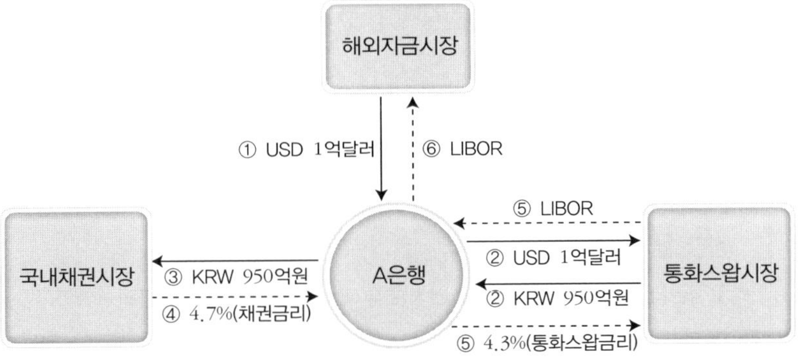

* A은행의 차익 : (4.7% − 4.3%) + (LIBOR − LIBOR) = 0.4%(40bp)

그림 4-3 금리재정거래

〈예시〉

A기업은 B은행(스왑은행)과 다음의 조건으로 통화스왑계약을 체결하였다.

달러/엔 통화스왑조건

- 스왑계약일 : 2008년 9월 1일
- 스왑개시일 : 2008년 9월 3일
- 초기 원금교환 : 2008년 9월 3일
- 만기 원금교환 : 2010년 9월 3일
- 스왑 만기일 : 2010년 9월 3일

- USD 지급자 : A기업
- JPY 지급자 : B은행(스왑은행)
- USD 원금 : U$1,000,000
- JPY 원금 : ¥110,000,000
- 스왑계약시 USD/JPY 현물환율 : 110
- 달러 이자율 : 6개월 Libor, A/360
- 엔 이자율 : 1%, A/365
- 이자교환 : 6개월 주기

〈계약서 해설〉

- 원금교환 : 초기와 만기의 원금교환에서는 스왑계약시의 현물환율(USD/JPY=110)을 동일하게 적용하며 초기 원금교환은 발생하지 않는 경우가 많음(예 : 기존 외화부채의 환위험을 헤지할 경우)
- 지급, 수취통화 표시 : 이자교환과 만기 원금교환의 수취 및 지급통화로 표시
- 이자교환 : A기업이 U$ Libor 이자를 지급하고 1%의 엔화 이자를 수취하는 이자교환이 2년 동안 4회 발생하며 상이한 통화의 교환이기 때문에 이자율스왑과 달리 차액교환은 안 됨
- 고정금리 : 일반적으로 달러 변동금리(Libor)/상대통화 고정금리 형태
  (달러/원 통화스왑 : 고정금리 → 원화, 유로/달러 통화스왑 : 고정금리 → 유로)
- 형태 : 변동금리/고정금리(비중 : 75%), 변동금리/변동금리, 고정금리/고정금리

A기업의 USD/JPY 통화스왑 현금흐름

일자	수취(+)	지급(−)	비고
2008년 9월 3일	U$1,000,000	¥110,000,000	초기 원금교환
2009년 3월 3일	¥110,000,000 × 1% × 182/365	U$1,000,000 × Libor × 182/360	첫 번째 이자교환
2009년 9월 3일	¥110,000,000 × 1% × 184/365	U$1,000,000 × Libor × 184/360	두 번째 이자교환
2010년 3월 3일	¥110,000,000 × 1% × 181/365	U$1,000,000 × Libor × 181/360	세 번째 이자교환
2010년 9월 3일	¥110,000,000 × 1% × 184/365	U$1,000,000 × Libor × 184/360	네 번째 이자교환
2010년 9월 3일	¥110,000,000	U$1,000,000	만기 원금교환

참고 : 우리나라의 통화스왑 거래동향[2]

우리나라 금융시장에서 국내은행과 외은지점은 통화스왑거래를 통하여 외화자금과 원화자금을 각각 조달할 수 있으며 기업들은 통화스왑거래를 이용하여 장기 외화자산과 부채에 대한 환헤지를 실행하고 있다. 일반적으로 기업과 은행은 외화채권과 해외 MBS의 발행을 위하여 부채스왑(CRS Pay)을 주로 거래하며 보험사는 해외투자와 연계된 자산스왑(CRS Receive)에 치중하고 있다. 즉, 국내은행은 외은지점과 CRS Receive거래를 이용하여 장기 외화자금을 조달하고 있으며 보험사도 해외증권에 투자하기 위해 주로 CRS Receive거래를 통해 외화자금을 조달하고 있다.

통화스왑거래 흐름도

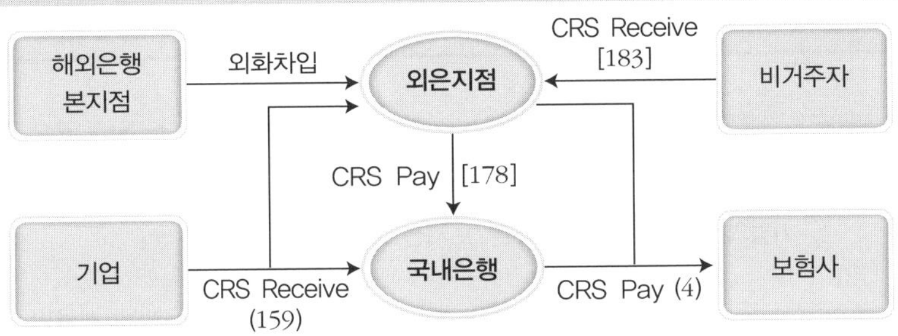

주 : ( )/[ ] 내는 2008년 중 외국환은행/외은지점 기준 CRS 순Receive(Pay) 실적(억달러)

외국환은행의 통화스왑 거래규모는 2006년 중 일평균 9억달러에 불과하였으나 2007년 이후 외은지점과 비거주자의 차익거래가 늘어나면서 2008년에는 일평균 17억달러로 대폭 증가하였다.

2008년 중에는 미국 서브프라임 사태 이후 신용스프레드가 확대되고 환율이 급등함에 따라 채권투자와 연계된 스왑포지션을 축소(unwinding)하기 위한 CRS Pay거래가 증가하였다. 그리고 보험사는 해외증권투자 자금에 대한 환헤지를 위해 CRS Receive거래를 체결하였으나 신용스프레드 확대와 환율급등으로 인하여 투자채권과 CRS Receive에서 평가손이 발생함에 따라 투자채권 매각과 더불어 CRS Pay거래로 기존 Receive 포지션을 상쇄하였다. 한편, 공기업, 민간기업 등 민간부문과 할부금융사, 신용카드사 등 여신전문기관은 외화채권 발행 후 CRS Pay거래를 함으로써 국내금리보다 낮은 비용으로 원화자금을 조달하였다. 특히, 국내금리와 CRS금리의 격차가 확대되면서 민간의 CRS 순Pay

2. 자료 : '최근 외국환은행의 외환파생거래 동향과 평가' (2009.2월, 한국은행 국제국)

거래(CRS Pay－CRS Receive)는 2006년 중 55.4억달러에서 2008년에는 159.2억달러로 크게 확대되었다.

외국환은행의 대고객 통화스왑거래[1]

(억달러)

	2001~03[2]	2004	2005	2006	2007	2008
전체	-6.1	-27.6	-12.7	88.1	397.7	510.6
비은행금융기관	20.4	7.6	-28.2	-18.9	24.1	51.5
(보험사)	33.1	8.6	-31.6	-37.3	-41.1	-3.6
(여신전문)	-5.6	-0.7	8.1	6.2	37.5	23.5
민간	-19.4	-20.5	45.0	55.4	118.8	159.2
비거주자	-7.2	-14.7	-29.5	51.7	254.8	299.8

주 : 1. 기간중 이종통화간 거래를 제외한 CRS 순Receive(CRS Receive와 Pay 거래액의 차액)
2. 기간중 연평균

〈사례〉 거래동기별 외국환은행의 통화스왑거래

1. 기업의 선물환 매도에 따른 포지션 조정

조선 · 중공업체 등으로부터 장기 선물환을 매입한 외국환은행은 선물환 매입초과 포지션을 CRS Receive거래를 통하여 조정한다.

① 조선업체 등이 외국환은행에 선물환을 매도

② 선물환을 매입한 외국환은행은 환포지션 조정을 위해 현물환시장에서 매도할 외화를 CRS Receive(원화고정금리 수취와 LIBOR 지급)거래*를 통해 조달

통화스왑(CRS Receive)을 이용한 포지션 조정

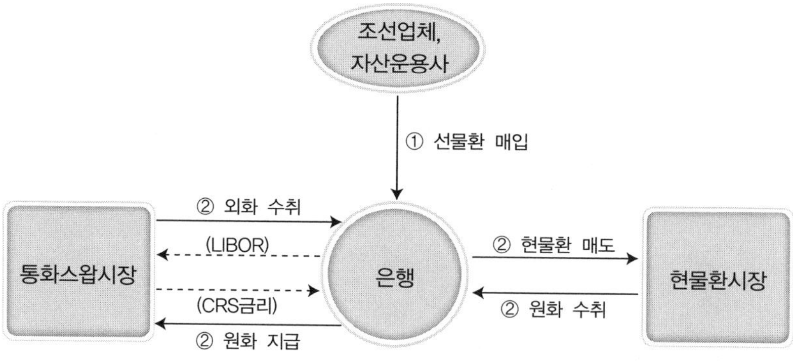

* CRS시장에서 외국환은행의 CRS Receive(외화자금 수요) 거래가 증가하면 수취금리인 CRS금리(원화고정금리)가 하락

2. 금리차익거래

외은지점은 통화스왑(CRS Pay) 거래를 통해 외화 차입금을 원화자금으로 전환한 후 국내 채권에 투자함으로써 '채권수익률−통화스왑금리' 만큼의 무위험 차익을 획득할 수 있다.

① 외은지점 또는 외국투자가 등 차익거래자는 해외로부터 외화자금을 차입하고 일정 기간마다 이자(LIBOR + 스프레드)를 지급

② 차익거래자는 통화스왑(CRS pay)을 이용하여 외화자금을 원화자금으로 전환하고 스왑기간 중 CRS금리를 지급하는 동시에 LIBOR를 수취

③ 차익거래자는 원화자금을 통안증권, 국채 등에 운용하고 이자를 수취

금리차익거래

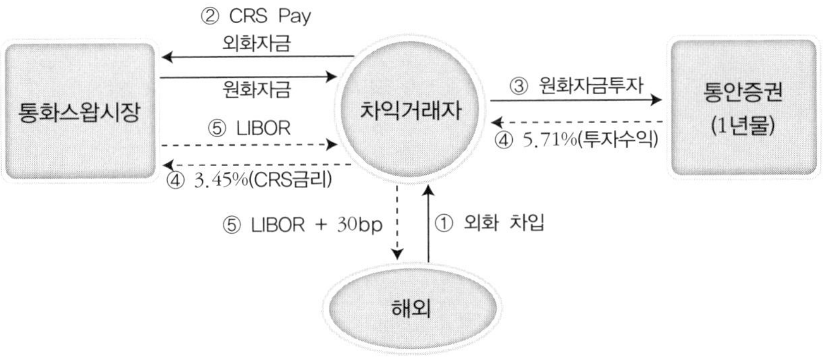

* 차익(1.96%) = 채권수익률(5.71%) − CRS금리(3.45%) − 30bp(LIBOR spread)

3. 외화채권 발행 또는 외화대출 차입기업의 원화자금 조달비용 절감

외화채권을 발행하거나 외화대출을 받은 기업은 통화스왑을 통해 원화자금 조달비용을 절감할 수 있다.

(1) 외화채권 발행 기업과의 통화스왑거래

① 원화자금이 필요한 기업이 표면금리 LIBOR + 200bp인 외화채권을 발행

② 기업은 LIBOR + 200bp 수취 및 원화고정금리(CRS금리) 5.45% 지급의 CRS Pay(외화자금 지급과 원화자금 수취)거래를 통하여 차입한 외화를 원화로 전환

⇨ 국내시장에서 원화채권 발행금리가 5.45%를 초과할 경우 기업은 CRS Pay거래를 통하여 원화자금 조달비용을 절감

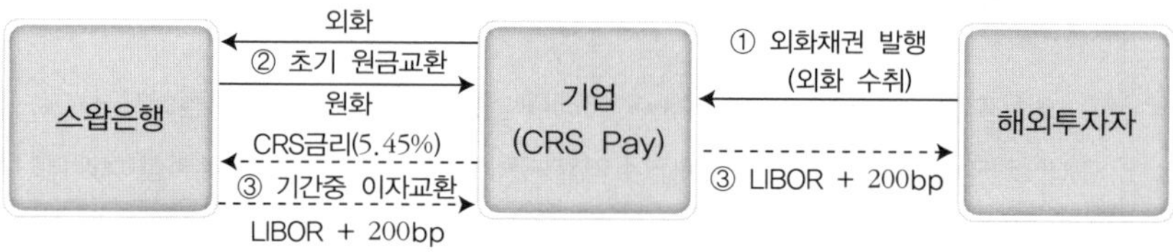

(2) 외화대출을 받은 기업과의 통화스왑거래

① 은행은 기업에 LIBOR + 200bp의 조건으로 외화자금을 대출*

② 기업은 대출은행과 LIBOR + 200bp 수취 및 고정금리 5.45% 지급의 CRS Pay 거래를 통하여 차입외화를 원화로 전환

⇨ 국내에서의 원화차입금리가 5.45를 초과할 경우 기업은 CRS Pay거래를 통하여 원화자금 조달비용을 절감

* 2007년 8월부터 원화로 환전하여 운전자금으로 사용할 목적의 외화대출 제한

4. 스왑베이시스 거래

외국환은행은 스왑베이시스(CRS금리−IRS금리)의 변동을 예상하고 포지션을 취한 뒤 평가이익을 실현하는 스왑베이시스 거래를 수행

- 負(−)의 스왑베이시스가 축소될 것으로 기대하고 'CRS Pay(CRS금리 지급)와 IRS Receive(IRS금리 수취)'의 포지션을 취하고 예상대로 스왑베이시스가 축소되면 반대거래를 통해 평가이익 실현

① 스왑베이시스 거래자는 해외로부터 외화자금(LIBOR+스프레드)을 차입

② CRS Pay거래를 통하여 외화자금을 원화자금으로 전환(LIBOR 금리 수취와 CRS금리 지급)

③ 취득한 원화를 CD에 투자(CD 변동금리 수취)

④ IRS시장에서 금리변동 위험을 헤지(CD 변동금리 지급과 IRS 고정금리 수취)

⇨ 예상대로 스왑베이시스(負)가 축소되면 CRS Receive와 IRS Pay거래로 기존 포

지선을 청산하고 스왑베이시스 축소폭만큼 이익을 실현

스왑베이시스 거래

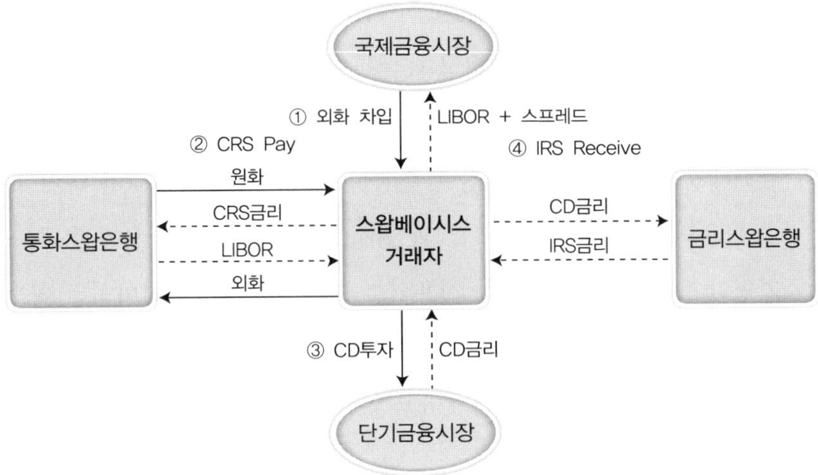

03 신용스왑

신용파생상품은 채권투자, 대출 등 기초자산을 보유하는 거래주체(보장매입자)가 신용사건(credit event)으로부터 발생한 손실위험을 분리하여 거래상대방(보장매도자)에게 이전하는 거래수단이다. 국제스왑파생상품협회(International Swap and Derivatives Association ; ISDA)의 정의에 따르면 신용사건이란 도산(bankruptcy), 지급실패(failure to pay), 기한이익의 상실, 채무불이행(obligation default), 지불유예(moratorium), 채무재조정(restructuring) 등을 포함한다. 여기서 보장매입자는 보장매도자에게 신용위험을 이전하는 대신 일정액의 수수료(premium)를 지급하며 만기시점에서 사전에 약정된 방식에 의해 현금정산 또는 실물인도 방식으로 결제한다. 이러한 신용파생상품에는 초기 투자자금 필요 유무에 따라 스왑형태(unfunded)와 채권형태(funded)가 있다. 국내 금융시장에서 거래되는 스왑형태의 신용파생상품은 CDS(Credit Default Swap), TRS(Total Return Swap)이며 채권형태로는 CLN(Credit Linked Note), Synthetic CDO가 있다. CDS는 예금은행이 한국과 미국 · 유럽기업의 신용위험 인수(보장매도)를 통해서 프리미엄을 획득하기 위한 목적으로 거래된다. 또한 TRS는 외은지점이 금리재정거래시 국공채 매입 관련 신용위험을 이전(보장매입)하기 위한 수단으로 활용되고 있다. 그리고 CLN과 합성CDO는 주로 보험사가 한국 또는 다국적 기업의 유동화 증권에 대한 신용위험을 인수하면서 프리미엄을 획득하기 위한 목적으로 매입한다.[3] 그 밖에 국제금융시장에서는 Basket swap, Portfolio swap, CDS 인덱스 등도 거래되고 있다.

3.1 신용부도스왑(CDS ; Credit Default Swap)[4]

신용부도스왑(Credit Default Swap)은 신용파생상품의 가장 기본적인 형태로서 채권이나 대출금 등 기초자산의 신용위험(credit risk)을 전가하고자 하는 보장매입자(protection buyer)가 일정한 수수료(premium)를 정기적으로 지급하는 대가로 준거자산의 채무불이행 등 신용사건(credit event) 발생시 신용위험을 떠안은 보장매도자(protection seller)로부터 손실액 또는 일정금액을 보전 받기로 약정하는 거래이다. 이는 채권을 보유한 주체가 채무불이행 위험에 대비하여 일종의 보험에 가입하는 것과 유사하다. 신용부도스왑은 개인투자가들에게는 다소 생소할 수 있으나 국제금융시장에서 금융거래의 채무불이행 위험을 헤지하기 위하여 널리 이용되고 있다. 2008년 11월 현재 전세계 신용부도스왑의 거래규모는 40～60조 달러로서 전세계 GDP 규모와 비슷하며 동시에 전세계 금

---

3. 「보험업 감독규정」(제5-2조)에 따라 보험사의 취급대상 신용파생상품은 신종 외화증권(CLN 및 합성CDO)에 국한.

4. 자료 : '비정형 외환파생금융거래 해설' (2009. 4, 한국은행 국제국)

융자산의 1/3 정도로 추정되고 있다.[5]

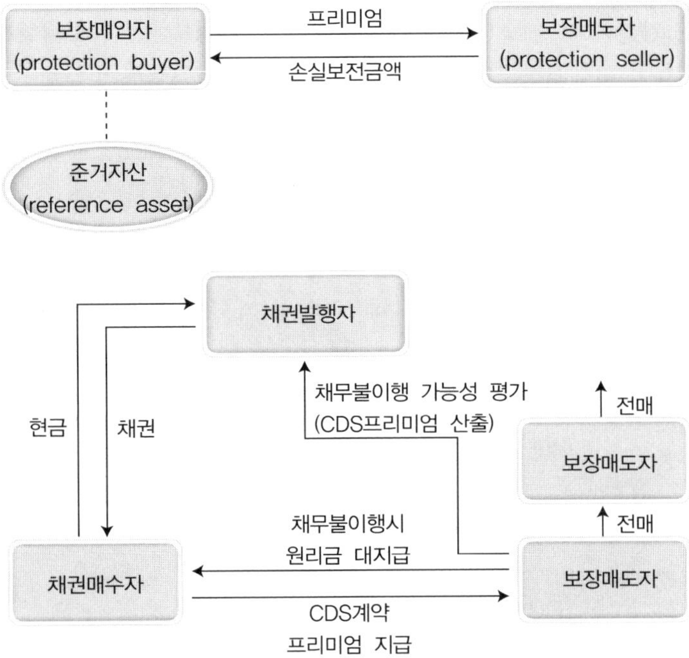

그림 4-4 CDS의 거래구조

신용부도스왑(CDS) 약정시 보장매입자가 신용위험을 이전한 대가로 지급하는 수수료를 CDS 프리미엄이라고 하는데, 일반적으로 CDS 프리미엄은 준거자산의 신용위험이 커질수록 상승한다. 즉, 기초자산의 채무불이행 가능성이 높아질수록 이를 커버하기 위해서 더 많은 비용을 지불해야 하는 것이다. 이에 따라 CDS 프리미엄은 기초자산 발행주체의 신용도를 나타내는 지표로 해석할 수 있다. 일반적으로 거래의 만기가 장기일수록, 준거자산의 신용등급이 낮을수록, 보장매도자의 신용등급이 높을수록, 준거자산과 보장매도자의 채무불이행 상관도가 낮을수록 CDS 프리미엄이 상승한다. 이러한 이유로 국제금융시장에서는

5. http://ko.wikipedia.org/

각국의 정부가 발행한 외화표시 채권에 대한 CDS 프리미엄을 해당 국가의 신용등급이 반영된 지표로 활용하고 있다. 이와 같은 CDS계약을 통해 보장매입자는 준거자산에 대하여 별도의 자금거래 없이(unfunded) 신용위험만을 분리하여 헤지할 수 있으며, 보장매도자는 높은 수수료 수입을 취득하는 동시에 해당 준거자산을 자신의 포트폴리오에 편입하는 효과를 가진다. 또한 보장매도자는 기존 CDS에 일정 스프레드를 반영하여 제3자에게 다시 매도할 수 있다. 신용사건 발생시 CDS거래의 결제는 결제대상 자산(Deliverable Obligation)에 대한 현금정산 또는 실물인도를 통해 이루어진다. 여기서 결제대상 자산이란 현금정산시 보장매입자의 순손실액 산출을 위한 가치산정 대상 자산 또는 보장매도자에게 인

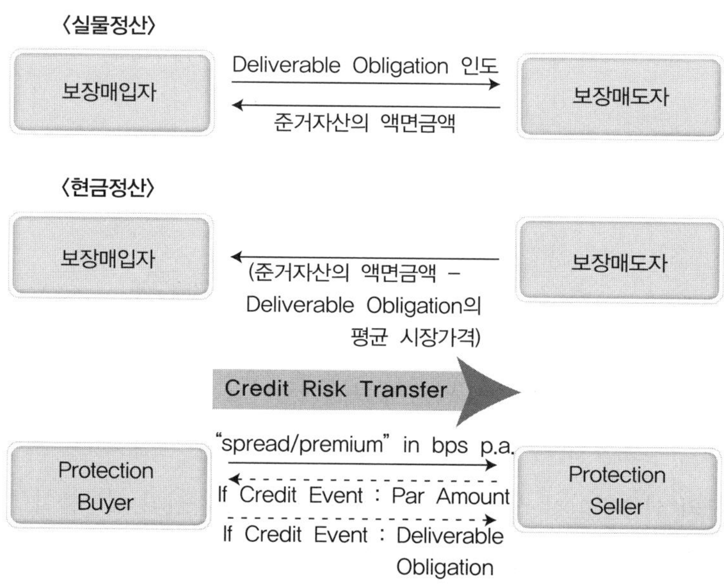

- 만약 신용위험이 발생하지 않는다면 유일한 현금흐름은 보장매입자가 보장매도자에게 프리미엄을 지급하는 것임
- 만약 부도가 발생한다면 프리미엄 지급은 멈추고 거래는 실물정산(physically)또는 현금정산(cash valuation mechanism)에 의해 결제됨
  - 실물정산 : 옵션 매수자는 기초자산을 매도자에게 인도하고 옵션 매도자는 100% 명목금액을 옵션 매수자에게 지급함 ⇒ 시장의 표준
  - 현금정산 : 부도난 기초자산의 적정가치를 판단하여 옵션 매도자는 매수자에게 거래의 명목금액 × (100% – 적정가치 비율)을 지급

그림 4-5 Credit Default Swap의 메커니즘

도되는 자산으로서 통상 준거자산(reference asset)을 말한다. 현금정산 방식에서는 보장매입자가 준거자산의 액면금액과 신용사건 발생시점의 평균시장가격의 차액을 수취하며, 실물정산 방식에서는 보장매입자가 준거자산을 보장매도자에게 인도하고 준거자산의 액면금액 전액을 보상받는다.

〈예시〉 Credit default swap

- B은행은 8%의 대출금리 조건으로 위험 있는 A회사에 대출
- B은행은 C보험회사와 credit default swap을 체결
  - B은행은 C보험회사에 매년 1%의 프리미엄을 지급
  - B은행은 대출에 대해 7%의 수익을 확정
  - 만약 위험 있는 A회사가 부도나면 C보험회사는 B은행으로부터 par value로 대출을 떠안음

이 거래는 실질적으로 우발적 풋옵션('contingent' put option)과 비슷한 손익구조를 가짐

〈예시〉

A외국은행 서울지점은 3천만달러 차입 후 CRS pay거래를 통해 조달한 원화(297억원)로 1년만기 대한민국 통화안정증권에 투자하면서 신용위험 이전을 위하여 이 은행 싱가폴지점과 다음과 같은 조건의 CDS 계약을 체결하였다.

- 보장매입자 : A외국은행 서울지점
- 보장매도자 : A외국은행 싱가포르지점
- 거래일 : 2008년 3월 14일
- 만기일 : 2009년 3월 18일
- 준거자산 : 대한민국 통안채(만기 2009년 4월 25일, 이자율 5.07%)
- 약정금액 : 3천만달러(원화 준거자산에 대한 미달러화 보장매입)
- 프리미엄 지급 : A은행 서울지점은 매 6개월마다 CDS 프리미엄(0.8%) 지급
- 결제 : 실물인도*

거래구조

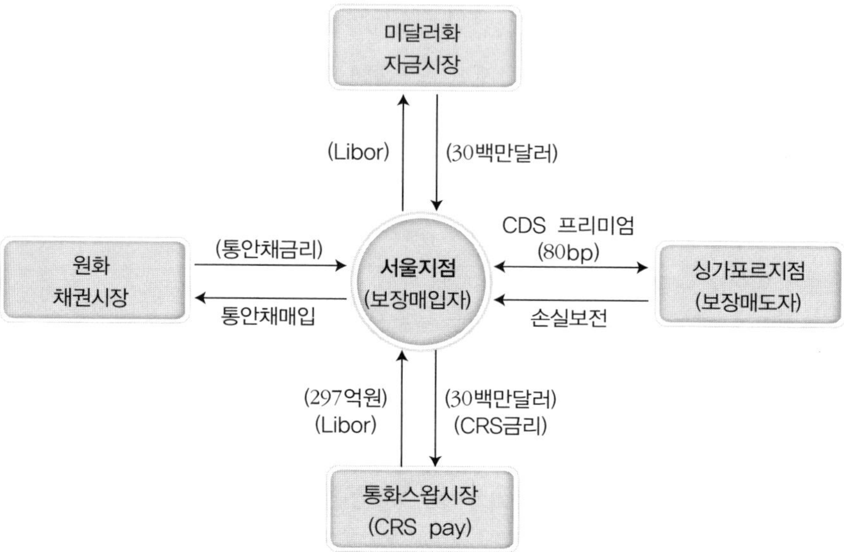

- A외국은행 서울지점(보장매입자)은 금리재정거래 차익(통안채금리 - CRS금리)과 CDS의 mark-to-market 평가손익을 감안하여 금리재정거래 포지션을 반대거래로 청산하고 CDS계약을 조기 종결할 수도 있음
- CDS계약 시점의 금리재정거래 차익이 100bp일 경우 상기거래 전체 이익은 20bp(100bp - CDS 프리미엄 지급분 80bp)이며, 1개월 경과후 CDS 프리미엄의 시장가격이 50bp로 하락한다면 CDS계약에서 30bp(50bp - 80bp)의 손실이 발생하기 때문에[전체손익 (- 10bp) = 20bp - 30bp], 보장매입자는 통안채 매도 및 CRS receive거래로 금리재정거래 포지션을 청산하고 CDS거래를 조기 종결하여 추가손실 위험을 제거

* 신용사건 발생 시 A은행 서울지점은 싱가포르지점에 준거자산 양도/약정금액 수취

3.2 TRS(Total Return Swap)

TRS는 보장매입자가 준거자산에서 발생하는 총수익을 보장매도자에게 지급하고, 그 대가로 보장매도자로부터 일정한 수수료를 지급받는 형태의 계약이

다. 이 거래에서는 보장매입자가 준거자산에서 발생하는 모든 현금흐름과 준거자산의 시장가치 변동분까지 지급하기 때문에 신용위험만 이전하는 CDS와 구별된다.

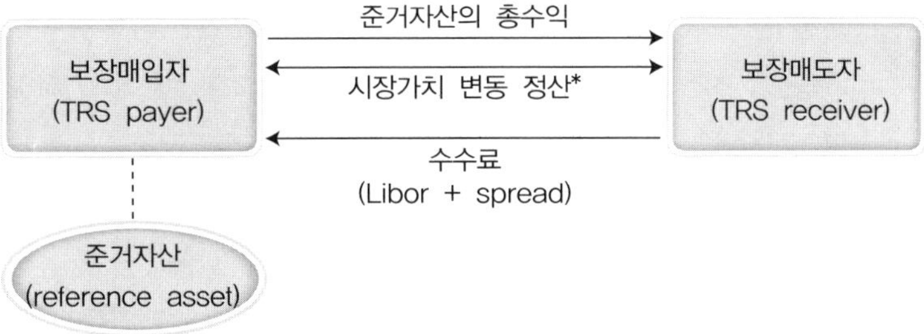

* 시장가치 변동 정산 :

① 계약시 시장가치<만기시 시장가치 ⇒ 보장매입자가 가치상승분 지급

② 계약시 시장가치>만기시 시장가치 ⇒ 보장매도자가 가치하락분 지급

그림 4-6 TRS 거래구조

투자자(보장매도자) 입장에서는 자기자금 부담 없이 신용위험을 부담하는 데 따른 고수익 획득(레버리지)이 가능하며, 보장매입자 입장에서는 현금흐름 측면에서 실제 투자자산의 매각 없이 해당자산을 매각한 효과가 있어 신용위험뿐만 아니라 시장위험까지 헤지할 수 있다. TRS는 고객관계의 지속적인 유지를 위해 준거자산을 매각하기 곤란하거나, 여러 가지 제약으로 인해 대출채권에 직접 투자하기 힘든 투자자들이 대출채권 자산유형에 투자하고자 하는 경우 활용된다.

〈예시〉

A외국은행 서울지점이 싱가포르지점과 원화 채권을 준거자산으로 하여 다음 조건으로 TRS계약을 체결하였다.

- 보장매입자 : A외국은행 서울지점

- 보장매도자 : A외국은행 싱가포르지점
- 거래일 : 2008년 3월 24일, 만기일 : 2009년 3월 28일
- 준거자산 : 잔여만기 1년 대한민국 통안채(이자율 4.87%)
- 스왑금액 : 1,000억원
- 이자교환 : 보장매입자는 매 3개월마다 준거자산의 이자(4.87%)를 지급하고 보장매도자는 미달러 Libor(3개월) 지급
- 스왑만기 조건 : 보장매입자는 준거자산의 시장가액을 보장매도자에게 지급하고, 보장매도자는 준거자산의 최초 투자금액을 보장매입자에게 지급
- 신용사건 발생시 : 이 은행 서울지점이 준거자산의 정산가액*과 준거자산의 최초투자금액과의 차액을 보장매도자로부터 수취
- 모든 지급/수취 금액은 결제 2영업일전 대미달러화 fixing 환율로 환산하여 달러화로 차액정산

거래구조

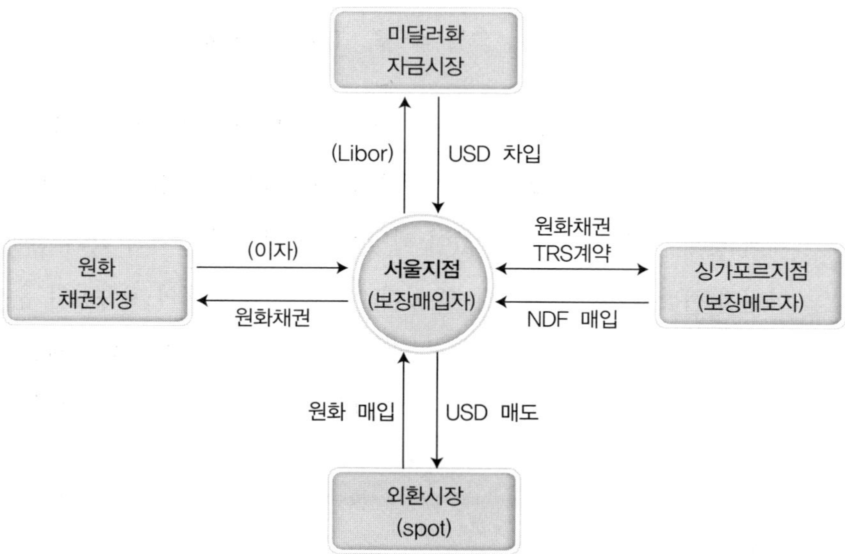

- 형식상으로는 A은행 서울지점이 원화채권시장에 투자하고 TRS계약을 체결하여 신용위험과 시장위험을 이전한 것으로 보이지만, 국내 채권시장의 투자포지션을 늘리려는 A은행 싱가포르지점이 TRS계약을 통해 원화채권을 실질적으로 매입한 효과를 갖게 됨

* KIS채권평가, 한국채권평가, 나이스채권평가 등 3개 기관의 평가가격

3.3 CLN(Credit Linked Note)

일반채권에 CDS, TRS 등 신용파생상품의 특성이 내재된 상품으로서 CLN의 원리금 지급이 준거자산의 신용위험과 연계되어 있다. 보장매입자는 CLN 발행을 통해 준거자산의 양도 없이 신용위험을 이전할 수 있고 CDS와는 달리 CLN발행대금을 보장매도자(CLN 투자자)로부터 수취하기 때문에 거래상대방(counterparty) 위험을 제거할 수 있다. 만약 신용사건이 발생하면 CLN의 원리금 지급이 중단되고 CLN의 잔존 원금에서 준거자산의 손실보전금액을 차감한 금액을 보장매도자에게 상환한다. 보장매도자는 신용도가 낮아 CDS 투자가 어려울 경우 CLN을 매입(funded)함으로서 일반채권보다 높은 수익을 획득할 수 있다. CLN의 거래구조는 ① 보장매입자의 직접 발행과 ② 자산유동화 회사(SPV)를 통한 간접발행으로 구분된다. SPV를 통한 발행에서는 보장매입자가 SPV와 CDS계약을 체결하여 준거자산의 신용위험을 이전하고 SPV는 CDS계약이 내재된 CLN을 발행한다. SPV는 CLN 발행대금으로 우량담보자산을 투자하여 신용사건 발생시 손실보전에 대비하는 한편, 평상시에는 보장매입자로부터 수취하는 CDS 프리미엄 및 담보자산 원리금을 보장매도자에게 지급한다.

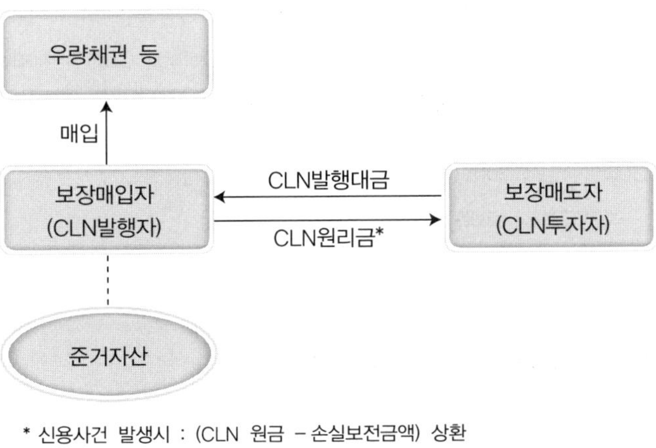

그림 4−7 직접 발행

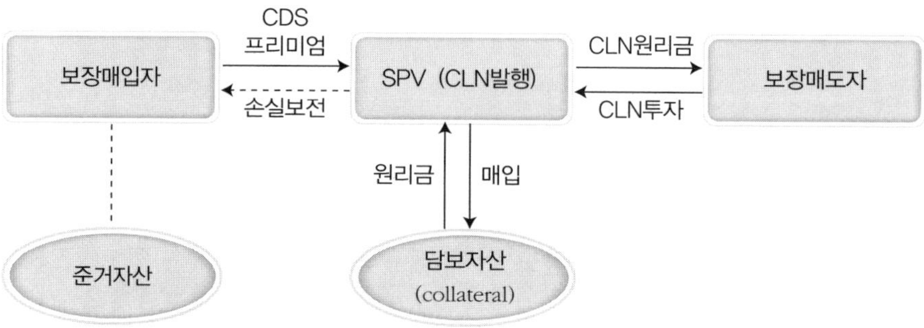

그림 4-8 SPV 발행

특히 Nth-to-Default CLN은 다수의 준거자산 중 N개의 신용사건이 발생할 경우의 신용위험을 투자자에게 이전하는 거래로 투자자의 포지션은 첫번째~N번째 신용사건에 대한 보장매도 포지션이다. 다수의 준거자산[6] 중 N개의 신용사건이 발생할 가능성이 일반적인 CLN보다 높기 때문에 상대적으로 높은 수익을 획득할 수 있다. 따라서 Nth-to-Default CLN의 스프레드는 개별 준거기업들의 평균스프레드보다 높게 형성된다.

〈예시〉

국내 A보험사(보장매도자)는 해외 B SPV가 발행하는 First-to-Default CLN을 매입하고 B SPV는 C외국은행(보장매입자)과 First-to-Default CDS계약 체결한 후 CLN 발행대금으로 담보자산 아래의 조건으로 매입하였다.

- CLN발행일 : 2007년 3월 20일(만기일 : 2014년 3월 20일)
  - 액면금액 : 10백만달러
  - 이자율 : 3M LIBOR + 0.9%(CDS 프리미엄+0.28%)
  - 이자지급 주기 : 매 3개월
- First-to-Default CDS 프리미엄 : 0.62%

6. 통상 3~30개의 준거자산으로 구성되며, First-to-Default형태가 가장 보편적.

■ 준거자산

준거기업	준거자산	신용사건
하나	회사채/대출채권	
신한	〃	
GS칼텍스	〃	– 파산(Bankruptcy)
SK에너지	〃	– 지급불능(Failure to Pay)
메릴린치	차입금	– 채무재조정(Restructuring)
씨티	〃	
도이치	〃	

■ 담보자산 : 모건스탠리 발행 채권*

– SPV는 C은행(CDS체결은행)과 Asset swap을 체결하여 담보자산을 인수(CLN 발행대금 지급)하고 담보자산으로부터 발생하는 현금흐름(3M Libor + 0.3%)과 C은행으로부터 현금흐름(3M Libor + 0.28%)을 교환

– 정산방식 : 실물정산(Physical Settlement)**

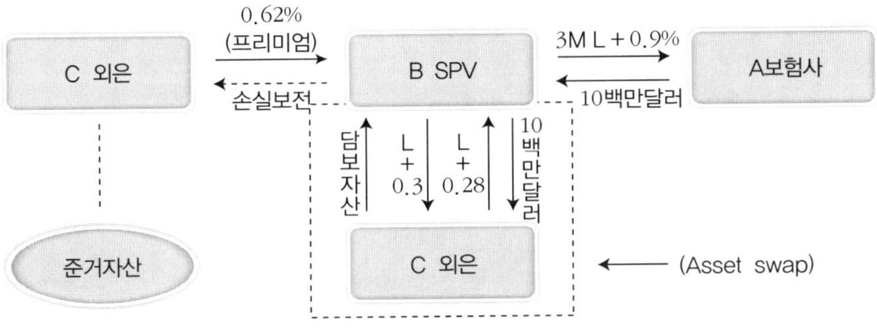

* 액면금액 10백만달러, 금리 3M LIBOR + 0.3%

** SPV는 CDS 보장매입은행에게 CDS액면금액에서 Asset Swap의 unwind cost를 차감한 금액을 지급하고 해당 준거자산을 양수하여, CLN투자자에게 양도

3.4 합성 CDO

합성 CDO(Synthetic CDO)는 CDS 등 신용파생상품을 이용하여 준거자산군[7]

7. 통상 준거자산을 산업별 등으로 구분하여 100~150개 정도 선정.

의 신용위험을 이전하고 이를 근거로 발행하는 여러 종류의 선 · 후순위채권을 말한다. 母은행(Originating Bank, 보장매입자)은 기초자산을 양도(true sale)하는 CDS 계약을 통하여 준거자산군의 신용위험을 특수목적회사(SPV)에 이전한다. 그러면 SPV는 이를 바탕으로 준거자산군을 신용등급별로 구분하여 손실부담, 이자율 등이 다른 3～4종의 채권을 발행하여 보장매도자(주로 국내 보험사 등 투자자)에게 매각한다. 또한 SPV는 준거자산군의 몇 배에 달하는(leverage) 채권도 발행하며, 이 채권 발행대금으로 국공채 등 신용도가 우량한 담보자산(Collateral)을 매입하여 채권 지급을 담보해 준다. 그리고 투자자는 채권을 매입하여 보다 높은 이자를 받는 대신에 신용사건이 발생하면 기초자산의 손실을 부담하게 된다. SPV는 CDS 프리미엄과 담보자산 이자로 채권 이자를 지급하며 신용사건 발생시 담보자산을 매각하고 하위채권부터(Bottom up losses) 손실을 부담하는데 신용등급이 가장 낮은 Equity는 통상 발행자가 인수한다.

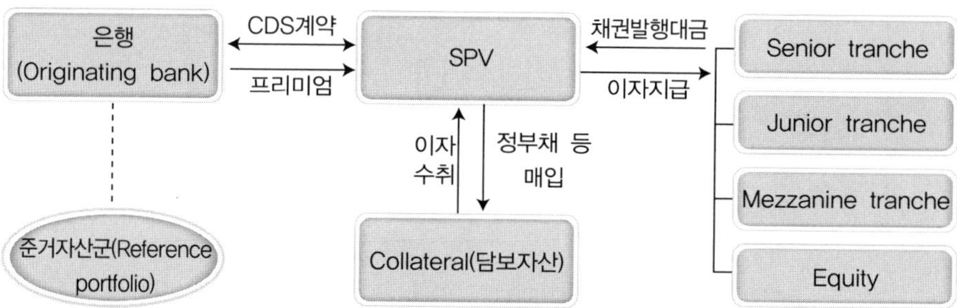

그림 4-9 합성 CDO의 거래구조

〈예시〉

A외국은행(보장매입자)은 기업대출에 대한 신용위험을 헤지하기 위하여 B SPV와 CDS 계약을 체결하고, B SPV는 CDS계약의 준거자산을 근거로 CDO 발행 및 담보자산 매입

- A은행의 전체 신용익스포져 : 9,722백만달러

▪ CDS 계약

– 보장매입자 : A외국은행, 보장매도자 : C은행

– 준거자산(static형태)

• 규모 : 697백만달러

• 307개 기업(미국 80.4%, 유럽 17.3%, 캐나다 2.3%)에 대한 대출채권, 파생상품자산 등

• 평균신용등급 : A2/A

▪ CDO 발행

– 발행일 : 2007.12.19(만기일 : 2012.12.20)

– 권면금액 : 697백만달러

– 담보자산 : 미국채 5년물

– 개별 트렌치 정보 :

트렌치	권면금액	이자율	비고
Super Senior	8,993백만달러	–	A은행이 인수
Senior(AAA)	460백만달러	미국채수익률 + 60bp	CDO발행
Subordinated(Ba2)	237백만달러	미국채수익률 + 375bp	CDO발행
Equity	32백만달러	–	A은행이 인수

– A은행은 전체 신용익스포저(9,722백만달러)중 697백만달러에 대해 SPV와의 CDS 및 CDO 발행을 통해 신용위험을 이전하였으며, 첫 번째 손실부담은 A은행이 Equity 인수를 통해 흡수하는 한편, Senior 트렌치보다 신용등급이 우수하고 손실부담이 적은 Super senior 트렌치도 A은행이 보유

거래구조

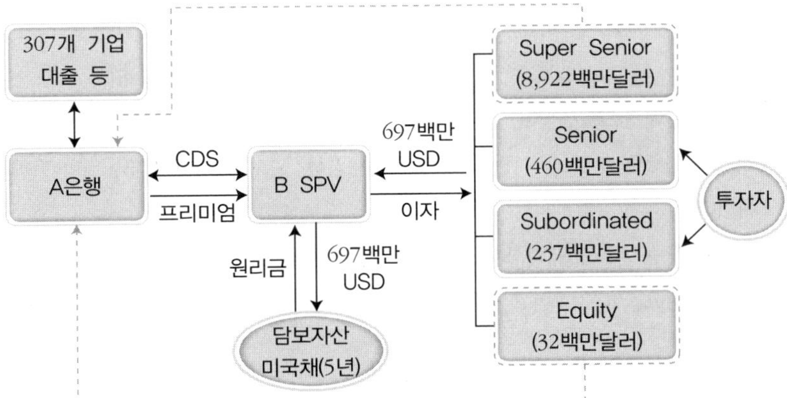

참고 : 우리나라의 신용파생상품 거래동향[8]

일반적으로 신용파생상품 거래를 통해 보장매입자는 대출채권 등 준거자산의 소유권을 보유한 채 신용위험만을 분리하여 보장매도자에게 이전하고 보장매도자는 프리미엄을 수취함으로써 투자수익률을 제고할 수 있다.

우리나라 금융시장에서 국내은행은 CDS, CLN, 합성(Synthetic) CDO 등을 거래하면서 주로 보장매도자의 입장에, 외은지점은 TRS 거래를 통해 보장매입자의 위치에 서고 있다. 특히, 국내 금융기관은 신용위험을 이전하기 위하여 신용파생상품을 거래하기보다는 수수료 취득을 위해 단순히 투자자로서 참여하고 있기 때문에 신용사건이 발생할 경우 신용파생거래에 따른 위험에 노출될 가능성이 높다.

외국환은행의 신용파생상품 거래 규모[1] (억달러)

	2006[2]	2007[2]	2008
TRS	42.4	32.1	32.7
CLN	0.4	1.2	0.2
합성CDO	4.7	0.9	-
CDS	7.9	9.8	15.2
기타[3]	1.2	5.9	0.0
합계	55.4	49.9	48.1

주 : 1. 기간 중 거래실적 2. 한국은행 허가·신고 기준 3. 원금보장형 신용연계채권 등

TRS*1)는 외은지점의 재정거래를 위한 국고채 매입과 관련하여 거래가 활발하였으나 2007년 4월 이후 감독당국의 단기외화차입에 대한 자제요청으로 다소 감소하였다.

헤지펀드 등 해외 금융기관은 TRS와 CRS 거래의 합성을 통해 국채매입용 원화자금을 조달하지 않고도 국채수익률과 CRS금리차이만큼의 수익을 획득할 수 있다.*2)

CLN*3) 및 합성CDO*4) 거래는 2006년 중 신바젤협약 시행을 앞둔 외국환은행의 공급과 수익률이 높고 위험이 낮은 대체투자 상품에 대한 보험사 등 금융기관의 수요가 맞물려 활발하였으나 2008년 들어 글로벌 신용경색, 모노라인 업체 부실위험 등에 따라 감소하였다.

CDS*5)는 국내은행이 보장매도를 통하여 수수료(CDS 프리미엄)를 수취하기 위하여 주로 거래하고 있다. 그리고 국내은행은 외국은행으로부터 국채담보부 외화차입시 CDS 보

8. '최근 외국환은행의 외환파생거래 동향과 평가' (2009.2월, 한국은행 국제국).

장매도 조건*6)을 부가함으로써 차입비용을 절감하기도 한다.

*1) Total Return Swap은 보장매입자가 기초자산 보유에 따라 발생하는 총수익을 보장매도자에게 지급하는 대가로 일정한 수익을 수취하는 계약

*2) 헤지펀드는 외은지점의 해외본지점과 우리나라 국채를 기초자산으로 하는 TRS(국채수익률 수취/LIBOR + 스프레드 지급)와 CRS Pay(CRS금리 지급/LIBOR 수취) 거래 → 해외본지점은 국내 외은지점과 back-to-back 거래 → 외은지점은 원화를 조달하여 TRS계약에 따른 국채를 매입하고 CRS Pay 거래
- 헤지펀드 수익 : 국채수익률 - CRS금리 - 스프레드
- 외은 본지점 및 외은지점 수익 : CRS금리 + 스프레드 - 원화조달금리

*3) Credit Linked Note는 일반 채권에 CDS를 결합한 상품으로서 CLN의 원리금 지급을 준거자산의 신용위험과 연계

*4) Synthetic Collateralized Debt Obligation은 CDS 등 신용파생상품을 이용하여 준거자산군의 신용위험을 이전하고 이를 근거로 발행되는 여러 종류의 선·후순위채권으로서 보장매입자는 준거자산의 신용위험을 헤지하고자 특수목적회사(SPC)와 CDS 계약을 체결하고, SPC는 CDS 계약을 근거로 CLN을 발행하여 준거자산의 신용위험을 보장매도자에게 이전

*5) Credit Default Swap은 보장매입자(protection buyer)가 준거자산의 신용위험(credit risk)을 보장매도자(protection seller)에게 이전하고 그 대가로서 프리미엄을 지급하는 상품으로서 지급불능 등 신용사건 발생시 보장매도자는 보장매입자에게 손실을 보전

*6) 국채의 신용사건(지급불능, 파산, 채무재조정 등)이 발생하면 국내은행이 외국은행에 손실을 보전

Appendix

부록

연습문제

01 기초금융자산과 선도거래

02 금융선물거래

03 옵션거래

04 스왑거래

◈ 모범답안 및 해설

01 기초금융자산과 선도거래

01. 현물환율이 £1 = U$1.2000이고 £금리(3개월물)가 4%(연율)일 때 3개월 만기 영국 파운드(£) 선물환율의 이론가격이 1.2240이라면 U$금리(3개월물)는 대략 얼마인가? (소수점 첫째 자리에서 반올림)

① 6%　② 8%　③ 10%　④ 12%

02. 현재 외환시장에서 일본 엔화의 선물환율(만기 3개월)이 양 통화의 금리 차이로 계산한 적정환율(108.00엔)보다 낮은 107.00엔(1U$당)으로 형성되어 있다면 어떠한 재정거래를 하여야 무위험 차익을 얻을 수 있는가?

① 달러를 차입하여 엔 현물환을 매입하고 달러 선물환을 매도한다.
② 엔을 차입하여 달러 현물환을 매입하고 달러 선물환을 매도한다.
③ 달러를 차입하여 엔 현물환을 매입하고 달러 선물환을 매입한다.
④ 엔을 차입하여 달러 현물환을 매입하고 달러 선물환을 매입한다.

03. C기업이 B은행에게 1달러당 1,000원의 계약가격으로 1년 후에 1천만달러를 매도하는 NDF계약을 체결하였다. 선물환 만기일 전날 지정환율(fixing rate)이 1,100으로 결정된다면 만기일에 C기업과 B은행 간에는 어떠한 결제가 이루어지는가?

① C기업은 B은행으로부터 1,000,000달러를 수령한다.
② B은행은 C기업으로부터 1,000,000달러를 수령한다.
③ C기업은 B은행에게 909,090.9달러를 지급한다.
④ B은행은 C기업에게 909,090.9달러를 지급한다.

04. A는 지금부터 90일간 4%로 자금을 조달하고 동시에 180일간 6%로 자금을 운용하기로 하였다면 A는 장래 어떤 금리를 얼마만큼 확정시킨 셈인가?

① 지금부터 90일 후 시점부터 180일 후 시점까지 차입금리를 약 8%로 확정
② 지금부터 90일 후 시점부터 180일 후 시점까지 운용금리를 약 8%로 확정
③ 지금부터 90일 후 시점부터 180일 후 시점까지 차입금리를 약 5%로 확정
④ 지금부터 90일 후 시점부터 180일 후 시점까지 운용금리를 약 5%로 확정

05. 현재 A은행은 1억달러의 자금이 필요한데 3개월 후에 1억달러가 입금될 예정이다. 만약 달러화 차입금리가 6%(연율), 원화운용 금리가 8%(연율), 3개월 스왑레이트가 3%(연율)일 경우에 A은행이 환율변동위험을 회피하면서 이와 같은 외화자금부족 상황에 대처할 수 있는 가장 적절한 방안은?

① 외화자금시장에서 1억달러를 차입한 후 3개월 뒤에 상환하는 방법
② 1억달러 상당의 원화자금을 차입하여 외환시장에서 현물환 1억달러를 매입하는 동시에 선물환(3개월물) 1억달러를 매도하는 방법
③ 1억달러 상당의 원화자금을 차입하여 외환시장에서 현물환 1억달러를 매입하는 방법
④ 1억달러 상당의 원화자금을 차입하여 외환시장에서 현물환 1억달러를 매입하는 동시에 선물환(3개월물) 1억달러를 매입하는 방법

06. 미국의 A회사가 일본의 B회사와 자동차 수입계약을 체결하여 3개월 후에 일본 엔(JPY)화 표시 수입대금을 지급할 예정이다. 이 경우 환율변동위험을 헤지(hedge)하기 위해서 A회사는 어느 거래를 선택하여야 하는가?

① buy U$, sell JPY 선물환거래 ② sell U$, buy JPY 선물환거래
③ buy U$, sell JPY 현물환거래 ④ sell U$, buy JPY 현물환거래

07. 환율변동위험에 노출(exposure)되지 않는 포지션(position)은?

① over-sold position ② square(flat) position
③ net position ④ over-bought position

08. 외환스왑거래를 설명한 내용 중 맞는 것을 모두 고르면?

> 가. 외환매매의 형식을 취하고 있으나 단기차입거래와 유사한 성격임
> 나. 반드시 현물환거래가 개재되어야 함
> 다. 단기자금의 대차거래에 비해 채무불이행 위험이 축소됨
> 라. 단기적인 외화자금을 조달하기 위해서는 원화자금의 여유가 있어야 함

① 가, 나 ② 가, 나, 다
③ 가, 다, 라 ④ 가, 나, 다, 라

09. 국제외환시장에서 외환딜러들의 U$/￥환율이 다음과 같이 호가되어 있을 때 일본 엔(￥)화를 매입하려는 거래자는 어느 딜러와 거래하는 것이 가장 유리한가?

① A딜러 : 120.20/70 ② B딜러 : 120.10/60
③ C딜러 : 120.40/90 ④ D딜러 : 120.30/80

10. 미국의 A기업이 엔(Yen)화 자금 차입 및 상환에 따른 환위험 헤지(hedge)방안으로 활용할 수 없는 것을 모두 고르면?

> 가. 엔선물환 매입
> 나. 엔선물환 매도
> 다. 엔화자금을 차입하여 달러화 매입 예치
> 라. 달러자금을 차입하여 엔화 매입 예치

① 나, 라 ② 나, 다
③ 가, 다 ④ 가, 라

11. 원화에 대한 달러화의 가치가 10% 하락할 경우에 달러화에 대한 원화의 가치는 약 몇 % 상승하는가?

① 9.5% ② 10% ③ 10.5% ④ 11%

12. 현재 원/달러 현물환율이 달러당 1,000원이고 3개월 선물환율이 1,025원이라면 스왑 레이트(연율)는 얼마인가?

① 5% ② 10% ③ 20% ④ 25%

13. 일본의 J기업은 미국으로부터 전자부품을 수입하고 6개월 후에 2억달러의 수입대금을 결제할 예정이다. A기업이 환율변동위험에 대비하여 선택할 수 있는 헤지전략을 모두 고르면?

> 가. 엔선물(잔여 만기 6개월 이상) 매입계약 체결
> 나. 엔선물(잔여 만기 6개월 이상) 매도계약 체결
> 다. 6개월간 2억달러를 차입한 다음 현물환시장에서 엔화를 매입하여 3개월간 은행에 예치
> 라. 6개월간 2억달러 상당의 엔화를 차입한 다음 현물환시장에서 달러화를 매입하여 6개월간 은행에 예치

① 가, 라 ② 나, 다
③ 가, 다 ④ 나, 라

14. 일본 엔(JPY)화의 대미 달러환율(USD/JPY)이 120.40엔일 때 엔화의 재정환율(JPY/KRW)이 1,080원(100￥당)이라면 미 달러(U$)화의 기준환율은 얼마인가?

① 897.00원 ② 1,200.40원
③ 1,286.80원 ④ 1,300.32원

15. 서울 외환시장에서 A은행이 B은행과 3개월 만기 sell & buy swap(USD against KRW)거래를 하였다. 이 거래에 대한 설명 중 적절하지 못한 것은?

① A은행은 3개월간 원화자금을 조달
② B은행은 3개월간 달러자금을 조달
③ 스왑 레이트가 양국의 금리차보다 낮을 경우에 A은행은 환차익을 획득
④ 스왑 레이트가 양국의 금리차보다 낮을 경우에 B은행은 환차익을 획득

16. 현재 런던외환시장에서 현물 파운드 환율이 1.5020/25U$로 형성되어 있다. 금리평가이론에 의하여 계산한 3 month forward rate가 1.4960/70일 때 만약 시장에서 실제 거래되는 3개월 선물환율이 1.4940/50이라고 한다면 어떤 차익거래(arbitrage)가 가능할까?

① 3개월 선물환 파운드를 매입하고 현물 달러를 매입

② 3개월 선물환 파운드를 매도하고 현물 달러를 매입

③ 3개월 선물환 파운드를 매입하고 현물 달러를 매도

④ 3개월 선물환 파운드를 매도하고 현물 파운드를 매입

17. 현재 런던외환시장에서 1파운드 = 1.5020/25U$로 거래되고 있다. 6개월 swap point가 120/125로 형성되어 있다면, 만약 A회사가 6개월 만기 미국 달러화 선물환을 매입(파운드화 선물환 매도)할 때 적용되는 환율은?

① 1.4900　　② 1.5150　　③ 1.5140　　④ 1.4875

18. 현재 런던외환시장에서 U$/￥시세는 1U$ = 121.40/50￥이고 ￡/U$시세는 1￡ = 1.5020/30U$일 때 만약 엔화를 대가로 파운드를 매입한다고 할 때 적용되는 환율은?

① 182.34(=121.40 × 1.5020)　　② 182.61(=121.50 × 1.5030)

③ 80.825(=121.40 ÷ 1.5020)　　④ 80.838(=121.50 ÷ 1.5030)

19. 서울 외환시장에서 3개월 만기 원/달러 선물환율이 이론 선물환율보다 낮은 경우에 실행할 수 있는 선물환 차익거래(covered interest arbitrage)를 설명한 내용 중 맞는 것은?

① 선물환 달러 매도, 원화자금 차입 + 현물 달러 매입운용

② 선물환 달러 매입, 원화자금 차입 + 현물 달러 매입운용

③ 선물환 달러 매도, 달러자금 차입 매각 + 현물 원화 운용

④ 선물환 달러 매입, 달러자금 차입 매각 + 현물 원화 운용

20. 현재 서울외환시장에서 \$/₩시세는 1,225.10/20이고 동경외환시장에서 \$/￥시세는 122.20/30이다. 원화를 대가로 100엔을 매입할 때 적용되는 환율을 계산하는 적절한 방법은?

① $\frac{1,225.20}{122.30} \times 100$ ② $\frac{1,225.10}{122.20} \times 100$

③ $\frac{1,225.10}{122.30} \times 100$ ④ $\frac{1,225.20}{122.20} \times 100$

21. 서울외환시장에서 현재 \$/₩시세가 1,225원이다. A회사는 B은행과 현물환 달러를 1,225원에 매도하고 3개월 선물환 달러를 1,230원에 매입하는 스왑거래를 하였다. 이 거래에 대한 설명 중 맞는 것을 모두 고르면?

가. A회사는 3개월간 달러화 자금을 조달하였다.
나. B은행은 3개월간 원화 자금을 조달하였다.
다. 정상적인 시장에서는 3개월간 원화금리가 달러금리보다 높아야 한다.
라. A회사는 3개월 후에 결제예정인 달러를 앞당겨 결제하는 효과를 얻을 수 있다.

① 가, 나 ② 다, 라
③ 가, 나, 라 ④ 가, 나, 다

22. 듀레이션의 특징을 설명한 내용 중 맞는 것은?
① 채권의 만기가 길어질수록 듀레이션은 감소한다.
② 채권의 수익률이 높아지면 듀레이션은 감소한다.
③ 표면금리가 높아지면 듀레이션은 증가한다.
④ 이자지급빈도가 증가할수록 듀레이션도 증가한다.

23. 향후 금리가 상승할 가능성이 높은 상황에서 포트폴리오 관리자는 다음 각 채권의 듀레이션을 기준으로 볼 때 어느 채권을 매입하는 것이 가장 유리한가?
① 만기 12년, 표면금리 8% 채권 ② 만기 8년, 표면금리 8% 채권
③ 만기 12년, 표면금리 12% 채권 ④ 만기 8년, 표면금리 12% 채권

24. A은행의 대차대조표에서 자산의 듀레이션은 7년이고 부채의 듀레이션은 5년이다. A은행이 금리변동위험을 제거하기 위한 면역기법(immunization)으로 선택하기에 가장 부적절한 것은?

① 장기금리선물계약을 매도한다.

② 표면금리(coupon)가 낮은 채권의 보유비중을 확대한다.

③ 고정금리부 대출을 변동금리부 대출로 전환한다.

④ 예수금 구조를 만기가 긴 예수금의 비중이 커지도록 바꾼다.

25. 원화는 엔화와 유로화에 비해 평가절하되어 있고, 달러화와 파운드화에 비해서는 평가절상되어 있다면 다음 중 어느 기업이 가장 유리하겠는가?

① 미국에서 수입하여 일본에 수출하는 기업

② 일본에서 수입하여 독일에 수출하는 기업

③ 일본에서 수입하여 미국에 수출하는 기업

④ 영국에서 수입하여 미국에 수출하는 기업

26. 수출기업이 수출보험공사와 환변동보험계약을 체결하는 것은 수출기업 입장에서 볼 때 다음 중 어느 거래와 유사한가?

① 선물환 매입 ② 선물환 매도

③ 콜옵션 매입 ④ 풋옵션 매입

27. 3개월 원화 이자율은 연 5%, 3개월 달러 이자율은 연 3%이다. 그리고 원/달러 현물환율은 1,200원이고 만기 3개월 선물환율은 1,210원이다. 이때 차익을 얻기 위해서는 어떻게 거래하여야 하는가?

① 달러 현물환을 매입하고 달러 선물환을 매도한다.

② 달러 현물환을 매도하고 달러 선물환을 매입한다.

③ 달러 현물환을 매입하고 달러 선물환을 매입한다.

④ 달러 현물환을 매도하고 달러 선물환을 매도한다

28. 듀레이션을 이용한 금리위험 관리방법에 대한 설명으로서 가장 거리가 먼 것은?

① 장기금리선물의 매입은 포트폴리오의 듀레이션 확대효과를 가져온다.

② 부채의 듀레이션이 자산의 듀레이션보다 크면 금리상승위험에 노출된다.

③ 금리상승이 예상될 때에는 포트폴리오 구성면에서 중도 이자지급이 많은 채권의 비중을 확대하는 것이 유리하다.

④ 금리상승이 예상될 때에는 부채의 구성면에서 가급적 할인채로 바꾸는 것이 유리하다.

29. 원유수입대금 결제를 앞두고 있는 정유회사가 달러화 매입가격을 940~980원/달러 범위 내로 제한하기 위하여 레인지 포워드(range forward)거래를 할 경우에 다음 중 어느 거래방법이 가장 적합한가?

① 940원/달러 풋옵션 매입 & 980원/달러 콜옵션 매도

② 980원/달러 풋옵션 매입 & 940원/달러 콜옵션 매도

③ 980원/달러 풋옵션 매도 & 940원/달러 콜옵션 매입

④ 940원/달러 풋옵션 매도 & 980원/달러 콜옵션 매입

30. 현재 원/달러 현물환이 ₩1,250/$이고, 1년 만기 선물환이 ₩1,350/$에 거래되고 있으며 원화 이자율이 6%이고 달러 이자율이 4%이라면 다음 설명 중 맞는 것은?

① 원/달러 선물환가격이 이론상 균형상태이다.

② 원/달러 선물환을 매도하고 현물환을 매입하면 차익거래 이익을 얻을 수 있다.

③ 원/달러 선물환을 매입하고 현물환을 매도하면 차익거래 이익을 얻을 수 있다.

④ 원/달러 선물환을 매입하고 현물환을 매입하면 차익거래 이익을 얻을 수 있다.

31. 현재 3개월 금리가 3.5%이고 6개월 금리가 4%일 때 3 × 6 FRA가격은 얼마인가?

① 2.80% ② 3.50% ③ 4.46% ④ 5.56%

32. 연간 2회 이자를 지급하는 채권이 104(액면 100원 기준)에 거래되고 있다. 맥컬레이 듀레이션이 12.5이고, 만기수익률은 8.4%이라면 이 채권수익률이 50bp(= 0.5%) 상승하는 경우 채권의 가격변동률(%)과 변동액(액면 100원 기준)은 근사치로 각각 얼마인가?

① −6.0, −6.24 ② −6.25, −6.50

③ −12.0, −12.48 ④ −12.5, −13.00

33. 표면이자율 8.5%이고 만기 2015년인 채권의 현재 수익률이 8.0%일 경우 채권수익률이 50bp 상승할 때 채권가격이 4.8% 하락한다면 이 채권의 맥컬레이 듀레이션은 약 몇 년인가? (단, 이 채권의 연간 이자지급 횟수는 2회)

① 14년 ② 12년 ③ 10년 ④ 8년

34. 채권의 금리위험에 대한 설명 중 맞는 것은?

① 만기가 짧을수록 금리위험은 크다.

② 시장금리가 높을수록 금리위험은 크다.

③ 듀레이션이 길수록 금리위험은 작다.

④ 표면이자(coupon)가 높을수록 금리위험은 작다.

35. 이자율평가이론을 설명한 내용 중 틀린 것은?

① 양국의 금리가 동일하면 선물환율은 플렛(flat) 상태가 된다.

② 스왑포인트는 현물환율을 기준으로 양국의 금리차에 의해 결정된다.

③ 스왑레이트와 양국의 금리차이는 동일하다.

④ 고금리 통화의 선물환율은 현물환율에 프리미엄 상태가 된다.

36. 현재 국내 외환시장에서 원/달러환율은 935.70원이고 같은 시간 동경외환시장에서 거래되는 태국 바트화 환율은 달러화에 대해 41.40바트/$라면 원화에 대한 바트화 교차환율은 얼마인가?

① 22.60원/바트 ② 0.0442원/바트
③ 226.00바트/원 ④ 2.45원/바트

37. 다음 채권가격에 대한 설명 중 가장 거리가 먼 것은?

① 일반적으로 채권가격과 채권수익률은 반비례 관계에 있다.
② 장기채권이 단기채권보다 가격 변동성이 적다.
③ 동일한 잔존만기 채권의 가격변동률은 채권수익률이 하락할 때가 상승할 때보다 크다.
④ 표면이자율이 낮을수록 동일한 수익률 변동에 따른 가격변동률이 크다.

38. 수정듀레이션이 2.6년인 국채의 가치가 현재 1억원이다. 만일 이 국채의 수익률이 0.15%포인트 하락하면 이 채권의 가치는 대략 얼마 정도 변동하는가?

① 26만원 하락 ② 26만원 상승
③ 39만원 하락 ④ 39만원 상승

39. 선도금리계약(FRA)을 설명한 내용 중 거리가 가장 먼 것은?

① 시장금리가 계약금리를 상회하는 경우에는 선도금리 매입자가 매도자로부터 차액을 수취
② 원금의 이동 없이 결제금리와 상호 합의한 계약금리의 차액을 결제
③ 장래 특정일에 지급할 이자율을 약정하고 그 특정일 시장이자율과 약정이자율의 차액을 만기일에 수수하는 거래
④ 장래 차입할 경우에 금리상승위험을 헤지하기 위해서는 FRA를 매입

40. 3 × 9 IFR에 대해 설명한 내용 중 맞는 것은?

① 3개월 후 9개월물 잠재선도금리 ② 3개월 후 6개월물 잠재선도금리
③ 9개월 후 3개월물 잠재선도금리 ④ 9개월 후 6개월물 잠재선도금리

41. 지금부터 90일 후 180일 만기 잠재선도금리(IFR)가 약 7%로 계산된다면 90일 금리와 270일 금리는 대략 얼마일까?

	90일 금리	270일 금리
①	(8%)	(10%)
②	(7%)	(9%)
③	(10%)	(8%)
④	(8%)	(6%)

42. 채권시장에서 만기 1년짜리 채권의 수익률이 4%, 만기 2년짜리 채권의 수익률이 5%, 만기 3년짜리 채권의 수익률이 6%라면 2년 후에 거래될 만기 1년짜리 채권의 수익률은 약 얼마인가? (단, 채권은 할인채)

① 6.01% ② 7.01% ③ 8.03% ④ 9.03%

43. 다음 설명 중 옳은 것은?

① 금리하락시보다 금리상승시의 가격변동폭이 큰 것은 볼록성 때문이다.
② 유로달러선물, 통안증권선물가격 계산시 일수기준은 360일이다.
③ 서로 상이한 표면금리, 만기를 가진 채권을 비교할 때 듀레이션을 이용한다.
④ 수정듀레이션은 맥컬레이 듀레이션을 쿠폰수익률로 나눈 값이다.

44. 외환시장에서 매도환율과 매입환율의 차이인 스프레드(spread)의 결정요인에 관한 설명 중 거리가 먼 것은?

① 환율의 변동폭이 심할수록 스프레드가 커진다.
② 현물환보다는 선물환거래에서 스프레드가 커진다.
③ 거래규모가 커질수록 스프레드가 커진다.
④ 통화의 유동성이 낮을수록 스프레드가 커진다.

45. 동경외환시장에서 USD/JPY 현물환 10,000,000엔을 105.50엔/달러에 매입하여 108.50엔/달러로 매도하였을 경우에 발생하는 손익은?

① \$28,500 이익 ② \$2,620 손실
③ 248,546엔 손실 ④ 284,360엔 이익

02 금융선물거래

01. 금융선물거래의 특징에 대한 설명으로서 거리가 가장 먼 것은?
① 계약만기 이전이라도 반대거래를 통하여 포지션을 청산할 수 있다.
② 만기일에 반드시 실물이 인수도 된다.
③ 계약체결방법이 정형화되어 있다.
④ 거래자는 신용위험을 보증받는 대가로 증거금을 예치하여야 한다.

02. 다음 중 선물가격이 현물가격에 디스카운트로 형성되는 것은?
① 저금리 통화의 통화선물가격
② 이론적인 주가지수선물가격
③ 이론적인 상품선물가격
④ 정상수익률곡선하에서의 장기금리선물가격

03. 음의 캐리시장(negative carry market)을 설명한 내용 중 옳은 것은?
① 저금리 통화선물의 보유비용(cost of carry)에 해당된다.
② 금융조달 비용이 현물보유 수익보다 적다.
③ 현물가격이 선물가격보다 높은 상황이다.
④ 이론적인 선물가격은 백워데이션(backwardation) 상태를 나타낸다.

04. 다음 중 IMM Index방식으로 가격을 표시하지 않는 선물은?
① T-note선물 ② T-bill선물
③ 통안증권금리선물 ④ Eurodollar선물

05. 거래자 A, B, C, D가 다음과 같이 선물거래를 하였을 경우 제3일의 거래량(volume)과 미결제약정(open interest)은 각각 얼마인가?

	A	B	C	D
제1일	+10	−10		
제2일	+4	−2	−2	
제3일	−6	+4	−4	+6

(단, + : 선물 매입, − : 선물 매도)

① 거래량 10계약, 미결제약정 14계약
② 거래량 10계약, 미결제약정 10계약
③ 거래량 20계약, 미결제약정 10계약
④ 거래량 20계약, 미결제약정 14계약

06. 다음 각 상황별 금리변동위험에 대해 금리선물을 이용한 헤지(hedge)방법 중 틀린 것은?

① 장래 채권에 투자할 예정 → 금리선물 매도
② 장래 변동금리로 차입할 예정 → 금리선물 매도
③ 현재 채권에 투자 → 금리선물 매도
④ 현재 고정금리 조건으로 차입 → 금리선물 매입

07. 금리선물을 이용하여 매도헤지(short hedge)를 실행하여야 하는 경우와 거리가 가장 먼 것은?

① 은행이 단기 시장금리에 연동되어 있는 예금으로 자금을 조달하여 고정금리조건으로 중장기 대출을 하는 경우
② 장래에 채권을 발행하여 자금을 조달하려는 경우
③ 현재 고정금리 채권에 투자하는 경우
④ 장래에 유입될 자금을 유로달러 정기예금에 투자하려는 경우

08. 9월 17일에 December Eurodollar선물(만기일 : 12월 17일) 1계약(contract)을 94.50에 매도하면 어떤 결과를 얻게 될까?

① 12월 17일부터 90일간 $100만의 운용수익률을 5.5%로 고정
② 9월 17일부터 90일간 $100만의 차입이자율을 5.5%로 고정
③ 9월 17일부터 90일간 $100만의 운용수익률을 5.5%로 고정
④ 12월 17일부터 90일간 $100만의 차입이자율을 5.5%로 고정

09. 주가지수선물가격을 결정하는 요소가 아닌 것은?

① 현물주가지수　② 배당수익률
③ 자본조달비용　④ 보관비용

10. 6월 14일 현재 현물주가지수가 1,000포인트이고 CD수익률이 10%, 평균 배당률이 5%라면 지금부터 6개월 후에 인수도(delivery)되는 주가지수선물의 적정가격은?

① 950　② 1,000
③ 1,025　④ 1,050

11. 보유비용(cost of carry)에 관한 설명 중 틀린 것은?

① 보유비용은 저장비용, 보험료 금융비용을 포함한다.
② 금융비용은 상품자체의 매입가격을 포함한다.
③ 저장비용은 상품을 적절한 시설에 보관하는 비용을 의미한다.
④ 대부분의 상품은 창고에 보관되어 있는 동안 보험에 들어야 한다.

12. 현재 만기가 3개월 남은 주가지수 선물가격은 104, 현물지수는 100, 이론선물가격은 102, 주가지수를 구성하는 종목에 대한 배당률은 0이라고 할 때 현재 시장금리(연율)는 대략 얼마인가?

① 2%　② 4%
③ 6%　④ 8%

13. 미국의 수출회사가 일본 엔화로 자금을 조달하려고 계획하고 있다. 이 회사의 환율변동위험을 헤지하기 위한 가장 적절한 거래는?

① buy T-bill futures　　② sell T-bill futures

③ buy Japanese Yen futures　　④ sell Japanese Yen futures

14. 8월 말에 엔 차관 원리금 12.5억엔을 상환할 예정인 A기업이 환위험을 헤지하기 위하여 선택할 가장 적합한 거래는?

① 9월물 엔선물 100계약 매도

② 9월물 엔선물 100계약 매입

③ 12월물 엔선물 100계약 매도

④ 엔 현물 12.5억엔 차입과 9월물 엔선물 100계약 매도

15. 2월 5일에 March Yen(만기 : 3월 17일) 10계약을 0.8592에 매도하였다. 만약 3월 5일에 가서 선물가격이 0.8492로 하락한다면?

① 선물거래에서 이익이 발생

② 선물거래에서 손실이 발생

③ 아직 만기가 도래하지 않았으므로 손익발생을 알 수 없음

④ 3월 5일자 선물거래 이익이 3월 17일에 지급

16. 양의 캐리시장(positive carry market)에서 선물 매입헤지를 하였다. 예를 들어 미 달러 Libor(3개월)는 4%이고, 영국 파운드 Libor(3개월)는 9%일 경우에 파운드 선물시세는 현물시세보다 낮게 형성된다. 3개월 후에 파운드표시 차관 자금을 결제해야 할 때 장래 파운드시세 상승을 염려하여 파운드선물을 이용하여 헤지거래를 하였다. 헤지결과에 대한 평가 중에서 틀린 것은?

① 장래 파운드 시세 상승시 선물거래에서 손실이 발생한다.

② 장래 파운드 시세 상승시 선물거래에서 이익이 발생하는데 베이시스가 축소되면 선물포지션의 이익은 현물포지션의 손실보다 크다.

③ 장래 파운드 시세 하락시 현물포지션에서 이익, 선물포지션에서 손실이 발생한다.

④ 베이시스 수렴의 결과 항상 헤지이익이 발생한다.

17. September Yen 10계약을 0.9649$/100엔에 매도한 후 0.9535에 매입 청산하였다면 증거금 대비 투자수익률은? [증거금 : 계약당 1,500달러, 수수료(왕복) : 계약당 15달러, 1계약 : 12,500,000엔]

① 94% ② 9.4%
③ 19.4% ④ 29.4%

18. 현재 만기가 3개월 남은 주가지수 선물가격은 116.00, 현물지수는 114.00, 금리는 14%(연율), 주가지수를 구성하는 종목에 대한 배당률이 2%(연간)일 때 확실한 이익을 획득할 수 있는 거래전략은?

① 매수차익거래 ② 매도차익거래
③ 스프레드거래 ④ 선물매수거래

19. A기업은 6개월 후에 엔차관 자금을 상환할 예정이다. A기업의 환율변동위험에 대한 헤지방법인 futures hedge와 money market hedge를 설명한 내용 중 틀린 것을 모두 고르면?

가. 6개월 이후에 만기가 도래하는 엔 선물을 매입
나. 6개월간 엔자금을 차입하여 엔으로 은행에 예치
다. 6개월간 달러자금을 차입하여 엔으로 환전 예치
라. 음의 캐리시장(negative carry market)에서 선물 헤지를 하였을 때 베이시스 수렴의 결과 헤지 이익발생

① 나 ② 나, 라
③ 다, 라 ④ 나, 다, 라

20. 2006년 9월 29일 현재 A기업은 2006년 12월 16일에 1억달러를 차입할 계획이다. 아래와 같은 시장상황에서 이 회사가 장래 차입이자비용을 고정시키기 위해 12월물 유로달러선물 100계약을 (가)한다면 실질 차입이자율을 (나)%로 확정시킬 수 있다. (가)와 (나) 안에 들어갈 알맞은 말은? (단, 선물거래 이익에 대한 경과이자와 거래비용은 무시함)

〈시장상황〉

- 2006년 9월 29일 현재
  - 3개월 LIBOR : 4.25%
  - 12월물 유로달러선물가격 : 95.11
- 2006년 12월 16일
  - 3개월 LIBOR : 5.14%
  - 12월물 유로달러선물가격 : 94.86
- 이자지급방법 : 3개월마다 3개월물 LIBOR로 지급
- 차기 이자 확정기일 : 2006년 12월 14일

	(가)	(나)
①	매입	5.14
②	매도	5.14
③	매입	4.89
④	매도	4.89

21. 만약 차입금리가 8%이고 A채권의 현물가격이 \$100일 때 그 채권을 대상으로 하는 채권선물(계약만기: 6개월)의 가격이 이론가격보다 낮은 \$96으로 형성되었다고 가정한다. 만약 투자자가 매도차익(reverse cash & carry)거래를 통하여 \$2의 차익을 얻을 수 있었다면 A채권의 표면금리(coupon)는 약 몇 %일까?

① 6%　　② 8%

③ 10%　　④ 12%

22. 현재 T-bond 현물(CTD채권)가격이 100-00이고 단기시장이자율이 6%, CTD채권의 표면이자율이 8%, CTD채권의 전환계수가 1.2인 상황에서 만약 만기가 6개월 남은 T-bond 선물가격이 84-00일 경우에 확실한 이익을 획득할 수 있는 거래전략은?

① 매수차익거래　　② 매도차익거래
③ 스프레드거래　　④ 선물매도거래

23. 지금부터 6개월 후에 만기가 도래하는 유로달러선물을 매입하는 헤지(long hedge)전략은 다음 중 어느 거래상황에 가장 적합한 헤지방법인가?

① 6개월 후에 3개월간 Libor + 50bp로 차입할 예정
② 6개월 후에 3개월간 FRN에 투자할 예정
③ 지금부터 6개월간 Libor + 50bp로 차입할 경우
④ 지금부터 6개월간 FRN에 투자할 경우

24. 2001년 8월 6일 현재 만기 2020년 5월, 쿠폰 5-1/4%인 채권의 가격이 97-18/32이고 이 채권의 전환계수가 0.92일 때 2001년 9월물 선물가격이 105-04/32으로 거래될 경우에 베이시스는 약 얼마인가?

① 23/32　　② 25/32
③ 27/32　　④ 29/32

25. 미결제약정수 변화 중 틀린 것은?

① 신규포지션을 매입하고 신규포지션을 매도할 때 미결제약정수 증가
② 신규포지션을 매입하고 기존포지션을 매도할 때 미결제약정수 불변
③ 기존포지션을 매입하고 신규포지션을 매도할 때 미결제약정수 불변
④ 기존포지션을 매입하고 기존포지션을 매도할 때 미결제약정수 불변

26. 우리나라의 금융선물가격을 설명한 내용 중 맞는 것은?

① 통안증권금리 선물가격은 100.00보다 클 수 없다.

② 우리나라의 통화선물가격은 미국 달러화 기준(American terms)으로 표시한다.

③ 우리나라 국채선물가격은 액면금액의 백분율(%)로서 소수점 이하 자리는 1%의 1/32를 단위로 표시한다.

④ 우리나라 통화선물가격은 1원 단위로 표시한다.

27. 다음 금융선물가격의 최소가격변동폭(tick size)을 계산하는 방법 중 맞는 것은?

① T-bond 선물 : \$100,000 × 0.01 × (1/100) = \$10.00

② Eurodollar 선물 : \$1,000,000 × 0.01 × (1/100) = \$100.00

③ 우리나라 국채선물 : 1억원 × 0.01 × (1/100) = 10,000원

④ 우리나라 통화선물 : \$50,000 × 0.2원 = 10,000원

28. 정상적인 시장상황에서 이론 선물가격이 현물가격보다 높게 형성되는 금융선물을 모두 고르면?

> 가. 거래대상(기초자산) 통화의 금리가 미국 달러금리에 비해 낮은 저금리 통화선물
> 나. 거래대상(기초자산) 통화의 금리가 미국 달러금리에 비해 높은 고금리 통화선물
> 다. 정상수익률곡선하에서 장기금리선물
> 라. 주가지수선물

① 가　　② 가, 라

③ 나, 다　　④ 나, 다, 라

29. 2001년 9월 24일 달러 현물시세가 1,300원일 때 만기 10월 달러선물의 이론가격을 계산하는 방법이 맞는 것은? (단, 선물의 만기일은 10월 17일로서 spot date인 9월 26일부터 21일 후이며 3주일 만기 달러금리는 연 4%, 원화금리는 연 6%임)

① $1,300 \times \dfrac{1+0.04\times(21/365)}{1+0.06\times(21/360)}$

② $1,300 \times \dfrac{1+0.06\times(21/360)}{1+0.04\times(21/365)}$

③ $1,300 \times \dfrac{1+0.04\times(21/360)}{1+0.06\times(21/365)}$

④ $1,300 \times \dfrac{1+0.06\times(21/365)}{1+0.04\times(21/360)}$

30. 미국의 수출회사가 독일에 기계장비를 수출하고 6개월 후에 유로(Euro)화로 수출대금을 받을 예정이다. 이 회사가 환율변동 위험을 헤지(hedge)하기 위해 선택할 수 있는 가장 적절한 거래는?

① 유로달러(Eurodollar)선물 매입
② 유로달러(Eurodollar)선물 매도
③ 유로(Euro)선물 매입
④ 유로(Euro)선물 매도

31. T-bond 선물의 전환계수를 설명한 내용 중 틀린 것은?

① 표면금리가 6%보다 클 경우 전환계수는 항상 1보다 크다.
② 전환계수는 특정 결제월의 만기가 짧아지면 점차 작아진다.
③ 표면금리가 6%보다 작을 경우 만기가 길수록 전환계수는 작아진다.
④ 잔존만기가 같은 경우 표면금리가 클수록 전환계수는 커진다.

32. 12%의 표면금리(coupon)를 지급하는 채권의 현물가격이 $100이고 그 채권을 대상으로 하는 금리선물(선물의 잔여만기 : 6개월)의 조정선물가격(adjusted futures price)이 $98로 형성되었을 때 만일 투자자가 매수차익거래를 이용하여 선물만기일에 $2의 무위험 차익을 얻을 수 있었다면 이 투자자는 약 몇 %의 금리(연율)로 자금을 차입하였을까?

① 2%　　② 3%　　③ 4%　　④ 5%

33. 내재환매수익률(implied repo rate)이란 채권을 (A)함과 동시에 선물을 (B) 했다가 선물만기일에 현물채권을 (C)하게 될 때 얻을 수 있는 이론적인 수익률이다. 만약 선물인도일 이전에 이자지급이 없다고 한다면 내재환매수익률(IRR)은 (D)식에 의하여 산출된다. (A), (B), (C), (D) 안에 들어갈 말이 맞는 것은?

	(A)	(B)	(C)	(D)
①	매입	매도	인도	$\left(\frac{매입가격}{청구가격} - 1\right) \times \left(\frac{360}{n}\right)$
②	매도	매수	인수	$\left(\frac{매입가격}{청구가격} - 1\right) \times \left(\frac{360}{n}\right)$
③	매입	매도	인도	$\left(\frac{청구가격}{매입가격} - 1\right) \times \left(\frac{360}{n}\right)$
④	매도	매수	인수	$\left(\frac{청구가격}{매입가격} - 1\right) \times \left(\frac{360}{n}\right)$

34. 현재 시장에서 엔(¥)금리가 달러금리보다 낮을 경우에는 엔(¥)현물가격이 엔(¥)선물가격보다 (A)은 (B) carry market 상태가 되는데 이 상황에서 엔채권 회수 예정이어서 엔선물을 매도하는 매도헤지(short hedge)를 하였을 때는 베이시스 수렴의 결과 헤지 (C)이 발생한다. (A), (B), (C) 안에 들어갈 알맞은 말은?

	(A)	(B)	(C)
①	높	positive	손실
②	낮	negative	이익
③	낮	negative	손실
④	높	positive	이익

35. 액면 2억달러의 T-bond를 보유하고 있다. 이 채권의 표면이자는 10%, 전환계수(conversion factor)는 1.20, 채권의 시장가격은 120-00이다. 장래의 금리변동위험을 제거하기 위해 T-bond 선물을 이용하여 헤지하려고 한다. 다음 중 헤지가 잘된 것은?

① T-bond 선물 2,240개 매입 ② T-bond 선물 1,667개 매입
③ T-bond 선물 1,667개 매도 ④ T-bond 선물 2,400개 매도

36. 음의 캐리(negative carry) 상황에서 현물가격이 선물가격보다 높을 경우에 무위험 차익을 얻기 위한 차익거래전략은?

① 현물 공매도 + 대출 + 선물매도

② 현물 공매도 + 대출 + 선물매입

③ 자금차입 + 현물매입 + 선물매도

④ 자금차입 + 현물매입 + 선물매입

37. 표면이자 7 1/8%, 만기 2022년 11월인 T-bond의 가격은 126-08이고(CF = 1.2000), June T-bond 선물가격은 102-16이다. 이 채권의 베이시스를 구하면?

① 3-08

② 49-00

③ 126 8/32 × 1.2000 - 102 16/32

④ 3-24

38. 다음 CTD(cheapest to deliver)를 설명한 내용 중 틀린 것은?

① 내재환매수익률(implied repo rate)이 가장 큰 경우

② 베이시스(basis)가 최소인 경우

③ 전환계수(conversion factor)가 가장 큰 경우

④ 보유비용(cost of carry)이 최소인 경우

39. 6월 20일 현재 September T-Bond 수익률이 6.8%라는 의미는?

① 6월 20일부터 15년간 T-Bond 수익률이 6.8%

② 9월 15일부터 15년간 T-Bond에 투자할 경우에 수익률이 6.8%

③ 9월 15일에 CTD채권의 수익률이 6.8% 이상이면 이익

④ 9월 15일에 CTD채권을 담보로 시장에서 차입할 때 금리가 6.8%

40. September T-bond의 내재환매수익률(IRR)이 4.5%인 데 반하여 September T-bond의 선물만기까지 2달간 Repo금리는 4.0%로 주어졌을 때 확실한 이익을 획득할 수 있는 거래전략은?

① T-bond 현물 매입(Repo 차입)과 T-bond 선물 매도

② T-bond 현물 매도(Repo 운용)과 T-bond 선물 매입

③ T-bond 선물 매도

④ T-bond 선물 매입

41. 만약 16%의 표면이자(coupon)를 지급하는 채권의 현물가격이 $100이고 그 채권을 대상으로 하는 채권선물(계약만기: 6개월)의 가격이 $99로 형성되어 있을 때 투자자가 연율 8%로 자금을 차입할 수 있다면 차익거래를 통하여 얼마의 이익을 얻을 수 있을까?

① $2 ② $1

③ $4 ④ $3

42. 헤지거래자(hedger)가 직면할 수 있는 위험상황에 따라 선물거래를 통한 헤지거래 전략으로 틀린 것은?

① 현재 채권에 투자하고 있으며 향후 금리상승이 예상될 경우 선물매도 포지션을 취한다.

② 현재 고정금리 조건으로 차입하고 있으며 향후 시장금리의 하락이 예상될 경우 선물매도 포지션을 취한다.

③ 미래 채권에 투자할 예정이며 향후 투자수익률의 하락이 예상될 경우 선물매입 포지션을 취한다.

④ 미래 차입할 예정이며 향후 시장금리의 상승이 예상될 경우 선물매도 포지션을 취한다.

43. 주가지수선물을 이용하는 베이시스 트레이딩(basis trading)의 거래전략을 설명한 내용 중 맞는 것은?

① 베이시스가 확대될 것으로 예상하면 현물 매수와 선물 매도
② 베이시스가 축소될 것으로 예상하면 현물 매수와 선물 매도
③ 베이시스가 확대될 것으로 예상하면 현물 매수와 선물 매수
④ 베이시스가 축소될 것으로 예상하면 현물 매도와 선물 매수

44. 헤지거래의 기본개념을 설명한 내용 중 맞는 것을 있는 대로 고르면?

가. 현물가격과 선물가격이 동일한 방향으로 일정한 관계를 유지하며 움직이기 때문에 헤지가 가능
나. 헤지는 선물시장에서 현물 포지션과 동일한 포지션을 취하는 거래
다. 베이시스가 항상 일정하기 때문에 완전한 헤지가 가능
라. 헤지는 절대가격 변동위험을 베이시스 변동위험(basis risk)으로 대체

① 라 ② 가, 라 ③ 가, 나, 라 ④ 가, 다, 라

45. 최저가인도채권(CTD)를 설명한 내용 중 맞는 것은?

① 내재환매수익률(implied repo rate)이 가장 높은 채권
② 벨류 베이시스(value basis)가 최대인 채권
③ 전환계수(conversion factor)가 가장 큰 채권
④ 시중금리가 8% 미만이면 듀레이션이 가장 큰 채권

46. 내재환매수익률(implied repo rate)을 설명한 내용 중 틀린 것은?

① 내재환매수익률은 채권선물을 이용하여 '매수차익(cash and carry)' 거래전략을 시행함으로써 얻을 수 있는 이론적인 수익률임
② 내재환매수익률은 채권을 매입함과 동시에 채권선물을 매도한 후 선물의 만기일에 현물채권을 인도하게 될 때 얻을 수 있는 이론적인 수익률임
③ '매수차익(cash and carry)' 거래는 내재환매수익률이 단기차입금리(Repo Rate)보다 높을 경우에만 가능함
④ 채권선물의 가격이 저평가될수록 내재환매수익률은 높아짐

47. KOSPI200 선물계약(선물가격 = 120)을 이용하여 180억원 상당의 주식 포트폴리오에 대한 헤지거래를 실시하기 위해 계산한 적정 매도선물계약수가 270계약이라면 포트폴리오의 베타값은 대략 얼마인가?

① 0.9 ② 0.8 ③ 0.7 ④ 0.6

48. T-bond선물의 베이시스와 선물가격을 설명하는 내용 중 맞는 것은?

① 밸류베이시스 = 이론선물가격 - 조정 선물가격
② 캐리베이시스 = 현물가격 - 실제선물가격
③ 캐리비용 = 차입이자 + 쿠폰지급액
④ 조정선물가격 = (실제선물가격 + 경과이자) × 전환계수

49. A사는 지금부터 2개월 후에 수출대금 U$100,000,000을 수취하여 3개월간 유로달러 정기예금을 할 예정이다. 현재 시점에서 2개월 후의 정기예금 금리를 확정시킬 수 있는 가장 적합한 헤지(hedge)거래는?

① 유로달러 선물 100계약 매입
② 유로달러 선물 100계약 매도
③ 유로달러 선물 10계약 매도
④ 유로시장에서 U$100,000,000을 2개월간 예금

50. A사는 2개월 후에 U$1,200,000,000을 변동금리조건으로 3개월간 차입할 예정이다. 현재시점에서 2개월 후의 차입금리(3개월간)를 확정시킬 수 있는 방법은?

① 유로달러 선물 1,200계약 매입
② 유로달러 선물 1,200계약 매도
③ 유로달러 선물 120계약 매입
④ 유로시장에서 U$1,200,000,000을 2개월간 차입

51. 다음 중 베이시스의 축소에 따라 헤지손실이 발생하는 경우는?

① 달러금리가 파운드금리보다 높은 음의 캐리시장에서 파운드선물 매도헤지(selling hedge)

② 파운드금리가 달러금리보다 높은 양의 캐리시장에서 파운드선물 매입헤지(buying hedge)

③ 엔금리가 달러금리보다 높은 양의 캐리시장에서 엔선물 매입헤지(buying hedge)

④ 달러금리가 엔금리보다 높은 음의 캐리시장에서 엔선물 매입헤지(buying hedge)

52. 6개월 후에 일본 엔화표시 수출대금을 받을 예정인 A기업이 엔선물을 이용하여 환율변동위험을 헤지(hedge)하려고 한다. 현재 미국 달러금리는 5%이고, 일본 엔 금리는 2%인 음의 캐리시장에서 A기업이 엔선물을 이용하여 헤지할 경우에 아래 헤지결과를 평가한 내용 중 맞는 것은?

① 장래 엔화 시세 하락시 선물거래에서 손실이 발생

② 장래 엔화 시세 하락시 선물거래에서 이익이 발생하는데 베이시스가 축소되면 선물포지션의 이익은 현물포지션의 손실보다 크다.

③ 장래 엔화 시세 하락시 현물 포지션에서 손실이 발생하나 선물 포지션에서 이익이 발생함으로써 전체적으로 헤지 이익이 발생한다.

④ 베이시스(basis)가 축소되면 헤지 손실이 발생한다.

53. 내재환매수익률(implied repo rate)이란?

① 채권현물 매입과 동시에 채권선물 매입 후 선물만기일에 현물채권 인수거래의 이론적 수익률

② 채권현물 매입과 동시에 채권선물 매도 후 선물만기일에 현물채권 인도거래의 이론적 수익률

③ 채권현물 매도와 동시에 채권선물 매도 후 선물만기일에 현물채권 인도거래의 이론적 수익률

④ 채권현물 매도와 동시에 채권선물 매입 후 선물만기일에 현물채권 인수거래의 이론적 수익률

54. 현재로부터 만기가 6개월 남은 T-bond 선물의 이론선물가격이 85-25.6/32 (85.80), 최저가인도채권(CTD)의 현물가격이 104-00/32, CTD채권의 표면이자율이 8%, CTD채권의 전환계수가 1.200이라면 단기시장이자율은 대략 얼마인가?

① 4% ② 6% ③ 8% ④ 10%

55. T-bond 선물매입자가 선물매도자로부터 현물채권을 인도받을 때 지불하는 청구가격을 계산하는 식이 바른 것은?

① (선물정산가격 + 경과이자) × 전환계수
② (선물정산가격 × 전환계수) + 경과이자
③ (선물정산가격 × 전환계수) - 경과이자
④ [선물정산가격 × (1 + 전환계수)] + 경과이자

56. T-bond 현물을 매입(Repo 차입)하는 동시에 T-bond 선물을 매도하는 매수차익(cash & carry)거래 전략을 이용하여 가장 큰 무위험 차익을 얻을 수 있는 상황은? (단, A = T-bond 선물의 내재환매수익률(IRR), B = 선물계약만기까지 Repo금리)

① A = 9%, B = 7% ② A = 8%, B = 7%
③ A = 6%, B = 7% ④ A = 5%, B = 7%

57. 주가지수선물을 이용한 헤지거래에 대한 설명 중 맞는 것을 모두 고르면?

> 가. 베이시스위험은 현물과 선물 각각의 위험보다 크다.
> 나. 베이시스위험은 완전헤지를 거의 불가능하게 한다.
> 다. 정상적인 주가지수선물시장에서 매입헤지가 유리할 때는 현물가격의 상승폭이 선물가격의 상승폭보다 작을 경우이다.
> 라. 정상적인 주가지수선물시장에서 베이시스폭이 확대되면 매도헤지거래자는 이익을 본다.

① 나 ② 나, 다
③ 나, 라 ④ 나, 다, 라

58. 시간스프레드(calendar Spread)거래에서 강세스프레드(bull spread)거래 전략을 설명한 내용 중 맞는 것은?

① 근월물 매도/원월물 매입전략

② 약세시장에서 근월물 가격이 원월물에 비해 덜 떨어질 것이라는 예상에 근거한 전략

③ 강세시장에서 근월물 가격보다 원월물 가격이 더 많이 오를 것이라는 예상에 근거한 전략

④ 음의 캐리 상황에서 근월물과 원월물의 가격차이가 확대될 것이라는 예상에 근거한 전략

59. 11월 14일 현재 1개월 금리가 8%, 4개월 금리가 8.0625%일 때 현재부터 1개월 후의 3개월간* 내재선도금리는 8.02%로 결정된다. 만약 12월물 유로달러선물가격이 91.10으로 형성되어 있을 경우에 무위험 이익을 얻을 수 있는 차익거래는? (*12월물 유로달러선물의 만기일인 12월 19일부터 91일간, 차익거래 비용은 무시)

① 12월물 유로달러선물 매도 + 4개월간 자금운용 + 1개월간 자금조달

② 12월물 유로달러선물 매도 + 4개월간 자금조달 + 1개월간 자금운용

③ 12월물 유로달러선물 매입 + 4개월간 자금운용 + 1개월간 자금조달

④ 12월물 유로달러선물 매입 + 4개월간 자금조달 + 1개월간 자금운용

60. 선물 매입헤지(long hedge)란?

① 현물의 매입 포지션에 대한 헤지방법이다.

② 장래 가격 하락위험이 있을 때 사용한다.

③ 나중에 가격이 상승하면 선물거래에서 이익이 발생한다.

④ 나중에 금리가 상승하면 선물거래에서 이익이 발생한다.

61. 1월 3일 현재 유로달러 예금시장에서 3개월 금리는 4%, 6개월 금리는 5%일 때 March Eurodollar선물의 적정가격과 가장 비슷한 값은?

① 95.00 ② 96.00

③ 94.00 ④ 99.00

62. 3월물 KOSPI200선물가격이 100이고, 6월물 KOSPI200선물가격이 105라고 할 때 둘 사이의 스프레드가 5보다 작아질 것으로 예상할 경우에 포지션을 어떻게 취해야만 이익을 보게 되는가?

① 3월물 매수 6월물 매도 ② 3월물 매도 6월물 매수
③ 3월물 매도 6월물 매도 ④ 3월물 매수 6월물 매수

63. 지금부터 6개월 후에 만기가 도래하는 유로달러선물을 매입하는 것은 다음 중 어느 거래상황에 대한 헤지(hedge)방법으로 적합한가?

① 지금부터 6개월 후에 3개월간 Libor + 50bp로 차입할 예정
② 지금부터 6개월 후에 3개월간 FRN에 투자할 예정
③ 지금부터 6개월간 Libor + 50bp로 차입할 경우
④ 지금부터 6개월간 FRN에 투자할 경우

64. 현재 국제외환시장에서 SFr/U$ 현물환율이 $1 = 1.2148SFr이고 미국 달러 금리(3개월물)가 연 5.4%, 스위스 프랑금리(3개월물)가 연 6.8%이라면 캐리모형(carry model)에 의한 3개월 만기 스위스 프랑 선물가격은 약 얼마인가?

① 0.8260 ② 0.8203
③ 0.8280 ④ 0.8132

65. 현재 T-bond 선물의 가격이 92-08일 때 다음 4개의 채권 중 어느 것을 인도하는 것이 선물 매도자에게 가장 유리한가?

채권	채권 가격	전환계수
① 채권	98-24	1.0235
② 채권	115-08	1.2115
③ 채권	132-16	1.4212
④ 채권	112-16	1.1927

66. 현재 원/달러 현물환이 ₩950/$이고, 3개월 만기 선물환이 ₩948/$에 거래되고 있으며 원화 이자율이 5.2%이고 달러 이자율이 6.8%이라면 다음 설명 중 맞는 것은?

① 달러 선물환율이 이론상 균형상태이다.
② 달러 선물환을 매도하고 현물환을 매입하면 차익을 얻을 수 있다.
③ 달러 선물환을 매입하고 현물환을 매도하면 차익을 얻을 수 있다.
④ 달러 선물환을 매입하고 현물환을 매입하면 차익을 얻을 수 있다.

67. 1월 4일 현재 A기업이 3월 초에 기업어음(만기 : 3개월)을 발행할 계획이다. 현재 금리는 6%이며, March T-bill 선물은 94.30에 거래되고 있고 September T-bill 선물은 93.00에 거래되고 있다. A기업이 금리변동위험을 헤지하기 위하여 어떤 조치를 취하는 것이 좋은가?

① March T-bill 선물 매입
② March T-bill 선물 매도
③ AAA회사채 매입
④ March T-bill 선물 매입과 September T-bill 선물 매도

68. 정상수익률곡선(normal yield curve)하에서 금리선물의 가격에 대한 설명으로 올바른 것은? (단, 선물가격은 캐리모형에 의해 결정된다는 가정)

① 선물가격은 현물가격보다 낮고, 선물가격 중에도 원월물이 근월물보다 낮다.
② 선물가격은 현물가격보다 낮고, 선물가격 중에도 원월물이 근월물보다 높다.
③ 선물가격은 현물가격보다 높고, 선물가격 중에도 원월물이 근월물보다 낮다.
④ 선물가격은 현물가격보다 높고, 선물가격 중에도 원월물이 근월물보다 높다.

69. 음의 캐리(negative carry)상황에서 매도차익거래의 기회가 발생하는 경우로 가장 적절한 경우는?

① 실제선물가격 > 현물가격
② 실제선물가격 > 이론선물가격
③ 이론선물가격 = 실제선물가격
④ 현물가격 > 실제선물가격

70. 현재 KOSPI200 현물지수는 80포인트이며 이자율 6%, 배당수익률 2%일 때 만기가 3개월 남아 있는 KOSPI200 지수선물을 거래하려고 한다. 만약 투자자가 증권회사에 0.2포인트의 위탁수수료를 지불하고 매수-매도호가 차이(bid-ask spread)가 0.3포인트라면 선물가격의 차익거래 불가능 범위(no-arbitrage bound)는?

① 80.00～81.00

② 78.90～79.90

③ 80.20～81.20

④ 80.30～81.30

71. A기업은 일본에 기계류를 수출하고 3개월 후에 엔화 표시 수출대금을 받을 예정이다. 환율변동위험을 헤지하기 위하여 6개월 후에 만기가 도래하는 엔선물 100계약을 0.9090에 매도하였다. 3개월 후에 이 선물계약을 0.9130에 청산하였다면 손익은? (참고 : 1틱=$12.5)

① $50,000 이익　　② $50,000 손실

③ $12,500 손실　　④ $12,500 이익

72. 3개월 후에 엔화 표시 차관자금을 상환해야 하는 A기업은 엔선물을 이용하여 환율변동위험을 헤지(hedge)하려고 한다. 미국 달러 Libor(3개월)는 6.7%이고, 일본 엔 Libor(3개월)는 1.7%인 음의 캐리시장에서 엔선물을 이용하여 헤지하였을 때 아래 헤지결과를 평가한 내용 중 맞는 것은?

① 장래 엔화 시세 상승시 선물거래에서 손실이 발생

② 장래 엔화 시세 상승시 선물거래에서 이익이 발생하는데 베이시스가 축소되면 선물포지션의 이익은 현물포지션의 손실보다 크다.

③ 장래 엔화 시세 하락시 현물 포지션에서 손실, 선물 포지션에서 이익이 발생한다.

④ 베이시스(basis)가 축소하면 헤지 손실이 발생한다.

73. 선물을 이용한 헤지거래에 대한 설명 중 틀린 것은 ?

① 가격변동위험을 헤저로부터 투기자로 전가한다.

② 선물을 이용하여 헤지할 경우 가격위험은 해소되지만 베이시스위험은 여전히 존재한다.

③ 계약만기일까지의 선물을 이용한 헤지효과는 선도계약을 이용한 헤지효과와 동일하다.

④ 현물을 보유한 투자자는 매입헤지(long hedge)를 통하여 가격변동위험을 줄일 수 있다.

74. 5억원의 주식 포트폴리오(베타 = 0.8)를 보유하고 있는 투자자가 주가상승에 따른 이익을 적극적으로 얻기 위하여 KOSPI200 선물 8계약을 110.00포인트에 추가 매수하였다면 이는 주식 포트폴리오의 베타를 얼마로 조정한 효과를 갖겠는가?

① 0.95 ② 1.29 ③ 1.47 ④ 1.68

75. 향후 수익률곡선의 기울기가 가파를(steepen) 전망이다. 상품간 스프레드 전략을 구사하고자 하는데 3년국채선물과 5년국채선물을 이용하고자 한다. 3년국채선물(듀레이션 2.55) 50계약 매수에 대하여 5년국채선물(듀레이션 4.25) 매도 계약수는?

① 15 ② 25 ③ 30 ④ 40

76. 아래의 주식 포트폴리오 투자자가 주가하락 위험을 최소화하기 위하여 KOSPI200선물 12계약을 매도하였다면 A주식의 베타값(β_A)은 얼마인가? (단, KOSPI200선물가격 = 200포인트)

보유 포트폴리오의 구성

구성 주식	투자금액	베타(β)
A	2억원	(β_A)
B	3억원	1.0
C	5억원	1.2
합 계	10억원	

① 0.9 ② 1.1 ③ 1.3 ④ 1.5

77. 현재 September T-bond의 내재환매수익률이 5.00%인데, September T-bond 선물계약 만기까지 2개월간 Repo금리는 4.00% 형성되어 있다면 어떤 거래가 유리한가?

① T-bond 현물 매입(Repo 차입) + T-bond 선물 매도
② T-bond 현물 매도(Repo 운용) + T-bond 선물 매입
③ T-bond 현물 매도(Repo 운용) + T-bond 선물 매도
④ T-bond 현물 매입(Repo 차입) + T-bond 선물 매입

78. CME Group에서 거래되고 있는 엔선물의 계약단위는 12,500,000엔이다. 거래가격은 100엔당 달러로 표시되는데 최소가격 표시단위(틱)는 0.0001달러이다. 다음 중 엔선물 1틱(tick)의 가치를 올바르게 표시한 것은?

① 12,500,000 ÷ 100 = 125,000엔
② 12,500,000 ÷ 0.0001 = 1,250엔
③ 12,500,000 ÷ 0.0001 × 0.01 = 12.5엔
④ 12,500,000 × 0.0001 × 0.01 = 12.5달러

79. 한국거래소의 달러선물거래 조건에 관한 설명 중 옳은 것은?

① 거래단위 $5만이다.
② 틱단위 0.1원이다.
③ 최종결제일은 결제월 2번째 수요일이다.
④ 만기에 현금 차액결제한다.

80. T-bond 선물 5계약을 매도한 투자자가 현물을 인도하는 시점에서 선물가격이 98-16이고 인도대상 채권의 전환계수가 1.02445이고 경과이자가 100달러당 1.0850달러라면 청구가격(invoice price)은 얼마인가?

① $509,967 ② $508,225
③ $499,167 ④ $486,170

81. 시장(종합주가지수)과 주식 A, B, C의 공분산이 각각 14, 9, 16이고 시장의 분산은 10이다. 주식 A, B, C로 구성된 포트폴리오는 시장 움직임을 잘 반영하고 있으며 투자비중이 각각 25%, 50%, 25%이고 총 투자규모는 5억원이다. 현재 KOSPI200선물가격이 100일 때 가격하락에 대비한 헤지 필요 계약수는?

① 10계약 매도　　② 12계약 매도
③ 14계약 매도　　④ 16계약 매도

82. S&P500 선물을 이용하여 매도헤지를 걸어 놓은 인덱스 펀드(index fund) 관리자가 있다. 현재 현물지수(index)는 301.30이고 선물가격은 305.90이다. 6개월 후 헤지를 청산할 때 펀드지수는 306.00이고 선물가격은 307.60이 된다면 가격 및 베이시스의 변화에 따라 어떠한 헤지결과를 가져올까? (S&P500 지수 1Point = $250)

① 계약당 1.70포인트($425) 이익
② 계약당 1.70포인트($425) 손실
③ 계약당 4.70포인트($1,175) 손실
④ 계약당 3.00포인트($750) 이익

83. 1월 3일 현재 유로달러 예금시장에서 3개월 금리는 4%, 6개월 금리는 5%인데 March Eurodollar가격이 94.51로 주어진다면 어떤 차익거래가 가능하겠는가?

① March Eurodollar선물매도
② 6개월 유로달러를 차입하여 3개월 운용
③ 3개월 유로달러를 차입하여 6개월 운용
④ 3개월 유로달러 차입 및 6개월 운용과 동시에 March Eurodollar 선물매도

84. 5월 14일 현재 September T-bond가격은 99-08로서 December T-bond가격 98-05보다 높다. 그 이유는?

① 현재 시장금리가 6% 이상이기 때문이다.

② 수익률곡선의 기울기가 우상향이기 때문이다.

③ September CTD의 표면이자가 December CTD의 표면이자보다 높기 때문이다.

④ September T-bond의 IRR이 December T-bond의 IRR보다 높기 때문이다.

85. BPV(basis point value)가 크다는 것은?

① 채권의 수익률이 크다.

② 채권의 IRR이 크다.

③ 금리변동에 대한 채권가격 변동폭이 크다

④ 금리변동에 대한 채권가격 변동률이 크다.

86. 표면이자 6+1/8%, 만기 5/15/2031, 액면 1억달러 T-bond를 보유하고 있으며, 이 채권의 BPV는 $993,420로 계산되었다. 헤지를 위하여 September T-bond 몇 계약을 매각하여야 할까? September T-bond의 CTD는 표면이자 5+1/2%, 만기 11/15/2026(CF = 0.9463)이며 이것의 BPV는 $907.60이다.

① 1,000계약 ② 1,036계약

③ 907계약 ④ 993계약

87. B사는 외화대출 1억달러를 사용하고 있다. 금리조건은 6Month Libor + 0.7%이다. 만기를 1년 남겨 놓고 있는데 다음 이자 Setting day는 6월 10일과 12월 10일이다. 5월 12일에 June Eurodollar와 December Eurodollar를 각각 100개씩 매도하였다. 매도가격은 각각 95.45와 94.20이었다. 6월 10일에 가서 June Eurodollar 포지션을 95.30에 청산하였다. 선물거래 손익을 계산하면?

① $37,500 이익 ② $75,200 이익

③ $25,000 손실 ④ $50,000 손실

88. TED Spread거래는?

① T-bill 금리 상승시 거래

② 유로달러금리 상승시 거래

③ 금융시장 긴축시 TED Spread 매입

④ 금융시장 긴축시 TED Spread 매도

89. 5월 14일 현재 September T-bond 가격은 98-05, September T-note가격은 102-11로 주어졌다. September NOB 스프레드는?

① 98-05 ② 102-11

③ 4-06 ④ 406틱

90. 주가지수선물의 이론가격을 설명한 내용 중 맞는 것은?

① 이자율이 상승하면 이론선물가격도 상승한다.

② 현물주가지수가 상승하면 이론선물가격은 하락한다.

③ 배당수익률이 상승하면 이론선물가격도 상승한다.

④ 잔존 만기일수가 짧아지면 이론선물가격은 상승한다.

91. 현재 KOSPI200 현물지수는 180이며 최근월물(잔존만기 2개월)의 선물가격은 186.50이며 이론가격은 184.60이다. 선물과 현물을 합성하여 단기금리상품을 만들면 예상 현 수익률은 약 얼마인가? (단, 배당수익률은 1%)

① 15.5% ≤ 연수익률 < 16% ② 16% ≤ 연수익률 < 16.5%

③ 16.5% ≤ 연수익률 < 17% ④ 17% ≤ 연수익률 < 17.5%

92. 2009년 7월 2일 현재 KOSPI200 주가지수의 현물가격은 181포인트, 9월물 선물가격은 180포인트, 이론선물가격은 182포인트이며 만기일은 9월 10일이다. 현 시장상황을 설명한 내용 중 옳은 것은?

① 비정상시장, Backwardation, 저평가, 디스카운트 상태

② 정상시장, Contango, 고평가, 프리미엄 상태

③ 비정상시장, Contango, 고평가, 프리미엄 상태

④ 정상시장, Contango, 저평가, 디스카운트 상태

93. 주가지수선물의 베이시스(basis)가 보유비용(cost of carry)보다 클 경우에 가장 바람직한 투자전략은?

① 선물 매도 + 주식 공매　② 선물 매도 + 주식 매입
③ 선물 매입 + 주식 공매　④ 선물 매입 + 주식 매입

94. 선물가격이 현물가격보다 높은 정상시장에서 실시한 헤지거래에 대한 설명 중 틀린 것은?

① 선물가격의 상승폭이 현물가격의 상승폭보다 크면 매도헤지에서 손실발생
② 선물가격의 하락폭이 현물가격의 하락폭보다 크면 매도헤지에서 이익발생
③ 선물가격의 하락폭이 현물가격의 하락폭보다 작으면 매입헤지에서 손실발생
④ 선물가격의 상승폭이 현물가격의 상승폭보다 크면 매입헤지에서 이익발생

95. 베타에 대한 설명 중 틀린 것은?

① 여러 종목으로 구성된 주식 포트폴리오의 체계적 위험은 구성주식의 베타를 시가총액으로 가중평균하여 산출한다.
② 개별주식과 시장 전체와의 공분산을 시장 전체의 분산으로 나눈 값이다.
③ 개별주식의 체계적 위험을 나타내며 항상 0과 1사이의 값을 갖는다.
④ 시장 전체의 움직임에 대한 개별주식의 시장반응도 또는 시장위험의 척도라고도 한다.

96. 현재 60억원어치 주식 포트폴리오(베타 = 1.2)를 보유하고 있는데 앞으로 주가하락이 예상된다. 주가하락 위험에 대비하여 KOSPI200 선물시장을 이용하여 포트폴리오의 베타를 0.7으로 축소하려면 주가지수선물을 몇 계약 매매해야 하나? (단, KOSPI200 현물지수 = 80.00포인트, 선물지수 = 85.70포인트)

① 70계약 매수　② 70계약 매도　③ 75계약 매수　④ 75계약 매도

97. 현재 120억원어치 주식 포트폴리오(베타 = 1.4)를 보유하고 있는데 앞으로 주가하락이 예상된다. 주가하락 위험에 대비하여 KOSPI200 선물시장을 이용하여 이 포트폴리오의 50%만 헤지하려면 주가지수선물을 몇 계약 매도해야 하나? (단, KOSPI200 현물지수 = 110포인트, 선물지수 = 120포인트)

① 125계약 ② 140계약 ③ 153계약 ④ 160계약

98. 시장수익률의 분산은 15, 주식 포트폴리오의 분산은 20, 시장수익률과 주식 포트폴리오 수익률 간의 공분산은 18이다. 최소분산 헤지비율은 얼마인가?

① 0.8 ② 1.1 ③ 1.2 ④ 1.3

99. KOSPI200을 완전히 복제한 인덱스펀드를 매입하는 동시에 KOSPI200선물을 매도하는 전략과 이론적으로 동일한 투자전략은?

① 무위험 채권을 매입하는 전략
② 무위험 채권을 매도하는 전략
③ KOSPI200 콜옵션을 매입하는 전략
④ KOSPI200 풋옵션을 매입하는 전략

100. A은행의 대차대조표에서 자산의 듀레이션은 7년이고 부채의 듀레이션은 5년이다. A은행의 금리변동위험에 대한 헤지방법으로 거리가 가장 먼 것은?

① 장기금리선물계약을 매도한다.
② 표면금리(coupon)가 낮은 채권의 보유비중을 확대한다 .
③ 부채의 구조에서 할인채의 비중을 늘린다 .
④ 예수금구조를 만기가 긴 예수금의 비중이 커지도록 바꾼다.

03 옵션거래

01. 다음 금리 콜옵션 중 옵션가격이 가장 비싼 것은?

① 변동성이 크고 잔존만기가 길고 행사가격이 높음
② 변동성이 적고 잔존만기가 짧고 행사가격이 높음
③ 변동성이 크고 잔존만기가 길고 행사가격이 낮음
④ 변동성이 적고 잔존만기가 짧고 행사가격이 낮음

02. 2009년 7월 7일 현재 KOSPI200현물지수는 185.00으로 형성되어 있다. 행사가격 183.50, 만기 7월인 KOSPI200 풋옵션의 프리미엄이 3.00일 때 시간가치(time value)를 구하면?

① 0.50 ② 1.50
③ 2.50 ④ 3.00

03. 만기가 1개월이고 행사가격이 10만원인 P주식의 풋옵션을 1만원을 주고 샀다. 1개월 후 손익분기(break-even) 주가는?

① 1만원 ② 10만원
③ 11만원 ④ 9만원

04. 현재 T-bond 선물가격이 98-00일 때 다음 중 외가(out-of-the-money)상태인 T-bond 선물옵션은?

① 행사가격 98-00 풋 ② 행사가격 97-00 콜
③ 행사가격 96-00 풋 ④ 행사가격 99-00 풋

05. 한국거래소에서 행사가격 1,000원인 미달러 풋옵션(1계약 = $10,000)을 달러당 20원의 프리미엄을 주고 10계약 매입하였는데, 만기에 원달러 환율이 1,015원이 되었다면 전체 투자손익은?

① 200만원 손실 ② 150만원 이익

③ 50만원 손실 ④ 50만원 이익

06. A기업이 3개월 후에 U$1,000,000의 수입대금을 결제할 예정이다. 현재 현물환율은 930이지만 앞으로 환율이 상승할 것을 우려하여 한국거래소에서 거래되는 만기 3개월, 행사가격 940원/$인 미국달러 콜옵션(1계약 = $ 10,000)을 달러당 3원의 프리미엄에 100계약을 매입하였다. 만약 3개월 후에 현물환율이 달러당 960원이 된다면 결과적으로 A기업이 100백만달러를 결제하는데 소요되는 원화대금은 얼마인가? (단, 거래비용은 무시)

① 937,000,000원 ② 943,000,000원

③ 957,000,000원 ④ 963,000,000원

07. 향후 장기금리가 급격히 상승할 전망일 때 T-bond 옵션을 거래하여 최대의 이익을 얻을 수 있는 투기거래전략은?

① 콜옵션 매입 ② 콜옵션 매도

③ 풋옵션 매입 ④ 풋옵션 매도

08. 옵션가격 결정요인에 대한 설명으로 틀린 것은?

① 행사가격이 낮으면 낮을수록 풋옵션의 프리미엄은 낮아진다.

② 행사가격에 비하여 기준물의 현 시가가 높으면 높을수록 콜옵션의 프리미엄은 높아진다.

③ 기준물의 가격변동률이 높으면 높을수록 옵션 프리미엄은 높아진다.

④ 프리미엄은 잔존기간이 길면 길수록 정비례하여 높아진다.

09. 다음의 선물, 옵션 합성거래 공식이 잘못된 것은?

① 콜 매입 + 풋 매도 = 선물 매입

② 선물 매입 + 풋 매입 = 콜 매입

③ 선물 매도 + 풋 매도 = 콜 매도

④ 선물 매도 + 풋 매입 = 콜 매도

10. 주가지수가 당분간 현 수준에서 안정될 것으로 전망된다. 바람직한 투자전략은?

① long straddle
② long strangle
③ long call
④ short straddle

11. 차입이자율이 Libor에 연동되어 있는 Bank Loan을 3개월 후에 상환하려고 하는 A은행이 이자율변동위험을 제거하기 위하여 선택할 수 있는 가장 적절한 헤지방법은?

① 유로달러 콜옵션 매입
② 유로달러 콜옵션 매도
③ 유로달러 풋옵션 매입
④ 유로달러 풋옵션 매도

12. 채권을 보유하고 있는 포트폴리오 관리자가 선택할 수 있는 가장 적절한 금리위험 헤지(hedge)방법은? (단, 금리옵션은 모두 장내옵션임)

① 금리선물 매입
② 금리 콜옵션 매입
③ 금리 풋옵션 매입
④ 금리 콜옵션 매도

13. 다음 중 T-bill 풋옵션을 매입하는 것이 가장 적합한 헤지전략(hedge strategy)이 될 수 있는 상황은?

① 기업이 상업어음(commercial paper)을 발행하려는 경우

② 보험회사가 운용하고 있는 포트폴리오에 T-bill을 매입하여 편입시키려는 경우

③ 연금기금이 T-bill 포트폴리오를 만기일에 연장(roll over)하려는 경우

④ 은행이 기업에게 단기 변동금리 조건의 대출을 대규모로 할 예정인 경우

14. 미국의 A기업은 일본에 전자제품을 수출하고 2009년 9월 19일에 20억엔의 수출대금을 받을 예정이다. 이 기업이 September Yen Put(만기 : 2009년 9월 19일, 델타 : -0.40)옵션을 이용하여 환율변동위험을 관리하려고 할 때 가장 적합한 헤지전략은? (참고 : Yen 옵션의 1계약 = 12,500,000엔)

① 풋옵션 400계약 매도　　② 풋옵션 400계약 매입

③ 풋옵션 64계약 매도　　④ 풋옵션 64계약 매입

15. 장외옵션거래를 이용하여 금리(가) 매입시 지급하는 프리미엄을 금리(나) 매도시 수취하는 프리미엄으로 완전 상쇄함으로써 초기비용이 없는 거래를 (다)라고 한다. (가), (나), (다) 안에 들어갈 말이 맞는 것은?

	(가)	(나)	(다)
①	(call)	(floor)	(zero cost collar)
②	(cap)	(floor)	(zero cost collar)
③	(caplets)	(floor)	(zero cost spread)
④	(cap)	(put)	(zero cost floor)

16. 풋옵션이 등가(ATM)상태에 있다면 델타는 (가)이며 이 옵션을 이용하는 헤지에서 적정 헤지비율은 (나)이다. 따라서 이 경우에는 옵션의 기준물을 1개 매입하였을 때 풋옵션을 (다)계약 (라)하면 위험을 완전히 제거할 수 있다. (가), (나), (다), (라) 안에 들어갈 맞는 말은?

	(가)	(나)	(다)	(라)
①	(-0.2)	(5)	(5)	(매도)
②	(-0.2)	(5)	(5)	(매입)
③	(-0.5)	(2)	(2)	(매도)
④	(-0.5)	(2)	(2)	(매입)

17. 현재 런던외환시장에서 파운드/달러 환율이 1.5050/60으로 형성되어 있다. 향후 달러 시세가 대폭 상승할 것으로 예상되는 상황에서 가장 적절한 투기거래는?

① 파운드 선물(pound futures) 매도

② 달러 풋/파운드 콜 매도

③ 달러 콜/파운드 풋 매도

④ 파운드 선물(pound futures) 매입

18. 일본의 J기업은 미국에 전자제품을 수출하고 1개월 후에 달러표시 수출대금을 수취할 예정이다. 만기 1개월 달러 call(put)/엔 put(call) 등가옵션의 변동성(volatility) 호가가 다음과 같이 형성되어 있을 때 환위험을 관리하기 위한 J기업의 적정한 거래방법은?

옵션 종류	변동성 호가(bid-offer, %)
달러 call/ 엔 put	8.5~9.5
달러 put/ 엔 call	6.5~7.5

① 등가옵션의 가격공식에 8.5%의 변동성을 대입하여 계산된 프리미엄을 주고 달러 콜옵션을 매입

② 등가옵션의 가격공식에 9.5%의 변동성을 대입하여 계산된 프리미엄을 주고 달러 콜옵션을 매입

③ 등가옵션의 가격공식에 6.5%의 변동성을 대입하여 계산된 프리미엄을 주고 달러 풋옵션을 매입

④ 등가옵션의 가격공식에 7.5%의 변동성을 대입하여 계산된 프리미엄을 주고 달러 풋옵션을 매입

19. 6개월 후에 금리가 대폭 하락할 전망이다. 만약 6개월 후에 채권에 투자할 예정인 포트폴리오 관리자가 선택할 수 있는 금리위험 헤지(hedge)방법이 아닌 것을 모두 고르면?

가. 금리선물 매입	나. 금리콜옵션 매입
다. 금리풋옵션 매입	라. 금리선물 매도
마. 금리콜옵션과 풋옵션 동시 매도	

① 나, 라 ② 다, 라
③ 가, 다, 마 ④ 다, 라, 마

20. 행사가격 90인 콜옵션(프리미엄 = 10)과 행사가격 110인 콜옵션(프리미엄 = 4)을 각각 1개 매입하는 동시에 행사가격 100인 콜옵션(프리미엄 = 6)을 2개 매도하는 스프레드거래에서 이익이 가장 크게 발생하는 경우는?

① 시장가격이 90보다 낮은 경우
② 시장가격이 100인 경우
③ 시장가격이 110보다 높은 경우
④ 시장가격이 90보다 낮거나 110보다 높은 경우

21. 행사가격 100인 September T-bond Put(프리미엄 = 1 - 40)을 1개 매도하는 동시에 행사가격 104인 콜옵션(프리미엄 = 1 - 60)을 1개 매도하는 스트랭글(strangle)거래에서 손익분기점이 되는 시장가격은? (단, 거래비용은 무시함. T-bond 옵션의 1tick = 1/64%)

① 103-36과 107-36 ② 97-00과 107-00
③ 96-28과 107-36 ④ 100과 104

22. 2001년 6월에 A투자회사는 3개월 후에 채권에 투자할 예정이다. 이에 따라 A회사는 금리변동위험을 헤지하기 위하여 T-bond 선물계약에 대한 행사가격 76-00인 콜옵션(프리미엄 1-12/64 = $1,187.50)을 1계약 매입하였다. 헤지(hedge)를 해제하는 시점에서 금리가 소폭 하락하여 T-bond선물가격이 77-00이 되었다면 헤지거래에서 발생하는 손익은?

① $187.50 손실 ② $187.50 이익
③ $1,187.50 손실 ④ $1,187.50 이익

23. 옵션거래소에서 옵션의 잔존만기가 짧아지면 헤지거래자의 입장에서 금리콜옵션을 매입한 롱(long) 델타헤지의 경우에는 (가)하게 작용하며 숏(short) 델타헤지의 경우에는 (나)하게 작용한다. 또한 옵션 프리미엄 곡선이 (다)한 모양을 띠고 있기 때문에 롱 델타헤지의 경우에 기초자산가격이 내가격 쪽으로 크게 변동하면 (라)하다. (가), (나), (다), (라) 안에 들어갈 알맞은 말은?

	(가)	(나)	(다)	(라)
①	(불리)	(유리)	(오목)	(불리)
②	(불리)	(유리)	(볼록)	(유리)
③	(유리)	(불리)	(오목)	(불리)
④	(유리)	(불리)	(볼록)	(유리)

24. 현재 변동금리 조건으로 차입하고 있는 기업이 금리변동위험을 헤지하기 위하여 이용할 수 있는 헤지방법으로서 부적합한 것을 모두 고르면?

가. 금리선물 매도 나. 금리선물 매입
다. 유로달러 콜옵션 매입 라. 유로달러 풋옵션 매입
마. 유로달러 풋옵션 매도

① 가, 다, 라 ② 나, 다, 마
③ 가, 라, 마 ④ 나, 다, 라

25. 만기일은 동일하지만 행사가격* 이 서로 다른 풋옵션과 콜옵션을 동시에 매도하는 스트랭글 매도(short strangle)거래를 설명한 내용 중 맞는 것은? (* 콜옵션의 행사가격이 풋옵션의 행사가격보다 높음)

① 최대손실 = 프리미엄의 합 - 기준물의 시장가격

② 상방 손익분기점 = 풋옵션의 행사가격 + 두 옵션가격의 합

③ 하방 손익분기점 = 콜옵션의 행사가격 - 두 옵션가격의 합

④ 최대이익 = 두 옵션 프리미엄의 합

26. 콜옵션(델타 = 0.5) 8계약을 매입하고 풋옵션(델타 = -0.4) 5계약을 매도한 포트폴리오를 델타 중립포지션(delta neutral position)으로 만들어 위험을 완전히 상쇄하려면 델타가 (A)인 (B)옵션을 (C)계약 (D)함으로써 완전헤지가 가능하게 된다. (A), (B), (C), (D) 안에 들어갈 말이 맞는 것은?

	(A)	(B) 옵션	(C) 계약	(D)
①	-0.5	풋	12	매입
②	0.5	콜	12	매입
③	-0.4	풋	5	매입
④	0.4	콜	5	매입

27. 동일한 행사가격(*X*)의 T-bond 콜옵션(프리미엄 = *C*)에 비해 T-bond 풋옵션(프리미엄 = P)이 과소 평가되었을 때 어떤 차익거래가 가능할까?

① T-bond 풋옵션 매입 + T-bond 콜옵션 매도 + T-bond 매입

② T-bond 풋옵션 매입 + T-bond 콜옵션 매도 + T-bond 매도

③ T-bond 풋옵션 매도 + T-bond 콜옵션 매입 + T-bond 매입

④ T-bond 풋옵션 매도 + T-bond 콜옵션 매입 + T-bond 매도

28. 27번 문제에서 거래를 실행하였을 때 얻을 수 있는 이익은?

① $B-X+P-C$　　② $X-B+C-P$

③ $B-X+C-P$　　④ $X-B+C-P$

(단, *B* : T-bond 매입가격)

29. 옵션을 이용하는 헤지를 설명하는 내용 중 맞는 것을 모두 고르면?

> 가. 콜옵션 매입헤지는 최저 매입비용을 고정시킴
> 나. 풋옵션 매입헤지는 최고 매도수익을 고정시킴
> 다. 우발헤지(contingent hedge)가 가능함
> 라. 변동성헤지(volatility hedge)가 가능함

① 가, 나 ② 다, 라
③ 가, 나, 다 ④ 가, 나, 다, 라

30. 향후 금리가 대폭 하락할 것으로 예상되는 상황에서 3개월 후에 고정금리채권에 투자할 예정인 투자자가 T-bond 옵션과 T-bond 선물을 이용하여 금리변동위험을 헤지하려고 한다. 실제로 3개월 후 투자하는 시점에서 금리가 대폭 하락한다면 투자사 입장에서 선택할 수 있는 헤지방법을 유리한 순서로 나열하면?

① 선물 매도 - 풋 매입
② 풋 매입 - 선물 매도
③ 콜 매입 - 선물 매입
④ 선물 매입 - 콜 매입

31. 액면가 2,000,000달러, 만기 15년, 수익률 8%인 T-bond를 보유하고 있는 투자자가 금리상승위험을 헤지하기 위하여 선택할 수 있는 가장 적절한 헤지방법은? (단, T-bond선물의 헤지비율 = 1.2)

① ATM 풋옵션(델타 = −0.5) 12계약 매입
② ATM 풋옵션(델타 = −0.5) 48계약 매입
③ ATM 콜옵션(델타 = 0.5) 12계약 매입
④ ATM 콜옵션(델타 = 0.5) 48계약 매입

32. K기업은 1개월 후에 FRN에 투자하려고 한다. 현재 금리는 Libor + 40bp인데 Libor 하락조짐이 있다. 다음 중 가장 알맞은 헤지전략은?

① 유로달러 콜매입 ② 유로달러 콜매도
③ 유로달러 풋매도 ④ 유로달러 풋매입

33. 보증된 콜옵션(covered call) 매도전략과 가장 유사한 손익구조를 나타내는 옵션거래전략은?

① 콜옵션 매입 ② 콜옵션 매도
③ 풋옵션 매입 ④ 풋옵션 매도

34. S주식 100개를 보유하고 있는 투자자가 주가변동위험을 헤지하기 위하여 선택할 수 있는 가장 적절한 헤지방법은? (단, S주식을 기초자산으로 하는 콜옵션의 델타는 0.25이며 풋옵션의 델타는 −0.25)

① 풋옵션 400개 매입 ② 풋옵션 25개 매입
③ 콜옵션 400개 매입 ④ 콜옵션 25개 매입

35. 행사가격이 100인 콜옵션을 1개 매수하는 동시에 행사가격 110인 콜옵션을 2개 매도하는 스프레드거래에서는 시장가격이 다음 중 어느 범위에서 형성될 때 가장 큰 이익을 기대할 수 있는가?

① 100과 비슷한 수준일 때 ② 100보다 낮을 때
③ 110과 비슷한 수준일 때 ④ 100보다 낮거나 120보다 높을 때

36. 델타값이 0.5인 콜옵션을 100개 보유하고 있을 경우에 기초자산의 가격변동에 무관한 델타 중립적인 포지션을 만들기 위한 거래전략으로 가장 적절한 것은?

① 풋옵션(델타 = −0.25)을 200개 매입
② 풋옵션(델타 = −0.25)을 250개 매입
③ 콜옵션(델타 = 0.25)을 200개 매입
④ 콜옵션(델타 = 0.25)을 250개 매입

37. 시장상황의 변화가 옵션가치에 미치는 영향을 설명한 내용 중 틀린 것은?

① 시장가격이 대폭적으로 상승할 경우 콜옵션의 델타값은 1로, 풋옵션의 델타값은 −1로 수렴함

② 등가격 장기옵션이 등가격 단기옵션보다 쎄타값이 크게 됨

③ 시장가격이 대폭적으로 하락할 경우 콜옵션의 델타값은 0으로, 풋옵션의 델타값은 −1로 수렴함

④ 옵션 기초자산의 변동성에 따른 옵션가치의 변화를 나타내는 베가(vega)는 항상 양(+)의 값을 가짐

38. 유로달러선물계약을 기초자산으로 하는 풋옵션의 매입자가 권리를 행사하면 매도자는 청산소(clearing house)로부터 다음 중 어느 것을 취득하게 되나?

① 유로달러선물의 매입(long) 포지션

② 유로달러선물의 매도(short) 포지션

③ 유로달러예금

④ Libor 금리

39. 행사가격 100인 풋옵션(프리미엄 = 8)을 1계약 매입하고 행사가격 120(프리미엄 = 26)인 풋옵션을 1계약 매도하는 스프레드거래의 손익분기점은? (거래비용은 무시)

① 100　② 102　③ 118　④ 120

40. 시카고상업거래소(CME)에서 유로달러선물 10계약을 보유하고 있는 경우에 금리변동위험을 헤지(hedge)하기 위한 가장 적절한 헤지방법은?

① CME의 유로달러 콜옵션(델타 = 0.5) 20계약 매입

② CME의 유로달러 풋옵션(델타 = −0.5) 20계약 매입

③ CME의 유로달러 콜옵션(델타 = 0.5) 5계약 매입

④ CME의 유로달러 풋옵션(델타 = −0.5) 5계약 매입

41. 어떤 포트폴리오의 구성이 다음과 같을 경우에 이 포트폴리오의 델타값을 0 (델타 중립포지션)으로 만드는 방법은?

> ▪ 포트폴리오 구성 : 유로달러 선물 2계약 매도, 유로달러 콜옵션(델타 = 0.2) 10계약 매입, 유로달러 풋옵션(델타 = −0.4) 10계약 매도

① 유로달러 콜옵션(델타 = 0.4) 10계약 매도
② 유로달러 풋옵션(델타 = −0.4) 10계약 매도
③ 유로달러 콜옵션(델타 = 0.4) 4계약 매입
④ 유로달러 풋옵션(델타 = −0.4) 4계약 매입

42. 어떤 투자자가 고정금리부 채권을 보유하고 있는 경우에 금리상승위험을 헤지하는 방법은 ㉠ 금리선물 매도, ㉡ 금리풋옵션 매입, ㉢ 금리콜옵션 매도 등이 있다. 시장금리가 대폭적으로 상승하는 상황에서 각 헤지방법을 바람직한 순서로 나열하면?

① ㉡ ㉠ ㉢ ② ㉠ ㉢ ㉡ ③ ㉡ ㉢ ㉠ ④ ㉠ ㉡ ㉢

43. 액면가 2,000만 달러, 만기 20년, 수익률 8%인 T-bond를 보유하고 있는 투자자가 금리상승위험을 헤지하기 위하여 행사가격 100인 등가격(ATM) T-bond 풋옵션(델타 = −0.5)을 몇 계약 매입하는 것이 가장 바람직한가? (단, 선물 헤지비율=1.2)

① 500계약 ② 480계약 ③ 120계약 ④ 100계약

44. 시장가격이 하락세를 보일 때 이익을 얻을 수 있는 bear spread 거래에 해당되는 것은?

① 만기는 동일하고 행사가격이 낮은 풋옵션을 매입하고, 행사가격이 높은 콜옵션을 매도
② 만기는 동일하고 행사가격이 낮은 콜옵션을 매입하고, 행사가격이 높은 콜옵션을 매도
③ 만기는 동일하고 행사가격이 낮은 풋옵션을 매입하고, 행사가격이 높은 풋옵션을 매도

④ 만기는 동일하고 행사가격이 높은 콜옵션을 매입하고, 행사가격이 낮은 콜옵션을 매도

45. 행사가격 100인 December T-bond Call(프리미엄 0-25)과 동일한 행사가격 December T-bond Put(프리미엄 1-03)을 매입하여 스트래들 매입 포지션(long straddle position)을 취했을 때 손익분기점에 해당하는 December T-bond 선물가격은? (옵션의 1tick = 1/64%, 선물의 1tick = 1/32%)

① 98-00과 101-00
② 98-18과 101-14
③ 97-28과 100-24
④ 98-10과 101-10

46. 위험요인이 변할 때 금융상품의 가치가 얼마나 변할 것인가를 나타내는 민감도를 측정하는 지표로 잘 못 선택된 것은?

① 스왑의 경우 : 감마
② 옵션의 경우 : 델타
③ 채권의 경우 : 듀레이션
④ 주가지수의 경우 : 베타

47. 옵션 기준물인 채권 1단위를 B의 가격으로 매수하는 동시에 행사가격 E인 풋옵션을 1단위 매수하는 헤지전략을 구사하였을 때 헤지(hedge) 후 이 포트폴리오의 가치를 설명한 내용 중 맞는 것은? (단, 기준물의 시장가격 = *MP*, 풋옵션의 프리미엄 = *P*, 모든 거래비용은 무시)

	MP ≥ E	MP < E
①	MP − P	−P
②	MP − P	E − B − P
③	MP − P	B − P
④	MP − P	E − P

48. 행사가격 100인 콜옵션(프리미엄 = 10)을 1개 매도하는 동시에 행사가격 110인 콜옵션(프리미엄 = 4)을 2개 매수하는 백스프레드(back spread)거래에서 가장 큰 손실이 발생하는 경우와 최대 손실금액은?

① 시장가격이 110인 경우, −8

② 시장가격이 100인 경우, −10

③ 시장가격이 120인 경우, −4

④ 시장가격이 100인 경우, −6

49. 행사가격 100인 콜옵션(프리미엄 = 10)을 1개 매도하는 동시에 행사가격 110인 콜옵션(프리미엄 = 5)을 1개 매수하는 약세 스프레드(bear spread)거래에서 손익분기점(거래자의 손익 = 0)이 되는 시장가격은?

① 110 ② 100 ③ 105 ④ 115

50. A주식 50개를 보유하고 있는 투자자가 주가변동위험을 헤지하기 위하여 선택할 수 있는 가장 적절한 헤지방법은? (단, A주식을 기초자산으로 하는 콜옵션의 델타는 0.2이며 풋옵션의 델타는 −0.2)

① 풋옵션 250개 매입 ② 풋옵션 10개 매입

③ 콜옵션 250개 매입 ④ 콜옵션 10개 매도

51. 포트폴리오 보험전략(portfolio insurance)이 아닌 것은?

① 풋옵션 매입전략(long put)

② 방어적 풋전략(protective put)

③ 동적 자산 배분전략(dynamic asset allocation)

④ 콜옵션 매도전략(covered call)

52. 기초자산이 A주식인 콜옵션(델타값 = 0.5)을 10개 매도하여 커버된 콜포지션(covered call)을 만들기 위한 A주식의 매입량은?

① 5개 ② 10개 ③ 15개 ④ 20개

53. 풋옵션에서 델타값이 0에 가장 근접하는 경우는?

① Deep ITM 옵션일 때

② ATM 옵션일 때

③ OTM 옵션일 때

④ Deep OTM 옵션일 때

54. 행사가격이 100인 콜옵션을 한 개 매도하는 동시에 행사가격 110인 콜옵션을 두 개 매수하는 스프레드거래를 설명하는 내용 중 거리가 가장 먼 것은?

① 기초자산의 시장가격이 100 이하에서는 손익규모가 확정된다.

② 최대 손실규모는 확정된다.

③ 기초자산의 시장가격이 대폭 상승하면 유리하다.

④ 기초자산의 시장가격이 100보다 커질수록 유리하다.

55. 시장가격이 상승세를 보일 때 이익을 얻을 수 있는 강세 스프레드(bull spread) 거래로만 짝지어진 것은? (각 옵션의 만기는 동일)

A = 100 콜 매입 + 110 콜 매도	B = 100 풋 매도 + 110 풋 매입
C = 100 풋 매입 + 110 풋 매도	D = 100 콜 매도 + 110 콜 매입

① A, C ② B, D ③ A, B ④ C, D

56. 콜옵션이 저평가되고 풋옵션이 고평가된 경우에 옵션과 기초자산을 동시에 매매하는 차익거래전략 중 맞는 것은?

① 콜 매도/풋 매수와 동시에 현물 매수포지션을 취함

② 콜 매도/풋 매수와 동시에 현물 매도포지션을 취함

③ 콜 매수/풋 매도와 동시에 현물 매수포지션을 취함

④ 콜 매수/풋 매도와 동시에 현물 매도포지션을 취함

57. 파운드화에 대한 달러화 가치가 상승할 경우에 이익을 얻을 수 있는 거래전략으로 짝지어진 것은?

A = 파운드선물 매입	B = 파운드선물 매도
C = 달러 Call/파운드 Put 매입	D = 달러 Call/파운드 Put 매도
E = 달러 Put/파운드 Call 매입	F = 달러 Put/파운드 Call 매도

① A, D, E ② B, C, E ③ A, C, F ④ B, C, F

58. 옵션의 시간가치(time value)에 대한 설명으로 올바른 것은?

① 시간가치는 옵션의 잔존만기와 비례관계를 가진다.

② 시간가치와 내재가치는 역상관관계를 가진다.

③ 내재가치가 없는 경우(OTM)에는 옵션의 시간가치도 존재하지 않는다.

④ 시간가치는 기초자산의 가격이 옵션보유자에게 유리한 방향으로 변동할 가능성 때문에 생긴다.

59. 다음 중 주식옵션인 콜옵션을 매입할 필요가 있는 상황과 거리가 먼 것은?

① 주식 포트폴리오의 미실현이익을 확정하기 위해서

② 주식 공매도(short selling)를 헤지하기 위해서

③ 장래 주식매입가격을 고정시키기 위해서

④ 주가의 상승을 예상하여 이익을 얻기 위해서

60. 풋옵션 매입자는 기초자산의 가격이 다음 중 어떤 범위에 있을 때 이익을 얻을 수 있을까? (단, 기초자산의 가격 = S, 행사가격 = E, 풋옵션 가격 = P)

① $S > E$ ② $S > E + P$ ③ $S < E + P$ ④ $S < E - P$

61. 기초자산의 가격이 110, 행사가격이 108, 풋옵션 가격이 5일 때 다음 중 풋옵션의 내재가치(IV)와 시간가치(TV)를 옳게 표시한 것은?

① IV = 2, TV = 3 ② IV = 0, TV = 5

③ IV = 3, TV = 2 ④ IV = 5, TV = 0

62. 아래와 같은 미완성 옵션가격표를 설명한 내용 중 틀린 것은? (단, 5월 현재 주가 = 168)

행사가격	call		put
	5월	6월	5월
160	A	B	D
165	5.75	C	6
170			E

① B는 A, C보다 크고, E는 D보다 크다.

② call(만기 5월)의 행사가격이 165일 때 내재가치는 3이고, 시간가치는 2.75이다.

③ put(만기 5월)의 행사가격이 165일 때 내재가치는 3이고, 시간가치는 9달러이다.

④ 165 call은 ITM이고, 165 put은 OTM상태이다.

63. 행사가격이 104인 3년만기 국채선물옵션의 6월물 콜옵션 가격이 1.70이고 풋옵션 가격은 0.50에 형성되어 있다. 3년만기 국채선물의 6월물 시가가 105.30일 때 가장 바람직한 차익거래전략은? (단, 무위험이자율을 6%, 잔존만기를 6개월로 가정)

① 콜옵션 매도, 풋옵션 매도, 선물 매도

② 콜옵션 매도, 풋옵션 매입, 선물 매입

③ 콜옵션 매입, 풋옵션 매도, 선물 매도

④ 콜옵션 매도, 풋옵션 매도, 선물 매입

64. Libor변동금리로 U$자금을 차입한 A회사가 금리변동 리스크를 헤지하기 위해 선택할 수 있는 방법이 아닌 것은?

① Floor 매입

② Cap 매입

③ 유로달러선물 Put Option 매입

④ Payer' s Swaption 매입

65. 어느 한 통화의 콜옵션 매입과 동일한 손익효과를 거두는 상대통화의 거래는?

① 콜옵션 매입 ② 풋옵션 매입

③ 유콜옵션 매도 ④ 풋옵션 매도

66. 1개월 후에 100만달러를 수취할 예정인 수출기업이 환위험을 헤지하기 위하여 선택할 수 있는 가장 바람직한 헤지전략은?

① 달러콜옵션 매입 또는 달러선물환 매입

② 달러콜옵션 매입 또는 달러선물환 매도

③ 달러풋옵션 매입 또는 달러선물환 매입

④ 달러풋옵션 매입 또는 달러선물환 매도

67. 3개월 후에 미국 달러표시 수입대금 $1,000,000을 결제할 예정인 A기업이 환위험을 헤지하기 위한 방법으로 적절한 것을 모두 고르면?

가. 미국달러선물 매도 나. 미국달러선물 매입
다. 미국달러 콜옵션 매입 라. 미국달러 풋옵션 매입
마. 달러차입 + 원화운용 바. 원화차입 + 달러운용

① 가, 다, 마 ② 나, 다, 마

③ 나, 다, 바 ④ 가, 다, 바

68. 현재 변동금리 조건으로 차입하고 있는 기업이 금리변동위험을 헤지하기 위하여 이용할 수 있는 헤지방법으로서 부적합한 것을 모두 고르면?

가. 금리선물 매도 나. 금리선물 매입
다. 유로달러 콜옵션 매입 라. 유로달러 풋옵션 매입
마. 유로달러 풋옵션 매도

① 가, 다, 라 ② 나, 다, 마

③ 가, 라, 마 ④ 나, 다, 라

69. 장래 영국 파운드화가치 하락위험을 헤지하기 위하여 파운드 풋옵션(델타 = −0.2)을 800계약 매입한 경우와 헤지효과면에서 가장 비슷한 거래는?

① 파운드선물 160계약 매도

② 파운드선물 4,000계약 매도

③ 콜옵션(델타 = 0.4) 2,000계약 매도

④ 콜옵션(델타 = 0.4) 200계약 매도

70. A기업이 B은행과 거래한 키코(KIKO)계약을 설명한 내용 중 거리가 가장 먼 것은?

① 시장환율이 하단선(knock-out 환율) 아래로 하락할 경우에 A기업은 환율변동위험에 노출된다.

② 시장환율이 상단선(knock-in 환율) 위로 상승할 경우에 A기업은 큰 손실을 보게 된다.

③ B은행은 A기업으로부터 콜옵션을 매입하고 풋옵션을 매도하는 거래구조이다.

④ 시장환율이 하단선과 상단선 사이에서 움직일 경우에 A기업은 반드시 계약(지정)환율로 B은행에 달러를 매도하여야 한다.

71. 기초자산의 현재가격이 10,800원일 때 만기가 6개월이고 행사가격이 10,400원인 유럽식 콜옵션의 가격이 1,200원이라면 조건이 동일한 풋옵션의 가격을 풋-콜 패리티(Put-Call Parity)에 의해 계산하면 얼마인가? (단, 기초자산은 배당을 지급하지 않으며 무위험 이자율은 연 8%, 이자는 단리로 계산)

① 300원 ② 400원 ③ 500원 ④ 600원

72. 만기가 30일 남은 주가지수선물 옵션에서 행사가격 110인 콜옵션(프리미엄 = 2.0)을 매도하고 행사가격 110인 풋옵션(프리미엄 = 1.0)을 매입한 것은 다음 중 어느 거래와 가장 비슷한가? (단, 순현금흐름의 이자비용은 무시함)

① 주가지수선물 매입 (매입가격 = 111)

② 주가지수선물 매입 (매입가격 = 109)

③ 주가지수선물 매도 (매도가격 = 111)

④ 주가지수선물 매도 (매도가격 = 109)

73. 현재 행사가격이 103.50인 주가지수선물의 콜옵션과 풋옵션이 각각 0.70과 0.50에 거래되고 있다. 만약 주가지수선물의 현재가격이 104.00이라면 어떤 차익거래가 가능할까?

① 선물 매도, 콜옵션 매도, 풋옵션 매입

② 선물 매도, 콜옵션 매입, 풋옵션 매도

③ 선물 매입, 콜옵션 매입, 풋옵션 매도

④ 선물 매입, 콜옵션 매도, 풋옵션 매입

74. B은행으로부터 변동금리로 대출을 받은 A기업이 금리가 6% 이상으로 상승하더라도 6%만 결제하는 조건이라면 이 기업은 다음 중 어느 계약을 추가로 체결한 것인가?

① 금리Cap ② 금리Foor ③ 금리Collar ④ 금리Spread

75. B은행으로부터 변동금리로 대출을 받은 A기업이 금리가 6% 이상으로 상승하더라도 6%만 결제하며 반대로 3% 이하로 하락하더라도 3%만 결제하는 조건이라면 이 기업은 다음 중 어느 계약을 추가로 체결한 것인가?

① 금리Cap ② 금리Foor ③ 금리Collar ④ 금리Spread

04 스왑거래

01. 이자율스왑에 대한 설명 중 거리가 먼 것은?

① 동일한 통화를 대상으로 고정금리와 변동금리를 상호 교환

② 대부분이 장외(OTC)거래

③ 만기에 원금교환의 필요성이 없음

④ FRN 발행자가 FRN을 고정금리채권으로 전환하려면 고정금리 수취, 변동금리 지급조건으로 이자율스왑을 체결

02. 베이시스 스왑(basis swap)을 설명한 내용 중 옳은 것은?

① 선물시장에서 베이시스 위험(basis risk)을 헤지하기 위한 거래

② Plain vanilla swap과 동일한 스왑형태

③ 변동금리와 고정금리조건 채무 간의 교환

④ 변동금리조건 채무 간의 교환

03. 이자율스왑(IRS)에서 스왑가격(swap price)을 설명한 내용 중 옳은 것은?

① 변동금리 지표에 가산되는 스프레드를 말함(예, Lbor + 120bp에서 120bp)

② 스왑시장에서 스왑딜러에게 지급하는 up-front-fee를 말함

③ 이자율스왑에서 고정금리와 교환되는 변동금리를 말함

④ 이자율스왑에서 변동금리와 교환되는 고정금리를 말함

04. A기업이 B은행과 고정금리 8%를 지급하고 변동금리(Libor)를 수취하는 이자율스왑계약을 체결한 내용에 대한 설명 중 옳은 것은?

① 시장금리가 하락하면 A기업이 이익

② 시장금리가 상승하면 B은행이 손실

③ A기업은 short 스왑포지션

④ B은행은 long 스왑포지션

05. 국제금융시장에서 A기업과 B은행의 차입조건이 다음과 같을 때 적절한 설명이 아닌 것은?

> A기업 : 유로채시장(7.5%), 유로달러시장(Libor + 1.5%)
> B은행 : 유로채시장(5.0%), 유로달러시장(Libor flat)

① B은행은 유로채시장에서 비교우위가 있음
② A기업은 유로달러시장에서 비교우위가 있음
③ B은행은 양 시장 모두 비교우위가 있음
④ A기업과 B은행이 각자 비교우위가 있는 시장에서 차입을 한 후 스왑계약을 체결하면 모두에게 득이 됨

06. 스왑스프레드(swap spread)를 설명한 내용 중 거리가 먼 것은?
① 미재무부채권수익률과 스왑금리의 차이
② 스왑 bid rate와 offer rate의 차이
③ 유로시장에 대한 신용위험이 증가할수록 커짐
④ 장래 금리상승이 예상될 때 차입자의 금리고정화 수요가 증가하여 스왑스프레드가 증가하는 경향이 있음

07. 발행금리 8.0%로 유로채를 발행하여 자금을 조달한 B은행이 A기업에게 대출금리 Libor + 250bp로 외화대출을 하였다. 이와 동시에 B은행은 금리상승 위험에 노출된 A기업과 스왑금리 7.0%로 plain vanilla swap를 체결하였다면 B은행의 총 거래마진은?

① 50bp ② 100bp
③ 150bp ④ 200bp

08. 스왑거래에서 사용되는 변동금리에 대한 설명 중 거리가 먼 것은?
① Libor에 spread을 가산하여 결정될 수 있음
② 6 Month Libor를 사용하면 6개월마다 결제
③ 미국 달러의 경우 Act/360기준 사용
④ 반드시 Libor를 사용

09. 고정금리 지급스왑(payer swap)의 사용목적과 거리가 먼 것은?

① 장래 금리상승 위험에 대한 헤지

② 변동금리 채무를 고정금리 채무로 전환

③ 장래 금리하락 예상에 따른 이익 실현수단

④ 고정금리 수입을 변동금리 수입으로 전환

10. 현재 스왑시장에서 스왑딜러의 5년 만기 스왑금리가 T+30/26로 호가되고 있다면 고정금리 수취스왑에 적용되는 금리는? (단, Treasury 수익률은 7%)

① 7.00% ② 7.26%

③ 7.28% ④ 7.30%

11. A기업은 유로시장에서 3년만기 FRN(3억달러)을 차입금리 Libor + 160bp로 발행하고 금리비용을 고정시키기 위하여 이자율스왑계약을 체결하려고 한다. 현재 스왑시장에서 형성된 스왑금리가 3.50 – 3.45%라면 A기업의 순차입비용은?

① 3.45% ② 3.50%

③ 5.05% ④ 5.10%

12. 유로시장에서 Libor + 15bp로 자금을 조달하여 CP – 20bp로 대출하고 있는 B은행이 금리변동위험을 헤지하기 위하여 D은행과 Libor 수취, CP – 45bp를 지급하는 베이시스 스왑(basis swap)거래를 체결한다면 B은행의 마진은?

① 5bp ② 10bp

③ 15bp ④ 20bp

13. 달러 고정금리 지급 이자율스왑계약을 체결한 은행이 이 스왑포지션의 금리변동위험을 관리하기 위한 헤지수단으로 가장 적합한 것은?

① 유로달러선물 매도

② 유로달러선물 매입

③ 미국채선물 매도

④ 고정금리채권 발행

14. A기업은 향후 5년간 200억원에 대한 투자수입을 기대하고 있는 반면, 1천만 달러의 차관자금에 대한 원리금을 5년간 상환해야 한다. 현재 환율은 1,250 원/$ 수준이지만 향후 5년간 환율의 안정여부가 불확실하다. 다음 중 A기업에게 향후 5년간 가장 적절한 위험관리 대응방안은?

① 달러 원리금을 지급하고 원화 원리금을 수취하는 통화스왑거래
② 원화 원리금을 지급하고 달러 원리금을 수취하는 통화스왑거래
③ 달러 고정금리를 지급하고 Libor를 수취하는 달러 이자율스왑거래
④ 달러 고정금리를 수취하고 Libor를 지급하는 달러 이자율스왑거래

15. 투자자가 고정금리 수취/변동금리 지급의 이자율스왑을 체결해야 하는 경우는?

① 향후 금리상승 전망에 따른 금리변동위험을 헤지할 경우
② FRN 투자자가 변동금리채권 투자에서 고정금리채권 투자로 바꾸려 할 경우
③ FRN 발행자가 고정금리 차입을 변동금리 차입으로 바꾸려 할 경우
④ Libor로 달러 자금을 조달하여 고정금리채권에 투자한 투자자가 ALM의 일환으로 이자율스왑을 할 경우

16. A기업은 명목원금 U$10,000,000, 만기 2년, 6개월마다 6Mo. Libor(일수계산 : 실제경과일수/360)를 지급하고 3%(고정금리)를 수취하는 달러 이자율스왑을 계약하였다. 첫 번째 교환되는 이자의 실제경과일수는 182일이고, 첫 번째 Libor는 2%로 결정되었다. 이 이자율스왑과 관련된 다음의 설명 중 거리가 먼 것은? (모든 날짜는 휴일이 없는 영업일로 가정)

① A기업이 지급해야 할 첫 번째 이자금액은 U$10,000,000 × 2% × (182/360)
② A기업은 2년 동안 4번 이자를 지급
③ A기업은 만기까지 6개월마다 2%의 이자를 지급
④ A기업이 수취할 첫 번째 이자금액은 U$10,000,000 × 3% × (182/365)

17. 스왑딜러인 B은행은 만기 3년, 미달러 이자율스왑레이트를 'T + 0.5%/0.45%' (Semi-Annual, Act/365)로 고시하였다. 이 이자율스왑고시를 설명한 내용 중 거리가 먼 것은?

① B은행의 고정금리 수취 레이트는 T + 0.45%

② 시장에서 고정금리를 수취하려는 수요가 매우 많으면 B은행은 스왑스프레드를 낮추어 고시

③ 스왑레이트 표시 중 앞의 T는 '미 재무성증권 수익률', 뒤의 0.5%/0.4%는 '스왑스프레드'를 나타냄

④ T = 3%일 때 B은행의 이자율스왑레이트 고시를 all-in방식으로 표시하면 3.5%/3.45%

18. 이자율스왑(IRS)과 통화스왑(CRS)의 특징에 관한 설명 중 거리가 먼 것은?

① IRS에서 변동금리는 주로 Libor가 이용됨

② IRS에서는 원금이 상호 교환되지 않음

③ CRS에서는 만기일에 원금이 교환되기 때문에 스왑계약 내용이 대차대조표상에 자산과 부채항목으로 기재됨

④ CRS에서는 스왑만기일에 원금이 교환되기 때문에 환율변동이 중요한 요소임

19. 3개월 U$ Libor와 6개월 U$ Libor를 교환하는 스왑은?

① Quanto Swap

② CMT(Constant Maturity Treasury) Swap

③ Basis Swap

④ Plain Vanilla Swap

20. B은행과 A기업은 만기 3년, 명목원금 100억원, 3개월마다 이자를 교환하는 원화 이자율스왑계약을 체결하였다. B은행은 5%의 고정금리를 지급하고 A기업은 CD금리를 지급하는 이 스왑계약에 대한 설명 중 거리가 먼 것은?

① 만기에 명목원금 100억원은 교환되지 않음

② 스왑기간 중 이자교환은 12회 발생

③ 이자율스왑레이트가 상승하면 B은행은 스왑에서 이익 발생

④ CD금리가 5% 이상으로 상승하면 A기업은 스왑의 이자교환에서 이익 발생

21. 달러 이자율스왑을 설명한 내용 중 거리가 먼 것은?

① 스왑딜러들은 이자율스왑의 헤지거래방법으로 미 재무부증권을 이용하기도 한다.

② 스왑스프레드가 확대 또는 축소되면 스왑레이트도 변동하게 된다.

③ 단기 이자율스왑의 Pricing과 헤지를 위해서 미 국채선물(Treasury Bond Futures)을 이용하고 있다.

④ 스왑레이트 호가를 '미 재무부 증권수익률 + 스왑스프레드'로 표시하기도 한다.

22. 스왑딜러인 B은행이 체결한 고정금리 지급조건의 2년 만기 달러 이자율스왑 계약에 대한 설명 중 거리가 먼 것은?

① 이자율이 상승하면 수익 발생

② 스왑에 대한 헤지방법으로 동일한 만기의 국채현물 매입

③ 스왑에 대한 헤지방법으로 동일한 만기의 국채선물 매입

④ 스왑에 대한 헤지방법으로 유로달러선물 스트립 매도

23. 이자율스왑 딜러인 B은행이 Market Maker로서 3년 만기 이자율스왑레이트를 3.2% - 3.1%로 고시한 데 대한 설명 중 거리가 먼 것은?

① 고객인 A기업이 고정금리 수취/변동금리 지급조건의 스왑거래를 하면 3.1%의 고정금리 수취

② 고객인 C기업이 달러변동금리 부채를 고정금리 부채로 바꾸려고 이자율스왑거래를 할 때 적용되는 스왑레이트는 3.2%

③ B은행이 변동금리를 지급하는 스왑계약에서 적용되는 고정금리는 3.1%

④ 스왑레이트로 표시된 3.2%, 3.1%는 B은행이 수취 또는 지급하려는 고정금리 수준을 표시

24. 통화스왑에 관한 설명 중 거리가 먼 것은?

① 만기일에 원금을 교환할 때 적용하는 환율은 만기시점의 현물환율

② 통화 리스크를 헤지하는 금융상품

③ 원금의 초기교환은 발생하지 않을 수도 있음

④ 일반적으로 통화스왑의 신용위험은 이자율스왑보다 큼

25. 통화스왑 딜러인 B은행이 Market Maker로서 3년만기 통화스왑가격을 2.2% - 2.1%(6개월마다 이자교환)로 고시한 데 대한 설명 중 거리가 먼 것은?

① 달러 변동금리는 6개월 Libor가 적용됨

② 6개월마다 엔화 고정금리와 달러 변동금리가 교환됨

③ B은행이 엔화 고정금리를 지급하는 스왑계약에서 적용되는 금리는 2.2%

④ 스왑가격으로 표시된 2.2% - 2.1%는 B은행이 수취 또는 지급하려는 엔화 고정금리 수준을 표시

26. 통화스왑과 선물환을 비교 설명한 내용 중 틀린 것은?

① 통화스왑에서 만기 원금교환시 적용되는 환율은 계약시점의 선물환율임

② 선물환은 양 통화의 이자율 차이가 선물환율로 한번에 만기에 반영됨

③ 선물환은 계약기간 중 이자교환이 없음

④ 일반적으로 선물환은 상대적으로 단기인 경우, 통화스왑은 장기인 경우에 많이 이용하게 됨

27. 통화스왑에 대한 설명 중 틀린 것은?

① 만기시 원금교환이 반드시 일어나는 것은 아님

② 교환되는 이자는 변동금리 또는 고정금리를 사용

③ 통화리스크 헤지를 위해 이용되는 금융상품

④ 서로 다른 통화 간의 이자와 원금의 교환이 일어남

28. 달러 이자와 달러 원금(만기시점에)을 수취하고 원화 이자와 원화 원금(만기시점에)을 지급하는 달러/원 통화스왑계약을 설명한 내용 중 틀린 것은?

① 원화자산을 달러표시 자산으로 전환할 경우

② 달러표시 부채를 원화표시 부채로 전환할 경우

③ 원화로 자금을 조달하여 달러표시 채권을 매입하였을 때 발생하는 환위험을 헤지하는 경우

④ 원화에 대한 달러화 강세를 예상하고 통화스왑을 이용하여 투기거래를 할 경우

29. Callable Bond에 대한 설명 중 틀린 것은?

① 발행시점보다 금리가 크게 상승하면 발행자는 중도상환 권리를 행사

② 채권 발행자에게 기발행된 채권을 중도 상환할 수 있는 권리를 부여

③ Callable Bond는 고정금리채권과 채권에 대한 콜옵션이 결합된 채권

④ 발행자가 일정기간 동안은 중도상환 권리를 행사할 수 없게 설정

30. 표면이자가 '12%-CD' (이자는 0%에 Floor되어 있음)인 Inverse FRN에 대한 설명 중 틀린 것은?

① 보통 채권보다 Duration이 큼

② 표면이자를 분해하면 고정금리 수취/변동금리(CD) 지급조건의 이자율스왑이 내재됨

③ 행사금리 12%의 Floor가 내재됨에 따라 투자자는 행사금리 12%의 Floor를 매입한 것과 동일함

④ 투자자는 CD금리가 상승할수록 불리함

〈모범답안 및 해설〉

제1장 기초금융자산과 선도거래

01. ④

◆ $F - S = S \times$ (달러 금리 - 파운드 금리*) × (3/12)

1.2240 - 1.2000 = 1.2000 × (달러 금리 - 4%) × (3/12)

* 선물환율이 현물환율에 프리미엄 상태이기 때문에 파운드는 저금리 통화

02. ③

◆ 현물환율과 선물환율의 표기방법은 European Terms(파운드, 유로는 예외)

◆ 현재 엔화의 선물환율($1 = 107.00엔)이 적정환율(108.0엔)보다 낮다는 것은 "달러의 선물환가격은 저평가, 엔화의 선물환가격은 고평가(달러의 현물환가격은 고평가, 엔화의 현물환가격은 저평가)" 되어 있다는 뜻임
따라서 "저가 매입 & 고가 매도" 원칙에 의해 "Sell Spot & Buy Forward(USD against JPY)" ⇒ 현물환시장에서 "달러를 차입하여 엔 현물환을 매입" 하는 동시에 선물환시장에서는 "달러 선물환을 매입" 해야 함

03. ③

◆ 계약환율보다 지정환율이 높아졌기 때문에 NDF매도자(C기업)가 매수자(B은행)에게 아래의 차액을 지급해야 함

◆ 차액 = [(1,100 - 1,000) × $10,000,0000]/1,100 = 909,090.9원

04. ②

◆ 이 투자자는 지금부터 180일간 원금 100원을 운용하였다면 180일 후 시점에서 운용원리금 103을 받게 됨. 그리고 자금(100원)을 90일간 4%로 조달하였으므로 90일 후에 101원을 재조달하여 상환하면 됨. 따라서 90일 후 시점에서 101을 투자하여 그 시점부터 90일 후에 103의 투자수익을 보장받기 때문에 약 8%의 운용금리를 확정함

◆ $IFR(90 \times 180) = \dfrac{(180일 \times 6\%) - (90일 \times 4\%)}{180일 - 90일} = 8\%$

05. ②

◆현재 스왑레이트(3%)가 금리차(2%)보다 높기 때문에 선물환율이 금리차로 계산한 적정환율보다 고평가됨. 따라서 "Buy & Sell Swap"으로 외화자금을 조달하는 것이 가장 유리함

06. ②

◆미국 A회사는 엔화 상승(달러화 하락)위험에 노출됨. 따라서 Sell Forward(USD against JPY)로 헤지를 걸어야 함

07. ②

08. ③

◆외환스왑에는 Spot/Forward Swap과 Forward/Forward Swap이 있음

09. ③

◆엔화를 매입하는 것은 달러를 매도하는 거래임. 따라서 달러의 bid/offer rate 중에서 bid값이 가장 클 경우가 유리함

10. ②

◆A기업은 엔화 상승위험에 노출됨

11. ④

◆달러환율이 $1=1,000원에서 900원으로 10% 하락하는 경우 원화가치는 약 11%[(1,000원/900원) – 1] 상승함

12. ②

◆스왑레이트(연율) = [(1,025 – 1,000)/1,000] × (12/3) – 1 = 10%

13. ④

◆A기업은 달러화 가치상승(엔화 가치하락)위험에 노출됨

14. ④

◆원/100엔 = [(원/달러)/(엔/달러)] × 100

1,080 = [(원/달러)/120.40] × 100. 따라서 $기준환율 = 1,300.32원

15. ④

◆스왑레이트가 양국의 금리차보다 낮을 경우에는 달러를 차입하여 현물환으로 매도함으로써 원화를 조달하여 운용하면서 선물환으로 매입한 A은행이 환차익을 획득할 수 있음

16. ①

◆ 실제 파운드 선물환율이 이론환율보다 낮기 때문에 파운드 현물환을 매도하고 선물환을 매입(Sell & Buy)하는 FX Swap을 체결하면 이익을 얻을 수 있음

17. ③

◆ 스왑 포인트의 offer 값이 bid 값보다 크기 때문에 선물환율은 현물환율에 스왑 포인트를 가산하여 계산함. 따라서 선물환율은 1파운드 = 1.5140/50이고 A회사가 달러 선물환 매입, 즉 파운드 선물환 매도를 위해서는 외환딜러의 bid환율(1.5140)을 적용받음

18. ②

◆ 엔화를 대가로 파운드를 매입하는 경우는
(1) 엔화 매도/달러 매입 & (2) 달러 매도/파운드 매입의 과정을 거치게 됨.

◆ (1)의 거래에 적용되는 환율은 딜러의 달러 매도가격(offer rate)인 121.50
(2)의 거래에 적용되는 환율은 딜러의 파운드 매도가격(offer rate)인 1.5030
따라서 JPY/GBP = (JPY/USD) × (USD/GBP) = 121.50 × 1.5030

19. ④

◆ 달러 선물환이 저평가되어 있기 때문에 달러 "현물환 매도 & 선물환 매입"거래를 실행함. 따라서 달러를 차입하여 현물환시장에서 매도하고 수취한 원화를 운용하게됨

20. ④

◆ 100엔당 원화환율 = [($/₩)/($/¥)] × 100, 즉, 원화를 대가로 달러를 매입하고($/₩환율의 offer 값), 그 달러를 매도하여 엔화를 매입함($/¥환율의 bid 값)

21. ②

◆ A기업이 B은행과 "Sell & Buy Swap"거래를 하였기 때문에 A기업은 원화자금 조달, B은행은 달러자금 조달 효과를 가져옴

◆ 선물환율이 현물환율에 프리미엄 상태이기 때문에 달러는 저금리 통화(원화 금리 > 달러화 금리)

22. ②

$$\blacklozenge\ Duration = \frac{\sum_{t=1}^{n} t \cdot PV_t}{\sum_{t=1}^{n} PV_t} = \sum_{t=1}^{n} t \cdot (PV_t / P)$$

◆상기 식에서 만기(t)가 길어지면 듀레이션은 길어지고 수익률이 높아지면 분자(PV_i)가 작아지기 때문에 듀레이션은 작아짐. 표면금리가 높아질수록, 이자지급 빈도가 증가할수록 듀레이션(평균상환만기)은 짧아짐

23. ④

◆금리가 상승하면 채권의 가격은 하락하게 됨. 따라서 만기가 짧고 표면금리가 큰(듀레이션이 작은*) 채권이 유리함

* 듀레이션이 작을수록 금리상승에 따른 채권가격 하락폭이 작음

24. ②

◆A은행은 자산의 듀레이션이 부채의 듀레이션보다 크기 때문에 금리상승위험*에 노출됨. 따라서 이 경우에 면역기법은 자산의 듀레이션을 줄이거나 부채의 듀레이션을 늘리는 것임

◆표면금리가 낮을수록 듀레이션이 길어지기 때문에 표면금리가 낮은 채권의 보유비중을 확대하면 자산의 듀레이션이 길어짐

* 금리가 상승하면 자산의 가치 하락폭이 부채의 가치 하락폭보다 큼

25. ①

◆원화가 평가절하되면 수출시 유리하고, 평가절상되면 이입 수입 시 유리함. 따라서 평가절상되는 국가(미국, 영국)에서 수입하여 평가절하되는 국가(일본, 유럽)에 수출할 때 환이익이 극대화됨

26. ②

◆환변동보험은 만기 시장환율이 계약환율보다 낮으면 보상해 주고(이익) 높으면 환수하기(손해) 때문에 선물환 매도거래와 유사함

27. ①

◆적정 선물환율 = 1,200 + 1,200 × (5% − 3%) × (3/12) = 1,206원

◆따라서 실제 선물환율(1,210원)이 고평가되어 있기 때문에 차익을 얻기 위해 "Buy & Sell Swap"을 걸어야 함

28. ②

◆금리선물의 매입[매도]은 금리하락(채권가격 상승)[금리상승(채권가격 하락)]위험에 대한 헤지방법임

◆금리하락(채권가격 상승)[금리상승(채권가격 하락)]위험을 헤지하기 위해서는 듀레이션을 확대[축소]하여야 함

◆따라서 ① : 금리선물의 매입[매도]은 듀레이션을 확대[축소]와 유사한 효과를 가져옴

② : 부채의 듀레이션이 자산의 듀레이션보다 크면 금리하락 위험에 노출됨 (왜냐하면 금리가 하락할 때 부채의 가치 상승폭이 자산의 가치 상승폭보다 크기 때문임)

③ : 금리상승(채권가격 하락)이 예상될 때는 듀레이션이 짧은 채권의 비중을 확대하는 것이 유리하기 때문에 중도 이자지급이 많은 채권의 비중을 확대하는 것이 유리함(왜냐하면 중도 이자지급이 많은 채권일수록 듀레이션이 짧기 때문임)

④ : 채권 중에서 할인채의 듀레이션이 가장 길기 때문에(왜냐하면 할인채의 경우에는 중도 이자지급이 없기 때문임) 금리상승이 예상될 때는 부채의 듀레이션을 확대하는 것이 유리하며 이에 따라 할인채를 편입시키는 것이 유리함

29. ④

◆이 정유회사는 달러화 환율 상승위험에 노출되기 때문에 short 940 put & long 980 call거래를 해야 함

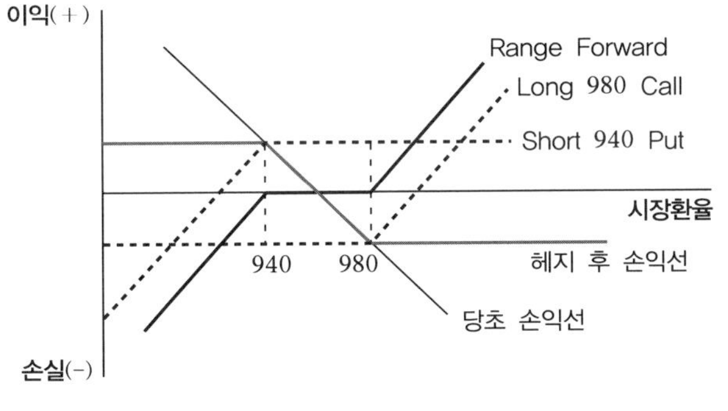

30. ②

◆적정(이론) 선물환율 = 1,250 + 1,250 × (6% − 4%) = 1,275원

◆따라서 실제 선물환율(1,350원)이 고평가되어 있기 때문에 "Buy & Sell Swap" 거래를 하면 차익을 얻을 수 있음

31. ③

◆$(1 + 0.035 \times \frac{90}{360})(1 + X \times \frac{90}{360}) = 1 + 0.04 \times \frac{180}{360}$

위 식에서 X = 0.0446(4.46%)

◆간편식으로 계산하면 $\frac{(6월 \times 4\%) - (3월 \times 3.5\%)}{6월 - 3월} = 4.5\%$

32. ①

◆$\frac{\Delta P}{P} = \frac{-D}{1+\frac{r}{n}} \times \Delta r$

◆채권가격 변동률 = $\frac{\Delta P}{P} = \frac{-12.5}{1+\frac{0.084}{2}} \times 0.005 = 0.0599$(약 6.0%)

◆채권가격 변동액 = $\Delta P = \frac{-D}{1+\frac{r}{n}} \times \Delta r \times P = \frac{-12.5}{1+\frac{0.084}{2}} \times 0.005 \times 104$

$= 6.24$

33. ③

◆듀레이션의 개념에서 채권가격 변동률 = $[-D/(1 + r/n)] \times$ 채권수익률 변동폭

◆따라서 $-0.048 = [-D/(1 + 0.08/2)] \times 0.005$

위 식에서 D를 계산하면 D = 9.984(약 10년)

34. ④

◆채권의 듀레이션이 길수록 금리위험이 큼

◆따라서 채권의 만기가 길수록, 표면이자(coupon)가 낮을수록 듀레이션이 길어지기 때문에 금리위험이 큼

◆그리고 시장금리가 높을수록 듀레이션이 짧아지기 때문에 금리위험이 작음

35. ④

◆고금리 통화의 선물환율은 현물환율에 디스카운트 상태

36. ①

◆바트/원환율 = (원/달러환율) / (바트/달러환율) = 935.70/41.40

= 22.60

37. ②

◆채권의 만기가 길수록 듀레이션이 길어지기 때문에 가격변동성이 큼

③ : convexity현상을 설명

④ : 표면이자율이 낮을수록 듀레이션이 길어지기 때문임

38. ④

◆ $\Delta P = P \times (-MD) \times \Delta r$

◆ 채권가격 변동액 = 1억원 × (−2.6) × (−0.0015) = −390,000원

39. ③

◆ 선도금리계약(FRA)에서는 이자차액을 만기일 이전에 결제시점에서 할인하여 미리 주고 받음

40. ②

41. ③

◆ $\dfrac{(270 \times R_2) - (90 \times R_1)}{270 - 90} = 7\%$

위 식에서 R_1과 R_2의 적절한 값을 찾으면 $R_1 = 10\%$, $R_2 = 8\%$

42. ③

◆ $(1 + 0.05)^2 \times (1 + X) = (1 + 0.06)^3$

$X = \dfrac{(1 + 0.06)^3}{(1 + 0.05)^2} - 1 = 0.08028 =$ 약 8.03%

◆ 간편식으로 계산하면 $IFR(2 \times 3) = \dfrac{(3 \times 6) - (2 \times 5)}{3 - 2} = 8$

43. ③

◆ 금리상승시보다 금리하락시의 가격변동폭이 큼. 통안증권선물가격은 365일 기준임. 수정듀레이션은 맥컬레이 듀레이션을 만기수익률로 나눈 값임

44. ③

◆ 스프레드는 고객 입장에서는 거래비용, 외환딜러 입장에서는 위험 프리미엄임

◆ 거래규모가 클수록, 환율의 변동폭이 작을수록, 통화의 유통속도가 클수록 스프레드는 작아짐

◆ 현물환거래보다 선물환거래에서 스프레드가 커짐

45. ②

◆ 엔화를 매입한 후 다시 매도하였는데 엔화가치의 하락(달러가치의 상승)으로 손실 발생

◆ $\dfrac{10,000,000}{108.50} - \dfrac{10,000,000}{105.50} = -2,620.83$달러 손실

또는 $10,000,000 - \dfrac{10,000,000}{105.50} \times 108.50 = -284,360$엔 손실

제2장 금융선물거래

01. ②

◆선물(futures)거래에서는 대부분 만기 이전에 청산(off-set)됨

02. ④

03. ①

◆음의 캐리시장(negative carry market)이란 cost of carry의 부호가 음(-)으로서 비용이 수익보다 큼. 이 경우 선물가격 > 현물가격, 즉 contango 상태임

04. ①

05. ①

◆각 거래자의 미결제약정 : A = 10 + 4 - 6 = 8, B = -10 - 2 + 4 = -8,
C = -2 - 4 = -6, D = +6

◆따라서 전체 미결제약정 = 14, 거래량 = 10

06. ①

◆장래 채권에 투자할 예정인 경우에는 채권가격의 상승(금리의 하락)위험에 노출됨. 따라서 금리선물 매입헤지임

07. ④

◆금리선물의 매도헤지는 가격하락(금리상승) 위험에 대한 헤지방법임

08. ④

◆유로달러선물의 매도는 가격하락(금리상승) 위험에 대한 헤지이기 때문에 장래의 차입금리를 확정하는 결과를 얻게 됨

◆12월물 유로달러선물을 1계약 매도하면 12월 17일부터 3개월간 $100만의 차입이자율을 5.5%(= 100.00 - 94.50)로 고정시킴

09. ④

◆금융선물에서는 cost of carry에 보관비용은 없음

10. ③

◆적정(이론) 선물가격 = 1,000 - 1,000 × (5% - 10%) × (6/12) = 1,025

11. ②

12. ④

◆이론선물가격 = 102 = 100 - 100 × [0 - 시장금리(%)] × (3/12)

위 식에서 시장금리를 구하면 8%

13. ③

◆엔화가치 상승위험에 노출되기 때문에 엔선물 매입헤지

14. ②

◆엔화가치 상승위험에 노출되기 때문에 엔선물 매입헤지

◆Hedge Ratio = 12.5억엔/12,500,000엔(엔선물 1계약) = 100계약

15. ①

◆선물계약을 매도한 후에 선물가격이 하락하였기 때문에 선물거래에서 이익이 발생하며 거래 당일에 이익이 실현됨

16. ①

◆파운드 가치 상승위험에 노출되기 때문에 파운드선물의 매입헤지가 필요함 따라서 파운드 시세 상승시에는 선물거래에서 이익발생

17. ①

◆투자수익률 = $\dfrac{(9,649-9,535)\text{틱} \times \$12.5^{*} \times 10-(\$15 \times 10)}{\$1,500 \times 10} = 0.94$

* 엔선물의 tick size = 12,500,000(contract size) × 0.0001 × 0.01

18. ②

◆이론선물가격 = 114 - 114 × (2% - 14%) × (3/12) = 117.42

◆따라서 실제 선물가격(116.0)이 이론가격에 비해 저평가되어 있기 때문에 "Sell Spot & Buy Futures" 즉, 매도차익거래를 실행해야 함

19. ②

◆A기업은 엔화가치 상승위험에 노출되기 때문에 선물매입헤지가 필요함

◆money market hedge방법이란 달러자금을 차입하여 엔화로 환전한 후 엔화를 예치하는 것임.

◆음의 캐리시장에서는 선물가격이 현물가격에 프리미엄 상태이기 때문에 매입헤지를 하였을 경우에 베이시스가 축소되면 손실이 발생함

20. ④

◆A기업은 금리 상승위험(가격 하락위험)에 노출되기 때문에 매도헤지

◆12월물 유로달러 선물가격이 95.11이기 때문에 차입금리는 4.89%(= 100 - 95.11)로 확정됨

21. ④

◆투자자가 매도차익거래(Sell Spot & Buy Futures)를 실행했기 때문에 선물가격이 저평가됨. 따라서 이론선물가격 = \$96 + \$2(차익) = \$98

◆\$98 = \$100 − \$100 × (*CPN* − 0.08) × (6/12)

여기서 *CPN* = 0.12(12%)

22. ①

◆이론선물가격 = 100 − 100 × (0.08 − 0.06) × (6/12) = 99

◆조정선물가격(Adjusted Futures Price) = 84 × 1.2 = 100.80

◆따라서 선물가격이 이론가격보다 고평가되어 있기 때문에 매수차익거래

23. ②

◆6개월 후에 유로달러선물을 매입헤지하는 것은 6개월 후부터 3개월간 가격상승(금리하락) 위험을 헤지하는 것임

24. ③

◆베이시스 = 현물가격 − 조정선물가격

= (97−18/32) − (105−04/32) × 0.92

= (97−18/32) − (96−23)* = 27/32

* (105−04/32) × 0.92 = 105.125 × 0.92 = 96.715 = 96−22.88/32

= 약 96−23/32

25. ④

◆미결제약정수는 기존 포지션의 매입과 매도 시 감소하고 신규 포지션의 매입과 매도 시 증가함

26. ①

◆통안증권금리선물의 가격은 IMM Index(100 − 유통수익률)으로 표시됨

27. ③

28. ②

29. ④

◆$1{,}300 \times (1 + 0.06 \times \frac{21}{365}) = (1 + 0.04 \times \frac{21}{360}) \times F$

여기서 $F = \dfrac{1{,}300 \times (1 + 0.06 \times \frac{21}{365})}{1 + 0.04 \times \frac{21}{360}}$

30. ④

◆유로화 가격하락 위험에 노출되기 때문에 유로선물 매도

31. ②

32. ③

◆매수차익(Buy Spot & Sell Futures)거래를 하였다면 선물가격이 고평가되었다는 뜻이기 때문에 이론선물가격은 $96($98 - $2)임

◆따라서 이론선물가격 = $96 = $100 - $100 × (12% - 차입금리) × $\frac{6}{12}$ 이 식에서 차입금리를 구하면 4%임

33. ③

34. ②

◆엔 선물가격이 현물가격보다 높은 negative carry market에서 매도헤지(short hedge)를 실행하였을 때 basis가 작아지면 이익이 발생

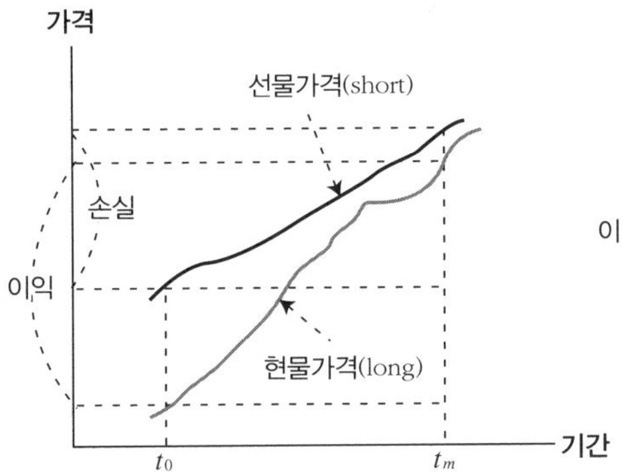

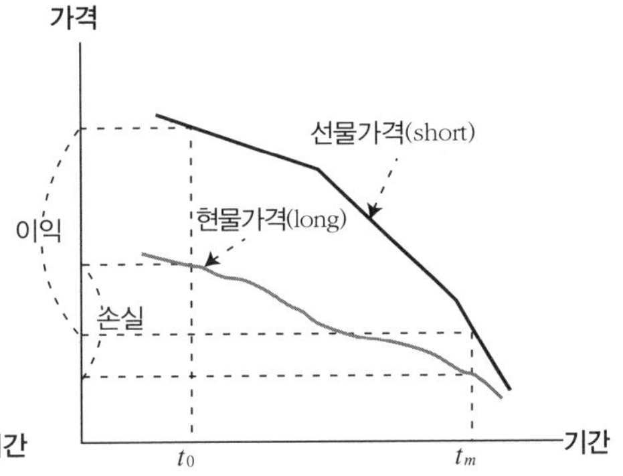

35. ④

◆헤지비율 = $\frac{\$200,000,000}{\$100,000} \times 1.2 = 2,400$

36. ②

◆이론적으로 음의 캐리상황에서는 선물가격이 현물가격보다 높아야 정상인데 여기서는 낮기 때문에 선물가격이 저평가됨. 따라서 매도차익(Sell Spot & Buy Futures)거래를 실행, 즉 현물공매도 + 대출 + 선물매입

37. ①

◆basis = (126-08/32) - (102-16/32) × 1.2 = 3-08/32

38. ③

39. ②

40. ①

41. ④

- 이론선물가격 = \$100 - \$100 × (0.16 - 0.08) × (6/12) = \$96
  따라서 선물가격(\$99)이 이론가격(\$96)보다 \$3만큼 고평가됨

42. ②

43. ②

- 정상적인 시장상황에서 주가지수선물가격은 현물가격에 프리미엄 상태이기 때문에 베이시스가 축소가 예상되면 선물매도와 현물매수 거래를 할 경우에 이익이 발생함

44. ②

45. ①

46. ④

47. ①

- 적정 선물매도계약수 = $\frac{180\text{억원}}{120 \times 500,000} \times \beta = 270$
  여기서 베타값을 구하면 0.9임

48. ②

49. ①

- A사는 금리하락(채권가격 상승) 위험에 노출되기 때문에 유로달러선물의 매입헤지가 필요함. 헤지비율 = \$100,000,000/\$1,000,000 = 100계약

50. ②

- A사는 금리상승(채권가격 하락) 위험에 노출되기 때문에 유로달러선물의 매도헤지가 필요함. 헤지비율 = \$1,200,000,000/\$1,000,000 = 1,200계약

51. ④

52. ②

- A기업은 엔화가치 하락위험에 노출되기 때문에 엔선물 매도헤지가 필요함
- 음의 캐리시장에서는 선물가격이 현물가격보다 높기 때문에 매도헤지를 하였을 때 베이시스가 축소되면 이익이 발생함

53. ②

54. ②

- *CTD*채권의 이론선물가격 = 104 - 104 × (0.08 - 단기시장이자율) × $\frac{6}{12}$
  = 85.80 × 1.200

이 식에서 단기시장이자율을 구하면 0.06(6%)임

55. ②

56. ①

◆매수차익거래에서 가장 큰 차익을 얻을 수 있는 경우는 IRR이 가장 크고 Repo금리가 가장 작을 때임

57. ②

58. ②

◆강세스프레드(bull spread)는 근월물을 매입하는 동시에 원월물을 매도하는 거래임

59. ④

◆$IFR(1 \times 4) = 8.02\%$이기 때문에 12월물 유로달러선물의 이론가격은 91.98(100 − 0.0802)임. 따라서 선물가격(91.10)이 이론가격(91.98)에 비해 저평가되어 있기 때문에 매도차익(Sell Spot & Buy Futures)거래를 해야 함

◆즉, 12월 유로달러선물을 매입(long position, 운용)하고, 동시에 현물(1개월 후 3개월간)의 매도(short position, 차입)포지션을 창출하기 위해 4개월간 자금조달 & 1개월간 자금운용을 하면 됨

60. ③

61. ③

◆$IFR(3 \times 6) = \dfrac{(6\text{월} \times 5\%) - (3\text{월} \times 4\%)}{6\text{월} - 3\text{월}} = 6\%$,

따라서 선물가격 = 100 − 6 = 94

62. ①

◆스프레드가 작아지기 때문에 3월물의 가격이 6월물의 가격보다 더 크게 상승(더 작게 하락)함. 따라서 3월물을 매수하고 6월물을 매도해야 함

63. ②

◆만기 6개월 후의 유로달러선물을 매입하면 6개월 후부터 3개월간 채권가격 상승(금리하락) 위험을 헤지, 즉 운용수익률을 확정하게 됨

64. ②

◆베이시스 = $0.8232^* \times (0.068 - 0.054) \times \dfrac{3}{12} = 0.0029$

*현물가격 = $\dfrac{1}{1.2148} = 0.8232$

◆스위스 프랑이 고금리 통화이기 때문에 선물가격은 현물가격에 디스카운트가

되어 0.8203(= 0.8232 - 0.0029)임

65. ③

◆CTD는 베이시스가 가장 작을 때임

채권	채권가격(A)	전환계수(B) (conversion factor)	선물가격(C)	조정선물가격(D) (C × B)	베이시스 (A－D)
① 채권	98－24	1.023	92.25	94.37(94－12)	4－12
② 채권	115－08	1.2115	92.25	111.76(111－24)	3－16
③ 채권	132－16	1.4212	92.25	131.11(131－04)	1－12
④ 채권	112－16	1.1927	92.25	110.03(110－01)	2－15

66. ②

◆이론선물환율 = 950 - 950 × (0.068 - 0.052) × $\frac{3}{12}$ = 946.20

◆달러선물환율(948원)이 이론선물환율(946.20)에 비해 고평가되어 있기 때문에 "매수차익(buy spot & sell futures)거래"를 실행

67. ②

◆A기업은 3월 초 금리의 상승위험(채권가격의 하락위험)에 노출됨에 따라 March T-bill선물을 매도하여야 함

68. ①

◆정상수익률곡선하에서 금리선물의 cost of carry는 양(+)의 값을 가지기 때문에 선물가격이 현물가격보다 낮고 만기가 길수록 선물가격이 낮아짐

69. ④

◆매도차익(sell spot & buy futures)거래는 선물가격이 저평가되는 경우임

70. ④

◆이론선물가격 = 80 - 80 × (0.02 - 0.06) × $\frac{3}{12}$ = 80.8

◆따라서 차익거래 불가능 범위는 [80.8 - 0.5(0.2 + 0.3)] ~ [80.8 + 0.5], 즉, 80.3 ~ 81.3

71. ②

◆손익 = (9,090 - 9,130) × \$12.5 × 100 = -\$50,000(손실)

72. ④

◆A기업은 엔화가치 상승위험에 노출되기 때문에 엔선물 매입헤지를 해야 하며 음의 캐리시장이므로 엔선물가격이 현물가격에 프리미엄 상태임

◆ 이 경우에는 베이시스가 축소되면 선물거래의 이익(손실)이 현물거래의 손실(이익)보다 작기(크기) 때문에 헤지 후 손실이 발생함

73. ④

◆ 현물을 보유한 경우에는 가격의 하락위험에 노출되기 때문에 매도헤지를 해야 함

74. ④

◆ (목표베타 − 0.8) × $\frac{500,000,000}{110.00 \times 500,000}$ = 8계약(매수)

따라서 목표베타 = 1.68

75. ③

◆ 수익률곡선 가파름(steepen) 전망 : 3년국채선물 매수 + 5년국채선물 매도

◆ 수익률곡선 평평함(flatten) 전망 : 3년국채선물 매도 + 5년국채선물 매수

◆ 수익률곡선 투자를 위해 매매해야 하는 선물계약수는 3년국채선물(KTB)과 5년국채선물(5TB)의 가격민감도를 반영하는 듀레이션을 이용하여 산출함

◆ 5년국채선물 계약수 = $\frac{\text{3년국채선물 듀레이션}}{\text{5년국채선물 듀레이션}}$ × 3년국채선물 계약수

= $\frac{2.55}{4.25}$ × 50 = 30계약 매도

76. ④

◆ $\frac{1,000,000,000}{200 \times 500,000} \times \beta_p = 12$

◆ $\beta_p = 1.2 = (0.2 \times \beta_A) + (0.3 \times 1.0) + (0.5 \times 1.2)$

이 식에서 A주식의 베타값(β_A) = 1.5

77. ①

◆ Repo금리가 내재환매수익률(IRR)보다 낮기 때문에 매수차익거래(buy T-bond 현물 & sell T-bond 선물)를 실행하면 차익을 얻을 수 있음

78. ④

79. ②

80.

◆ 청구가격 = [(\$100,000 × 0.9850) × 1.02445 + $\frac{\$1.085}{\$100}$ × \$100,000] × 5

= \$509,966.6

81. ②

◆ 포트폴리오의 베타 = ($\frac{14}{10}$ × 0.25) + ($\frac{9}{10}$ × 0.5) + ($\frac{16}{10}$ × 0.25) = 1.2

$$HR = \frac{500,000,000}{100 \times 500,000} \times 1.2 = 12\text{계약 매도}$$

82. ④

- 현재 베이시스 = 4.60(= 305.90 − 301.30),
  6개월 후 베이시스 = 1.60(= 307.60 − 306.00)
- 베이시스가 3포인트 축소됨에 따라 계약당 $750(= 3P × $250) 이익발생 (왜냐하면 선물가격이 현물가격보다 높은 negative carry 상황에서 매도헤지(short hedge)를 했을 경우에 베이시스가 축소되면 이익 발생)

83. ④

- $IFR(3 \times 6) = \frac{(6\text{월} \times 5\%) - (3\text{월} \times 4\%)}{6\text{월} - 3\text{월}} = 6\%$
- 따라서 Mar. ED선물의 이론가격 = 94.00(= 100 − 6) < 실제선물가격(94.51)
- 이에 따라 선물가격이 이론가격에 비해 고평가되어 있기 때문에 "매수차익(buy spot & sell futures)" 거래를 실행

84. ②

- 정상수익률곡선(장기금리 > 단기금리)하에서는 T-bond선물의 cost of carry의 싸인이 양(+)이기 때문에 만기가 길어질수록 선물가격이 낮아짐

85. ③

- BPV는 금리가 1bp 변동할 때 채권가격의 변동폭임

86. ②

- $HR = \frac{\$993,420}{\$907.60} \times 0.9463 = 1,035.8$(약 1,036계약)

87. ①

- 이익규모 = (95.45 − 95.30) × $25 × 100 × 100 = $37,500

88. ③

- 금융시장이 긴축되면 T-bill 이자율(가격)보다 Eurodollar 이자율(가격)이 더 크게 상승(하락)하기 때문에 "T-bill선물 매입 & Eurodollar선물 매도", 즉 TED Spread 매입거래를 실행

89. ③

- NOB Spread = T-note 선물가격 − T-bond 선물가격
  = (102-11/32) − (98-05/32) = 4-06/32

90. ①

91. ②

◆184.6 = 180 × [1 - (0.01 - 연수익률) × 2/12]

연수익률 = [(184.6/180) - 1] × 6 + 0.01 = 16.3%

92. ①

◆베이시스 < 0 이므로 비정상시장, 백워데이션

◆선물가격 < 이론선물가격 이므로 저평가, 디스카운트 상태

93. ②

◆베이시스가 확대된 상황으로 선물가격 고평가, 현물가격 저평가되어 있기 때문에 "buy low & sell high" 원칙에 따라 선물 매도 & 현물 매입전략

94. ③

◆선물가격이 현물가격보다 높은 정상시장에서 선물가격의 하락폭이 현물가격의 하락폭보다 작으면 베이시스가 확대되며 이 경우에 매입(매도)헤지를 실시하면 이익(손실)이 발생

95. ③

◆베타는 시장 전체의 움직임에 대한 개별주식의 반응도이기 때문에 1을 중심으로 이보다 클 수도 있고 작을 수도 있음

96. ②

◆매매계약수 = [(0.7 - 1.2) × 60억원]/[85.70 × 50만원]

= -70계약(즉, 70계약 매도)

97. ②

◆선물계약수 = (헤지비율 × 포트폴리오가치)/(선물가격 × 계약승수)

= 1.4 × 0.5 × 120억원/(120 × 50만원) = 140계약 매도

98. ③

◆최소분산 헤지비율 = 현 · 선물 공분산/선물의 분산(시장수익률의 분산)

= 18/15 = 1.2

99. ①

◆현물 인덱스를 매입하고 지수선물을 매도하면 국채 등 무위험 현물자산에 투자한 효과와 동일한 결과를 가져온다.

◆미래 특정 T시점에서 주식 포트폴리오를 보유하기 위한 두 가지 전략

전략 ① : 주식 포트폴리오를 매입하여 T시점까지 보유

전략 ② : T시점이 만기(인수도일)인 주가지수선물의 매입계약을 체결하고 주식매입대

금은 T시점까지 무위험 자산에 투자

전략 ①의 투자비용 $(C_1) = S_t$

전략 ②의 투자비용 $(C_2) = F_t + B_t$

S_t : 현재의 주가, B_t : 현재의 채권가격

◆①과 ②의 투자결과가 같기 때문에 투자비용이 동일 $S_t = F_t + B_t$

따라서 $S_t - F_t = B_t$, 즉 인덱스펀드 매입 + 주가지수선물 매도 = 무위험채권 매입

100. ②

◆A은행의 대차대조표에서 자산의 듀레이션이 부채의 듀레이션보다 크기 때문에 가격의 하락위험(금리의 상승위험)에 노출됨

◆따라서 면역기법(immunization)을 활용하여 위험을 줄이기 위해서는 가능한 자산의 듀레이션을 짧게, 부채의 듀레이션을 길게 되도록 자산 · 부채구조를 바꾸는 것이 필요함

◆금리선물계약을 매도하는 것은 자산의 듀레이션을 줄이는 효과와 비슷함

제3장 옵션거래

01. ③

02. ④

◆이 풋옵션은 행사가격보다 시장가격이 높기 때문에 OTM 상태임. 따라서 프리미엄은 모두 시간가치임

03. ④

◆BEP = 행사가격 - 프리미엄 = 10만 - 1만 = 9만원

04. ③

05. ①

◆풋옵션이 OTM이 되어 권리행사를 포기함에 따라 프리미엄만큼 손실 발생
10계약 × 20원 × $10,000 = 200만원 손실

06. ②

◆1달러당 결제비용 960원 - 옵션 행사이익(20원) + 프리미엄(3원) = 943원
따라서 결제금액 = 943원 × 1,000,000 = 943,000,000원

07. ③

◆금리 상승은 채권가격의 하락을 의미하기 때문에 풋옵션을 매입해야 함

08. ④

◆프리미엄 구성요소 중 시간가치(time value)와 잔존기간(maturity)의 관계는 정비례가 아니라 $time\ value = \sqrt{maturity}$

09. ④

◆Put-Call Parity($C - P = F$)에서 콜 매도($-C$) = 선물 매도($-F$) + 풋 매도($-P$)

10. ④

11. ③

◆A은행은 금리상승(가격하락) 위험에 노출되기 때문에 ED put option 매입

12. ③

◆채권가격의 하락위험에 노출되기 때문에 장내 금리 풋옵션 매입

13. ①

◆T-bill 풋옵션의 매입헤지(long hedge)는 가격의 하락(금리의 상승) 위험에 노출된 상황에 적합

14. ②

◆헤지비율(*hedge ratio*) $= \dfrac{¥2,000,000,000}{¥12,500,000} \times \dfrac{1}{0.4} = 400$계약

◆엔화가치 하락위험에 노출되기 때문에 풋옵션 400계약 매입

15. ②

16. ④

17. ①

◆달러 시세의 상승은 파운드 가치의 하락을 의미하기 때문에 파운드 선물 매도가 가장 적합한 투기거래임

18. ④

◆J기업은 달러가치 하락위험에 노출되기 때문에 달러 풋옵션을 매입해야 하며 프리미엄 지급액은 변동성 호가의 offer(7.5%) 가격을 적용

19. ④

◆채권에 투자할 예정이기 때문에 채권가격의 상승(금리의 하락) 위험에 노출

20. ②

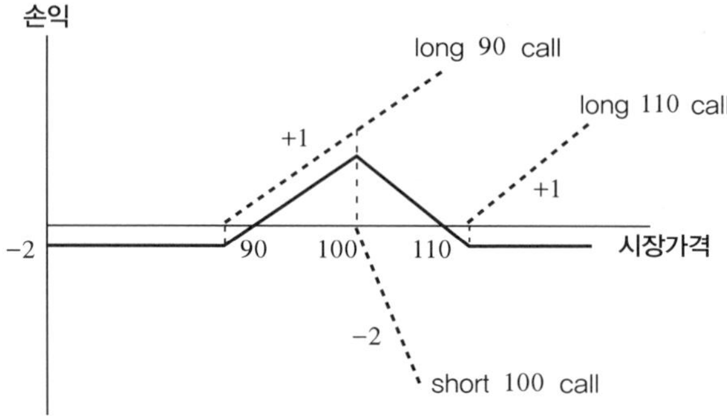

21. ③

◆BEP : 하단 = 100 − (3 − 36/64) = 96 − 28/64

상단 = 104 + (3 − 36/64) = 107 − 36/64

22. ①

◆T-bond선물 콜옵션(행사가격 = 76)을 선물가격이 77일 때 행사하면 $1,000[(77 − 76) × $100,000 × (1/100)] 이익이 발생함

◆따라서 $1,187.50(프리미엄 지급액) − $1,000 = $187.50 손실

23. ②

◆잔존만기가 짧아지면 옵션 프리미엄 중 시간가치가 감소함에 따라 옵션 매입자(long hedger)에게는 불리하고 매도자(short hedger)에게는 유리함

◆프리미엄 곡선이 볼록(convex)하기 때문에 시장가격이 ITM 쪽으로 크게 변동하면 프리미엄 증가폭이 더 크기 때문에 long hedger에게 유리함

24. ②

◆변동금리 조건으로 차입하고 있는 기업은 금리상승(가격하락) 위험에 노출됨

25. ④

◆short strangle에서는 최대손실은 무한대이며 손익분기점은 "콜옵션 행사가격＋프리미머엄 합"과 "풋옵션 행사가격 − 프리미엄 합"

26. ①

◆포트폴리오의 델타 = (0.5 × 8) + [(−0.4) × (−5)] = 6

따라서 델타 중립포지션을 만들기 위해서는 6 − 6 = 0가 되어야 함

27. ①

◆ "buy low & sell high" 원칙에 의해 과소평가된 풋옵션을 매입하고 콜옵션을 매도하면 결과적으로 현물을 매도한 포지션이 되며($P - C = -S$) 현물의 매도가격이 고평가됨. 이에 따라 현물의 매입포지션을 취하면(conversion) 이익을 얻을 수 있음

28. ④

29. ②

◆ 콜옵션을 매입하면 가격상승 위험을 헤지하게 되며 최고 매입비용을 고정

◆ 풋옵션을 매입하면 가격하락 위험을 헤지하게 되며 최저 매도수익을 고정

30. ④

◆ 이 투자자는 채권가격의 상승(금리의 하락) 위험에 노출되기 때문에 선물의 매입헤지가 가장 유리하며 그 다음은 콜옵션의 매입헤지임

31. ②

◆ 금리상승(채권가격 하락) 위험에 노출되기 때문에 풋옵션 매입헤지

◆ $HR = \frac{\$2,000,000}{\$100,000} \times 1.2 \times \frac{1}{0.5} = 48$계약

32. ①

◆ K기업은 금리하락(가격상승) 위험에 노출되기 때문에 유로달러콜 매입헤지

33. ④

◆ covered call = $S - C = -P$ ($\because C - P = S$)

34. ①

◆ $HR = 100 \times \frac{1}{0.25} = 400$

35. ③

36. ①

◆ 포트폴리오의 델타 = 100 × 0.5 = 50

따라서 델타 중립포지션은 50 − 50 = 0

37. ①

◆ 시장가격이 대폭 상승하면 풋옵션이 델타값은 0으로 수렴함

38. ①

39. ②

◆ BEP = 100 + [20 − (26 − 8)] = 102, 또는 BEP = 120 − 18 = 102

40. ②

◆선물가격의 하락위험에 노출되기 때문에 풋옵션 매입헤지

◆HR = 10/0.5 = 20

41. ①

◆포트폴리오의 델타 = −2 + (0.2 × 10) + [(−0.4) × (−10)] = 4

◆델타 중립포지션 = 4 − 4 = 0

42. ④

43. ②

◆$HR = \frac{20,000,000}{100,000} \times 1.2 \times \frac{1}{0.5} = 480$

44. ④

45. ②

◆프리미엄 총지급액 = 1−28/64 = 1−14/32

◆하방 BEP = 100 − (1−14/32) = 98−18/32

◆상방 BEP = 100 + (1−14/32) = 101−14/32

46. ①

47. ②

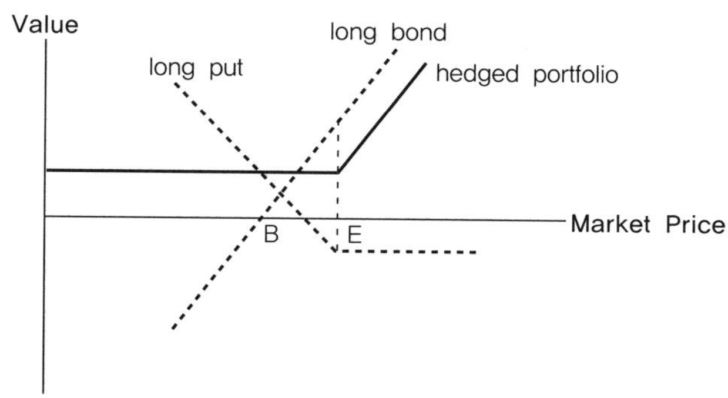

48. ①

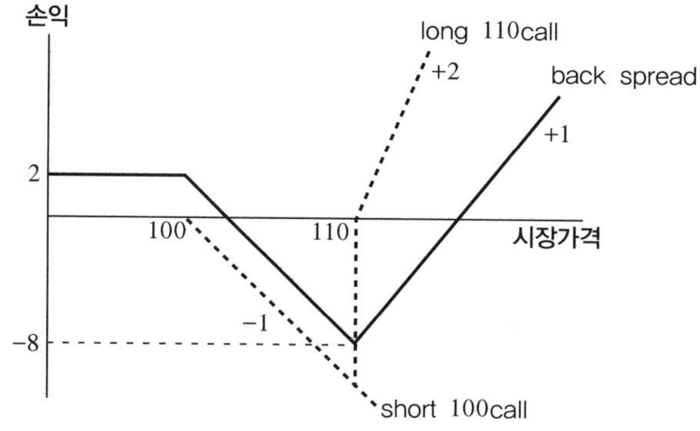

49. ③

◆ BEP = 100 + (10 − 5) = 105

50. ①

◆ $HR = 50 \times (1/0.2) = 250$ 주가하락 위험에 노출되기 때문에 풋옵션 매입

51. ④

◆ covered call은 일종의 소극적인 헤지전략으로서 시장상황이 하향 안정적일 경우에 적합

52. ①

◆ $A \times \frac{1}{0.5} = 10$. 여기서 A(주식 매입량) = 5

53. ④

54. ④

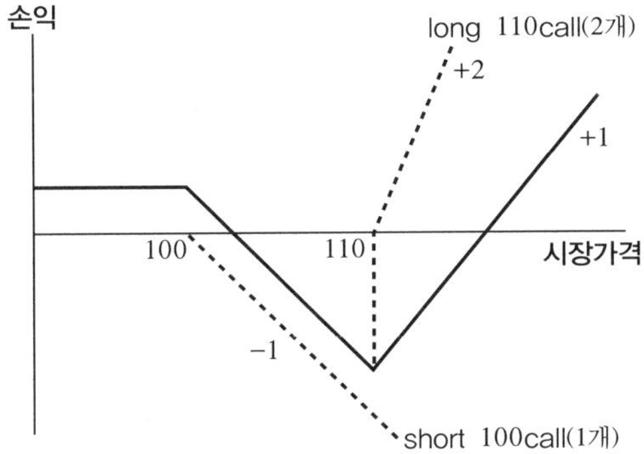

55. ①

56. ④

◆ 'buy low & sell high' 원칙에 의하여 저평가된 콜옵션 매수($+C$)하고 고평가된 풋옵션을 매도($-P$)하면 현물 매수포지션이 됨($C - P = S$). 이와 동시에 현물을 매도함으로써 차익거래를 실행

57. ④

◆ 달러 가치상승은 파운드 가치하락을 의미함으로 파운드 선물매도, 풋옵션 매입, 콜옵션 매도하면 이익을 얻을 수 있음

58. ④

59. ①

◆ 주식 매입포지션의 미실현이익을 확정하기 위해서는 현재 가격으로 선물을

매도하거나 풋옵션을 매입해야 함

60. ④

◆풋옵션의 매입자는 기초자산의 가격이 손익분기점(행사가격 - 풋옵션가격)보다 낮아야 함

61. ②

◆풋옵션에서 시장가격보다 행사가격이 낮기 때문에 내재가치 = 0

62. ③

◆풋옵션의 기초자산가격이 168이고 행사가격은 165이므로 외가격옵션(OTM)이기 때문에 프리미엄 6은 모두 시간가치임

63. ③

◆풋-콜 패리티에 의하면 $F = C - P + e^{-rt}X$

그러나 $105.30(F) > 1.70(C) - 0.50(P) + \dfrac{104}{1+\dfrac{0.06}{2}} = 102.17$

◆따라서 선물가격에 비하여 합성선물(우변)이 저평가되기 때문에 콜옵션을 매수하고 풋옵션을 매도하는 동시에 선물을 매도하는 차익거래가 바람직함

64. ①

◆금리상승 위험을 헤지하기 위해서는 Floor매도가 바람직함

65. ②

◆한 통화의 콜옵션 매입은 해당통화 가치상승시 이익 = 상대통화의 가치하락시 이익 → 풋옵션 매입

66. ④

67. ③

◆달러가치 상승에 대비하려면 money market에서 3개월 후에 필요한 달러의 현재가치에 해당하는 원화를 차입하여 현물환으로 달러를 매입하여 운용(예치)하면 됨

68. ②

◆변동금리 조건으로 차입한 경우에는 금리상승(채권가격 하락) 위험에 노출됨

69. ①

◆풋옵션의 HR = 선물계약수 × (1/0.2) = 800

이 식에서 선물계약수 = 160계약. 따라서 선물 160계약 매도와 유사함

70. ④

◆A기업이 B은행으로부터 풋옵션을 매입하였기 때문에 시장환율이 하단선과 행사가격 사이에서는 행사가격으로 매도할 수 있는 권리를 가지고 있으나 행사가격과 상단선 사이에서는 시장환율로 매도할 수 있음

71. ②

◆풋-콜 패리티 : $F = C - P + e^{-rt}X$. 따라서 $P = C - F + X/(1 + 0.04)$ 이 식에서 P를 구하면 $P = 1{,}200 - 10{,}800 + 10{,}400/(1 + 0.04) = 400$원

72. ③

◆풋옵션을 매입하고 콜옵션을 매도하면 선물을 매도하는 것과 같음

◆선물 매도가격은 옵션 행사가격 110에 순수취 프리미엄 1(= 2 - 1)을 더한 값임

73. ②

◆Put-Call Parity에 의해 $F = C - P + e^{-rt}X$

◆그러나 $104(F) > 0.70(C) - 0.50(P) + 103.50(X)$

◆따라서 선물가격이 고평가되어 있기 때문에 선물을 매도하고 합성선물을 매입(= 콜옵션 매입 + 풋옵션 매도)

74. ①

◆금리Cap은 금리에 상한을 두어 금리가 상한선 이상으로 상승하여도 상한만큼만 결제하는 계약임

75. ③

◆금리Collar는 금리 상하한을 동시에 부과하는 계약임

제4장 스왑거래

01. ④

02. ④

◆basis swap은 서로 다른 변동금리 간의 교환거래임

03. ④

◆IRS에서 스왑가격은 고정금리를 말함

04. ②

05. ③

◆B은행은 양 시장 모두 절대우위가 있음

06. ②

07. ③

◆B은행의 자금흐름 = −8% + (Libor + 250bp) − Libor + 7% = 150bp

08. ④

◆반드시 Libor를 사용하지 않고 CP rate, T-bill rate, Prime rate 등을 사용할 수도 있음

09. ③

◆고정금리 지급 스왑계약 체결 후에 금리가 하락하게 되면 고정금리 지급흐름(cash flow)의 현재가치가 상승하여 손실이 발생함

10. ②

◆스왑금리는 7.30 − 7.26%이므로 고정금리 수취 스왑거래 시에는 swap bid rate인 7.26%를 적용함

11. ④

◆순 차입비용 = 차입금리 + (스왑고정금리지급 − Libor)
= (Libor + 160bp) + (3.50% − Libor)
= 5.10%

12. ②

◆B은행의 자금흐름 = −(Libor + 15bp) + (CP − 20bp) + Libor − (CP − 45bp) = 10bp

13. ②

◆고정금리 지급 스왑포지션은 고정금리채권 매도포지션(short position)과 동일한 위험, 즉 금리하락(채권가격 상승)시 손실이 발생함

14. ②

◆달러흐름과 원화흐름을 상쇄시키는 스왑거래를 해야 함

15. ②

16. ③

◆A기업은 Libor를 지급하므로 매 이자기간마다 금리가 달리 결정됨

17. ①

◆수취 레이트는 T＋0.5%

18. ③

◆IRS와 CRS 모두 부외거래임

19. ③

20. ④

◆A기업은 고정금리 수취이므로 CD금리가 고정금리보다 낮아야 이자교환에서 이익 발생

21. ③

◆단기 이자율스왑의 Pricing과 헤지를 위해서 유로달러선물(Eurodollar Futures)을 이용함

22. ④

23. ③

◆B은행이 고정금리를 수취하는 스왑계약에서 적용되는 고정금리는 3.2%

24. ①

◆만기일에 원금을 교환할 때 적용하는 환율은 계약시점의 현물환율임

25. ③

◆B은행이 엔화 고정금리를 지급하는 스왑계약에서 적용되는 금리는 2.1%

26. ①

◆통화스왑에서 만기 원금교환시 적용되는 환율은 계약시점의 현물환율임

27. ①

◆만기시 원금교환이 반드시 일어남

28. ③

◆원화로 자금을 조달하여 달러표시 채권을 매입하였을 때 발생하는 환위험을 헤지하기 위해서는 달러 이자와 원금을 지급하고, 원화 이자와 원금을 수취하는 통화스왑거래를 해야 함

29. ①

◆발행시점보다 금리가 크게 하락할 경우에 발행자는 중도상환 권리를 행사

30. ③

◆투자자는 Floor가 아니라 Cap을 보유하는 것과 같음

| 참고문헌 |

[국내문헌]

이창복 · 강철준, 『Futures & Options, Swap』, 한국금융연수원, 1992.

이창복 · 윤창현, 『금융선물 · 옵션거래』, 한국금융연수원, 2008.

한국선물협회, 『선물시장』, 각월호.

한국은행, 『우리나라의 외환제도와 외환시장』, 2003.

한국은행, 『우리나라의 금융시장』, 2006.

한국은행, 『비정형 외환파생거래해설』, 2009.

한국은행, 『최근 외국환은행의 외환파생거래 동향과 평가』, 2009.

한국증권증권업협회, 『증권분석사 연수교재 II』, 한국증권연수원, 2006.

[외국문헌]

Eric Briys and Huu Minh Mai, Options, *Futures and Exotic Derivatives*, John Wiley & Sons, 1988.

Hull John, Options, *Futures and Other Derivative Securities 2nd Ed.*, Prentice Hall, 1993.

James T. Colburn, *Trading in Options on Futures*, New York Institute of Finance, 1990.

John C. Hull, *Options, Futures, and Other Derivatives 3rd. Ed.*, Prentice Hall International, Inc., 1997.

John W. Labuszewski and John E. Nyhoff, *Trading Options on Futures*, John Wiley & Sons, Inc. 1988.

Kolb Robert, *Understanding Futures Markets 3rd. Ed.*, Kolb Publishing, 1991

Mark J. Powers and Mark G. Castelino, *Inside the Financial Futures Markets 3rd. Ed.*, Jhon Wiley & Sons, Inc., 1991.

R. Stafford Johnson and Carmelo Giaccotto, *Options and Futures*, West Publishing Company, 1995.

Robert W. Kolb, *Futures, Options, & Swaps*, Blackwell Publishers Ltd. 1997.

찾아보기

국문

ㄱ

가격변동성 333
가격스프레드 381
가격우선원칙 289
가처분포지션 43
감마 428
강세 스프레드 306
강세 풋스프레드 412
강세스프레드 245
개별위험 165
갱신차금 292
거래단위 130
거래량 126
거래소 123
거래소 옵션 316
거래적 위험 043
거시헤지 217
거트 399, 401
결제월 131
결제월간 스프레드 244, 306
결제월간 스프레드거래 280
결제위험 34, 486
결제통화조정전략 46
경과이자 158
계약단위 169
계약승수 169
계약조건 124
고정 바스켓 253
고정금리 지급자 488
고정금리채권 442
고정만기 배당수익률 199
공개호가 123
공모발행 93, 096
공분산 235
교차헤지 141, 204
교차환율 6
교환사채 86
구매력위험 98
구조화 채권 438
국고채 252
국제스왑파생상품협회 501
국제통화시장 120, 134
국채선물 253
군집행동 15
근월물 180
금리 81
금리 칼러 434
금리 캡 433
금리 플로어 433
금리선물거래 139, 250
금리스왑 77
금리옵션 469
금리옵션계약 319
금리재정거래 495
금리차익거래 63, 70, 499
기대가격결정모형 179
기본예탁금 295
기상파생상품 115
기술적 분석 127

기업어음 92
기초자산 128, 314
깊은 내가 333, 425, 426
깊은 외가 333, 425
깊은 외가옵션 430

ㄴ

나비형 스프레드 392
내가옵션 329
내재가치 324
내재변동성 334, 364
내재선도금리 189, 259
내재환매수익률 162
뉴욕증권거래소 종합지수 167
닉슨 쇼크 119
닛케이 225평균지수 168

ㄷ

다기간 모형 352
다우존스공업평균지수 168
단기간 모형 348
단기금융시장 86
단리 82
단순 투기거래 202, 241, 278
단순헤지 299
단일금리결정방식 94
당일물 23
당일차금 291
대고객 외환시장 8
대량거래방식 75
데빗 박스 408
델타 424
델타중립적 421
델타중립포지션 427, 429
델타헤지 421
도쿄주가지수 168
동조화 현상 13, 14
동질성 210
듀레이션 106
듀레이션모형 230
등가 329
딜러 옵션 316

ㄹ

래깅 45
런던국제금융선물거래소 122
레버리지 효과 284
레인지 포워드 446
레인지 포워드거래 48
레인지 플로터 439
롤링 스트립 헤지 223
리딩 45
리버설 405
리버스 컨버젼 405
리버스 플로터 439

ㅁ

마진 콜 257, 258, 271
만기수익률 101
만기일 314
매도차익거래 281
매도차익거래전략 177
매도초과 포지션 042
매도헤지 200, 203, 205, 212, 217
매매체결 지연제도 290
매수차익거래 281
매수차익거래전략 177
매입헤지 200, 203, 211, 218

매칭전략 45
머니스프레드 381
멕컬레이 듀레이션 107
면역전략 110
명목원금 111, 483, 486, 488
무방비 콜 369, 411
무비용 칼러 434
무위험 단기이자율 331
무차별분석 176
물가연동국고채 95
미결제약정 126, 127
미국달러선물 267
미국식 6
미국식 옵션 316
미시헤지 217

ㅂ

발생이자 선택권 155
배당수익 196
백 스프레드 388
백워데이션 180, 198
백워드스왑거래 36
베가 430
베이시스 174, 198
베이시스 매도거래 242
베이시스 매입거래 242
베이시스 스왑 484
베이시스 위험 206, 210, 236
베이시스 포인트 벨류 230
베이시스 포인트 벨류모형 227
베이시스거래 241
베타 235
베타조정헤지 302
벤드-웨건효과 35
벨류 베이시스 159, 160
벨류라인 종합평균지수 167
변동금리 지급자 488
변동성 361
변동환율제도 120
보장매도자 502
보장매입자 502
보장환율 50
보증된 콜 411, 423
보호적 풋 410
복리 82
복리채 97
볼록 100
볼록성 422
부외거래 125
분산투자이론 165
브레튼 우즈 체제 119
블랙-숄즈 옵션가격 모형 354
비율수직스프레드 388
비체계적 위험 98, 165, 235

ㅅ

사모발행 96
32진법 186
상계전략 44
상업어음 92
상품간 스프레드 244, 246, 307
상품간 스프레드거래 280
상품선물 128
선고형 180
선도거래 117
선도금리계약 111
선도수익률 260
선물거래 115
선물식 옵션 317
선물포지션 42

선물환거래 24
선저형 180
선행헤지 204, 221
소모성상품 327
손익분기 338
숏-스퀴즈 130
수렴 198
수렴현상 181
수의상환채권 441, 442
수익률 등가비율 249
수익률곡선 102
수정듀레이션 107
수직강세 스프레드 383
수직스프레드 381, 382
수직약세 스프레드 385
수출보험공사 50
수취자 스왑션 437
수탁제도 294
수평스프레드 389
수평스프레드 매도 391
수평스프레드 매입 391
스미소니언합의 119
스왑가격 485
스왑딜러 484
스왑레이트 26, 40, 484, 485
스왑베이시스 거래 071, 500
스왑션 436
스왑포인트 028
스퀘어 포지션 42
스타지수 165
스타지수선물 287
스택 & 롤링헤지 222
스택헤지 222
스탠다드 & 푸어스 500종 주가지수 166
스트래들 396, 445
스트랩과 스트립 398
스트랭글 399, 445
스트립헤지 222
스프레더 245
스프레드 444
스프레드거래 202, 244, 279, 306
시가총액방식 284
시간가치 325
시간가치 감소 391
시간가치 잠식효과 333
시간우선원칙 289
시장가치등가모형 225
시장위험 235
시장조성자 12
시장파생상품 115
시카고상품거래소 119
시카고옵션거래소 314
신용부도스왑 502
신용사건 502
신용스왑 501
신용위험 스프레드 141
신주인수권부사채 86
실물인도 253
실물인수도 472
실효수익률 101
쎄타 431

ㅇ

아웃라이트거래 25
액면가치등가모형 225
액면발행 100
약세 스프레드 245, 306
양도성예금증서 91
양의 캐리 182
엔지니어링 스왑 38
역사적 변동성 334, 362

역전수익률곡선 102
역조시장 198
연속적 복리 183
영국은행협회 147
영합게임 125, 283
오픈 포지션 42
옵션 311
옵션복제기법 423
완전헤지 205, 208
왝더독 173
외가 329
외국환은행 9
외국환중개회사 18
외국환포지션 42
외화자금시장 7
외환 5
외환브로커 10, 12
외환스왑 60
외환스왑거래 36
외환시장 7
운용포지션 188
원금이자분리채권 96
원월물 180
위탁수수료 298
위탁증거금 256, 295
위험노출 207
유가증권 94
유동성선호이론 102
유동성위험 99
유동화증권 84
유럽식 6
유럽식 옵션 316
유로넥스트 · 라이프 122
유로달러 정기예금 144
유로달러금리선물 145
유로엔 144
유로파운드 144
유지위탁증거금 256
유효 베이시스 포인트 가치 250
은행간 외환시장 8
은행간시장 52
음의 캐리 182
이자율스왑 483, 490
이자율위험 98
이자율평가이론 26
이종통화 간의 이자율스왑 492
이종통화 쿠폰스왑 483
이중 호가제 17
이중고시 28, 192
이표채 97, 156
익익일물 23
익일물 23
인덱스 스왑 484
인도가능 채권 130
인도시점 선택권 155
인도월 131
인도일 154
인버스 플로터 439
인수도 선택권 154
인수도제도 272
1일물 RP 90
일일정산제도 123, 124, 257, 271, 291

ㅈ

자동행사 340
자본시장 94
자산유동화 전문회사 85
자유재량 선택권 155
잔존기간 332
잠재선도금리 104, 186, 187
잠재적 풋옵션 161

잠재환매수익률 163
장내 옵션 432
장외 옵션 432
재고유지비용 174
재정거래 18, 22, 194, 195, 242
재정차익거래 39
저가매입 고가매도 177
전매 126
전자주문시스템 12
전환계수 156
전환계수모형 225
전환사채 86
절대가격 484
점두거래 117
정부저당채권 121
정산차금 291
정상수익률곡선 102, 179
정상시장 198
정태적 헤지 409
제곱근 332
제로 코스트 옵션 48
조정선물가격 156
종합포지션 42
주가지수선물계약 164
주가지수연계증권 64
주가지수옵션 473
주식옵션 479
주택저당담보부증권 85
준거자산 503, 505, 507
중도상환위험 99
증거금 123
증거금제도 295
증권식 옵션 317
증권투자위험 236
지급자 스왑션 437
지렛대효과 34, 125
지불유예 501
지정환율 33
직접헤지 203

ㅊ

차액결제 486
차액결제선물환거래 33, 56
차익거래 304, 402
차입포지션 188
채권 84
채권가격의 탄력성 106
채권수익률 83
채권수익률의 기간구조 102
채무불이행 501
채무불이행위험 98
채무재조정 501
청구가격 143, 157
청구가격 조정제도 158
청산거래 125
청산기관 123
체계적 위험 97, 165, 235
최소 가격변동단위 131
최소분산헤지 302
최저가인도채권 158, 159
최종결제차금 93
추가증거금 256
추적오차 236

ㅋ

카파 430
캐리 174, 179
캐리 베이시스 160
캐리모델 175
커버된 금리재정거래 26, 32

컨버전 403
컴비네이션거래 396
콘탱고 180, 198
콜거래 41, 88
콜금리 87, 89
콜론 87
콜머니 87
콜시장 87
콜옵션 312, 341
콜자금 88
쿠폰스왑 483
크레딧 박스 407

ㅌ

타겟 포워드 447
통보일 153
통화선물 74
통화선물거래 134
통화스왑 65, 492, 497, 498
통화스왑거래 500
통화안정증권 92, 251
통화안정증권금리선물 251
통화옵션 72, 321, 471
투기거래 201, 240, 305
투기자 132, 201
특수목적회사 512

ㅍ

펜스 412
포워드스왑거래 36
포지션 데이 153
포트폴리오 보험전략 410
포트폴리오 헤지모형 224
포트폴리오보험 423
포트폴리오전략 46
표면금리 179, 182
표준물 130, 152
품목 선택권 155
풋옵션 312, 343
풋-콜 패리티 412
풋-콜 평가 345
프로그램매매 289
프리미엄 198, 311, 323
플랫 28
플랫 포지션 42
플레인 바닐라 스왑 483
필요적 거래중단제도 290

ㅎ

한국거래소 469
한국선물거래소 471
할인발행 100
할인방식 91
할인수익률 144
할인율 83
할인채 97
할증발행 100
합성 CDO 511
합성선물 375
합성선물환 47
합성선물환거래 30
합성옵션 378
합성통화옵션 444
행사가격 312, 314, 330
행사의사 339
헤저 132, 202
헤지거래 200
헤지비용 207
헤지비율 208, 209, 224, 226, 227, 422

헤지수단 207
헤지확률 351
현금결제 143, 258, 283
현금결제방식 253
현물거래 115
현물옵션 316
현물헤지 204
현물환거래 23
환매 126
환매계약 162
환매조건부채권매매 89
환변동보험제도 49
환산적 위험 43
환위험 헤지 30
환율 5
환율연동채권펀드 21
환차손준비금전략 46
회사채 96
회원 123

찾아보기

영문

A

ABS 84, 115
accrued interest 158
accrued interest option 155
actual position 42
add-on yield 82
additional margin 256
All-in prices 484
American option 316
American terms 6, 136
annual discount yield 144
anticipatory hedge 204, 221
anticipatory pricing model 179
arbitrage 18, 22, 63, 242
arbitrage transaction 172
ask rate 12
asset-backed securities 84, 115
ATM 329
automatic exercise 340
Average Rate Option 461

B

β 235
back spread 388
backward 36
backwardation 180, 198
band-wagon 35
Barbell 포트폴리오 109
Barrier Option 453
basis 174, 191, 198
basis point value 227, 230
basis risk 206, 210, 236
basis swap 484
bear spread 245, 306
benchmark 484
bid rate 12
bills over bonds 249
block deal 75
blue chip 314
bond with warrant 86
break-even 338
Bretton Woods System 119
British Bankers Association 147
brokerage commission 199
bull put spread 412
bull spread 245, 306
Bullet 포트폴리오 109
Business Day 488
butterfly spread 392
buy low & sell high 177
buying a box 408
BW 86

C

Call 86
call back spread 388
call loan 87

call money 87
call option 312
call rate 87
call risk 99
callable bond 158, 441
(Callable) Inverse FRN 440
cap 433
Cap/Floor Straddle 436
capital market 94
carry basis 160
Carry Model 175
cash & carry 177, 281
cash and carry 159
cash settlement 170, 253, 258
cash transactions 115
Caterpillar 451
CB 86
CBOE 314
CD 86, 91
CD Range Accrual Note 440
CDS 502
CDS 프리미엄 503, 504
chart analysis 172
chartist 126
cheapest-to-deliver bond 159
Chicago Board of Options Exchange 314
circuit breakers 290
CLN 509
CME Group 121
CMS Spread Accrual Note 440
collar 434
combination 396
commercial bill 92
commercial paper 92
commodity 119
Compound 옵션 463
compound bond 97
compound interest bond 85
compound yield 82
contango 180, 198
contigent immunization 110
continuous compounding 183
contract 130
contract multiplier 169
contract specifications 124
contract value 169
convergence 181, 198
conversion 402
conversion factor 156, 225
conversion factor invoicing system 158
convertible bond 86
convexity 422
corres-pondence bank 13
Cost of Carry 174
counter party 123
counter-party risk 270
coupon 182
coupon bond 85, 97, 156
coupon rate 179
coupon swap 483
covered call 411, 423
Covered Interest Arbitrage 32
Cox-Ross-Rubinstein 347
CP 86, 92
credit box 402, 407
Credit Default Swap 502, 505
credit event 502
credit limit 52
Credit Linked Note 509
credit risk spread 141
cross hedge 141, 204

cross rate 6
cross-currency interest rate swap 492
CRR 모형 347
CTD bond 159
currency coupon swaps 483
currency futures 134, 321
currency swap 36, 492
customer market 8

D

daily marking to market 123
dealer option 316
dealers 92
debit box 402, 408
deep ITM 333, 425, 426
deep OTM 333, 425, 430
default risk 36, 98
deferred months 180
deliverable bond 130
deliverable grade 130
delivery day 154
delivery month 131
delivery option 154
delta 424
delta hedge 421
delta neutral 421
delta neutral position 427, 429
derivatives 115
direct hedge 203
discount bond 85, 97
discount yield 83
disposable position 43
DJIA 168
Documentation 488
Dow Jones Industrial Average Index 168
Dual Currency Structured Forward 465
Dual Indexed FRN 440
duration 106, 230
Dutch auction 93, 94

E

effective basis point value 250
Effective Date 487
Electronic Brokerage Systems 12
engineering swap 38
Enhanced Target Forward 449
Equity Linked Securites 64
Euro currency 120
Euro-pound 144
Euro-yen 144
Eurodollar time deposit 144, 148
European option 316
European terms 6, 136
exchange cover 42
exchange option 316, 432
exchangeable bond 86
exercise 314
exercise price 314
exposures 43, 44

F

face value naive 225
Fed Wire System 154
Federal Funds 142
Federal Funds 금리선물 149
Federal Funds Market 149
Federal Funds Rate 149
Federal Home Loan Mortgage Corporation

120
fences 412
FHLMC 120
Fischer Black 354
Fixed Amount 488
Fixed Basket 253
fixed income securities 94
fixed-maturity dividend yield 199
fixing rate 33
flat 28
flat position 42
Floating Amount 487
floating rate note 85
floor 433
foreign exchange 5
foreign exchange market 7
foreign exchanges 5
foreign exchanges position 9
foreign money market 7
foreign-exchange swap 36
forward 36
forward position 42
forward rate agreement 111
forward transaction 117
FRA 111
FRN 85
futures transactions 115
futures-style option 317
FX swap 60

G

gamma 428
globalization 8
Globex electronic platform 145
GNMA 121
government national mortgage association 121
grantor 311, 313
gut 399

H

hedge probability 351
hedge ratio 208, 422
hedger 132
hedging cost 207
High-risk, High-return 270
historical volatility 334, 362
homogeneity 210

I

IFR 104, 186, 189
IMM 120, 134
IMM Index 143
IMM지수방식 188
immunization strategy 110
implied forward rate 104, 189, 259
implied put option 161
implied repo rate 159, 162
implied volatility 334, 364
index swap 484
indifference analysis 176
individual risk 165
initial margin 125, 256
intention day 153
inter-bank market 8, 52
inter-commodity 244, 280
inter-delivery 244, 280
Interest Rate Parity Theory 26
interest rate swaps 483

international monetary market 120, 134
International Swap and Derivatives Association 501
intrinsic value 314, 324
inverse floater 439
inverted market 198
inverted yield curve 102
investors 92
invoice price 143, 157
IRPT 26
IRR 159, 162, 163
ISDA 501
issuers 92
ITM 329

K

kappa 430
KI 453
KIKO 455, 456
KIKO Target Foward 458
Knock-in 옵션 453
Knock-in Knock-out Forward 455
Knock-out 옵션 454
KO 454
KOSPI200 284
KOSPI200선물 286
KOSPI200옵션 478
KOSPI200지수 165
KRX 469, 471

L

lagging 45
leading 45
leverage 125
leverage effect 34, 133, 240
Libor 484, 485
LIBOR 금리선물 148
LIFFE 122
liquidating 218
liquidation 126
liquidity preference 102
liquidity risk 99
long butterfly spread 395
long hedge 200, 203
long position 188
long spread 245, 306
long straddle 396
long the basis 242
long time spread 391
Lookback Option 462

M

Macaulay 106
Macaulay's duration 107
macro-hedge 217
maintenance margin 256
margin 123
margin call 258, 271
market expectations 181
market impact cost 199
market maker 15
market makers 12
market risk 235
market value naive 225
matching 45
MBS 85, 115
member 123
micro-hedge 217
MMF 86

modified duration 107
monetary stabilization bond 92
money market 86
money market instruments 142
money spread 381
moratorium 501
mortgage 120
mortgage backed securities 85, 115
MSB 86, 92
multi-period 352
Myron Scholes 354

N

naked call 411
naked call or uncovered call 369
natural matching 045
NDF 33, 56
near-by months 180
negative carry 182
negotiable certificate of deposit 91
NIKKE225 398
Nikkei 225 Stock Average 168
Nixon Shock 119
NOB 247
NOB 스프레드거래 247
non-deliverable forward 33
non-systematic risk 98
normal market 198
normal yield curve 102, 179
Notes over Bonds 247
notice day 153
notice of inten-tion to exercise 339
notional amount 486, 487
notional deposit 111
notional principal 483
notional principal amount 111
NYSE Composite Index 167

O

obligation default 501
off-balance sheet 125
offer rate 12
OI 126
one-period 348
one-sided market 35
open interest 126, 257
open out-cry 123
open position 42
open RP 90
option on actuals 316
option on futures contracts 316
option replication strategy 423
options on swaps 436
OTC option 432
OTM 329
outright speculation 278
outright transaction 25
outright transactions 92
over the counter market 167
over-all position 172
over-bought position 52
over-night rate 149
over-sold position 42
overall position 42

P

parallel matching 45
Pay Fixed 488
Pay Floating 488

payer 437
payment netting 486
payoff 345
perfect hedge 205, 208
physical delivery 253
physical delivery settlement 472
physical option 316
Pivot Forward 466
plain vanilla swaps 483
point 28
portfolio 165
portfolio hedge model 224
portfolio insurance 410, 423
position day 153
positive carry 182
positive carry market 243
Power Spread 440
premium 198, 311, 323
price sensitivity hedge model 224
price spread 381
primary market 94
prime rate 120, 484
private placement 96
protection buyer 502
protection seller 502
protective put 410
public issue 96
purchasing power risk 98
pure swap 38
put option 312
put-call parity 345, 412

Q R

quality option 155
range floater 439
Range Forward 446
ratio vertical spread 388
receiver 437
reference asset 505
Repo 89
repurchase agreement 89, 162
restructuring 501
reverse cash & carry 177, 281
reverse conversion 402
reverse floater 439
Reverse Repo 243
risk exposures 207
risk tolerance 07
risk-free short-term interest rate 331
roll-over 208
rolling strip 223
RP 86, 89

S

Seagull 459
secondary market 94
securitization 9
selling a box 407
separately trading of registered interest and principal of securities 96
settlement month 131
settlement risk 34, 486
short butterfly spread 395
short hedge 200, 203
short position 42, 188
short spread 245, 306
short straddle 396
short the basis 242
short time spread 391
short-covering 126, 218

short-squeeze 130
Side Car 290
Snowball Target Forward 467
SPC 85
special purpose company 85
specifications 124
speculation 240
speculator 132, 201
spot hedge 204
spot position 42
spot transactions 115
spreader 245
SPV 512
square position 42, 172
square root of time to maturity 333
stack & rolling hedge 222
stack hedge 222
standardization 118
standards 130
stock option 479
stock-style option 317
straddle 445
straight bond 85
strangle 399, 445
strap 398
strengthen 241
strike 314
strike price 330
strip 398
strip hedge 222
STRIPS 96
swap point 28, 191
swap price 485
swap rate 484, 485
swap transaction 025
Swaption Straddle 437, 438
Synthetic CDO 511
synthetic forward 30
synthetic forward exchange 47
synthetic long call 380
synthetic long futures 377
synthetic short call 379
synthetic short futures 377
systematic risk 97, 165, 235

T

Tail wag the dog 173
Target Forward 447
target rate 222
Target Redemption Forward 450
technical analysis 127
TED 스프레드 248
term RP 90
term structure of yield 174
Terminate Date 487
theta 431
tick 124, 131
tick size 131
time value 325
time value decay 333, 391
timing option 155
TIPS 95
Tokyo Stock Price Index 168
TOPIX 168
Total Return Swap 506
tracking error 236
Trade Date 487
trading pit 118
transaction risk 43
translation risk 43
Treasury inflation protected securities

95
TRS 506
Turtle 249
Turtle 스프레드 249
two-way quotation 28
two-way quote 9, 192

U V

unbiased estimator of future exchange rate 47
underlying asset 115, 124, 314
unsystematic risk 165, 235
value basis 160
value line composite average index 167
value spot 23
value today 23
value tomorrow 23
variable price limit system 132
vega 430
vertical bear spread 382
vertical bull spread 382
vertical call spread 382
vertical put spread 382
vertical spread 381
VLCA 167
volatility 333, 361
volume 126

W Y Z

wag the dog 173
wasting assets 327
weaken 241
wild card option 155
wild card play 155
Window형 451
wire transfer instructions 153
writer 311, 313
yield curve 102
yield equivalency ratio 249
yield to maturity 83
YTM 83
zero cost collar 434
Zero Cost Collar with Knock-out 435
zero-cost option 48
zero-coupon bond 85
zero-sum 283
zero-sum game 125

지은이에 대하여

李 昌 馥

경희대학교 경영학과
서울대학교 대학원 (경영학 석사)
University of Illinois at Urbana Champaign (경제학 석사)
경희대학교 대학원 (경제학 박사)

한국은행 외환시장팀장, 연수원장, 강원 · 인천본부장
ABN AMRO은행 Senior Advisor
한국금융연수원 교수, 건국대학교 · 경희대학교 · 한양대학교 겸임교수
강원대학교, 명지대학교, 서강대학교, 성균관대학교, 인하대학교, 한림대학교,
숙명여자대학교, 한국증권연수원, 한국국제금융연수원 강사
한국전기연구원 감사, 한국은행 금융경제연구원 객원연구원

경희대학교 대학원, 연세대학교 경제대학원, 서강대학교 경제대학원 강사 (현재)
BTC 정보통신(주) 사외이사 (현재)

주요 저서

『국제채』, 한국금융연수원, 1996
『금융선물 · 옵션』(매경문고), 매일경제신문사, 1999
『금융선물 · 옵션거래』(공저), 한국금융연수원, 2008
『증권분석사 연수교재』(공저), 한국증권연수원, 2002
『투자상담사(1종) 연수교재』(공저), 한국증권연수원, 1997
『Futures & Options, Swap』(공저), 한국금융연수원, 1992

개정판 **파생금융상품과 기초금융자산**

초　판 1쇄 발행 2007년 9월 15일
초　판 2쇄 발행 2008년 8월 15일
개정판 1쇄 발행 2009년 8월 25일
개정판 2쇄 발행 2010년 8월 23일
개정판 3쇄 발행 2013년 2월 8일

지은이 이창복
펴낸이 박기남
펴낸곳 **율곡출판사**

주소 121-872 서울 마포구 염리동 36-249
전화 02) 718-9872~3
팩스 02) 718-9874
홈페이지 http://www.yulgokbooks.co.kr
e-mail yulgokbook@naver.com
등록 1989. 11. 10. 제5-206호(윤)
ISBN 978-89-91830-55-4 93320

정가 30,000원